高 星 考古学家，中国科学院古脊椎动物与古人类研究所研究员，中国科学院大学岗位教授，郑州大学特聘教授，吉林大学、西北大学、河北师范大学兼职教授，中国历史研究院学术咨询委员。主要研究领域为东亚人类起源、演化，现代人类起源与适应，旧石器时代人类技术与生存方式等。提出中国 - 东亚旧石器时代“两期断代”模式，现代人类演化的“区域性多样化模式”，有关东亚旧石器时代文化特点成因的“旧石器时代东方行为模式”等学说。目前担任亚洲旧石器时代考古联合会名誉主席、中国考古学会旧石器专业委员会主任、周口店古人类研究中心主任、旧石器时代人类演化与遗传国家文物局重点科研基地主任、《史前考古》主编、《人类学学报》执行副主编等职。

拼合的石器

高星考古论文选集

高　星◎著

科学出版社
北　京

内 容 简 介

本书是高星先生从事考古工作以来发表科研成果的选集。文集共收录37篇论文，分为三个部分：理论篇、方法篇、发现与研究篇。内容既包括对人类起源与演化、旧石器时代人类行为模式、中华民族远古根系等问题的宏观思考，也包含对旧石器时代人类用火研究、年代分析、技术-类型学研究、微痕分析等方法的讨论，同时还有对周口店、水洞沟、泥河湾等区域重要旧石器时代遗址的案例分析。文集系作者从事考古研究的阶段性成果荟萃，对于启发后学及推动旧石器考古学深入发展具有重要的参考价值和学术意义。

本书适宜考古学、历史学、古生物学、第四纪地质学等专业研究人员及高等院校相关专业师生阅读、参考。

图书在版编目（CIP）数据

拼合的石器：高星考古论文选集 / 高星著. —北京：科学出版社，2022.2

ISBN 978-7-03-071353-7

Ⅰ. ①拼…　Ⅱ. ①高…　Ⅲ. ①考古学–中国–文集　Ⅳ. ①K87-53

中国版本图书馆CIP数据核字（2022）第017829号

责任编辑：樊　鑫 / 责任校对：王晓茜

责任印制：肖　兴 / 封面设计：美光设计

科学出版社 出版

北京东黄城根北街16号

邮政编码：100717

http://www.sciencep.com

北京汇瑞嘉合文化发展有限公司 印刷

科学出版社发行　各地新华书店经销

*

2022年2月第　一　版　开本：787 × 1092　1/16

2022年2月第一次印刷　印张：37 1/4　插页：1

字数：880 000

定价：298.00元

（如有印装质量问题，我社负责调换）

自　序

岁月不居，时节如流。不觉间，自己的生命年轮已经进入第60个圈层。

去年的某段时日，隐约察觉学门弟子在为我即将到来的本命虎年做庆生的准备，于是告诫他们不要刻意提醒我已经“耳顺”，不要浪费时光，把精力好好用在学术上。后来李锋研究员请我写个自序，我方知道他们是在与科学出版社的樊鑫编辑等朋友策划出版一本我的文集。既心存感念，又深觉不安！一则深知发表过的作品都是“遗憾的艺术”，回头审视遍布短板，还不如抽时间写部新作；二则他们要组织力量去编辑，费时费力，耽误学业和科研工作。但学生们很坚持，大多稿件已经排版，我只好从了，任其作为。

给同仁、学生写过多篇序言，似乎顺手拈来，有话想说；但给自己写序，笔触突然生涩起来。1981年入学北京大学考古专业，1985年到中国科学院古脊椎动物与古人类研究所攻读硕士学位，1988年留所工作，1992年去美国做访问学者，翌年在亚利桑那大学人类学系转入博士生身份，1999年底答辩毕业，又做了一段时间的博士后研究，直至2000年5月底回国、回所。现在回首这段时光，大脑中似乎只剩年份，少有内容，流淌的岁月将学习、工作、生活的大部分经历洗涤得苍白、支离破碎了。

依稀记得，回国后正逢所里旧石器时代考古领域新老交替，青黄不接，贾老、张先生、所领导多次谈话，赋予重任。当时尚未“不惑”，壮志凌云，想法盈脑，干劲冲天，满身心都是“继承”、“振兴”、“创新”，像一台钟表上足了发条不停地摆动。经历了很多，忙碌了很多，但停下来回望，却找不到可以称为“里程碑”的标记；如果不是翻看过去的日记，诸多细节都不能记忆、无法回味了……

弟子们收集、选定的文章倒是给了我一个回溯、整理自己学术历史的机会。1988年开始发表科研论文、杂文至今，粗略数下已有300余篇（部）付梓，涉及旧石器时代考古调查、遗址发掘，旧石器时代人类工具技术、功能与用火行为，远古人类的演化、生存模式和东亚现代人起源与扩散、适应等方面。开始是在先生的指导下发表习作或与老师们合著文章，后来很多是与学生们共同署名发表。本文集收录了37篇文章，也算是对自己和团队学术经历的小结和所谓研究成果的缩影吧。回看早期的几篇稿件，很有些惨不忍睹，但还是同意被选编进文集，毕竟是初学起步的实录，让后来者看到所谓“成功人士”当初的蹒跚和稚嫩，提升走进学术大门的勇气和信心，也该算是有功德的事情。后来发表的文章也多有缺憾，有些观点表述和材料使用被同行、后学质疑和商榷，自己也能拉开距离审视，吸取新的材料和不同意见，不断思索和深化。虽然到现在也没能写出鸿篇巨著、精理高论，但还是尽量笔耕不辍，把所思所想记录在案，供学人评判。

由于中国科学院的评价体系导向和占据国际学术话语权的考量，我和团队的多数文章用英文发表在国外的期刊上，国内考古界的朋友们很少去查找、阅读，这次有几篇文章被编选小组遴选并译成中文，无形中做了一次“出口转内销”。

这部文集被编选者分成“理论篇”、“方法篇”和“发现与研究篇”，应该是为了有个条块纲目吧。但所谓“理论”与“方法”鲜有创新，更多是汇总与模仿，“发现”也多是转述同行、学生的成果，但这些信息和研究心得若能起到标记30多年来我国旧石器时代考古学科发展的历史轮廓，也算是有所贡献，没有浪费笔墨。我更希望旧石器考古行业之外的考古大家和学人、爱好者们能翻翻这本文集，了解一下旧石器时代考古研究的内涵和外延，哪怕对其中的文章及观点提出质疑、订正谬误，也是在扩大旧石器时代考古学的关注度与影响力，也是在打破学科间画地为牢的藩篱，使旧石器考古人及其从事的工作不再继续被漠视和冷藏，那我会觉得功德无量！

这部文集取名“拼合的石器”，有些土气，但确实是拼凑的一些内容与文字，好在没有脱离旧石器时代考古学这个核心。另外还想借机表达：考古是一项集体、团队的事业，每个人从一个遗址、一个领域、一个思路尽一份力量，做一份贡献，拼合起来成就了中国百年考古的伟业！这部书含有同事、学生和编辑们的很多心血与汗水，是大家合力打造的一个旧石器时代考古“盲盒”。希望打开者、鉴读者能从中得到些许有用的信息，能说一句“旧石器时代考古，还有点儿意思……”

2022年1月26日于北京

目　录

壹 理 论 篇

探索华夏民族与中华文明的远古根系 ……………………………………… (3)
中国现代人起源与演化的考古学思考 ……………………………………… (15)
中国地区现代人起源问题研究进展 ………………………………………… (33)
现代中国人起源与人类演化的区域性多样化模式 ………………………… (51)
更新世东亚人群连续演化的考古证据及相关问题论述 …………………… (77)
中国古人类石器技术与生存模式的考古学阐释 …………………………… (97)
中国旧石器文化的独特性与多样性 ………………………………………… (112)
中国旧石器时代手斧的特点与意义 ………………………………………… (130)
制作工具在人类演化中的地位与作用 ……………………………………… (151)
史前人类的生存之火 ………………………………………………………… (162)
关于中国“旧石器时代中期”的探讨 ……………………………………… (181)
青藏高原边缘地区晚更新世人类遗存与生存模式 ………………………… (204)
趋同与变异：关于东亚与西方旧石器时代早期文化的比较研究 ………… (218)
朝向人类起源与演化研究的共业：古人类学、考古学与遗传学的
交叉与整合 …………………………………………………………………… (237)
考古学与人类学：关于构建中国人类学体系的思考 ……………………… (249)

贰 方 法 篇

周口店遗址发现北京人新化石的潜力：对遗址潜在沉积物的地球物理勘探分析 …… (261)
“元谋人”的年龄及相关的年代问题讨论 …… (271)
水洞沟的新年代测定及相关问题讨论 …… (282)
水洞沟遗址沉积-地貌演化与古人类生存环境 …… (291)
水洞沟第12地点古人类用火研究 …… (303)
关于北京猿人用火的证据：研究历史、争议与新进展 …… (312)
周口店第15地点剥片技术研究 …… (326)
关于周口店第15地点石器类型和加工技术的研究 …… (345)
周口店第15 地点石器原料开发方略与经济形态研究 …… (366)
石器微痕分析在中国考古学中的应用与发展前景 …… (379)

叁 发现与研究篇

陕西大荔育红河村旧石器地点 …… (403)
昂昂溪新发现的旧石器 …… (424)
四方洞——河北第一处旧石器时代洞穴遗址 …… (429)
宁夏旧石器考古调查报告 …… (456)
水洞沟旧石器考古研究的新进展与新认识 …… (477)
2004年新疆旧石器考古调查简报 …… (491)
三峡兴隆洞出土15万～12万年前的古人类化石和象牙刻划 …… (504)
三峡库区古人类技术的发展与意义 …… (515)
距今4万至3万年前青藏高原高海拔地区最早的人类活动 …… (530)
东亚最早古人类活动的新证据 …… (537)
中国旧石器时代考古研究 …… (547)
东北亚晚更新世与旧石器时代研究 …… (582)

壹

理 论 篇

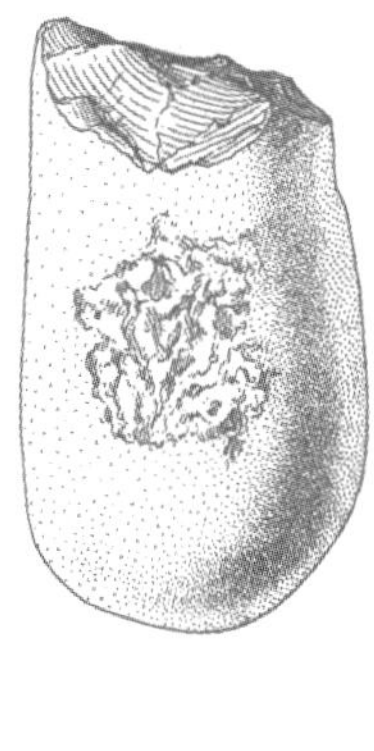

探索华夏民族与中华文明的远古根系

习近平总书记在主持中共中央政治局第二十三次集体学习时指出："中华文明具有独特文化基因和自身发展历程，植根于中华大地"，"经过几代考古人接续奋斗，我国考古工作取得了重大成就，延伸了历史轴线"，"实证了我国百万年的人类史"[1]。那么，中国境内的远古人类怎样演变成今天的华夏民族？洪荒时代的古文化如何发展为现今的中华文明？深埋于地下的历史与当今社会又有怎样的关联？毋庸讳言，这些问题目前还没有清晰的答案，拉长了的华夏历史尚有很多空白，族群与文化演变的过程和原因仍有待深入解读。笔者不揣浅陋，尝试将中华民族及其文明的根基溯源至旧石器时代，用考古材料勾连起先民生存繁衍的些许篇章，将对华夏根系的研讨引向深入。

一、中华大地人类肇始

盘古开天，女娲造人，这是华夏大地流传久远的有关宇宙诞生、人类起源的神话故事。但在讲求实证的科学世界里，人类，尤其是中华大地上的人类如何起源，来自何处？

自1871年达尔文出版《人类的由来及性选择》以来，人类起源于非洲、演化自一支古猿，逐渐成为学术共识。目前学术界对人类的定义是灵长类中能常规两足直立行走的类群。因而追溯人类起源就是寻找最早的直立行走证据，亦即人类与血缘关系最近的黑猩猩相揖别的节点。最近20年来在非洲已发现700万年前开始直立行走的撒海尔人，600万年前的原初人，以及其后的地猿、南方古猿等。这些早期人类还保留着很多古猿的体质与行为特征，呈现亦猿亦人的状态，虽然能直立行走，但早期行走姿态蹒跚移步，其后逐渐稳定、矫健。与直立行走相关的证据，提取自这些古人类化石枕骨大孔的位置、腿骨形态和足迹特征等，证据确凿[2]。其后在非洲又演化出最早的人属成员能人，以及其后的匠人、直立人等，构筑了人亚族起源与早期演化的化石证据链。最早的文化证据也出自非洲，包括肯尼亚洛迈奎3号遗址出土的约330万年前的石制品，埃塞俄比亚戈纳（Gona）遗址出土的约250万年前的石制品等。地质学研究表明，非洲大陆发生过剧烈的气候变化，热带丛林退缩，很多区域变成疏林草原、干草原乃至荒漠，使部分树栖古猿被迫改变栖居方式到地面生活，这被认为是从猿向人过渡、直立行走出现、人类在非洲起源的环境动因。

中国是人类的起源地吗？中国乃至亚洲的早期人类来自哪里？这是学术界长期关注的热点。20世纪初叶，西方学者认为人类起源于包括中国的青藏高原、新疆、内蒙古及中亚在内的亚洲内陆地区，因为亚洲有曾经繁盛的早期灵长类动物，喜马拉雅山脉的隆升又改变了中亚的生态和气候，具有促使早期大猿改变生活习性而演变为人的环境。于是很多学者到东方科考，寻找人类起源的化石证据，便有了爪哇直立人、北京猿人等重要发现。在爪哇和周口店发现的直立人遗存强化了东南亚、中国是人类发祥地或起源地之一的认知。20世纪50年代末，随着东非一系列更古老人类化石的发现，学术界将探寻人类起源证据的注意力转移到非洲，中国、亚洲作为人类起源地的观点逐渐被淡化。20世纪七八十年代，在云南发现中新世禄丰古猿，生活在800万～600万年前。这被当时部分学术界和媒体看作中国、东南亚是人类起源地的力证，人类发祥地的钟摆又短暂移向东方。但其后研究表明禄丰古猿最终走向绝灭，与人类演化并无直接关系。此后，中国作为人类起源地的可能性在国际学界鲜有提及，在国内仅有少数学者持这种观点。

相关证据的缺失使中国乃至亚洲不再被看作人类的起源地。虽然以云南为代表的中国南方曾有多种古猿生存，但这些古猿的演化在约600万年前基本终止。在距今600万～200万年的时段内没有确凿的古人类化石证据，相关文化遗存也出现较晚。20世纪末，国家启动“九五攀登专项——早期人类起源及环境背景研究”项目，旨在找到东亚人类起源的证据。虽有收获，但主要目标并未实现。有研究认为，约3400万年前全球气候急剧变冷，经历这个“演化滤器”之后，亚洲的类人猿走向灭绝，而非洲的类人猿却日渐繁盛，最终演化为人类[3]。当然，这是研究过程中的阶段性结论，不一定成为定论。

不再被认作人类的起源地，那么中国乃至亚洲是否就对人类的演化不再重要？恰恰相反，中国一直是学界关注的早期人类演化中心之一，是非洲之外人类化石和文化遗存最古老、最丰富的地区。目前早期人类的文化证据已在安徽繁昌人字洞、重庆巫山龙骨坡、湖北建始龙骨洞、陕西蓝田上陈等遗址被发现，年代在距今240万～200万年。这些材料多为原始、粗糙的石制品，人类化石稀少并存在争议，个别遗址的年代数据也存在不确定性，但约200万年前中国乃至亚洲有古老人类生存的事实越来越得到学术界的认可。这些人类遗存被认为是非洲人类最早向外扩散的结果，即他们都来自非洲。一般认为他们是直立人，少数学者认为在能人阶段他们可能就开始了走出非洲的征程。这些早期人类到达东方后，开始了漫长的适应生存。直立人这个种群是在中国、东南亚地区发展壮大的，构成具有区域体质特征、文化特点和行为方式的重要演化阶段。

二、东方古人类生生不息

对中国乃至东亚人类百万年连续演化的认识，经历了长期、曲折的寻找证据和论证的过程。

周口店北京猿人遗存的发现是东亚人类百万年连续演化研究的发端。1929年底，裴文中在周口店第1地点发掘出第一个北京猿人头盖骨，其后在其他地点也发现了不同阶段的人类化石和文化遗存。20世纪三四十年代，德裔解剖学家魏敦瑞对周口店出土的人类化石进行了观测研究，出版多部专著，详细描述了北京猿人的体质特征，并尝试探讨北京猿人与现代蒙古人种之间的关系。他发现，北京猿人与现生华北人有一系列相似的特征，包括头骨正中矢状脊及其两边的凹陷，有印加骨、颧骨颧面和额蝶前突，眼眶下缘呈圆形，有下颌圆枕、铲形门齿等。他认为二者之间存在形态上的连续性，首次提出北京猿人是现代中国人乃至蒙古人种祖先的观点。其后魏敦瑞又提出，在东亚、欧洲、非洲和东南亚—澳洲存在四个人类演化世系，并在东亚世系上标出了北京猿人—山顶洞人—蒙古人种的承继关系[4]。

20世纪50年代，在四川资阳、山西丁村、湖北长阳、广西柳江、广东马坝等遗址或地区相继发现时代介于北京猿人与现代人之间的人类化石，填补了直立人和现代中国人之间的证据缺环。吴汝康等据此进一步论证了中国地区古人类演化的连续性[5]。20世纪六七十年代，在云南元谋、贵州桐梓、湖北建始、陕西蓝田等地发现更多早期人类化石。吴新智等通过对中国人类化石的综合分析，指出大多数中国古人类头骨存在明显的相似性，包括有矢状脊、面部突出、颧骨高而前突、阔鼻、上门齿呈铲形、有下颌圆枕等。据此认为，中国不同时期的古人类连续演化，具有明确的传承关系，并首次提出不同地区古人群之间可能存在基因交流[6]。

20世纪80年代末，西方遗传学家提出所有现代人类的祖先皆可追溯至非洲一位老祖母的假说[7]。这种假说很快在西方人类学、考古学界流行起来，并对中国学术界产生了影响。按照这一假说，非洲之外人类演化的链条都中断过，中国—东亚在距今10万～5万年间出现人类生存的空窗期，欧亚大陆的现代人与土著古人类群之间没有遗传关系[8]。1998年，吴新智在现代人起源“多地区进化说”的基础上，提出“连续进化附带杂交”假说，认为东亚自直立人以来人类连续演化，不存在整体上的中断，未发生过外来人群对本土人群的整体替代。同时指出，东亚本土与外界人群的基因交流时而发生，与时俱增，使得该地区的人类虽与外界有一定的隔离并形成一些区域特点，但仍与西方人群维持同一物种；与本土人群的代代相传相比，不同人群的混血是次要的，本地主体人群与少量外来移民之间是融合而非替代关系[9]。

近20年来，中国在相关学术领域取得重大进展。在湖北郧西黄龙洞、广西崇左智人洞、贵州盘县大洞、河南许昌灵井、安徽东至华龙洞等多处遗址发现人类化石。在新科技条件下，对以前发现的遗址和人类化石开展了新研究，揭示出距今30万～10万年中国地区人类演化的连续性和复杂过程。在安徽东至华龙洞发现的30余件人类化石和100余件石制品，年代为距今33万～27万年。这批人类化石具有第三臼齿先天缺失等东亚古人类的典型特征，并在头骨、下颌骨、牙齿上提取到一系列与现代人相似的性状，显示出直立人向智人过渡阶段的形态镶嵌特点，为东亚古人类连续演化增添新实证[10]。对距今30万～25万年陕西大荔人颅骨的最新研究表明，该个体表现为中更新世晚期人类共有特征和早期现代人部分特征的镶嵌体，并兼具东亚直立人和旧大陆西部中更新世人群特点，有诸多进步性状，所代表的世系可能比其他人群对中国现代人的形成做出过更大的遗传贡献[11]。

距今12万～10万年的河南许昌灵井人化石，亦显示出古老形态与现代特征镶嵌的特点，兼具早期现代人与尼安德特人的诸多性状，头骨的总体特征，尤其是宽阔的颅底和低矮的脑颅等，明显承袭自东亚中更新世人群，表现出区域连续演化为主，同时存在一定程度东西方人群交流的特点。发现于贵州盘县大洞遗址年代为距今30万～13万年的人类牙齿，已经呈现早期现代人的特征；广西崇左智人洞出土的距今约10万年的下颌骨亦出现现代人类的衍生性状，如突起的联合结节、明显的颏窝、中等发育的侧突起、近乎垂直的下颌联合部、明显的下颌联合断面曲度等，同时保留有粗壮的下颌联合舌面及下颌体等原始特点。这些人类化石的镶嵌特征说明，当时中国存在从古老型智人向现代人演化的过渡阶段人群，属于形成中的早期现代人。而在湖南道县福岩洞和湖北郧西黄龙洞等遗址发现的一些距今12万～5万年的人类牙齿，则具有完全现代人的形态特征。约4万～3万年前的周口店田园洞人与山顶洞人更是尽显现代人特征。这些都表明中国境内古老型人类向现代人演化是一个连续、无缝衔接的过程[12]，从非洲迁徙至此的早期现代人整体替代本土古人群的假说得不到任何化石证据支持。

三、华夏旧石器时代文化薪火相传

从文化角度划定的人类历史的第一个发展阶段是旧石器时代，从文化遗存（主要是石器）的出现起始至大约1万年前结束，占据人类历史的99%。古人群在不同地区、不同时段留下的文化遗存具有区域性、时代性特点，可以据此分析人类在特定区域的生存时间、迁徙路线、技术文化特点与生存方式以及人群间的互动。

非洲旧石器时代文化，可以追溯到330万年前的简单、人工特征初显的石制品（肯尼亚洛迈奎3号遗址出土）[13]。在约250万年前进入奥杜威技术模式，即用砾石加工简单、古朴的砍砸、切割、挖掘工具。约170万年前出现阿舍利技术模式，在大石片或砾石上修制两面加工、器身对称的手斧、薄刃斧和手镐等大型切割、挖掘工具。随着直立人的扩散，这套技术体系被传播到西亚、欧洲和东亚。在距今30万～20万年间，旧大陆西部出现莫斯特技术模式，用勒瓦娄哇技术生产规范的石片并以此加工小型、规整的刮削器、尖状器等。此技术传统续存很长时间。在距今4.5万～4万年，旧大陆西部出现精美的石叶技术，其后又出现小巧精细的细石叶工具组合。当然，这仅是以典型石器技术为代表的西方旧石器时代文化发展的大致轮廓，其间还有石器技术与组合的时空变异、艺术创作与墓葬所体现的审美追求、社会标识和宗教萌芽等。

中国的旧石器时代文化可追溯到距今200万年前后。虽然有遗址或遗存经测年获得了更早的年代数据，但存在争议和不确定性。中国旧石器时代文化有很多异于西方的特征，表明东方的古人群与西方有异，同时东西方之间又有一定的文化相似性，从中可以提取到人群迁徙与文化交流的证据。现有资料表明，中国、东亚旧石器时代在很长时间内保持一脉相承并有别于西方的文化特征[14]，主要表现在如下方面。

（1）就地取材，机动灵活。在旧石器时代的大部分时间内，东方古人类主要采用脉石英、石英岩、白云岩、有杂质的燧石、砂岩、火山角砾岩等材料制作工具。相对于旧大陆西部古人类常用的大块优质燧石，东方的石器原料大多质劣，存在先天不足。针对这样的资源条件，这里的古人因陋就简，就地取材，对多种石材皆加以利用，开采方法简单实用、机动灵活。例如周口店遗址古人类大量采用砸击技术开发质劣而量丰的脉石英，三峡地区古人类则采用摔碰技术开发高度磨圆的河卵石。这样的原料特性和开发利用方式对石器技术及文化特点产生了重大影响。

（2）制作简朴，加工随意。打制石器技术可分解为两个层面，剥片技术和加工技术。东亚旧石器时代人类剥片技术的总体特点是机会性和随意性，使用锤击法、砸击法、碰砧法、摔碰法等多种方法，对石核基本不做预制和修理。加工技术亦以简单、随意为特征，对坯材加工程度浅，缺乏系统性和规范性，两面技术在大部分地区和时段不发达。这与旧大陆西部普遍采用两面加工技术和勒瓦娄哇预制技术、对石器做规范的深度加工情况形成鲜明对比。

（3）器类有限，变异性大。西方学者对中国、东亚的旧石器时代文化经常以“砍砸器传统”、“砾石石器传统”、“简单石核-石片工业”等加以描绘。虽然这些标签未必贴切，但东亚旧石器时代文化在石器类型、形态和组合上确有别于西方，工具主体是用砾石或简单石片加工而成的刮削器、砍砸器、尖状器、手镐等类型，比西方石器的种类少、规范性差，器类间分化不明显，同一类型个体间形态变异大。

（4）南北分异，多样性强。综观中国旧石器时代，在南、北方长期存在区域性文化传统。在华南的大部分地区，以砾石加工的粗大石器占据统治地位，器类少，加工简单粗犷。北方则以石片加工的小型石器为主，种类多于南方，加工也相对精细。当然，这样的南北二分法过于简单，两大区域内有各自的文化变体，表现出多样性。例如南方的云贵高原石片石器居于优势，而北方少数区域流行粗大的砾石石器。这种南北分异、文化多样的状态长期存在。

（5）发展缓慢，格局稳定。相对于旧大陆西部明显的阶段性发展变化，中国旧石器时代文化发展缓慢，并在诸多方面表现出稳定性。华南居于主体的大型砾石工具组合和云贵高原的简单石片工具组合，从早期到晚期变化不明显，虽然用石片加工的石器逐渐增加，精致产品也逐渐增多，但无明显阶段性变化。北方虽然发展变化比南方显著，但大部分时期仍是简单石片石器传统，只在距今5万～4万年靠近北部边陲地区出现新的文化因素——勒瓦娄哇技术、石叶技术及细石叶技术体系，文化发展出现加速度。

（6）“西方元素”寥若晨星。旧大陆旧石器时代文化曾被所谓的“莫维斯线”划分为东西两大板块[15]。其后研究表明，以手斧类工具的有无作为两大文化圈的标识不能成立，但东西方旧石器时代文化的差异显著[16]，在中国石器文化中稀有甚至缺失一些西方技术体系中的重要元素，尤其是勒瓦娄哇、手斧和石叶技术。勒瓦娄哇技术于距今30万～4.5万年在非洲和西亚、欧洲盛行，但中国只在距今5万～4万年于新疆、内蒙古和宁夏少数遗址中昙花一现。石叶技术于旧石器时代晚期流行于旧大陆西部，中国仅在距今4万～3万年在北方边陲和青藏高原少数地点短暂出现。手斧类工具在中国分布稍广[17]，于广西百色、洛南盆地、汉中盆地、丹江口地区和川西高原等区域有集中分布，但其丰度、技术规范性与西方存在很大差别，年代也更晚。这些带有“西方元素”的石器技术，在东亚旧石器时代文化中凤毛麟角，被本土主流文化淹没并逐渐消融。

（7）不存在演化空白期。现代人类“出自非洲说”的一个假设前提是，末次冰期的恶劣气候使东亚原住民灭绝，导致东亚于距今10万～5万年存在人类演化空白或中断期，直至从非洲长途迁徙的“现代人”到达这里。这一假设完全不成立。从洛阳北窑，甘肃杨上、大地湾、白石崖溶洞，河南织机洞，陕西疥疙洞，湖北黄龙洞，重庆井水湾、枣子坪、池坝岭等遗址，都发掘出距今10万～5万年的文化层位和人类遗存。古环境资料表明，中国大部分区域在末次冰期不存在导致生物大灭绝的极端气候条件。华南在整个更新世一直有大熊猫-剑齿象动物群生存繁衍，其成员都是喜暖的种属；在华北，披毛犀、猛犸象、野马、野牛、野驴、野猪、熊、鬣狗、狼等哺乳动物都安然度过末次冰期。如果说这些动物可以挺过寒冷期，能用火、可以制作和使用工具及制衣的人类反而无法生存，与常理不合。在更新世地球经历了多次冰期—间冰期旋回，末次冰期并非最寒冷者。东亚人群没有在以前更恶劣的冰期灭绝，反而于技术和生存能力更强的阶段不能适应末次冰期，与逻辑不符。长期生活在本土的人群不能应对逐渐变冷的环境，来自非洲热地的移民却可在寒冷的新环境中怡然存活，与常识相悖。

由此可见，中国乃至东亚旧石器时代文化有很多异于西方的特征，主体文化绵延不断、缓慢发展，表明这里的古人群连续演化、薪火相传，形成了稳定的文化传统。间或有外来人群及文化带来新元素，但很快被主体人群与文化吸收、同化，未发生过人群与文化的置换或替代。

四、交流与融合铸成现代族群

主张中国本土人类连续演化，并非排斥外来人群迁徙、混血和融合的可能性。相反，越来越多的证据表明，没有一个地区是某一特定族群长期繁衍的专属领地，没有一个族群是不含其他人群基因的“纯种”。交流与融合铸就了当代族群，中华民族亦如此。在新石器时代，中国南北方人群格局已经形成，南北方人群不断交融，构筑了华夏族群的遗传基础[18]。这一过程早在旧石器时代即已开始。

对北京田园洞4万年前人骨的DNA分析表明，该个体是古老型东亚人，其基因在东亚蒙古人种和美洲印第安人中仍被携带和流传，但该个体并非现代东亚人的直接祖先，其后还经历了复杂的混血和演化过程[19]。DNA分析还揭示，现代东亚人群携带少量尼安德特人（以下简称“尼人”）和丹尼索瓦人（以下简称“丹人”）的基因。尼人曾被认为是彻底灭绝的群体，遗传学研究在我们身上找到了他们的遗传信息。通过CT扫描技术，在许家窑人、灵井人、马坝人等中国古人类化石上发现了“尼人内耳迷路模式”，说明尼人曾经扩散到中国、东亚，与本土人群发生过基因交流。丹人以前只发现于西伯利亚，通过古蛋白和古DNA分析，证明他们在更早的时候就长时间生存于青藏高原边缘的甘南白石崖洞穴[20]，说明丹人原本就是中国古人类的一个支系。

文化证据也显示，至少在局部地区发生过不同人群与文化的交流、互动。新疆通天洞遗址和内蒙古金斯太遗址下部层位出土的勒瓦娄哇产品，和旧石器时代中期典型的刮削器、尖状器，其组合及技术风格与中国、东亚本土文化明显不同，更接近欧洲、西亚、中亚、西伯利亚旧石器时代中期的莫斯特技术体系，这一体系常与尼人化石共生。宁夏水洞沟遗址群也发现了相似案例。对该遗址数个地点的发掘研究和测年表明，距今4万年前后古人类进入该地区，初来者制作具有勒瓦娄哇遗风的石叶工具，与欧亚大陆西部、北部旧石器时代晚期早段的石器遗存有高度相似性。石叶技术在中国本土没有根基，因而可以合理推断这种技术是由西方人群在末次冰期带入中国北方的。但这种“外来”技术在水洞沟地区并未存续多久，即在3.3万～2.7万年前被中国北方常见的石核-石片技术体系替代，并出现非本地的优质石料、装饰品、磨制骨器、复杂用火等具有现代人行为特点的文化遗存。这些现象表明，外来人群没有替代本土人群，很可能发生了融合与文化交流；本土人群在简单石核-石片体系内产生了一系列技术和认知革新，进入现代人群的序列[21]。

具有西方旧石器时代中晚期文化特点的遗存，在中国分布的时空范围有限，发现于靠近中亚与东北亚边陲地带的少数遗址，未能成为文化的主流，遑论对本土文化的更新替代。为何这样的文化体系未能继续向东、南方向扩张进入华夏腹地，而是很快消弭于无形？通过对莫斯特-石叶技术遗存与中国北方本土小石片石器遗存分布区域与数量的比较研究，我们认为，一个重要原因是新来人群在华北遭遇本土人群阻挡，后者人数更多、更强势、更适应本土的生态环境，占据了资源优裕的生态位，使前者只能止步、退却或者被同化吸收[22]。不同人群迁徙互动、竞争互鉴，这应该是旧石器时代中华大地人群繁衍、生存、融合、发展的主旋律，中华民族及其文明多元一体的远古根基就这样孕育、伸展并在后世变得根深叶茂。

五、中华民族及其文明形成的机理

为何华夏先民能长期在这片土地上生生不息，发展壮大，成为有强大生存力、向心力、有别于其他族群的中华民族？为何中华大地从旧石器时代传承下来的文化能延绵不绝，自成体系，演化成世界古文明中唯一不曾中断的中华文明？其外部条件与内在动因是什么？

一方水土养一方人。中国地处东亚中心，幅员辽阔，生态多样。生活在这样广袤地理空间的先民可以充分利用环境便利，获取各类动植物食材和生活资源，并在气候波动时做南北间和高程上的迁徙移动，趋利避害，维持生存。地质学和古环境学研究表明，东亚在更新世气候波动远逊于欧洲和美洲，即使在冰期，其寒冷程度也远不及欧美，甚至中国有无真正的冰期一直是学术界争论的话题[23]。这说明中国大部分地区在旧石器时代适宜人类生存繁衍，这是东方古人类能长期固守家园的环境条件。

中国地理位置相对独立，地貌、地理环境对中华民族及其文化特点的形成产生了重要影响。西有阿尔泰山、天山、昆仑山等高山耸立，西南有世界屋脊喜马拉雅山，西部、北部还有青藏高原、中亚沙漠和蒙古戈壁荒漠。它们虽不能完全构成人类迁徙的屏障，但在环境恶化时会对大规模人群迁徙构成挑战，主要困难是食物和饮水匮乏[24]。大陆东方面海，人类无法继续东迁，形成阻挡效应。在这样相对封闭的环境中，适宜期迁徙至此的早期直立人生存演化，形成具有区域特点的人群和文化。其间虽然会有少量人群移入、迁出，但大规模移民很少发生，新来的人群只能融入本土主体人群中，其体质特征和文化特点偶有存留，但无法成为主流。由于地理空间广大且资源充足，人群能保持生存繁盛和多样性，不至于特化和自生自灭。这样的演化过程在历史时期仍然存续。

中国、东亚古人群能连续演化，文化不断发展，还有内在原因，即特定的生存之道。笔者曾用“综合行为模式”表述中国、东亚古人类赖以生存发展的适应生存方式[25]，今日细思，可表述为“旧石器时代东方行为模式”。其涵盖的主要内容有以下六点。

（1）因地制宜，因陋就简。东方古人群充分利用便利条件，选择近水、向阳、易于获取石器原料和食物资源的环境生存；制作石器的原料就地取材，剥制石片时很少做预制处理，对工具加工简单随意，不追求规范化和精致化，一器多用，而且经常直接使用未经加工的石片。这与旧大陆西部古人类用两面技术系统制作对称的手斧，用勒瓦娄哇技术以特定流程预制石核、剥制标准化的石片，在经过预制的石核上以固定方向剥制长薄、两侧平行的石叶等做法相比，显示出不同的思维和技术追求。

（2）低限开发资源，与环境和谐发展。华夏古人群在资源利用方面很少刻意寻找优质石器原料并进行长期、深度开采；所使用的石器主要用于加工、砍伐、挖掘和肢解动物；所拥有的尖锋利刃、具有致命杀伤力的工具稀少，过度捕杀猎物的证据很少。这些表明华夏先民对可用资源仅做浅程度的开发，在客观上与生态环境保持和谐与友好。

（3）不断迁徙，趋利避害。多数遗址为短暂占据，出土遗物丰度相对小，表明东方古人群不断迁徙移动。当一个地区的资源——主要是食物趋于贫乏时，随即迁移他处以寻找新的资源。这种栖居方式增强了先民对气候变化的适应能力，不必把一个地方的资源开发到极致从而导致生态灾难，也不强迫技术和文化发生重大改进和调整，以便开发利用难于得到的资源。这样的后果之一是简单工具可以维持生计，技术创新的动力不足。

（4）机动灵活，简便务实。主要表现在就近取材、因材施法，根据原料特点采用不同的开发利用方式。例如北京猿人用效率低而浪费大的砸击法，开发周口店地区劣质而量丰的脉石英；而在三峡地区，面对大量圆钝、扁平、不易锤击剥片的河卵石，古人则用摔碰法撞击出边缘锋利的石片，或将石体一分为二，从而为进一步剥片和加工奠定基础。这些方法简便实用，没有太高的技术含量，但充分体现了先民灵活变通的聪明才智。

（5）开放包容，兼收并蓄。中国、东亚古人类在一个相对独立的空间中生存演化，但并非与外界完全隔离，人群迁徙、交流时有发生。中国南北方旧石器时代文化相互渗透，南方砾石石器体系中夹杂少量具有西方阿舍利技术特点的石制品组合，北方小石片石器文化同来自西方与北方的莫斯特、石叶技术遗存并存，且出现装饰品等源自西方元素的文化现象等，都说明东方古人类的开放包容，对外来人群与文化并非一概排斥，而是兼收并蓄，为生存演化、文化发展注入新活力。

（6）进取创新，发展增益。透过石器文化缓慢发展的表层，我们仍可在中国、东亚古人类身上看到进取、创新、不断演进的一面，这主要表现在克服劣质石器原料的困难和剥片技术不断成熟、石器加工不断精良和开发利用不同材质原料等方面。在周口店第1地点，五六十万年前的北京猿人依赖简单的砸击法从脉石英团块上打下石片用以加工石器。而在其后的第15地点，同样面对脉石英石材，锤击打片却变为主要方法，生产的石片和石器更加规范、精致。在周口店第15地点、许家窑、丁村、灵井等遗址，出现在盘状石核上交互打击剥取相对规整石片的技术，较之以前随机剥片模式无疑是技术的改良与创新。宁夏水洞沟第2地点在传统小石片体系中出现石器加工的系统化和精细化，在贵州桐梓马鞍山遗址约3.4万年前的地层出现精细加工的磨制骨器；等等。这些都是东亚古人类不断创新进取的明证。

考古研究的要义是透物见人。“旧石器时代东方行为模式”不一定适合所有时期和所有东方人群，但它在一定程度上揭示了东方古人有别于西方人群的认知模式、技术特点、行为方式和生存方略。这些文化特点和行为模式的铸就，是环境背景、资源条件、社会结构、人际关系、思维习惯、文化传统等因素综合作用的结果，一旦形成，就有了强大生命力、裹挟力和延续性，对中华民族及其文明的形成产生深远影响。现如今，中国的一把菜刀能把各类食材加工成各种方寸和形态，而西方的厨刀则须分门别类，业有专攻；东方人用一双筷子能吃尽天下美食，西方人却要用刀叉勺搭配使用。其中没有文化的优劣，但有思维与习惯的不同。这种差别，折射出史前与历史时期东西方文化与技术长期分异的影子。

中华文明源远流长，有深厚、复杂的历史根基和久远、强大的文化基因。中华民族屹立于世界东方，中华文明五千年连续发展而不断裂[26]，其根系可以追溯到旧石器时代。古人类在华夏大地已有200多万年的演化历史，从直立人一路走来，生生不息，绵延不绝；东方旧石器时代文化特色鲜明，丰富多彩，兼收并蓄，一脉相传，使中华民族及其文明根基深植大地，吸收了东方水土的滋养并孕育了文化的基因。历史的轴线在这里被拉伸、延展，并贯连起东方人类的古与今。

华夏民族的祖先与中华文明的根基，历经百万年未中断且历久弥新，这应成为考古界、史学界的共识。“夏商周断代工程”和“中华文明探源工程”业已取得骄人成就，但中华文明并非一蹴而就，相关探索应继续向更久远的旧石器时代推进。我们应以“东方人类故乡”为题设立重大研究专项，汇集考古学、遗传学、人类学、古环境学和年代学诸领域的科研力量和科技条件协同攻关，从源头上厘清中华大地人类起源、演化及文明孕育、发展的脉络和动因，让历史不再模糊，过程不再缺环，原因不再混沌，争议不再纷扰；使我们更好认识源远流长、博大精深的中华文明，展示中华文明起源和发展的历史轨迹，彰显华夏民族及其文化对世界的重大贡献。

参考文献

[1] 习近平. 建设中国特色中国风格中国气派的考古学 更好认识源远流长博大精深的中华文明. 求是，2020（23）.

[2] 吴新智，徐欣. 探秘远古人类. 北京：外语教学与研究出版社，2015.

[3] Ni X J, Li Q, Li L Z, et al. Oligocene Primates from China Reveal Divergence Between African and Asian Primate Evolution. Science, 2016, 352(6286): 673-677.

[4] Weidenreich F. Apes, Giants, and Man. Chicago: The University of Chicago Press, 1946.

[5] 吴汝康，贾兰坡. 中国发现的各种人类化石及其在人类进化上的意义. 科学通报，1955（1）：23-29.

[6] 吴新智，张银运. 中国古人类综合研究//中国科学院古脊椎动物与古人类研究所. 古人类论文集——纪念恩格斯《劳动在从猿到人转变过程中的作用》写作一百周年报告会论文汇编. 北京：科学出版社，1978：28-42.

[7] Cann R L, Stoneking M, Wilson A C. Mitochondrial DNA and Human Evolution. Nature, 1987, 325(6099): 31-36.

[8] 高星，张晓凌，杨东亚，等. 现代中国人起源与人类演化的区域性多样化模式. 中国科学：地球科学，2010，40（9）：1287-1300.

[9] 吴新智. 从中国晚期智人颅牙特征看中国现代人起源. 人类学学报，1998，17（4）：276-282.

[10] Wu X J, Pei S W, Cai Y J, et al. Archaic Human Remains from Hualongdong, China, and Middle Pleistocene Human Continuity and Variation. PNAS, 2019, 116(20): 9820-9824.

[11] 吴新智. 大荔中更新世人类颅骨. 北京：科学出版社，2020.

[12] 刘武，吴秀杰，邢松. 更新世中期中国古人类演化区域连续性与多样性的化石证据. 人类学学报，2019，38（4）：473-490.

[13] Harmand S, Lesis J E, Feibel C S, et al. 3.3-million-year-old Stone Tools from Lomekwi 3, West Turkana, Kenya. Nature, 2015, 521(7552): 310-315.

[14] 高星. 更新世东亚人群连续演化的考古证据及相关问题论述. 人类学学报，2014，33（3）：237-253.

[15] Movius H L. The Lower Paleolithic Cultures of Southern and Eastern Asia. Transactions of the American Philosophical Society, 1948, 38(4): 329-420.

[16] Bar-Yosef O, Wang Y P. Paleolithic Archaeology in China. Annual Review of Anthropology, 2012, 41: 319-335.

[17] 高星. 中国旧石器时代手斧的特点与意义. 人类学学报，2012，31（2）：97-112.

[18] Yang M A, Fan X C, Sun B, et al. Ancient DNA Indicates Human Population Shifts and Admixture in Northern and Southern China. Science, 2020, 369(6501): 282-288.

[19] Yang M A, Gao X, Theunert C, et al. 40000-Year-Old Individual from Asia Provides Insight into Early Population Structure in Eurasia. Current Biology, 2017, 27(20): 3202-3208.

[20] Zhang D J, Xia H, Chen F H, et al. Denisovan DNA in Late Pleistocene Sediments from Baishiya Karst Cave on the Tibetan Plateau. Science, 2020, 370(6516): 584-587.

[21] 李锋，高星. 东亚现代人来源的考古学思考：证据与解释. 人类学学报，2018，37（2）：176-191.

[22] Li F, Chen F Y, Wang Y H, et al. Technology Diffsion and Population Migration Reflcted in Blade Technologies in Northern China in the Late Pleistocene. Science China: Earth Sciences, 2016, 59(8): 1540-1553.

[23] 刘东生. 黄土与干旱环境. 合肥：安徽科学技术出版社，2009.

[24] Dennell R. The Palaeolithic Settlement of Asia. Cambridge: Cambridge University Press, 2009.

[25] 高星，裴树文. 中国古人类石器技术与生存模式的考古学阐释. 第四纪研究，2006，26（4）：504-513.

[26] 刘庆柱. 不断裂的文明史：对中国国家认同的五千年考古学解读. 成都：四川人民出版社，2020.

（原载于《历史研究》2021年第1期）

中国现代人起源与演化的考古学思考

一、引　言

30多年来，现代人的起源与演化一直是古人类学研究中最为重要和讨论最广泛的问题，也是大众媒体关注的焦点之一。长期以来，对这些问题的讨论和争论主要集中在两个针锋相对的理论模型上，即“近期出自非洲”假说（也被称为“单一起源”或“完全替代”假说）和“多地区起源”假说[1]。最近，越来越多的化石、基因和文化证据清晰地表明现代人的起源和演化是一个极其复杂的过程，曾被认为灭绝、与我们现代人完全无关的一些古老人群，如尼安德特人和丹尼索瓦人，实际上为我们当今人类的基因库贡献了一定量的、可识别的遗传物质[2]；并且这种杂交在现代人的形成中发挥了重要的作用。因此，现代人起源的模型也得到了相应修正，所谓的“同化模型”得到了越来越多的关注和支持[3]。

从考古学的角度来看，物质文化中所记录的现代行为出现在不同地区的不同时间，这与化石和遗传记录并不总是同步的。行为现代性并不只与解剖学上的现代人有关，故而，一些学者逐渐将研究重点转向了行为多样性[4]。

近年来，我国在古人类学、考古学和分子生物学的多学科研究方面取得了很大的进展。尽管中国主流遗传学家仍然坚持认为，现代中国人是大约5万年前到达中国南部的非洲移民的直接后裔，但化石证据表明，中国从古老类型人类到现代人的演化是一个连续的过程。更为重要的是，这一过程是镶嵌的过程：某些现代人的形态特征出现得相当早，其在中更新世晚期和晚更新世早期的古人类化石记录便有所显示[5]。早在大约距今10万年之时，具有完全现代智人形态的古人类就生活在中国的南部和中部[6]。

重建自中国北方北京附近田园洞的一个早期现代人的DNA序列表明，此个体是当今许多亚洲人和美洲原住民的祖先，但处于亚洲人与欧洲人分化之后的时间[7]。旧石器时代考古学的证据也表明，自旧石器时代早期以来，中国和东亚地区的石器技术连续发展。一些遗传学家认为距今10万～5万年间存在明显的化石和考古记录空白期，以此支持“出自非洲”假说[8]，但考古学记录和化石记录表明这一10万～5万年间的空白期并不存在。这意味着中国在这一时期没有发生人群的总体更替[9]。这些新发现和研究进展，特别是多学科和越来越多的跨学科研究取得的成果，使该地区现代人的起源和演化过程变得更加清晰，也揭示出了更多的细节[10]。然而，关于现代人起源的假说以及化石和遗传证据中一些缺失环节仍然存在争议，有时还存在对同一证据的不同解释。

二、中国人类演化区域连续性的考古学证据

在早期关于现代人类起源的争论中，中国的考古学家基本上保持沉默。遗传学家提出中国约10万～5万年间的演化空白以支持人群替换假说，一些古人类学家开始从旧石器时代的考古记录中寻找证据来反驳这一说法[11]。随后，一些考古学家逐渐加入，并开始为这一生机勃勃但有争议的讨论做出贡献[12]。

高星[13]系统地综合了中国更新世的文化遗存，指出中国旧石器时代工业的发展是一个不间断的发展轨迹，表明该地区更新世古人类生存和演化的连续性。通过对所谓的“西方文化元素”的研究，如勒瓦娄哇产品、似阿舍利式组合和石叶工具，表明这些元素从未成为中国旧石器时代石制品生产的主流，更未取代本地的石器技术综合体，而可能被当地已存在的物质文化同化了。这些证据为中国更新世古人类的“连续演化附带杂交”假说提供了考古学支持，而非“近期出自非洲”模式。考古学研究表明，部分分子生物学家提出的中国距今10万～5万年间存在演化空白期的说法是错误的，因为随着测年技术的改进，特别是光释光测年方法的应用，一些遗址的年代落在这一时间间隔内。此外，中国的古环境重建表明，该地区的环境并不像“近期出自非洲”模式的支持者所认为的那样严酷，尤其是中国的中部和南部。

宁夏水洞沟遗址群出土的大量考古材料为有关文化连续性、行为现代性和多样性以及特定地区移民人群产生影响的讨论提供了大量的信息。水洞沟遗址群位于鄂尔多斯沙漠西南边缘，银川市东南28千米，黄河以东10千米。该遗址群共发现12处地点，多数埋藏在砂质粉砂沉积物中，年代在晚更新世。自2003年以来，在多个地点开展了新的多学科研究。目前已积累的大量研究成果表明，水洞沟地区的古人类群体在此处生存的时间跨度远比之前预计的要长得多，他们采用了复杂且成功的行为和技术策略[14]。

这些综合信息讲述了大约距今4万年以来东亚古人类适应、迁徙、文化交流和技术演化的复杂故事[15]。水洞沟第1、第2和第9地点下部文化层位出土石制品的研究表明，约距今4.5万～4万年带有勒瓦娄哇特征的石叶技术（旧石器时代晚期初段工业，或称IUP）出现在这一地区。与西伯利亚和中亚相似发现的技术比较研究显示，这类石制品指示了人群从西部或北部向水洞沟地区的扩散[15]。然而，这一技术综合体在该地区

并未持续下去，其对当地石制品技术形成的影响很小，最终可能被当地的石核石片技术所取代[16]。

这些石核石片工具大部分出土于水洞沟第2地点中上部层位，覆盖在IUP文化层上，其出现在距今约3.3万年，并一直持续到约2.7万年前。这一时期的石核石片组合具有较为一致的工艺和形态特征，包括相对简单的石片生产和以刮削器为主的工具组合。这些石核石片技术组合不包含系统生产石叶或勒瓦娄哇产品的证据。但在不同层位石核石片组合发展序列中存在一些明显的技术变化和创新[17]。举例而言，在第2文化层（AL2）中，除了用河卵石生产的石制品，还发现了一些由高质量的燧石制成的石制品，这些燧石石制品未发现砾石面石皮。研究表明，在遗址附近的河岸和古老的阶地砾石沉积物中很容易找到卵石原料，但在遗址附近未发现高质量的燧石原料。这些高质量燧石应该来自距遗址有一定距离的初级来源，并且古人类可能针对此种优质原料应用了软锤技术。以石片为毛坯加工精细的端刮器出现在上部文化层中（AL1和2），不见于早期文化层中。这些特征揭示出了该地区石核-石片技术连续发展的清晰轨迹，以及这一长期存在的石核-石片组合的技术改进（图一）。

除了多样的石核-石片技术综合体外，水洞沟遗址群还发现了丰富的其他文化遗存和行为证据，包括骨器、装饰品、火塘、复杂的空间组织、石料热处理以及植物性

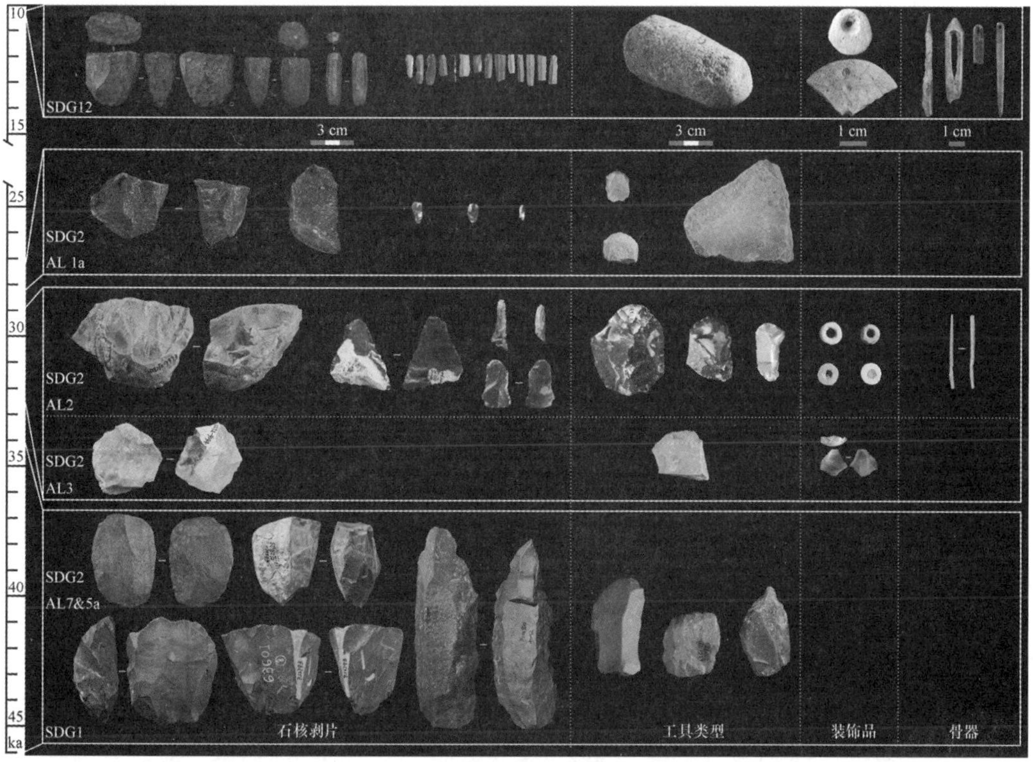

图一　水洞沟遗址群的技术类型学序列[18]

食物的采集和加工[19]。包括骨制品的制作、个体装饰品的系统使用、火塘的广泛使用、居住场所内独特的功能空间组织以及植物性食物的广泛开发在内的这些进步文化行为，通常被认为是现代人行为或行为现代性的表现。它们为分析中国和东亚地区早期现代人的起源和演化提供了线索和视角。这种现代人行为证据出现在本地石核-石片技术综合体内暗示着石核-石片技术的被替代并未发生。相反，至少有一些当地人群保持着前进的势头进入了通往现代人的演化之路。

中国中部河南省郑州地区新发现的一批遗址为中国旧石器时代文化发展的区域连续性和行为现代性的出现提供了更多的证据。这类遗址包括织机洞、老奶奶庙、赵庄等。这些遗址出土的丰富的石制品和动物群材料以及火塘可以追溯到大约5万～3.5万年前。这些考古遗存表明，人类行为在氧同位素3阶段（MIS 3）初期经历了显著的变化，主要体现在原材料的长距离运输、工具的多样性以及活动区域的扩大上。然而，石制品技术本身的变化不大，与之前一样，简单的石核-石片技术一直延续使用[20]。

值得一提的是，赵庄遗址发现了一处特别的迹象。在毗邻一个石制品制作场所的位置，超过5000件石英和石英砂岩石制品被堆放在一起，其上摆放着一个大象头骨。当象头被发现时，其处于破碎状态，这可能是沉积后的过程，也可能是人类行为所致。这些石英砂岩大部分埋藏在象头之下，但也有一些分布在头骨周围。研究者认为这个石堆是用来支撑大象头骨的。这些大块的紫红色石英砂岩是从距离约5千米远的一处基岩出露处采集并搬运到遗址的[21]。显然，运输到遗址的这些石头是为了建造石头"基础"或基座，而非生产具有实用功能的石制品，这可能暗示着某种仪式活动的存在。

为了解释中国古人类连续演化的可行性和动态机制，学者提出了一个"综合行为模型"[22]，该模型支持土著人口具有生存能力并演化为现代人的论点。该模型为中国旧石器时代石器工业的稳定发展和独特特征提供了如下观察和解释。

（1）环境的稳定性和人类演化的连续性。更新世期间，中国受季风气候的影响。对黄土沉积序列和动物群区系组合的研究表明，虽然气候波动是周期性的，但该地区的环境条件相对稳定，大部分区域适宜人类居住。

（2）低强度资源开发和高频流动性。该地区发现的大多数旧石器时代遗址多代表着季节性的短期的占据，与之相关的人工制品大多简单，在技术、类型学和形态方面具有相同的基本特征，这可能表明生活在该地区的人类群体保持着简单和"容易"的觅食生活方式。也就是说，他们对自然资源的开发强度保持在较低的水平上，生存压力较小，似无必要创新石器技术以提高效率或开发利用较难开发的资源。

（3）石器技术和适应的高度灵活性。优质石料和合适的采石场遗址的稀缺迫使生活在该地区的旧石器时代人类充分利用低质量和本地可获的原材料。在处理这些在岩性和形态上表现出极大变化的原料时，他们学会了高度灵活，并使用简单但合适、有效的方法来生产工具毛坯和制造工具。例如，周口店附近河床中蕴藏着大量难处理的石英原料，为利用这种原料，人们采用了砸击技术；在长江三峡地区，古人类发明了专门的“摔碰法”来开采高度磨圆的河卵石。

对人类独特的行为模式和社会属性的观察和分析也为了解不同人类群体的地理隔离性质以及将不同时间生活在不同地区的人群维持在单一生物物种的可能性等问题提供了有益的见解[23]。考古学研究表明，人类种群的生物隔离并不一定会排除文化交流和技术的共享，以及可能的技术趋同。

三、中国北方的人群迁移与互动证据

考虑到中国幅员辽阔，地形和环境变化很大，区域连续性不可能构成中国现代人起源和演化的全部故事。人群迁移和杂交也起到了重要作用（图二）。

过去人们主要基于遗传学研究提出了中国早期现代人自南向北的扩散路线[24]。从年代学的角度来看，中国的人类化石记录似乎支持这一假设[25]。例如，所有已知的最早的现代人化石都是在中国南部和中部发现的，如福岩洞[26]、陆那洞[27]和黄龙洞[28]，目前其年代都在距今12万～7万年间。中国北方发现的最早的现代人化石来自田园洞，对化石的直接测年显示其距今约4万年[29]。最新修订的周口店山顶洞的年代表明，洞穴内发现的现代人遗骸的年代可能不晚于距今3.5万～3.3万年[30]。

然而，山顶洞和田园洞人类化石的对比研究表明，它们与欧亚大陆西部同时代的类群关系紧密[31]。最近的一项基因研究发现，田园洞个体与来自比利时的3.5万年前的欧洲个体拥有一些相近的等位基因[32]。结合中国北方与欧亚大陆西侧古人类学和考古学材料的一些相似性，李锋等提出山顶洞和田园洞现代人很可能是沿着“北线”横跨欧亚大陆扩散事件的一部分。部分学者也提出了相近观点[33]。最近，学者又论证了一条较早的北方扩散路线[34]，即早期现代人向东到西伯利亚，最终向南进入中国北方地区。

其他可能表明现代人通过北部路线扩散的证据来自于宁夏水洞沟和西藏尼阿底遗址。在水洞沟遗址技术综合体的下部文化层位中发现了反映大石叶生产的组合[35]。这种石叶技术结合了勒瓦娄哇和棱柱状技术生产石叶，可以追溯到大约4.5万～3.5万年前，属于欧亚大陆东部的旧石器时代晚期初段。考虑到来自水洞沟以西地区的相似发现时代较早，一些学者认为这种技术是自西伯利亚阿尔泰地区和/或蒙古北部扩散而来[36]。有意思的是，IUP遗存的持续时间很短，分布范围仅限于中国西北部，其在华北东部未有发现；相反，石核-石片技术在大约2.5万年出现细石叶技术前的旧石器时代晚期一直占据主导地位。李锋等[37]基于石叶工业和简单石核-石片工业的地理分布，

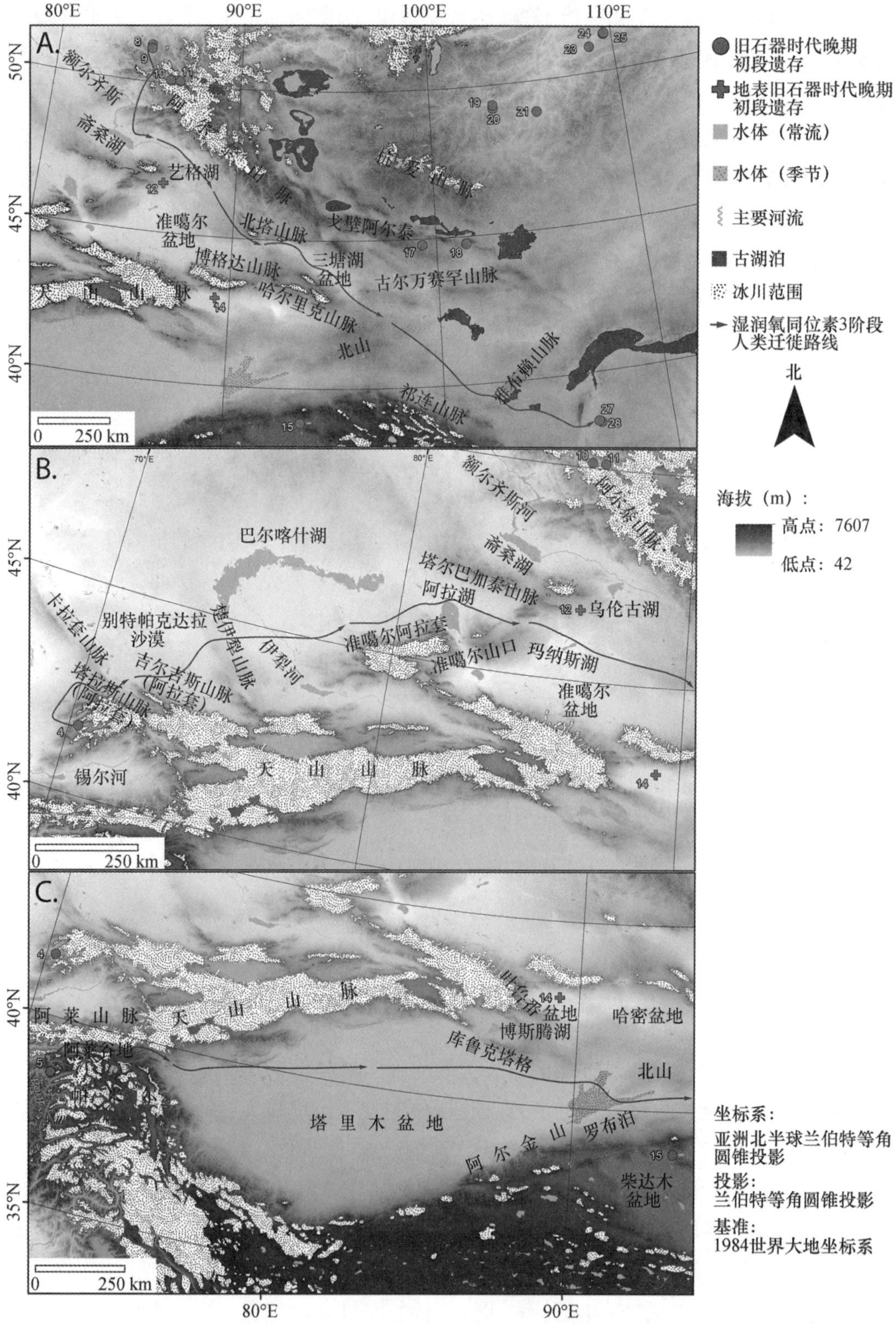

图二　现代人在东北亚可能的扩散路线[38]

提出了晚更新世晚期石制品技术多样性所反映的人口结构模型：早期的旧石器时代晚期组合暗示人群自西部的扩散；而简单石核-石片技术组合则指示了中国北方地方群体的连续演化。西藏尼阿底遗址的石叶组合主要是典型旧石器时代晚期的棱柱状石叶生产技术。由于这种技术少见于中国北方，而西伯利亚阿尔泰地区和蒙古的类似遗存较早，学者们将他们关联，指示了自北部的技术扩散[39]。

此外，根据田园洞个体中部分尼安德特人基因片段的存在以及形态上的相似性也暗示了整个欧亚大陆不同人群的互动关系[40]。最近，内蒙古金斯泰[41]和新疆通天洞[42]发现石制品的技术研究结果增加了旧石器时代中期（Mousterian）传播的额外证据。在这些洞穴遗址中发现的莫斯特风格的组合，包括典型的勒瓦娄哇产品和具有莫斯特风格的工具。在欧洲、高加索和中亚的许多地区，典型的莫斯特工业通常与尼安德特人化石共生[43]。通过对金斯泰石制品组合与西伯利亚阿尔泰等最邻近地区的组合进行比较，学者推测中国北方的莫斯特组合很有可能是尼安德特人制作的[44]。最近在阿尔泰地区的研究清晰地揭示出了现代人、尼安德特人和丹尼索瓦人之间复杂的遗传交流历史[45]。虽然确定中国北方是否存在尼安德特人尚有待化石或分子证据验证，但中国北方发现的莫斯特石制品组合及一些人类化石标本（如灵井、许家窑等）上发现的尼安德特人形态特征，表明中国北方晚更新世古人类扩散具有复杂性，同时也表明不同人群间可能存在基因交流和技术互动。

四、骨器、装饰品等行为现代性表现

磨制骨器和个人装饰品被认为是现代人的文化标志。此类旧石器时代晚期的文化遗存与中国传统的石核-石片及砾石工具一起，为讨论现代人行为的本质以及行为现代性与文化多样性之间的复杂关系增加了丰富的素材。

中国北方周口店山顶洞遗址是讨论考古发现与该地区行为现代性出现之间关系的绝佳案例。该洞穴中发现了磨制骨器、有雕刻痕迹的鹿角、个人装饰品和赭石的使用，上述发现与早期现代人的头骨和简单的石核-石片工具共存。磨制骨器包括精致磨制的具有针眼的骨针，表明了遗址存在复杂的骨质工具制作技术。个人装饰品包括穿孔的卵石、穿孔的哺乳动物牙齿、骨管和穿孔的贝壳[46]。该遗址的文化层最近被相对可靠地测定为不晚于距今3.5万～3.3万年，出土了中国北方已知最早的磨制骨器和装饰品[47]。古朴的简单石核-石片工具与早期现代人化石、骨器、鹿角雕刻、个人装饰品和赭石的使用等同时出现同一文化层，这清晰地表明石器工业本身可能不足以确定特定人群的身份，如古老类型人类和现代人。这种现象再次说明，人类独特的生物和文化协同演化路径讲述着不同的故事，只有交叉和整合才能更为充分地理解人类起源和演化的本质。

水洞沟遗址群也发现一些个人装饰品。该遗址群出土的最早装饰品是来自水洞沟第2地点第三文化层中的穿孔淡水贝壳，年代为距今约3.4万～3.3万年[47]。第2、7和8地点较晚的文化层发现93件鸵鸟蛋壳串珠[48]。它们大多来自第2地点的第二文化层，距今约3.3万～3.1万年。第2地点的串珠中既有制作精良者，也有制作粗糙者。详细的形态和技术分析表明，这些串珠是使用已灭绝的安氏鸵鸟（*Struthio anderssoni*）蛋皮制作的。通过显微镜观察、形态分析和实验复制，串珠在形态、尺寸、工艺和风格上具有明显的差异。研究结果表明，水洞沟的串珠制作技术与大多数非洲石器时代中、晚期遗址使用的技术相似，并且这种技术在民族志中也有记载。钻孔试验表明，有柄的尖状器可能是用来钻孔的工具。部分串珠的内外表面有精心打磨过的痕迹。这些鸵鸟蛋壳串珠的形态和制作技术表明，不同类型的珠子可能是由不同的个体工匠制作的；旧石器时代晚期，可能有多个人类群体造访过水洞沟遗址，并制作和使用了不同的串珠[49]。这些人在任何意义上都是现代人，但他们却仍然制作和使用简单石核-石片工具，然而与早期的、更简单的石核-石片工具相比，水洞沟的石核-石片技术明显进步了，这也表明此种技术组合长期以来持续在中国北方存在。

中国南方贵州马鞍山洞穴遗址发现了较早的磨制骨器，遗址的三个文化层共出土17件骨器。第6层中发现了3件骨锥，其年代为距今3.5万年；第5层发现了6件可能是骨矛头或骨锥的骨器以及1件骨质切削工具，其年代为距今3.4万年；第3层年代为距今约2.3万～1.8万年，发现了两种类型的带倒刺尖状器。这些骨器是通过刮、磨和抛光相结合而制成的。贵州马鞍山遗址的骨器代表目前中国最古老的成熟骨器工业之一，其中带倒刺的骨尖状器是目前非洲以外此类产品已知的、无可争辩的最古老发现（图三）[50]。

成熟的骨质工具在旧石器时代晚期的欧洲考古遗址中几乎无处不在，长期以来它们被认为是大约4万年前从非洲移民而来的解剖学上现代人的一种创新[51]。距今约3.5万年在中国出现的磨制骨器所展示的文化转换速率（rates of cultural turnover）与欧洲旧石器时代晚期所观察到的此种现象可类比，表明这一关键文化创新的出现更应该被理解成是一个发生在不同时间和不同地区的复杂且不连续的过程。这种现象需要在区域视角下理解和检视，扩散和独立起源皆有可能[52]。含有早期磨制骨器的北方周口店山顶洞和南方马鞍山两处遗址反映了类似的文化模式，也就是说，复杂的骨质工具与很长一段时间保持相对不变的简单石器技术共存。这再一次表明中国旧石器时代晚期文化的复杂性和人类行为现代性物质表达的不确定性。

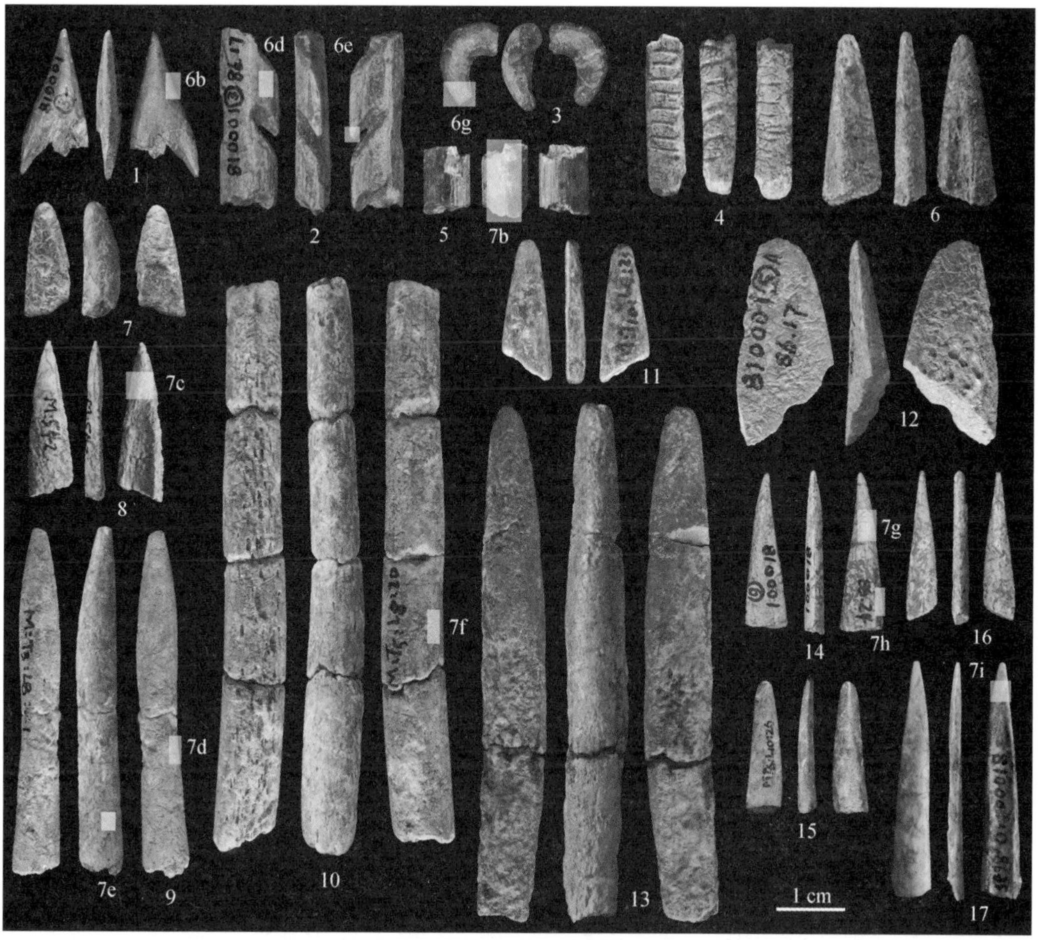

图三　贵州马鞍山遗址发现的骨器[53]

五、早期现代人具有前所未有适应能力的证据

现代人在晚更新世期间发展迅速。随着身体能力、认知能力、技术和社会组织能力的提高，人类成功地实现了生物地理扩张，最终甚至扩展到极端高海拔的环境。成功适应高海拔环境给人类带来严峻的生物学挑战。青藏高原是人类居住的最高和最具挑战性的环境之一。高海拔、缺氧、全年低温和低降雨量的结合对人类生存而言是一个极具挑战性的环境。考古证据表明，它是现代智人殖民的最后陆地栖息地之一，并且如今的青藏高原也是地球上仅次于南极洲和格陵兰岛的第三人口稀少之地。人类在青藏高原上的生存活动为早期现代人前所未有的适应能力提供了强有力的证据。

直到最近，还未有确凿证据表明在全新世之前，青藏高原腹地曾有人居住，仅在青藏高原边缘发现了几处年代相对可靠的更新世考古遗址[54]。2013年，位于西藏腹地那曲地区错鄂古湖阶地的尼阿底旷野遗址被发现，2016～2018年该遗址得以正式发掘。野外工作和实验室分析得出了与埋藏石制品直接相关的多个可靠年代数据，将人类占据该地区的历史追溯到距今约4万～3万年。该遗址海拔近4600米，是全球迄今为止确认的海拔最高的旧石器时代考古遗址。遗址发掘面积20平方米，出土石制品3683件。石制品组合包括91件石叶石核、57件石片石核、499件石叶、1814件石片、195件工具和1027件断块（图四）。板岩原料来自尼阿底山附近的一处岩石露头。通过对出土石制品和附近露头处采集的岩石的岩相切片进行比较分析，研究人员认为尼阿底的古代居民开发了尼阿底上西坡裸露的细粒板岩并进行了充分的打制利用[55]。

尼阿底石器技术复合体的一个重要特点是石叶来自棱柱状石核，而非勒瓦娄哇石核。剥片面长宽与石叶石核长宽、长厚的比较分析表明，打制者倾向于从石核窄长的面剥制石叶。尼阿底组合以单向剥片为主，石叶尺寸差异较大。石制品组合主要由石片、石叶、石核和断块组成，精致工具相对较少（仅占5.3%）。精心修理过的工具很

图四　尼阿底遗址出土的石制品[56]

A. 工具：1、2石锥和边刮器，出土自第1层；3、4边刮器，出土自第3层　B. 石片：5、6出土自第1层；7、8出土自第2层；9、10出土自第3层　C. 石叶石核：11、12出土自第1层；13出土自第2层；14～16出土自第3层　D. 石叶：17出土自第1层；18、19出土自第2层；20～22出土自第3层

少，大多为权宜修理。尼阿底丰富的棱柱状石叶石核在中国几乎是独一无二的。技术上，尼阿底石制品组合与西伯利亚南部和蒙古北部的旧石器时代晚期早段（EUP）的石制品组合最为相似，与中国北方常见的石制品组合不同。尼阿底遗址发现的石叶石核、石叶、工具，以及采用单向和对向方法生产大、中尺寸的石叶的这些特点，与西伯利亚阿尔泰和蒙古地区的旧石器时代晚期早段遗址有很多相似性，如阿尔泰的卡拉波（Kara-Bom）遗址（技术变体1）和蒙古的托尔堡21号（Tolbor-21）地点（第三层）[57]。

对尼阿底遗址的研究在很大程度上延伸了人类在"世界屋脊"生存的历史，也大大延伸了人类在高海拔地区生活的历史。这表明，尽管在低温和低氧条件下，至少4万~3万年前的晚更新世时期，狩猎采集者已经生活在了极端高海拔的青藏高原环境中。因此，尼阿底遗址创造了现代人演化史上史前人类征服最具挑战性环境之一的新记录，远早于目前来自安第斯山脉的高海拔殖民证据[58]。

六、讨论与结语

在过去的30年里，关于现代人起源的假说一直备受争议，而两种针锋相对的模型——"近期出自非洲"和"多地区演化"范式主导了此领域数十年的研究和讨论。来自中国的证据在这场辩论中发挥了重要作用：古人类学家和遗传学家分别提出了支持区域连续演化和非洲移民替代的证据。中国新近发现的人类化石、旧石器时代考古资料和古DNA证据为该地区现代人的起源和演化提供了大量信息，并在这一广泛讨论的研究问题上取得了坚实的进展。

古人类学和旧石器时代考古学的新发现极大地改变了关于现代人起源、演化和适应的理论观点。从解剖学的角度看，在中国发现的一些古代智人类群，如以华龙洞、大荔、金牛山、盘县大洞、许家窑和许昌遗址[59]为代表的化石，呈现出镶嵌或过渡的特征，许家窑和许昌的人类化石还暗示着其与尼安德特人和丹尼索瓦人的基因混合。与华北地区传统石核-石片技术和华南地区砾石工具技术的持续发展一道，这些证据为中国现代人演化的"连续进化附带杂交"模式提供了证据。然而，周口店山顶洞和田园洞早期现代人的形态学和遗传学证据又显示了他们与欧亚大陆西部的其他古人类群体（包括现代人群体和古老类型人类群体）有着非常复杂的遗传和杂交历史。

距今约4万年，中国北方的一些遗址出现了以石叶为基础的技术综合体，其与南西伯利亚和中亚的石器工业有技术联系，可能是人类迁移和杂交的结果。综合目前的考古发现，传统石核-石片组合与磨制骨器和装饰品在华北的共存、砾石石器工业与骨器在中国南方的共同发展等文化面貌反映了一个非常复杂的现代人起源与演化图景。

然而，这个模型的准确性仍受到许多问题的制约，比如现代人起源及其在中国北方扩散的相关研究数据仍不够充足，距今约10万～5万年间中国人类化石记录有所缺失，以及考古组合和特定人类群体之间存在不确定的关系。很明显，今后中国北方旧石器时代考古研究的一项任务便是寻找更多的考古遗址和可追溯到距今约10万～3万年的人类化石。

现代人起源和演化的研究是一项涉及众多学科领域的多学科研究，其涉及的每一个学科都有其特有的优势和劣势[60]。考古材料数量众多，远比人类化石丰富，虽然只有后者可以提供形态学和遗传信息，但物质文化仍然可以提供大量的信息帮助回答人类起源与演化的相关问题，如人类何时第一次出现在某一特定的地区，他们往何处扩散，人类在某一地区的演化连续与否，他们利用了什么样的生态系统和适应策略，以及古人类群体之间是否发生了相互交流。然而，考古材料的劣势在于它缺乏与特定的人类祖先群体或古人类演化阶段的明确对应关系。此外，文化行为可以由环境和原料的可获得性来塑造，这表明文化变化机制的差异性很大，与体质和遗传进化的相关性较弱。因此，加强传统古人类学、考古学研究领域与新兴的分子生物学领域之间的交流与互动，了解各学科的特长和局限，开展跨学科研究和综合研究，是未来人类起源和演化研究发展的正确方向。

致谢：笔者感谢与我们一起参与相关研究工作的同事，他们是彭菲、陈福友、张乐、张双权、裴树文、仪明洁、魏屹、王惠民、史蒂文·库恩（Steven Kuhn）、阿里娜·哈茨诺维奇（Arina Khatsenovich）等。

参考文献

［1］ Cann R L, Stoneking M, Wilson A C. Mitochondrial DNA and Human Evolution. Nature, 1987, 325(6099): 31-36; Stringer C B. Reconstructing Recent Human Evolution. Philosophical Transactions: Biological Sciences, 1992, 337(1280): 217-224; Stringer C. Modern Human Origins: Progress and Prospects. Philosophical Transactions: Biological Sciences, 2002, 357(1420): 563-579; Wolpoff M H, Wu X Z, Thorne A G. Modern *Homo sapiens* Origins: A General Theory of Hominid Evolution Involving the Fossil Evidence from East Asia//Smith F H, Spencer F. The Origins of Modern Humans: A World Survey of the Fossil Evidence. New York: Alan R Liss Inc, 1984: 411-483; Wolpoff M H, Hawks J, Caspari R. Multiregional, Not Multiple Origins. American Journal of Physical Anthropology, 2000, 112(1): 129-136; 吴新智. 从中国晚期智人颅牙特征看中国现代人起源. 人类学学报，1998，17（4）：276-282；吴新智. 现代人起源的多地区进化学说在中国的证实. 第四纪研究，2006，26（5）：702-709；Gao X, Zhang X L, Yang D Y, et al. Revisiting the Origin of Modern Humans in China and Its Implications for Global Human Evolution. Science China: Earth Sciences, 2010, 53(12): 1927-1940.

[2] Green R E, Krause J, Briggs A W, et al. A Draft Sequence of the Neandertal Genome. Science, 2010, 328(5979): 710-722; Fu Q M, Li H, Moorjani P, et al. Genome Sequence of a 45,000-year-old Modern Human from Western Siberia. Nature, 2014, 514(7523): 445-449; Fu Q M, Hajdinjak M, Moldovan O T, et al. An Early Modern Human from Romania with a Recent Neanderthal Ancestor. Nature, 2015, 524(7564): 216-219; Vernot B, Akey J M. Resurrecting Surviving Neandertal Lineages from Modern Human Genomes. Science, 2014, 343(6174): 1017-1021.

[3] Smith F H, Falsetti A B, Donnelly S M. Modern Human Origins. American Journal of Physical Anthropology, 1989, 32(S10): 35-68; Smith F H, Janković I, Karavanić I. The Assimilation Model, Modern Human Origins in Europe, and the Extinction of Neandertals. Quaternary International, 2005, 137(1): 7-19; Gao X, Peng F, Fu Q M, et al. New Progress in Understanding the Origins of Modern Humans in China. Science China: Earth Sciences, 2017, 60(12): 2160-2170.

[4] Shea J J. *Homo sapiens* Is as *Homo sapiens* Was: Behavioral Variability Versus “Behavioral Modernity” in Paleolithic Archaeology. Current Anthropology, 2011, 52(1): 1-35.

[5] Liu W, Jin C Z, Zhang Y Q, et al. Human Remains from Zhirendong, South China, and Modern Human Emergence in East Asia. PNAS, 2010, 107(45): 19201-19206; Li Z Y, Wu X J, Zhou L P, et al. Late Pleistocene Archaic Human Crania from Xuchang, China. Science, 2017, 355(6328): 969-972.

[6] 刘武，武仙竹，李宜垠，等. 湖北郧西黄龙洞古人类用火证据. 科学通报，2008（24）：3096-3103；Liu W, Martinón-Torres M, Cai Y J, et al. The Earliest Unequivocally Modern Humans in Southern China. Nature, 2015, 526(7575): 696-699; Liu W, Schepartz L A, Xing S, et al. Late Middle Pleistocene Hominin Teeth from Panxian Dadong, South China. Journal of Human Evolution, 2013, 64(5): 337-355.

[7] Fu Q M, Meyer M, Gao X, et al. DNA Analysis of an Early Modern Human from Tianyuan Cave, China. PNAS, 2013, 110(6): 2223-2227.

[8] Ke Y H, Su B, Song X F, et al. African Origin of Modern Humans in East Asia: A Tale of 12,000 Y Chromosomes. Science, 2001, 292(5519): 1151-1153; Ke Y H, Su B, Li H Y, et al. Y-chromosome Evidence for No Independent Origin of Modern Human in China. Chinese Science Bulletin, 2001, 46(11): 935-937.

[9] 高星. 更新世东亚人群连续演化的考古证据及相关问题论述. 人类学学报，2014，33（3）：237-253.

[10] Gao X, Peng F, Fu Q M, et al. New Progress in Understanding the Origins of Modern Humans in China. Science China: Earth Sciences, 2017, 60(12): 2160-2170.

[11] 吴新智，徐欣. 从中国和西亚旧石器及道县人牙化石看中国现代人起源. 人类学学报，2016，35（1）：1-13；吴新智. 与中国现代人起源问题有联系的分子生物学研究成果的讨论. 人类学学报，2005，24（4）：259-269.

［12］ Gao X, Zhang X L, Yang D Y, et al. Revisiting the Origin of Modern Humans in China and Its Implications for Global Human Evolution. Science China: Earth Sciences, 2010, 53(12): 1927-1940; Gao X, Peng F, Fu Q M, et al. New Progress in Understanding the Origins of Modern Humans in China. Science China: Earth Sciences, 2017, 60(12): 2160-2170; 高星. 更新世东亚人群连续演化的考古证据及相关问题论述. 人类学学报，2014，33（3）：237-253.

［13］ 高星. 更新世东亚人群连续演化的考古证据及相关问题论述. 人类学学报，2014，33（3）：237-253.

［14］ 高星，王惠民，裴树文，等. 水洞沟——2003～2007年度考古发掘与研究报告. 北京：科学出版社，2013；Peng F, Guo J, Lin S, et al. The Onset of Late Paleolithic in North China: An Integrative Review of the Shuidonggou Site Complex, China. L'Anthropologie, 2018, 122(1): 74-86; Li F, Kuhn S L, Bar-Yosef O, et al. History, Chronology and Techno-typology of the Upper Paleolithic Sequence in the Shuidonggou Area, Northern China. Journal of World Prehistory, 2019, 32(2): 111-141.

［15］ 高星，王惠民，裴树文，等. 水洞沟——2003～2007年度考古发掘与研究报告. 北京：科学出版社，2013；Li F, Kuhn S L, Bar-Yosef O, et al. History, Chronology and Techno-typology of the Upper Paleolithic Sequence in the Shuidonggou Area, Northern China. Journal of World Prehistory, 2019, 32(2): 111-141.

［16］ Li F, Kuhn S L, Gao X, et al. Re-examination of the Dates of Large Blade Technology in China: A Comparison of Shuidonggou Locality 1 and Locality 2. Journal of Human Evolution, 2013, 64(2): 161-168; Li F, Kuhn S L, Olsen J W, et al. Disparate Stone Age Technological Evolution in North China: Lithic Technological Variability and Relations Between Population During MIS3. Journal of Anthropological Research, 2014, 70(1): 35-67.

［17］ Li F, Kuhn S L, Bar-Yosef O, et al. History, Chronology and Techno-typology of the Upper Paleolithic Sequence in the Shuidonggou Area, Northern China. Journal of World Prehistory, 2019, 32(2): 111-141.

［18］ Li F, Kuhn S L, Bar-Yosef O, et al. History, Chronology and Techno-typology of the Upper Paleolithic Sequence in the Shuidonggou Area, Northern China. Journal of World Prehistory, 2019, 32(2): 111-141.

［19］ Guan Y, Gao X, Wang H M, et al. Spatial Analysis of Intra-site Use at a Late Paleolithic Site at Shuidonggou, Northwest China. Chinese Science Bulletin, 2011, 56(32): 3457-3463; Guan Y, Gao X, Li F, et al. Modern Human Behaviors During the Late Stage of the MIS3 and the Broad Spectrum Revolution: Evidence from a Shuidonggou Late Paleolithic Site. Chinese Science Bulletin, 2012, 57(4): 379-386; Peng F, Gao X, Wang H M, et al. An Engraved Artifact from Shuidonggou, an Early Late Paleolithic Site in Northwest China. Chinese Science Bulletin, 2012, 57(35): 4594-4599; Zhou

Z Y, Guan Y, Gao X, et al. Heat Treatment and Associated Early Modern Human Behaviors in the Late Paleolithic at the Shuidonggou Site. Chinese Science Bulletin, 2012, 58(15): 1801-1810; Wei Y, d'Errico F, Vanhaeren M, et al. An Early Instance of Upper Palaeolithic Personal Ornamentation from China: The Freshwater Shell Bead from Shuidonggou 2. PLOS ONE, 2016, 11(5): e0155847; Martía A P, Wei Y, Gao X, et al. The Earliest Evidence of Coloured Ornaments in China: the Ochred Ostrich Eggshell Beads from Shuidonggou Locality 2. Journal of Anthropological Archaeology, 2017, 48: 102-113.

[20] Wang Y P, Qu T L. New Evidence and Perspectives on the Upper Paleolithic of the Central Plain in China. Quaternary International, 2014, 347: 176-182.

[21] Wang Y. Late Pleistocene Human Migrations in China. Current Anthropology, 58(Supplement 17): s504-s513.

[22] 高星. 更新世东亚人群连续演化的考古证据及相关问题论述. 人类学学报，2014，33（3）：237-253；高星，裴树文. 中国古人类石器技术与生存模式的考古学阐释. 第四纪研究，2006，26（4）：504-513.

[23] 高星. 更新世东亚人群连续演化的考古证据及相关问题论述. 人类学学报，2014，33（3）：237-253.

[24] Chu J Y, Huang W, Kuang S Q, et al. Genetic Relationship of Populations in China. PNAS, 1998, 95(20): 11763-11768.

[25] Martinón-Torres M, Wu X, De Castro J M B, et al. *Homo sapiens* in the Eastern Asian Late Pleistocene. Current Anthropology, 2017, 58(Supplement 17): S434-S448.

[26] Liu W, Martinón-Torres M, Cai Y J, et al. The Earliest Unequivocally Modern Humans in Southern China. Nature, 2015, 526(7575): 696-699.

[27] Bae C J, Wang W, Zhao J X, et al. Modern Human Teeth from Late Pleistocene Luna Cave (Guangxi, China). Quaternary International, 2014, 354: 169-183.

[28] 刘武，武仙竹，李宜垠，等. 湖北郧西黄龙洞古人类用火证据. 科学通报，2008，53（24）：3096-3103.

[29] Shang H, Tong H W, Zhang S Q, et al. An Early Modern Human from Tianyuan Cave, Zhoukoudian, China. PNAS, 2007, 104(16): 6573-6578.

[30] Li F, Bae C J, Ramsey C B, et al. Re-dating Zhoukoudian Upper Cave, Northern China and Its Regional Significance. Journal of Human Evolution, 2018, 121: 170-177.

[31] Shang H, Tong H W, Zhang S Q, et al. An Early Modern Human from Tianyuan Cave, Zhoukoudian, China. PNAS, 2007, 104(16): 6573-6578; Harvati K. Into Eurasia: A Geometric Morphometric Reassessment of the Upper Cave (Zhoukoudian) Specimens. Journal of Human Evolution, 2009, 57: 751-762.

[32] Yang M A, Gao X, Theunert C, et al. 40,000-year-old Individual from Asia Provides Insight into Early Population Structure in Eurasia. Current Biology, 2017, 27(20): 3202-3208.

[33] Fu Q M, Li H, Moorjani P, et al. Genome Sequence of a 45,000-year-old Modern Human from Western Siberia. Nature, 2014, 514(7523): 445-449; Bae C J, Petraglia M D, Douka K. On the Origin of Modern Humans: Asian Perspectives. Science, 2017, 358(6368): eaai9067.

[34] Li F, Vanwezer N, Boivin N, et al. Heading North: Late Pleistocene Environments and Human Dispersals in Central and Eastern Asia. PLOS ONE, 2019, 14(5): e0216433.

[35] Li F, Kuhn S L, Bar-Yosef O, et al. History, Chronology and Techno-typology of the Upper Paleolithic Sequence in the Shuidonggou Area, Northern China. Journal of World Prehistory, 2019, 32(2): 111-141; Li F, Kuhn S L, Gao X, et al. Re-examination of the Dates of Large Blade Technology in China: A Comparison of Shuidonggou Locality 1 and Locality 2. Journal of Human Evolution, 2013, 64(2): 161-168; Li F, Kuhn S L, Olsen J W, et al. Disparate Stone Age Technological Evolution in North China: Lithic Technological Variability and Relations Between Population During MIS3. Journal of Anthropological Research, 2014, 70(1): 35-67.

[36] Li F, Kuhn S L, Olsen J W, et al. Disparate Stone Age Technological Evolution in North China: Lithic Technological Variability and Relations Between Population During MIS3. Journal of Anthropological Research, 2014, 70(1): 35-67; Peng F, Wang H M, Gao X. Blade Production of Shuidonggou Locality1 (Northwest China): A technological perspective. Quaternary International, 2014, 347(1): 12-20.

[37] Li F, Kuhn S L, Olsen J W, et al. Disparate Stone Age Technological Evolution in North China: Lithic Technological Variability and Relations Between Population During MIS3. Journal of Anthropological Research, 2014, 70(1): 35-67; Li F, Chen F Y, Wang Y H, et al. Technology Diffusion and Population Migration Reflected in Blade Technologies in Northern China in the Late Pleistocene. Science China: Earth Sciences, 2016, 59(8): 1540-1553.

[38] Li F, Vanwezer N, Boivin N, et al. Heading North: Late Pleistocene Environments and Human Dispersals in Central and Eastern Asia. PLOS ONE, 2019, 14(5): e0216433.

[39] Zhang X L, Ha B, Wang S J, et al. The Earliest Human Occupation of the High-altitude Tibetan Plateau 40-30 Thousand Years Ago. Science, 2018, 362(6418): 1049-1051.

[40] Fu Q M, Meyer M, Gao X, et al. DNA Analysis of an Early Modern Human from Tianyuan Cave, China. PNAS, 2013, 110(6): 2223-2227; Shang H, Tong H W, Zhang S Q, et al. An Early Modern Human from Tianyuan Cave, Zhoukoudian, China. PNAS, 2007, 104(16): 6573-6578.

[41] Li F, Kuhn S L, Chen F Y, et al. The Easternmost Middle Paleolithic (Mousterian) from Jinsitai Cave, North China. Journal of Human Evolution, 2018, 114: 76-84.

[42] 于建军，王幼平，何嘉宁，等. 新疆吉木乃县通天洞遗址. 考古，2018（7）：3-14.

[43] Stringer C. Modern Human Origins: Progress and Prospects. Philosophical Transactions: Biological Sciences, 2002, 357(1420): 563-579; Hublin J J. What Can Neanderthals Tell Us About Modern Origins//Mellars P, Boyle K, Bar-Yosef O, et al. Rethinking the Human Revolution: New Behavioural and Biological Perspectives on the Origin and Dispersal of Modern Humans. Cambridge: McDonald Institute for Archaeological Research, 2007: 235-248.

[44] Li F, Kuhn S L, Chen F Y, et al. The Easternmost Middle Paleolithic (Mousterian) from Jinsitai Cave, North China. Journal of Human Evolution, 2018, 114: 76-84.

[45] Krause J, Fu Q M, Good J M, et al. The Complete Mitochondrial DNA Genome of an Unknown Hominin from Southern Siberia. Nature, 2010, 464(7290): 894-897; Reich D, Patterson N, Kircher M, et al. Denisova Admixture and the First Modern Human Dispersals into Southeast Asia and Oceania. The American Journal of Human Genetics, 2011, 89: 516-528; Prüfer K, Racimo F, Patterson N, et al. The Complete Genome Sequence of a Neanderthal from the Altai Mountains. Nature, 2014, 505(7481): 43-49; Slon V, Hopfe C, Weiß C L, et al. Neandertal and Denisovan DNA from Pleistocene Sediments. Science, 2017, 356(6338): 605-608; Slon V, Mafessoni F, Vernot B, et al. The Genome of the Offspring of a Neanderthal Mother and a Denisovan Father. Nature, 2018, 561(7721): 113-116.

[46] Pei W C. On the Upper Cave Industry. Palaeontologica Sinica, 1939, 9: 1-59.

[47] Li F, Bae C J, Ramsey C B, et al. Re-dating Zhoukoudian Upper Cave, Northern China and Its Regional Significance. Journal of Human Evolution, 2018, 121: 170-177.

[48] Martía A P, Wei Y, Gao X, et al. The Earliest Evidence of Coloured Ornaments in China: The Ochred Ostrich Eggshell Beads from Shuidonggou Locality 2. Journal of Anthropological Archaeology, 2017, 48: 102-113; Wei Y, d'Errico F, Vanhaeren M, et al. A Technological and Morphological Study of Late Paleolithic Ostrich Eggshell Beads from Shuidonggou, North China. Journal of Archaeological Science, 2017, 85: 83-104.

[49] Wei Y, d'Errico F, Vanhaeren M, et al. A Technological and Morphological Study of Late Paleolithic Ostrich Eggshell Beads from Shuidonggou, North China. Journal of Archaeological Science, 2017, 85: 83-104.

[50] Zhang S Q, d'Errico F, Backwell L R, et al. Ma'anshan Cave and the Origin of Bone Tool Technology in China. Journal of Archaeological Science, 2016, 65: 57-69.

[51] Klein R G. The Human Career: Human Biological and Cultural Origins. Chicago: The University of Chicago Press, 1989.

[52] Zhang S Q, d'Errico F, Backwell L R, et al. Ma'anshan Cave and the Origin of Bone Tool Technology in China. Journal of Archaeological Science, 2016, 65: 57-69.

[53] Zhang S Q, d'Errico F, Backwell L R, et al. Ma'anshan Cave and the Origin of Bone Tool

Technology in China. Journal of Archaeological Science, 2016, 65: 57-69.

[54] Brantingham P J, Ma H, Olsen J W, et al. Speculation on the Timing and Nature of Late Pleistocene Hunter-gatherer Colonization of the Tibetan Plateau. Chinese Science Bulletin, 2003, 48(14): 1510-1516.

[55] Zhang X L, Ha B, Wang S J, et al. The Earliest Human Occupation of the High-altitude Tibetan Plateau 40-30 Thousand Years Ago. Science, 2018, 362(6418): 1049-1051.

[56] Zhang X L, Ha B, Wang S J, et al. The Earliest Human Occupation of the High-altitude Tibetan Plateau 40-30 Thousand Years Ago. Science, 2018, 362(6418): 1049-1051.

[57] Derevianko A P, Petrin V, Rybin E. The Kara-Bom Site and the Characteristics of the Middle-Upper Paleolithic Transition in the Altai. Archaeology, Ethnology and Anthropology of Eurasia, 2000(2): 33-52; Derevianko A P. The Upper Paleolithic in Africa and Eurasia and the Origin of Anatomically Modern Humans. Novosibirsk: Institute of Archaeology and Ethnography SB RAS Press, 2011; Rybin E, Zwyns N, Gunchinsuren B, et al. Issledovanija mnogoslojnoj paleoliticheskoj stojanki Tolbor-21(severnaja mongolija)(Investigation of the multilayered Paleolithic site, Tolbor 21)// Derevianko A, Molodin V. Problems of Archaeology, Ethnography and Anthropology in Siberia and Neighboring Territories 21. Novosibirsk: Institute of Archaeology and Ethnography SB RAS Press, 2015: 152-156; Khatsenovich A, Rybin E, Gunchinsuren B, et al. New Evidence for Paleolithic Human Behavior in Mongolia: The Kharganyn Gol 5 Site. Quaternary International, 2017, 442: 78-94.

[58] Rademaker K, Hodgins G, Moore K, et al. Paleoindian Settlement of the High-altitude Peruvian Andes. Science, 2014, 346(6208): 466-469.

[59] Li Z Y, Wu X J, Zhou L P, et al. Late Pleistocene Archaic Human Crania from Xuchang, China. Science, 2017, 355(6328): 969-972; Liu W, Schepartz L A, Xing S. Late Middle Pleistocene Hominin Teeth from Panxian Dadong, South China. Journal of Human Evolution, 2013, 64(5): 337-355; Wu X J, Pei S W, Cai Y J, et al. Archaic Human Remains from Hualongdong, China, and Middle Pleistocene Human Continuity and Variation. PNAS, 2019, 116(20): 9820-9824; Athreya S, Wu X Z. A Multivariate Assessment of the Dali Hominin Cranium from China: Morphological Affinities and Implications for Pleistocene Evolution in East Asia. American Journal of Physical Anthropology, 2017, 164(4): 679-701; Wu X J, Crevecoeur I, Liu W. The Temporal Labyrinths of Eastern Eurasian Pleistocene Humans. PNAS, 2014, 111(29): 10509-10513; Chen T M, Yang Q, Wu E. Antiquity of *Homo sapiens* in China. Nature, 1994, 368(6466): 55-56.

[60] 高星. 朝向人类起源与演化研究的共业：古人类学、考古学与遗传学的交叉与整合. 人类学学报，2017，36（1）：131-140.

［原载于《人类学学报》2019年第38卷3期（英文版），与李锋、关莹、张晓凌、John Olsen合著；李锋译］

中国地区现代人起源问题研究进展

一、引　言

自1987年三位西方遗传学家提出所有现代人的直接祖先都起源于非洲的“近期出自非洲说”（Recentout of Africa）[1]后，现代人起源与演化成为一个炙手可热的学术问题和社会关注的焦点。学术界围绕此问题形成两大理论阵营。分别主张现代人类“非洲单一地区起源”和“多地区进化”两者发生着激烈的论辩，并各自寻找证据强化论述[2]。随着新材料的发现和新成果的产生，学术界对此问题的研究进一步深化。相关假说也得到发展或修正。对欧亚人类化石的研究表明，在晚更新世晚期存在几个不同的“形态人种”尼安德特人与早期现代人存在形态的混合与镶嵌，有学者据此提出了“同化假说”[3]；近年来对早期现代人与尼安德特人的遗传关系分析获得突破，提取到二者混血的DNA证据[4]，并发现在现代人形成过程中曾有几个“遗传人种”并存，一些学者也逐渐从“完全替代论”向“同化论”调整；考古学研究表明，原以为现代人群独有的“现代人行为”出现在不同的时间与地区，与化石证据和遗传证据并非一致，学术界逐步认识到“行为现代性”与现代人并无一一对应的关系，研究视角也开始转向“行为多样性”[5]。

在此背景下，中国地区的相关研究也取得重要进展，理论认识得以拓展：从广西智人洞[6]、湖北黄龙洞[7]、湖南福岩洞[8]和河南灵井[9]等遗址新发现的人类化石表明，具有早期现代人特征的化石人类于距今10万年前后即在中国南部和中部出现；对陕西“大荔人”[10]、贵州“盘县大洞人”[11]的研究表明，现代人的形态特点在中更新世晚期本土早期智人化石上已有萌芽；遗传学研究从“田园洞人”化石上提取到线粒体DNA与核DNA，证明东亚现代人和美洲印第安人的直接祖先于4万年前即生活在北京周口店地区，并且在遗传上已经与同期的欧亚古人群有所分异[12]；考古学证据则表明中国乃至东亚本土的石器技术及其反映的人群生存方式一脉相承，没有发生过中断或替代，距今10万～5万年间没有发生过本土古人群的大灭绝[13]。这些新发现与新成果，尤其是学科交叉研究所取得的进展，使该地区现代人起源与演化的脉络变得清晰起来，细节与过程正在不断被揭示。然而不同观点的争论仍在继续，很多缺环仍未被填补，诸多证据仍然存在着多解性，亟需整合研究及方法与理念的创新和理论阐释的突破。

二、西方学术界在现代人起源问题上的研究现状

1. 分子生物学研究进展及对“近期出自非洲说”的修正与反思

近年来分子生物学对人类演化研究最重大的突破是发现尼安德特人与早期现代人之间的基因交流，前者并未完全灭绝，而且对现生人群有一定的、独特的遗传贡献。2010年，克罗地亚迪亚（Vindija）洞穴中出土的尼安德特人化石的DNA被破译，测序分析表明，欧亚大陆现生人群存在多个来自尼安德特人群的基因片段，其基因组中有大概1%～4%比例的区段来自尼安德特人[14]。2014年，对发现于西伯利亚西部距今约4.5万年的乌斯特伊希姆（Ust'-Ishim）遗址的人类股骨的全基因测序有重要发现，这个早期现代人含有大约2.3%的尼安德特人基因，并把“早期现代人”与尼安德特人基因交流的时间窗口缩小到距今约6万～5万年，进一步表明现代人演化是个复杂的过程，“走出非洲”的路线并非只有单一的南线[15]。而在罗马尼亚发现的一个生活于约4.2万～3.7万年前的早期现代人（Oase1）骨骼上被检测出6%～9%的尼安德特人基因，推断该个体的第4～6代祖先中存在尼安德特人[16]。尼安德特人基因在欧洲和亚洲现生人群中所占比例虽小，但在每个个体基因组中分布不同。另一项研究从大量欧亚现生人群基因组中找到这些分布不相同的区域，发现这些区域能占到20%左右，而且与尼安德特人的基因混合使得从非洲迁徙过来的“现代人”具备了抵御寒冷和在新环境中存在的流行病的能力，从而生存发展到今天[17]。对阿尔泰地区的尼安德特人和丹尼索瓦人的基因分析表明，生活在该地区的尼安德特人的祖先在大约10万年前便与走出非洲的早期现代人发生过基因交流，早于先前的推测[18]。以上证据表明，单从西亚、欧洲和西伯利亚尼安德特人与早期现代人混血的角度，当初提出“近期出自非洲说”时所主张的现生人类全部演化自20万年前从非洲诞生的一支早期现代人群、其他古老型人群都彻底绝灭了的“完全替代说”显然不能成立。

研究还显示，在现代人群形成的过程中，地球上曾同时生活过多个支系的早期人群，他们与现代人祖先在进化上具有或多或少的亲缘关系。丹尼索瓦人是近年通过DNA分析辨识出的一支与早期现代人和尼安德特人并存的古老型人群[19]。该人群发现于西伯利亚地区的丹尼索瓦洞穴，生存于约5万～3万年前。他们的遗传信息在欧亚大陆人群中难觅踪影，仅在大洋洲某些群体（约5%）及亚洲群体（约1%～2%）中有一定程度的存在[20]。分子生物学研究在这些古人群之间揭示出复杂的演化关系。对来

自西伯利亚地区的一位女性尼安德特人所做的基因测序和相关分析发现，在尼安德特人、丹尼索瓦人和早期现代人之间都发生过基因交流，而且在丹尼索瓦人的基因中存在来自一个神秘的古老人种的遗传信息[21]。这说明现代人的演化并非是一支人群诞生于非洲，然后向世界各地扩散并迅速取代各地的原住民那样简单。

正如30年前基因分析刮起了“近期出自非洲说”旋风一样，分子生物学日新月异的技术进步与研究进展再次促使学界对这一重大学术问题进行重新思考。一些“近期出自非洲说”的支持者开始对所持模式进行修正：走出非洲的人群对其他地区的本土人群“完全取代（Total Replacement）”的假设被逐渐剔除，“杂交”（Hybridization）在人类演化中扮演的重要角色被广泛承认，在一些地区发生过连续、镶嵌演化的可能性被认可[22]。但修正过的“出自非洲说”或“部分替代说”（Partial Replacement）仍然坚持只有走出非洲的那支人群才可被称为“现代人”，强调他们在现代人起源与演化中占据主体地位，对我们的基因库做出了主要的贡献；走出非洲的人群同化（Assimilation）了旧大陆其他地区的人群，而非被融入进其他人群的基因库中[23]。必须指出，这种修正是基于尼安德特人与丹尼索瓦人对现生人群的少量基因贡献的分析结果而做出的，对于中国、东亚地区古老型人群对现生人群可能的基因贡献，基本没有涉及或者避而不谈。

当然，也有少量分子生物学家从原理和方法上对“近期出自非洲说”提出根本的质疑和否定，认为该假说采用了一些未被证明的假设前提和错误的材料信息，实则不能成立[24]。

2. 人类化石的新发现与研究

人类化石的新发现和研究一方面将现代人在非洲和邻近区域出现的时间提前，早于分子生物学者所推断的距今20万年；另一方面也揭示出现代人与其他化石人类基因交流或共存的证据。2011年以来，在以色列的格什姆（Qesem）洞穴遗址距今40万～20万年的层位中相继发现13颗人类牙齿，研究者认为它们与以色列距今10万年左右的卡夫泽（Qafzeh）和斯虎尔（Skhul）的早期现代人形态近似，而与尼安德特人的关系相对较远[25]。近日，北非摩洛哥杰贝尔伊罗（Jebel Irhoud）遗址人类化石的发现将此区域早期现代人出现的时间提至约30万年前，研究者认为虽然该个体具有一些古老型特征。但面部已发展出诸多关键的现代形态，揭示了非洲早期现代人具有复杂的演化历史[26]。

尼安德特人与早期现代人混血的证据首先是从人类化石形态的角度提出来的[27]。研究人员在出自罗马尼亚一处洞穴中的年代被测定为距今3.5万年左右的一具头骨上发现兼具现代人和尼安德特人的解剖学特征，既有前额扁平、耳后骨突出、上臼齿硕大等尼人性状，又具有现代人眉脊特点和头颅比例，呈现一种镶嵌进化的态势，表明尼人和迁徙至欧洲的早期现代人可能曾经杂居并混种[28]。

在印度尼西亚发现的弗洛里斯人（*Homo floresiensis*）显示诸多直立人的形态特征[29]，初始研究认为该化石人类生活于约1.9万～1.1万年前[30]，新近的年代测定显示其生存年代为距今约5万年[31]。在对早先发现于中国云南、广西的两处洞穴中的一些人类化石进行研究时，学者鉴定出一支生存于距今1.45万～1.15万年间却保留了许多古老性状的“马鹿洞人”，认为他们可能是直立人时期走出非洲到达东亚的古人群孑遗[32]。这些化石人类的发现与研究，连同从基因角度辨识出的生存于晚更新世晚期的“丹尼索瓦人进一步表明人类演化的复杂性与多样性，不会是“近期出自非洲说”在开始阶段所描述的单向进化及简单的“完全替代”那般模式。

对一些早期人类化石的发现与整合研究也启发了对现代人类起源问题的新思路。2013年，在对格鲁吉亚德马尼西（Dmanisi）遗址新发现的一个头骨化石进行研究并与该遗址出土的5个距今约185万年的人类头骨做比较分析时，发现这些头骨在形态上存在着明显的差异，如果它们被发现在非洲大陆，可能会被视作不同的人种，这说明那些非洲早期人类化石的形态差异是否达到种的差别是有疑问的，需要对当下人属化石的分类进行重新思考[33]。安东尼等[34]对早期人类化石的整合生物学研究发现，现代人的诸多生物特征并非作为一个集合体突然出现，相反，这些特征在漫长的演化历史中出现得有早有晚。尽管这两项研究是针对早期人类演化而言，但对如何界定现代人，如何看待不同时期人类的差别这类与现代人起源密切相关的学术问题，提供了反思与启示。

与此同时，“多地区进化说”的倡导者基于新的发现与研究也在进一步强化论述。长期以来，这一假说在一定程度上被误读，认为它认同现代人作为一个新的物种在非洲、欧洲、亚洲独立出现。事实上，“多地区进化说”虽然出自魏敦瑞的“直生论，但与“直生论”阐述人类起源、演化全过程不同的是，该假说主要阐述的是人类如何逐渐演化出形态上的现代性（Modernity）特征[35]，而非专门讨论起源问题；它强调人类演化过程中的古/新形态镶嵌与基因交流[36]。对于形态现代性的表述，主张“多地区进化”的沃尔普夫与“近期出自非洲说”的旗手斯特林格逐渐趋向一致：斯特林格认为形态现代性的发育不是某个特性或某次事件，而是在不同时期以不同模式发生的不同演化进程[37]；而沃尔普夫更强调现代性是蕴含体质、行为、基因多方面内容并且至今仍在持续的过程，在这一进程中由于人群、人口的差异与变化，逐渐形成了体质形态与基因的多样性[38]。

3. 考古学研究的新进展及其对“现代人行为”的反思

现代人起源问题不局限于体质、形态与基因的研究。当体质人类学家和分子生物学家试图回答解剖学上的现代人是何时、何地、如何出现和演化时，考古学家也在致力于根据文化遗存阐释“现代人行为（Modem Human Behavior）”的独特性及其起源、演化过程[39]。目前对这一问题的研究主要围绕以下几方面内容，并呈现出学科交叉、方法多样的特点，研究思路也在此背景下大大拓展。

“现代人行为”定义：20世纪，研究者认为现代人作为现今世界上唯一人种，在与其他古人类的竞争中取得了最终胜利，必然有着比其他古人类更为先进的文化[40]。立足于西欧旧石器时代文化序列，当时认为尼安德特人创造的莫斯特（Mousterian）文化被现代人创造的奥瑞纳（Aurignacian）文化取代，因而奥瑞纳文化的许多特征，包括石叶技术、使用染料、远距离贸易、艺术、装饰品等就成为最早对现代人行为定义的标准[41]。但随着世界各地材料的增多，这一定义清单的内容被越添越多，对文化特性的区分度却越来越弱。亨希伍德和马瑞恩[42]认为这些清单上的内容带有明显的欧洲中心的偏见，并不适用于世界其他地区。更为重要的是这些定义具有典型的经验主义特点，即根据遗址中是否出土某种物质材料作为鉴定标准，忽视了遗址特点和埋藏要素。在他们看来，一些具有象征（Symbolic）意义的证据才应该是现代人行为最重要的标准，他们的意见近年得到越来越多学者的支持[43]。于是，对蕴含象征意义的考古材料，包括装饰品、遗物上的刻划（画）痕迹、染料等古人类非功利性（Non-utility）行为遗物越来越受到学术界的重视[44]，同时这些遗物所反映的人类认知能力[45]、意识[46]、大脑发育[47]乃至语言的出现[48]等问题也逐渐吸引了来自语言学、认知科学、脑神经科学、社会科学等多领域学者的关注。

现代行为起源与演化：现代行为曾被认为是伴随着现代人迁入西欧而突然出现并取代了尼安德特人的文化[49]。其后，随着更多非洲材料的发现和受“近期出自非洲说”的影响，有学者提出“现代行为”大约5万年前起源于非洲，原因是早期现代人脑内基因的突变，导致了现代语言能力的产生，出现了复杂的文化[50]。这两种观点都支持现代行为的起源是一次突发的革命性（revolution）事件[51]，因而被统称为“革命说”。然而，麦克布赖特和布鲁克斯[52]在系统对比研究了非洲石器时代中期（Middle Stone Age）的考古材料后，发现所谓“现代人行为”的证据，包括石叶技术、使用染料、远距离贸易、艺术、装饰品等，早在距今约30万～25万年的石器时代中期就已经萌生，并且是连续、渐次出现的。于是，对现代人行为的研究如同现代人起源一样，也出现了两种针锋相对的假说——“革命说”和“渐进说”（Evolution）。除了这两种假说，有学者近来还提出了“跃变说”（Saltation）。其依据是北非、南非相继发掘出许多距今约10万～7万年的装饰品、带有刻划（画）痕迹的遗物、染料等。相关学者根据基因数据评估古人群数量时发现欧洲在4万前的人口规模与非洲10万年前相似，而4万年前的欧洲正是许多象征性行为、复杂技术出现的时段。因此，持“跃变说”者认为现代行为的出现与演化呈跃变的模式，即自10万年前出现以来时隐时现，直至约4万年前才稳定下来，而人口规模和数量被认为是这一演化模式的主要动因[53]。

现代行为的人群属性及文化交流：现代行为曾被认为是现代人独有的行为特征，但近年来德埃里克[54]及梓豪[55]通过对一些西欧旧石器时代中期的莫斯特遗存研究，发现一些被认为是奥瑞纳文化独有的行为特征，包括装饰品、刻划（画）符号等，其实在莫斯特遗址中已经有所发现。特别是旧石器时代中—晚期过渡阶段的一些遗址共出尼安德特人化石和骨质工具、装饰品及旧石器时代晚期典型的石器，说明以前所推测的所谓现代人行为并非现代人所独有。于是，“现代人行为”这一名词逐渐被废弃，代之以“现代行为”（Modern Behaviour）或“行为现代性”（Behavioral Modernity）。但对于尼安德特人的“现代行为”是独立演化而来还是源于早期现代人的文化涵化（Acculturation），学术界仍有争议[56]。2015年，在重新研究爪哇直立人（*Homo erectus*）遗址的文化遗物时，在一些贝壳上鉴别出人工有意识的刻划（画）痕迹[57]，利用氩-氩（$^{40}Ar/^{39}Ar$）法和释光方法将该遗址的年龄重新测定为不晚于距今54万～43万年。中国重庆兴隆洞遗址出土的距今约15万～12万年的象牙刻划痕迹，也提示了早期智人可能的象征性行为[58]。这些发现不仅深化了对直立人、早期智人等古老型人类认知能力的认识，也让学术界意识到拥有现代行为的人群归属远比想象的更为复杂。

很多学者认识到人类的行为变化远大于人类的体质形态或遗传变化，考古学文化难以与人类特定演化阶段相对应，所谓的“现代人行为标志”出现在不同时期、不同地域和不同的人群中，很多也被尼安德特人所拥有，无法为“早期现代人”做标注。于是，多数考古学家正背离“现代人行为”或“行为现代性”的研究视角，而更多关注人类行为的多样性（Behavioral Diversity）[59]。当然，仍有少数学者从考古学角度坚持“近期出自非洲说”，认为只有距今约5万年前走出非洲的现代人才是演化的成功者，他们利用沿海路线扩散到南亚及澳大利亚等地区，而非洲之外的非现代人群未对当今人类基因库做出任何贡献[60]。

三、中国地区现代人起源研究进展

1. 分子生物学主流观点认定东亚最早现代人来自西方

中国是现代人类起源问题学术争鸣的中心之一[61]。这里自出现直立人以来就是人类演化的重要地区，曾被认为是亚洲现代人类的发祥地。但在新的学术讨论中，早先建立的理论体系受到强烈冲击，人类从古至今在这里演化的脉络似乎变得模糊起来，人们不得不重新思考和寻找自己的先祖。按照“近期出自非洲说”的论述，现代人类是有别于直立人和早期智人的一个新的物种；现代人大概在20万～10万年前起源于非洲；在亚洲东部，现代人群经南方路线先到达东南亚，然后由南向北迁徙扩散；

在中国，现代人大约于6万～5万年前从南部进入并向北迁移；现代人到来之前，距今10万～5万年间的末次冰期使这里不具备人类生存条件，中国本土原有人群因此而灭绝，外来的早期现代人与本土原住民之间没有交集[62]。

近些年来，从分子生物学的角度对中国、东亚、东南亚地区早期现代人来源的研究未见重要进展和重大成果，相关学人仍在强调以前的论述。更多的研究集中在对特定现生族群源头的遗传学追溯，但大的前提是这些族群的祖先在约6万～5万年前从非洲迁徙至此[63]。在此方面，严实的观点具有代表性：从目前研究结果看，现代人95%以上的基因都来自非洲。因此，其他各大洲的现代人，都应是距今10万年以内，从非洲走出来的。剩下的问题仅仅是，走出非洲的人类，到底是一次性走出来的，还是分成若干批走出来的。70万年前的北京人，170万年前的元谋人，200万年前的巫山人……既然现代人类是在10万年前走出非洲的，这些古人类就不可能是现代人真正的祖先，这些古人类曾经存在，但最终都消失了[64]。

2. 古人类学对“连续进化附带杂交”论述的强化

吴新智在“多地区进化”的基础上，针对中国乃至东亚地区的古人类演化和现代人起源，提出“连续进化附带杂交”的论述，认为东亚地区自直立人以来进化是连续的，不存在演化链条的中断，其间未发生过大规模外来人群对本土人群的替代；该地区古人类与外界有过一定程度的隔离，使其得以保持区域特点，在形态上有别于旧大陆西侧的人群；本土与外界人群的基因交流发生过并与时俱增，这使得该地区的人类与外界人群作为同一物种得以维系；但这种基因的混合、交流与本土人群的代代相传相比是次要的，本地主体人群与少量外来移民之间是融合而非替代[65]。

现代人在东亚地区的起源与演化一直是古人类学研究与争议的热点，近10年来中国古人类学界在这个领域的研究取得了一系列重大进展，先后在湖北郧西黄龙洞、广西崇左智人洞、贵州盘县大洞、河南许昌灵井等多处遗址发现化石人类，对相关人类化石的年代测定、形态研究显示，这一地区人类演化远非“近期出自非洲说”所表述的那样简单[66]。

对距今约30万～25万年的陕西大荔人颅骨的新研究表明，该个体表现为中更新世晚期人类共有特征和早期现代人部分特征的镶嵌体，并且兼具东亚直立人和旧大陆西部中更新世人的特征；既不属于直立人，也不属于海德堡人；不少特征比中国的直立人和旧大陆西部中更新世人群进步，所代表的进化世系可能比中国的直立人、非洲的中更新世人群等对中国地区现代人的形成做出过更大的贡献[67]。对距今12.5万～10.5万年的河南许昌灵井人化石的研究，揭示出古老型形态特征与现代特征镶嵌的特点：虽然具有早期现代人与尼安德特人的诸多性状，但总体的头骨形态，尤其是宽阔的颅底和低矮的脑颅的结合等特点则承袭自欧亚大陆东部中更新世人群，表现出区域连续演化为主且存在一定程度东西方人群交流的特征[68]。中国南方中更新世晚期及晚更新世初期多处地点的人类化石也体现出了诸多早期现代人的形态特点。发现于贵州盘县大洞距今约30万～13万年的人类牙齿已经呈现出早期现代人的特征[69]；发现于广西崇左智人洞距今约10万年的人类下颌骨上出现一系列现代人类的衍生性状，如突起的联合结节、明显的颏窝、中等发育的侧突起、近乎垂直的下颌联合部、明显的下颌联合断面曲度等；同时保留有与古老型智人相似的粗壮的下颌联合舌面以及粗壮的下颌体等特点[70]。这些化石人类的镶嵌特征说明此时期中国南方和中部存在从古老型智人向现代人演化、过渡阶段的人群，属于形成中的早期现代人。在湖南省道县福岩洞发现的47枚具有完全现代人特征的人类牙齿化石则表明，至迟在距今12万～8万年间，现代人在该地区已经出现[71]。类似的重要发现还包括湖北黄龙洞[72]、广西陆那洞与土博[73]、贵州毕节麻窝口洞[74]等诸多地点，年代多在中更新世晚期和晚更新世早期（约20万～8万年间）。

采用新的研究方法对古老型化石人类的研究也取得了诸多新认识。研究者采用CT扫描技术复原了中更新世晚期或晚更新世早期的许家窑人的内耳迷路[75]。发现许家窑人内耳迷路形态与尼安德特人相似，提供了首例东亚古代人类具有“尼人内耳迷路模式”的化石证据，挑战了以往“尼人内耳迷路模式”专属尼安德特人的看法，促使研究者重新思考应用孤立特征（包括形态上和分子遗传上）追溯人类迁徙及判断人群亲缘关系的可靠性。这项研究引发了对东亚与欧洲古老类型人群之间是否存在基因交流的新讨论、新思考。

3. 考古学的证据与视角

在现代人起源讨论的初期，中国的考古工作者很少参与其中。随着分子生物学家提出中国地区距今10万～5万年间缺乏人类生存的证据，以此推断该地区人类演化曾发生过中断[76]，古人类学者开始引述旧石器时代文化材料对其进行反驳[77]，考古学家也随之投身到相关探讨中[78]。考古学材料对该地区现代人起源研究的贡献体现在两个方面：中国旧石器时代考古文化序列支持“连续进化附带杂交”的假说；中国旧石器时代文化遗存丰富了现代行为的内涵，为行为多样性研究提供了新的区域性视角。

高星等系统归纳了中国旧石器时代文化遗存的演变过程与特点，认为中国乃至东亚旧石器文化及其反映的古人群生存演化是一脉相承、连续不断的，虽然有手斧、勒瓦娄哇技术、石叶等“西方元素”间或出现在不同地区，但都逐渐消失或被融入土著文化中[79]。这为“连续进化附带杂交”假说提供了坚实的考古学证据，与分子生物学的研究结果背道而驰；随着测年技术的进步，特别是光释光技术的发展，大量旧石器时代遗址或古人类化石地点被确认在距今10万～5万年，说明分子生物学家提出的本地区人类演化的空白时段并不存在；古环境分析也不支持末次冰期导致本土人群灭绝的假设；而对中国地区古人类演化的“综合行为模式”提炼和对人类独特的行为特点与社会属性的观察和思考，也对本土人群与西方同类的隔离问题及不同地区人群长时期维系在同一物种内的可能性与动因提供了有益的启示[80]。

宁夏水洞沟遗址群出土丰富的旧石器时代晚期文化遗存，为追溯特定区域可能的外来移民及其产生的文化影响及分析现代行为的多样性提供了重要的材料和案例。这里的文化遗存除不同技术体系的石制品组合的更迭外，还有骨器、装饰品、各类用火证据，以及对居址复杂利用、对石料热处理和采食植物性食材的诸多信息，显示末次冰期期间东北亚人群复杂、能动的适应、迁徙、交流、演化过程，并可据此建立起4万年来区域人群文化演化和技术发展的序列[81]。该地区在约4万年前出现勒瓦娄哇与石叶的技术体系，通过遗址对比分析和技术追踪，这套技术体系应是从西方—西北方向迁移过来的古人群的遗留，代表一支外部人群的迁徙[82]。但该技术体系在后来消失，没有对本土文化产生明显的影响，表明移居者没有对本土人群实现整体替代，反而被后者取代；后者在石器技术上保持固有的传统，但文化遗存中出现小型精制石器、装饰品、石料热处理等现代行为特征[83]，反映出这里的现代人演化与扩散模式不是简单的外来移民替代，相反，本土人群连续进化并向“现代”方向发展是主旋律。

对秦岭地区旧石器文化的发掘与研究揭示出更长时间尺度内人类演化与文化发展的脉络。这里的人类生存历经百万年，先后出现以砾石砍砸器、石核、石片和简单修理的石片工具为主的模式Ⅰ石器工业，以石核、石片和刮削器、尖状器、雕刻器等小型石片工具为主的技术体系，以手斧、手镐和薄刃斧等代表的阿舍利技术体系。后者虽然具有旧大陆西部旧石器时代早期的技术特点，但发生于本土砾石工具体系内，而且延续得很晚，与西方的阿舍利体系明显不同步，显示本土文化的延续性、复杂性和与西方存在局部文化交流或人群迁徙的可能性[84]。

其他的相关研究，都揭示出中国地区晚更新世以来人群适应生存的连续性和复杂性，包括对动物资源的深度开发利用及“广谱革命”的证据，而这些适应生存方式都在某种程度上表现出“现代行为”的复杂性、多样性和强烈的区域特点[85]。

四、目前研究中的问题与挑战

在现代人起源与演化研究中，不同的学科领域各有优势和劣势[86]。遗传学具有坚实的现代科技基础，以大数据、较强的重复分析能力为特点，在微观研究和揭示演化机理方面具有明显的优势。该领域发展迅速，如果能在古人类DNA的提取和破译上获得更大突破，未来会成为相关研究的利器乃至主导力量。然而目前该领域研究在一定程度上存在假设前提的不确定性和未检验性，得出的推论具有被质疑的空间；很多结论并非来自对古人类遗传信息的提取与分析，而是从现生人群的遗传变异做溯源推导，因而对现代人类起源来说，只能提出推论，而不是提供直接证据，不可把推论完全当成结论乃至事实。人类化石作为直接证据，是对人类个体、群体演化阶段、种群属性直接的形态表达，当然这种表达需要学者做观测、解读。古人类学根据化石证据建立起人类演化的宏观框架，总体上是可信的，但该领域对一定时段、一定出土环境的标本来说，存在年代测定的不精确性，会在局部进化排序乃至认知方面存在混乱或错误；由于人类化石的稀有性，研究者很难建立起完整的证据链，对具体标本的演化阶段或进化种群的代表性会因个体或时代差异而被质疑以点带面、以偏概全。考古遗存或文化证据对于人群的时空分布、技术发展、智能演进等是直接证据，对个体乃至群体的生物属性、演化阶段、人群迁徙交流等问题，则是间接证据；优势在于材料多，信息丰富，依托地层和伴生物有更好的年代学基础，有的标本可直接测年，对大的文化变迁所建立的框架基本可信；可以有效回答人类在某一区域何时出现、向何方向迁徙扩散、在某区域是否连续演化、征服开发利用了什么样的生态区域与资源、是否发生过群际交流等问题。劣势在于无法直接反映人群的生物属性、演化阶段、演化的细微过程等；人类的文化产品受个体、群体属性和材料及环境差异的影响大，变异的机制不好掌控，与体质演化和遗传变异的耦合性差。因而，开展相关领域的交流合作，尤其是传统的古人类学、考古学与新兴的分子生物学之间的交叉与协作，明确彼此的关注点、需求和专长，凝练共同的学术问题和目标，整合现有的资源与成果并向着共同的学术方向一道前行，应是推动相关研究走向深入并破译现代人起源这一重大命题的关键所在。

参考文献

[1] Cann R L, Stoneking M, Wilson A C. Mitochondrial DNA and Human Evolution. Nature, 1987, 325(6099): 31-36.

[2] Stringer C B. Reconstructing Recent Human Evolution. Philosophical Transactions: Biological Sciences, 1992, 337(1280): 217-224; Stringer C. Modern Human Origins: Progress and Prospects. Philosophical Transactions: Biological Sciences, 2002, 357(1420): 563-579; Stringer C. Why We Are Not All Multiregionalists Now. Trends in Ecology & Evolution, 2014, 29(5): 248-251; Stringer C B, Andrews P. Genetic and Fossil Evidence for the Origin of Modern Humans. Science, 1988, 239(4845): 1263-1268; Wolpoff M H, Wu X Z, Thorne A G. Modern *Homo sapiens* Origins: A General Theory of Hominid Evolution Involving the Fossil Evidence from East Asia//Smith F H, Spencer F. The Origins of Modern Humans: A World Survey of the Fossil Evidence. New York: Alan R Liss Inc, 1984: 411-483; Wolpoff M H, Hawks J, Caspari R. Multiregional, Not

Multiple Origins. American Journal of Physical Anthropology, 2000, 112(1): 129-136; Wolpoff M. Paleoanthropology(2nd ed). New York: McGraw-Hill, 1999; 柯越海，宿兵，李宏宇，等. Y染色体遗传学证据支持现代中国人起源于非洲. 科学通报，2001，46（5）：411-414；Templeton A. Out of Africa Again and Again. Nature, 2002, 416(6876): 45-51; 吴新智. 从中国晚期智人颅牙特征看中国现代人起源. 人类学学报，1998，17（4）：276-282；吴新智. 现代人起源的多地区进化学说在中国的实证. 第四纪研究，2006，26（5）：702-709；高星，张晓凌，杨东亚，等. 现代中国人起源与人类演化的区域性多样化模式. 中国科学：地球科学，2010，40（9）：1287-1300.

[3] Smith F H, Falsetti A B, Donnelly S M. Modern Human Origins. American Journal of Physical Anthropology, 1989, 32(S10): 35-68.

[4] Green R E, Krause J, Briggs A W, et al. A Draft Sequence of the Neandertal Genome. Science, 2010, 328(5979): 710-722; Fu Q M, Li H, Moorjani P, et al. Genome Sequence of a 45,000-year-old Modern Human from Western Siberia. Nature, 2014, 514(7523): 445-449; Fu Q M, Hajdinjak M, Moldovan O T, et al. An Early Modern Human from Romania with a Recent Neanderthal Ancestor. Nature, 2015, 524(7564): 216-219; Vernot B, Akey J M. Resurrecting Surviving Neandertal Lineages from Modern Human Genomes. Science, 2014, 343(6174): 1017-1021.

[5] Shea J J. *Homo sapiens* Is as *Homo sapiens* Was: Behavioral Variability Versus "Behavioral Modernity" in Paleolithic Archaeology. Current Anthropology, 2011, 52(1): 1-35.

[6] Liu W, Jin C Z, Zhang Y Q, et al. Human Remains from Zhirendong, South China, and Modern Human Emergence in East Asia. PNAS, 2010, 107(45): 19201-19206; 金昌柱，潘文石，张颖奇，等. 广西崇左江州木榄山智人洞古人类遗址及其地质时代. 科学通报，2009，54（19）：2848-2856.

[7] Liu W, Wu X, Li Y, et al. Evidence of Fire Use of Late Pleistocene Humans from the Huanglong Cave, Hubei Province, China. Chinese Science Bulletin, 2009, 54(2): 256-264.

[8] Liu W, Martinón-Torres M, Cai Y J, et al. The Earliest Unequivocally Modern Humans in Southern China. Nature, 2015, 526(7575): 696-699.

[9] Li Z Y, Wu X J, Zhou L P, et al. Late Pleistocene Archaic Human Crania from Xuchang, China. Science, 2017, 355(6328): 969-972.

[10] 吴新智. 大荔颅骨在人类进化中的位置. 人类学学报，2014，33（4）：405-426.

[11] Liu W, Schepartz L A, Xing S. Late Middle Pleistocene Hominin Teeth from Panxian Dadong, South China. Journal of Human Evolution, 2013, 64(5): 337-355.

[12] Fu Q M, Meyer M, Gao X, et al. DNA Analysis of an Early Modern Human from Tianyuan Cave, China. PNAS, 2013, 110(6): 2223-2227.

[13] 高星. 更新世东亚人群连续演化的考古证据及其相关问题论述. 人类学学报，2014，33

（3）：237-253.

[14] Green R E, Krause J, Briggs A W, et al. A Draft Sequence of the Neandertal Genome. Science, 2010, 328(5979): 710-722.

[15] Fu Q M, Li H, Moorjani P, et al. Genome Sequence of a 45,000-year-old Modern Human from Western Siberia. Nature, 2014, 514(7523): 445-449.

[16] Fu Q M, Hajdinjak M, Moldovan O T, et al. An Early Modern Human from Romania with a Recent Neanderthal Ancestor. Nature, 2015, 524(7564): 216-219.

[17] Krings M, Capelli C, Tschentscher F, et al. A View of Neandertal Genetic Diversity. Nature Genetics, 2000, 26: 144-146; Sankararaman S, Patterson N, Li H, et al. The Date of Interbreeding Between Neandertals and Modern Humans. Plos Genetics, 2012, 8: e1002947; Sankararaman S, Mallick S, Dannemann M, et al. The Genomic Landscape of Neanderthal Ancestry in Present-day Humans. Nature, 2014, 507(7492): 354-357; Vernot B, Akey J M. Resurrecting Surviving Neandertal Lineages from Modern Human Genomes. Science, 2014, 343(6174): 1017-1021.

[18] Kuhlwilm M, Gronau I, Hubisz M J, et al. Ancient Gene Flow from Early Modern Humans into Eastern Neanderthals. Nature, 2016, 530(7591): 429-433.

[19] Krause J, Fu Q M, Good J M, et al. The Complete Mitochondrial DNA Genome of an Unknown Hominin from Southern Siberia. Nature, 2010, 464(7290): 894-897; Reich D, Green R E, Kircher M, et al. Genetic History of an Archaic Hominin Group from Denisova Cave in Siberia. Nature, 2010, 468: 1053-1060; Reich D, Patterson N, Kircher M, et al. Denisova Admixture and the First Modern Human Dispersals into Southeast Asia and Oceania. The American Journal of Human Genetics, 2011, 89(4): 516-528; Meyer M, Kircher M, Gansauge M T, et al. A High-coverage Genome Sequence from an Archaic Denisovan Individual. Science, 2012, 338(6104): 222-226.

[20] Reich D, Green R E, Kircher M, et al. Genetic History of an Archaic Hominin Group from Denisova Cave in Siberia. Nature, 2010, 468(7327): 1053-1060; Reich D, Patterson N, Kircher M, et al. Denisova Admixture and the First Modern Human Dispersals into Southeast Asia and Oceania. The American Journal of Human Genetics, 2011, 89(4): 516-528; Vernot B, Tucci S, Kelso J, et al. Excavating Neandertal and Denisovan DNA from the Genomes of Melanesian Individuals. Science, 2016, 352(6282): 235-239.

[21] Prüfer K, Racimo F, Patterson N, et al. The Complete Genome Sequence of a Neanderthal from the Altai Mountains. Nature, 2014, 505(7481): 43-49.

[22] Stringer C. Modern Human Origins: Philosophical Transactions: Biological Sciences, 2002, 357(1420): 563-579; Stringer C. Why We Are Not All Multiregionalists Now. Trends in Ecology & Evolution, 2014, 29(5): 248-251.

[23] Smith F H, Janković I, Karavanić I. The Assimilation Model, Modern Human Origins in Europe,

and the Extinction of Neandertals. Quaternary International, 2005, 137(1): 7-19.

[24] Templeton A R. Genetics and Recent Human Evolution. Evolution, 2007, 61(7): 1507-1519；黄石. 用与种系发生相关的DNA序列解读人类起源//席焕久，刘武，陈昭. 21世纪中国人类学的发展. 北京：知识产权出版社，2015：167-184.

[25] Hershkovitz I, Smith P, Sarig R, et al. Middle Pleistocene Dental Remains from Qesem Cave (Israel). American Journal of Physical Anthropology, 2011, 144(4): 575-592; Hershkovitz I, Weber G W, Fomai C, et al. New Middle Pleistocene Dental Remains from Qesem Cave (Israel). Quaternary International, 2016, 398: 148-158.

[26] Hublin J J, Ben-Ncer A, Bailey S E. New Fossils from Jebel Irhoud, Morocco and the Pan-African Origin of *Homo sapiens*. Nature, 2017, 546(7657): 289-292.

[27] Smith F H. Fossil Hominids from the Upper Pleistocene of Central Europe and the Origin of Modern Europeans//Smith F, Spencer F. The Origins of Modern Humans. A World Survey of the Fossil Evidence. New York: Liss, 1984: 137-209; Trinkaus E, Churchill S E, Ruff C B, et al. Long Bone Shaft Robusticity and Body Proportions of the Saint-Césaire 1 Châtelperronian Neanderthal. Journal of Archaeological Science, 1999, 26(7): 753-773; Wolpoff M. Paleoanthropology (2nd ed). New York: McGraw-Hill, 1999.

[28] Sofiaru A, Dobos A, Trinkaus E. Early Modern Humans from the Pestera Muierii, Baia de Fier, Romania. PNAS, 2006, 103(46): 17196-17201.

[29] Tocheri M W, Orr C M, Larson S G, et al. The Primitive Wrist of *Homo floresiensis* and Its Implications for Hominin Evolution. Science, 2007, 317(5845): 1743-1745.

[30] Morwood M J, Soejono R P, Roberts R G, et al. Archaeology and Age of a New Hominin from Flores in Eastern Indonesia. Nature, 2004, 431(7012): 1087-1091.

[31] Sutikna T, Tocheri M W, Morwood M J, et al. Revised Stratigraphy and Chronology for *Homo floresiensis* at Liang Bua in Indonesia. Nature, 2016, 532(7599): 366-369.

[32] 吉学平，吴秀杰，吴沄，等. 广西隆林古人类颞骨内耳迷路的3D复原及形态特征. 科学通报，2014，59（35）：3517-3525；Curnoe D, Ji X P, Herries A I R, et al. Human Remains from the Pleistocene-Holocene Transition of Southwest China Suggest a Complex Evolutionary History for East Asians. PLOS ONE, 2012, 7(3): e31918.

[33] Lordkipanidze D, Ponce de León M S, Margyelashvili A, et al. A Complete Skull from Dmanisi, Georgia, and the Evolutionary Biology of Early *Homo*. Science, 2013, 342(6156): 326-331.

[34] Antón S C, Potts R, Aiello L C. Evolution of Early *Homo*: An Integrated Biological Perspective. Science, 2014, 345(6192): 1236828.

[35] 吴新智. 现代人起源的多地区进化学说在中国的实证. 第四纪研究，2006，26（5）：702-709.

[36] Wolpoff M H, Wu X Z, Thorne A G. Modern *Homo sapiens* Origins: A General Theory of Hominid

Evolution Involving the Fossil Evidence from East Asia//Smith F H, Spencer F. The Origins of Modern Humans: A World Survey of the Fossil Evidence. New York: Alan R Liss Inc, 1984: 411-483.

[37] Stringer C. Why We Are Not All Multiregionalists Now. Trends in Ecology&Evolution, 2014, 29(5): 248-251.

[38] Caspari R, Wolpoff M H. The Process of Modern Human Origins: The Evolutionary and Demographic Changes Giving Rise to Modern Humans//Smith F, Ahem C M. The Origins of Modern Humans: Biology Reconsidered. Hoboken: John Wiley and Sons Inc, 2013: 355-392.

[39] Mellars P. The Impossible Coincidence. A Single-species Model for the Origins of Modern Human Behavior in Europe. Evolutionary Anthropology, 2005, 14(1): 12-27; Klein R G. The Human Career: Human Biological and Cultural Origins. Chicago: University of Chicago Press, 2009.

[40] Mellars P. Major Issues in the Emergence of Modern Humans. Current Anthropology, 1989, 30(3): 349-385.

[41] Mellars P. Major Issues in the Emergence of Modern Humans. Current Anthropology, 1989, 30(3): 349-385; Mellars P. Archeology and the Dispersal of Modern Humans in Europe: Deconstructing the "Aurignacian". Evolutionary Anthropology, 2006, 15(5): 167-182; Mellars P. Rethinking the Human Revolution: Eurasian and African Perspectives//Mellars P, Boyle K, Bar-Yosef O, et al. Rethinking the Human Revolution: New Behavioural and Biological Perspectives on the Origin and Dispersal of Modern Humans. Cambridge: McDonald Institute for Archeological Research, 2007.

[42] Henshilwood C S, Marean C W. The Origin of Modern Human Behavior. Current Anthropology, 2003, 44(5): 627-651.

[43] Nowell A. Defining Behavioral Modernity in the Context of Neandertal and Anatomically Modern Human Populations. Annual Review of Anthropology, 2010, 39(1): 437-452.

[44] Bouzouggar A, Barton N, Vanhaeren M, et al. 82000-year-old Shell Beads from North Africa and Implications for the Origins of Modern Human Behavior. PNAS, 2007, 104(24): 9964-9969; d'Errico F, Vanhaeren M, Barton N, et al. Additional Evidence on the Use of Personal Ornaments in the Middle Paleolithic of North Africa. PNAS, 2009, 106(38): 16051-16056; Peng F, Gao X, Wang H M, et al. An Engraved Artifact from Shuidonggou, An Early Late Paleolithic Site in Northwest China. Chinese Science Bulletin, 2012, 57(35): 4594-4599; Henshilwood C S, d'Errico F, Watts I. Engraved Ochres from the Middle Stone Age Levels at Blombos Cave, South Africa. Journal of Human Evolution, 2009, 57(1): 27-47; Rodríguez-Vidal J, d'Errico F, Giles Pacheco F, et al. A Rock Engraving Made by Neanderthals in Gibraltar. PNAS, 2014, 111(37): 13301-13306.

[45] Henshilwood C S, d'Errico F, Yates R, et al. Emergence of Modern Human Behavior: Middle Stone Age Engravings from South Africa. Science, 2002, 295(5558): 1278-1280; Wadley L, Hodgskiss T,

Grant M. Implications for Complex Cognition from the Hafting of Tools with Compound Adhesives in the Middle Stone Age, South Africa. PNAS, 2009, 106(24): 9590-9594.

[46] Tattersall I. What Happened in the Origin of Human Consciousness? The Anatomical Record (Part B: The New Anatomist), 2004, 276(1): 19-26.

[47] Coward F, Gamble C. Big Brains, Small Worlds: Material Culture and the Evolution of the Mind. Philosophical Transactions: Biological Sciences, 2008, 363(1499): 1969-1979; Coolidge F L, Wynn T. Working Memory, Its Executive Functions, and the Emergence of Modern Thinking. Cambridge Archaeological Journal, 2005, 15(1): 5-26.

[48] Schepartz L A. Language and Modern Human Origins. American Journal of Physical Anthropology, 1993, 36(S17): 91-126; d'Errico F, Henshilwood C, Lawson G, et al. Archaeological Evidence for the Emergence of Language, Symbolism, and Music: An Alternative Multidisciplinary Perspective. Journal of World Prehistory, 2003, 17(1): 1-70.

[49] Mellars P A. Archaeology and the Population-dispersal Hypothesis of Modern Human Origins in Europe. Philosophical Transactions: Biological Sciences, 1992, 337(1280): 225-234.

[50] Klein R G. Anatomy, Behavior, and Modern Human Origins. Journal of World Prehistory, 1995, 9(2): 167-198.

[51] Bar-Yosef O. The Upper Paleolithic Revolution. Annual Review of Anthropology, 2002, 11(31): 363-393.

[52] McBrearty S, Brooks A S. The Revolution That Wasn't: A New Interpretation of the Origin of Modern Human Behavior. Journal of Human Evolution, 2000, 39(5): 453-563.

[53] d'Errico F, Stringer C B. Evolution, Revolution or Saltation Scenario for the Emergence of Modern Cultures? Philosophical Transactions: Biological Sciences, 2011, 366(1567): 1060-1069.

[54] d'Errico F. The Invisible Frontier: A Multiple Species Model for the Origin of Behavioral Modernity. Evolutionary Anthropology Issues News and Reviews, 2003, 12(4): 188-202.

[55] Zilhão J. Aurignacian, Behavior, Modern: Issues of Definition in the Emergence of the European Upper Paleolithic//Bar-Yosef O, Zilhão J. Towards a Definition of the Aurignacian: Proceedings of the Symposium Held in Lisbon. Portugal. Lisbon: Instituto Português de Arqueologia, 2006: 53-70.

[56] d'Errico F, Zilhão J, Julien M. Neanderthal Acculturation in Western Europe? A Critical Review of the Evidence and Its Interpretation. Current Anthropology, 1998, 39(Supplement): 1-44; Bar-Yosef O, Bordes J G. Who Were the Makers of the Châelperronian Culture? Journal of Human Evolution, 2010, 59(5): 586-593; Hublin J J, Talamo S, Julien M, et al. Radiocarbon Dates from the Grotte du Renne and Saint-Césaire Support a Neandertal Origin for the Châtelperronian. PNAS, 2012, 109(46): 18743-18748.

[57] Joordens J C A, d'Errico F, Wesselingh F P, et al. *Homo erectus* at Trinil on Java Used Shells for

Tool Production and Engraving. Nature, 2015, 518(7538): 228-231.

[58] 高星，黄万波，徐自强，等. 三峡兴隆洞出土12～15万年前的古人类化石和象牙刻划. 科学通报，2003，48（23）：2466-2472.

[59] Shea J J. *Homo sapiens* Is as *Homo sapiens* Was: Behavioral Variability Versus "Behavioral Modernity" in Paleolithic Archaeology. Current Anthropology, 2011, 52(1): 1-35.

[60] Mellars P. Going East: New Genetic and Archaeological Perspectives on the Modern Human Colonization of Eurasia. Science, 2006, 313(5788): 796-800.

[61] 高星，张晓凌，杨东亚，等. 现代中国人起源与人类演化的区域性多样化模式. 中国科学：地球科学，2010，40（9）：1287-1300.

[62] 柯越海，宿兵，李宏宇，等. Y染色体遗传学证据支持现代中国人起源于非洲. 科学通报，2001，46（5）：411-414；Ke Y H, Su B, Song X F, et al. African Origin of Modern Humans in East Asia: A Tale of 12,000 Y Chromosomes. Science, 2001, 292(5519): 1151-1153; Jin L, Su B. Natives or Immigrants: Modern Human Origin in East Asia. Nature Reviews Genetics, 2000, 1(2): 126-133; Chu J Y, Huang W, Kuang S Q, et al. Genetic Relationship of Populations in China. PNAS, 1998, 95(20): 11763-11768.

[63] Zhang X M, Qi X B, Yang Z, et al. Analysis of Mitochondrial Genome Diversity Identifies New and Ancient Maternal Lineages in Cambodian Aborigines. Nature Communications, 2013, 4: 2599; Zhang X M, Liao S Y, Qi X B, et al. Y-chromosome Diversity Suggests Southern Origin and Paleolithic Backwave Migration of Austro-Asiatic speakers from eastern Asia to the Indian subcontinent. Scientific Reports, 2015, 5(1): 1-5.

[64] 杨波. 超六成汉人是5个超级祖先后代. 重庆晚报，2014-08-11（A4）.

[65] 吴新智. 从中国晚期智人颅牙特征看中国现代人起源. 人类学学报，1998，17（4）：276-282；吴新智. 现代人起源的多地区进化学说在中国的实证. 第四纪研究，2006，26（5）：702-709；高星，张晓凌，杨东亚，等. 现代中国人起源与人类演化的区域性多样化模式. 中国科学：地球科学，2010，40（9）：1287-1300.

[66] 刘武，邢松，吴秀杰. 中更新世晚期以来中国古人类化石形态特征的多样性. 中国科学：地球科学，2016，46（7）：906-917.

[67] 吴新智. 大荔颅骨在人类进化中的位置. 人类学学报，2014，33（4）：405-426.

[68] Li Z Y, Wu X J, Zhou L P, et al. Late Pleistocene Archaic Human Crania from Xuchang, China. Science, 2017, 355(6328): 969-972.

[69] Liu W, Schepartz L A, Xing S. Late Middle Pleistocene Hominin Teeth from Panxian Dadong, South China. Journal of Human Evolution, 2013, 64(5): 337-355.

[70] Liu W, Jin C Z, Zhang Y Q, et al. Human Remains from Zhirendong, South China, and Modern Human Emergence in East Asia. PNAS, 2010, 107(45): 19201-19206.

[71] Liu W, Martinón-Torres M, Cai Y J, et al. The Earliest Unequivocally Modern Humans in Southern China. Nature, 2015, 526(7575): 696-699.

[72] Liu W, Wu X Z, Li Y Y, et al. Evidence of Fire Use of Late Pleistocene Humans from the Huanglong Cave, Hubei Province, China. Chinese Science Bulletin, 2009, 54(2): 256-264.

[73] Bae C J, Wang W, Zhao J X, et al. Modern Human Teeth from Late Pleistocene Luna Cave (Guangxi, China). Quaternary International, 2014, 354: 169-183; 李有恒，吴茂霖，彭书琳，等. 广西柳江土博出土的人牙化石及共生的哺乳动物群. 人类学学报，1984，3（4）：322-329；沈冠军，王頠，王谦，等. 广西柳江土博咁前洞的铀系年代. 人类学学报，2001，20（3）：238-244.

[74] 赵凌霞，张立召，杜抱朴，等. 贵州毕节发现古人类化石与哺乳动物群. 人类学学报，2016，35（1）：24-35.

[75] Wu X J, Crevecoeur I, Liu W. The Temporal Labyrinths of Eastern Eurasian Pleistocene Humans. PNAS, 2014, 111(29): 10509-10513.

[76] Jin L, Su B. Natives or Immigrants: Modern Human Origin in East Asia. Nature Reviews Genetics, 2000, 1(2): 126-133.

[77] 吴新智. 与中国现代人起源问题有联系的分子生物学研究成果的讨论. 人类学学报，2005，24（4）：259-269；吴新智，徐欣. 从中国和西亚旧石器及道县人牙化石看中国现代人起源. 人类学学报，2016，35（1）：1-13.

[78] 高星. 更新世东亚人群连续演化的考古证据及其相关问题论述. 人类学学报，2014，33（3）：237-253；高星，裴树文. 中国古人类石器技术与生存模式的考古学阐释. 第四纪研究，2006，26（4）：504-513.

[79] 高星. 中国旧石器时代手斧的特点与意义. 人类学学报，2012，31（2）：97-112；高星. 更新世东亚人群连续演化的考古证据及其相关问题论述. 人类学学报，2014，33（3）：237-253.

[80] Gao X. Paleolithic Cultures in China: Uniqueness and Divergence. Current Anthropology, 2013, 54 (Supplement 8): 358-370; 高星. 更新世东亚人群连续演化的考古证据及其相关问题论述. 人类学学报，2014，33（3）：237-253.

[81] 高星，袁宝印，裴树文，等. 水洞沟遗址沉积-地貌演化与古人类生存环境. 科学通报，2008，53（10）：1200-1206；刘德成，王旭龙，高星，等. 水洞沟遗址地层划分与年代测定新进展. 科学通报，2009，54（19）：2879-2885；高星，王惠民，裴树文，等. 水洞沟——2003～2007年度考古发掘与研究报告. 北京：科学出版社，2013；李锋，陈福友，汪英华，等. 晚更新世晚期中国北方石叶技术所反映的技术扩散与人群迁移. 中国科学：地球科学，2016，46（7）：891-905.

[82] Li F, Kuhn S L, Gao X, et al. Re-examination of the Dates of Large Blade Technology in China: A Comparison of Shuidonggou Locality 1 and Locality 2. Journal of Human Evolution, 2013, 64(2): 161-168; Li F, Kuhn S L, Olsen J W, et al. Disparate Stone Age Technological Evolution in North

China: Lithic Technological Variability and Relations Between Population During MIS3. Journal of Anthropological Research, 2014, 70(1): 35-67; Peng F, Wang H M, Gao X. Blade Production of Shuidonggou Locality 1 (Northwest China): A Technological Perspective. Quaternary International, 2014, 347: 12-20.

[83] 王春雪，张乐，高星，等. 水洞沟遗址采集的鸵鸟蛋皮装饰品研究. 科学通报，2009，54（19）：2886-2894；关莹，高星，王惠民，等. 水洞沟旧石器时代晚期遗址结构的空间利用分析. 科学通报，2011，56（33）：2797-2803；彭菲，高星，王惠民，等. 水洞沟旧石器时代晚期遗址发现带有刻划痕迹的石制品. 科学通报，2012，57（26）：2475-2481；周振宇，关莹，高星，等. 水洞沟遗址的石料热处理现象及其反映的早期现代人行为. 科学通报，2013，58（9）：815-824.

[84] 王社江，鹿化煜. 秦岭地区更新世黄土地层中的旧石器埋藏与环境. 中国科学：地球科学，2016，46（7）：881-890.

[85] 张双权，李占扬，张乐，等. 河南许昌灵井人遗址大型食草类动物死亡年龄分析及东亚现代人类行为的早期出现. 科学通报，2009，54（19）：2857-2863；张乐，王春雪，张双权，等. 马鞍山旧石器时代遗址古人类行为的动物考古学研究. 中国科学：地球科学，2009，39（9）：1256-1265；张乐，王春雪，张双权，等. 切割痕迹揭示马鞍山遗址晚更新世末人类肉食行为. 科学通报，2009，54（19）：2871-2878；张双权，李占扬，张乐，等. 河南灵井许昌人遗址大型食草类动物的骨骼单元分布. 中国科学：地球科学，2012，42（5）：764-772；张乐，张双权，徐欣，等. 中国更新世末全新世初广谱革命的新视角：水洞沟第12地点的动物考古学研究. 中国科学：地球科学，2013，43（4）：628-633；Wang X M, Guan Y, Cai H Y, et al. Diet Breadth and Mortality Patterns from Laoya Cave: A Primary Profile of MIS 3/2 Hunting Strategies in the Yunnan-Guizhou Plateau, Southwest China. Science China: Earth Sciences, 2016, 59(8): 1642-1651; 张双权，张乐，栗静舒，等. 晚更新世晚期中国古人类的广谱适应生存——动物考古学的证据. 中国科学：地球科学，2016，46（8）：1024-1036.

[86] 高星. 朝向人类起源与演化研究的共业：古人类学、考古学与遗传学的交叉与整合. 人类学学报，2017，36（1）：131-140.

（原载于《中国科学：地球科学》2018年第48卷1期，与彭菲、付巧妹、李锋合著）

现代中国人起源与人类演化的区域性多样化模式

古人类学本是一个生僻的领域，但近20年间现代人类起源问题却成为科学界炙手可热的焦点，围绕“多地区进化说”和“非洲单一地区起源说”形成两派针锋相对的学术阵营，发生着激烈的学术论辩。其波及范围冲破了最初的人类学和遗传学藩篱而裹挟了诸多学科领域。媒体更是推波助澜，使一项单纯的学术议题成为社会大众的关注点。

中国是这一学术争鸣的中心之一。这里自出现直立人以来就是人类演化的重要地区，曾被认为是亚洲现代人类的发祥地。但在新的学术讨论中，早先建立的理论体系受到强烈冲击，人类从古至今在这里演化的脉络似乎变得模糊起来，人们不得不重新思考和寻找自己的先祖。现代人类起源于何时何地？我们的直系祖先到底是谁？我们怎样演化到了今天？这是目前很多人都在关切的问题，也是这一波学术探讨的核心课题。

让我们回顾和梳理相关争论的来龙去脉，审视和剖析上述两个理论体系的核心观点和基本证据，从中观察分析学术研究对上述问题取得了哪些进展，得出了哪些结论，是否对我们的过去和现在提供了有益的知识和启示。

一、争论缘起与背景

“现代人”从人类演化过程和解剖学角度被称为“晚期智人”，他们拥有与现时地球上人群大体一致的肌肉与骨骼构造、大脑重量与结构，其行为方式有别于之前的人类。

学术界长期以来普遍认为，人类最初起源于非洲，演化到直立人后，部分群体在大约200万年前走出非洲扩散到亚洲和欧洲，进而演化成早期智人和晚期智人[1]。在这种认知之下，现代人起源原本不是一个显著的问题。沃尔普夫和吴新智等[2]在对比世界各地的人类化石材料的基础上逐步发展出现代人“多地区进化”的理论，主张世界上四大“人种”都与本地区更古老的人群不可分割。这种观点得到许多古人类学家和考古学家的认同，东亚的多数相关学者支持这种学说。但1987年坎尼等[3]三位遗传学家基于对现生人群的线粒体DNA分析，提出所有现代人都是20万年前生活在非洲的一位女性的后代，而这一支系之外的所有古人群都在进化中走向灭绝。这一被称为“出自非洲说”或“替代说”的理论很快得到更多遗传学研究的支持，古人类学界中很多学者加入新假说的理论阵营，使其很快风行起来。

于是学术界在现代人起源问题上出现持续了20多年的“多地区进化说”和“出自非洲说”的交锋。二者争论的焦点在于现今人类的直接祖先是起源于多个地区，还是仅在一个地区起源，然后扩散到世界各地；人类演化的链条在欧亚是否发生过中断。探讨的核心问题还包括现代人类起源的机制、迁徙扩散的路线、各地区人群间的相互关系等。围绕这些问题，参与其间的学者们开展了热烈的讨论：一方面发掘收集和展示有利于自己的证据，旁征博引论证自己的观点，另一方面质疑对方的证据或其解读，辩驳对方的观点。

中国乃至东亚逐渐成为这一波学术探讨与论战的主战场。这里原本是“古人类连续进化”理论的发源地，20世纪魏敦瑞[4]就已提出这一学说的雏形，其后沃尔普夫与吴新智等[2]进一步发展出“多地区进化”理论。吴新智[5]后来将该学说中涉及中国材料的部分扩展开来，提出中国乃至东亚人类“连续进化附带杂交”的新假说。在中国这一广阔地域内出土的丰富的人类化石和旧石器文化遗存为该理论提供着坚实的材料基础，使其在“出自非洲说”劲风的吹刮下并没有湮灭，保有许多支持者。

在“替代说”流行于西方的前10年间，中国的学术界和传媒没有明显的反应。这一方面是因为本土人类连续演化的理论已经在这里根深蒂固，另一方面是当时相关领域的探讨和交流还不是很活跃。但这一平静终究被打破，从1998年开始，一些遗传学家在学术刊物上发表一系列有关中国现代人起源问题的论文，支持“出自非洲说”[6]；他们质疑古人类学家基于人类化石和旧石器考古材料提出的中国人类本土连续演化的证据，认为在距今10万～5万年间这里没有人类生存。这样的研究成果给已经盛行于西方的“替代说”锦上添花，对中国传统的古人类学研究和业已建立起的理论体系则是釜底抽薪，形成巨大的冲击和挑战。

纵观这两个理论阵营的争论，不难发现二者其实并无太多的交集。研究者出自不同的科学领域，立足于不同的证据材料，往往各自强调自己的优势，忽视对方的观点，很少在不同学科间做实质性的交流、交叉和整合。有关现代人起源的真理只有一个，不同学科的研究结果和从不同的材料证据推演出的结论应当指向同一个方向，趋向同一个目标。现代人类起源问题在近20年间越出了古人类学研究的领域，发展成为一个新生命题，对相关问题的探讨，提出的问题多，回答的问题少；假设与推断多，被普遍接受的结论少。当前我们需要结合人类化石形态特征、基因证据、考古学材料、古环境学和年代学研究结果进行多学科交叉的整体思考，综合考虑各种证据，分析各学说的强弱点，选出目前有更多证据支持和相对可信的假说，并对其进行补充和完善，使我们能距科学的真理更近一步。

二、“多地区进化”与“连续进化附带杂交”假说

1. 理论的提出与发展

“多地区进化说”的形成及其针对中国的材料进一步发展为“连续进化附带杂交说”的理论有其深远的历史根源[7]。20世纪30～40年代，魏敦瑞[8]根据对出土于周口店的北京猿人（当时称为“中国猿人”）头骨化石的形态研究，指出北京猿人与现代蒙古人种之间有一系列共同的形态特征，主张两者之间有亲缘关系，认为人类进化可能存在4条世系，分别发生在东亚、爪哇加澳洲、欧洲和非洲。由于当时可供研究的化石很少，魏敦瑞[9]的推断是基于北京猿人与现代黄种人之间形态上的共同特征，其间存在着很长的演化链条的缺环。20世纪50年代在资阳、丁村、长阳、柳江、马坝相继发现不同时代的人类化石，吴汝康等[10]指出他们在一定程度上填补了北京猿人和现代人之间缺失的进化环节；1959年他和合作者在这些材料的基础上论证了中国远古人类体质演化上的连续性[11]。

其后更多的古人类化石在中国出土，包括元谋人、建始人、蓝田人、峙峪人和丽江人等，吴新智等[12]据此指出“中国古人类的连续发展和各时期的古人类的明确的传承关系，显著地表现在其体质特征上”，并提出这些连续性体质特征主要表现为上门齿的铲形结构、颧骨位置、阔鼻、下颌圆枕等方面。1984年沃尔普夫、吴新智与索恩[13]以出土于中国、印尼和澳大利亚的人类化石为主要材料依据，首次明确提出现代人类起源的“多地区进化”学说，指出现今世界各地人类与原先分布于亚、非、欧三大洲的早期智人乃至更早的直立人有连续演化的关系，在中国人类化石中较其他地区古人群出现频率更高的一系列共同的形态特征是支持该地区人类连续演化的重要证据。他们推测当今世界各人群基因水平的高度一致性是基因交流和选择性适应相互平衡的结果，基因交流是将不同地区人群维系在一个物种内的重要纽带。其后吴新智[14]基于中国和欧洲智人化石的比较研究，举出一些化石上可作为基因交流证据的形态特征，指出“中国古人类进化的这种情况可以称之为连续进化间以杂交的模式，以连续进化为主体。我们不认为曾经有过外来的古人类大量入侵而替代了原住民的现象”。1990年吴新智[15]根据新发现的大荔人、金牛山人与和县人头骨化石的形态观察，列举、论证了中国直立人和智人之间在形态方面的镶嵌性，反驳了一些学者有关直立人是进化中的绝灭旁支的观点，并从中国古人类化石的时序性、形态的共同性与异样性和与外界基因交流的形态学证据，再次论证中国古人类以连续进化为主，但与

其他地区人群发生过渐增的基因交流。1998年吴新智[16]基于对中国晚期智人颅骨和牙齿特征的观察，正式提出中国现代人类“连续进化附带杂交”的假说，指出“‘附带’二字表示杂交只起次要的作用。这个模式是多地区进化说在东亚的表现形式。根据现有的关于更古老化石的证据，这个模式甚至可能贯穿中国古人类的进化历史。在局部地区可能出现过人群替代的现象，但为后来的杂交所淡化”。吴新智[17]申明“无意用这一模式概括整个现代人类起源”，认为不同地区可能存在不同的模式，并指出“现代人起源是个很复杂的多样化的过程，必须对不同地区加以区别对待”。

2. 核心观点

由此可见，“连续进化附带杂交”假说根源于魏敦瑞的多元说，但立论依据大不相同，所阐述的不同地区人类趋同演化的机制也大相径庭；它是“多地区进化说”对中国乃至东亚地区材料的具体表述和纵深发展，是对该地区人类演化尤其是现代人起源过程与机制的理论概括。该理论的核心点可以归结为：①东亚地区自直立人以来人类进化是连续的，不存在演化链条的中断，其间未发生过大规模外来人群对本土人群的替代；②该地区古人类与外界有过一定程度的隔离，使其得以保持区域特点，在形态上有别于旧大陆西侧的人群；③本土与外界人群的基因交流发生过并与时俱增，这使得该地区的人类与外界人群作为同一物种得以维系，但这种基因的混合、交流与本土人群的代代相传相比是次要的，本地主体人群与少量外来移民之间是融合的关系，而非替代；④中国乃至东亚因为地域广大，生态多样，古人群可能分化成若干地方群体，局部的灭绝和区域间的迁徙交流时而发生，呈现河网状演化格局，导致区域内一个大的群体内部的多样性发展；⑤由于各地区环境不同，现代人类在不同地区演化的模式应该是多样的，“连续进化附带杂交”与“完全替代”模式均不能概括整个现代人起源，不同地区应区别对待，对相关问题应做辩证思考。

3. 主要支持证据

被引述为“连续进化附带杂交”假说的支持证据主要有如下方面。

（1）人类化石形态证据。主要提取自古人类的颅骨和牙齿，这些化石材料来自中国70余处地点。显示中国古人类共同和渐变并区别于西方化石人类的性状包括：颜面在水平方向较扁平，鼻梁矮，鼻腔与眼眶之间骨表面平或稍凹，眼眶近长方形，上颌骨颧突下缘弯曲，与上颌体连接处位置较高，额骨与鼻骨和上颌骨相接的骨缝呈大致水平的弧形，额骨正中线上最突出处靠下，头骨最宽处在中三分之一部的后段，颅骨具有早期较强而中期较弱的正中矢状脊，上门齿呈铲形等。显示中国直立人和智人之间形态镶嵌的现象可例举如下：和县直立人颅骨指数大，眶后缩狭不显著，颞骨鳞部较高，这些特征不见于其他直立人却常见于智人；作为智人的马坝人的眶后缩狭，大荔人厚的眉脊和头骨壁及枕部呈角状转折，大荔人和资阳人具有角圆枕，许家窑人顶骨厚度大等。这些特征曾被少数学者不恰当地解读为直立人的自近裔特征或独有的衍生特征。郧县人头骨更有许多性状集直立人和智人于一体。这些现象表明两个分类单元之间难以截然分开，是连续进化的。反映因基因交流而在中国古人类化石上出现常见于西方人群的形态特征包括：大荔头骨眼眶与鼻腔前口之间的膨隆，南京头骨高耸的鼻梁，马坝头骨的圆形眼眶和其锐利的下外侧边缘，柳江、资阳、丽江头骨枕部的发髻状构造，丽江的第一上臼齿有卡氏尖，山顶洞102号头骨眼眶外侧骨柱前外侧面较朝向外侧，河套头骨额骨与鼻骨之间骨缝的位置比额骨与上颌骨之间的骨缝高等[18]。

（2）考古学证据。此方面的证据主要来自旧石器时代考古学研究。从石器技术与类型组合的角度，更新世古人类文化体系通常被划分为前后承继的5个技术模式，即以砾石工具和简单的石片工具为标志的“模式Ⅰ-奥杜威模式”，以手斧等为代表的“模式Ⅱ-阿舍利模式”，以勒瓦娄哇产品为代表的“模式Ⅲ-莫斯特模式”，以石叶制品为代表的“模式Ⅳ-旧石器时代晚期模式”和以细石器为代表的“模式Ⅴ-中石器时代模式”[19]。模式Ⅳ被认为是早期现代人类的文化标识。与非洲和欧亚大陆西部这5个模式明确的阶段性演替不同，中国在整个旧石器时代，第Ⅰ模式贯彻始终并占据主流，甚至延伸到新石器时代。只有很少地点表现出其他模式的技术产品，而且表现方式是局部、短暂的，没有对第Ⅰ模式的演化主线构成冲击和替代。因而中国旧石器文化传统表现为连续发展为主，间或有少量与西方技术的交流[20]。

随着更多学科领域加入到对现代人类尤其是现代中国人起源问题的研究和对“替代说”拥护者提出的质疑的回答，一些古环境信息、年代学数据和更多考古学证据被引入讨论之中，对“多地区进化”或“连续进化附带杂交”假说提供了强有力的支持。后文对此将有更多的论述。

4. 点评

“连续进化附带杂交说”立足于直接证据即化石材料，从东亚地区化石人类形态演化的连续性和旧石器文化发展的承继性论证从早期人类到现代人类的连续进化，具有材料的优势和坚实的基础；该假说强调新-老和本土-外来人群间的互动，不排除基因交流的可能性并强调其在维持人类单一物种方面的作用，能成功地解释古人类在200万年前走出非洲后在世界各地进化发展而未分化为不同物种的事实，具有更大的包容性；该假说所引述的各方面证据具有高度的吻合性、自圆性和强逻辑性。但该理论所依赖的支持证据并非无懈可击。人类化石材料永远是残缺不全的，从中提取的形态信息难能拼凑出演化的连贯线条和完整图案；化石个体的形态变异也会为推导群体特征带来一定程度的不确定性；文化遗存虽然相对丰富，但其作为人类智能活动的产物，受各方面条件影响而有一定的变异，与特定群体和特定人类演化阶段的对应关系难以定量化地表述和界定。此外，对这些化石材料和文化遗存的年代测定存在一定的盲区和模糊的空间。这些都成为“出自非洲说”者对其质疑的着力点。

三、“出自非洲说”或“替代说”

1. 理论的提出及其在中国的发展

“出自非洲说”或称“替代说”、“夏娃假说”的理论雏形始见于20世纪70年代中期，普洛兹[21]和豪威尔斯[22]根据当时非洲发现的晚更新世古人类化石推测非洲是现代人类发源地并进而向世界各地扩散。但这一理论的正式提出并产生广泛的影响可追溯到1987年坎尼等[23]三位分子生物学家发表的一篇论文。他们选择祖先来自5个地区，即非洲、亚洲、高加索地区、澳大利亚和新几内亚的女性（后两个地区的样本取自土著妇女）共147人，分析其胎盘内的线粒体DNA（mtDNA），得出两点认识：①现代非洲人群比其他大洲人群具有更丰富的遗传多样性，说明现代非洲人是一个相对古老的群体，比其他地区人群拥有更长的积累线粒体遗传变异的时期；②利用其mtDNA序列构建的系统发育树显示出非洲人位于树的根部，所分析的人群形成两大分支，一支仅包括非洲人群，另一支则由非洲人和其他人群共同组成，进一步说明世界其他地区的现代人起源于非洲。在利用古人类学和考古学得出的现代人类扩散到新几内亚、澳大利亚和新大陆的时间窗口而换算出mtDNA变异速率（每百万年2%～4%）并假定其在人类进化史上保持恒定的前提下，坎尼等[24]计算出所有现代人类的共同祖先存活于距今29万～14万年前，其后裔可能在距今18万～9万年前走出非洲，向世界各地扩散。其后人们将被大致推断为距今20万年前生活在非洲的这位始祖母称为“夏娃”，这便是“夏娃假说”的由来。

坎尼等[25]指出，选择mtDNA开展此项研究是因为它们能快速演化并以特殊方式遗传：mtDNA对变异信息的积累比核DNA要快若干倍，因而对我们现存基因库中的差异性观察具有放大的作用；mtDNA只通过母系遗传且不会重组，因而对在人类个体间建立遗传对应关系提供了利器。于是mtDNA被看作是为研究人类何时、何地和如何起源并扩展提供了一个新的视角。

以后西方的遗传学家开展了更多的同类研究，得出的结论也基本类似。例如邓普顿[26]基于对几例由现代人mtDNA和Y染色体的序列构建的系统发育树的统计学分析，提出在非洲起源的现代人祖先对其他地区现代人群的基因贡献是通过至少两次迁徙扩散而实现的。一些人类学家和考古学家发现他们自己研究的化石和考古材料可以或更容易用这一假说来解释，于是“替代说”在西方很快成为主流学说。

1998年以来，部分遗传学家针对中国现代人起源问题发表了一系列研究成果，支持非洲单一地区起源说，否定中国乃至东亚人类连续进化理论，认为现代中国人是外来人群入侵、替代原始土著者后演化形成的[27]。这样，“夏娃假说”在中国开拓了一片疆土。

与西方的同类研究主攻mtDNA的遗传变异不同，针对中国现代人类起源研究的主要对象是男性Y染色体。相对于mtDNA的母系遗传特征，Y染色体遵循父系遗传路线，被认为是研究男性群体迁移历史的理想标记；通过对Y染色体的进化及其多态位点的分析，可以揭示某个族群的父系历史和群体间的分化时间[28]。宿兵等[29]认为父系遗传Y染色体非重组区可以有效地排除交换重组的干扰，单核苷酸多态性（single nucleotide polymorphism，SNP）突变率低，遗传更稳定，对进化事件的记录更真实，Y染色体的拟常染色体非重组区段的标记是研究早期人类演化和迁徙的理想工具。

1998年，褚嘉祐等[30]利用30个常染色体微卫星位点（microsatellites）研究了中国的28个人群的遗传结构，发现南北人群间存在明显的遗传差异，南方人群的多样性大于北方，据此提出现代中国人非本土起源，支持非洲起源说，并结合语言学资料认为现代人群先到达东南亚然后北上进入中国和东亚其他地区。其后宿兵等[31]研究了包括739个东亚人在内的925个男性样本的Y染色体，也发现东南亚人群的遗传多样性明显大于北方人群，并结合东亚在距今10万～5万年间缺少人类化石证据的观察，提出东亚地区的第一批现代人在6万年前首先出现在东南亚，然后开始向北扩散，而原先生活在这里的古老型人类在末次冰期或之前灭绝了，这样新的移民就进入了无人之境。柯越海等[32]研究了Y染色体SNP的17种单倍型在中国22个省市汉族人群中的分布，同样发现南北人群有较大差异，南方人群的多态性明显高于北方人群，其中有些单倍型（例如H7、H10、H11和H12）仅出现在南方群体，进一步支持现代中国人的祖先来自南方并向北迁移。他们还对携带南北人群共同的单倍型个体在3个Y染色体微卫星标记位点进行了基因组分型，在一些假定的前提下（假定突变率为0.18%，20年为一代，群体有效规模为750～2000人）推算出现代人进入中国大陆的时间大致在6万～1.8万年前。该小组在另一篇文章中对东南亚、大洋洲、东亚、西伯利亚和中央亚细亚的163个人群中的12127个男性进行了YAP、M89和M130三个Y染色体双等位基因标记分型。所有个体都携带其中一个位点的突变，这三个突变位点（YAP+、M89T和M130T）都与另一个突变位点（M168T）同时发生，而M168T大约于8.9万～3.5万年前起源于非洲。由此，文章推测东亚古老型人群对当地现代人群没有任何基因贡献[33]。张亚平及其领导的研究团队[34]采用群体遗传学等综合手段，建立了东亚主要mtDNA单倍型类群（haplogroup）之间的系统发育关系，进而对东亚人群特别是中国人群的源流等相关问题进行了系统的研究。他们的现有结果支持“近期出自非洲说”，认为现代人群的迁徙采取了南方路线，即沿着亚洲海岸线，从遗传学证据看，距今约6万年前在中国发生过一次东南亚人群的迁入。同时，他们也提出这些工作是基于有限样本和部分编码区域进行的，具体的史前人类迁徙图景还有待更多的分析研究[35]。

其后又有多篇类似的研究论文发表，得出的结论基本一致。最新的一项研究是由人类基因组组织机构泛亚太地区SNP联盟（HUGO Pan-Asian SNP Consortium）发起的一项大规模的涵盖亚洲广大地区人群的常染色体变异情况通查，获得了亚洲人群SNP遗传多元化图谱，结果显示遗传结构与人群的语言状况和地理分布具有很大相关性，90%东亚人群的单倍体型见于东南亚或中南亚人群，从南向北呈现出变异递减的情况，因此认定东南亚是东亚人群基因库的主要来源。该研究进一步支持亚洲现代人群是在某一时间迁入东南亚并向北部扩散的假说[36]。

2. 核心观点

“出自非洲说”或“替代说”核心观点可以归结为：①现代人类（即晚期智人）是有别于直立人和早期智人的一个新的物种；②现代人大概在20万～14万年前起源于非洲；③非洲是现代人的唯一起源地，其他地区的现代人群都是在非洲诞生的早期现代人向外迁徙扩散的结果；④人类演化的线条只在非洲是连续的，在其他地方都曾中断过；⑤现代人从非洲向外扩散是一个完全替代的过程，即欧亚原有的古老型人群都在进化中走向绝灭，没有与迁徙过来的现代人发生过基因交流，因而对当地现生人群没有任何遗传贡献；⑥在东亚地区，现代人先到达东南亚，然后由南向北迁徙扩散；⑦在中国，现代人大约于6万年前从南部进入并向北迁移；⑧现代人到来之前，中国本土原有人群已经因末次冰期而灭绝，因而二者之间没有交集。

3. 主要支持证据

（1）对现生人群遗传变异的溯源推导。如前文列举的许多研究案例，“夏娃假说”的证据主要来自对世界各地现生人群遗传变异的分子生物学研究。这些研究利用现代男性Y染色体或女性mtDNA上的一些遗传位点进行分析，从不同地区现生人群的基因多样性顺藤摸瓜，在特定基因变化速率恒定和变异越丰富人群历史越久远的假定前提下追踪变异的源头和迁徙路线，于是非洲被锁定为所有现代人基因库的源泉。

除了对现生人群DNA所做的分子生物学研究，这一理论的支持者还陆续引述了其他方面的支持证据。

（2）古人类DNA研究。从人类化石上提取古代DNA并与现代人做比对应该是更直接和更可靠建立特定古人与今人遗传关系的手段。可惜由于DNA降解的问题，成功提取古DNA的研究案例还很少。克林斯的研究小组[37]和奥夫钦尼科夫等[38]分别对德国费尔德霍夫（Feldhofer）洞穴和北高加索地区梅兹迈斯卡亚（Mezmaiskaya）

洞穴出土的尼安德特人遗骸开展古DNA研究，根据mtDNA的变异情况，推测这两处相距2500千米的尼安德特人的最近共同祖先生活在35.2万～15.1万年前，而现代人与尼安德特人mtDNA分离的时间被推测在距今85.3万～36.5万年前，据此可以推断尼安德特人的mtDNA不可能通过遗传变异成为现代人的mtDNA序列。卡拉梅利等[39]对距今2.4万年前的早期现代欧洲人mtDNA的一项研究发现，其变异仍处在现代人范围之内，但与同时代尼安德特人的同源序列有着显著区别，存在不可逾越的“鸿沟”（discontinuity），据此认为尼安德特人对现代人基因组没有贡献。在最新的一项研究中，布里格斯等[40]对5个尼安德特人线粒体基因组分析显示7万～3.8万年前尼人的mtDNA变异仅为同时期智人的1/3，并认为尼人的长期有效群体小于现代人和现存的大猿，并且在不断减小，尤其在尼人晚期更加明显，可能与现代人从非洲开始扩张有直接或间接的关系。

（3）人类化石证据。相对于遗传变异分析对“替代说”的主导地位，人类化石的形态特征及其比较研究是作为辅助证据提出和使用的。坎尼等[41]在1987年的文章中就引述过古人类学家的观点支持mtDNA分析结论，即古老型智人（archaic *Homo sapiens*）向解剖学上现代智人（anatomically modern *Homo sapiens*）转变最初发生在非洲，时间为14万～10万年前。2001年涅沃赫纳[42]基于对出土于西亚地区距今10万年前的晚期尼安德特人和早期现代人斯虎尔（Skhul）和卡夫泽（Qafzeh）手部骨骼的比较研究，发现二者在形态和功能方面存在诸多差异，间接支持二者存在重大行为差异的推论，并推测这种操控行为的明显改变与现代人类的肇始密切相关。其后人类学家在埃塞俄比亚北部的赫托（Herto）地区找到更直接的支持证据。这里出土的人类头骨被测定为约16万年前，其年龄早于典型的尼安德特人而且在解剖学上具有现代人的特征，被认为在非洲的早期人类和现代人之间填补了空挡，架起了桥梁，对现代人起源的时间、地点和环境提供了关键材料[43]。被“出自非洲说”引述的化石证据还有来自对埃塞俄比亚奥莫（Omo）古人头骨年代的重新研究。1967年在埃塞俄比亚南部奥莫（Omo）地区发现的2具人类头骨化石（奥莫Ⅰ和奥莫Ⅱ）被确定为智人类型，显示现代人的解剖学特征。这些化石以前被测定为10万年前，但新的年代学研究将其改写为距今19.5万年左右[44]，被认为与分子生物学推导的现代人起源时间吻合，因而为非洲起源说提供了强有力的支持。

（4）考古学证据。坎尼等[45]的文章曾提及石叶工具在距今9万～8万年前已经在非洲被普遍使用，比其在亚洲和欧洲取代石片工具的时间要早得多，以此作为考古学证据来支持分子生物学研究结果。以后最著名的考古证据来自南非开普敦地区的布隆波斯（Blombos）洞穴。2002年亨希伍德及其合作者[46]发表论文，宣布在该洞穴的中期石器时代（Middle Stone Age）地层中发掘出2块具有几何纹刻划图案的赭石，时代被测定为距今7.7万年，被认为从抽象与描绘性思维和表达能力的角度证明具有现代人行为特点的人类起源于非洲。其后麦尔斯[47]从南非的考古遗址中挖掘出更多的支持证据，尤其是来自布隆波斯（Blombos）洞穴、布姆普拉斯（Boomplaas）洞穴、克拉西斯河（Klasies River）遗址和迪普克鲁夫（Diepkloof）的材料。这些考古遗存的年代被测定为7.5万～5.5万年前，被认为与非洲中期石器时代早段的文化特征迥然不同而与5万～4.5万年间早期现代人在欧洲和西亚留下的材料多有相似，例如石叶技术、软锤技术、端刮器等专门用于皮革加工的工具、加工骨器和木器的雕刻器、特定形制的骨器、复合工具、被用作装饰品的穿孔螺蚌壳和大量非原地产的赭石，包括布隆波斯洞穴出土那2块具有被精心刻划出的较为复杂的几何图案的标本。这些新的文化发展的根基被认为至少可以被追溯到15万～10万年前，可能与现代人的出现与演化直接相关。到距今8万～6万年间这些具有现代人技术和思维特征的文化现象变得更加色彩纷呈，人口也快速膨胀，这就为非洲早期现代人群向外迁徙扩张提供了技术与智能的储备和驱动力。

4. “出自非洲说”对中国现代人本土连续演化假说的质疑

“出自非洲说”具有强烈的排他性。它对与其针锋相对的“多地区进化”和中国人类“连续进化附带杂交”理论的质疑主要集中在如下方面。

（1）中国现代人群中遗传变异多样性低并缺乏古老的基因类型。该理论指出非洲以外的现生人群遗传变异的多态性远远低于非洲人群；在中国还表现为北方人群低于南方人群，而且在现生人群的遗传物质中没有发现比走出非洲的人群更古老的Y-SNP，所检测的来自中国各地的样品全部都携带来自非洲的“基因痕迹”。这样中国就不可能是本土现代人的原发地。

（2）中国人类在体质形态上不存在直立人以来的连续演化证据。拉尔[48]指出被列举出的支持连续进化的化石形态学特征并没有地区特异性，“面部扁平”在欧洲人中出现最多，“扁的鼻梁”出现率最高的地区是非洲而不是东亚，现在的东亚人没有经常存在的特别的眼眶形态组合，眼眶下外侧缘圆钝在澳洲人最常见，其次为东南亚人和非洲人。利伯曼[49]提出虽然中国的化石人和现代人都有铲形门齿，但尼人和非洲的早期直立人也有铲形门齿，只是表现形式不同而已，同时短的面部也不是亚洲古人类的独有特征。这些研究人员据此否定中国地区的古人类从直立人到晚期智人在化石形态上存在着连续演化。

（3）中国缺乏距今10万～5万年间的人类遗存。柯越海等指出“仔细研究这些中国出土的化石证据，却发现其在古人类（*Homo sapiens*）和现代人（*Homo sapiens sapiens*）之间存在着断层，所有属于古人类的化石都有10万年以上的历史，而现代人类的化石都不到4万年（大多数在3万～1万年间），也就是说至今没有发现10万～5万年期间的人类化石这一直接证据来支持多地区起源假说”[50]。对于古人类学和考古学提出的中国在这一时段内存在人类化石与文化证据，他们则用“年代不可靠”的理由拒绝采信。

（4）末次冰期这里不具备人类生存条件。对于距今10万～5万年间中国存在人类生存的断层，柯越海等[51]认为解释这一时期在东亚地区人类化石出现断层以及现代中国人来源于非洲的可能原因是距今10万～5万年前第四纪冰川的存在，使得这一时期包括中国大陆在内的东亚地区绝大多数的生物种类均难以存活；在冰川期结束后，非洲起源并经由东南亚由南至北进入中国大陆的现代中国人的祖先取代了冰川期前的古人类。

5. 点评

“替代说”立足分子生物学研究，采用现代科技手段对人类起源与演化开展分析，将探寻的触角深入到分子的层面，试图找出古、今人类在遗传上的内在关联，发掘出了更多的信息和证据，为传统的基于人类化石和文化遗存形态观察分析的古人类学研究提供了一个新的技术手段和重要的补充、验证的机会，将一个古老的科学问题变成当代学术研究和媒体关注的热点，对推动相关的学术领域发展和深入研究、检视相关的科学材料和证据起到了积极的作用。该领域的优势在于科学原理和科技手段新，社会普及性、认可度和关注度高，易于获得可重复检测分析的样本，易于将分析结果做定量表述，因而给人的感觉是相对于化石形态研究而言具有更好的科学基础和可信性。但事实上，DNA研究和其他任何研究手段一样，有其优势，也有很多的局限和假定条件。

（1）在原理方法上有欠缺，一些假设的前提有待验证。许多研究表明不同遗传位点的变异速率有很大的不同[52]。基因或DNA突变率事实上不可能是一直恒定的，不同的DNA片段、不同的基因、不同的群体经历着不同的“历史”和“选择压力”，这就能解释为什么不同研究人员对一些基因的平均突变率做出不同的估计（对有效群体人数的推定也常有很大的不同）。但在用现代DNA来回推进化时间时，研究人员只能使用恒定的突变率。如何确定突变率是一大难题，突变率过高，进化时间就会被估计过短，反之，进化时间就会被估计过长。这或“过短”或“过长”的估计，对研究同一物种的不同群体中的关系，如人类群体，就有重大的影响。但很遗憾的是目前尚无可靠精准的估算恒定突变率的方法，因此不能简单接受某一具体分子生物学研究的数据及其假设前提。从现生人群检测到并用于研究的遗传变异只是我们共同祖先的后代积累的一小部分，不能代表全部，坎尼等[53]也承认，“mtDNA分析无法得到那些未能将mtDNA留传下来的男女们的遗传和文化信息，从而记录下他们对这一转变所做的贡献”，因此根据被时间改变了的零碎基因变异来复原远古的历史必须考虑诸多可能性；而对少数古人类化石（主要是尼安德特人）所做的DNA测试目前还局限于对mtDNA的分析，局限于从母系角度分析，有着“先天”的不足。人类基因组每一个位点只能捕捉人类历史的一个片段，不同遗传位点可能有相当不同的谱系，只有进行了足够的分类研究之后才能形成更为全面科学的认识[54]。目前有关中国现代人起源的遗传学研究只对Y染色体上少数基因片段作过分析，其结论有待进一步验证。

（2）分析结果的不确定性。由于存在诸多假设条件的不确定性，相关的分析结果常常出现不确定性。例如坎尼等[55]1987年的论文将所有现代人mtDNA遗传变异的非洲共同祖先的生存年代推断为距今28万～14万年前这样一个宽泛的时段，同时对现代人祖先离开非洲向外界扩散的时间也表达出不确定性，认为可能发生在距今18万～9万年之间，甚至晚到2.3万年前也有可能，并指出mtDNA分析结果无法确定迁徙发生的确切时间。从发表的数据看，不同研究人员根据分子生物钟计算出的现代人“最晚共同祖先”出现的年代差距很大，早的可达500万年，晚的只有5.9万年[56]，令人莫衷一是。此外，分子生物学家们对非洲早期现代人分几次向外界迁徙也不能确定，存在1次扩散与2次扩散的争论[57]。

（3）忽略各地区生态环境和人群的生存适应对基因变异的影响。“出自非洲说”对现代人类直接祖先的认定和现代人群迁徙扩散路线的辨识是建立在对不同地区人群基因变异多寡数据的分析和解释的基础之上的，即变异越丰富，该人群的演化历史越长。这样的解释从某种意义上讲是对的，但没有考虑到各地区不同的生态环境和当地人群采取特定适应生存方式对遗传变异的影响，因而可能是片面的。最近舒斯特等[58]公布了对5个非洲南部土著人个体的完整基因组测序，包括生活在卡拉哈里（Kalahari）沙漠中的4个以狩猎采集为生的布须曼（Bushman）人，结果显示他们之间存在显著的基因分异，布须曼人内部的平均变异远大于欧洲和亚洲的其他人群（布须曼人之间的核苷酸差异平均值1.2/千碱基，而一个欧洲和一个亚洲人之间的差异仅为1.0/千碱基），并含有许多新的DNA变异。这篇文章提出基因研究的功能视角，计算得知大约25%的SNPs具有功能意义，认为基因标记可以追踪人类对环境变化的适应。文章指出布须曼人的基因多样性和特异性可能是对干旱气候和狩猎采集经济适应的结果。这项研究给我们的启示是：非洲现生人群的基因变异多样性不一定是他们处在现代人类系统发育树上的根基，即演化历史更长的结果，其他因素，包括对特定环境的适应，必须加以考虑。

（4）未能充分考虑近期人类迁徙融合对现今基因变异与分布的影响。分子生物学家开展人类起源研究是采用以今溯古的方式，由分布在各地现生人群的遗传信息推导变异的源头和携带特定基因人群的迁徙路线及群体间的相关性。由于新石器时代以来尤其是历史时期人类多向的迁徙融合频繁而且缺乏准确的记录，在做上述推导时就难以排除后期的扰动性，因而其推理可能会被误导。就中国的情况而言，在有记录的历史时期就发生过多次因战争而导致的由北向南的人群大迁徙，这样南方的人群不断与北方的移民融合，在本地人群基因变异的基础上又增加了北方人群的基因和二者的混合体，基因多样性在华南表现得比华北更加丰富就不足为奇，不能因而解释成南方的人类根基更古老和早期现代人群自南向北迁移。最近人类基因组组织机构泛亚太地区SNP联盟所开展的亚洲人群的常染色体变异调查也得出结论，亚洲南北方人群存在频繁的基因交流，特别是在农业产生之后，东亚北部和中部人群开始向南扩散，改变了当地原始居民的体质特征[59]。因而用遗传学结果以今论古时必须考虑到今古之间存在着遗传历史的信息"扰乱层"。

（5）绝对性和排他性导致对与其矛盾的证据和观点的武断否定。"出自非洲说"强调非洲是现代人类的唯一起源地，其他地区的古人类群都是非洲移民的后代，非洲以外的原住民都在进化中走向灭绝。这样，该理论便具有"绝对性"和"排他性"，不允许其他地区出现与非洲早期现代人同时或更早的同种现代人类，也不允许有任何基因交流，否则，该理论就难以成立。在中国地区，直立人—早期智人—晚期智人连续演化的化石形态证据和文化证据是充分而系统存在的，但"替代说"的倡导者忽视这些证据的整体性而借用个别学者对个别化石形态演化解释的质疑而对其通盘否定，并忽视10万～5万年间人类在这里生存的化石和文化记录。该理论的绝对性和排他性使其不能接受与之矛盾的证据，也使其无法仔细分析与其相对理论的合理性。

（6）缺乏相关学科的支持。对"出自非洲说"尤其是它在中国的延伸部分的一个基本观察结论是：它很少引用或得到其他学科的证据或结论的支持，而更多的是在否定其他学科提出的相关证据与观点。对中国本地古人类演化中断问题的核心论点是末次冰期时本土人类因气候恶劣而灭绝，以此解决非洲新移民与原有人群的关系问题。这样的极端气候事件和人与动物大规模毁灭性的灭绝事件目前尚无从在古人类学、旧石器考古学、地质学、古环境学、古脊椎动物学和年代学中找到证据，相反，从这些领域研究中得出的结论是，即使在中国华北，末次冰期期间并未发生过如此寒冷的气候条件，人类和与之伴生的哺乳动物也没有因此而大量灭绝，像披毛犀和猛犸象等大型动物一直到全新世早期仍然存在，而马、牛等动物则一直存活到现代。另外，人类是具有社会性和高度智能的动物，有一套区别于其他动物的适应生存方式，更可以在中国广袤的地域内向适宜生存的区域迁徙移动。这些都是我们探讨相关问题所要考虑的因素。

四、中国人群“连续进化附带杂交”与人类演化的区域性多样化模式

在20多年的“出自非洲说”和“多地区进化说”两种针锋相对观点的激烈交锋中，中国乃至东亚逐渐被推向学术争论漩涡的中心，“连续进化附带杂交”的学说在沉浮中不断发展完善。应该说，与建立在许多未被证实的假设前提下的“替代说”对中国现代人起源的解释相比，“多地区进化”和“连续进化附带杂交”假说具有更坚实的证据基础，也能和本地区其他相关学科的成果有更好的统合。

1. 人类化石材料提供了系统性的支持证据

中国已经发现70余处出产人类化石的地点，这些化石材料为更新世以来本地人类连续演化、镶嵌进化和与外来人群有过少量基因交流提供了难得的实证，对此很多学者已经做过充分的表述[60]。正如已被反复强调的那样，在诸多化石上出现的表明古人类连续演化的头颅、颜面和牙齿特征在中国的出现率比其他地区都要高，而且这些特征是系统性成组地表现在头骨上的，不是个别偶然现象[61]。另外，在东亚的近现代人头骨中以不同的频率存在头骨正中矢状突隆、下颌圆枕、夹紧状的鼻梁和第三臼齿先天缺失这4项特征，这些特征不见于非洲近现代人[62]，却可在中国古人类化石上找到近似的特征。这进一步说明东亚近现代人群演化自本地的远古人类，而与非洲人群亲缘关系更远。综合分析中国古人类化石所表现的一系列前后承继的演化特征，可以确定在中国更新世没有发生人群的重大替换，因为如果本地的原住民被非洲人群替代，前者的形态特征不可能成套地在后者身上继续存在。

2. 文化遗存从技术和行为角度提供强有力的佐证

更新世人类在中国很多遗址留下大量的石器、骨器和人类生产和生存活动遗留的其他遗物、遗迹。这些文化遗存是研究远古人类技术水平、生产能力和生计模式的重要资料，而且因为特定时期、特定人群会有特定的技术及其产品组合，考古材料就可以借以追踪史前人群的迁徙与演化路线并界定族群的时空与社会关系，成为通过化石研究人类起源与演化的重要补充与验证。

中国目前发现的旧石器时代考古遗址有1000余处。林圣龙[63]通过比较研究东西方旧石器文化中的技术模式，提出二者间存在着明显的文化传统的差别。中国旧石器文化在很早的时候就自成体系，连续而独立地发展。虽然在较晚的时候可能与外界有过局部的文化交流，但在其整个发展过程中没有发生过大规模的文化替代或文化移植

的现象。张森水[64]则提出中国旧石器时代在北方和南方各自存在一个长期连续发展的“主工业”，南方的主工业从早到晚文化表象高度稳定，在北方则表现为“区域渐进与文化交流”，从早期到中期呈现连续、缓慢、渐进的发展格局，至距今3万年左右才在局部遗址出现因文化交流而产生的“外来因素”和突变，但新的文化因素并未取代旧有的文化传统，而是呈现并行发展和交融的局面。裴树文等[65]运用新的测年手段对井水湾等三峡地区旧石器时代遗址开展文化发展序列研究，指出该地区一直有人类在生存繁衍，包括在距今10万～5万年这一被有些学者认为在中国表现为古人类“断层”的现代人类起源的敏感时段内，而且文化与技术表现为从早到晚承继与缓慢的发展，不存在突变与替代。高星等[66]在对中国境内旧石器时代文化遗存的时空分布、埋藏情况、石器制作技术与使用功能、石制品类型-形态特征与演化趋势、对石器原料及其他资源的利用方式、区域文化传统的划分和特点考察的基础上，提出中国古人类“综合行为模式”，并以此对本地区古人类演化过程和文化特点的成因进行分析和阐释，提出该区域古人类于更新世的大部分时期内在生物进化与行为演化上具有连续性、稳定性、高频迁徙性、务实简便性、灵活机动性、因地制宜性和与环境的和谐性；在文化发展方面表现为保持传统与进取创新相交织，在总体上继承多于创新，形成独特、渐变的演化格局，没有发生替代和中断，并对间或渗透的外来文化产生改造和同化的作用。这些证据和观察结论从考古学角度对中国古人类“连续进化附带杂交”的理论提供了支持[67]。另外，在三峡兴隆洞发现的早于距今12万年前的一段象牙上保留被古人有意识刻划出的一组线条，与南非布隆波斯洞穴出土的赭石刻痕具有一定的可比性，是迄今为止世界范围内发现最早的带有原始艺术萌芽色彩的遗存。艺术创作是现代人类思维能力与行为标志之一，这件标本作为早期现代人类思维的可能证据，被认为对中国现代人的本地起源提供了佐证[68]。如果说人类化石还属凤毛麟角，据此建立的人类演化链条还存在诸多缺环，那么旧石器时代文化遗存则更为丰富完整，据此提出的对中国人类本土连续演化论断的支持证据还鲜有质疑的声音。

3. 不存在距今10万～5万年间的证据空白和演化中断

“出自非洲说”对中国人类演化的一个重要论断是这里存在距今10万～5万年间的化石证据空白，代表着本土人类演化中断过，而中断的原因是末次冰期的恶劣气候导致本土人类和大量生物走向灭绝。其实这是一个经不起推敲的假命题，仔细分析一下中国业已积累的古人类遗存材料，就知道距今10万～5万年间在东亚地区仍有人类“频繁”活动。例如在河南灵井遗址，山西丁村和许家窑遗址，湖北黄龙洞与白龙洞，重庆井水湾、冉家路口和枣子坪遗址，浙江桐庐延村山洞，贵州观音洞，广西咁前洞、柳江人地点和木榄山智人洞等，在相应层位出土的人类遗存都被测定在这一大致的时段[69]。河南许昌灵井遗址出土的头盖骨和广西崇左木榄山出土的下颌骨都是最近发现的人类化石，说明有关中国古人类连续演化的材料还在不断丰富之中。尤其是木榄山的下颌骨具有现代人解剖特征的初始状态，显示从早期人类向现代人类过渡的性状，为现代人类在本土连续演化增加了一个关键环节[70]。

当然，目前我们缺乏对这个时段的理想测年手段，很多地点的年代数据因误差太大而无法支持对相关问题的探讨。加速器质谱（AMS）^{14}C方法无法延伸得这样久远，常规铀系法、古地磁方法、电子自旋共振法和裂变径迹法等在精度上很难满足要求，而新发展起来的钾氩法、释光法和热电离质谱（TIMS）铀系法只有在特定条件下才可获得适合的测年样品。对于这一敏感时段的人类遗存来说，测年数据不精准并不能被当作将它们统统排除的理由，从生物地层的角度看，很多晚更新世的遗存应该归属这一时段。事实上研究者不会单纯依赖测年数据，而会结合地层对比、出土遗存的性质、伴生的古动植物群和提取的古气候事件做综合判断。其实年代学问题并不仅仅发生在中国的材料上，在其他地区也遇到同样的窘况。例如被作为“出自非洲说”最重要的化石证据的奥莫头骨的测年，就出现不同的数据和激烈的争论[71]。即使被广为引用的新测年数据，也同样在样品的层位及其与人类化石的共时性方面被质疑[72]。

末次冰期气候严寒导致中国当时的人群和其他生物大规模灭绝的说法是不能成立的。末次冰期一般认为涵盖距今7.4万～1万年的漫长时期，在此期间全球普遍降温，但其间有很多波动。根据对中国黄土高原的季风气候研究，距今13万～7.4万年是末次间冰期，夏季风活动范围覆盖了整个黄土高原，年平均气温和降水量较现今增强。进入末次冰期后，在距今5.9万～2.4万年间冰段曾一度加强，气候有所回暖，夏季风的活动范围覆盖了黄土高原中部和南部的大部分地区。即使在末次冰期的最盛期（距今1.8万年前后），夏季风的北界南移至黄土高原东南部，而其南仍是夏季风控制并发生成壤作用[73]。由此可见，中国的大部分地区在末次冰期期间并不存在足以导致生物大灭绝的极端气候条件，即使在最寒冷的时段仍有很大的区域适宜人类和其他生物生存。中国华南在整个更新世时期持续存在大熊猫-剑齿象动物群，其主要成员如猩猩、剑齿象、犀牛等都是喜温暖-炎热气候的动物。在华北，猛犸象、披毛犀、熊、鬣狗、狼、野马、野牛、野猪等大型哺乳动物都走完了更新世的征程，很多一直生存到现在。这些只能被动适应环境的动物能在末次冰期的气候条件下存活，人类作为能制作和使用工具、能有控制地用火、能有效地迁徙和选择居址、能缝制衣服这样具有更高的社会性和智能的动物反而因无法适应气候变化而绝灭；而且自更新世初人类在中国出现以来，地球经历了多次冰期—间冰期旋回，末次冰期并非最严酷者[74]，这里的人群以前没有因更恶劣的冰期寒冷而灭绝，到生存能力更强的末次冰期时反而不能适应；再者，经历对逐渐变冷的气候长期逐渐适应的原住民可能灭绝，而来自暖热地带的移民反而能够适应。这些都是难以解释的。

4. 旧大陆现代人起源与演化的区域多样性

中国人类连续演化和现代中国人主要繁衍自本土先祖的论断具有坚实的科学依据，有多学科多方面的证据支持。其实中国乃至东亚人类“连续进化附带杂交”与“中国现代人类非洲起源”的假说并非一定水火不容，二者可以有所交集，从不同的侧面共同构筑现代人类起源与演化的理论，但前提是后者要弱化乃至去除“绝对性”与“排他性”，走出非洲是现代人“唯一”起源地的“误区”。

遗传学证据曾经一边倒地支持“替代说”，否定“多地区进化”。但近来少量支持后者的数据与结论开始出现[75]，使分别构筑在分子生物学和化石形态学基础上的两大阵营的界限变得模糊起来。霍克等[76]用差异分析法和聚类分析法对古澳大利亚人和其可能的祖先的体质测量数据进行分析，否认该地区的古人类被非洲人完全取代的假设；阿德科克等[77]对澳大利亚人mtDNA的研究倾向于支持霍克的结论。赵忠明等[78]分析了第22对染色体的11千碱基对的非编码区域，将所有现代人类这一区域DNA序列的最晚共同祖先出现的时间估算为大约129万年前，并提示现代人的起源与演化比“出自非洲说”所描绘的非洲以外所有土著人群被非洲现代人血统完全取代的情形要复杂得多。于宁等[79]研究了非洲、亚洲和欧洲人的第1对染色体的10千碱基区域，得出的结论是最晚共同祖先出现在距今100多万年前，而且即使允许存在一些并不现实的假设，也不会晚于50万年前。对亚非欧人群与X染色体相联系的非编码区10346碱基对分析时也发现，非洲以外的现代人源自非洲人类谱系中小规模人群的可能性非常小[80]。

最近的一项研究对相关问题的讨论提供了重要的信息和启示。克劳斯等[81]对西伯利亚南部丹尼索瓦（Denisova）洞穴出土的一段趾骨进行mtDNA测序，结果表明它属于一个前所未知的人种，与尼安德特和现代人拥有最近共同祖先的时间大约是100万年前。地层和测年数据表明这一先民生活在距今5万～3万年前。同一时期，携带尼安德特人mtDNA的古人就生活在距这里不足100千米的另一处遗址，而被作为现代人行为标识的旧石器时代晚期文化遗存也在距今4万年前后广泛分布于阿尔泰地区。这种时空上的共存关系表明三支基因差别显著的人群可能在西伯利亚南部同时存在，没有发生过人群的完全替代。结合印度尼西亚出土1.7万年前的弗洛勒斯人（*Homo floresiensis*）的情况，我们有理由推测，欧亚地区晚更新世存在多个人类谱系长期共存的局面[82]。

从目前世界各地的资料观察并结合围绕相关问题争论的思考，我们认为现代人类起源与演化是个复杂的过程，在旧大陆的几个重要演化中心存在着区域性的多样化模式。

（1）非洲古人类持续演化并对其他地区产生影响。非洲是人类演化的重要中心之一。这里的古人类群体一直处于活跃的状态，早期现代人群承继古老型人类持续演化，并通过陆续迁徙扩散对欧亚地区的早期人类产生着影响。但这种影响不是简单的取代，而更可能是与当地本土人群的融合，从而使得世界各地人群之间的遗传联系得到加强[83]。而且这种影响并非一定是单向的，人群从欧亚大陆向非洲迁徙的可能性在理论上并不能排除。大量文字记载着阿拉伯人和腓尼基人曾由欧亚向非洲迁徙，没有理由认为类似的情况不会在远古发生。

（2）欧洲与西亚古人类演化遭遇过瓶颈，替代成为现代人演化的主旋律。生活在欧亚大陆西侧的早期智人是尼安德特人，一般认为他们在进化中走向绝灭，绝灭的原因或者是不能有效适应新的环境，或者是在与新来的技术与智能更高的现代人群竞争中居于劣势而被淘汰，或者二者兼而有之。但近来有些研究认为尼安德特人并未被早期现代人完全替代，而是与其发生过融合。美国华盛顿大学研究人员在出自罗马尼亚西南的一处洞穴中的年代被测定为距今3.5万年左右的一具头骨上发现兼具现代人和尼安德特人的解剖学特征，既有前额扁平、耳后骨突出、上臼齿硕大等尼人性状又具有现代人眉脊特点和头颅比例，呈现一种镶嵌进化的态势，表明尼人和迁徙至欧洲的早期现代人可能曾经杂居并混种，现代人在欧洲扩散及其后续发展是一个复杂和能动的过程[84]。对尼人的古DNA分析结果的表述也变得不再那样绝对，近期的一项研究发现他们的mtDNA变异为同时期智人的1/3，长期有效群体小于现代人和现存的大猿，将尼人有效群体减小的原因推测为受到迁徙而来的现代人群的直接或间接的压力，而没有明确说后者取代了前者[85]。格林及其领导的研究团队[86]公布的最新研究成果显示，现代人的基因库中存在尼安德特人的基因。尽管他们认为尼安德特人对现代人的基因贡献可能仅占1%～4%，但较之此前所提出的尼安德特人与现代人之间完全没有基因交流的结论已有很大改变。结合各方面证据，欧亚大陆西部现代人类演化可能是以非洲移民的扩张为主（也不能排除还有来自东方的现代人群），新移民与当地尼人的融合与基因交流为辅，因而是一个不完全替代的模式。

（3）东亚人类连续进化附带杂交。东亚的模式应该是居于二者之间而更加靠近非洲的模式，即本土人类连续演化，古老型人群在体质形态特性和认知行为两方面逐渐演变成现代人群。其间与来自西方、南方的其他现代人群有过融合与基因交流，但本土人类一直居于主体地位，外来人群起到一定程度的改造作用，但没有发生整体的替代。

五、结　语

人类的起源与演化是一个复杂的过程，既受到生物演化规律的制约，又有智能化和社会因素的影响；既有作为人的宏观共性，也有不同地区人群因适应特定环境而产生的体质与行为变异。因而任何简单单一的理论模式都难以阐释和概括演化的本质和多样性。

“连续进化附带杂交”是在对中国乃至东亚地区长期积累的丰富化石材料和文化遗存系统研究的基础上总结出的有关该地区古人类演化和现代人起源的理论学说，具有坚实的证据基础，得到多学科研究的支持。该理论只针对东亚这一特定区域，但具有很强的包容性，并不排斥其他地区存在其他演化模式。该理论不否定非洲是现代人起源与演化的中心之一，但认为走出非洲的早期现代人群并没有完全替代世界各地的原住民，而是与原有人群发生或多或少的融合与基因交流。在欧洲和西亚，来自非洲的早期现代人可能演化成现生人群的主体，但当地的尼安德特人也做出过一定的基因贡献。在现代人类起源与演化的过程中，不同地区的人群迁徙移动是频繁而多向的，影响是相互的，他们共同繁衍出今天地球上密切关联但又色彩纷呈的人类族群。这样的认识可能是对目前旧大陆人类演化各方面证据的比较全面合理的解释，是现阶段我们在试图对在现代人起源两大理论激烈争论过程中提出的各种观点和疑问进行协调所能够给出的答案。我们在此姑且把这一构想表述为“现代人类演化的区域性多样化模式”。

目前的人类演化研究还有诸多的问题和困难。化石和文化遗存材料还有很多薄弱环节，信息提取的丰度和精度还有待提高，世界范围内的古人类资料和数据还无法实现共享，来自不同方面的证据还不能很好地协调和相互补充验证，不同学科还没有在这一重大科学问题上展开实质性的交叉与协作，相关的理论探讨还缺乏深入的兼顾微观与宏观的辩证思维。因此，开展更系统的野外科考和实验室研究，获取更关键更精细的材料和信息，以大项目的形式推动多学科和多地区的实质性交叉与合作，并综合各方面资料和证据做深入全面的理论构建，应该是进一步揭示中国人来源和世界各地人群演化过程的当务之急。

致谢：感谢审稿专家提出的宝贵意见。

参考文献

[1] Coon C. The Origins of Races. New York: Alfred A Knopf Inc, 1962: 1-200.

[2] Wolpoff M H, Wu X Z, Thorne A. Modern *Homo sapiens* Origins: A General Theory of Hominid Evolution Involving the Fossil Evidence from East Asia//Smith F H, Spencer F. The Origins of Modern Humans. New York: Alan R Liss Inc, 1984: 411-483; Wolpoff M H. Human Evolution (1996-1997 Edition). New York: McGraw-Hill, 1996; 吴新智. 中国远古人类的进化. 人类学学报，1990，9（4）：312-321；吴新智. 现代人起源的多地区进化学说在中国的证实. 第四纪研究，2006，26（5）：702-709.

[3] Cann R L, Stoneking M, Wilson A C. Mitochondria DNA and Human Evolution. Nature, 1987, 325(6099): 31-36.

[4] Weidenreich F. Six Lectures on *Sinanthropus pekinensis* and Related Problems. Geological Society of China, 1939, 19(1): 1-110; Weidenreich F. The Skull of *Sinanthropus pekinensis*: A Comparative Study on a Primitive Homind Skull. Palaeontologica Sinica, New Series D, 1943, 127(10): 1-485.

[5] 吴新智. 从中国晚期智人颅牙特征看中国现代人起源. 人类学学报，1998，17（4）：276-282.

[6] Chu J Y, Huang W, Kuang S Q, et al. Genetic Relationship of Populations in China. PNAS, 1998, 95(20): 11763-11768; Su B, Xiao J H, Underhill P, et al. Y-chromosome Evidence for a Northward Migration of Modern Humans into Eastern Asia During the Last Ice Age. American Journal of Human Genetics, 1999, 65(6): 1718-1724; 柯越海，宿兵，肖君华，等. Y染色体单倍型在中国汉族人群中的多态性分布与中国人群的起源及迁移. 中国科学（C辑），2000，30（6）：614-620；柯越海，宿兵，李宏宇，等. Y染色体遗传学证据支持现代中国人起源于非洲. 科学通报，2001，46（5）：411-414；Ke Y H, Su B, Song X F, et al. African Origin of Modern Humans in East Asia: A Tale of 12,000 Y Chromosomes. Science, 2001, 292(5519): 1151-1153; Jin L, Su B. Reply to J. Hawks: The Y Chromosome and the Replacement Hypothesis. Science, 2001, 293(5530): 567.

[7] 吴新智. 现代人起源的多地区进化学说在中国的实证. 第四纪研究，2006，26（5）：702-709.

[8] Weidenreich F. Six Lectures on *Sinanthropus pekinensis* and Related Problems. Geological Society of China, 1939, 19(1): 1-110; Weidenreich F. The Skull of *Sinanthropus pekinensis*: A Comparative Study on a Primitive Homind Skull. Palaeontologica Sinica, New Series D, 1943, 127(10): 1-485.

[9] Weidenreich F. Six Lectures on *Sinanthropus pekinensis* and Related Problems. Geological Society of China, 1939, 19(1): 1-110; Weidenreich F. The Skull of *Sinanthropus pekinensis*: A Comparative Study on a Primitive Homind Skull. Palaeontologica Sinica, New Series D, 1943, 127(10): 1-485.

[10] Wu R K, Cheboksarov N N. On the Continuity of the Development of Physical Type, Economic Activity and Culture of Humans of Ancient Time in the Territory of China. Soviet Ethnogr, 1959, 4: 3-25.

[11] Wu R K, Cheboksarov N N. On the Continuity of the Development of Physical Type, Economic Activity and Culture of Humans of Ancient Time in the Territory of China. Soviet Ethnogr, 1959, 4: 3-25.

[12] 吴新智，张银运. 中国古人类综合研究//中国科学院古脊椎动物与古人类研究所. 中国古人类论文集. 北京：科学出版社，1978：28-41.

[13] Wolpoff M H, Wu X Z, Thorne A. Modern *Homo sapiens* Origins: A General Theory of Hominid Evolution Involving the Fossil Evidence from East Asia//Smith F H, Spencer F. The Origins of Modern Humans. New York: Alan R Liss Inc, 1984: 411-483.

[14] 吴新智. 中国和欧洲早期智人的比较研究. 人类学学报，1988，7（4）：287-293.

[15] 吴新智. 中国远古人类的进化. 人类学学报，1990，9（4）：312-321.

[16] 吴新智. 从中国晚期智人颅牙特征看中国现代人起源. 人类学学报，1998，17（4）：276-282.

[17] 吴新智. 从中国晚期智人颅牙特征看中国现代人起源. 人类学学报，1998，17（4）：276-282.

[18] 吴新智. 中国远古人类的进化. 人类学学报，1990，9（4）：312-321；吴新智. 现代人起源的多地区进化学说在中国的实证. 第四纪研究，2006，26（5）：702-709；吴新智. 从中国晚期智人颅牙特征看中国现代人起源. 人类学学报，1998，17（4）：276-282.

[19] Clark G. World Prehistory (2nd ed). Cambridge: Cambridge University Press, 1969.

[20] 吴新智. 现代人起源的多地区进化学说在中国的实证. 第四纪研究，2006，26（5）：702-709；高星，裴树文. 中国古人类石器技术与生存模式的考古学阐释. 第四纪研究，2006，26（4）：506-513.

[21] Protsch R. The Absolute Dating of Upper Pleistocene Sub-Saharan Fossil Hominids and Their Place in Human Evolution. Journal of Human Evolution, 1975, 4(4): 279-322.

[22] Howells W W. Explaining Modern Man: Evolutionists Versus Migrationists. Journal of Human Evolution. 1976, 5(5): 477-495.

[23] Cann R L, Stoneking M, Wilson A C. Mitochondria DNA and Human Evolution. Nature, 1987, 325(6099): 31-36.

[24] Cann R L, Stoneking M, Wilson A C. Mitochondria DNA and Human Evolution. Nature, 1987, 325(6099): 31-36.

[25] Cann R L, Stoneking M, Wilson A C. Mitochondria DNA and Human Evolution. Nature, 1987, 325(6099): 31-36.

[26] Templeton A. Out of Africa Again and Again. Nature, 2002, 416(6876): 45-51.

[27] Chu J Y, Huang W, Kuang S Q, et al. Genetic Relationship of Populations in China. PNAS, 1998, 95(20): 11763-11768; Su B, Xiao J H, Underhill P, et al. Y-chromosome Evidence for a Northward Migration of Modern Humans into Eastern Asia During the Last Ice Age. American Journal of Human Genetics, 1999, 65(6): 1718-1724; 柯越海，宿兵，肖君华，等. Y染色体单倍型在中国汉族人群中的多态性分布与中国人群的起源及迁移. 中国科学（C辑），2000，30（6）：614-620；柯越海，宿兵，李宏宇，等. Y染色体遗传学证据支持现代中国人起源于非洲. 科学通报，2001，46（5）：411-414；Ke Y H, Su B, Song X F, et al. African Origin of Modern Humans in East Asia: A Tale of 12,000 Y Chromosomes. Science, 2001, 292(5519): 1151-1153; Jin L, Su B. Reply to J. Hawks: The Y Chromosome and the Replacement Hypothesis. Science, 2001, 293(5530): 567.

[28] 盛桂莲，赖旭龙，王頠. 分子人类学与现代人的起源. 遗传，2004，26（5）：721-728.

[29] Su B, Xiao J H, Underhill P, et al. Y-chromosome Evidence for a Northward Migration of Modern Humans into Eastern Asia During the Last Ice Age. American Journal of Human Genetics, 1999, 65(6): 1718-1724; 柯越海，宿兵，李宏宇，等. Y染色体遗传学证据支持现代中国人起源于非

洲. 科学通报，2001，46（5）：411-414.

［30］ Chu J Y, Huang W, Kuang S Q, et al. Genetic Relationship of Populations in China. PNAS, 1998, 95(20): 11763-11768.

［31］ Su B, Xiao J H, Underhill P, et al. Y-chromosome Evidence for a Northward Migration of Modern Humans into Eastern Asia During the Last Ice Age. American Journal of Human Genetics, 1999, 65(6): 1718-1724.

［32］ 柯越海，宿兵，肖君华，等. Y染色体单倍型在中国汉族人群中的多态性分布与中国人群的起源及迁移. 中国科学（C辑），2000，30（6）：614-620.

［33］ Ke Y H, Su B, Song X F, et al. African Origin of Modern Humans in East Asia: A Tale of 12,000 Y Chromosomes. Science, 2001, 292(5519): 1151-1153.

［34］ Yao Y G, Kong Q P, Bandelt H J, et al. Phylogeographic Differentiation of Mitochondrial DNA in Han Chinese. American Society for Human Genetics, 2002, 70(3): 635-651; Kong Q P, Yao Y G, Sun C, et al. Phylogeny of East Asian Mitochondrial DNA Lineages Inferred from Complete Sequences. American Society for Human Genetics, 2003, 73(3): 671-676; Palanichamy M, Sun C, Agrawal S, et al. Phylogeny of Mitochondrial DNA Macrohaplogroup N in India, Based on Complete Sequencing: Implications for the Peopling of South Asia. American Society for Human Genetics, 2004, 75(6): 966-978; Kong Q P, Sun C, Wang H W, et al. Large-scale mtDNA Screening Reveals a Surprising Matrilineal Complexity in East Asia and Its Implications to the Peopling of the Region. Molecular Biology and Evolution, 2010, doi: 10.1093/molbev/msq219.

［35］ Yao Y G, Kong Q P, Bandelt H J, et al. Phylogeographic Differentiation of Mitochondrial DNA in Han Chinese. American Society for Human Genetics, 2002, 70(3): 635-651; Kong Q P, Sun C, Wang H W, et al. Large-scale mtDNA Screening Reveals a Surprising Matrilineal Complexity in East Asia and Its Implications to the Peopling of the Region. Molecular Biology and Evolution, 2010, doi: 10.1093/molbev/msq219.

［36］ The HUGO Pan-Asian SNP Consortium. Mapping Human Genetic Diversity in Asia. Science, 2009, 326(5959): 1541-1545.

［37］ Krings M, Stone A, Schmitz RW, et al. Neanderthal DNA Sequences and the Origin of Modern Humans. Cell, 1997, 90(1): 19-30.

［38］ Ovchinnikov I V, Götherström A, Romanova G P, et al. Molecular Analysis of Neanderthal DNA from the Northern Caucasus. Nature, 2000, 404(6777): 490-493.

［39］ Caramelli D, Lalueza-Fox C, Vernesi C, et al. Evidence for a Genetic Discontinuity Between Neanderthals and 24,000 Year Old Anatomically Modern Europeans. PNAS, 2003, 100(11): 6593-6597.

［40］ Briggs AW, Good J M, Green R E, et al. Targeted Retrieval and Analysis of Five Neandertal mtDNA

Genomes. Science, 2009, 325(5938): 318-321.

[41] Cann R L, Stoneking M, Wilson A C. Mitochondria DNA and Human Evolution. Nature, 1987, 325(6099): 31-36.

[42] Niewoehner W A. Behavioral Inferences from the Skhul/Qafzeh Early Modern Human Hand Remains. PNAS, 2001, 98(6): 2979-2984.

[43] White T D, Asfaw B, DeGusta D, et al. Pleistocene *Homo sapiens* from Middle Awash, Ethiopia. Nature, 2003, 423(6941): 742-747.

[44] MacDougall I, Brown F H, Fleagle J G. Stratigraphic Placement and Age of Modern Humans from Kibish, Ethiopia. Nature, 2005, 433(7027): 733-736; Fleagle J G, Assefa Z, Brown F H, et al. Paleoanthropology of the Kibish Formation, Southern Ethiopia: Introduction. Journal of Human Evolution, 2008, 55(3): 360-365.

[45] Cann R L, Stoneking M, Wilson A C. Mitochondria DNA and Human Evolution. Nature, 1987, 325(6099): 31-36.

[46] Henshilwood C S, d'Errico F, Yates R, et al. Emergence of Modern Human Behavior: Middle Stone Age Engravings from South Africa. Science, 2002, 295(5558): 1278-1280.

[47] Mellars P. Going East: New Genetic and Archaeological Perspectives on the Modern Human Colonization of Eurasia. Science, 2006, 313(5788): 796-800.

[48] Lahr M M. The Multiregional Model of Modern Human Origins: A Reassessment of Its Morphological Basis. Journal of Human Evolution, 1994, 26(1): 23-56.

[49] Lieberman D E. Testing Hypotheses About Recent Human Evolution from Skulls. Current Anthropology, 1995, 36(2): 159-196.

[50] 柯越海，宿兵，李宏宇，等. Y染色体遗传学证据支持现代中国人起源于非洲. 科学通报，2001，46（5）：411-414.

[51] 柯越海，宿兵，李宏宇，等. Y染色体遗传学证据支持现代中国人起源于非洲. 科学通报，2001，46（5）：411-414.

[52] Rodríguez-Trelles F, Tarrío R, Ayala F J. Erratic Overdispersion of Three Molecular Clocks: GPDH, SOD, and XDH. PNAS, 2001, 98(20): 11405-11410.

[53] Cann R L, Stoneking M, Wilson A C. Mitochondria DNA and Human Evolution. Nature, 1987, 325(6099): 31-36.

[54] Yu N, Fu Y X, Li W H. DNA Polymorphism in a Worldwide Sample of Human X Chromosomes. Molecular Biology and Evolution, 2002, 19(12): 2131-2141.

[55] Cann R L, Stoneking M, Wilson A C. Mitochondria DNA and Human Evolution. Nature, 1987, 325(6099): 31-36.

[56] Curnoe D, Thorne A. Number of Ancestral Human Species: A Molecular Perspective. Journal of

Comparative Human Biology, 2003, 53(3): 201-224.

[57] Templeton A. Out of Africa Again and Again. Nature, 2002, 416(6876): 45-51; Forster P, Matsumura S. Did Early Humans Go North or South? Science, 2005, 308(5724): 965-966; Thangaraj K, Nandan A, Sharma V, et al. Deep Rooting In-situ Expansion of mtDNA Haplogroup R8 in South Asia. PLOS ONE, 2009, 4(8): e6545.

[58] Schuster S C, Miller W, Ratan A, et al. Complete Khoisan and Bantu Genomes from Southern Africa. Nature, 2010, 463(7283): 943-947.

[59] The HUGO Pan-Asian SNP Consortium. Mapping Human Genetic Diversity in Asia. Science, 2009, 326(5959): 1541-1545.

[60] 吴新智. 中国远古人类的进化. 人类学学报，1990，9（4）：312-321；刘武. 蒙古人种及现代中国人的起源与演化. 人类学学报，1997，16（1）：55-73；张振标. 现代中国人起源的实证——颅骨特征的时空变化. 第四纪研究，1999，19（2）：113-124；吴新智. 与中国现代人起源问题有联系的分子生物学研究成果的讨论. 人类学学报，2005，24（4）：259-269；吴新智. 中国古人类进化连续性新辩. 人类学学报，2006，25（1）：17-25；刘武，何嘉宁，吴秀杰，等. 山顶洞人与现代华北人部分头骨非测量性特征比较及中国更新世晚期人类演化的一些问题. 人类学学报，2006，25（1）：26-41.

[61] 张振标. 现代中国人起源的实证——颅骨特征的时空变化. 第四纪研究，1999，19（2）：113-124.

[62] Lahr M M. The Multiregional Model of Modern Human Origins: A Reassessment of Its Morphological Basis. Journal of Human Evolution, 1994, 26(1): 23-56.

[63] 林圣龙. 中西方旧石器文化中的技术模式的比较. 人类学学报，1996，15（1）：1-20.

[64] 张森水. 中国北方旧石器工业的区域渐进与文化交流. 人类学学报，1990，9（4）：322-333.

[65] 裴树文，张家富，高星，等. 三峡井水湾遗址的光释光测年. 科学通报，2006，51（12）：1443-1449.

[66] 高星，裴树文. 中国古人类石器技术与生存模式的考古学阐释. 第四纪研究，2006，26（4）：506-513.

[67] 高星，裴树文. 中国古人类石器技术与生存模式的考古学阐释. 第四纪研究，2006，26（4）：506-513.

[68] 高星，黄万波，徐自强，等. 三峡兴隆洞出土12～15万年前的古人类化石和象牙刻划. 科学通报，2003，48（23）：2466-2472.

[69] 吴汝康，吴新智. 中国古人类遗址. 上海：上海科学教育出版社，1999；石丽，张新锋，沈冠军. 中国现代人起源的年代学新证据. 南京师大学报（自然科学版），2003，26（3）：89-94.

[70] 金昌柱，潘文石，张颖奇，等. 广西崇左江州木榄山智人洞古人类遗址及其地质时代. 科学通报，2009，54（19）：2848-2856.

[71] MacDougall I, Brown F H, Fleagle J G. Stratigraphic Placement and Age of Modern Humans from Kibish, Ethiopia. Nature, 2005, 433(7027): 733-736; Howell F C. Hominidae//Maglio V M, Cooke H B. Evolution of African Mammals. Cambridge: Harvard University Press, 1978: 154-248; Smith F H. Models and Realities in Modern Human Origins: The African Fossil Evidence//Aitken M J, Stringer C B, Mellars P A. The Origin of Modern Humans and the Impact of Chronometric Dating. New Princeton: Princeton University Press, 1992: 234-248; Wolpoff M H. Multiregional Evolution: The Tossil Alternative to Eden//Mellars P, Stringer C B. The Human Revolution: Behavioral and Biological Perspectives on the Origins of Modern Humans. Princeton: Princeton University Press, 1989: 63-105.

[72] Brown F H, Fuller C. Stratigraphy and Tephra of the Kibish Formation, Southwestern Ethiopia. Journal of Human Evolution, 2008, 55(3): 366-403; Feibel C S. Microstratigraphy of the Kibish Hominin Sites KHS and PHS, Lower Omo Valley, Ethiopia. Journal of Human Evolution, 2008, 55(3): 404-408.

[73] 刘东生. 黄土与干旱环境. 合肥：安徽科学技术出版社，2009.

[74] Bassinot F C, Labeyrie L D, Vincent E, et al. The Astronomical Theory of Climate and the Age of the Brunhes-Matuyama Magnetic Reversal. Earth and Planetary Science Letters, 1994, 126(1-3): 91-108; EPICA Community Members. Eight Glacial Cycles from an Antarctic Ice Core. Nature, 2004, 429(6992): 623-628.

[75] 盛桂莲，赖旭龙，王頠. 分子人类学与现代人的起源. 遗传，2004，26（5）：721-728.

[76] Hawks J, Oh S, Hunley K, et al. An Australasian Test of the Recent African Origin Theory Using the WLH-50 Calvarium. Journal of Human Evolution, 2000, 39(1): 1-22.

[77] Adcock G J, Dennis E S, Easteal S, et al. Mitochondrial DNA Sequences in Ancient Australians: Implications for Modern Human Orgins. PNAS, 2001, 98(2): 537-542.

[78] Zhao Z M, Jin L, Fu Y X, et al. Worldwide DNA Sequence Variation in a 10-kilobase Noncoding Region on Human Chromosome 22. PNAS, 2000, 97(21): 11354-11358.

[79] Yu N, Zhao Z, Fu Y X, et al. Global Patterns of Human DNA Sequence Variation in a 10-kb Region on Human Chromosome 1. Molecular Biology and Evolution, 2001, 18(2): 214-222.

[80] Yu N, Fu Y X, Li W H. DNA Polymorphism in a Worldwide Sample of Human X Chromosomes. Molecular Biology and Evolution, 2002, 19(12): 2131-2141.

[81] Krause J, Fu Q M, Good J M, et al. The Complete Mitochondrial DNA Genome of an Unknown Hominin from Southern Siberia. Nature, 2010, 464(7290): 894-897.

[82] Krause J, Fu Q M, Good J M, et al. The Complete Mitochondrial DNA Genome of an Unknown Hominin from Southern Siberia. Nature, 2010, 464(7290): 894-897.

[83] Templeton A. Out of Africa Again and Again. Nature, 2002, 416(6876): 45-51.

[84] Trinkaus E, Moldovan O, Milota ş, et al. An Early Modern Human from the Peştera cu Oase, Romania. PNAS, 2003, 100 (20): 11231-11236; Sofiaru A, Doboş A, Trinkaus E. Early Modern Humans from the Peştera Muierii, Baia de Fier, Romania. PNAS, 2006, 103(46): 17196-17201.

[85] Briggs AW, Good J M, Green R E, et al. Targeted Retrieval and Analysis of Five Neandertal mtDNA Genomes. Science, 2009, 325(5938): 318-321.

[86] Green R E, Krause J, Briggs A W, et al. A Draft Sequence of the Neandertal Genome. Science, 2010, 328(5979): 710-722.

（原载于《中国科学：地球科学》2010年第40卷9期，与张晓凌、杨东亚、沈辰、吴新智合著）

更新世东亚人群连续演化的考古证据及相关问题论述

一、引　　言

人类自从700万年前从古猿中分化出来，获得直立行走的能力以后，就一直在不断演化。其间经历了地猿、南方古猿、能人、直立人（包括匠人、海德堡人）、早期智人（包括尼安德特人）、晚期智人（即现代人）的不同阶段。对于旧大陆这一整体地理板块和人类这一物种，演化是连续的，但对于不同的地理单元和不同的化石人种，演化过程可以是断续的，即在某一地区某一时段可能没有人类生存，或者缺失某个化石人种的演化证据。于是，人类演化在某个或某些地区可能出现复杂的格局。某地区的人类源自哪里？演化链条是否中断过？现生人群与古人群是否存在祖裔关系？这些都会成为地区性的重大科学问题，东亚的情况尤其如此。

自从"北京人"被发现以来，尤其是魏敦瑞提出"多地区进化"的假说[1]以来，东亚人群在很长时间内被认为是连续演化的，从直立人到早期智人、晚期智人，直至现生人群，不存在演化的中断和替代。但自从现代人类"出自非洲说"[2]提出以后，一些学者认为中国乃至东亚地区的古人类演化出现过中断，以"北京人"为代表的直立人和大荔人等早期智人在进化中走向绝灭，绝灭的原因之一是这些古人群未能适应末次冰期的寒冷气候；我们现生人群的直接祖先是起源于非洲而后迁徙至此的"早期现代人"[3]。然而，吴新智等学者坚持认为东亚现代人类演化是一个"连续进化附带杂交"的过程[4]，不存在中断和替代[5]。

有关人类演化过程和所谓"现代人"起源的研究，多引述化石和遗传证据（DNA），考古学很少参与其中。但众所周知，人类化石在多数地区属凤毛麟角，往往具有很大的时空缺环；遗传研究主要是以今推古，从现生人群的遗传变异推导古代人群起源与扩散的过程和路线，中间有很多未经验证的假设前提[6]。相比之下，考古材料在连续性和丰富性方面具有明显的优势。目前在中国发现含更新世人类化石的地点只有70余处，而且多处地点仅出现零散的牙齿化石，但出土旧石器时代文化遗存的遗址逾2000处，石制品、骨制品、装饰品和其他遗物、遗迹不计其数。这些文化遗存虽然不能直接反映人类的体质进化和遗传变异，但对人类在某一地区出现的时间、分布的地域、延续的时段、迁徙的路线、生存的能力与方式、技术与文化特点、交流与互动等学术问题却大有用武之地。对这些问题的研究和所提取的信息，对探讨远古人群的起源和演化过程，对破解“现代人起源”这样的重大命题，会提供重要的证据与启示。

通过考古材料确定“现代人”的行为特征曾在西方学术界流行一时。被考古学家提出可作为“现代人”行为或文化的标准包括：复杂精美的石器（尤其是石叶工具），磨制骨器，复合工具，装饰品及颜料使用，墓葬，对石料的热处理，复杂的用火方式，对居址的复杂、具有功能分区的使用，娴熟的狩猎能力，食物资源上的广谱革命，复杂的语言等[7]。但近来学术界又现反思潮，很多学者指出：那些所谓的现代人行为特征或曰“行为现代性”（Behavioral Modernity）是个开放的系统，被不断添加子项而最终失掉了标识的意义，而且它们并非狭义的“现代人”所独有，而是出现于不同时期，对应于不同的人群，无法为特定生物人种的进化属性做标注；这种做法落入了形而上学的窠臼，因而应该被摈弃，改用“行为变异性”的理念和视角去讨论相关的演化问题[8]。

由此可见，运用考古材料研究人类的起源与演化要有所为有所不为，不能超出材料属性本身去讨论力所不及的问题。本文将尝试运用考古证据系统论述更新世东亚人群演化的连续性，力图对“现代人类”本土起源的假说提供支持和启示。需要说明的是，本文只涉及直立人在东亚出现以来的演化过程，对其源头则不做追溯和讨论。

二、东亚旧石器时代文化一脉相承与连续发展的表征

从目前在中国和印尼发现的材料看，人类自更新世早期就出现在东亚及东南亚地区，安徽繁昌人字洞、重庆巫山龙骨坡、广西百色么会洞、湖北建始龙骨洞和河北阳原马圈沟等遗址就是其文化的代表。随着时间的推移，该地区旧石器时代文化遗存越来越丰富。这些考古文化显示了一脉相承的特点，表现出有别于西方而又连续发展的态势。主要体现在如下方面。

石器原料特点及开发利用方式　在旧石器时代的大部分时间内，这里的古人类广泛采用脉石英、石英岩、砂岩、火山角砾岩等劣质原料制作工具。受制于原料的先天劣质，东方古人类对这些原料的开发方式为因陋就简，就地取材，对多种材料皆加以开发利用，很少对某类优质石料做刻意寻找并进行连续、深度开发。针对本地的材料

特点，先民采取了一些简单适用、机动灵活的技术与方法，例如在周口店地区，大量采用砸击技术开发利用难以锤击剥片的脉石英材料[9]，而在三峡地区，则采用摔碰技术开发高度磨圆的卵石[10]。东亚旧石器时代人群所面临的石料特点和所采取的开发方式一直贯穿始终，在晚期有些微小的变化，这与非洲和欧亚大陆西部古人类群主要用燧石类材料制作工具、着意开发优质石料资源形成鲜明的对照。

石器制作技术 石器制作技术可分解为两个方面，即剥片技术和加工技术。东亚古人类在剥片技术上的总体特点是机会性和随意性，表现为应用锤击法、砸击法、碰砧法、摔碰法等多种方法，硬锤技术贯穿始终，软锤技术即使在旧石器时代晚期仍鲜有运用；对石核基本不加预制和修理，在晚期以前基本缺失勒瓦娄哇技术。只有在晚更新世早期，从少数遗址出土的盘状石核上所表现出的交互剥片技法，才使剥片的系统性与计划性有迹可循。在加工技术上表现出简单、随意、对坯材改造程度浅的特点，缺乏系统性和规范性，两面技术不发达，直到晚期才有系统的应用。这与西方在旧石器时代早、中期普遍采用勒瓦娄哇技术，在旧石器时代晚期以石叶技术为主导，以及广泛使用两面技术、对石器做规范的深度加工的情况形成鲜明的对比。

石制品类型、形态与组合特点 西方学者对中国乃至东亚的旧石器时代文化经常描述为“砍砸器传统”（Chopper-chopping tool tradition）[11]或“简单的石核-石片工业”（Simple core-flake industry）[12]。虽然这样的标签未必十分贴切，但揭示出东亚旧石器时代石制品在类型、形态和组合方面有别于西方的特点，即工具类主要是用砾石或简单石片加工的刮削器、砍砸器，辅之以尖状器、手镐、石锥、石球等；像手斧、薄刃斧这样在非洲和欧洲旧石器时代早期居于主体地位的器类在东方的大多数遗址中缺失，即使在少数地点出现，其在器物组合中的比例偏低，加工也不很规范、典型；一些器类分化不明显（例如砍砸器与刮削器，手斧与手镐），同一类型内个体变异大，规范性较差。这样的局面只在晚更新世晚期北方的一些遗址方得以改变，出现类型多样化和规范化的发展态势。这与西方在旧石器时代早期以手斧-手镐-薄刃斧组合为统领，在中期以加工规范的莫斯特刮削器-尖状器为主体器形，晚期以精致的石叶工具和骨器为特色的工具组合演变形成鲜明的反差。

区域文化传统的传承 对旧石器文化而言，一个地区长期存在的特定类型组合和技术、形态特征构成区域文化传统。贾兰坡指出华北存在贯穿始终的两大旧石器文化传统，即大三棱尖状器-砍砸器传统和小型刮削器-雕刻器传统[13]；张森水提出中国在南、北方各自长期存在“旧石器文化主工业”，即南方的砾石石器主工业和北方的小石片石器主工业[14]。虽然一些学者对这样粗线条、大跨度的文化传统归纳提出质疑，但很难否定这些地区存在继承性强并稳定持久的旧石器文化体系。当我们聚焦某一特定地区，例如重庆三峡地区，也不难发现一脉相承的发展趋势与过程，从旧石器时代早期晚段直至新石器时代早期，一直保持用砾石加工粗犷的砍砸器、尖状器和刮削器的做法，用摔碰法和锤击法开发石材，石制品类型单调，技术简单，工具厚重，形态多变[15]。文化传统的保持和延续，说明发展是连续的，人群是薪火相传的。

三、本土文化与外来因素：融合与替代

一些学者一直致力于在中国乃至东亚旧石器时代文化遗存中寻找“西方元素”[16]，借以擦掉那条所谓的“莫维斯线”，证明东西方先民在技术和智能上完全可以并驾齐驱。从本土人群的演化过程是否连续，是否发生过中断和被新移民整体替代的角度，这个问题值得深究并厘清基本事实。

被少数学者从中国旧石器时代文化遗存中发掘出的“西方元素”主要为三个方面：勒瓦娄哇技术、手斧和石叶技术。勒瓦娄哇（Levallois）作为一种剥片技术大约于40万年前出现在非洲和欧洲、西亚，在欧洲旧石器时代中期十分盛行。学术界对其定义并不十分统一，但在基本特征上是一致的，即系统地修整预制石核，从核体上剥下规整的石片，体现一种计划性、预见性和对技术的娴熟掌控。最经典的表现方式是龟身状石核（一面相对陡凸作为台面，另一面相对平凸作为剥片面）和三角形薄锐的石片（称为勒瓦娄哇尖状器，Levallois point）。最能代表勒瓦娄哇技术的是石核，其技术和形态特征易于辨识，而勒瓦娄哇石片并不具备特征上的排他性，用交互打击法可以从盘状石核上剥下形态与勒瓦娄哇尖状器相一致的石片，这种产品被称为“假勒瓦娄哇尖状器”（pseudo-Levallois point）[17]。由于存在这种现象，对勒瓦娄哇技术的辨识一定要谨慎，尤其在缺乏勒瓦娄哇石核并仅有少量标本在形态上接近勒瓦娄哇石片的情况下。在中国的旧石器时代遗址中，周口店第15地点、丁村、许家窑、观音洞和大洞等遗址被个别学者认为存在勒瓦娄哇技术，但由于这些地点都没有发现真正的勒瓦娄哇石核，形似勒瓦娄哇石片的标本也十分稀少，而且在遗址发现盘状石核，因而这些遗址的所谓“勒瓦娄哇技术”被主流学术界所否定[18]。直到旧石器时代晚期，以水洞沟为代表的中国北方少数遗址出现勒瓦娄哇技术与石叶技术的混合体[19]。这样的标本数量很少，出土此类标本的遗址少并局限在华北，完全谈不上大规模的文化传播或影响。因而，在中国古人群的演化过程中，完全可以排除掌握勒瓦娄哇技术的西方人群的大规模移入并实现对本土人群的替代。

手斧的问题要复杂一些。虽然学术界在其起源或文化传统归属上存在不同的认识[20]，但中国旧石器时代文化体系中存在手斧这一器类已成共识，有的学者据此认为旧石器时代早期东西方人类的技术与智能并无二致[21]。是否可以由此推断，在旧石器时代的早期阶段，来自西方的阿舍利人群迁徙至此，实现了对本土人群的置换？答案

应是否定的。中国旧石器时代的手斧组合与西方阿舍利技术体系存在着根本的不同[22]。①局限性，手斧在中国旧石器时代分布十分局限，基本只存在于南方砾石工业区内，最集中的区域是广西百色盆地和陕东南-鄂西北的秦岭-汉水地区，除此之外鲜有手斧标本出土；②稀少性，即使在这两个集中分布的区域，手斧在任何一个遗址也是凤毛麟角，从来没有占据器类的主体，显示其可有可无的地位；③不规范性，中国的手斧在形态上、技术上与旧大陆西侧有很大区别，大多数标本缺失系统的通体两面加工和薄化技术，在形态上表现为两面与两侧的对称性差，器身厚而不规整，具备原手斧的基本特性；④组合的本土性，这些手斧都与加工简单、器形粗大的手镐、砍砸器、刮削器共生，除洛南的一些遗址，很少与薄刃斧共出。手斧与中国南方砾石工业的主要器物伴生，显示本土传统石器组合的特点，而且从技术和形态看，大多数手斧与手镐或称大型尖状器者应属同质异型，是中国乃至东南亚砾石石器文化的特定成员，是更新世生活在热带-亚热带的先民开发利用植物根茎食材的大型挖掘工具，与该体系中的主力器形——砍砸器所拥有的砍-劈-切功能相辉映和补充，有着明显的本土砾石石器工业的根基。即使受到文化交流或小规模人群迁徙的影响，这种“西方元素”与本土文化也是融合的关系，没有替代的迹象，反而本土文化一直呈主流、持续之势。

秦岭地区的情况似乎有所不同。据报从洛南盆地内采集和发掘到的手斧包括两种类型，原型手斧与阿舍利手斧。前者以砾石为原坯，尖端修理，根端一般保留石皮；后者以大石片或扁平砾石为毛坯，形状规则。其中一些标本被描述成泪滴状，经历系统的两面修制，制作技术娴熟，被认为是在中国发现的最为精致的手斧，可与典型的阿舍利手斧相媲美[23]。另外，石制品中还包括一定数量的薄刃斧和大量的手镐，大多标准、规范、精致，这使洛南盆地的大型工具组合比东亚任何一处遗址都更加接近西方的阿舍利技术体系。但最新的研究表明，洛南盆地及更大的秦岭地区的手斧组合出现得很晚，在蓝田地区可能处于距今7万～3万年间[24]，在年代学上与西方的阿舍利体系存在很大的鸿沟；若说成西方阿舍利移民的产品，存在时间的错位和迁徙扩散路线的缺失。

石叶是中国旧石器文化体系中最明确的外来文化因素。对水洞沟遗址的新发掘和测年表明，这一体系在中国出现的时间接近4万年前[25]，可能在距今2.5万年左右结束，分布区只局限在中国北方，与中亚、阿尔泰地区的同类遗存应该存在渊源关系[26]。水洞沟第2地点高分辨率文化层信息揭示，石叶体系在约2.8万年前被华北传统的小石片技术体系取代，此时的文化系统中注入了鸵鸟蛋片串珠这一新的因素，其后这一小石片体系断续至2万年前消失[27]。由此可见，具有西方技术特点的石叶体系在中国北方局部区域经历短暂的渗透和传播后，又消弭于无形，未发生对本土文化的替代或明显的改造，反而被后者取代，显示本土文化及其背后人群的演化强势。

四、关键节点的文化证据：不存在距今10万～4万年间的演化空白

“出自非洲说”对东亚人类演化的一个重要论断是这里存在距今10万～5万年间的化石证据空白，代表着本土人类演化就此中断，中断的原因是末次冰期的恶劣气候导致本土人群灭绝；直至从非洲起源、经过长距离迁徙的“现代人”到达这里，中国乃至东亚人类生存的空窗期才被填充。那么，“现代人”何时到达东亚，尤其是中国北方？DNA分析表明，出自周口店附近田园洞的人类个体在遗传特征上已经属于完全的现代人，年代为距今4万年左右[28]。在此之前直至距今10万年间中国这一地区果真没有人类生存？下述例证表明这种论断过于武断，不符合旧石器考古材料的基本事实。

许家窑-侯家窑　这是一个坐落在泥河湾盆地中的遗址群，在河北省阳原县和山西省阳高县皆有分布。1974年以来在多个地点做过多次发掘，出土大量石制品、动物化石和少量智人化石。石制品显示传统的华北石核-石片石器主工业风貌，以用石英岩、石英加工刮削器、砍砸器和石球为特征，动物骨骼上有很多人类工具留下的痕迹。对该遗址不同地点采用不同方法测得的年代数据有很大的变异区间：陈铁梅等用铀系法对动物骨化石测年结果为125ka～104ka BP[29]，长友恒人等用光释光法测得年龄为（69±8）ka～（60±8）ka BP[30]。该遗址应该存在不同的文化层位，古人类在此经历了较长时间的生存繁衍。

北窑　该遗址位于洛阳北郊，在1998年被发现和试掘，2007年再次发掘，出土一定数量的分属不同时期的石制品，既有南方砾石工业特点，又有北方石片工业特征。根据报告，石制品出自黄土地层S_2到L_1底部，相当于200ka BP至（80～70）ka BP，从早到晚石制品的性质没有明显变化[31]。

大地湾　甘肃秦安大地湾是一处著名的早期新石器时代遗址。2006年，中美学者在该遗址做小规模发掘，在新石器时代层位之下发现更新世时期多个文化层，揭示出传统石片技术制品、细石叶技术制品和新石器时代陶器之间前后相继的演化关系。根据黄土-古土壤序列、绝对测年（AMS^{14}C和光释光测年）、气候事件年龄和考古分析，考古工作者在该遗址建立了6.5万年以来的年代框架，记录了数万年来古人群由狩猎采集经济逐步向农业经济过渡、持续生存活动的历史[32]。

徐家城　位于甘肃庄浪县，离大地湾遗址相去不远。2009年调查并发掘，出土5500余件石制品和部分动物化石，反映了中国北方石片石器的传统特色。文化遗存埋藏于水洛河第二级阶地上覆的马兰黄土中。AMS^{14}C测年与气候事件对比相结合的综合年代研究显示，遗址主要文化层的时代集中在距今4.6万～2.3万年间，属于晚更新世晚

期。而光释光测年则给出更早的数据。近年在陇西盆地发现近50处晚更新世遗址，皆埋藏于马兰黄土地层中。年代学、黄土地层学等的综合研究表明部分遗址的时代在距今6万～3万年间。结合大地湾遗址的新发现，说明该区域至少在6万年以来存在频繁的人类活动，留下大量的遗物、遗迹[33]。

萨拉乌苏 位于内蒙古乌审旗，自从1923年发现以来，不同地点经历了多次调查、剖面清理和发掘，采集到多件人类骨骼和牙齿，发掘出土大量动物化石和少量石制品。石制品细小，显示华北小石片工业的特点。长期以来，该遗址人类骨骼的原生层位存在疑问，有的人骨经AMS^{14}C测年，得出300～200a BP的数据[34]。笔者曾采集另外几具人骨标本测年，数值也在全新世的范围之内，说明大多人骨是近现代的，与“河套人”没有关系。但不应据此否认该遗址存在更新世的人类遗存。不同测年手段曾被运用到对该遗址地层的研究。董光荣等根据地层对比和释光测年，认为萨拉乌苏组形成于14万～7万年前[35]；尹功明等对范家沟湾地点获得（68±7.3）ka～（61±4.9）ka BP的红外释光年龄[36]。

乌兰木伦 位于内蒙古鄂尔多斯市康巴什新区，2010年发现，其后经过多次发掘，出土丰富的石制品和动物化石。石制品显示小型石片工业特点，多为石核、石片和断块，说明古人类在该地制作和使用工具。花粉和木炭化石记录显示，古人类生存的环境处于从灌丛-草原向草原植被转换的状态，较现今相对温暖湿润。AMS^{14}C测年数据为（41.4～33.1）cal.ka BP之间，属于MIS 3阶段中期[37]；光释光测年给出更老的数据，可到距今7万年。结合动物群的属性、文化特点和释光年龄，有学者认为该遗址的年代为距今7万～3万年[38]。

织机洞 位于河南荥阳，1990年以来经历多次考古发掘，揭示出多个文化层位，出土丰富的石制品、动物化石和用火遗存。根据考古发掘报告[39]，文化遗存被划分为旧石器时代早段（1～12层），旧石器时代晚段（13～18层）和新石器时代早、中期（19～21层）。对第18层下的钙板做不平衡铀系测年，得出（7.9±1.0）万年的数据。结合哺乳动物化石信息，研究者认为旧石器时代文化层位应在7万年前。研究者进一步指出，织机洞旧石器时代文化体现了中国北方主工业的特点，对现代人群的本土连续演化提供了重要证据。其后刘德成等用光释光测年法将靠近下部的旧石器时代文化层位测定为距今5万～3.5万年之间，并注明最下的文化层并未见底[40]，预示可能还有更早的文化遗存。

秦岭地区 秦岭是中国南北气候分界地，在该地区的洛南盆地、汉中盆地和蓝田地区先后发现密集的旧石器时代遗址，表明这里是更新世人类生存和演化的适宜、重要地区。考古学家和地质-年代学家对多处遗址和地层做测年分析，发现古人类在早更新世早、中期就在该地区活动，断续至晚更新世后段。南洛河流域的古人类活动从约80万年前开始，到约3万年前仍有遗物、遗迹，其间的考古遗存出现在几个时段[41]。

最近王社江等在出土蓝田人头骨化石的公王岭附近新发现多处旧石器时代遗址，其中部分遗址的石制品埋藏在灞河流域第二级阶地晚更新世黄土地层中。黄土地层对比和光释光测年数据表明，古人类在这些地点生存的时期为距今7万～3万年前后[42]。这些材料与数据表明，该地区古人类活动的年限从早更新世和中更新世顺延至晚更新世较晚的阶段，而且石器文化面貌表现出早晚相继、前后一致的共性。

井水湾　位于重庆丰都县城旁，埋藏于三峡地区长江右岸第二级阶地内，现被库区水淹没。于1998～2002年间经历了5次系统发掘，出土大量石制品，多为石核、石片和以砾石、大石片为毛坯加工的砍砸器和刮削器，显示南方砾石石器工业特色。应用光释光技术中的单片再生剂量法对埋藏石制品沉积物中的石英颗粒进行测年，多个数据皆指向约7万年前[43]。井水湾遗址的光释光测年首次确证古人类于晚更新世早期在三峡地区的存在，从而使该地区旧石器时代早→中→晚期文化发展序列得以构建。该地区还分布着枣子坪、池坝岭、冉家路口等遗址，时代相近，表明在晚更新世早中期有频繁的人类活动，区域旧石器文化一脉相承[44]。

黄龙洞　位于湖北郧西县，发现于2004年，经历3次发掘，出土7枚人类牙齿，30余件石制品和用火遗存以及大量动物化石。动物群组合具备更新世中、晚期的特点，洞穴次生碳酸盐岩铀系测定的年代为100ka～77ka BP[45]。

以上仅举出一些公布过测年数据的实例，而且考虑到末次冰期寒冷气候对人类生存的影响应该北方胜于南方，因而这些例证主要来自长江以北，对华南的该阶段遗存不多着墨。其实，随着新遗址的发现和新的分析测试结果的推出，中国北方距今10万～4万年间的考古证据会不断丰富，人类演化的路线图会更加清楚。例如近年在山东日照黄泥梁遗址、内蒙古大窑遗址四道沟地点上部层位和沈阳农业大学后山遗址所做的发掘和文化层测年，都得到人类在此期间内生存活动的明确信息，相关材料和数据会后续发表。

上述遗址的年代数据未必完全确凿、精准，这存在测年工作的薄弱环节：^{14}C测年鞭长莫及，而新生的光释光测年、碳酸盐岩铀系测年等方法还存在样本的适合性、精度的可靠性和学术界的接受度等问题。但考古年代学是个综合的系统，岩性地层对比、磁学地层信号、生物地层特征、文化遗存特点，都会给出各自的时代信息，与“绝对年代”相互补充和验证，使得对遗址的时代判断不至于出现大的偏差。

上述考古证据表明，距今10万～4万年间中国乃至东亚存在系列的人类生存证据。从气候环境特征和生物演化的角度看，末次冰期天寒地冻导致当时当地的人群走向灭绝的论断是不成立的。学术界一般认为，末次冰期涵盖距今7.4万～1万年的漫长时期，在此期间全球普遍降温，但中间有多次波动，发生过冷—暖、干—湿的交替。针对黄土高原季风气候所做的研究表明，13万～7.4万年前处于末次间冰期，温暖湿润的夏季风影响范围覆盖整个黄土高原，年平均气温和降水量较现今更高更强。末次冰期期间，气温下降，环境恶化，但距今5.9万~2.4万年间是间冰段，气温有所回升，夏季风活动范围涵盖黄土高原中、南部大部分地区。即使在末次冰期的高峰期（LGM，距今1.8万年前后），夏季风的活动也未完全停止，而是将影响范围南移至黄土高原东南部，其南仍被夏季风控制并继续有成壤作用[46]。据此推导，中国乃至东亚的大部分地区在末次冰期期间并不存在足以导致人类和其他生物大灭绝的极端气候条件，即使在最寒冷的LGM时段仍有很大的区域适合人类和其他生物生存。华南自不必说，因为在整个更新世，该地区一直有大熊猫-剑齿象动物群生存繁衍，其成员都是喜湿喜热的种属。即使在对环境变化更敏感的华北，披毛犀、猛犸象、野马、野牛、野猪、熊、鬣狗、狼等大型哺乳动物都在更新世的大部分时间内安然度过[47]，猛犸象、披毛犀等在全新世早期灭绝，更多的种类一直生存到现在。这些只能被动适应环境变化的大型动物能挺过末次冰期，具有更高智能和技术手段的人类——能够娴熟地制作和使用工具，能进行高度的组织协调和社会分工，能建设、改变居址环境，能有控制地用火，能有效地迁徙移动，能缝制御寒衣物，反而无法适应，在气温降低、食物减少的情况下绝灭，与常理不合；自更新世初以来，地球经历了多次冰期—间冰期旋回，末次冰期并非气候最恶劣者[48]。生活在中国乃至东亚的人群以前没有在更恶劣的冰期寒冷环境下灭绝，在技术和生存能力更强的末次冰期时反而不能适应，与逻辑不符；经历对逐渐变冷的生态环境长期逐步适应的原住民走向灭绝，而来自湿热地带的移民反而在寒冷的新环境中怡然存活，与常识相悖。为何一些持“出自非洲说”者要做出这样有悖事实与逻辑的推断？或许是为了简化处理从非洲迁移过来的人群与本土人群之间的关系，避免讨论新移民与土著者之间是否发生过基因交流或战争杀戮。如果存在前一种情况，那本土人群就没有灭绝，完全替代就不能成立；而如果是后一种情况，又苦于没有证据。二者根本无缘相遇，也就解除了这样的尴尬。

五、讨　　论

1. 咬文嚼字：关于“现代人”及相关概念、术语

论证中国乃至东亚更新世人群连续演化是对现代人类“出自非洲说”及其对中国、东亚本土人群曾经灭绝过论断的回应。“现代人”有特定的含义，是与更古老的直立人和早期智人（包括尼安德特人）相对应或对立的，是一个新的种群。需要指出的是，这个种群与此前人群的关系并不明确，在这一概念下有很多模糊的空间和未经澄清的假设前提。

按照生物学的概念，一个物种是一群可以交配并繁衍后代的个体，与其他生物不能交配，或交配后产生的后代不能再繁衍。因而，生殖隔离是物种间最根本的区别

特征。当把这一概念应用到人类身上，却发生了很多歧义。现生人类一般被划分为三个人种，即尼格罗人种（俗称黑种人）、高加索人种（俗称白种人）、蒙古人种（俗称黄种人）。这些人种可称为“肤色人种”，即主要按照肤色的差异加以区分，他们只是“种群”、“种族”的概念，在生物学上三者同属一个物种。化石人类按照演化阶段一般分成南方古猿、能人、直立人、早期智人、晚期智人。晚期智人即为现代人，近来学术界有淡化早期智人与晚期智人分类的倾向，笼统称为智人，并将其作为现代人的代名词。这些人种可称为“化石人种”，是按照化石所表现出来的骨骼形态的差异加以划分的，他们（或者其中的两个，尤其是进化阶段相邻者）是否属于同一物种，其实不得而知，因为科学家无法根据化石形态判断生殖隔离情况。因而化石种不能等同于生物种。近来随着分子生物学在古人类学上的应用，又诞生了新的“人种”，例如丹尼索瓦人（*Denisovan*），是遗传学家根据在俄罗斯阿尔泰地区丹尼索瓦（Denisova）洞穴中发掘出土的一小块指骨上所提取到的DNA信息而命名的，原因是该个体的遗传特征与同期的“现代人”和尼安德特人有很大的区别[49]。这样，古人类群体中又增加了一个新的成员，而对这一新种的鉴定标准是遗传变异。我们可以将其称为“基因种”，但这一新种与其他化石种的生物关系并不清楚，因为遗传学信息还未能精确到对生殖隔离做界定。那么，考古学家是否可以根据不同人群的文化特征定出“文化种”？这些人种的概念到底有何意义？它们是如何影响了我们的思维和理论阐释？

毋庸置疑，概念是会影响思维并误导理论论述的，而且经常会在下意识状态下发生。很多人在研究时，把人类演化史上的化石人种和基因人种等同于生物物种，对前二者与后者的区别不假思索。这样的思维方式与偏颇在“现代人”起源问题的研究上十分明显。首先是分子生物学家从现生人群的遗传多样性角度提出“现代人”大约在20万年前起源于非洲，其后向其他地区扩散，取代当地的土著人而演化成地球上的现代人群[50]，然后一些古人类学家和考古学家加入支持阵营，提出化石和文化证据并不断强化论述。在这一过程中，“现代人”被窄化为20万年前出现在非洲并向它地迁徙的人群，成为一个专有、特化的名词，其他人群就此与“现代”无缘。由此延伸的寓意是：“现代人”是个新的生物人种，与包括尼安德特人在内的同期早期智人是不同的物种，二者之间存在生殖隔离。但没有证据表明这样的情况真正发生过。以前认为尼人与现生人群在遗传上具有不可跨越的鸿沟，尼人不可能对现代人的基因做出任何贡献[51]。其后发现尼人与现代人有过基因交流，但对现代人的遗传贡献微乎其微，只占1%到3%[52]。最近新的研究表明，尼人与从非洲迁徙过来的“现代人”之间的基因交流程度被远远低估，前者是现生人群的重要祖先群体[53]。即使这样，大多数文章在谈到现代人起源时，仍将尼人排斥在外。那么中国乃至东亚的情况如何？这里有以金山人、大荔人、马坝人等为代表的早期智人群体，也有以田园洞人、山顶洞、柳江人等为代表的晚期智人群体，二者的演化关系怎样？按照“连续进化附带杂交”的理论[54]，前者演化成了后者，二者实现了无缝对接。而按照“出自非洲说”的思路，二者之间发生了中断和间隔，后者的直接祖先是从非洲迁徙过来的“现代人”。其实，没有任何证据对上述推断提供支持，也没有任何证据表明从非洲迁徙过来的“现代人”（如果有过这样的移民的话）与本土的早期智人分属不同的物种，不能进行基因交流。

依据现有的资料和逻辑推导，我们完全有理由认为：早期现代人有多个种群，出现在非洲的“现代人”只是其中的一支，而非全部；与“现代人”在西亚、欧洲发生过混血的晚期尼人是其中的一个种群，东亚早期智人的晚期群体也是其成员。非洲的“现代人”演化自更古老的种群，欧洲和东亚也是如此，至少部分如此。很可能在直立人阶段，人类作为一个统一的生物种就已形成，其后就不断演化，而不是在种群间做新的“起源”，因而所谓的“现代人起源”是个伪命题。我们应更多着墨于现代人类演化的区域性多样化问题[55]，而不应被狭隘、有歧义的概念误导了研究方向。

2. 饮食男女：隔离、种群延续与性

从莫维斯（Movius）开始，一些学者认为中国乃至东亚古人类是特化的种群，从直立人迁入以来，一直生活在人类演化的边缘地带，与外界基本隔离，在文化上是一潭死水[56]。近来邢松等撰文指出，周口店直立人演化缓慢，原因可能是缺乏基因交流，“北京人”可能是一个相对隔离的群体[57]。根据生物学原理，长期（生殖）隔离会导致种群内部发生分化，演变成不同的物种。那么，被认为与外界发生过隔离的以“北京人”为代表的东亚古人群是否会变成与同期的西方人类不同的物种？他们是否没有能力与其他地区的人群发生基因交流？是否不能演化成现代人？邢松等在文章中引述卡瓦利-斯福扎的观点[58]做出了某种程度的否定回答：哺乳动物种群因隔离而演化出新种大约需要100万年的时间，“北京人”时间太短，不足以分化出来。其实，从化石证据和文化遗存看，中国古人群与西方同类长期隔离的假设前提是不存在的，基因交流与文化融合是时常发生的[59]，这种交流应当是将东西方古人群维系在同一个生物种内的重要条件。

对这一问题的研究，更应该引入人类行为的视角。人类有区别于其他动物的许多独特的行为方式，具有更紧密的社会性，这使得不同人群作为一个大家庭的成员更能密切交流互动，更能清楚表达彼此之间的关系及欲望，能以社会性强化血缘的纽带。人类有利于种群繁衍的独特的社会属性包括：①迁徙性——人类的迁徙特性应该主要源于食物的驱动（当然，探究新天地的好奇心和寻找异性伴侣的驱动也不可排除），而且人的迁徙不像许多动物那样在特定的季节循着固定的路线，而是随意、不定向的，这就增加了不同人群相遇并发生基因交流的可能性；②制作和使用工具、用火、狩猎、改造居址、缝制衣服的技能——这些技能使得人的适应能力比其他动物要大得多，可以生活在不同的地域和生态环境下，这增加了人类的生存能力和在多样性的状态下延续血脉的能力；③拥有复杂的语言和意念表达方式——能用肢体动作、音乐、装饰品、绘画、涂色等方式表达情感和欲望，能以此做族群的标记并建立不同群体间的联系，增强族群内的凝聚力和群体间的链接，从而增加血缘上的关联；④交换与互助——不同地区的人类群体因特定的环境资源与技术优势会拥有一些特殊的资源材料（例如优质燧石、黑曜石、海贝等）或生产一些特定的工具（例如勒瓦娄哇尖状器）、用品等（例如装饰品），他们会以此与其他群体进行贸易交换，互通有无，从而建立起社会关联。当然，这种物流有时是通过征伐、劫掠实现的。在这一过程中，人的互动，血脉的串通，将不可避免；⑤超强的爱欲和生殖能力——人类这方面的能力在哺乳动物中是出类拔萃的，没有发情期的限制成为其得天独厚的优势，人类的异性在适育年龄几乎可以随时随地发生性爱并繁衍后代，这使得不同群体在相遇时会或多或少发生浪漫的故事，基因在不同群体、不同地域间会不断交流，生殖隔离就此成为虚妄的假设。诚如最近有学者指出的那样，爱是人类演化的重要动力[60]。应该说，人的行为方式和社会属性使得人群会不断迁徙互动，不同人群、不同地域间的基因交流会时常发生，作为一个物种的血缘关系会不断强化。西方如此，东亚也是这样。

3. 条分缕析：关于人类演化研究的文化证据

在人类演化研究中，最重要的材料或证据来自两个方面：人类化石与文化遗存。对前者，可依据骨骼形态的时序性变化分析人类的体质演化过程，通过形态异同的比较界定族群或个体间的亲缘与演化关系，通过骨骼上的特征或痕迹研究古病理、暴力行为、伤残现象，也可在骨骼和牙齿上提取样本做稳定同位素分析来研究古人类的食谱和生态环境，在适合的时段和保存状况下还可做古DNA提取分析和^{14}C测年。后者包括古人类制作和使用的工具、用具（石器、骨牙器、竹木器等）及制作过程中的副产品，餐饮消费的动植物残留物，用火遗迹，居址、建筑遗迹等。文化遗存提供古人类生存和演化的行为与社会信息，包括工具制作技术水平，资源开发能力，生存方式与策略，扩散过程与迁徙路线，族群内部成员间的关系与分工，群体间的交流互动等。化石材料与文化遗存相互补充，方能对具有生物与社会双重属性的人类的演化过程做出全面的复原与解读。当然，遗传学研究、古环境研究、年代学分析等都从不同的侧面对人类起源与演化研究做着重要贡献。

立足文化遗存的考古学研究在探讨人类起源与演化中具有不可替代的优势。首先是材料丰富。目前我国旧石器考古遗址与材料已经遍布各个地区和时段，在很多情况下人类化石缺位，文化遗存成为古人群生存的唯一证据。当然，这样的证据链永远不可能环环相扣，在特定区域人类演化的历史上，数万年甚至更长时间的证据空白并不稀奇，可能是当时的人类没有涉足这一区域，也可能是材料未能保留下来或者尚未被发现。考古与刑侦工作近似，一个刑事案件并不需要把事件发生过程的所有细节证据都收集齐全，具备了关键证据就可定案，考古分析亦然；其次是文化遗存对古人类社会属性的反映，例如运用特定的技术生产和加工工具并开发利用资源的生存方式，特定材料（例如黑曜石、海贝）所反映的古人群活动范围及贸易、交换关系，装饰品所表现的人类审美追求和意念表达等。

当然，文化证据有其自身的薄弱环节。由于它们是人类社会行为的产物，在很大程度上不受进化法则的控制，因而不像人类和其他生物体质演化那样严格遵循自然规律，有清晰的演化路径可循。而且人类的行为具有多变性，导致文化遗存具有多样性和不确定性，对其分析有时会出现多解与歧义。即使这样，研究者在通过文化遗存探讨诸如人群属性、群际关系及生存方式等人类学问题时，并不可随心所欲地利用、曲解材料，以迎合某种观点或理论。有学者在研究法国驯鹿洞（Grotte du Renne）洞穴发现的4.45万～4.10万年前与尼人的骨骸相伴而生的石器、骨器和装饰品时，认定这些文化遗存表达了人类技术与行为的现代性，应是“现代人”的制品，不可能由尼人自主发明创作，由此断定尼安德特人模仿了他们的智人邻居，制出了这些物件的“山寨版”[61]。这样的解释十分牵强附会，明显是在“现代人”对其他人群完全替代的理论模式下先入为主地判了尼人先进技术与思维能力的死刑。另一批学者对从法国西南部多尔多涅（Dordogne）流域的两处遗址出土的尼人文化遗存所做的研究则提出不同的看法，他们指出，生活在这里的尼人在欧洲最早制作和使用专用的骨器，这种能力出现的时间要早于“现代人”到达这里的时间，也早于“现代人”拥有这种能力的时间，因而提出是尼人将这种能力传播给“现代人”[62]。于是，同样的现象因不同的视角而产生了不同的认识，而后一种解释显然更加客观合理。这提示我们：必须客观对待文化遗存，客观对待我们所研究的文化的创造者，不能带着偏见和有色眼镜去作歪曲的审读。

对于用考古材料破译中国乃是东亚人类连续演化这一命题，笔者在私下交流时曾被问及这样的问题：是否因为人类的文化适应性，尤其是因新环境下石器原料的不同，从西方迁徙过来的新移民会丢掉他们自己的技术模式或生活方式，而接受了当地固有的文化传统？如果是这样，考古材料岂不就失去了分辨本土人群与外来移民的能力！答案应该是否定的。其一，中国的石器原料与非洲和欧亚大陆西部确有很多不同，这里可用的石料大多是石英岩、脉石英、砂岩等，燧石、白云岩、黑曜岩等优质材料相对少，但优质材料的缺乏并未达到彻底限制一些石器技术应用的程度。欧亚大陆西部与非洲的一些阿舍利手斧也是用石英岩、砂岩制作的，印巴次大陆更是如此，说明制作阿舍利工具并非一定要用燧石材料。百色和洛南的手斧就是明证。在更新世中国的广大地区，有同样适合制作手斧的材料，尤其是长江以南很多质地和形态都很适合的河卵石，但多数地区没有手斧，说明是人群和文化传统在起作用；近几年作者所带领的团队在内蒙古大窑遗址开展系统的发掘，揭示出中更新世至晚更新世不同时段的文化遗存。这里被公认作旧石器时代的石器制造场，有大量燧石岩块可用，石制品中有很多大型石核、石片和加工成型的工具，但自始至终没有出现手斧，更说明材料不是关键的因素。再者，水洞沟遗址出现勒瓦娄哇技术和石叶技术相结合的石制品组合，被认定是西方移民的产物，但这些工具的制造者并非随身携带西方的优质石材，而是开发利用当地的石英岩、白云岩和燧石，说明适宜的材料存在于本土，只是之前和其后没有人群将勒瓦娄哇和石叶技术施加到这些材料上，因而材料决非决定的因素；其二，如果是新移民因适应环境而丢掉了本身的文化传统，那应该是个逐渐的过程，我们应该能看到在迁徙扩散的路线上有个石器技术及工具组合转变的过程，但考古遗存中没有这样的迹象；其三，如果是像“出自非洲说”所言那样的完全移民替代，新的族群完全不表现固有的文化风貌是不可思议的，尤其是华南被认为是迁徙过来的“现代人”最早的驻足地，这里反而不见石叶等被认为是“现代人”文化标识的遗存的踪影，应是很好的反证。从中国旧石器时代考古材料特点及其发展过程看，本土人群的连续演化是主旋律，外来移民的迁入和融合是插曲。

4. 透物见人：石器技术与生存模式、演化能力

中国乃至东亚的旧石器文化体系在很大程度上一直保持模式Ⅰ的主要特征，在制作技术革新和工具的规范化、精致化方面都“落后”于西方。这样的工具组合及其表现出的技术能力是否能支持东方古人类与西方人群同步演化，最终成为现生人群大家族的成员？对此有学者另辟蹊径，提出远古东方人类使用竹器，石器只是用来制作竹器的工具，不能代表古人的技术与能力[63]。笔者则提出“综合行为模式”的论述[64]，认为中国乃至东亚的古人类在生存方式与策略方面有以下一些特点。

因地制宜，简便务实 古人群充分利用大自然给予的便利条件，选择近水、向阳、易于获取石器原料和食物资源的环境生存，对制作石器的原料就地取材，对工具的加工简单随意，不追求规范化和精致化，很多时候直接使用未经加工的石片。

低限开发，与环境和谐 在原料利用方面很少刻意寻找优质材料并进行长期、深度开采，各类石器主要用于采集、肢解、加工、消费食材，很少出现大量、过度捕杀猎物的场面，对可用资源仅做浅程度的开发，在客观上与生态环境保持和谐与友好。

不断迁徙 保持经常性的迁徙移动，即当一个地区的可供资源趋于贫瘠时即迁移到新的地方，以寻找利用新的资源。这种生存方式增强了古人类群体对多变波动的气候环境的生存竞争力和适应能力，即总是迁移到最适宜的地方求得生存，而不必把一个地方的资源开发到极致从而导致生态灾难；人类群体不必强迫自己在技术和文化方面发生重大适应性改进和调整以便开发利用难于得到的资源，而是用变更环境、获取

新的资源的方式来弥补技术的不足。

机动灵活 主要表现在因陋就简、因材施法，即根据原料特点的不同而采用不同的开发利用方式。例如北京猿人用砸击法开发脉石英。虽然这种方法效率低而浪费大，但对周口店地区质劣而量丰的脉石英材料，却有其合理性；而在三峡地区面对大量圆钝、扁平、不易锤击剥片的河卵石，晚更新世人类则用摔碰法撞下边缘锋利的石片，或将母体一分为二，从而为进一步剥片和加工奠定基础。这充分体现了古人灵活变通的聪明才智。如果诚如一些学者所断言，东亚旧石器时代人类制作和使用竹器，则其机动灵活性得到进一步的诠释。

进取创新 透过缓慢发展的表层，仍可在中国旧石器文化遗存中看到进取与创新的一面，表现在克服劣质石器原料的困难和剥片技术的不断成熟上。周口店第1地点的文化时代约为距今70万～30万年，最重要的技术特点是用砸击法从脉石英团块上砸下石片以供石器加工。该遗址上部文化层位砸击制品占石核-石片类的74%左右，其他为锤击产品。第15地点距今约14万～11万年，文化面貌与第1地点一脉相承，显示很强的渊源关系和延续性，但第15地点的砸击制品仅占石核-石片类的12%左右，锤击产品却占88%[65]。这说明生活在第15地点的人群面对同样劣质的材料大大减少了对砸击法的依赖，转而以锤击法为主要方法从脉石英块上剥制石器的毛坯，从而使加工出的石器更加规范、精致。能将锤击技术娴熟地运用到脉石英质材上，说明周口店第15地点占据者的石器技术较之第1地点的主人有了很大的进步，开发利用资源的能力有了显著的提高。另外，在周口店第15地点、许家窑、丁村等遗址出现用交互打法从盘状石核上剥取相对规整的石片的技术，较之以前从简单石核和多面体石核上随机剥片的技术模式，也是进取与创新的例证。

六、结　　语

丰富的旧石器时代遗址和遗存对研究中国乃至东亚更新世人群的演化过程、规律及现代人起源问题提供了翔实的资料、信息和重要的启示。透过石制品原料特点及开发利用方式，石器制作技术，石制品类型、形态与组合特点，以及区域文化传统演变等文化因素，可以看出中国乃至东亚旧石器时代文化是一脉相承的，进而说明这里的古人群是生生不息、连续演化的；通过对中国旧石器文化体系中勒瓦娄哇技术制品、具有阿舍利风格的石制品组合和石叶技术产品这些具有“西方元素”特点的文化成分的辨识与分析，可以得出结论：更新世期间中国旧石器时代石器生产技术基本维持在奥杜威模式体系内，即北方的小石片工具体系和南方的大型砾石石器体系，来自西方的文化因素在不同时段、不同地区间或出现过，但从来没有成为文化的主流，更没有发生对土著文化的置换，表明这一地区没有发生过大规模移民和人群替代事件。基因混合与文化交流应该发生过，但其过程是融合而非替换；许家窑-侯家窑、北窑、大地湾、徐家城、萨拉乌苏、乌兰木伦、织机洞、秦岭地区诸遗址、井水湾、黄龙洞等遗址的地层和测年数据表明，神州大地不存在距今10万～4万年间的材料空白，人类演化的链条在此期间没有中断过，古气候和古生物信息也对末次冰期导致本土人群灭绝的论断提出否定。这些都从考古学的角度对中国乃至东亚古人群连续演化及现代人类“连续进化附带杂交”的理论提供了强有力的论证和支持。“综合行为模式”等学说的提出强化了对本土人群适应生存并不断向前演化能力的论述。对人类独特的行为特点与社会属性的观察和思考，也对东亚古人群与西方人群的隔离问题及不同地区的人群长期保持在单一物种内的可能性提供了有益的启示。

致谢：在文章写作过程中，王社江、关莹、李锋、葛俊逸等提供了有助的材料与信息，作者表示衷心感谢。

参考文献

[1] Weidenreich F. Six Lectures on *Sinanthropus pekinensis* and Related Problems. Geological Society of China, 1939, 19: 1-110; Weidenreich F. The Skull of *Sinanthropus Pekinensis*, a Comparative Study on a Primitive Homind Skull. Palaeontologia Sin (Series D), 1943, 10: 1-485.

[2] Cann R L, Stoneking M, Wilson A C. Mitochondria DNA and Human Evolution. Nature, 1987, 325(6099): 31-36.

[3] 柯越海，宿兵，李宏宇，等. Y染色体遗传学证据支持现代中国人起源于非洲. 科学通报，2001，46（5）：411-414；Jin L, Su B. Reply to J Hawks: The Y Chromosome and the Replacement Hypothesis. Science, 2001, 293: 567.

[4] 吴新智. 从中国晚期智人颅牙特征看中国现代人起源. 人类学学报，1998，17（4）：276-282.

[5] 吴新智. 现代人起源的多地区进化学说在中国的实证. 第四纪研究，2006，26（5）：702-709；吴新智. 中国古人类进化连续性新辩. 人类学学报，2006，25（1）：17-25.

[6] Gao X, Zhang X L, Yang D Y, et al. Revisiting the Origin of Modern Humans in China and Its Implications for Global Human Evolution. Science China: Earth Sciences, 2010, 53(12): 1927-1940.

[7] Mellars P A. The Impossible Coincidence: A Single-species Model for the Origins of Modern Human Behavior in Europe. Evolutionary Anthropology, 2005, 14: 12-17; O'Connell J F. How did Modern Humans Displace Neanderthals? Insights from Hunter-gatherer Ethnography and Archaeology//Conard N J. When Neanderthals and Modern Humans Met. Tübingen: Kerns. 2006: 43-64.

[8] Shea J J. *Homo sapiens* Is as *Homo sapiens* Was: Behavioral Variability Versus "Behavioral Modernity" in Paleolithic Archaeology. Current Anthropology, 2011, 52(1): 1-35.

[9] 高星. 周口店第15 地点石器原料开发方略与经济形态研究. 人类学学报，2001，20（3）：186-200.

[10] 高星，卫奇，李国洪. 冉家路口旧石器遗址2005发掘报告. 人类学学报，2008，27（1）：79-90.

[11] Movius H L. The Lower Paleolithic Cultures of Southern and Eastern Asia. Transactions of the American Philosophical Society, 1948, 38(4): 329-420.

[12] Schick K D. The Movius Line Reconsidered: Perspectives on the Earlier Paleolithic of Eastern Asia//Corruccini R S, Ciochon R L. Integrative Paths to the Past: Paleoanthropological Advances in Honor of F. Clark Howell. New Jersey: Prentice Hall, 1994: 569-596.

[13] 贾兰坡，盖培，卫奇. 山西峙峪旧石器时代遗址发掘报告. 考古学报，1972（1）：39-58.

[14] 张森水. 管窥新中国旧石器考古学的重大发展. 人类学学报，1999，18（3）：193-214.

[15] Pei S W, Gao X, Wu X Z, et al. Middle to Late Pleistocene Hominin Occupation in the Three Gorges Region, South China. Quaternary International, 2013, 295: 237-252.

[16] 黄慰文，侯亚梅，高立红. 中国旧石器文化的"西方元素"与早期人类进化格局. 人类学学报，2009，28（1）：16-25.

[17] Boëda É. Levallois: A Volumetric Construction, Methods, a Technique//Dibble H L, Bar-Yosef O. The Definition and Interpretation of Levallois Technology, Monographs in World Archaeology 23. Madison: Prehistory Press, 1995: 41-68

[18] 高星. 周口店第15 地点的剥片技术研究. 人类学学报，2000，19（3）：199-215；李英华. 旧石器技术研究法之应用——以观音洞石核为例. 人类学学报，2009，28（4）：355-362.

[19] 高星，王惠民，关莹. 水洞沟旧石器考古研究的新进展与新认识. 人类学学报，2013，32（2）：121-132.

[20] Wang W, Bae C J, Huang S M, et al. Middle Pleistocene Bifaces from Fengshudao (Bose Basin, Guangxi, China). Journal of Human Evolution, 2014, 69(1): 110-122.

[21] Hou Y M, Potts R, Yuan B Y, et al. Mid-Pleistocene Acheulean-like Stone Technology of the Bose Basin, South China. Science, 2000, 287(5458): 1622-1626.

[22] 高星. 中国旧石器时代手斧的特点与意义. 人类学学报，2012，31（2）：97-112.

[23] 陕西省考古研究院，商洛地区文管会，洛南县博物馆. 花石浪（Ⅰ）——洛南盆地旷野类型旧石器地点群研究. 北京：科学出版社，2007.

[24] 王社江，鹿化煜，张红艳，等. 陕西蓝田地区新发现黄土地层中的旧石器及其年代. 科学通报，2014，59：1318-1326.

[25] Li F, Kuhn S L, Gao X, et al. Re-examination of the Dates of Large Blade Technology in China: A

Comparison of Shuidonggou Locality 1 and Locality 2. Journal of Human Evolution, 2013, 64(2): 161-168.

[26] 高星，王惠民，关莹. 水洞沟旧石器考古研究的新进展与新认识. 人类学学报，2013，32（2）：121-132.

[27] 高星，王惠民，裴树文，等. 水洞沟——2003～2007 年度考古发掘与研究报告. 北京：科学出版社，2013.

[28] Fu Q M, Meyer M, Gao X, et al. DNA Analysis of an Early Modern Human from Tianyuan Cave, China. PNAS, 2013, 110(6): 2223-2227 .

[29] 陈铁梅，原思训，高世君. 铀子系法测定骨化石年龄的可靠性研究及华北地区主要旧石器地点的铀系年代序列. 人类学学报，1984，3（3）：259-269.

[30] 长久恒人，下冈顺直，波冈久惠，等. 泥河湾盆地基础旧石器时代遗址光释光测年. 人类学学报，2009，28（3）：276-284.

[31] 刘富良，杜水生. 洛阳北窑黄土旧石器遗址1998 年发掘报告. 人类学学报，2011，33（1）：13-21.

[32] 张东菊，陈发虎，Bettinger R L，等. 甘肃大地湾遗址距今6万年来的考古记录与旱作农业起源. 科学通报，2010，55（10）：887-894.

[33] 李锋，陈福友，高星，等. 甘肃省徐家城旧石器遗址的年代. 人类学学报，2013，32（4）：432-440.

[34] 尚虹，卫奇，吴小红. 关于萨拉乌苏遗址地层及人类化石的年代问题. 人类学学报，2006，25（1）：82-86.

[35] 董光荣，苏志珠，靳鹤龄. 晚更新世萨拉乌苏组的新认识. 科学通报，1998，43（17）：1869-1872.

[36] 尹功明，黄慰文. 萨拉乌苏遗址范家沟湾地点的光释光年龄. 人类学学报，2004，23（增刊）：272-276.

[37] 李小强，高强，侯亚梅，等. 内蒙古鄂尔多斯乌兰木伦遗址MIS3阶段的植被与环境. 人类学学报，2014，33（1）：60-69.

[38] 王志浩，侯亚梅，杨泽蒙，等. 内蒙古鄂尔多斯市乌兰木伦旧石器时代中期遗址. 考古，2012（7）：3-13.

[39] 张松林，刘彦锋. 织机洞旧石器时代遗址发掘报告. 人类学学报，2003，22（1）：1-18.

[40] 刘德成，夏正楷，王幼平，等. 河南织机洞旧石器遗址的洞穴堆积和沉积环境分析. 人类学学报，2008，27（1）：71-77.

[41] 鹿化煜，张红艳，孙雪峰，等. 中国中部南洛河流域地貌、黄土堆积与更新世古人类生存环境. 第四纪研究，2012，32（2）：167-177.

[42] Wang S J, Lu H Y, Zhang H Y, et al. Newly Discovered Palaeolithic Artefacts from Loess Deposits

and Their Ages in Lantian, Central China. Chinese Science Bulletin, 2014, 59(7): 651-661.

[43] 裴树文，张家富，高星，等. 三峡井水湾遗址的光释光测年. 科学通报，2006，51（12）：1443-1449.

[44] 高星，裴树文. 三峡地区远古人类的足迹：三峡库区旧石器时代考古的发现和研究. 成都：巴蜀书社，2010：1-181.

[45] 涂华，沈冠军，武仙竹. 古人类遗址湖北郧西黄龙洞的铀系年代. 人类学学报，2011，30（3）：327-333.

[46] 刘东生. 黄土与干旱环境. 合肥：安徽科学技术出版社，2009.

[47] 吴汝康，吴新智. 中国古人类遗址. 上海：上海科技教育出版社，1999：1-307.

[48] EPICA Community Members. Eight Glacial Cycles from an Antarctic Ice Core. Nature, 2004, 429(6992): 623-628.

[49] Krause J, Fu Q M, Good J M, et al. The Complete Mitochondrial DNA Genome of an Unknown Hominin from Southern Siberia. Nature, 2010, 464(7290): 894-897.

[50] Cann R L, Stoneking M, Wilson A C. Mitochondria DNA and Human Evolution. Nature, 1987, 325(6099): 31-36.

[51] Caramelli D, Lalueza-Fox C, Vernesi C, et al. Evidence for a Genetic Discontinuity Between Neandertals and 24,000 Year Old Anatomically Modern Europeans. PNAS, 2003, 100(10): 6593-6597.

[52] Green R, Krause J, Briggs A, et al. A Draft Sequence of the Neandertal Genome. Science, 2010, 328(5979): 710-722.

[53] Vernot B, Akey J M. Resurrecting Surviving Neandertal Lineages from Modern Human Genomes. Science, 2014, 343(6174): 1017-1021; Sankararaman S, Mallick S, Dannemann M, et al. The Genomic Landscape of Neandertal Ancestry in Present-day Humans. Nature, 2014, 507(7492): 354-357.

[54] 吴新智. 从中国晚期智人颅牙特征看中国现代人起源. 人类学学报，1998，17（4）：276-282.

[55] 高星，张晓凌，杨东亚，等. 现代中国人起源与人类演化的区域性多样化模式. 中国科学：地球科学，2010，40（9）：1287-1300.

[56] Movius H L. Lower Paleolithic Archaeology in Southern Asia and the Far East//Howells W W. Studies in Physical Anthropology, No.1: Early Man in the Far East. Detroit: American Association of Physical Anthropologists, 1949.

[57] 邢松，张银运，刘武. 周口店直立人3号头骨形态特征对比及其演化速率所反映的群体隔离. 人类学学报，2012，31（3）：250-258.

[58] 卡瓦利-斯福扎 L L，卡瓦利-斯福扎 F. 人类的大迁徙：我们来自非洲吗？乐俊河，杜若甫，译. 北京：科学出版社，1998：1-375.

[59]　吴新智. 中国远古人类的进化. 人类学学报，1990，9（4）：312-321.

[60]　Burunat E. Love Is the Cause of Human Evolution. Advances in Anthropology, 2014, 4(2): 99-116.

[61]　Hublin J-J, Talamo S, Julien M, et al. Radiocarbon Dates from the Grotte du Renne and Saint-Césaire Support a Neandertal Origin for the Chatelperronian. PNAS, 2012, 109(46): 18743-18748.

[62]　Soressi M, McPherron S P, Lenoir M, et al. Neandertals Made the First Specialized Bone Tools in Europe. PNAS, 2013, 110(35): 14186-14190.

[63]　Watanabe H. The Chopper-chopping Tool Complex of Eastern Asia: An Ethnoarchaeological Examination. Journal of Anthropological Archaeology, 1985, 4(1): 1-18; Pope G. Bamboo and Human Evolution. Natural History, 1989, 10: 48-57.

[64]　高星，裴树文. 中国古人类石器技术与生存模式的考古学阐释. 第四纪研究，2006，26（4）：504-513；Gao X. Paleolithic Cultures in China: Uniqueness and Divergence. Current Anthropology, 2013, 54(Supplement 8): 358-370.

[65]　Gao X. Core Reduction at Zhoukoudian Locality 15. Archaeology, Ethnology & Anthropology of Eurasia, 2000, 3(3): 2-12.

（原载于《人类学学报》2014年第33卷3期）

中国古人类石器技术与生存模式的考古学阐释

人类的诞生是新近纪以来地球历史长河中最重要的事件，第四纪常被称为人类的世纪[1]。对远古人类进行研究的学科很多，包括从体质特点或生物特性探究人类起源和演化过程的古人类学，立足古人类生存的地质和环境条件的第四纪地质学与古环境学，以建立古人类起源与演化时间框架为己任的年代学，和从古人类物质遗存的角度研究古人类行为、技术和文化的旧石器时代考古学。近来分子生物学在人类起源研究领域异军突起，从基因和遗传的层面推导人类起源和群体分异的时间、地域和亲缘关系。这些学科相互交叉，相互补充，共同破译、推演人类起源与演化的谜团和过程。人类是有文化的生物，有区别于其他生物种类的行为特点，自诞生之日起便开始对生存环境的适应与改造过程，留下丰富的文化遗存，这使旧石器考古学在研究古人类的行为与技术方面得天独厚，为该学科复原与诠释远古人类历史奠定了材料基础。

一、旧石器时代考古学及其理论阐释作用

1. 旧石器时代考古学的概念与内涵

旧石器时代是人类历史的第一篇章，起始于人类诞生之日，终止于距今1万年左右，占人类历史的99.9%以上，在地质时代上涵盖上新世晚期和整个更新世。对这一历史阶段研究的主要学科是旧石器时代考古学，它是以埋藏于地下的实物资料（包括人类制作和使用的工具、用具、生产与生活的残留物、伴生的动物化石等）为对象，研究旧石器时代人类的起源、演化过程、社会组织结构、文化与技术能力、适应生存特点、区域性文化在时空上发生和发展的规律及其相互关系，以及人类与周围环境关系的一门科学。它脱胎于地质—古生物学，广泛借助自然科学的一些理论和方法，但作为考古学的一个分支它以探究与诠释人类的远古历史为己任，从属于人文社会科学，因而带有强烈的交叉学科的特点。经过百余年的发展和完善，目前旧石器时代考古学已演变成一门包容性很强、分支学科活跃的综合性研究领域，主要分支学科包括石器类

型学、形态学、功能分析、实验考古学、动物考古学等[2]。它与相关学科相互交叉、相互补充，从不同的角度和层面复原和阐释远古人类的演化历史及其环境动因。

2. 旧石器考古学对古人类演化与行为的阐释作用

旧石器时代考古学脱胎于地质古生物学。由于这种衍生关系，长期以来，旧石器时代考古学以对古人类文化的时空界定为宗旨，以古人类的工具制作技术为主要研究对象，以地层学、类型学和形态学为主要方法。这些初始阶段的学科特点反映当时的学者将古人类的文化遗物等同于自然演化的生物遗骸，认为其诞生和演变顺其自然演化规律，遵循从简单到复杂、从低级到高级的发展模式。在这样的思维下，不同时代的人类文化有不同的特点，并由具有代表性的典型（或模式）石器标本所标识。这样，旧石器时代考古学等同于石器研究，石器研究的核心是典型标本，类型的划分和形态分析与描述又成为典型标本研究的主题。建立在形态和类型特征基础上的典型标本、典型文化又反过来成为界定新发现的考古学文化时代与发展阶段的标尺。于是，考古学文化传统得以建立，人类演化阶段得以复原，古生物学与历史学在此得到机械的统一。

这样的学科模式从20世纪60年代开始逐渐被打破。随着"新考古学"在西方的兴起，人们意识到人类行为与文化的演化规律不似生物演化那样简单；在内受人类特有的思维与智能变异的支配，在外则受生态环境变化的影响和制约[3]，不会简单划一，也不会单向直线地递进，不能由少数类似模式化石的典型石器标本概而括之。于是旧石器时代考古学的视野逐渐从少量器物转移到对整个遗址的综合性研究，由单纯的器物分析上升到对人类行为阐释的层面；关注的重点不再局限于石器的制作技术和使用方式，而是涵盖了古人类的适应生存行为、认知和计划能力、对环境的适应改造方式，以及古人类技术、文化与生存模式发展的细微过程。与此相适应，一些新的研究方法和手段，例如石器制作与使用的操作链分析、使用痕迹分析、残渍分析、模拟实验、拼合研究、统计与数理分析、原料与土地资源利用方略研究等应运而生[4]。

对所研究材料的类型划分和形态描述是一个学科的基础性工作，在学科发展的初始阶段不可避免会成为研究的轴心。但以复原与诠释人类的远古历史为宗旨的旧石器时代考古学不能停留在这一阶段，不能满足于对材料的积累和表述，而必须越过材料的棵棵大树而洞见广阔的森林，必须透过物质遗存而观察到人类的活动。只有将考古材料的形态、类型、技术、组合与特定的人群、特定的人类行为和特定的生存环境相联系，观察才有意义，结论才有深度，学科才有生命力。百余年的实践表明旧石器时代的人类遗存虽然支离破碎，但仍然可以组合出一幅轮廓清晰的人类历史画卷；虽然我们拥有的是远古时代遗弃的工具和生活的垃圾，但它们能折射出古人类思维与社会组织的信息；虽然我们面对的是荒僻的遗址中静态的材料，但仍可以梳理出人类发展的动态过程。在阐释古人类的演化历史和行为模式的形成过程和机制方面，旧石器时代考古学责无旁贷。

3. 在对古人类演化与行为进行考古学解释时应注意的问题

在摆脱旧石器考古研究中只见树木不见森林、只见器物不见人的旧传统的同时，我们也必须避免走入简单、直观和材料与理论相脱离、从材料向理论跳跃的误区。对于旧石器考古的理论探索而言，常用的方法是归纳与类比。在归纳方面是由个体材料和现象推导出普遍的规律，由局部推演出全局；而在类比方面则是借鉴当代民族学资料和实验的结果而赋予考古材料以人文的蕴意。这就要求研究者对占有的材料和信息有清醒的认识，认真加以甄别，去除扭曲和偏颇，不能简单、直观地加以利用。这就是新考古学派提倡埋藏学和考古遗址形成过程研究、重视科学取样（sampling）的原因所在。民族学的材料和实验的结果也不能与过去的人类行为进行简单的对应，因为现代的任何人类社群都经历过同样悠久的演化过程，与过去的人类在生存环境方面有很大的不同，“活的化石”并不存在；而任何现代的实验也无法完全找到理想的“原始环境与条件”，因而不可能是过去的简单重复。因此我们只能从中寻求一些规律性的东西，寻找对探究古人的行为有助的灵感与启示。材料的限制决定我们的理论阐释只能是宏观，而不是微观、具体的，不可将遗迹现象与人类行为简单、主观对应，更不可将现代人类的思维模式机械地套在古人身上，进行未经缜密的中间推理的宏观理论飞越。

二、中国旧石器时代遗存的信息和特点

中国地处亚洲的东部，地域辽阔，气候适宜，历史悠久。古人类学和旧石器时代考古学研究表明，这里是远古人类起源和文化发展的重要地区，地下蕴藏着丰富的旧石器时代考古信息。目前已发现、发掘出上千个古人类-旧石器时代遗址，时代从距今约200万年延续到1万年前，在复原人类祖先在这块广袤的土地上体质进化与文化发展的历史，探讨人类在东亚地区的起源、迁徙、演化过程和生存方式方面积累了重要资料和成果。

对如此浩瀚的材料进行总结和诠释，是一篇论文力所不及的。笔者在此提出几个关键的旧石器文化要素，包括遗址的时空分布、原料资源利用方式、石器制作技术、工具类型特点、形态特征、区域文化传统等，以此为轴线将中国旧石器考古学遗存加以贯通和概括。

1. 中国旧石器时代遗址的时空分布

从区域分布来看，中国境内的古人类-旧石器遗址主要集中在华北地区（北京、河北、河南、陕西、山西、宁夏、甘肃东部）、长江中下游地区（重庆、湖南、湖北、安徽、江苏）和西南山地（贵州、广西、云南）。近年来在东南地区的福建、浙江陆续有些发现，使这些地区的旧石器遗址迅速增加。中国旧石器遗址的分布状态与目前人口密集区域基本吻合，说明这些区域一直是人类生存的优选地。当然，遗址数量与区域考古工作程度有直接的关系；随着工作的深入，这样的分布格局肯定会有所改变。

从地貌环境来看，中国古人类-旧石器遗址主要发现于山地—平原交会处，地貌类型包括河流阶地、古湖畔和洞穴。洞穴多处向阳、近水处。这些地区往往具有环境和资源的多样性，能同时满足古人类生存的多项条件，包括水源、石器原料和动植物食物资源。

从时代来看，几处最早的遗址，例如安徽繁昌人字洞、重庆巫山龙骨坡和云南元谋分布在长江流域和西南地区的亚热带地区，而向东、北、西方向似乎时代递减，亦即古人类的生活区域随时间递进而逐渐扩大至暖温带和寒温带；在东北和西北边陲人类只在更新世末叶才得以进入；而在青藏高原高海拔地区和西北一些沙漠地区，至今未见到古人类的踪影。

2. 堆积与埋藏特点

在众多的旧石器遗址中，大多数文化单元单一，即只有一个层位，文化层堆积薄，说明古人类只在某一时段占据该遗址，在一个地区连续生存的时间短。只有在周口店、织机洞等少量洞穴遗址有多层的人类生活层面和较厚的文化层堆积，代表古人类在一个遗址或区域内较长和连续的生存行为。

3. 原料及资源利用方式

中国旧石器时代人类开发利用的石器原料总体特点是：以脉石英、石英岩、砂岩、火山角砾岩等劣质原料为主体，燧石、黑曜石等优质材料很少，且多为小块状，多含结核和裂隙。相比非洲、欧洲和美洲以燧石和黑曜石为主要原料的资源条件，中国古人类在石器原料质量方面先天不足。

与此相适应，中国古人类对石器原料的开发方式多为就地取材，随用随取，随遇而用；缺乏对优质石料矿源的刻意寻找并进行连续和深度的开发。随着时代的发展，古人类对石器原料的选择和利用方面出现一些变化，例如到旧石器时代晚期，一些遗址开始出现以燧石、黑曜石等优质原料占主体的现象（例如宁夏水洞沟，山西峙峪、下川、薛关、柿子滩，内蒙古萨拉乌苏，贵州桐梓、马鞍山等），而在旧、新石器时代之交一些石器原料产地开始出现长期深度开采的迹象，表明古人类对石器原料认识和开发能力增强了[5]。

4. 石器制作技术

石器是旧石器时代人类最主要的工具，石器的制作技术是古人类生产能力和技术水平的重要体现。石器制作技术又可分解为两个方面：剥片技术和加工技术。中国古人类在剥制石片方面应用过多种方法，包括锤击法、砸击法、碰砧法、摔碰法等。绝大多数遗址以锤击法为主要剥片方法，只有周口店直立人时期以砸击法为主要方法[6]；对某种方法的选择因地制宜、因材择法。在锤击剥片时主要体现为硬锤技术，软锤技术只在晚更新世晚期方出现，比欧洲、非洲要晚得多。在剥片时对石核体（尤其是台面）多不加预制和修理，在旧石器时代早、中期缺失西方同期盛行的勒瓦娄哇技术。只在晚更新世晚期的水洞沟遗址及其后的细石器遗址才系统应用修理或预制石核程序[7]。

对石器的加工方式多样，包括单向加工、交互加工、两面加工等。主流方式为单向加工，在旧石器时代早、中期对两面技术的系统应用实例很少，即使是少数遗址出现手斧等两面器，其两面加工也不很规范、对称。只有在晚更新世晚期，尤其是细石器工业中，两面技术才真正发展起来。总体来看，中国古人类对石器的加工制作具有简单、随意、程度浅（对原材料的改变幅度小）的特点。此外，在许多遗址大量的石片未经加工即直接使用，省却了加工修理这一程序。

5. 石制品类型特点

中国旧石器时代的石制品类型在总体上呈现一种由少变多、由粗到精的演变趋势。但在晚更新世晚期以前器类相对单调，被西方学者贴上“砍砸器传统”或“简单的石核-石片石器”等标签[8]。在大量的石核、石片之外，经过二次加工的器类主要是刮削器、砍砸器，辅之以尖状器、石锥和石球等。在总体上尖刃类不很发达；像手斧、薄刃斧、手镐等在非洲和欧洲旧石器时代早期居于主体地位的器类在中国的大多数遗址缺失；即使在少数地点出现，其在器类组合中比例偏低，加工也不很典型。在总体特征上，中国旧石器时代的工具在很长时期内类型分化不明显（例如砍砸器和刮削器），少数器类界定困难，标志性特征不显著（例如雕刻器）；同一类型内个体变异大，规范性较差。这样的局面只在晚更新世晚期北方的一些遗址得以改变，出现类型多样化和规范化的发展势态。

6. 石制品形态特征

中国旧石器时代的石制品在总体形态演化上呈现缓慢的规范化和小型化趋势，并朝着长宽等比细化的方向发展[9]。但较之于西方的同时期遗存，包括中国在内的东亚旧石器制品呈现千姿百态的局面，同类器物形态变异大，规范化程度低，从原坯到成型器物在形态上改变的幅度小。这与在制作程序上缺失预制和修理环节，在原料方面开发利用的程度不高有必然的联系。这种局面只在晚更新世晚期部分遗址得以改变。

7. 区域文化特点

古人类因适应环境而产生的考古学文化会因区域生态环境的不同和文化源流的不同而产生区域的变异。在中国旧石器文化的区域传统界定方面，前辈提出一些观点和假说[10]。总体来看，中国旧石器文化可以划分为南北两大区域，与现代南北方以秦岭—淮河为界的自然地理区划基本一致，反映更新世以来中国气候环境的南北格局基本未变。在这两大区域内，旧石器文化面貌明显不同，分别被称为南、北旧石器“主工业”[11]。

北方的主工业可用“石片石器”或“小石器”加以概括，石器多以石片为毛坯，即先从石核上剥离石片，再将石片进一步加工成器；剥片方法多以锤击法为主，辅之以砸击法和碰砧法；石器类型以刮削器为主体，本身有多种变体，辅之以砍砸器和尖状器、石锥、石球等；石器加工相对精制；器形相对较小，在组合中小型石器往往占据主体地位；从早到晚石器技术的进步与发展轨迹相对明显，至晚期末叶广泛出现细石器技术与产品。

南方的主工业往往被称为“砾石石器”，许多遗址的石器多用砾石（河卵石）直接加工，省却了生产石片这一程序；剥片除锤击法是主要方面外，锐棱砸击法或称摔碰法在贵州、湖南、三峡等地扮演重要的角色；石器以砍砸器为主，刮削器、尖状器不发达；在百色盆地、洛南盆地和丹江流域存在手斧、手镐和薄刃斧；石器加工相对粗糙；多以大型石器为主，虽然在晚期石制品存在小型化的趋势，石片石器也有所增加，但比之北方，从早到晚阶段性发展变化相对不明显，直至新石器时代仍延续大型砾石石器传统，细石器基本缺失。

当然，这样的概括对比难免空泛和偏颇，其实在南北两大区系内都各有丰富多彩的区域文化变体[12]。

8. 发展与演化特点

在此我们借用克拉克的旧石器时代技术发展模式学说[13]来搭建厘定旧石器文化发展脉络的框架。克拉克将旧石器时代的文化技术界定为5个模式（Mode），这些模式隐含着前后递进的演化关系。

模式1，亦即奥杜威模式，以简单的砾石和石核石器为特色，工具加工简单，类型单调；模式2，阿舍利模式，以两面技术和手斧、手镐、薄刃斧等大型器类为标志，在晚期出现软锤技术和勒瓦娄哇技术；模式3，旧石器时代中期模式，在欧洲称为莫斯特模式，以大量使用勒瓦娄哇技术、软锤技术和用石片做毛坯加工精致的刮削器、尖状器为标识；模式4，旧石器时代晚期技术，以石叶及其制品为特色，使用软锤技术、压制技术和间接剥片技术，石器类型大幅度增多，以端刮器、矛形尖状器、雕刻器等为主体，工具多小巧精美；模式5，中石器时代模式，以多姿多彩的细石器技术及其制品组合为代表，以复合工具为特色，软锤技术、压制技术和间接技术得以广泛运用。这些技术模式在欧洲和非洲的旧石器文化体系中有较完整的体现[14]，呈现阶梯状的替代、演进过程。

与西方旧石器时代遗存相比，中国境内的旧石器时代文化在历史演进方面阶段性不明显，无论在技术、类型或还是形态上，总体呈现一种发展缓慢、继承多于创新的特点[15]。这样的发展状态曾被打上“停滞”、“落后”等标识。总体来看，中国的旧石器时代在距今200万～3万年间基本沿袭模式1模式；这一模式在华北南部以南，尤其是南方地区甚至延续到数千年前的新石器时代早期。手斧、手镐、薄刃斧等模式2产品只在南方工业区百色盆地、洛南盆地和丹江流域少数地点出现，多以地表采集为主，除百色盆地外缺乏坚实的年代依据，而且从形态和技术上与典型阿舍利器物有所差别，没有应用软锤技术和勒瓦娄哇技术的迹象。模式3技术在中国旧石器时代中期缺失，一些学者据此认为中国不存在与西方同等意义的“旧石器时代中期”文化[16]。在距今3.0万～2.5万年之间的水洞沟遗址出现模式3和模式4的混合因素，表现为预制—修理石核技术和石叶产品。类似的遗存在黑龙江、内蒙古和新疆有所发现，时代应与水洞沟相仿或稍晚[17]，表明这两个模式技术在中国出现得很晚，并偏于北疆的零散地点。模式5技术在中国旧石器文化体系中出现的时间晚于距今2万年，但在华北广泛发现，并延绵到东北、西北和西南，呈马蹄形分布[18]。

三、中国古人类技术与生存模式诠释

1. 前人对东亚旧石器文化独特性的假说释译

对中国乃至东亚地区旧石器时代文化上述别于西方的文化特点的成因，许多中外学者试图予以解释，提出了一些假说。笔者在此进行综汇、分析并试图为每种观点予以适当的命名。

文化边缘论　主要提出与倡导者为美国学者莫维斯（Movius）[19]，其学说被冠名为莫维斯线（The Movius Line）。这一学说认为在东亚和其以西的印巴次大陆、西亚、欧洲、非洲之间有一个文化分割线，在线以西是阿舍利手斧及其相关文化，以东则是以砍砸器占统治地位的文化；早期古人类在自西方迁入东亚后便与其他地区的人类发生地理隔绝，东亚地区很少有新的人类携带更进步的技术移入，处于文化发展的边缘地带，因而一直维系一种传统的技术与文化，发展缓慢。这一理论因其带有“种族歧视”的引申而受到很多学者的批判，但拥护者仍不乏其人[20]。虽然手斧在东亚一些地区已经有所发现，因而该理论所采用的区分两大文化区的标识不再适用，但两大区域间的诸多差异并未消失。

竹器主角论　该假说认为东亚地区广泛生长着竹子，而竹子是很好的工具制作材料，只需用简单的石器就可生产出竹质工具，而竹器完全可以取代石器的功能。这种理论注意到中国（尤其是南方）的许多更新世古人类遗址出土熊猫化石，因而推断被熊猫作为食物的竹子是古人类十分容易获取的原料资源，竹器在这些地方成为史前人类工具的主角。而石器多是用来加工竹器，因而其技术与形态不足以反映古人类的技术和生产水平。该假说很早就被西方学者提出，并不断得到呼应[21]，对理解史前人类的技术与行为有一定启示意义，尤其是对中国南方砾石工业特点成因的阐释方面。但其致命的弱点是竹木工具在遗址中不易保存，缺乏直接的证据。我们认为从石器使用痕迹和残渍分析等方面获取间接证据还是有望对该理论提供验证。

原料决定论　这种理论认为中国乃至东亚的旧石器时代人类面临石器原料先天性不足的难题。这些地区可供古人类选择的石器原料多为石英类、砂岩类和质地不纯的火成岩类等劣质材料，优质石料如燧石和黑曜石十分难觅，即使在遗址附近存在也多是小的结核和团块状。在此种状态下，古人类难以将石器制作技术发挥到极致，难于制成理想的工具，所遗的产品也就不可能类别规范、造型精美[22]。毋庸置疑，原料的制约作用对中国旧石器文化区域特点的形成是至关重要的因素。在百色盆地和丁村遗址，当古人类占有相对优质的原料时，其制作的石器就体现出与同期西方石器可相媲美的特征；而在周口店地区，即使进入晚更新世之末的山顶洞时期，能够制作精美的骨针和装饰品的现代人类仍然和五六十万年前的直立人一样制作和使用简单粗陋的石器。巧妇难为无米之炊是也。

技术隔代失传论　与原料的影响相关的一种假说认为，当古人类向东亚地区迁移时，他们遇到贫瘠劣质的石器原材料，难以在这样的材料上施展他们擅长的技术，制作出与原来一样的工具。而手斧因技术与工序相对复杂固定，较之简单的石器更难以制作，因而该种技术的流传特质更加脆弱，容易失传。当一个群体在迁徙过程中或到达新的领地之后，在超过一代人的时段内没能找到适合制作手斧的材料，这种技术在这一群体中就会失传，以后即使遇到合适的材料，他们也不会再燃昔日的技术火种。于是东亚就少有西方同时期大量存在的手斧及其相伴的文化遗存[23]。

热点丛林过滤说　此一假说立足古人类由南向北迁徙至中国这片土地。最早到达南亚的人类拥有阿舍利技术和文化。当他们进入东南亚时遭遇到热带丛林环境，生计方式主要是采集可食性植物果实根茎和狩获小型动物，他们在原来开阔环境下狩获大型猎物的手斧等大型工具无法派上用场，而简单、小型的砾石，即石片工具反而更加适用。这样当古人类群体到达华北地区时，他们原先的阿舍利技术和工具组合已被森林环境“过滤掉”；石核，即石片石器和小型工具反而大行其道了[24]。

2. 综合行为模式

上述假说对阐释中国旧石器时代考古学文化特点都有一定启示意义。但这些理论都是从一个方面来进行探索和诠释，或着眼于地理障碍，或囿于区域生态条件，或止步于原料资源的局限，强调的都是外在的因素，而对人的主观能动性有所忽略；而且这些尝试都是对个别考古学现象加以解释，未能透过现象研究更广泛的人类行为。笔者在此试图透过上文总结出的中国旧石器文化的一些表象特征推导中国远古人类的行为特点，再从古人类演化与行为模式的角度阐释古人类文化特点的成因和机制。

1）古人类演化的连续性与行为模式的稳定性

中国旧石器文化在200万年间从早到晚发展与演变的脉络是清晰的，总体上呈现从简单到复杂，从原始到进步的趋势。但从大多数遗址和区域来看，石器生产技术、类型与形态等关键要素保持着基本的架构，未出现大的文化断层和飞跃；对石料资源开发利用的方式也一脉相承；大的自然地理单元内考古学文化具有很大的趋同与雷同性。这些说明中国古人类群体在行为方式上保持很大程度的惯性，形成稳定、渐变的文化传统，从而从行为与文化的角度验证了体质人类学所业已提出的中国古人类从直立人、早期智人到晚期智人是连续演化的学说[25]，不支持近来从分子生物学的角度提出的中国本土古人类在距今10万～5万年间发生演化中断、现代中国人系距今20万～10万年间从非洲诞生的新的人类后裔的假说[26]。

2）继承性与外来因素

中国古人类连续演化并保持行为上的雷同性和稳定性，说明东亚古人类的演化相对独立，文化自成体系。但这样的推论并不认同更新世时期这片广袤的土地上的人类完全与外界隔绝，文化上是一潭死水，未发生过人类的迁徙与文化交流。相反，我们认为在这一漫长的历史长河中不同地区人类的迁徙移动（既有迁入，也有迁出）是不可避免的，否则今天的人类就不会占据地球的各个角落。就已有的考古遗存来看，发现于百色盆地、洛南盆地和丹江流域的手斧及其相关组合与阿舍利工业显示技术与类型上的趋同性，在中国旧石器文化传统中找不到渊源，用外来人群或文化的进入与影响加以解释似乎更合理；水洞沟的预制石核和石叶技术在其北方和西北方可以找到源头，“外来”的路径更加清楚。但即使这样，这些外来因素并未对本土固有文化产生根本的改变，更未发生更新和替代。百色的手斧只在距今80万～70万年的层位存在，并未如在西方一样发展成为模式3体系；而洛南和丹江的手斧多采自于地表，即使出土层位也无确切的测年，从区域演变上也像是无源无流；水洞沟文化出现于距今3万～2

万年间，局限于北疆边陲，未能影响华夏腹地。由此可见，中国旧石器时代的主流人群及其文化有着强大的生命力，呈现前后承继的演化关系；当主流群体形成后这片土地上没有发生过大规模外来“移民”事件，间或少量的外来人群带来零散而短暂的文化遗存，但很快在主流文化的强势面前消弭于无形。这与中国古人类化石证据上总体表现为连续性特征、偶尔发现“外来”体征相一致，因而共同支持中国古人类“连续进化附带杂交”的理论[27]。

3）因地制宜性和与环境的和谐性

中国旧石器遗址分布特点表明古人类对居住和生活地域的选择充分考虑到生态与资源因素，包括近水、向阳、易于获取石器原料和动植物食物资源，而这样的地方多在平原—山地过渡地带；对石器原料的获取方式为就地取材，很少刻意寻找优质材料并进行长期、深度开采；在石器类别组合中，属于深度资源攫取型的锋尖利刃工具（例如手斧、薄刃斧、尖状器等可供狩获大型动物的工具）不发达，在北方，主要用于切割、刮削等消费、加工作用的刮削器一直居于主体地位，而南方的主体器形——砍砸器也主要用来从事加工、采集和肢解工作；除许家窑等少数遗址外，很少出现大量、过度捕杀猎物的场面。这与旧石器时代晚期欧洲、美洲和澳洲的情况有很大差别，在这些地方，人类的过度捕杀成为许多大型哺乳动物种类很快走向灭绝的重要因素[28]。这些特点折射出中国远古人类的生存方略和行为方式主体特征是因地制宜，充分利用大自然给予的便利条件，对环境资源仅作浅程度的开发利用，与生存环境保持和谐与友好。

4）高频迁徙性

与大自然保持和谐友好、进行浅程度资源开发的前提和结果是经常性的迁徙移动，即当一个地区的可供资源趋于贫瘠时即搬迁到新的领地，以寻找利用新的资源。对这种推论提供支持的证据包括：中国南、北区域文化圈内文化遗存的高度雷同性，导致这种现象的原因之一是古人类群体频繁的迁徙移动在不同地区留下相似的遗存，或因人群交往的频繁而导致不同群体间文化的学习与交流并产生趋同现象；大多遗址（除周口店、织机洞等少数遗址外）仅存单一的文化层位，而且文化堆积薄，表明人类在一个遗址和区域连续占据的时间短。这种生存方式的寓意是多重的：它增强了古人类群体对多变波动的气候环境的生存竞争力和适应能力，即总是迁移到最适宜的地方求得生存，而不必把一个地方的资源开发到极致从而导致生态灾难；人类群体不必强迫自己在技术和文化方面发生重大适应性改进和调整以便开发利用难于得到的资源，这样一方面用变更环境、获取新的资源的手段来弥补技术的不足，另一方面也因此导致石器技术无法得到显著的进步和发展，变革和创新的压力或动力不足。维持这种不断迁徙的生存方式的一个重要前提是区域内人口少，人群之间很少发生地盘、资源之争。与此相应的推论是：在更新世很长的时期内，中国这片土地上的人口密度一直维系在一个较低的水平上。

5）务实性与灵活机动性

中国古人类行为方式的一个重要特点是务实性和简便性，体现在就地取材，不刻意寻找优质材料，对工具只进行简单的加工，不追求规范化和美学效果，直接使用未经加工的石片等方面。与此相应的一个特征是机动灵活性，主要表现在因材施法，即根据原料特点的不同而采用不同的开发利用方式。例如北京猿人用砸击法开发脉石英[29]。虽然这种方法效率低而浪费大，但对周口店地区质劣而量丰的脉石英材料，却有其合理性；而在三峡地区面对大量圆钝、扁平、锤击着力点不易寻找的河卵石，晚更新世人类则用摔碰法[30]将其一分为二，从而为进一步剥片和加工奠定基础。这充分体现了古人灵活变通的聪明才智。如果诚如一些学者所断言，中国旧石器时代竹器为工具的主角，则因地制宜和机动灵活性得到进一步的诠释。

6）进取与创新性

虽然中国旧石器文化在总体上发展缓慢，但仍有进取与创新的一面，表现在对劣质石器原料困难的克服、石器生产技术的日臻完善上。周口店第1地点和第15地点剥片技术的特点及演变就是很好的例证。第1地点的文化时代为60万～30多万年前（中间有的层位没有人类遗存），最重要的石器技术特点是用砸击法从脉石英块体上剥离石片加工石器。据统计，在该遗址上部文化层位砸击制品占石核-石片类的74%左右，其他为锤击产品。第15地点距今约14万年，石器类型、形态和原料诸方面与第1地点一脉相承，显示很强的文化渊源和延续性。但在第15地点，砸击法不再是剥片的主要方法，砸击制品仅占石核-石片类的12%左右，而锤击产品却占88%以上[31]。这种差别的意义必须从两种剥片方法的特点和脉石英的特性加以分析。脉石英材料多为小的团块状，多节理和裂隙，断裂不规则，难以形成贝壳状断口，用锤击法很难控制并产生理想的石片。砸击法方法简单，将石块置于石砧上敲拍，产生大量断块碎片，从中选择可用的薄锐者作为工具的毛坯。用砸击法开发利用脉石英对北京猿人来说是不得已的选择，是以浪费大量原料为前提的。但生活在第15地点的人类面对同样的材料却大大减少了对砸击法的依赖，转而以锤击法为主要方法从脉石英块上剥离石片生产石器，而且所产生的石片不乏规范、精致者。能将锤击技术娴熟地运用到脉石英质材上，说明周口店第15地点人类的石器技术较之第1地点有了很大的进步[32]，开发利用资源的能力有了显著的提高，而这样的发展与进步特性单纯从石器的类型和形态上是无法解读出来的。

四、讨论与结语

本文以中国境内旧石器时代文化遗存的时空分布、制作技术、类型、形态、演化趋势、区域特点和原料资源利用方式等文化要素为基础材料，试图透过考古学现象揭示古人类的行为模式，并反过来从古人类行为模式的角度对本地区古人类迁徙和演化的过程、对特定环境的适应方式、对原料和资源的开发利用能力和取向、不同人群与文化的相互交流与影响、现代东亚人类的起源等诸多问题进行分析和阐释，提出该区域古人类于更新世的大部分时期内在生物进化与行为演化上具有连续性、稳定性、高频迁徙性、务实简便性、机动灵活性、因地制宜性和与环境的和谐性，在文化发展方面表现为保持传统与进取创新相交织，从考古学文化的角度对中国古人类“连续进化附带杂交”的理论提供支持。这样的研究希冀摆脱单纯的石器类型、形态与技术研究模式，而以考古遗存为介质去洞察文化现象背后的人类行为，探究特定区域人类因适应环境而形成的行为模式对特定文化传统的作用与影响，由材料的描述和分析进入理论阐释的层面。但由于考古学的材料永远不可能完备，在纵向链条上多有缺环，在平面上也极难遇到“庞培”般对历史瞬间的凝固，加之所研究的早期发掘出土的材料在信息的完整度和精细度方面多有欠缺，所以这样的推理和阐释只能是粗枝大叶的，所得出的结论远远少于所连带出的未获解答的问题。

这项研究也触及诸如中国现代人类起源、更新世末叶技术革命和文明的孕育、史前东西方人类智能比较与认同等重大学术命题。中国旧石器文化在整个更新世于华夏的腹地表现为连续、稳定的发展与演化，从未发生过明显的类型和技术的飞跃、中断和替代。这对中国古人类连续演化、中国现代人类本土起源的理论提供了考古学和文化上的支持。较之分子生物学用短暂零散的基因片段做大尺度的演化假定和体质人类学用残缺的化石材料做大跨度的时空连线，丰富的考古学材料提供着更完整、更翔实、更清晰的证据。

中国北方的旧石器文化在距今约3万年前出现重大变化，可以说发生了“石器技术革命”：预制石核技术、软锤技术、间接技术、压制技术先后出现，石器类型丰富多彩，工具变得小巧精致，精美的骨角器被制造出来，石珠、穿孔兽牙和鸵鸟蛋皮装饰品在多处遗址出土，表现出崭新的风貌，文化发展的节奏加快，为后期文明孕育了胚胎。这些创新与发展的动力至少应部分来自于外来文化的渗透和影响。如果我们能够在以水洞沟为代表的预制石核技术与石叶工业和后来在中国北方更大范围内出现的细石器工业之间建立起祖裔联系，则这种外来的文化对本土文化产生过重要的影响，在一定程度和范围内改变了传统的文化格局和进化模式，加快了向文明的挺进。中国古代一直存在北方游牧民族向南方定居农业民族的掠夺、挤压，致使北方人类不断南移，北方文化不断更新并向南方传播和渗透。这样的程式是否在旧石器时代晚期即已开始！这是一个引人深思的命题。

近年来一些学者力图在中国旧石器时代遗存中寻找能与西方同期文化相提并论的证据，以此改写中国乃至东亚的远古史，改变中国旧石器文化“保守”、“落后”的形象。这里涉及对远古文化价值的判断和人类群体智能发展水平的认识。其实文化是一个综合体，是人类群体对特定环境的适应与生存行为集成，不能仅靠某些表象加以评判。单从石器文化来说，中国古人类与西方同期人类相比在石器原料方面居于劣势，只能开发利用相对劣质的石材来施展技术、加工工具。虽然在表层上东方的石器不如西方的规范、精致，也缺失一些西方驾轻就熟的技术方法，但东方古人也成功地生存繁衍下来，生生不息而演化成现代人类，其中所要克服的困难更大，所要解决的难题更多，因而更需要聪明才智去寻找应对适应方略。而且从“综合行为模式”来看，中国古人类群体与所处的生态环境有很好的耦合关系，发展出一套非常适合区域环境的行为模式。而这些应该是评判中国乃至东方远古人类技术与文化价值、比较东西方史前人类智能水平的更全面、更科学的指标。

参考文献

[1] 贾兰坡，卫奇. 建议用古人类学和考古学的成果建立我国第四系的标准剖面. 地质学报，1982，56（3）：255-263；刘东生. 开展“人类世” 环境研究，做新时代地学的开拓者——纪念黄汲清先生的地学创新精神. 第四纪研究，2004，24（4）：369-378.

[2] 高星. 旧石器时代考古学. 化石，2002（4）：2-7；王幼平. 石器研究：旧石器时代考古方法初探. 北京：北京大学出版社，2006：1-222.

[3] Binford L R. Archaeology as Anthropology. American Antiquity, 1962, 28(2): 217-225.

[4] Odell G H. Lithic Analysis. New York: Kluwer Academic/Plenum Publishers, 2004: 1-262.

[5] 吴汝康，吴新智，张森水. 中国远古人类. 北京：科学出版社，1989：97-244.

[6] 裴文中，张森水. 中国猿人石器研究. 北京：科学出版社，1985：1-277.

[7] 宁夏文物考古研究所. 水洞沟——1980 年发掘报告. 北京：科学出版社，2003：1-233.

[8] Schick K D. The Movius Line Reconsidered: Perspectives on the Earlier Paleolithic of Eastern Asia//Corruccini R S, Ciochon R L. Integrative Paths to the Past: Paleoanthropological Advances in Honor of F. Clark Howell. New Jersey: Prentice Hall, 1994: 569-596.

[9] 张森水. 中国旧石器文化. 天津：天津科学技术出版社，1987：1-336.

[10] Jia L P, Huang W W. On the Recognition of China’s Paleolithic Cultural Traditions//Wu R K, Olsen J W. Paleoanthropology and Paleolithic Archaeology in the People’s Republic of China. Orlando: Academic Press, 1985: 259-265.

［11］ 张森水. 管窥新中国旧石器考古学的重大发展. 人类学学报，1999，18（3）：193-214.

［12］ 张森水. 管窥新中国旧石器考古学的重大发展. 人类学学报，1999，18（3）：193-214.

［13］ Clark G. World Prehistory. Cambridge: Cambridge University Press, 1969: 1-284.

［14］ Klein R G. The Human Career: Human Biological and Cultural Origins. Chicago: The University of Chicago Press, 1999: 255-279.

［15］ 张森水. 中国北方旧石器工业的区域渐进与文化交流. 人类学学报，1990，9（4）：322-333.

［16］ 高星. 关于“中国旧石器时代中期” 的探讨. 人类学学报，1999，18（1）：1-16.

［17］ 张晓凌，于汇历，高星. 黑龙江十八站遗址的新材料与年代. 人类学学报，2006，25（2）：15-128.

［18］ Chen C. The Microlithic in China. Journal of Anthropological Archaeology, 1984, 3(2): 79-115.

［19］ Movius H L. The Lower Paleolithic Cultures of Southern and Eastern Asia. Transactions of the American Philosophical Society (New Series), 1948, 38(4): 329-420.

［20］ Schick K D. The Movius Line Reconsidered: Perspectives on the Earlier Paleolithic of Eastern Asia//Corruccini R S, Ciochon R L. Integrative Paths to the Past: Paleoanthropological Advances in Honor of F. Clark Howell. New Jersey: Prentice Hall, 1994: 569-596.

［21］ Pope G. Bamboo and Human Evolution. Natural History, 1989, 10: 48-57.

［22］ Schick K D. The Movius Line Reconsidered: Perspectives on the Earlier Paleolithic of Eastern Asia//Corruccini R S, Ciochon R L. Integrative Paths to the Past: Paleoanthropological Advances in Honor of F. Clark Howell. New Jersey: Prentice Hall, 1994: 569-596; 张森水. 中国北方旧石器工业的区域渐进与文化交流. 人类学学报，1990，9（4）：322-333.

［23］ Schick K D. The Movius Line Reconsidered: Perspectives on the Earlier Paleolithic of Eastern Asia//Corruccini R S, Ciochon R L. Integrative Paths to the Past: Paleoanthropological Advances in Honor of F. Clark Howell. New Jersey: Prentice Hall, 1994: 569-596.

［24］ Watanabe H. The Chopper-chopping Tool Complex of Eastern Asia: An Ethnoarchaeological-ecological Reexamination. Journal of Anthropological Archaeology, 1985, 4(1): 1-18.

［25］ 吴新智. 中国远古人类的进化. 人类学学报，1990，9（4）：312-321.

［26］ Hawks J, Jin L, Su B. The Y Chromosome and the Replacement Hypothesis. Science, 2001, 293: 567.

［27］ 吴新智. 从中国晚期智人颅牙特征看中国现代人起源. 人类学学报，1998，17（4）：276-282.

［28］ Martin P S. Prehistoric Overkill: The Global Model//Martin P S, Klein R G. Quaternary Extinctions: A Prehistoric Revolution. Tucson: University of Arizona Press, 1984: 354-403.

［29］ 裴文中，张森水. 中国猿人石器研究. 北京：科学出版社，1985：1-277.

［30］ 冯兴无，裴树文，陈福友. 烟墩堡遗址研究. 人类学学报，2003，22（3）：177-191.

[31] Gao X. Core Reduction at Zhoukoudian Locality 15. Archaeology, Ethnology & Anthropology of Eurasia, 2000, 3(3): 2-12.

[32] Gao X. Core Reduction at Zhoukoudian Locality 15. Archaeology, Ethnology & Anthropology of Eurasia, 2000, 3(3): 2-12.

（原载于《第四纪研究》2006年第26卷4期，与裴树文合著）

中国旧石器文化的独特性与多样性

一、引　　言

近来有关更新世人类技术发展和适应策略的研究主要关注非洲石器时代中晚过渡期和欧亚大陆西部旧石器时代中晚过渡期的考古材料，一些假说认为早期现代人起源、扩散，以及替代尼安德特人等事件都是发生在这些区域。在这些热议的浪潮中，中国和东亚地区几近于沉默。同时，“走出非洲”假说获得压倒性的支持，“连续进化附带杂交”假说似乎显得奇怪和过时，并且直立人和古老型智人的文化遗存看起来无关紧要、微不足道，因为他们可能并不是现生人群的直接祖先。与20世纪中期流行的颇具影响的“莫维斯线（Movius Line）”假说一样[1]，中国旧石器文化再一次被认为是“一潭死水”。

人类朝向复杂性和现代性的演化在不同的地区可能有不同的方式。在以往有关人类起源的研究中，亚洲受到的关注一直远少于非洲和欧洲，然而现在我们不能再认为亚洲是不重要的了。实际上，如果缺少对世界上最大大陆的密切关注，我们就不能从全球视角正确地理解人类演化[2]。对非洲石器时代中期和欧亚大陆西部旧石器时代中期石器工业的研究可能会提供一些有关现代人行为、技术以及早期现代人与尼安德特人之间关系或者交流的线索，而对东亚同时代旧石器时代遗存的研究则可以提供生存在不同环境和生态区域古老人群文化和行为多样性的参考资料，这些可以帮助我们了解中更新世晚期另外一种人类世系的演化。东亚旧石器时代工业的独特特征和“保守”发展以及与西方的明显差异，看起来都支持本地人口连续演化和发展的假说，这对“出自非洲”或“完全替代”假说提出巨大挑战[3]。

为向“通向复杂性的不同路径：旧石器时代中期（非洲石器时代中期）的演化轨迹”研讨会提供相关信息，本文将概述中国境内距今30万～4万年之间的考古遗存并就相关问题进行讨论。过去认为这一文化阶段包含旧石器时代早期较晚阶段与整个旧石器时代中期，现在我们将其厘定为旧石器时代早期晚段（later Early Paleolithic，简称LEP）[4]。

二、中国旧石器时代早期的研究传统和观念

中国旧石器时代考古学的研究仍然与西方存在着一定的区别，包括术语、分类-类型学系统以及材料呈现和解释方式。因此，简要介绍中国旧石器时代考古的研究传统、观念有助于西方学者了解本文的内容以及中国学者在这一领域所取得的研究成果。

1. 中国旧石器时代考古学研究的转变——从旧石器时代中期到LEP

中国旧石器时代考古学是20世纪二三十年代从西方引进的。当时西方科学家来到中国，不仅开创了这一研究领域，也将旧石器时代文化的三阶段模式介绍给中国学者。因此，中国旧石器时代的分期复制了基于欧亚大陆西部考古材料建立的西方模式，而相似模式的运用也导致中国旧石器时代文化的发展轨迹与非洲和旧大陆西部的发展模式呈现类似特征。然而，在实际应用中却出现了一些问题。事实上，中国旧石器时代考古材料与西方材料的相似性很少[5]，并且西方不同文化阶段的典型器物类型在中国和东亚地区相当少见。因此，中国旧石器时代文化的分期采用了另一种方式。中国旧石器时代中期的定义有两个标准：①遗址的年代在中更新世晚期到晚更新世早期（ca. 200ka ~ 40ka）之间的考古材料属于旧石器时代中期；②与古老型智人共生的考古遗存。

由于基于年代信息和与人类化石共生的方式定义文化阶段的劣势渐趋凸显，研究人员认为应根据具体材料具体分析[6]。为了确定中国是否存在明确的旧石器时代中期，研究者从四个方面（原料采办、石核剥片、工具修理和类型学）进行分析，结果表明在旧石器时代早期和中期之间，石器技术和类型发生了很少或非常缓慢的变化。因此，我们无需继续使用三阶段模式，而是应该将中国的旧石器时代分为早期和晚期两个发展阶段。而早晚两阶段过渡期特征应包括更为精致的石器技术（例如石叶和细石叶技术），装饰品、艺术或者象征符号的出现，与现代人行为相关的指标（年代：35ka ~ 30ka）[7]。

2. 莫维斯（Movius）对两种旧石器传统的划分及其影响

目前，大多数考古学家认为中国和东亚旧石器时代早期的石制品组合与非洲、欧亚大陆西部的石制品组合在很多方面存在差异。几十年来，莫维斯划分的两种文化传统及其解释在上述争论中一直占据着主导地位。

莫维斯曾提出旧石器时代早期的两种技术传统：一种是非洲和欧亚大陆西部的阿舍利手斧传统，以手斧和其他的大型两面器为代表；另一种是东亚的砍砸器传统，以

砾石毛坯制作的简单石核工具为代表[8]。他认为产生这种差异的原因是：①东亚是人类体质和文化演化的边缘地区，在此生活的古人类脱离了人类发展的主流，在一个孤立的环境里秉承着人类文化最早阶段的技术；②东亚的石器原料质量较差，导致古人类很难制作精致的工具。

虽然莫维斯的假说主要关注旧石器时代早期，或者说中国旧石器时代早期较早阶段，但是他的这种理念也对其他时段的研究产生了深远影响，某种程度上来说，中国旧石器时代考古学的研究从那时起便被笼罩在这一假说的阴影之下。半个世纪以来，中国学者对“莫维斯线”进行了激烈反击。他们批判了莫维斯提出的东亚“砍砸器”传统，认为这类石制品在东亚旧石器时代中并不典型，也不占主导地位，而且中国和东亚的旧石器时代组合并不是简单和一成不变的，考古记录中的文化多样性和创新性是显而易见的。而且中国学者证明一些西方文化元素（例如阿舍利工具组合和勒瓦娄哇技术产品）也出现在东亚，因此欧亚大陆东西部并不存在根本性差异，东亚从来不是“一潭死水”[9]。然而并非所有人都认可这样的反驳，一些西方学者仍然认为莫维斯“对东亚早期技术主要特征的基本描述仍然有效”[10]，中国的学者也有类似观点，认为莫维斯的基本观察和结论仍然适用于旧石器时代晚期之前的考古材料[11]。换句话说，支持或者否定莫维斯线假说已经成为中国很多旧石器考古学学者研究的中心点。

3. 中国华北两大旧石器文化传统的争议性假说

华北两大旧石器文化传统的提出是对莫维斯理论进行批判并证明中国旧石器时代文化多样性的一个重要案例。这一观点最早是由贾兰坡等人提出[12]，并在后来得到进一步发展[13]。简单来说，该假说认为华北地区有两个并行的石器传统：一个是匼河-丁村系，以砍砸器和三棱大尖状器为特色；另一个是周口店第1号地点-峙峪系，以小型石片石器（如刮削器、雕刻器）为代表。这两种“传统”从旧石器时代早期一直并行延伸到旧石器时代晚期甚至是新石器时代，并发展成两种不同的农业类型。这个假说对20世纪最后30年的中国旧石器考古学研究产生了重大影响，至今仍然有学者对此进行研究。

其实这一概念存在很大的问题。这两种“石器传统”的代表性遗址分布于同一区域，但我们很难想象两种不同的文化传统分布在邻近地区并存续100万年。一些研究发现，大多数大石器传统的遗址，包括关键的丁村遗址，实际上都是以小型石片石器为主体[14]。“大石器传统”最严重的问题在于埋藏学：几乎所有“大石器传统”的地点均发现于河流相堆积中，显示出扰动痕迹和次生堆积的特征；此外，很多大石器是从地表选择性采集所得。因此，这些采集品不能代表一个完整的“组合”或者“石器组合”，当然也不能代表一个“文化传统”。这一假说的另一个缺陷是它可能会忽视或弱化每一个所谓特定传统石器组合内的差异，同时也可能低估了不同“传统”之间的相似性。总之，中国石器工业的多样性和复杂性不能仅仅依据类型和形态进行简单的概括。

4. 交流障碍与中国旧石器研究的独特传统

中国有大量的旧石器时代遗存。许多国外学者渴望接触到这些材料，并与这里的同行建立有效联系。但是，他们常常会感到沮丧，认为“中国以外的史前史学者很难获得良好的有关考古研究的诸多信息，很少能全面地了解东亚旧石器研究的发展趋势”[15]，并且“有详细记录的旧石器时代早期遗址的数量仍然很少，而一些石器工业由于有限的研究或缺乏可靠的年代信息而备受质疑。由于上述这些问题，我们无法对具体区域、时段和文化的论题进行较为精细的分析。学者们发现与研究较为深入的区域相比，许多涉及理论和方法论的文献是很有限并且模糊不清的”[16]。

现在，中国旧石器考古学的研究和作为整体的中国考古学仍然与西方的实践和理论存在着模糊的关系，这可能是由于以下几个因素造成的：①语言，大多数中国学者的研究文章和遗址简报都发表在中国期刊上，语言障碍使得中国学者和西方学者很难进行信息共享和思想交流；②研究重点的不同，中国的考古很大一部分是抢救性发掘项目，田野工作者的任务不是详细分析和理论阐释，而是文化遗存的抢救、基本分类和描述；③传统金石学对现代考古学实践具有重大影响，导致考古学长期保持了一种稳定的分类和描述潮流，而且社会大环境也加强了对考古学中这种潮流的影响；④大多数中国学者认为科学推理应该非常谨慎，必须积累足够的数据才能得出有意义的结论，因此他们不愿意或者缺乏信心去接触理论问题，如果必须接触的话，他们更倾向于归纳而不是演绎；⑤政府对有国外学者参与的考古研究尤其是田野工作进行严格的管理，使其很难获得第一手的资料和信息，也很难在中国进行长期的研究项目。我们还应该注意到，与巨大的国土面积和丰富的考古学材料相比，中国旧石器研究的群体规模是十分微小的，熟悉先进方法和理论的专业人员也较为匮乏。此外，许多研究人员习惯在自己的领域做研究，很少走出国门。

笔者认为语言和研究实践上的困难与差异只是浮于表面上的，中国的考古材料之所以在有关中、晚更新世期间人类演化的讨论中发挥有限的作用，其更为重要的原因是这些考古证据很难与欧洲、非洲的相一致。中国和东亚的旧石器考古遗存确实在很多方面和西方存在差异，它们独特的类型、形态和发展特征很难采用西方的类型和术语来表述，并且许多西方的学者也并没有完全理解这些材料。他们希望找到相似的文化遗存和熟悉的研究结论，但结果却并不如意。此外，我们也没有发展出一套能有效兼用于东西方考古材料的类型学描述体系和研究规范。

三、中国LEP阶段的考古发现：独特性与多样性

中国先后报道过的时代跨度在30万～4万年之间的遗址有上百处。确切的数字难以得知，因为一些遗址的年代跨度较长，很难说清它们是否属于这一阶段；而且在一些地区，多个地点被计算在内，很难确定它们是属于同一个遗址或是多个不同的遗址。笔者将选取一些重要遗址进行阐述以提供一些基本的信息。

1. 重要遗址

庙后山　庙后山位于中国东北辽宁省本溪市，为一处洞穴遗址[17]。该遗址发现于1978年，并先后在1978年、1979年和1980年进行发掘。遗址文化层出土了一些可能是早期智人的化石碎片、大量哺乳动物化石、一些石制品以及灰烬和燃烧过的遗存。年代测定显示其大概在距今25万～14万年左右，甚至还有更早的年代结果[18]。经报道并分析的石制品共计64件，包括简单石核、石片以及修理类产品。锤击法是石核剥片的主要方法，石核很少经过预制。工具制作粗糙，并且石制品形态和尺寸多变。边刮器占据主要地位，且多数体型较小；砍砸器占据次要地位，部分体型很大。

金牛山　金牛山遗址位于中国东北辽宁省营口市，为一处洞穴遗址。该遗址发现于1974年，并先后在20世纪70～80年代进行发掘[19]。遗址出土了早期智人的部分骨骼、大量哺乳动物化石以及石制品。此外，还发现一些由岩石覆盖的火塘以及烧过的遗存，被认为是人工用火的证据。针对人类化石和文化层进行了一些年代测定，报道的有距今30万～23万年、22.8万年以及18.7万年等几个数据[20]。只有部分发掘材料进行了分析和报道。根据可获得的信息，其石制品组合包括简单石核、石片、刮削器、尖状器和雕刻器；石核无预制现象，剥片主要采用锤击法，两极法也有使用；工具组合中边刮器占据主要地位，修理较为简单和随意；大多数人工制品较小，并且尺寸和形态多变。此外，还发现了一些骨制品。

周口店第15地点　周口店第15地点位于北京西南50千米处，为一处属于周口店遗址群的石灰岩洞穴遗址。该遗址发现于1932年，1935～1937年间均有发掘，出土了大量脊椎动物化石和石制品。动物群显示其年代为中更新世晚期到晚更新世，铀系测年显示文化层的年代范围在14万～11万年之间[21]。丰富的石制品组合包含了一万余件标本，主要包括石锤、石核、石片、工具以及断块，其中以断块占据主导地位。锤击法是主要的剥片方法，但两极法也较多采用，这种石制品组合形式在中国LEP阶段独树一帜，并且和早期的周口店第1地点的“北京人”石器工业有着清晰的传承关系。除了简单石核，规则的盘状石核和剥片程度较高的多面体石核也有出现，表明了石核剥片的复杂化。工具类型主要是边刮器，其他类型包括砍砸器、琢背刀、尖状器、钻、凹缺

器和雕刻器（图一：B）。工具主要以石片为毛坯，尺寸较小，但一些琢背刀或薄刃斧的体型较大且独具特色。大多数的石制品是由本地的石英制作而成的，这种原料有着高产量和低质量的特点。原料利用策略的分析显示古人类采用了一些简单但实用且有效的策略来开发这些原料：不同的原料有着不同的生产和开发方式（表一）；遗址储备了丰富的可用于制作石器的原料；剥离的石片数量很多，但只有一部分经过挑选用以加工和利用[22]。

表一　周口店第15地点出土石制品的原料利用统计

类别	石英		火山岩		水晶		燧石		砂岩		石英岩	
	数量（件）	百分比（%）	数量（件）	百分比（%）	数量（件）	百分比（%）	数量（件）	百分比（%）	数量（件）	百分比（%）	数量（件）	百分比（%）
石核	126	1.8					2	—	1		1	—
石片	393	5.7	113	1.6			15	0.2	9	0.1		
砸击品	86	1.3			1	—						
石锤			5	0.1					2			
断块	4730	68.9	32	0.5	66	1.0	1	—				
工具	1198	17.4	54	0.8	14	0.2	12	0.2	4	0.1	1	—

注：—数量过少，未计算比例。

大荔　大荔遗址是位于陕西的一处旷野遗址，发现于1978年，因早期智人头骨化石的发现而闻名[23]，在含沙层中还发现了一些动物遗存和564件石制品。铀系测年和电子自旋共振法测年提供的年代范围在距今38万～14万年之间[24]。该遗址的石核剥片主要采用锤击法和两极法。多数石制品都是由石英岩、燧石和石英制成的体型较小的边刮器、尖状器、雕刻器和钻。工具的修理较为简单和随意，其中一些磨蚀较严重，很难进行形态学和技术研究。

丁村　丁村遗址位于山西省，最早发现于1953年，由十二个单独的旷野地点组成。该遗址经过几次发掘，发现了早期智人的顶骨和少量牙齿、大量脊椎动物化石以及石制品。文化遗存的铀系测年以及岩石层位学、生物地层学的重建显示其年代范围在距今26万～10.7万年之间[25]。

在过去很长时间内，该遗址中丰富的石制品成为中国旧石器时代考古研究争论的中心议题。贾兰坡将丁村遗址作为华北“砍砸器和三棱大尖状器传统”的代表，因为大多数石制品体型较大，其中一些呈现出不同的类型和技术特点。黄慰文提出石器组合中许多大尖状器是手斧；因此丁村遗址是中国北部汾河和渭河流域的手斧分布区[26]。然而，对于遗物的仔细观察显示该石制品组合以小型石片石器占据主导地位，主要是边刮器和尖状器，而不是砾石工具，遗址中并没有真正的手斧[27]。此外，丁村的石器工业在石核剥片方面显示出中国石片石器技术的一些特点，虽然其仍采用简单的硬锤锤击法和砸击法（可能存在），但看起来更加复杂，而且也生产出了许多较大且规则的石片和工具。一些以石片为毛坯、制作精美的三棱手镐（triangular picks）和砍砸器以及石球有着同样独一无二的形态（图一：D）。丁村石器工业独特的一个主要原因可能是附近河床易得的高质量黑色角页岩的利用。

许家窑　许家窑遗址位于华北地区河北泥河湾盆地内，为一处露天的河湖相遗址[28]。该遗址在20世纪70年代经历过三次发掘，近年来又进行了多次发掘。发现了一些早期智人化石碎片、大量脊椎动物化石和旧石器遗存。遗址测年运用了多种方法，包括铀系测年法、古地磁测年法和光释光（OSL）测年法，测年结果分别为距今12.5万～10.4万年、11.7万年和6.9万年[29]。针对1977年出土的1765件石制品的研究显示其组合包括石核、石片、修理工具、断块和碎屑[30]。原料主要为选自附近河床的石英岩和石英鹅卵石，石核剥片主要采用简单的锤击法，包含一定数量的盘状石核和多台面石核。大约一半的修理工具是以石片为毛坯的小型边刮器，比较特别的是石球占石制品组合总数的27%以上。其他工具类型包括尖状器、凹缺器、锯齿刃器、砍砸器、雕刻器和钻（图一：C）。在此前的研究中还注意到了一些骨器的存在。由于存在大量的马和犀牛骨骼以及石制品，尤其是石球和骨器的存在，许家窑遗址被认为是一个屠马遗址。

灵井　灵井遗址位于中国中部的河南省许昌市，为一处露天遗址。这处遗址发现于20世纪60年代中期，最近才被发掘。发掘出土了一块可能为早期智人的头盖骨化石，伴生出土了大量哺乳动物化石碎片和几千件石制品。光释光测年和古生物地层测年结果推测旧石器时代地层年代为距今11万～8万年。石器组合中以小型边刮器、尖状器和脉石英制成的钻占据主要地位，但也发现一些重型砍砸器和石英岩制成的手镐[31]。石核剥片和工具制作简单且随意。一些经过修理的骨器，经过鉴定和分析，大多数为尖状器（图二），使用和磨蚀分析结果显示一些骨器在装柄后用于钻、穿和刮削动物皮肉[32]。

对于遗址内大型食草动物死亡年龄分布的研究显示，大量哺乳动物骨骼碎片的堆积是人类狩猎和屠宰的结果。欧洲野牛（*Bos primigenius*）和马（*Equus caballus*）是主要的狩猎对象，这些动物的年龄结构为“青年-主导模式”。这一研究证实了在欧亚大陆和非洲许多旧石器时代中晚期遗址中确立已久的观念，即石器时代中期（旧石器时代中期）觅食者们能够非常有效地猎杀大型动物，尤其是野牛和马，可能暗示了旧石器时代中期和晚期的东亚史前人类在狩猎行为和生计策略方面并无太大差异，因此也指示出这一区域内现代人行为的最早出现[33]。

洛南盆地遗址群　从1995年以来，位于中国陕西省南部的洛南盆地发现了300余处遗址。在这些遗址当中，只有龙牙洞是洞穴遗址，其余均为露天遗址。在南洛河沿岸

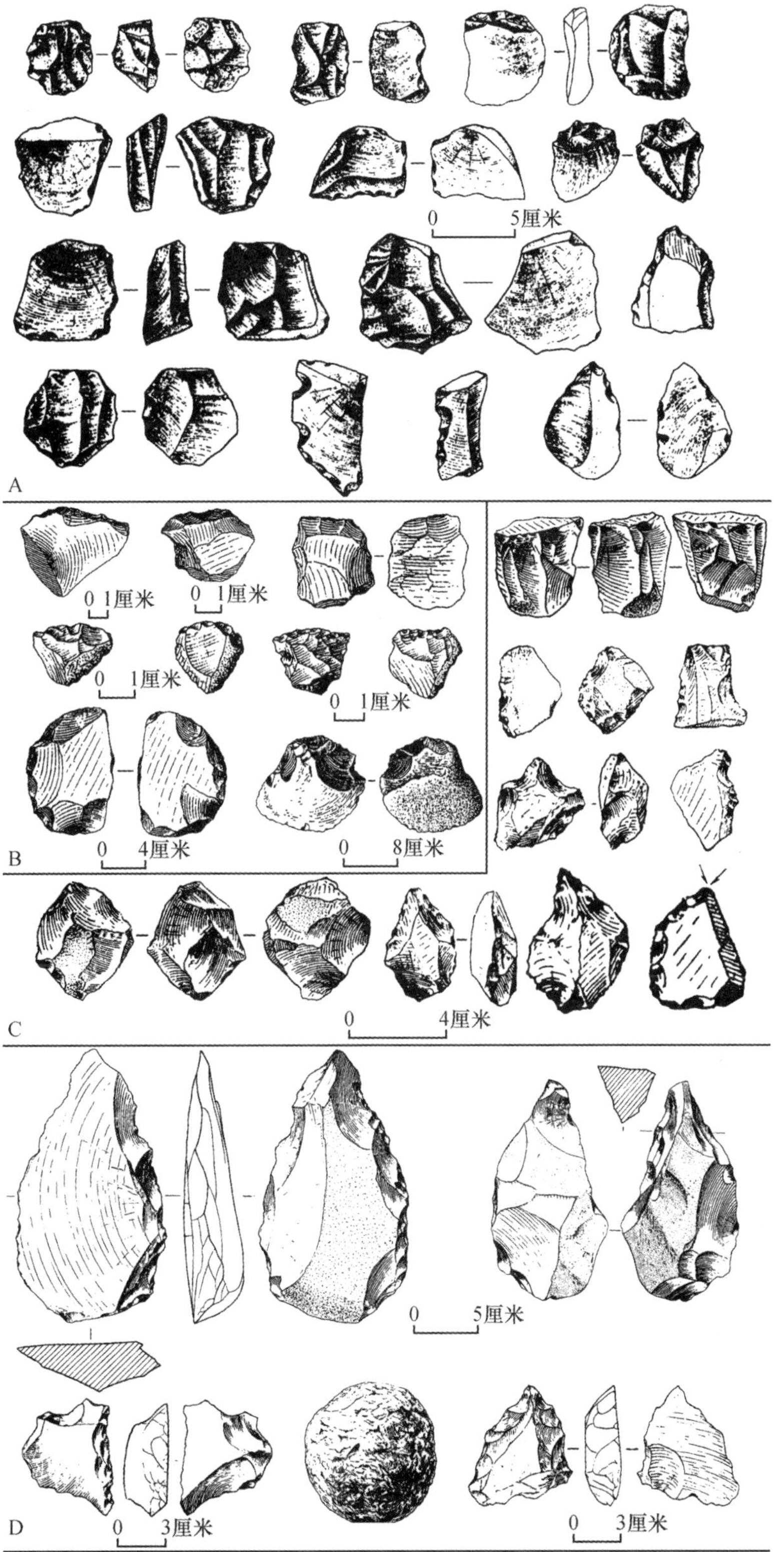

图一 中国北方LEP阶段主要遗址出土石制品的线图

A. 龙牙洞 B.周口店第15地点 C.许家窑 D.丁村

图二　灵井遗址出土的骨器

不同的河流阶地采集了数以万计的石制品，多数为地表采集[34]。古地磁和光释光测年显示古人类在这一区域生存开始和结束的时间范围是距今80万～14万年[35]。这些遗址在中国受到了极大的关注，因为发现了一定数量的似阿舍利手斧、薄刃斧和手镐以及同出的其他大型砾石石器和小型石片工具（图一：A）。石器原料几乎全为石英岩的砾石。这种工具组合在中国中南部砾石石器工业区域内是独一无二的，在此区域内，整个旧石器时代一直是简单的大型砍砸器占据着主导地位。最近的发掘和测年工作显示一些阿舍利风格的石制品可能出自旧石器时代晚期的文化层，这可能对旧石器时代人类适应、迁徙、交流或者文化融合的研究提出了挑战。

鸡公山　鸡公山遗址位于长江沿岸的湖北省荆州市。它发现于1984年，并于1992年进行发掘。在遗址的两个文化层中发掘出土了大量的石制品。推测下部文化层可能属于晚更新世早期，上部文化层可能属于晚更新世晚期。两个文化层的石制品组合均以简单的石核、石片和断块为主。下部文化层的大多数工具以砾石为毛坯制作而成，大部分为重型工具如手镐和砍砸器（图三：D）。下部文化层的工具多数以石片为毛坯，多数为一些较小的不规则形刮削器。根据遗址发掘报告[36]，下文化层发现了由砾石和石制品构成的圆形结构的“生活面”。

三峡遗址群　过去的20年间，在中国中部的重庆市三峡地区发现并发掘了超过20处旧石器时代遗址，一些遗址的年代范围在距今14万～7万年间，如井水湾遗址[37]。这些遗址的石制品显示出中国中南部整个旧石器时代流行的砾石石器工业特征。石制品组合主要是以砾石制成的砍砸器和手镐，只有少部分工具是石片制成的。原料主要是石英岩和石英砂岩。石核剥片主要采用锤击法，以及一种特殊的“摔碰法”。只有简单石核和石片。工具修理简单且随意。

大洞遗址　大洞遗址位于中国南方的贵州省，发现并发掘于20世纪90年代，发掘出土了超过2000件石制品[38]，遗址的年代推测在距今26万～14.2万年[39]。原料大多为小型的燧石结核。石核剥片主要采用硬锤锤击法，报道的还有一些似勒瓦娄哇石片。石制品组合是以小石片工具占主导地位，包括边刮器、钻、凹缺器、锯齿刃器和端刮器（图三：C）。还发现一些犀牛牙齿加工而成的刮削工具。

观音洞遗址　观音洞洞穴遗址位于中国南方的贵州省，发现和发掘于20世纪60年代[40]。在两个堆积单元中发掘出土了超过3000件石制品和大量动物化石。石制品原料主要是本地获取的燧石。石核剥片和工具修理均采用硬锤锤击法，还发现了一些似勒瓦娄哇石片。石制品工具组合类型多样，包括边刮器、端刮器、凹缺器、锯齿刃器、尖状器、钻、雕刻器和砍砸器；大部分工具为小石片工具（图三：B）。修理工具简单且不规则；一些工具有多个刃，而且这些刃通常厚且陡。观音洞遗址的年代最初推测为中更新世，文化遗存可能和周口店北京人遗址相类似。然而，之后的年代测定显示下部文化层年代在距今14万～5万年和24万～18万年之间，上部文化层不早于4万年[41]。

2. 中国LEP阶段石器组合的主要特征

很明显，中国旧石器时代早期的石器工业与非洲和欧亚大陆西部同时期的文化遗存相比有其独特的特点。中国LEP阶段石制品组合最鲜明的文化特征可以概括为以下几点。

（1）整个LEP阶段流行的模式—技术组合呈现出缓慢保守的发展过程。大部分石器组合包括简单石核、不规则石片、边刮器、砍砸器、尖状器、手镐，等等。在洛南盆地和丁村遗址内还发现了似阿舍利技术的石器组合，包括手斧、薄刃斧和手镐。洛南盆地出土的一些似阿舍利石器组合的年代可能属于中更新世晚期，甚至可能到了晚更新世。然而，发现的这些遗物大部分都是地表采集品，而且这些组合的年代也需要进一步的分析。此外，这一地区发现的手斧大多尖而厚，并且标本上也未观察到软锤修理和去薄的痕迹（这是欧洲、近东和非洲同时期石器工业的典型特征）。丁村遗址并没有采集到真正的手斧或薄刃斧，而且从这些石制品中也未识别出软锤剥片和去薄的技术特征。在4万年之前，中国的旧石器工业中未发现莫斯特风格的组合或者说石叶技术。

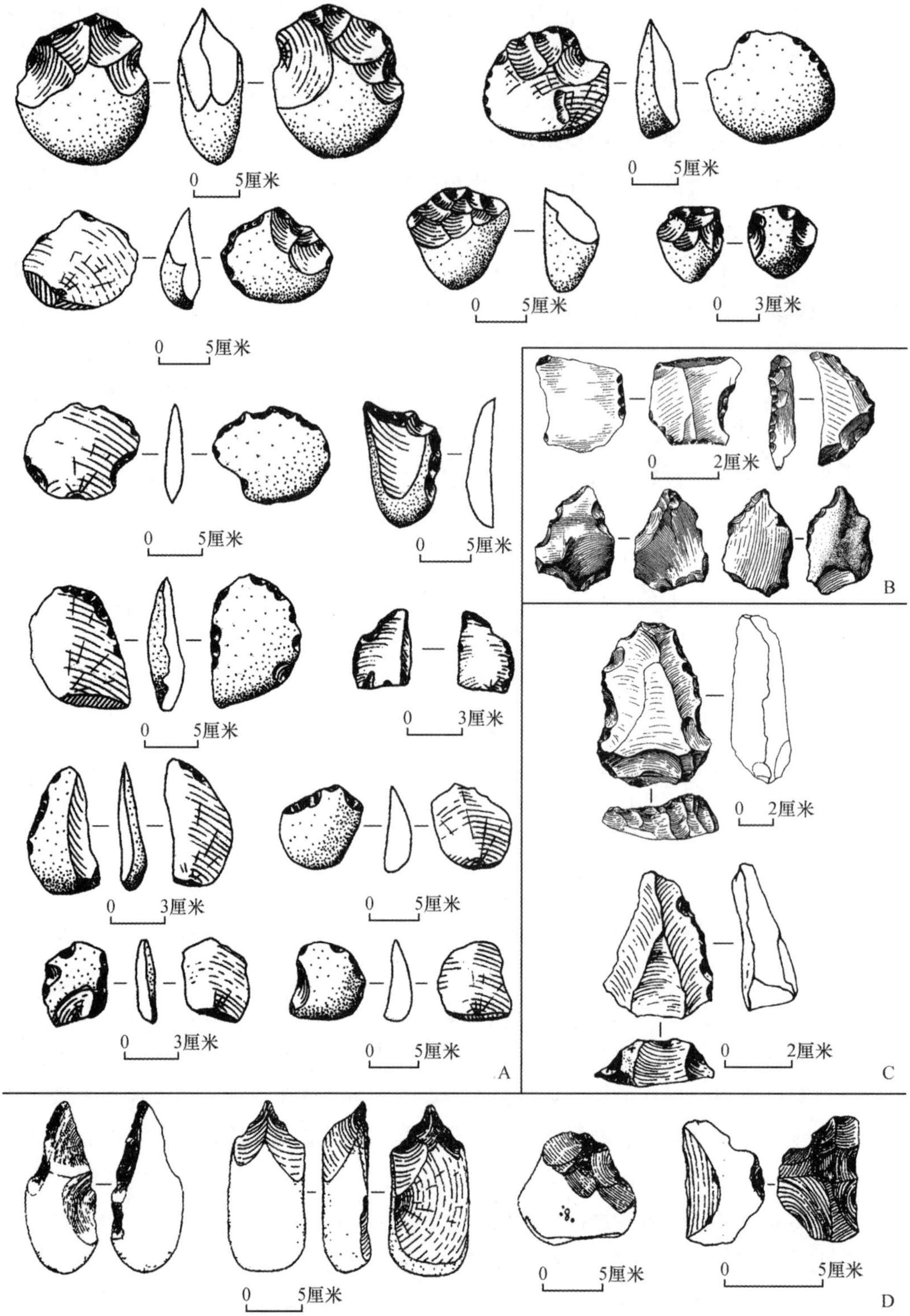

图三　中国南方LEP阶段重要遗址出土石制品的线图

A. 井水湾　B. 观音洞　C. 大洞　D. 鸡公山

（2）用于石制品制作的原料均为就地取材，而且其大多是劣质的石英、石英岩、砂岩和硅质灰岩。一些遗址也会使用燧石类的原料，但通常存在于一些小结核里且质地较差。迄今尚未发现远距离采集并运输高质量石料的证据。

（3）在这些工业中，各种石核剥片方法是显而易见的，包括硬锤直接打击法、砸击法和碰砧法。石核大多没有经过预制，也未发现真正的勒瓦娄哇技术的应用。带有少量片疤的简单石核和多面体石核数量最多，在一些组合中也出现了盘状石核。石片通常很小且不规则，大小和形态各异。未发现通过预制石核来实现石片形态“预定形”的证据。另外也未发现这段时期存在软锤剥片的证据。

（4）工具大多较为简单、不规则，修理也比较随意，而且有些很难分属到特定的类型。在中国北方，也就是秦岭和淮河（一个通常将中国分为两个生态区的自然边界）的北部，石器工业以小型石片石器为主导，如边刮器、尖状器、石锥，辅以砍砸器、手镐和石球，而在南方，石器工业则主要是大型砾石石器，尤以砍砸器和手镐为主。总体来说，石器的标准化程度很低，而且石片往往无需进一步修理便可频繁使用。当然也有例外。在丁村遗址群和洛南盆地的一些地点发现了一些大型的、修理精致的挖掘-切割类工具，如三棱手镐、手斧和薄刃斧；在周口店第15地点、观音洞等遗址也出土一些制作精良的小型石片石器，如边刮器和尖状器。这可能表明，当有合适的原料和相应需求的时候，生活在这些地点的古人类能够制作出规范、高效且精致的工具。

任何将中国LEP阶段作为一个整体进行基本特征概括的尝试都不可避免地过于简单化。虽然学界已经认识到中国和东亚的旧石器工业与西方存在差异的事实，但这些工业中存在的区域多样性和内部的复杂性也是显而易见的。中国占地面积广阔，地理和生态条件多样，因此根据古生态环境状况研究不同地区出土的遗存比将其看作一个整体来研究要更加符合实际。

在过去的三十年中，学术界也意识到中国旧石器时代早期工业的复杂性及其区域多样性。张森水提出的“中国两大旧石器主工业以及多个本地文化变体”的理论学说就是一个很好的例子[42]。他提出中国旧石器时代遗存可分属为两个主要的工业类型，即北方的小型石片石器工业和南方的大型砾石石器工业。他将其分别称作北方主工业（NMI）和南方主工业（SMI）。在这两个由秦岭淮河分割开的文化区域内，他进一步识别出了许多当地的文化变体。NMI的主要特征为小型石片石器占主导地位，主要包括各种边刮器、尖状器、石锥、雕刻器；大型砾石石器，如砍砸器、手镐、石球处于次要地位；采用直接锤击法、砸击法和碰砧法进行剥片；在旧石器时代早期，石器工业的发展呈现出缓慢和保守的特征，但旧石器时代晚期却显示出技术发展和创新的加速，以及新技术和工具类型（如石叶和细石叶工具及技术）的出现。同时，SMI的特征包括大型砾石石器的主导地位，主要是砍砸器、手镐和手斧；少见且制作不良的刮削器和尖状器；石核剥片采用锤击法和碰砧法；与NMI相比，石器类型较少且加工粗糙；更为保守的发展趋势，甚至一直持续到新石器时代早期。对于南北文化带的划分和许多区域文化变体形成的原因，张森水指出了一些可能性的因素，如环境差异、古人类迁徙和交流，但缺乏详细的分析。

简单的石器技术组合以及中国LEP阶段缓慢的发展状态并不意味着其是停滞不前的。事实上，随着时间的推移，这些工业的发展和变化仍然是很明显的。张森水[43]总结了中国旧石器时代早期的主要发展趋势：①优质原料开发的逐渐增多，尤其是硅质灰岩和燧石；②硬锤直接打击法逐渐成熟，而碰砧法的重要性逐渐降低；③形态规则的石片和以此为毛坯制作的工具的数量不断增加；④更多的石片被用作工具的毛坯，甚至在中国南方的砾石工业区内，石片工具也随着时间的推移而增加；⑤石器组合中加入了更多工具类型，工具种类之间的差异更加明晰；⑥砍砸器变得不常见，尖状器和石锥一并增加，而且更加标准化；⑦随着时间的推移，加工精致的石器数量不断增加；⑧工具修理由多向转变为背面单向修理为主。虽然这些技术和形态的发展变化并不像西方旧石器时代早、中期发生的那样明显和剧烈，但也为我们提供了思考和重建过去人类演化不同路径的视角。

四、讨　　论

长期以来，有关不同石器传统之间相似性和差异性的讨论往往是基于生物学上的关联可能暗示着文化上的联结，反之亦然。但当我们意识到生物方面有着密切关系的群体有时在社会结构甚至语言上会表现出根本差异的时候，上述假设并不总是成立的，并且，文化和技术可以在地理上相隔很远的群体之间迅速传播[44]。因此，考古学家必须寻求其他的假设来解释文化的变异性。

除了莫维斯线理论之外，学界已经提出了许多假说来解释中国和东亚旧石器时代工业的独特特征。一些研究人员认为，该地区旧石器时代的古人类主要使用竹木材料的工具，而简单的石质工具实际上是用来制作这种植物工具的。因此，石制品并不能很好地指示更新世期间人类的技术发展和环境适应策略[45]。一些学者认为，东亚地区高质量石器原料的缺乏导致该地区古人类很难发展出更为复杂的石器技术，从而也很难制作出像非洲和欧亚大陆西部那样精致的工具类型[46]。还有一些学者甚至认为，当早期的人类群体迁移到东亚时，他们首先面对的是这一地区南部的热带和亚热带的生态环境。在这种环境条件下，食物主要为采集的植物果实和根茎而不是狩猎的动物，大型的狩猎和屠宰工具是无用的，而简单的砾石和石片工具占据了主导地位。这种生存环境和适应策略的变化导致石器技术和工具组合发生了根本性的变化，东西方旧石器工业之间的分水岭也就开始出现[47]。

以上这些假说都对中国和东亚旧石器遗存的独特特征以及更新世大部分时间内东西方存在的文化差异提供了一些解释。然而，这些讨论往往只局限于某个方面的因素，或着眼于地理障碍，或止步于原料资源的局限，或囿于区域生态条件，而且有些理论缺乏证据支持。石器工业或某种文化传统的形成应该是一个复杂的过程，可能涉及许多影响因素。也许是时候提出一个更全面的模式，采取一种综合的视角来通盘考虑环境影响、人类行为和适应策略，笔者称之为“综合行为模式”。该模式可以对中国旧石器时代早期石器工业的稳定发展和独特特征提供以下观察和解释。

1. 生态环境的稳定性和古人类演化的连续性

在LEP阶段，中国地区受季风气候的控制。黄土沉积序列和动物群的研究表明，即使会发生周期性的气候波动，但该地区的环境状况相对稳定，且大部分地区适合古人类居住[48]。丰富和连续的考古记录表明，该地区的古人类演化是稳定、连续、无中断的，未发生大规模的人群替代。在这个过程中形成了强大而稳定的文化传统，偶尔迁入的外来人群被主流人群同化，也逐渐失去了他们的文化特征。

2. 低强度的资源开发与高流动性

中国大多数LEP阶段的遗址都是短时间占用的季节性遗址，从这些遗址获得的石制品大多比较简单，具备基本的技术、类型和形态特征，这可能表明居住在该地区的古人类群体过着一种简单而“容易”的狩猎采集生活。他们将对自然资源的开发保持在一个相当低的强度上，并且很少有为获取更多资源而进行石器技术革新的压力。为了维持这样的生活方式，他们经常迁移到其他地方寻找新的食物资源，因此他们在特定地区的许多遗址会留下相同的人工制品和其他遗存。

3. 石器技术和生存适应方面的高度灵活性

高质量的石器原料以及合适的采石地点的匮乏迫使居住在该地区的旧石器时代早期的古人类需要充分利用当地质量较差的原料。在面对这些在岩性和形态上变异较大的材料时，他们采用了高度灵活的策略，使用简单但有效的方法来生产毛坯并制作工具。例如，周口店第15地点的古人类充分依赖砸击法来开发利用附近河床中丰富的石英结核。丁村遗址的古人类熟练地将锤击法应用于黑色角页岩（当地一种质量相对较高的原料），从而剥离尺寸较大且规则的石片，并生产大型且锋利的切割和挖掘工具。此外，三峡地区的古人类发明了独特的“摔碰法”来开发高度磨光和磨圆的鹅卵石。这些灵活性的适应策略可能会增强古人类的生存能力，同时也会促使石器传统变得强大、稳定和充满活力。如果竹器主角论能被证实，它将是一个很好的体现该地区古人类灵活性和智慧的例子。

五、结　语

显而易见的是，中国和东亚地区LEP阶段的石器工业与非洲和欧亚大陆西部同时期的文化遗存在很多方面都存在差异。然而同样明晰的是，旧石器时代早期的世界不应该仅仅根据石器技术和类型的对比就简单地将其分为两种不同的文化或技术传统。东西方之间石器工业的差异是不可否认的，但这应该纳入到一个更广泛的有关文化多样性的框架之内去理解。我们应该认识到，虽然世界不同地区的古代人类共用一些基本的石器技术并生产和使用类似的石器（如石核与石片石器），但由于生态环境以及原料的可用性和质量的差异，每个群体都有自己独特的生存和适应方式。更为重要的是，我们能够越过石器技术和类型的变异找到隐藏在这些文化差异背后的因素和动力，从而重建人类向复杂性和现代性演化过程的不同路径。

致谢：感谢史蒂文·库恩（Steven Kuhn）和埃雷拉·欧沃斯（Erella Hovers）邀请笔者参加“通向复杂性的不同路径：旧石器时代中期（非洲石器时代中期）的演化轨迹”研讨会，以及他们对本文的修改建议和帮助。感谢莱斯利·艾罗（Leslie Aiello）和劳里埃·奥宾克（Laurie Obbink）组织这次研讨会并提供支持。

参考文献

［1］ Movius H L. Early Man and Pleistocene Stratigraphy in Southern and Eastern Asia. Papers of the Peabody Museum of American Archaeology and Ethnology, 1944, 19(3); Movius H L. The Lower Paleolithic Cultures of Southern and Eastern Asia. Transactions of the American Philosophical Society (New Series), 1948, 38(4): 329-420.

［2］ Dennell R. The Paleolithic Settlement of Asia. New York: Cambridge University Press, 2009.

［3］ 高星，张晓凌，杨东亚，等. 现代中国人起源与人类演化的区域性多样化模式. 中国科学：地球科学，2010，40（9）：1287-1300.

［4］ Gao X. Explanations of Typological Variability in Paleolithic Remains from Zhoukoudian Locality 15, China. Ph.D. Dissertation. The University of Arizona, 2000; Gao X, Norton C J. A Critique of the Chinese “Middle Paleolithic”. Antiquity, 2002, 76(292): 397-412.

［5］ 高星，欧阳志山. 趋同与变异——关于东亚与西方旧石器时代早期文化的比较研究//童永生，张银运，吴文裕，等. 演化的实证——纪念杨钟健教授百年诞辰论文集. 北京：海洋出版社，1997：63-76；Ikawa-Smith F. Early Paleolithic in South and East Asia. The Hague: Mouton Publishers, 1978；Movius H L. Early Man and Pleistocene Stratigraphy in Southern and Eastern

Asia. Papers of the Peabody Museum of American Archaeology and Ethnology, 1944, 19(3).

[6] 高星. 关于“中国旧石器时代中期”的探讨. 人类学学报，1999，18（1）：1-16.

[7] Gao X, Norton C J. A Critique of the Chinese “Middle Paleolithic”. Antiquity, 2002, 76(292): 397-412.

[8] Movius H L. The Lower Paleolithic Cultures of Southern and Eastern Asia. Transactions of the American Philosophical Society (New Series), 1948, 38(4): 329-420.

[9] Huang W W. Bifaces in China. Human Evolution, 1989, 4(1): 87-92; Huang W W. The Early Paleolithic of China. Quaternary Research, 1989, 28(4): 237-242; 黄慰文. 东亚和东南亚旧石器初期重型工具的类型学——评Movius的分类体系. 人类学学报，1993，12（4）：297-304；黄慰文，侯亚梅，高立红. 中国旧石器文化的“西方元素”与早期人类文化进化格局. 人类学学报，2009，28（1）：16-25.

[10] Schick K D. The Movius Line Reconsidered: Perspectives on the Earlier Paleolithic of Eastern Asia//Corruccini R S, Ciochon R L. Integrative Paths to the Past: Paleoanthropological Advances in Honor of F. Clark Howell. New Jersey: Prentice Hall, 1994: 579.

[11] 林圣龙. 对九件手斧标本的再研究和关于莫维斯理论之拙见. 人类学学报，1994，13（3）：189-208；林圣龙. 中西方旧石器文化中的技术模式的比较. 人类学学报，1996，15（1）：1-20.

[12] 贾兰坡，盖培，尤玉柱. 山西峙峪旧石器时代遗址发掘报告. 考古学报，1972（1）：39-58.

[13] Jia L P, Huang W W. On the Recognition of China's Paleolithic Cultural Traditions//Wu R K, Olsen J W. Paleoanthropology and Paleolithic Archaeology in the People's Republic of China. Orlando: Academic Press, 1985: 259-265.

[14] 张森水.丁村54：100地点石制品研究. 人类学学报，1993，12（3）：195-213.

[15] Schick K D, Dong Z. Early Paleolithic of China and Eastern Asia. Evolutionary Anthropology, 1993, 2(1): 22.

[16] Yi S, Clark G A. Observations on the Lower Paleolithic of Northeast Asia. Current Anthropology, 1983, 24 (2):181-202.

[17] 吴汝康，吴新智，张森水. 中国远古人类. 北京：科学出版社，1989.

[18] 魏海波. 辽宁庙后山遗址研究的新进展. 人类学学报，2009，28（2）：154-161；张丽，沈冠军，傅仁义，等. 辽宁本溪庙后山遗址铀系测年初步结果. 东南文化，2007（3）：54-57.

[19] 吕遵谔. 辽宁省旧石器时代考古//吕遵谔. 中国考古学研究的世纪回顾：旧石器时代考古卷. 北京：科学出版社，2004：194-219.

[20] Chen T M, Yang Q, Wu E. Antiquity of *Homo sapiens* in China. Nature, 1994, 368(6466): 55-56.

[21] Gao X. Explanations of Typological Variability in Paleolithic Remains from Zhoukoudian Locality 15, China. Ph.D. Dissertation. The University of Arizona, 2000.

[22] 高星. 关于周口店第十五地点石器组合研究. 人类学学报，2003，（增刊）：31-52.

[23] 吴新智. 大荔颅骨的测量研究. 人类学学报，2009，28（3）：217-236.

[24] 陈铁梅，原思训，高世君. 铀子系法测定骨化石年龄的可靠性研究及华北地区主要旧石器地点的铀子系年代序列. 人类学学报，1984，3（2）：259-269.

[25] Norton C J, Gao X, Feng X W. The East Asian Middle Paleolithic Reexamined//Camps M, Chauhan P. Sourcebook of Paleolithic Transition. Dordrecht: Springer, 2009: 245-254.

[26] Huang W W. Bifaces in China. Human Evolution, 1989, 4(1): 87-92.

[27] Gao X. The Nature of Paleolithic Handaxes from China and Its Implications for Lower Paleolithic Cultural Variation//Yi S. Handaxes in the Imjin Basin: Diversity and Variability in the East Asian Paleolithic. Seoul: Seoul National University Press, 2011: 193-217.

[28] 贾兰坡，卫奇，李超荣. 许家窑旧石器时代文化遗址1976年发掘报告. 古脊椎与古人类，1979，17（4）：277-293.

[29] 陈铁梅，原思训，高世君，等. 许家窑遗址哺乳动物化石的铀子系法年代测定. 人类学学报，1982，1（1）：91-95；Liu C, Pu S, Jin Z. Discovery of Blake Episode in the Xujiayao Paleolithic Site, Shanxi, China. Scientia Geologica Sinica, 1992, 1(1): 87-95; 长友恒人，下冈顺直，波冈久惠，等. 泥河湾盆地几处旧石器时代文化遗址光释光测年. 人类学学报，2009，28（3）：276-284.

[30] 马宁，裴树文，高星. 许家窑遗址74093地点1977年出土石制品研究. 人类学学报，2011，30（3）：275-288.

[31] 李占扬. 许昌灵井遗址2005年出土石制品的初步研究. 人类学学报，2007，26（2）：138-288.

[32] 李占扬，沈辰. 微痕观察初步确认灵井许昌人遗址旧石器时代骨制工具. 科学通报，2010，55（10）：2282-2289.

[33] Zhang S Q, Li Z Y, Zhang Y, et al. Mortality Profiles of the Large Herbivores from the Lingjing Xuchang Man Site, Henan Province and the Early Emergence of the Modern Human Behaviors in East Asia. Chinese Science Bulletin, 2009, 54(21): 3857-3863.

[34] Wang S J. Perspectives on Hominid Behaviour and Settlement Patterns: A Study of the Lower Palaeolithic Sites in the Luonan Basin, China. Oxford: British Archaeological Reports, 2005.

[35] 鹿化煜，张红艳，王社江，等. 东秦岭南洛河上游黄土地层年代的初步研究及其在旧石器考古中的意义. 第四纪研究，2007，27（4）:559-567.

[36] 刘德银，王幼平. 鸡公山遗址发掘初步报告. 人类学学报，2001，20（2）：102-114.

[37] 高星，裴树文. 三峡远古人类的足迹：三峡库区旧石器时代考古的发现和研究. 成都：巴蜀书社，2010；裴树文，张家富，高星，等. 三峡井水湾遗址的光释光测年. 科学通报，2006，51（12）：1443-1449.

[38] 黄慰文，侯亚梅，斯信强. 盘县大洞的石器工业. 人类学学报，1997，16（3）：171-192.

[39] 王頠，刘军，侯亚梅，等. 盘县大洞古人类遗址的地层和古气候研究. 人类学学报，2003，22（2）：131-138.

[40] 李炎贤，文本亨. 观音洞——贵州黔西旧石器时代初期文化遗址. 北京：文物出版社，1986.

[41] 沈冠军，金林红. 贵州黔西观音洞钟乳石样的铀系年龄. 人类学学报，1992，11（1）：93-100.

[42] 张森水. 管窥新中国旧石器考古学的重大发展. 人类学学报，1999，18（3）：193-214.

[43] 吴汝康，吴新智，张森水. 中国远古人类. 北京：科学出版社，1989.

[44] Schick K D. The Movius Line Reconsidered: Perspectives on the Earlier Paleolithic of Eastern Asia//Corruccini R S, Ciochon R L. Integrative Paths to the Past: Paleoanthropological Advances in Honor of F. Clark Howell. New Jersey: Prentice Hall, 1994: 569-596.

[45] Pope G. Bamboo and Human Evolution. Natural History, 1989, 10: 48-57.

[46] Schick K D. The Movius Line Reconsidered: Perspectives on the Earlier Paleolithic of Eastern Asia//Corruccini R S, Ciochon R L. Integrative Paths to the Past: Paleoanthropological Advances in Honor of F. Clark Howell. New Jersey: Prentice Hall, 1994: 569-596.

[47] Watanabe H. The Chopper-chopping Tool Complex of Eastern Asia: An Ethnoarchaeological-ecological Reexamination. Journal of Anthropological Archaeology, 1985, 4(1): 1-18.

[48] 刘东生. 黄土与干旱环境. 合肥：安徽科学技术出版社，2009.

［原载于《当代人类学》（*Current Anthropology*）2013年第54卷；闫晓蒙、陈云、刘尔凡译，牛东伟校］

中国旧石器时代手斧的特点与意义

一、引　言

手斧是旧石器时代人类制作和使用的一种重要工具，具有特定的形态、技术、时代、地域和文化传统标识。这类器物在非洲、欧亚大陆西侧和东亚都受到格外的关注，但引起关注的原因却不尽相同。在西方，手斧是旧石器时代早期的标志性器物，是远古人类技术与智能发展的一座里程碑；而在东方，这类器物却因数量稀少、时代存疑、形态不稳定、技术不规范而饱受争议。

莫维斯（Movius）最早用手斧的有无作为标准，将东西方旧石器时代文化划分为两个传统或区域。他认为：在非洲、欧洲及西亚地区，以手斧为代表的阿舍利文化传统（Acheulian handaxe tradition）盛行，而东亚却缺失这套组合，反而是持久固守的砍砸器传统（chopper-chopping tool tradition）的天下。莫维斯对产生这种区域性差异的原因做出两种推测：①东亚在人类生物进化和文化演化方面处于边缘区域，脱离了进化的主流，在孤立的环境中沿用人类最早的技术；②东亚石器原料质量低下，古人群无法制造出更完美、更精致的阿舍利工具[1]。由此揭开了半个多世纪来考古学界有关东西方远古文化的异同及手斧在其中所扮演的角色的讨论。

对于这一后来被概括为“莫维斯线”（Movius Line）的假说，学界褒贬不一。一些学者强烈反对，认为砍砸器组合在东亚的旧石器时代遗存中并不占据优势，不能作为该地区旧石器时代早期文化的标志，并在该地区寻找手斧等具有“阿舍利元素”的器类，以证明东西方远古文化之间不存在本质区别，东亚并非“文化的死水”[2]。然而另一些学者坚持认为，莫维斯对东亚旧石器时代早期文化特点的阐述基本符合事实，东西方旧石器文化存在着显著的差异[3]。

中国旧石器时代的手斧一直是相关讨论的焦点。研究者对它们是否是真正的手斧，时代归属怎样，与西方的阿舍利手斧有何区别和关联，对远古人群的迁徙、交流和技术发展有怎样的意义，一直莫衷一是。纵观这些讨论不难发现，许多论断缺乏坚实的材料基础，许多被引为证据的材料存在着年代和出土地的不确定性，许多讨论停留在术语、类型的表层，而且各说各话，缺乏共同接受的标准和原则，更多是在武断地定性，缺乏定量的表述和数据的支持。本文将对有关中国旧石器时代手斧的研究和争论历史做一系统的梳理；对目前积累的相关标本和资料所存在的问题做出分析，指出在一些材料使用和类型归属上存在的误区；通过几组统计观测数据分析部分遗址手斧所占比例的真实情况和其形态-技术变异的客观性状；对该类工具的渊源、功用及其在我国中部-南方砾石工具体系中的角色地位及其反映的先民的生计模式尝试做出阐释，并对未来的研究方向提出一孔之见。

二、关于中国旧石器时代手斧的研究历史与争论

“手斧”一词在中国旧石器考古的文献中出现得很早。1935年，步日耶（H. Breuil）宣布在周口店第1地点发掘出土的石制品中识别出少量手斧[4]。1939年，中国旧石器时代考古学之父裴文中将周口店第15地点出土的几件小石片/砾石工具归类为“小型手斧”。他主张这种小型尖刃工具的两侧边均被修理，且形状上类似于小手斧，其中某些还显示出与阿舍利手斧同样精致的修疤[5]。1954年，在山西丁村遗址附近的沙女沟地表采集到一件“似手斧”标本，被认为是在中国首次发现的、在形态上同西欧旧石器时代早期手斧非常接近的石器[6]。1965年，贾兰坡宣布中国的数处旧石器时代遗址可确认存在手斧，例如周口店第1地点和第15地点、丁村、水洞沟等[7]。1963年，在陕西省乾县地表采集到一件孤立的石制工具，1984年经邱中郎报道为“手斧”[8]。1977年弗里曼（Freeman）从丁村遗物中辨认出更多的手斧，并宣称它们应被视为典型的阿舍利手斧[9]。1987年，黄慰文识别出中国手斧的三个集中分布区，分别为中国北部的汾渭地堑、中部的汉水谷地和南部的百色盆地，还绘制出9件“手斧”标本的线图和分布图以支持其论述[10]。自此，黄慰文成为中国有手斧论的主要拥趸，认为中国旧石器时代早期存在阿舍利石器组合，文化的相互影响或交流很早就已经发生，将东亚和西方分隔开来的“莫维斯线”应该被抹去。

2000年，随着《科学》（*Science*）发表有关百色盆地似阿舍利手斧的封面文章，对于“中国手斧”的争论达到高潮。该文基于对石制品形态观测和地貌、地层观察，以及利用裂变径迹法与钾氩法对地层中的玻璃陨石所获得的测年数据，推断百色手斧的年代接近80万年前，并认为百色盆地的石器技术与欧亚西部-非洲的模式Ⅱ技术是协调一致的，据此指出生活于“莫维斯线”两侧的古人群在技术文化发展和认知能力上是并驾齐驱的[11]。2002年，谢光茂公布了更多来自百色盆地的两面器[12]。此后，又一批来自百色盆地各个地点的手斧材料见诸报端，其中某些手斧发掘于原生地层，部分地解决了备受质疑的地层与时代问题[13]。随着南水北调淹没区考古工作的进行，在

湖北丹江库区若干处遗址发现了手斧，使手斧是中国旧石器时代一类重要器形的观点得到强化[14]。其后更多的材料来自陕西洛南盆地，从这里的数百处地点采集到手斧、薄刃斧等工具，一些标本形态规整精致，可以与典型的阿舍利手斧媲美[15]。最近，黄慰文等重申周口店、丁村及其他遗址存在手斧，并认为许多石器组合含有勒瓦娄哇技术（Levalloisian techno-complexes）成分，具有“西方元素”，说明在过去200多万年间的进化过程中，早期人类为应对气候变迁，曾反复进行横贯大陆的双向迁移、交流与融合[16]。

然而上述观点并未得到广泛认同，围绕“手斧”这类标本的性质及附在它们身上的“阿舍利”、“西方元素”延伸意义一直存在激烈的争论。裴文中是中国第一位将手斧这一术语用于本土材料者，但后来改弦易辙，反对他的导师步日耶对丁村“手斧”的归类，认为被步氏视为“手斧”的标本事实上是砍砸器，在这类工具上偶然出现的对两侧交互加工或修理的疤痕，其实是在不同阶段对可利用单元进行加工或改造的结果[17]。他还反驳北京猿人制作和使用手斧之说[18]，并不再提及周口店第15地点存在着“小型手斧”。戴尔俭点评了当时中国手斧的发现与研究情况，讨论了其对更新世人类技术发展的意义以及手斧与砍砸器文化圈之间的关系，认为中国旧石器时代遗存中这些零星的手斧无法与西方阿舍利文化的影响相联系，在亚洲砍砸器/石片石器工业的一片汪洋中，零散的手斧的出现可以看作是几处随浪泛起的小泡沫[19]。

林圣龙通过对被黄慰文等引证的“中国手斧”的标本或素描图进行重新研究，认为这些标本并非真正的手斧，而是手镐、薄刃斧、尖状器和砍砸器等器类。林圣龙同时对出自韩国全谷里遗址的“手斧”进行研究，得出同样结论。基于这些观察，林圣龙指出手斧和勒瓦娄哇技术体系在中国和东亚地区旧石器时代早期文化中缺乏或罕见，莫维斯对东西方旧石器文化传统的二分法仍然适用[20]。《科学》杂志发表有关百色手斧的论文后，一些学者迅速将注意力转向该研究的薄弱环节，主要是手斧与用于测年的玻璃陨石之间的关联[21]。林圣龙指出，用玻璃陨石样品测得的同位素年龄不能代表手斧的年龄，因为当时百色盆地的所有手斧均为地表采集品，且百色盆地的旧石器时代遗址当时已确定有两个文化层，因此将这些采集标本归属于中更新世早期的地层单元是没有根据的，据此对莫维斯理论的挑战是乏力的[22]。考维纳斯（Corvinus）则主张在中国百色盆地及丁村等地发现的似手斧类工具与阿舍利技术没有任何关系，因为中国的材料缺乏阿舍利手斧那种精致的修理技术与标准化生产程序[23]。

尽管存在着意见分歧，据笔者观察，目前多数学者同意在中国旧石器时代存在着手斧；但多数研究者认为中国的此类工具在形态和技术上明显区别于西方的阿舍利手斧，主要是缺乏系统的两面加工和使用软锤薄化处理程序，且在任何一个遗址或石器组合中皆数量稀少；东西方远古文化的差异并不能因为少量手斧在东方的存在而被否定。

三、关于手斧的类型学标准问题

纵观围绕中国手斧的争论，其表象是在该类工具与西方阿舍利体系的关系问题上见仁见智，其核心问题是这类工具能否真正被归类为手斧。这样，争论的实质就被简化为单纯的类型学问题，而解决问题的钥匙就是手斧的分类标准。恰恰对于这一基本或基础性问题，我们未予以足够重视，未很好加以解决。

《旧石器时代类型学手册》（*Handbook of Paleolithic Typology*）一书对手斧的发现、研究、命名历史和类型学特征有过系统的介绍[24]。手斧作为旧石器时代早期的一类重要工具，在18世纪晚期即有学者尝试命名和研究。法国学者莫尔蒂耶（Gabriel de Mortillet）最早使用coups de poings一词，翻译成英语即是handaxe。其后类型学大师博尔德（Bordes）对手斧或两面器（英语biface一词的汉译。西方一些学者倾向于使用“两面器”这一称谓，以回避“手斧”一词所包含的功能含义）做了类型特征的描述并为大多数学者采纳，即手斧是在砾石或大石片上从两面剥离下大石片而形成的工具；往往用软锤加工；修疤覆盖相对应两面的全部或大部分；刃缘也是两面加工而成，或只有局部的刃口，而其他部位不经修整，或周边都被修成锋利的刃口；横截面或为透镜体状，或者为三角形与菱形；一般具有一个尖或薄锐的远端或尖部（distal end or tip）和相对的近端或根部（proximal end or butt）。博尔德还引入厚/宽指数和长/宽指数来进一步界定手斧的测量性状。按照这一分类体系，手斧可以有很多形态变异，包括薄手斧（flat bifaces）、厚手斧（thick bifaces）、部分手斧（partial bifaces）和根部未加工手斧（bifaces with unretouched bases）以及阿布维利手斧（Abbevillian bifaces）。可见手斧是一类难以简单界定的、包括多种形态变体的石器[25]。

作为中国旧石器考古学奠基的一辈，裴文中、贾兰坡都没有对他们争论中的手斧做出清楚完整的界定。贾兰坡做过简单的形态描述：“手斧（Coup de poing）是将石核或石片的边缘由两面打击而成的一种石核类型的石器。由于这一类型的石器的两面均有加工，所以又称之为两面器。”[26]裴文中的定义差不多：“手斧是一种大型的、一器多用的工具，交互打击而成，两面遗留石片疤（早期者后跟保留自然面），前端有尖，侧刃锋利的工具。”[27]张森水曾将中国的手斧归于砍砸器类，“其理由是从形态和功能上看它与尖刃砍砸器是一样的，加之手斧在中国旧石器时代工具中数量极少，无必要自成一类。所不同的是，手斧用交互打击加工而成，器身两面遗满或基本遗满小石片疤。”[28]黄慰文提出：“……手斧，是一类用结核、粗砾或大石片两面打制的重型工具。轮廓通常呈梨形或椭圆形，一端略尖略薄，相对一端略宽略厚。器身布满片疤，或只保留小部分石皮。……早期类型手斧由于用硬锤打击而具有身厚、疤深、刃脊曲折、轮廓不对称和保留石皮等特点。它们也称为非标准手斧或原型手斧。晚期手斧由于改进技术，尤其是一些地区普遍采用软锤打击而使器身变薄、片疤平远、刃脊平齐、轮廓匀称和不保留或保留很少石皮。它们也称为标准手斧或阿修尔手斧”①,[29]。林圣龙则在综合西方文献的基础上将手斧的鉴别特征归纳为：①一种大型切割工具，一般长在100mm以上；②通常两侧对称，周边有连续的切割刃（有时根部例外），刃缘规整锋利呈双斜形；③截面较薄，纵截面和横截面通常为稍稍扁平的双凸或透镜体，或者是比较薄的平凸形；④制作典型或比较精致的手斧，经粗制、去薄和成型，两面广泛修整。此外，他还列出不同学者对刃角和宽/长比率、厚/宽比率、厚/长比率给出的不同数值[30]。谢光茂提出“手斧的划分标准应该是：①手斧是两面打制的重型工具；②通常有一较宽而厚的把端和与之相对的较尖而薄的刃端，除根部和根部附近外，周边经过修整；③平面多种多样，通常是卵形、梨形、叶形、三角形。截面通常为双凸、平凸或三角形；早期类型手斧用硬锤打击，器身厚、片疤深。刃脊曲折、轮廓不匀称并保留较多石皮；晚期手斧多用软锤打击，器身变薄，片疤浅远，刃脊平齐，轮廓匀称，不保留或保留很少石皮”[31]。

应该说，上述对手斧类型的表述都抓住了合理的内核，但作为“标准”则不够简洁、明确和统一，适用性不强；过于具体而缺乏概括性，宽严的程度不一致，具有不确定性；同时掺杂了太多的元素，例如平面-截面形态、技术、功能、测量数据和阶段性变异，在应用到具体标本上容易产生歧义。于是，采用宽泛标准者会将所有的或多或少带有两面修理及一个汇聚型刃口的标本都归类为手斧，而采用严格标准者仅把经系统性两面加工与器身薄化的标本称为手斧，不符合这样条件者均被排除。为改变这种鸡对鸭讲、无谓纷争的局面，笔者在汲取前人学术思想的基础上，在此尝试提出更加简捷明晰适用、更具包容力、能更大程度达成共识的旧石器时代手斧类型学标准：①两面打制加工；②两面、两侧基本对称；③一端窄薄，另一端宽厚。在此基础上还可以界定次一级的分类标准，以区别不同形态变异和不同阶段演变形成的亚型，例如形态近似手镐、只有部分器体被加工、一端尖锐另一端粗厚、器身厚、修疤深短的原型手斧（Proto-handaxe）和轮廓匀称、通体加工、两端呈舌形或弧形、器身薄锐、修疤平远的典型阿舍利手斧（Acheulian handaxe）。应避免将不同层级的标准混合使用，也不必在基于形态变异的类型学范畴内过多掺和主观臆断的功能因素。

① 规范的术语应该是“阿舍利手斧”。“阿舍利”系对“Acheulian”或“Acheulean”的音译。而“阿修尔”是对“Acheul”的音译。Saint-Acheul是法国一处富含典型手斧的遗址，阿舍利手斧因此地而得名。在作形容词使用时，“Acheul”需加“ian”或“ean”的尾缀。

四、中国旧石器时代“手斧”材料的基本情况

1. 地点分布与标本数量

迄今在中国旧石器文化遗存中经报道的手斧标本只有数百件，且基本来自两个区域：南方的广西百色盆地和中部的陕西东南部—湖北西北部地区。前者很容易界定，因为发现标本的地点均位于百色盆地这一较小、单独的地理单元内；而后者复杂一些，在这个更大的区域内，手斧被发现在汉水谷地和洛南盆地内的多处地点，主要包括陕西省汉中盆地的梁山遗址、洛南盆地的诸多遗址、湖北省郧县学堂梁子遗址和近年在丹江库区新发现的诸多遗址。笔者在此用“汉-洛-丹”这一缩略语来指代陕东南—鄂西北手斧分布区。

百色盆地无疑是中国乃至东亚最著名的手斧产地。在分布于盆地内的大约70处旧石器时代地点中，含手斧者超过20处，经报道与描述的手斧标本近200件[32]。精确数量不详，因为研究者的主要注意力在于举“典型标本”之例以证明其观点，而非统计学分析。

在汉-洛-丹地区，大约120处含手斧的地点见诸报端。汉中盆地的梁山遗址是第一处报道为含手斧的地点，被一些学者看作是典型的手斧遗址[33]。由于无人对全部标本进行过观察和研究，至今仍不清楚石器组合中有多少标本可确认为手斧。笔者观察部分标本后认为石器组合以砍砸器和手镐为主体，仅有少量标本可以归类为手斧。在洛南盆地各级阶地上，目前发现的旷野遗址已近300处，至少在其中的102处采集手斧逾236件[34]。在丹江库区，从郧县直立人遗址（学堂梁子）附近采集品中被识别出手斧9件[35]，在其他30余处含手斧的地点中，至少51件手斧被报道过[36]。

总体看来，中国旧石器时代遗址出土手斧者数量很少，且集中在有限的区域内。是否中国发现的手斧数量少是因为缺乏系统的统计分析，很多标本被漏报？这个问题当然存在，笔者在广西、湖北和陕西的一些文博单位均见过未经整理和研究的手斧标本，但近十年针对上述手斧分布区发表的考古调查或发掘报告所提供的统计数据应该能很好地说明问题：在百色盆地，从坡西岭、百渡、六怀山、百峰、高岭坡、上宋、南半山、枫树岛8处遗址发掘出土和采集到石制品共2974件，其中的手斧标本为106件①,[37]。在丹江口库区，从彭家河遗址和北泰山庙遗址发掘出土石制品合计461件，手斧的数量为0[38]；在1994年对库区各地点做系统调查时采集的644件石制品中，手斧数量为51

① 包括王頠提供的百色枫树岛采集与发掘出土石制品数据：石制品共计261件，其中采集品中手斧98件、手镐2件；发掘出土标本中手斧5件、手镐3件。

件[39]，其中不排除采集者对手斧这类引人关注的器形格外关注的因素。那么是否会因为考古工作不到位，一些地区未能发现含有手斧的遗址？这种可能性不能完全被排除，但考虑到各个地区的考古调查和发掘工作在近20年内由于国家大规模基建工程项目的进行和第三次全国文物普查工程的实施而系统有效地开展过，像手斧这样特征鲜明的史前遗存被成片地遗漏的可能性并不高。三峡地区就是一个很好的例证。1995～2007年间，笔者所在的单位组织专业队伍在三峡库区开展过拉网式的调查，发现包含打制石器的遗址近60处，对其中的20余处开展过系统的考古发掘，没有发现真正的手斧[40]。因此，在未来发现大量的含手斧的考古遗址、大幅改变中国旧石器时代手斧分布区域与格局的可能性并不高。

另一个可以基本肯定的事实是：中国旧石器时代手斧的分布区基本在中国南方砾石石器文化圈内，北方的石片工具体系内不存在手斧的组合。虽然零星的手斧标本曾在北方有所报道，但大多是偶然发现的非典型标本，有的还存在误报误传的现象。对此，下文会有所涉及。

2. 地层学、埋藏学及年代学问题

很多对中国手斧持否定意见的论述聚焦在标本出土地层和埋藏环境上。目前手斧标本绝大多数来自地表采集是不可否定的事实，对它们的年代及与其他器类的关系，以及附加在它们身上的有关古人类技术发展、人群迁徙和文化交流的意义，仅能通过宽泛的类型学与地层学对比来推断和引申，这在很大程度上制约了相关问题的深入研究和有意义的理论探讨。20世纪在百色盆地发现的手斧皆为采集品，对这些材料的时代判断和原生层位的阶地归属，学术界一直莫衷一是。幸运的是，近些年数件手斧标本被从原生地层中发掘出土[41]，证明该盆地早更新世晚期或中更新世早期的砖红壤沉积物中埋藏着手斧，并且运用裂变径迹法和钾氩法对取自地层里的玻璃陨石进行测年，结果为0.8Ma～0.7Ma BP，使部分手斧标本有了年代数据，百色盆地成为一些学者认可的在非洲之外于早-中更新世之交存在手斧的少数遗址之一[42]。其后这组数据被部分研究者类比、推广到盆地内外出产手斧的其他诸多地点，为脱离地层的大量手斧标本和无法找到有效测年手段的遗址找到了年代学的突破口。需要指出的是，将百色盆地各个地点采集到的手斧统统归为一个地层单元或一个时段是草率、武断的。这些手斧有可能是某个特定时代的产物，但目前这只是一种推测，而不是被证明了的事实；百色盆地存在不同时段手斧的可能性无法被排除。解决这个问题尚需更系统扎实的田野工作和对不同层位出土的标本做详实的类型学分析。

汉-洛-丹区域中的手斧也面临同样的问题。汉中手斧均为地表采集物，年代被推测为中更新世早期，只因为被推定的“出土”手斧的颜色偏红的黏土-粉砂层与百色盆地的砖红壤接近，虽然两个区域距离很远，而且没有进行过系统的地质学比较分析。

在洛南盆地，在几级河流阶地的地表皆散布着手斧，研究者推断他们应出自褐色黏土层，而且近年在该层的确发掘出土了少量手斧。研究者曾推测该盆地第2级阶地文化层的年代可能为0.5Ma ~ 0.25 Ma BP[43]，古地磁和光释光的测年结果表明，古人类在该盆地的活动遗迹在0.8Ma ~ 0.14Ma BP之间断续有存留[44]。有迹象表明，有些手斧可能属于晚更新世①，这将对古人群迁徙、适应和区域文化特点、发展不平衡性研究带来新的命题和视角。洛南盆地手斧的地层学和年代学研究仍然任重道远，发现手斧的各阶地文化层之间的关系不明朗，存在高阶地上文化遗存晚于低阶地者的现象，单靠传统的阶地对比和地貌分析不能解决全部问题。

在丹江库区，学堂梁子的手斧均为地表采集品，有的来自遗址之外。近几年，利用南水北调水利工程的契机，在遗址区进行了上千平方米的发掘，仍未见一件原地埋藏的手斧。对遗址文化层所做的电子自旋共振与古地磁测年分析的结果为1Ma ~ 0.8Ma BP[45]，但这样的数据无法与脱层的手斧标本建立明确的关系。近年在该地区发掘的几处遗址出土过少量手斧标本，但对原生地层的测年工作没有取得令人信服的结果，一般的做法是根据阶地归属和与百色地层的对比将它们推测为中更新世乃至早更新世晚期。

由此可见，中国两个手斧分布区的地层学和年代学研究目前皆陷入类似的困境。主要原因有三：①这些遗址分布于我国中南部红土沉积带，包含文化遗存的网纹红土或砖红壤酸性强，有机质难以存留，很难找到合适的标本做年代测定或沉积气候事件分析，无法依靠生物地层判断时代；②南方红土地层的变化和沉积韵律不明显，学术界对其研究相对滞后，还没有像对待北方黄土地层那样找出具有时代标志的层位和沉积规律，可以有效运用的沉积学、年代学和古环境学手段有限；③绝大多数手斧为采集品，其层位和时代归属具有先天的困难和不确定性。

脱离原生地层的采集品不仅难以断代，还会因为各类石制品的鉴别性或可视性差异以及采集者的兴趣倾向或人为取舍而导致类别失衡，数据失真，在判断器物组合、文化属性、技术特点、功能指向以及开展遗址间、区域间比较研究时会产生偏颇和误导。一组数据很能说明此问题：在对丹江库区做系统调查时采集的644件石制品中，手斧数量为51件，所占比例近8%；而在其中两处遗址的正式发掘中，得到各类石制品461件，手斧的数量为0[46]；据悉其他经正式发掘但尚未发表报告的遗址有数处出土了手斧，但数量稀少。百色枫树岛遗址采集石制品216件，其中手斧98件，比例高达45%，而在发掘出土的45件石制品中，手斧为5件，比例降为11%！因此，在做相关的讨论和分析时，一定要对材料来源和性质做客观、中肯的介绍和分析，这样得出的结论才能客观，才有说服力。

① 据王社江告知，他与澳大利亚学者合作做了大量测年工作，积累了很多尚未发表的数据，有的数据将某些地点和层位指向10万年内的晚更新世。

3. 技术与形态

之所以发生对中国旧石器时代是否存在真正手斧的争论，主要症结是：这里发现的所谓手斧大多数形态不规整，加工不彻底，器身厚重，缺失采用软锤技术的薄化程序，个体间形态和尺寸及加工程度变异大，规范化程度低，类型学标准难以掌握。表一列出对采自湖北郧县人遗址附近和百色盆地的若干标本的观测数据，从中可对中国旧石器时代手斧的形态和技术特征略见一斑。从平面看，这些标本两侧真正称得上对称者很少；从侧面看，刃缘多折曲，器身多厚钝且截面形态变异大，两面真正称得上对称者不多；从技术上看，两面加工多不均衡，往往一面修疤多另一面修疤少，且修理多施于尖半段，很少通体修制，修疤多短深，浅长平直的薄化修理疤罕见，表现为硬锤加工特征，鲜见软锤的技术痕迹。这样的技术与形态特点，应该使我们得出一个合乎逻辑的判断：工具制作者是以加工出一个可用的尖刃为目的，根端视情况需要偶尔做把手的钝化处理；制作者并不十分在乎两面、两侧的工整对称性，当对一面加工无法达到功能和形态要求时，便对另一面做辅助性的加工。而如果仅对一面做修制便可达到目的，制作者便不再费时费力做进一步的修制——这符合简约的原则，而且与因只有一面加工而被划归手镐的另一类工具便建立起功能的联系和操作链的关联。因此，一些学者将这类手斧称为手镐或“似手镐的手斧”（pick-like handaxe）有其合理性，但笔者认为依据类型学标准而称其为手斧更符合分类学原则，更有利于研究的深化细化。中国多数手斧的上述技术与形态特点同典型的阿舍利手斧所具备的通体加工、软锤技术、薄化修理、器身薄锐工整对称的加工策略和形态特征是有很大区别的，他们更符合博尔德（Bordes）分类体系的阿布维利手斧或“原型手斧”（proto-handaxe）而非阿舍利手斧。

或许洛南盆地的情况有所特殊。据悉从盆地采集到的手斧包括两种类型，原型手斧与阿舍利手斧。前者以砾石为原坯，尖端修理，根端一般保留石皮；后者以大石片或扁平砾石为毛坯，形状规则。其中80件被描述成泪滴状，周身经过系统的两面修制，显示纯熟的制作技术，被研究者认为是迄今为止在中国发现的制作最为精良的手斧，可与典型的阿舍利手斧相媲美[47]。另外，石制品中还包括薄刃斧119件、手镐231件，绝大多数标准、规范、精致，这使洛南盆地的手斧及相关器类组合比东亚任何一处遗址都更加接近西方的阿舍利工具体系。但需要指出的是，这些手斧仍然缺失软锤修薄的技术特征，显示与西方同类器物一定程度的不同；而且由于绝大多数手斧采自地表，最近虽有手斧、薄刃斧等标本发掘自原生地层，但资料尚未发表，我们目前无法知晓洛南盆地的原型手斧与阿舍利手斧是否属于同一时代、同一文化组合，二者的关系怎样，也无从研判它们的发展是否经历了不同技术阶段或演变过程。信息的缺乏使进一步的讨论受到了制约。

表一　郧县学堂梁子和百色那赖遗址手斧观测统计表

标本	长度（mm）	宽度（mm）	厚度（mm）	重量（g）	素材	岩性	尖部形态	两面疤数	石皮分布	两面对称	两边对称	根部石皮
郧县EP334（采）	133	74	29	241	裂片	燧石	矛尖状	7/7	一面	否	否	有
郧县EP313（采）	200	126	44	1287	裂片	燧石	矛尖状	4/6	一面	否	否	有
郧县EP343（采）	222	105	68	1396	砾石	燧石	矛尖状	2/6	一面	否	否	有
郧县EP342（采）	214	104	62	1099	石核	燧石	矛尖状	11/16	两面	否	否	有
郧县EP500（采）	153	99	44	697	裂片	燧石	矛尖状	8/5	一面	否	否	有
郧县EP304（采）	201	110	57	1088	砾石	燧石	矛尖状	4/8	一面	是	否	有
郧县EP303（采）	194	120	49	1074	裂片	燧石	舌状	5/4	一面	否	是	有
郧县EP9502（采）	183	107	62	1396	裂片	燧石	舌状	4/6	一面	否	否	有
郧县EP9050（采）	149	96	46	515	裂片	燧石	矛尖状	3/7	无	是	否	有
那赖00880（采）	158	150	77	1276	砾石	细砂岩	舌状	11/7	两面	否	是	有
那赖00868（采）	200	145	84	2086	砾石	砂岩	舌状	8/7	一面	否	否	有
那赖00871（采）	190	145	59	1452	砾石	细砂岩	舌状	7/8	两面	否	是	有
那赖00872（采）	179	110	84	1665	砾石	细砂岩	舌状	5/3	两面	否	否	有
那赖00875（采）	183	130	70	1625	砾石	砂岩	舌状	9/4	两面	否	是	有
那赖00870（采）	156	143	86	1569	断块	粉砂岩	舌状	10/6	一面	否	否	有
那赖00867（采）	225	158	90	2189	断块	细砂岩	舌状	5/8	两面	否	否	有
那赖00874（采）	153	133	66	1009	断块	粉砂岩	舌状	7/8	一面	否	否	有
那赖00873（采）	131	121	86	1067	断块	粉砂岩	舌状	9/6	无	否	否	有
那赖：10（采）	224	135	79	2314	石核	砂岩	舌状	4/13	两面	否	否	无
那赖EA：1（采）	137	118	79	934	石核	细砂岩	舌状	9/8	两面	是	是	有
那赖EB：8（采）	156	122	89	1197	断块	粉砂岩	舌状	7/6	一面	是	是	有

续表

标本	长度（mm）	宽度（mm）	厚度（mm）	重量（g）	素材	岩性	尖部形态	两面疤数	石皮分布	两面对称	两边对称	根部石皮
那赖SA：16（采）	154	134	72	1397	砾石	粉砂岩	舌状	7/12	两面	否	否	有
那赖采：8（采）	213	123	81	1772	砾石	砂岩	舌状	14/9	无	否	是	有
那赖SAT10：842	169	133	96	1679	残块	粉砂岩	舌状	7/6	一面	否	是	有
那赖SAT13：975	176	134	93	1903	砾石	砂岩	舌状	10/4	两面	否	是	有
那赖SAT15：927	188	132	86	1658	石片	粉砂岩	舌状	7/3	一面	否	否	有
那赖SAT16：678	148	106	68	842	断块	砂岩	舌状	21/9	一面	否	否	无
那赖NT11：892	158	137	60	1093	石核	泥质岩	舌状	6/3	两面	否	否	有
那赖NT7：360	176	124	70	1197	石核	砂岩	矛尖状	8/5	两面	否	否	有
那赖NT2：790	169	134	66	1227	砾石	砂岩	舌状	10/7	两面	是	否	有
那赖NT4：806	183	143	78	1982	石核	砂岩	舌状	6/2	两面	是	是	有
那赖SAT15：1615	164	127	73	1280	石核	细砂岩	矛尖状	6/14	两面	否	是	有
那赖SAT12：1556	145	105	75	1254	石核	细砂岩	舌状	9/8	两面	否	否	有
那赖SAT13：1162	187	170	90	2416	石核	砂岩	矛尖状	10/5	两面	否	否	有
那赖EAT20：130	159	113	78	1390	砾石	粉砂岩	舌状	10/3	两面	否	是	有
那赖SAT10：1652	116	111	72	829	石核	粉砂岩	舌状	7/5	一面	否	否	有
那赖SAT16：1567	139	102	85	745	断块	粉砂岩	舌状	13/4	一面	否	否	有
那赖SAT14：1593	170	156	118	2557	石核	砂岩	舌状	8/7	一面	否	否	有
那赖SAT12：1804	167	116	83	1482	断块	砂岩	舌状	16/10	无	否	否	无
那赖SAT12：1807	245	160	103	3171	石核	砂岩	舌状	10/2	两面	否	否	有

注：此表数据由冯小波提供。

五、相关问题讨论

前文对手斧的类型学标准做了界定，认为在这一标准下，处于争论中的很多标本可以被确定为手斧。但从标本的分布区域、在石制品组合中的数量及其形态、技术特征方面不难看出，这些材料存在着数据不详实和地层与时代的不确定性，以及形态的变异性和地区的特殊性。这类器物在中国旧石器时代文化体系中占据怎样的地位？其功能如何？他们对研究先民的适应生存模式、技术与智能发展、不同地区人群的迁徙互动有何启示？下文将尝试做些肤浅的探讨。

1. 手斧在中国旧石器文化体系中的局限性及认识上的误区

目前看来，手斧在中国旧石器时代遗存中是十分局限的。在广西百色盆地和陕东南—鄂西北的汉-洛-丹区域之外，鲜有手斧标本被发现，一些零散的报道存在信息不完备和归属的不确定性，甚至有错定误报的现象。陕西蓝田地区从涝池河和平梁获得的2件手斧经常被引述[48]，不知情者误认为出自于蓝田猿人（公王岭）遗址，其实它们都是从遗址之外的地表采集的，与蓝田猿人的技术与生存无法建立任何关系；山西的丁村遗址被少数学者贴上手斧工业的标签，其实经常被引述为最典型、最具代表性的那件“似手斧”（P.1889）采自遗址区外约5km远处的沙女沟地表，被认为可能是一件新石器时代磨制手斧的原坯，与丁村旧石器文化没有任何联系[49]。而其他“丁村手斧”皆归属于尖状器或手镐类。这些标本缺乏两面加工和两面对称的性状，不符合哪怕是最宽泛的手斧标准。将采集于遗址区外脱层的零星标本归入某个遗址的文化体系，或者人为改变某些标本的类型学属性，从而将某些重要的旧石器文化打上手斧的烙印，是不严肃的，会对后学者和不了解详情的外国学者带来误导误解；同样的分析也适合于乾县、三门峡等地的所谓手斧。这些地区出现少量手斧本不足为奇，因为靠近汉-洛-丹手斧区，完全可能受到其文化的辐射，但这区区几件被报道的标本脱离地层，并缺乏典型的类型学特征，难以成为实证。而如果至今还坚持认定周口店遗址出土手斧，那或者是因为对周口店的标本未做观察和研究，或者是对手斧的概念模糊不清。仅仅例举少量存疑的标本或者靠凭空论断就将手斧文化的覆盖区扩展开来，未免太主观和随意。要确定一个文化体系及其分布的区域，需要确凿的证据，需要对相关材料做扎实的分析，需要数据的支持。

手斧在中国旧石器时代遗存中数量是稀少的。即使在两个手斧分布区内，该器类也没能在任何一个遗址的石器组合中占据优势，他们的数量要远远小于砍砸器和手镐类。对于从一些遗址或区域采集到“丰富”数量手斧的现象要加以分析，须知这些标本的聚集往往经过采集时间和地点的叠加，含有很强的人为取舍的偏颇（bias），而非来自经科学设计的随机取样。将他们与经发掘的遗址出土的各类标本的比例做一比较就会一目了然。不考虑这样的因素而一味强调手斧在一个遗址或区域的优势地位与作用是不严谨的，会误人误己。

既然手斧的分布范围十分局限，既然手斧的数量十分稀少，在任何一个遗址的工具组合中均不占优势，那只能得出这样的结论：这类工具在中国旧石器时代文化体系中是非主流的，其地位与作用是辅助性的、边缘化的，对表征中国乃至东亚地区旧石器时代文化传统和技术特点只是绿叶，而非红花。我们切不可一叶障目，过于强调这类器形而扭曲了远古文化的本来面貌。

2. 原型手斧、手镐与砾石石器体系

中国旧石器时代的手斧大多可划归“原型手斧”亚型。这类工具在制作技术和形态上与手镐基本一致，加工着力点和可用部位皆落在尖刃部，都是一端尖锐以利功用，另一端厚钝以便抓握。据笔者观察，在含手斧的遗址中，手斧与手镐是相伴而生的，而且手镐数量多于手斧。手镐系一面加工者，一些标本的加工面与砾石自然面形成双凸形，与手斧的横截面近似。如果将这样的手镐与非均衡两面加工和均衡两面加工的手斧放到石器加工的操作链上观察，不难得出这样的结论：它们是同一类器物不同加工程度的产物，是类型学的局限而导致它们的同质异类。它们同时出现在同一组合中，在形态与功能上基本重叠，没有互补性，作为性质不同的两类工具并存是不合逻辑的。

西方阿舍利工具组合中的手斧在功能上被归类为大型砍切工具（Large Cutting Tools），很多研究者认为它们是多用途工具。与之相比，原型手斧和手镐不具有舌形或弧状刃缘，不具备砍切的功能；其尖锐的刃口和厚重的器身使它更适于挖掘，因此在功能上它们应该被称为“大型挖掘工具”（Large Digging Tools）[50]。我国旧石器时代的原型手斧-手镐组合基本上局限在秦岭以南的砾石石器文化体系中，同简单的石核、石片和大型砍砸器共出，有理由认为它们是中国南方乃至东南亚砾石石器体系中的特定成员，与该体系中的主力器形砍砸器所拥有的砍-劈-切功能相辉映和补充，在先民的生产和生活中起着特定的作用。原型手斧易于制作，其技术需求和生产工序与砍砸器具有相似性，但对原料的需求具有特殊性：皆以大型河卵石作为毛坯，利用卵石的扁平、浑圆或卵状的天然形态进行打制加工，将人工技巧与自然造化有机结合起来。这是一种简单但有智慧的工具制作策略，体现了先民因地制宜的聪明才智和适应生存能力[51]。而中国南方发达的水系对砾石的冲磨搬运能力为这种技术的发挥和相关文化的发展创造了充分的条件。

3. 洛南盆地与中国旧石器时代的“阿舍利”元素

典型阿舍利手斧区别于原型手斧的要点在于前者有一套规范成熟的制作技术，包括制坯、成型、修边、薄化处理，使用软锤技术，形态工整对称，两面、周边经过均衡、精细的修制，器身薄锐，周边刃缘皆可使用，通常伴随配套工具，如薄刃斧和手镐。该技术体系在人类演化的早期堪称复杂和高级，注定它不会被轻易发明和复制，不可能传播得十分普遍，必然会有时间与空间的局限性。

中国旧石器时代是否存在阿舍利工具体系？少数学者常常举百色手斧之例予以肯定的回答。百色的手斧含有一定数量的舌形刃口者[52]，这类标本与阿舍利手斧具有某种程度的相似性，但百色的标本鲜有明显经薄化处理者，均衡的两面加工和周身修制的性状也缺乏，而且缺失常与手斧配套的薄刃斧，因而西方的学者将其称为“似阿舍利”（Acheulian-like），而很少直接将其归入阿舍利传统。

或许洛南盆地正演绎着不同的故事。这里发现的手斧包括了原型手斧与阿舍利手斧两个亚型，前者与其他地区的同类器形基本一致，而后者在中国其他地区鲜有可比者，与典型的阿舍利手斧近似，且与薄刃斧、手镐伴生，这使得洛南盆地某些石制品具备了阿舍利工具体系的技术、形态和类型学元素。但需要指出的是，即使是这些很形似阿舍利手斧的标本，也没有表现出典型阿舍利手斧的薄化技术和薄锐形态特征，也见不到软锤技术的踪影。或许我们可以解释为原料的不同使然，洛南的手斧原料为石英岩和石英砂岩，比之西方常用的燧石材料更难驾驭、更难剥离下长而平直的石片。如果洛南的这类手斧属于晚更新世的可能性得到确证，那它们与西方的阿舍利体系就存在着难以跨越的时代鸿沟，而与近来在韩国发现的很多遗址出土的手斧就可能建立起时代和文化传播的关联性[53]，铭刻着东亚某些区域的古人类群体在那一时段面对特定资源环境而生存演化的特殊印记。它们或许只是与阿舍利工具体系具备了某些相似性，但并没有文化的关联性，所谓“文化趋同”是也。

4. 中国旧石器时代手斧的“本土起源+外来影响”说

中国砾石石器体系中的手斧这类工具起源于哪里？学术界对此问题的探讨热衷而又流于蜻蜓点水。对于百色的手斧，学术界提出人群迁徙-文化交流与传播的可能性，并认为新近对印度某些含手斧遗址年代的重新测定所获得的早更新世年代数据，使得经印度半岛向东传播手斧技术的可能性增大[54]。但目前二者之间还有巨大的手斧空白区，传播的路线还无法确立，因而本土起源与演化的可能性无法被摒弃[55]。

对于洛南更接近阿舍利风格的手斧及其组合，提出“西来说”似乎更易于被接受。但同样的问题，传播路线无法找到。从地貌角度看，手斧从印度次大陆经华南（百色）北上似乎是最合理的选项，但在百色盆地和汉-洛-丹地区之间鲜见手斧的身影。如果我们接受“传播说”，则还需回答这样一些问题：是原型手斧与阿舍利手斧作为一套组合同时传播进来，还是原型手斧在先，阿舍利手斧在后？亦或是前者在这里演化为后者？如果以阿舍利手斧、薄刃斧、手镐为代表的模式2技术体系传播到了这里，为何没有像在旧大陆西侧那样发展进入模式3——莫斯特技术体系？如果洛南的手斧存在于10万年内的晚更新世，为何在西方的阿舍利工具体系早已销声匿迹后这里有如此之晚的孑遗？

远古人群居无定所，迁徙流动是生存的常态，因而文化与技术的传播与交流时而发生，这不足为奇。旧石器时代早期人群从西方迁徙到东亚，带来手斧等工具在情理之中，反之，东方人群迁徙到欧亚大陆西侧，带去东方的技术和生存方式也合乎逻辑。但远古人数稀少，迁徙是在觅食动力驱使下的无固定目标、无特定方向的自然、缓慢过程，因而伴随的文化交流与传播应该是小规模的涓涓细流，不该想象成现代式的大规模移民浪潮，“外来的”人群与文化更多是与本土人群及其文化的融合，而不是更新替代。从技术、形态特点、生态环境和与其他文化遗存的相关性分析，笔者认为中国旧石器时代的手斧更应该考虑本土起源的可能性，这是因为：①原型手斧技术简单，没有复杂的工序和流程，很容易施加在大型砾石原料上；②这里的手斧数量稀少，在任何一个遗址或石器组合中都不占统治地位；③含手斧的遗址少而零散，区域间无法建立有机的联系，无法确立传播的路径；④除洛南盆地的一些特例，中国的手斧大多缺乏与薄刃斧等阿舍利体系中其他器形的共生关系；⑤多数手斧标本近似手镐，以生产出可用的尖刃为目的，缺乏典型阿舍利手斧的软锤加工、周身修制、两面（侧）对称均衡加工、薄化处理和器体工整对称的特征；⑥这类工具局限在中国中—南方的砾石石器区域内，具有简单粗犷硕大的风格特点，与其他砾石工具体系内的器形构成有机的组合，与手镐具有同质性，与主体器形——砍砸器具有功能的互补性；⑦如果作为一个移植自西方的技术体系的代表，它缺乏与西方母体体系的同步延展性，没有演变为莫斯特技术体系。因而，手斧及其组合应是长期存在于中国乃至东亚旧石器时代砾石石器体系特定时段的成员，是在砾石原坯上简单加工出的尖刃类工具内发展出的一种变体，具有深远的本土之根。当然，在其形成过程中不排除来自西方文化与技术的影响，或许二者在适合的土壤上进行了有机的融合。在此暂且把这种可能性概括为中国旧石器时代手斧的“本土起源＋外来影响”说。主干源头与支流的融入、影响的关系不可颠倒。

5. 关于手斧的功能及其反映的古人类生存行为

手斧的功能及其反映的古人群生存模式也是学术界讨论的热点，西方学者多有论述[56]。远古时期的石器很多是多功能工具，手斧亦然，单纯凭借其形态特征而强调它的某种功能很可能会陷入主观和片面的误区，关键是看它与其他器类如何搭配和对特定生存资源开发的功用。目前在中国发现的手斧皆分布于我国三大地貌单元的第二级阶梯上，似乎指向特定的海拔区间和气候带；同时皆发现于山间盆地中，这与印度、韩国的情况相似。或许正是这样的生态环境导致这类工具的应需而生。与西方阿舍利手斧周边具有薄锐锋利的刃口不同，中国的手斧大多仅在尖部具有可用的刃口，因而其功能不可能是砍切（Cutting），而更可能是挖掘（Digging）。挖掘的对象应该是可食性植物的根茎。最近我们对洛南盆地手斧所做的有限的残留物分析对上述推测提供了佐证。而山间盆地所具有的生物多样性和近水、开阔的生态小环境为寻找这类食材提供了适宜的条件。手斧所依附的砾石石器工具体系分布于中国中部和南方，这些地区在更新世是大熊猫-剑齿象古动物群的分布区，处于热带-亚热带气候环境，被茂密的丛林覆盖。在这样的生态环境下，采集植物性食材成为食物获取的主要方式，狩猎十分困难[57]，因而这里的工具主体是用于砍伐的砍砸器和用于挖掘的手斧-手镐类。而大江大河水系的发育，冲磨搬运很多大型卵石，为先民制作工具提供了充裕的原料，先民得以就地取材，将易于获得的砾石简单加工成权宜工具，满足他们生产和生活的需求。

六、结　语

中国旧石器时代文化体系中存在着手斧这一类型。但中国的手斧在形态上、技术上、工具组合中所占的比例上和分布的地域范围上与旧大陆西侧有很大区别；大多数手斧（除发现于洛南盆地的少数标本）与手镐应属同质异型，是中国乃至东南亚砾石石器文化的特定成员，是更新世生活在热带-亚热带的先民开发利用植物根茎食材的大型挖掘工具。它们在渊源上有本土砾石文化的根基，但也可能受到小规模人群迁徙和文化交流的影响，体现着“本土起源＋外来影响”的演化融合过程。它们的存在说明用手斧的存与否作为标准将东亚地区与其西侧的旧大陆划分为两个旧石器文化圈不再适用，但东西方远古文化与技术的差异不可因此而全盘抹杀，而且这种差异不但发生在两大区域之间，也显见于两个地区之内[58]，这是旧石器时代人类演化与文化发展多样性的一部分，是不同地区的人群对当地生态环境适应生存的结果。

目前在中国发现的旧石器时代的手斧存在着材料上的不完备性和研究上的肤浅性，体现在绝大多标本采集于地表，地层和时代归属具有不确定性；个别所谓的“典型标本”的出土地和时代及文化归属被误植，对学术界造成误导和纷扰；对手斧标本的描述与分析多停留在人为取舍、为我所用、主观定性的层面，缺乏客观全面的分析和详实的观测、统计数据；很多争端缘起于缺乏能被普遍接受和共同遵循的类型学标准，陷入无谓的术语表层纷争；有些论断呈现出理论的跳跃，缺乏对材料认真分析的坚实基础和严谨的推理过程。

近来的研究展现出新的苗头和态势：一些含手斧的遗址被规范发掘，系统的测年工作逐步展开，所出土的材料被全面统计分析和客观报道；探求石器功能和所开发利用的资源种类与方式的微痕分析和残留物分析等现代科技手段开始被应用于部分标本和遗址的研究；运用现代信息手段对标本做精确的形态-技术观测和全面、详实的数据提取分析已在被尝试，“用数据说话”正在成为学术的规范和共识；研究的视野在拓宽，对东、西方相关材料的准确把握和驾驭的能力在提高，与西方学术界的交流与接轨在加快。通过这些努力，我们有望改变长期以来陷入的主观、片面的研究模式，而真正揭示出中国手斧及相关材料的学术内涵和价值，为探讨更新世人类生存演化的规律性和多样性做出不愧于丰富材料的应有贡献。

致谢：冯小波、王頠、李超荣、王社江和王幼平提供了部分标本的统计和测量数据及相关信息，徐欣、关莹和张晓凌提供了文字和文献资料方面帮助，审稿专家提出了有益的意见和建议。

参考文献

[1] Movius H. The Lower Paleolithic Culture of Southern and Eastern Asia. Transactions of the American Philosophical Society, 1948, 38(4): 329-420; Movius H L. Lower Paleolithic Archaeology in Southern Asia and the Far East//Howells W W. Studies in Physical Anthropology, No.1: Early Man in the Far East. Detroit: American Association of Physical Anthropologists, 1949.

[2] Huang W W. The Early Paleolithic of China. Quaternary Research, 1989, 28(4): 237-242; 黄慰文. 东亚和东南亚旧石器初期重型工具的类型学——评Movius的分类体系. 人类学学报，1993，12（4）：297-304.

[3] Schick K D. The Movius Line Reconsidered: Perspectives on the Earlier Paleolithic of Eastern Asia//Corruccini R S, Ciochon R L. Integrative Paths to the Past: Paleoanthropological Advances in Honor of F. Clark Howell. New Jersey: Prentice Hall, 1994: 569-596; 林圣龙. 中西方旧石器文化中的技术模式的比较. 人类学学报，1996，15（1）：1-20.

[4] Breuil H. L'état actuel de nos connaissances sur les industries paléolithiques de Choukoutien. L'Anthropologie, 1935,45: 740-746.

[5] Pei W C. A Preliminary Study on a New Paleolithic Station Known as Locality 15 at Zhoukoutien. Geological Bulletin of China, 1939, 19(2): 147-187.

[6] 裴文中，贾兰坡. 丁村旧石器//裴文中，吴汝康，贾兰坡，等. 山西襄汾县丁村旧石器时代遗址发掘报告. 北京：科学出版社，1958：97-111.

[7] 贾兰坡. 中国发现的手斧. 科学通报，1956（12）：39-41.

[8] 邱中郎. 陕西乾县的旧石器. 人类学学报，1984，3（3）：212-214.

[9] Freeman LG. Paleolithic Archaeology and Paleoanthropology in China. Paleoanthropology in the People's Republic of China, CSCPRC Report, 1977: 79-113.

[10] 黄慰文. 中国的手斧. 人类学学报，1987，6（1）：61-68.

[11] Hou Y M, Potts R, Yuan B Y, et al. Mid-Pleistocene Acheulean-like Stone Technology of the Bose Basin, South China. Science, 2000, 287(5458): 1622-1626.

[12] 谢光茂. 关于百色手斧问题——兼论手斧的划分标准. 人类学学报，2002，21（1）：65-73.

[13] 王頠，莫进尤，黄志涛. 广西百色盆地大梅南半山遗址发现与玻璃陨石共生的手斧. 科学通报，2006，51（18）：2161-2165.

[14] 李超荣，冯兴无，李浩. 1994 年丹江口库区调查发现的石制品研究. 人类学学报，2009，28（4）：337-354.

[15] Wang S J. Perspectives on Hominid Behaviour and Settlement Patterns: A Study of the Lower Palaeolithic Sites in the Luonan Basin, China. Oxford: British Archaeological Reports, 2005; 陕西省考古研究院，商洛地区文管会，洛南县博物馆. 花石浪（Ⅰ）——洛南盆地旷野类型旧石器地点群研究. 北京：科学出版社，2007.

[16] 黄慰文，侯亚梅，高立红. 中国旧石器文化的“西方元素”与早期人类文化进化格局. 人类学学报，2009，28（1）：16-25.

[17] Pei W C. Professor Henri Breuil, Pioneer of Chinese Palaeolithic Archaeology and Its Progress After Him. Miscelanea en Homenaje al Abate Henri Breuil, Tomo 2. Barcelona, 1965: 251-271.

[18] 裴文中，张森水. 中国猿人石器研究. 北京：科学出版社，1985.

[19] 戴尔俭. 旧大陆的手斧与东方远古文化传统. 人类学学报，1985，4（3）：215-222.

[20] 林圣龙. 对九件手斧标本的再研究和关于莫维斯理论之拙见. 人类学学报，1994，13（3）：189-208；林圣龙，何乃汉. 关于百色的手斧. 人类学学报，1995，14（2）：118-131；林圣龙. 关于全谷里的手斧. 人类学学报，1995，14（3）：189-205.

[21] Koeberl C, Glass B P, Keates S G. Tektities and the Age Paradox in Mid-Pleistocene China. Science, 2000, 289(5479): 506.

[22] 林圣龙. 评《科学》发表的《中国南方百色盆地中更新世似阿舍利石器技术》. 人类学学报，2002，21（1）：74-82.

[23] Covinus G. *Homo erectus* in East and Southeast Asia and the Questions of the Age of the Species and Its Association with Stone Artifacts, with Special Attention to Handaxe-like Tools. Quaternary International, 2004, 117(1): 141-151.

[24] Debénath A, Dibble H L. Handbook of Paleolithic Typology: Lower and Middle Paleolithic of Europe. Philadelphia: University of Pennsylvania, 1994.

[25] Bordes F. Typologie du Paléolithique Ancient et Moyen. Publications de l'Institut de Préhistoire de l'Univeresité de Bordeaux. Mémoire, 1961, 13(1,2).

[26] 贾兰坡. 中国发现的手斧. 科学通报，1956（12）：39-41.

[27] 裴文中，张森水. 中国猿人石器研究. 北京：科学出版社，1985.

[28] 张森水. 中国旧石器文化. 天津：天津科学技术出版社，1987.

[29] 黄慰文. 东亚和东南亚旧石器初期重型工具的类型学——评Movius的分类体系. 人类学学报，1993，12（4）：297-304.

[30] 林圣龙. 对九件手斧标本的再研究和关于莫维斯理论之拙见. 人类学学报，1994，13（3）：189-208.

[31] 谢光茂. 关于百色手斧问题——兼论手斧的划分标准. 人类学学报，2002，21（1）：65-73.

[32] 广西壮族自治区博物馆，黄启善．百色旧石器. 北京：文物出版社，2003；Zhang P, Huang W W, Wang W. Acheulean Handaxes from Fengshudao, Bose Sites of South China. Quaternary International, 2010, 223-224: 440-443.

[33] 黄慰文. 中国的手斧. 人类学学报，1987，6（1）：61-68.

[34] Wang S J. Perspectives on Hominid Behaviour and Settlement Patterns: A Study of the Lower Palaeolithic Sites in the Luonan Basin, China. Oxford: British Archaeological Reports, 2005; 陕西省考古研究院，商洛地区文管会，洛南县博物馆. 花石浪（Ⅰ）——洛南盆地旷野类型旧石器地点群研究. 北京：科学出版社，2007.

[35] de Lumley H, Li T Y. Le site de l'homme de Yunxian. Paris: CNRS éDITIONS , 2008.

[36] 李超荣，冯兴无，李浩. 1994 年丹江口库区调查发现的石制品研究. 人类学学报，2009，28（4）：337-354.

[37] 林强. 广西百色田东坡西岭旧石器时代遗址发掘简报. 人类学学报，2002，21（1）：59-64；裴树文，陈福友，张乐，等. 百色六怀山旧石器遗址发掘简报. 人类学学报，2007，26（1）：1-15；谢光茂，林强. 百色上宋遗址发掘简报. 人类学学报，2008，27（1）：13-22；谢光茂，林强，黄鑫. 百色田东百渡旧石器遗址发掘简报. 人类学学报，2010，29（4）：355-371；侯亚梅，高立红，黄慰文，等. 百色高岭坡旧石器遗址1993年发掘简报. 人类学学报，2011，30（1）：1-12；黄胜敏，刘扬，郭耀峥，等. 广西百色百峰遗址发现的石制品. 人类学学报，2011，30（3）：307-312.

[38] 裴树文，关莹，高星. 丹江口库区彭家河旧石器遗址发掘简报. 人类学学报，2008，27（2）：95-110；周振宇，王春雪，高星. 丹江口北泰山庙旧石器遗址发掘简报. 人类学学报，2009，28（3）：246-261.

[39] 李超荣，冯兴无，李浩. 1994 年丹江口库区调查发现的石制品研究. 人类学学报，2009，28（4）：337-354.

［40］ 高星，裴树文. 三峡远古人类的足迹：三峡库区旧石器时代考古的发现和研究. 成都：巴蜀书社，2010.

［41］ 王頠，莫进尤，黄志涛. 广西百色盆地大梅南半山遗址发现与玻璃陨石共生的手斧. 科学通报，2006，51（18）：2161-2165.

［42］ Scott G R, Gibert L. The Oldest Hand-axes in Europe. Nature, 2009, 461(7260): 82-85.

［43］ 陕西省考古研究院，商洛地区文管会，洛南县博物馆. 花石浪（Ⅰ）——洛南盆地旷野类型旧石器地点群研究. 北京：科学出版社，2007.

［44］ 鹿化煜，张红艳，王社江，等. 东秦岭南洛河上游黄土地层年代的初步研究及其在旧石器考古中的意义. 第四纪研究，2007，27（4）：559-567.

［45］ de Lumley H, Li T Y. Le site de l'homme de Yunxian. Paris: CNRS éDITIONS , 2008.

［46］ 裴树文，关莹，高星. 丹江口库区彭家河旧石器遗址发掘简报. 人类学学报，2008，27（2）：95-110；周振宇，王春雪，高星. 丹江口北泰山庙旧石器遗址发掘简报.人类学学报，2009，28（3）：246-261.

［47］ Wang S J. Perspectives on Hominid Behaviour and Settlement Patterns: A Study of the Lower Palaeolithic Sites in the Luonan Basin, China. Oxford: British Archaeological Reports, 2005; 陕西省考古研究院，商洛地区文管会，洛南县博物馆. 花石浪（Ⅰ）——洛南盆地旷野类型旧石器地点群研究. 北京：科学出版社，2007.

［48］ 黄慰文. 中国的手斧. 人类学学报，1987，6（1）：61-68.

［49］ 王向前，朱晓东. 丁村“似‘手斧’石器”的时代问题//山西省考古研究所. 汾河湾——丁村文化与晋文化学术研讨会文集. 太原：山西高校联合出版社，1996：37-40.

［50］ Gao X. The Nature of Paleolithic Handaxes from China and Its Implications for Lower Paleolithic Cultural Variation//Yi S. Handaxes in the Imjin Basin: Diversity and Variability in the East Asian Paleolithic. Seoul: Seoul National University Press, 2011: 193-217.

［51］ 高星，裴树文. 中国古人类石器技术与生存模式的考古学阐释. 第四纪研究， 2006，26（4）：504-513.

［52］ 袁俊杰，武成浩，侯亚梅，等. 百色盆地舌形刃重型工具的三维有限元应力分析. 人类学学报，2008，27（2）：111-119.

［53］ Yi S. Handaxes in the Imjin Basin: Diversity and Variability in the East Asian Paleolithic. Seoul: Seoul National University Press, 2011.

［54］ Dennell R. An Earlier Acheulian Arrival in South Asia. Science, 2011, 331(6024): 1532-1533.

［55］ Dennell R. The Palaeolithic Settlement of Asia. Cambridge: Cambridge University Press, 2009.

［56］ Clark J D. The Acheulean Industrial Complex in Africa and Elsewhere//Corruccini R S, Ciochon R L. Integrative Paths to the Past: Paleoanthropological Advances in Honor of F. Clark Howell. New Jersey: Prentice Hall, 1994: 451-469; Wynn T. Handaxe Enigmas. World Archaeology, 1995, 27(1):

10-24.

[57] Binford L R. Constructing Frames of References: An Analytical Method for Archaeological Theory Building Using Hunter-gatherer and Environmental Data Sets. Berkeley: University of California Press, 2001; 陈胜前. 中国狩猎采集者的模拟研究. 人类学学报，2006，25（1）：42-55.

[58] 王幼平. 中国远古人类文化的源流. 北京：科学出版社，2005.

（原载于《人类学学报》2012年第31卷2期）

制作工具在人类演化中的地位与作用

一、引　　言

制作和使用工具是人类区别于其他动物的重要标志，曾经被认为是人类独有的行为能力，并据此对“人”作定义。目前已知很多动物，尤其是高等灵长类中的黑猩猩等，也会在某种程度上制作和使用工具。于是，工具制作和使用不再被认为是人类的专属行为特征，人不再被定义为工具的制造者，似乎工具制作和使用对人的标识作用有所降低。新的考古发现将人类制作和使用石器的历史不断前推，最早的记录已至330万年前，超出了能人的时间界限，于是“最古老的石器并非人造”等言论充斥媒体。观察表明，一些猴子可以敲打出锋利的石片，可以与人类的某些作品鱼目混珠，于是有人担心考古学已经无法对人类的产品作有效的辨认和鉴别，对旧石器时代考古学的方法和结论产生了一定的质疑。如何看待这些问题？如何认识制作和使用工具在人类演化中的地位与作用？这是本文试图探讨的问题。

二、对人类身份的界定：从工具制作到直立行走

人类不断探究自己的历史，也不断为自己作定义和注解。本杰明·富兰克林对人的定义“人是一种会制作工具的动物”（Man is a tool-making animal）曾经被很多学者推崇和引用[1]。恩格斯在《自然辩证法》中提出“劳动创造了人本身”的论断，并在《劳动在从猿到人转变过程中的作用》一文中提出“劳动是从制作工具开始的”。这样的论述在很长时间内成为影响深远的经典名言，使工具制作被认作人类所独有的行为能力，这一能力的发展对人类本身的塑造起到至关重要的作用。

但其后的观察发现，人并非是工具的唯一制作者。很多动物，包括鱼类、鸟类和灵长类，都具有使用工具乃至简单制作工具的能力。最著名的案例是黑猩猩，能够把树枝、草棍去除枝叶，甚至把一端咬开扩展，伸到蚁穴中引白蚁攀爬而成为口中美

食[2]。这使学术界意识到像黑猩猩这样的动物不仅能使用自然的工具，还能将自然物加以改造，即制作工具。黑猩猩还被观察到把木棍折断，用牙齿将一端弄尖，做成标枪样式的武器来进行狩猎；会用石块或木头砸开坚果；会借助树棍来取食疣猴的脑髓和长骨中的骨髓；会用木棍取食蜂蜜；黑猩猩和狒狒还会把树叶咀嚼成海绵状来吸取不易喝到的水。猩猩、大猩猩也被观察到类似的使用工具的情形。这表明非人灵长类具有一定程度的对身体之外的空间与材料的认知和借助工具达成某种目标的能力。其他动物也有使用工具乃至简单制作工具的行为能力，例如山魈会用经修理的一截木棍来清理耳朵和脚趾甲，乌鸦把细树枝或荆棘撕下衔住，作为喙的延伸，伸到树洞中捉出隐藏的虫子，……

由于有了这些观察结果，学术界认识到人类不再是能够制作和使用工具的唯一动物，工具制作也就不再被作为人类的特定标志，学术界转而寻找其他特征将人类与其他动物，尤其是非人灵长类，加以区别开来。于是，两足直立行走成为人类最根本的体质与行为特征。

当然，对人类两足直立行走的表述是有一定限定条件的：①仅在灵长类的范畴内，而不能跨出这个范畴，因为鸡、鸭、鹅、袋鼠等动物也是可以两足行走或跳行的（当然与人类的直立和行走方式有诸多的不同）；②人类的直立行走是常规的行为方式，而不是偶尔为之，因为猩猩、熊等也会短时间直立行走。至于人类两足直立行走的能力是如何发展出来的，学术界并未取得统一的认识。一般认为，是当初人类先祖的家园——非洲气候变冷变干，树栖古猿赖以生存的森林减少，促使部分古猿到地面生活，从而发展为直立行走，并进而用双手制作和使用工具[3]。也有学者认为，是人类基因的突变，导致圆瘤状大脚趾的诞生，改变了足部的结构、承重能力和运动方式，才使人类先祖偶尔在地面上步履蹒跚的直立行走变成常规、稳健的行动方式[4]。很可能，基因突变打造了直立行走的生理基础，而解放双手、制作工具则使手脚产生了明确的分工，而这样的变化因有利于生存演化而经自然选择得以保留和扩散，并进而发生人类一系列相应的体质和行为变化[5]。

三、人类早期的工具与其他灵长类使用或制作的工具的区别

是否因为其他动物也能在一定程度上制作和使用工具，工具的制作和使用对于定义人类，对于研究人类与其他动物的区别就不再重要了？答案应该是否定的。

首先我们应该对“工具”有明确的定义和理解。不同学者对工具有不同的定义，但基本的认同是：工具是动物身体之外的物件，被用来获得、改造和加工其他的物件或者对动物本身施加一定的作用[6]。工具的种类可以是多种多样的，大自然中存在的

各种可以搬动的物质都可以被用来作为工具。就人类的工具而言，材质可以是石头、木头、竹子、骨头、金属材料等。有学者提出人类历史最初的时代是“骨-牙-角器时代”[7]，但这样的说法很快被学术界否定。人类的第一个文化时代被公认为旧石器时代，石器显然是早期人类制作和使用的最重要的工具，因而本文的讨论主要针对石器而言。

2016年，发表在《自然》（*Nature*）上的一篇文章引起有关人类工具是否具有独特性、如何区分人工与非人工“石制品”的讨论。研究人员在巴西卡皮瓦拉山国家公园观察到野生卷尾猴敲击石块的行为，不经意间打击出有一定形态规律、具有贝壳状断口、边缘锋利的石片和类似石核的碎块，与人类有意识制作的工具有类似之处（图一）。被观察的标本共111件，包括完整和破裂的石锤、石片、石砧（passive hammers）。完整石锤的平均重量为600.3g，他们的表面具有不同程度的使用破损，包括呈圈状分布的受力点。破裂或有片疤的石锤约占总数的1/4，如果是人类的石制品，有些会被分类为裂开的砾石（split cobbles）。有的石锤具有贝壳状或楔状石片疤，往往是从自然“台面”上偶然产生的一两片，或者在破损面上因重复打击而产生同向、重叠的片疤。不断转变方向重复使用会使石锤沿着打击面的边缘产生中途折断的小片疤。这些“石制品”显然与早期人类有意识剥片的石核不同，在传统的分类中，这些有石片疤的石锤应该在形态上归于单面砍砸器（unifacial choppers）之类。完整的石片有些具有锐利的边缘、打击泡和背面的剥片疤，形态包括楔状和贝壳状。石砧往往在凸起处出现受力破损的痕迹，有时石砧会被转而当作石锤使用，表明这些“石器”是多功能的，也说明这群猴子具有改变工具用途或用法的能力。作者据此提醒：猿猴类可能也具备类似石器制作的能力，虽然他们的作品是无意间创造出来的；考古遗址中出土的石核和石片也许并非都是人类的产物，据此做出的有关人类行为、技术、工具功能和石器技术起源的认知前提等的推断需要慎重[8]。

西部非洲科特迪瓦4300年前黑猩猩砸击坚果而留下的类似人类的石制品和相关遗迹，为研究非人灵长类制作和使用工具的能力及其与人类工具异同提供了难得的案例。这处在非洲属于史前时期的黑猩猩生活过的遗址位于一处国家公园（Taï National Park）内。考古学家用对人类遗址同样的方法对它作了发掘、测年和分析。共206块“石制品”被发现和研究（最大径小于2cm者未纳入研究范围）（图二）。按岩性统计主要为两类材料，花岗岩占62%，石英岩占36%。这些“石制品”集中分布在三个密集区，分别由花岗岩和石英岩石块构成，显示当初砸击坚果的现场。从破裂特征观察，花岗岩石块（片）基本不具备贝壳状断口，少量石英类石块（片）具有曲面和波纹，具有贝壳状破裂特点。观察和实验表明，这些破碎的石头是黑猩猩从别处搬来，用投击的方式砸开大型坚果。从一些石块上提取到坚果的淀粉粒，对这批“石制品”的用途做了进一步的诠释[9]。这项研究表明，黑猩猩和人类具有一些行

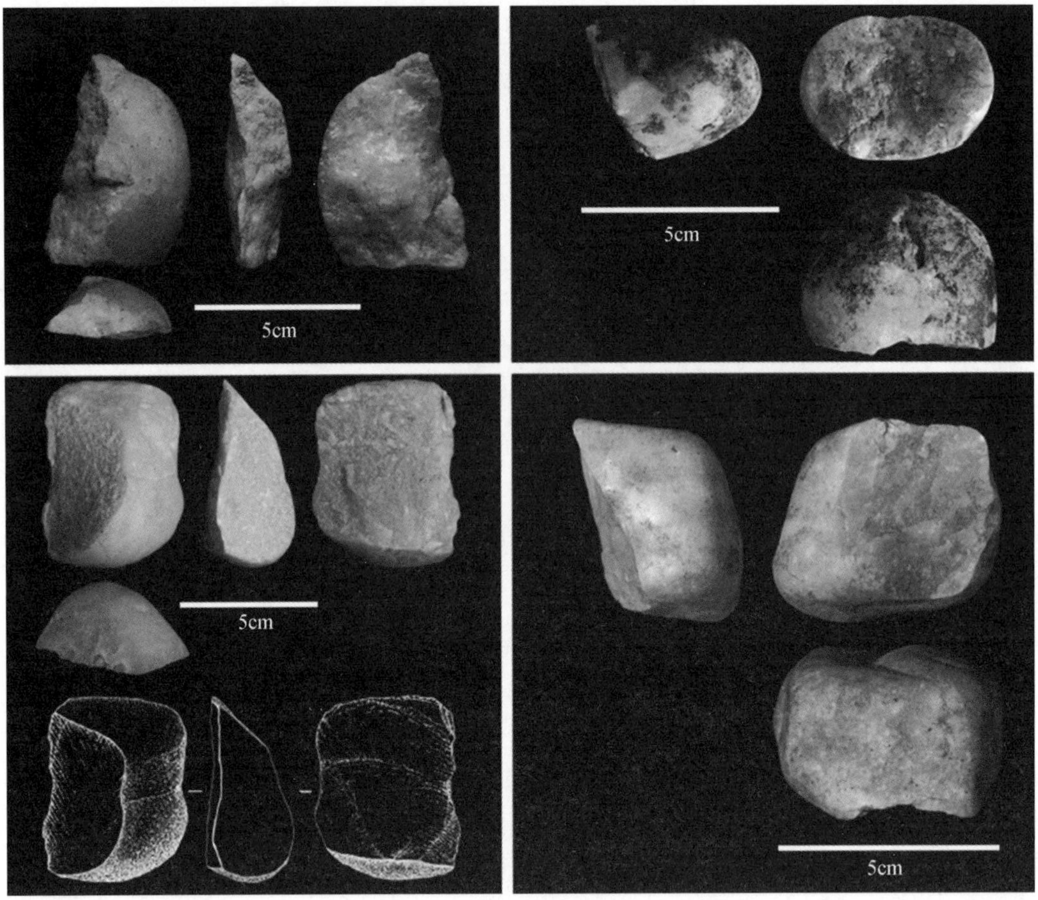

图一　卷尾猴敲砸石头产生的石片和碎块（引自［8］）

为上的相似性，包括为预设的目的而将石头从一处地点搬到另一处地点；为特定的功用而对石头的质材、形状和大小作一定的选择；重复利用一些地点而使“石制品”和生活垃圾有集中分布的区域；有特定的制作与活动区域；利用附近便于获得的材料；制作或者选择特定类型的材料来为特定的技术行为服务等[10]。

那么人类的石制品呢？必须承认，人类初期的一些石器，无论是对自然石块的短时使用还是对石块进行过零散的加工，乃至在更晚时期人们为某种用途而临时使用或进行过简单加工的石器，与自然破碎、破损的石头和其他动物制作和使用的“石器”在一些情况下是难以作有效区隔的，因为石头破碎的机理是一致的，在没有经过一定程序的加工、留下具有规律性痕迹的情况下，任何人的经验性判断都可能失之主观。因而“人类最初的石制品”、“第一件石器”只能存在于理论中，不可能真正被找到或辨认出。“曙石器”的问题很早就被提出来[11]，现在偶尔还会困扰学术界。在研究早期人类石制品时，研究者需要对所谓“石制品”的岩性特征、埋藏环境、伴生物的情况和破损乃至加工痕迹出现的部位和状态、规律作综合性的分析和判断，而且更应

图二 黑猩猩投击产生的部分“石制品”（引自［9］）

关注一组石制品的总体特征，而不是围绕一两件孤立的疑似标本费尽心机。

目前发现最早的石器来自肯尼亚的西土卡纳（West Turkana）地区的一处被称作洛迈奎3号（Lomekwi 3）的遗址，年代被测定为距今330万年左右[12]。2011、2012年，考古学家在该遗址的地表和地层中采集、发掘出149件石制品，包括83件石核，35件石片（含完整和断裂者），7件垫石或石砧，7件石锤或用于敲砸的材料（含完整和破损者），3件被改造过的砾石，2件裂开的砾石，12件无法分类的断块、碎片（图三）。石核的主要原材料是包括玄武岩和响岩在内的大型火山岩砾石或岩块，都是附近可以获得的材料，但显然只有个体大的石材被选用。大多数石核只在一个台面和一个工作面上剥片，留下相邻或叠压的向一个方向延伸的片疤。少量标本可见在一个面上从不同方向剥片的痕迹，也有两面剥片的情况。从石核上的痕迹判断，打片时经常出现石片折断“失手”的情况，但从一些贯穿的疤痕和尾羽状终端情况看，有些石片的剥离十分成功。有的石核在台面的局部出现一系列相邻的短疤，无法判断是剥片的结果还是某种使用留下的痕迹。模拟实验表明，该遗址的石器制造者使用了类似碰砧和砸击的方法生产石片，是否使用了锤击法尚无法确定。石片和断片、裂片上清晰、具有重复性的形态特征，诸如适宜的尺寸（长度19～205mm），背面和台面多保留石皮等，清楚表明它们

图三　洛迈奎3号遗址出土和采集的部分石制品（引自［12］）

是从石核上被有意剥离下来的。其中3件石片的背面集中出现敲砸破损的痕迹，1件石片和1件石核可以拼合。石砧都是大型者，具有平整的工作面和受力破损的坑疤。石锤则在凸起的部位集中出现打击破损的疤痕。研究者针对这批石制品发明了“洛迈奎技术（Lomekwian Technology）”一词，认为其技术与产品介于黑猩猩等大猿用砾石砸击坚果、敲打石头和后期人类剥制石片、加工工具的中间状态，显示其技术的原始性、随意性和技术操控能力的低下，但当时人类对石料的选择、对石头破裂特性的认知和为某种功能而制作的意图已经显现。

这一重大发现被公布后，媒体有很多报道和评论，但中国媒体在转述这些评论时却出现重大纰漏，“最古老的石器并不是‘人’造的”，“最古老的石器并非人造”等标题充斥报端和网络[13]，对社会大众造成了混乱和困扰。其实，国外期刊和媒体在作表述时使用的是“*Homo*”，即人属一词。国内媒体的正确表述应该是“最古老的石器并不是‘人属’制作的”，而不应该泛泛用“人”或“人类”一词。在通常的语境中，“人”即指“人类”，而直立行走以来的撒海尔人、南方古猿等都属于人类这个大家庭[14]，是这个族群中的早期成员。问题的缘起是洛迈奎3号遗址石制品的年代已经超出了能人——最早的人属成员的时代下限260万～250万年前，于是引起学术界的思考和争论：是能人出现的时间被低估了，还是南方古猿已经具备了制作工具的能力？其实学术界充满了类似的讨论，尤其对人类起源与演化的初期，很多认识和结论都具有不确定性。

通过对上述猴子的“石制品”、黑猩猩的作品和目前人类最早的石制品的对比来看，即使最初级阶段的人类石制品，与其他动物的同类产品也具有明确的差别：①人类对石制品的材料具有明确的选择性，只有硬度、质地、大小、形态和受力破裂状态适宜的石材才会被使用，而其他动物对材料的使用则宽泛得多；②人类以特定、相对复杂的方式对石料作改造和加工，主要是碰砧法、砸击法和锤击法，而其他动物对石头的改造则简单得多，主要是敲砸；③人类对石材的加工和使用只在特定部位留下痕迹，而其他动物在“石制品”上留下的痕迹一般是散漫、随机的；④人类剥片和加工具有一定的方向性，而动物的敲砸则多数情况方向不固定；⑤人类的剥片与加工痕迹具有关联性，或叠压、或平行、或相邻成组出现，而动物使用破损的痕迹则往往杂乱无章；⑥人类的制作行为会留下不同阶段的产品，而动物行为的产物则阶段性不明显，如果用人类工具制作的操作链概念来表述，动物的“石制品”基本处于把石头打碎、裂开的初级阶段；⑦人类的石制品会因为制作阶段的不同或功用的不同而出现类型上的区别，而动物的制品则缺乏这些类型特征；⑧人类制作工具是为了使用，产品会被用到切割、砍砸、穿刺等方面，而其他灵长类未被观察到在自然状态下用类似的方式使用这些被偶然敲击出的“工具”的现象；⑨人类的工具会因为功能需求而被修理出锋尖利刃，微痕分析可能会在尖或刃上发现使用破损或磨圆，而动物的作品往往缺乏这样的特定功能部位或形态。究其原因，是因为人类在制作工具时具有明确的目的性和计划性，手部具有对加工着力点、打击角度等技术要素的精准控制，而且人类对岩石特性的认知，对制作技术的交流、学习和掌控能力，因大脑的发育优势和独特的社会属性而远远超出其他灵长类，因而做出的产品就相应地具有规律性、规范性和功能潜力，而动物不具备同样的认知、思考和学习提高的能力，所产生的“石制品”就缺乏人类作品的特性。

四、人类的工具在发展演变上与其他动物彻底分道扬镳

接续洛迈奎技术之后的人类石器技术被称为Oldowan Technology，即奥杜威技术模式。在埃塞俄比亚戈纳（Gona）遗址发现的石制品被认为是奥杜威技术模式的肇始，年代被推断为距今260万～250万年，石制品特点是用砾石做原料，进行简单的锤击加工，制成粗大的砍砸器等工具，或采用锤击法从砾石上打下大型石片，作为工具使用。当时的剥片技术仍然原始简单，但体现的技术驾驭程度已经比洛迈奎有很大的进步，类型分化明确，技术掌控进一步熟练，与自然的产物区别明显[15]。其后，人类的技术不断发展，演化出对称的阿舍利手斧、精致的莫斯特刮削器、规整的石叶产品，精美的细石器工具等类型，出现勒瓦娄哇技术、间接剥片技术、压制技术等精湛的工具制作技艺，其人工属性不再被质疑，人类的工具杰作与其他动物的作品彻底分道扬镳。工具的改进和制作技术的进步，促使人类向着旧石器时代晚期技术革命、新石器时代农业文明、近现代工业革命和信息时代高科技智能化大踏步前进。

相对于人类不断进步、日趋复杂的工具制作技术，包括黑猩猩在内的其他动物的工具使用与制作却相形见绌，与人类的作品渐离渐远。绝大多数拥有工具能力的动物只会简单地使用工具，不具备改造、加工工具的能力。例如海獭用石头将贝壳敲碎以吃到鲜美的贝肉，猴子用石头或木头砸开坚果等。对坎兹（Kanzi）的观察和研究提供了一个比较人类与其他高等灵长类在工具制作能力方面差异的案例。坎兹是一只被人类圈养并用来研究灵长类智能与行为的雄性倭黑猩猩。他很聪明，懂得人类的语言，能模仿人类的很多行为。他能够在一个地方捡起一块适宜的石头（石核），用另一块石头（石锤）对其打击，经数次努力后打下一片锋利的石片，然后把石片（工具）拿到放置盒子的另一处地点，用利刃将捆绑箱盒的绳子割断，从而取出盒中的香蕉，美美地享用劳动的果实[16]。这个案例提供了两点启示：①倭黑猩猩具有模仿人类制作石器（从石核上打下石片）的能力，而且能够用工具获得食物，这是目前观察到的最接近人类做法的灵长类制作工具的行为，而且坎兹的行为过程表明他具有将石料、制作工具、用工具切开绳索打开盒子、拿到食物享用等多个单独的现象或环节联系起来的思维活动，具有对材料特性、行为方式与结果认知、计划和预见并达到目的的能力；②坎兹制作石器的方式和能力与人类有重大的区别，他只会用石锤在石核上垂直打击，打下的石片短而厚，具有宽而厚的台面，他不会像人那样以一定的角度采用弧线运动的方式施加打击力，打击着力点也不精确，显得只会使用“蛮力”，而且不会对石核作预制或对台面做修理，更不会对石片的刃缘作二次加工，究其原因，是黑猩猩的手的结构与人类有异，尤其是大拇指缺乏人的灵活性和与其他手指配合抓握的能

力，因而有力使不到点子上，无法像人一样随心所欲地制作工具。这表明，人类与灵长类近亲在分化后走上了不同的演化道路，骨骼和肌肉组织有了明显的不同，这奠定了人类与其他动物在工具制作能力上产生差异的生物学基础，且不必说思维与认知能力的巨大差距了。

五、工具制作在塑造人类自身特点和文化中的作用

尽管工具制作和使用不再被认为是人类的专属特征，但工具制作对人类自身的塑造和演化方向的影响是巨大的，而且这样的演化催化作用并未发生在其他动物身上。人类约700万年前开始直立行走，当时有过很多类群，但只有一支向着现代人类的方向不断前行，或许就是因为这个支系掌握了制作工具这个独门绝技，才能够在演化中脱颖而出。吴汝康在研究早期人类演化时，提出制作工具是人类直立行走后最大的一次质变，是从猿到人过渡阶段的完成，人类的历史从此开始[17]，并据此区分出能直立行走但还不能制作工具的“前人”和能直立行走又能够制作工具的“真人”[18]，即自然的人与社会的人。虽然我们无法将二者准确分开，无法知晓人类的第一件石器是何时、何人制作的，但工具制作显然是使人类进一步脱离一般动物所具有的生物本能，向人类特有的行为能力和社会属性迈进的重要驱动力。虽然一些人类群体，例如尼安德特人，被认为在进化中灭绝了，但他们留下了精美的石器，这些工具在他们的生存演化中起过重要的作用。如果如一些学者所言，尼人被早期现代人取代的一个重要原因是后者有比前者更复杂、更进步的工具[19]，那更说明工具制作和技术进步对于人类生存适应是至关重要的。

研究发现，人类脑量的扩大、认知能力的提高、语言的复杂化与工具技术的不断改进是密切相关、相辅相成的[20]。有学者认为，制作工具使人类第一次能深度地对身体之外的物体作空间上的掌控和随心所欲的改变，这涉及对空间、顺序、逻辑、协调的认知和计划、学习、模仿、互助、获得更多的资源和食物等心智活动；人类在制作工具时大脑皮层的一些区域会有特定的反应，尤其是布罗卡氏区，会有明显的反应；制作越复杂的工具，该区域的反应或活跃程度越大，而大脑该区域与语言能力密切相关。这表明工具制作在塑造人类大脑、提升人类认知能力乃至在语言发生、发展中起到过极其重要的作用[21]。工具制作还让大脑重组，大脑由此仿效制造工具的双手，依循双手和世界互动的方式来理解这个世界，改造这个世界；大脑额叶中的F5神经元会因手的动作而放电，产生镜像神经元，发展出前额叶皮质，将大脑作进一步的分工、链接和复杂化，发展出自我意识和与他人互动的新模式，演化出语言、笑、流泪、亲吻等有助于人类生存和演化的情感表达与信息交流方式[22]。

六、结　语

制作工具（主要是石器）虽然不再被认为是人类身份的标签，不再被视作人类独有的行为能力，但工具制作和使用对确定人类的演化方向，对增强人类适应生存能力，对塑造人类的大脑、心智、行为方式，对提升语言和交流能力，对形成现代人类的身心和社会，作用至关重要，不可或缺。虽然其他少量动物种类也能使用工具乃至简单地制作工具，尤其是猿猴有时会敲打出与人类石制品在某种程度上相仿的产品，但人类的工具与其他动物制作和使用的工具有根本的区别，人类的工具制作因为手的发育而更加灵活、精巧，其产品因为人类特有的心智活动和掌控能力而具有鲜明的特点，与其他动物的作品不可同日而语。考古学家一方面需要谨慎分辨、分析人类工具制作初期的产品，不使其与自然的产物和其他动作的作品相混淆，另一方面也绝不会因为某些人类的工具特征性不明显和其他少量动物也具备工具制作的能力而束手无策。人类工具制作在计划性、目的性、预见性、规范性和精美度上具有唯一性，有内在的智能控制和规律可循，在大多情况下不存在混淆和争议。学科发展的积累和现代科技的支撑使考古学人具有多种利器，能够把人类工具制作的历史挖掘、复原出来，能够破译特定的石器技术和功能，进而将人类演化的历史画卷描绘得更加精细，更加完整。

致谢：作者感谢徐欣、彭菲在图件处理和参考文献格式上所提供的帮助。谨以此文恭祝吴新智院士90华诞！

参考文献

[1] Boswell J. The Life of Samuel Johnson, LL. D. United Kingdom, 1791; Oakley K P. Man the Tool-Maker. Chicago: University of Chicago Press, 1949.

[2] Goodall J. Tool-using and Aimed Throwing in a Community of Free-living Chimpanzees. Nature, 1964, 201(4926): 1264-1266.

[3] Klein R G. The Human Carrer: Human Biological and Cultural Origins (Third Edition). Chicago: University of Chicago Press, 2009.

[4] Schwartz J H. Sudden Origins: Fossils, Genes, and the Emergence of Species. New York: John Wiley & Sons, 1999.

[5] 高星. 朝向人类起源与演化研究的共业：古人类学、考古学与遗传学的交叉与整合. 人类学学报，2017，36（1）：131-140.

[6] Shumaker R W, Walkup K R, Beck B B. Animal Tool Behavior: The Use and Manufacture of Tools by Animals. Baltimore: Johns Hopkins University Press, 2011.

[7] Dart R A. The Osteodontokeratic Culture of Australopithecus Africanus. Memoirs of the Transvaal Meseum, 1957, 10: 1-105.

[8] Proffitt T, Luncz L V, Falótico T, et al. Wild Monkeys Flake Stone Tools. Nature, 2016, 539(7627): 85-88.

[9] Mercader J, Barton H, Gillespie J, et al. 4,300-year-old Chimpanzee Sites and the Origins of Percussive Stone Technology. PNAS, 2007, 104(9): 3043-3048.

[10] McGrew W C. Chimpanzee Material Culture: Implications for Human Evolution. Cambridge Univeristy Press, 1992.

[11] 裴文中. "曙石器"问题回顾——兼论中国猿人文化的一些问题. 新建设，1961（7）：12-23.

[12] Harmand S, Lewis J E，Feibel C S, et al. 3.3-million-year-old Stone Tools from Lomekwi 3, West Turkana, Kenya. Nature, 2015, 521(7552): 310-315.

[13] 高星. 谁是人？也谈"人"或"人类"的界定与误区. 光明日报，2017-1-12（科学版）.

[14] 吴新智，徐欣. 探秘远古人类. 北京：外语教学与研究出版社，2015.

[15] Semaw, S, Renne P, Harris J W, et al. 2.5-million-year-old Stone Tools from Gona, Ethiopia. Nature, 1997, 385(6614): 333-336.

[16] Schick K D, Toth N. Making Silent Stone Speak: Human Evolution and the Dawn of Technology. London: Weidenfeld & Nicoson, 1993.

[17] 吴汝康. 人和猿的界限问题. 古脊椎动物与古人类，1974，12（3）：181-182.

[18] 吴汝康. 人类的诞生与演化. 北京：清华大学出版社，2002.

[19] Klein R G. Out of Africa and the Evolution of Human Behavior. Evolutionary Anthropology, 2008, 17(6): 267-281.

[20] Toth N, Schick K. Hominin Brain Reorganization, Technological Change, and Cognitive//Broadfield D, Yuan M, Schick K, et al. The Human Brain Evolving: Paleoneurological Studies in Honor of Ralph L. Holloway. Stone Age Institute Press, 2010: 293-312.

[21] Greenfield P M. Language, Tools, and Brain: The Ontogeny and Phylogeny of Hierarchically Organized Sequential Behavior. Behavior and Brain Sciences, 1991, 14(4): 531-551.

[22] Walter C. Thumbs, Toes, and Tears, and Other Traits that Make Us Human. Walker and Company, 2006.

（原载于《人类学学报》2018年第37卷3期）

史前人类的生存之火

一、引　　言

人与猿相揖别以来，人类已经走过了700多万年的演化里程。在这漫漫的历史长河中，人类以一系列开天辟地的创举昭示着自己与其他动物门类的截然不同，包括制作和使用工具，学会用火，产生复杂的语言，建筑房舍，进行艺术创作等。其中有控制地用火对人类的生存和演化至关重要，对我们身体机能的演进和技术文化与社会关系的发展意义重大。那么用火对人类的早期演化到底有过怎样的影响？对塑造今天的人类起到怎样的作用？人类是如何学会用火的？有控制用火发端在何时何地？其后又有什么发展变化？研究者怎样提取和分析用火证据？这是本文所要阐述的学术内容和所欲讨论的相关问题。

二、火对人类演化的重要性

本文和其他研究著述中所讲的“人类用火”，是指人类对火做有控制性的使用，即为了一定的目的按照人的意志把燃烧的火局限在特定的地方，能将火种保持一定的时间，也就是能对火做约束、管理，而不是对自然野火的简单利用。野火因雷电、地震、地热、火山喷发、干热等自然因素发生，在有些地方特定的季节，例如干热时期的非洲大草原、澳大利亚和美国西南部山地经常发生，对人类的生产生活带来重大危害。对于人类有控制的用火，必须有证据才可以得到认可，而人类对自然火的简单利用则无法证明，因为那样偶尔为之的行为留不下可验证的证据。

用火对人类生存与演化的重要性，可以从火对人类生物属性和社会属性的影响两个方面加以阐述。

用火对人类体质方面的影响显而易见、十分明了[1]。用火熟食改变了人类的摄食种类、进食方式和营养结构，使人类变得越来越具有自己的特点，与同为灵长类的其他动物的区别越来越大。首先是用火帮助人类拓宽了食谱，使我们这个物种能享用比其他物种多得多的食物种类，因为一些动物的部位、器官和某些植物的果实、根茎、叶子只有被烧烤或烹煮后才可被食用；其次是熟食后对蛋白质和脂肪等营养成分的消化吸收会更彻底，更容易转化成身体的能量。食物的拓展、营养的改善导致人类在体质上发生几方面的重大改变，包括：①脑量增加，直立人比其之前的能人的脑量大约增加了30%；②体型增大，尤其是女性身材明显变大，使两性间的形体差距大大缩小；③牙齿变小，尤其是臼齿，因为熟食后咀嚼的任务减轻，牙齿的咀嚼功能退化，第三臼齿（一般称为智齿）正在消失中，其他臼齿的尺寸也相应减小；④脸型变窄变小，牙齿变小顺带也使牙床和颌骨变得纤细，使我们的脸也变小、变窄，这是很多现代俊男靓女追求的锥子脸、鸭蛋脸的生理基础；⑤肠胃缩小，因为消化食物更容易，大而长的胃和肠道变得没有必要，人类的肠胃缩小为仅相当于其他灵长类的62%左右；⑥体毛减退，用火取暖使浓密毛发的保暖需求减少，导致毛发逐渐退化（当然，人类毛发的减少应该还有其他因素在起作用，例如奔跑排汗、减少寄生虫的侵扰等）。

用火也使人类在智能提高、行为发展乃至社会结构的演进上发挥了重大作用。这方面的例证很多，而且我们今日仍在见证：对火性能的认识和对其掌控能力的提高使人类越来越聪明、不断有新的发明创造，现代电能利用和火箭发射就是很好的例证；用火改变了人口结构。因为熟食使摄取营养更加容易，婴幼儿可以及早断奶，从而使产妇得以缩短哺乳期，缩短生育周期，使人口数量增加，也使牙口不好的老者得以摄取维持生命的必要养分，从而延长寿命，承担起照看婴幼儿的责任；用火增强了人类的适应生存能力。火的光热帮助人类拓展了活动的时间和场所，改善了居住环境，使潮湿、阴暗的洞穴和寒冷的旷野都可以栖身，并增强人类对凶禽猛兽的抵御能力，减少非正常死亡，使生命变得更有保障；用火增强了人类资源获取与利用的能力。可以借助火把狩猎从而得到更多的肉食资源，可以将岩石烧热然后泼冷水使其开裂，从而开采优质石器原料，还可以改善水质，用煮沸的方法消除有害成分；用火增强了人类改造物质世界的能力，使一些自然的造物被改造和提纯从而使人类的材料开发、工具制作能力得到提高，例如一些石料被热处理后更容易打制，木质工具的尖端被烘烤后会变得有利于加工且会更加坚硬耐用，制陶、冶金更是这种用火方式的发展和延伸，并由此种下了文明的火种；用火改变了人的性情和人际关系。火的光亮、燃烧的声音和发出的气味儿会对人的血液循环和心境产生影响，而且因为不再茹毛饮血，在得到食材和进食之间增加了熟食与相关准备的环节，人们在等待的环节中消耗了时间但培养了耐心和平静的心态，而且食物制备和分食需要协作，有助于养成互助、分享的习惯，使人际关系变得更加紧密[2]；用火改变了人类的作息方式。据观察，人类每天用于咀嚼食物的时间少于1个小时，而大猿要用4～7个小时，这使人类有更多时间与精力从事制作工具、狩猎采集、养儿育女、艺术创作，用于社会交流与休闲娱乐的时间也会大大延长；用火培育了人类的艺术细胞和浪漫情怀，为艺术创作、宗教与娱乐活动带来便利和激情，例如在洞穴深处绘制壁画必须依靠火把的照明，在篝火前餐饮乃至载歌载舞总会让人感到格外刺激。

我们还可以增加一长串用火为人类生存和社会进步带来的益处。当然，火也会给人类带来邪恶和灾难，例如战火、火刑、火灾、环境污染、地球变暖……由此可见，火与人类演化息息相关，它改变了我们的过去，也在塑造着我们的现在和未来。

三、人类用火的起源

既然用火对人类生存如此重要，人类是到底是何时开始用火，又是如何学会驾驭火的呢？对此学术界在不断提出推断、假说，考古工作者在不断寻找证据，力图破译人类早期的这一行为谜团，但时至今日仍存在不同的假说和认识。

1. 最初的接触：惊慌失措还是从容利用？

既然自然界会发生野火，人类在演化的早期就会与自然火发生互动，在对自然火的观察、了解中逐渐掌握火的特点、习性和用途，进而学会对其使用和驾驭，这是人们都接受的常识性认识。中国上古史中的燧人氏发明、教化人们用火，只是神话故事，在此之前人类早已对火驾轻就熟了。

一般认为，在遥远的远古，人类在初次遭遇野火的时候一定是惊慌失措，逃之夭夭。后来见多不怪了，在被烧烤过的动物肉香的诱惑下尝试接近火，偶尔引来自然火种加以利用，逐渐发展到能加以控制、保存火种，直至能够人工取火。但近来的研究倾向认为，即使对最初的人类而言，火可能也没有那么可怕。当人类的远祖——某种大猿还在非洲林地和草原生活的时候，可能就已经对大自然经常发生的野火习以为常了，并能够加以一定的利用。当然，那是纯粹利用大自然赐予的便利，而不是因势利导，对火加以控制性使用。

最近对塞内加尔一块黑猩猩生活的领地的研究发现，黑猩猩对自然发生的野火经常表现得从容淡定。这种野火的发生往往有一定的季节性和方向性，黑猩猩会根据气味、风向判断火对他们是否构成威胁。如果处在上风口，他们可以与火很接近而不做逃避，而当处于下风口时则会及时逃逸；在野火燎原后，黑猩猩会进入过火林间、草地去寻找那些被烧熟的、更易于消化的食物大快朵颐，尤其是烧死的动物是他们的最爱，而且他们的觅食领地会因为火清除了一些林木而比平日扩展很多[3]。这说明这些黑猩猩已经能与野火和平共处，并能够利用火带来的便利条件更好地生存，这或许就是早期人类面对野火的情形——我们的先祖由对野火的观察、习惯到学会简单利用，为迈出有控制地用火的决定性的一步奠定了心理与经验基础。

对南非绿长尾猴（*Chlorocebus aethiops pygerythrus*）的观察也对研究人类用火的起源提供了有益的启示[4]。这项研究发现，当火烧过草地后，绿长尾猴会前往觅食，在过火后的草地上能找到比未被火烧的草地更多的食物，尤其是无脊椎动物和可食性的草本植物，而这样的获益会激励觅食者改变猎食行为，包括转移和扩大搜寻的领地。绿长尾猴据有很宽的生态位和很强的适应性，行为上的灵活性使他们能够从烟熏火燎中获得更多食物，这又会促进他们的行为变化。这种情形有助于我们了解人之初是如何与火打交道的，是如何与环境变化协同演化的。

2.“熟食假说”——人类用火始于200万年前

先祖何时跨过了从利用自然火到有控制地用火的这道门槛？一些学者认为应该发生在直立人的早期，大约距今200万年左右，因为直立人与更早的能人乃至南方古猿相比，在体质形态方面发生了重大改变，尤其是脑量显著增加，而这些改变只有在用火熟食、改善营养后才会发生。人类用火始于200万年前的直立人早期是“熟食假说”（The cooking hypothesis）的推测[5]。“熟食假说”已有20年的历史，该假说认为用火是人类的一项重大发明，用火的初衷是烧烤熟食，熟食使人类获得营养与能量的能力大幅度提升，同时大大减少茹毛饮血对健康带来危害，结果导致人类体质发生明显的改变，并因此演化成直立人。该假说也附带涉及了用火对人类的其他益处，例如有熊熊火焰的保护，人类在夜晚可以安然入睡，不必担心遭受猛兽的侵扰，而且一旦人类学会了用火就很快传播开来并形成依赖，再也不离不弃，于是火与人类耦合演化，直至今日。

这一假说是从人类演化过程中形体变化的角度提出的逻辑推断，尽管有很多支持和讨论，但由于缺乏直接的考古学证据，也受到一些质疑。有些古人类遗址曾经被宣称发现了直立人早期的用火证据，例如南非斯瓦特克兰（Swartkrans）洞穴[6]、肯尼亚契索旺加（Chesowanja）遗址[7]、中国山西的西侯度遗址[8]和云南元谋人遗址[9]，后二者的年代分别被推断为170万年前和180万年前，但这些所谓的远古“用火证据”因遗迹、遗物分散、材料少、保存状况不佳而很少被学术界认可。近来利用新的科技手段所做的分析表明，人类有控制用火可以被追溯到150万年前。对一些有线索的遗址开展新的发掘与现代科技分析，或许其结果会接近“熟食假说”所推断的最早人类用火的时间。

3. “人类与火长期互动假说”

近来有学者提出人类逐渐学会用火的“人类与火长期互动假说”（A Long Prehistory）[10]以挑战“熟食假说”，认为人类学会用火并非那样神奇和戏剧化；人类不是在短时间“发现”或“发明”了火，而是经历了一个与火长期互动的过程，在这一过程中人类了解、适应、学习、使用、控制火，直至今日人与火的互动演化仍在持续，而且这一过程并非直线发展，有时人类又会回到无火的状态，然后再寻找、利用和管控；不同地区、不同人群可能在不同时间独立做着对火使用和管理的实践。按照这一假说，人类习得用火应该经历了几个大的发展阶段。

第1阶段：100万年前或更早，人类对自然发生的野火做机会性、季节性地利用，能否有火可用取决于大自然的恩赐。当然，这时对火的管理、控制程度很低。

第2阶段：40万～20万年前，随着居住营地的出现，人类实现了对火的控制性使用与管理，能较长时间保持火焰燃烧不灭。

第3阶段：距今20万年前后，亦即现代人起源以后，人类实现了对于火的封闭式管理，掌握了取火技术，这为一年四季都依赖熟食提供了条件。

这一假说提出人类掌握用火技术是一个复杂、曲折的过程，不是灵机一动、一蹴而就的神奇发明，也不会一旦被掌控火就成为长燃不灭的利器，帮助人类所向披靡；人类的生存之火曾经生生灭灭，演化道路曾经时而光明，时而幽暗，但终有一天，人类彻底掌控了火，终于走出黑暗，大踏步迈向现代文明。只是这其中的确切节点和曲折过程，我们还要追溯和重建。

四、对早期人类用火的研究：证据与困难、挑战

周口店猿人洞是第一处被报道的直立人期间已经能够对火做使用、控制和管理的遗址，这项成果在1931年就被广而告之[11]。其后又有中国和非洲的几处旧石器时代早期遗址被描述过发现用火证据，但超过百万年的用火证据大多受到强烈质疑，基本被学术界否定了[12]。为何来自南非的斯瓦特克兰洞穴、肯尼亚的契索旺加遗址、中国的西侯度遗址、元谋人遗址等早期用火的证据不被采信？这是用火证据的特点、提取早期用火证据的困难和对这些遗址发掘与研究的精细度及考古材料本身存在的问题等多方面原因造成的。早期用火方式简单，与自然火的遗存区分困难；遗址历时长久，在埋藏过程中经常遭受各种营力的改造和破坏，留下的证据往往残缺不全，难以构成完整、坚实的证据链，受到质疑在所难免。

1. 早期用火证据的特点和提取、论证的困难

早期用火证据提取困难，论证难度大，主要原因为以下几点。

（1）早期人类不会构建火塘，很少会留下具有结构性的火塘残余，例如凹陷的灶坑、用石头、骨头围挡、圈筑的迹象，于是是否对火做过管理和控制性使用，难以认定和证实[13]。

（2）火完全可以自然发生，在自然地层中经常有火烧的遗迹，在澳洲、美洲原住民生活过的遗址中大量发现自然火的遗存，有些人类家园被迫遗弃就是被野火所迫，这种情形仍然会发生在当代。对于出现在地层中零散的燃烧物，是人工火还是自然火的产物，很难加以辨识，需要更多的分析和佐证。

（3）化学变化、腐蚀、污染等痕迹容易与人工用火遗存相混淆，例如很多遗址的地层中出现黑褐色的斑块、条带，有时甚至是成层出现，初看之下很像燃烧过的木炭，有些早期遗址就凭此而被赋予“保留最早用火证据”的名分，但后来的分析证明这些褐色物质的成分其实是铁、锰、煤炭等。还有一些埋藏在地层中的石头和骨头表层呈现黑褐色，乍看很像被烧过，但分析表明其实是被周围的铁、锰成分污染了，而这样的污染只停留在表层，不会渗入内部。

（4）即使人类在一个地方升起过一堆篝火取暖、熟食、娱乐，用火遗存如果长期暴露而不被及时封盖，不断遭受风吹、雨淋和动物扰动，经年历月，这样的遗存、证据会逐渐变得模糊甚至消失，凭肉眼很难被发现和确认。

2. 判定用火的证据要素或标准

那么有效确定人类有控制用火行为或事件的依据应该是什么？笔者经过对周口店遗址北京猿人用火证据的研究并在收集大量资料的基础上，认为必须考虑如下因素。

（1）确实发生过燃烧事件，即存在灰烬、木炭、烧骨、烧石、砖红土等经过燃烧、烘烤过的遗物与遗迹。

（2）烧过的材料或遗迹与其他人类遗存共生，例如人类化石、石制品、骨器、装饰品、被人类切割和改造过的动物碎骨等。

（3）存在人类控制与管理的迹象，例如燃烧物与相关遗迹集中、有序分布，具有火塘结构等（或坑状，或有石圈围挡）。

（4）这些被烧烤过的遗物、遗迹出现在适宜人类生存、易于被埋藏的环境。

这些要素或证据的分辨度和可信度是不同的。如果存在明确的灶塘结构，单此一项就是确凿的证据。其他较弱的证据，必须与其他要素合在一起，构成证据链，才有说服力。

有学者对古人类用火遗存按照物证种类和环境关联性列出了证据可信度（表一）[14]。

表一　证据可信度

物证与环境关联	可信度
经过构建的火塘（凹坑、围石），最好与烧骨、烧石、烧土等共生	确凿的证据：人类有控制用火的意图明确，可一锤定音
在不会生长树木的洞穴内出现原地埋藏的木炭、灰烬	基本可信的证据：人类用火的可信度较高，一般会被采信
在单一地层单元出现烧骨、烧石与石制品等人类遗存共生的现象，但相互关系并不十分明确	指向性证据：表明人类用火的可能性，但不十分确定
烧过的材料散布在沉积物中，缺乏与人类遗物直接的共生关系	无法确定的证据：发生过火烧现象，但无法证明是人类有意识用火的结果

3. 用火证据的提取和分析

那如何提取和分析用火的证据？

首先是精细的田野工作，即在考古发掘现场仔细观察、记录和提取各种遗物、遗迹分析样品，注意遗物、遗迹的空间关系。目前已有全站仪、三维激光扫描仪和其他精密仪器和科技手段，能精确记录出土物的三维坐标和出土时的各种状态，为日后分析奠定信息基础。在发掘和材料收集时，除了传统意义上的人工制品和动物化石，以及有燃烧嫌疑的材料（例如烧石、木炭、灰烬），还应注意观察是否存在不易辨认的火塘结构并采集相关信息，例如看似零乱的石块或不正常的地层凹陷（可能的灶坑）。切记，经时历久的火塘很少保持明显的原貌特征。此外要对疑似用火的层位、部位做系统的沉积物取样，因为地层沉积物中有无燃烧植物所产生的植硅体、孢粉、相关的化学元素和颜色变化，都是重要的证据和指标。

要避免不求甚解的主观判断。对于颜色灰白、黑褐的疑似经历过高温烧烤的物质，不能凭经验轻易下结论，而应该做进一步观察和燃烧及成分分析，方可得出有说服力的结论。例如，一块颜色黑褐色的骨头，看似烧骨，但如果观察断口，发现黑褐色仅限于表层，而内部却是骨头的本色，很可能该骨头经历过铁锰的污染。而如果骨头内部也呈黑褐色，则基本可以断定该骨头经历了长时间的高温烧烤。当然，进一步的科技分析会使结论确凿无误。

空间分析十分重要。在精细记录地层各类包含物，尤其是与人类活动有关的遗物遗迹的空间位置的基础上，利用现代数字化手段对这些遗物、遗迹的分布规律和相关性做复原和分析，能对是否存在原地用火的证据得出可信的结论。例如在特定位置集中出现灰烬、烧骨、烧石，植硅体、孢粉、相关的化学元素和颜色特征指向特定的位置，甚至人类文化遗存种类与大小尺寸的分布规律，都会提供有助的信息，因为它们会指向人类的活动，尤其是用火的活动，而火塘往往是遗址中人类活动的中心，围绕火塘的遗物、遗迹分布应该有规律可循。当然，这些遗物、遗迹的原生位置有时会被扰动，因而其分布规律并非总是一目了然。

现代科技的进步为提取、分析和论证古人类用火证据提供了更多、更可靠的手段，使很多肉眼无法看见的证据成为改写历史的依据。采用便携式磁化率扫描仪来探测可能的用火部位或层位是一个有效而可行的方法。对于疑似用火的部位应加大取样力度，对沉积物做高密度的规范采样，以供日后的科技检测分析，并且应该对同层的其他部位做科学采样，进行对比研究，以期对用火信号的分布状态（是集中还是随机的）做出客观的分析，对真正的用火位置得出有科学数据支持的准确判断。目前可用于对沉积物中物质组分、化学元素分析的方法包括电镜扫描、红外光谱分析、X射线衍射与荧光分析、地球化学分析等，还有沉积粒度分析、土壤微形态分析、微体植物化石分析（例如燃烧特定树种所产生的植硅体）、磁化率分析、红度分析、古地磁分析、热释光分析、燃烧温度分析、遗物或包含物分布特征分析等。在做这些分析时，有针对性的实验模拟有时十分必要。当然，应该把各种信息、证据结合起来观察和判断，建立起坚实的证据链，这样的研究结论才会坚实，才会被同行采信，避免留下争论不休的悬疑。

在此记述几项国际学术界比较认可的有关早期人类用火的研究案例，从中可以窥见相关的研究思路和方法。

4. 以色列格舍贝诺特雅克夫（Gesher Benot Ya-aqov，GBY）遗址的研究案例

2004年，以色列学者在美国《科学》（*Science*）杂志公布在约旦河岸格舍贝诺特雅克夫遗址发掘出接近79万年前的用火证据。在该遗址出土阿舍利技术体系遗存的8个层位中发掘出大量燧石石制品和六种植物遗存，一些石制品和植物种子、木头被烧过。研究者确认该遗址存在有控制用火证据的方法主要是对遗物、遗迹的空间分析。这些阿舍利文化层皆出土丰富的燧石制品，其中包括大量小尺寸废片（长度在2～20mm之间）。这些小废片有1.8%被明显烧过。根据实验观察，燧石材料在350～500℃的高温下会产生肉眼可见的物理变化，包括壶盖状崩裂、龟裂、皱缩、裂纹、爆裂、形变等，因而被高温烧烤过的燧石废片很容易识别。空间分析表明，这些被烧过的燧石废片不是在地层中随机分布的，而是在特定位置集中出现。例如在V-5层，超过50%被烧过的废片出自两处集中的部位；而在V-6层，60%的这类标本来自另两处集中的部位。通过遗址埋藏学分析和古环境分析，被烧过的燧石片的集中出现非自然营力扰动所为，自然火的可能性也被排除，于是这样的部位被确认为古人类的火塘，即有控制用火的位置[15]。其后，研究者利用GIS软件对该遗址8个阿舍利层位出土的烧过与未烧过的燧石小片做进一步的空间分析，证实被烧过的材料不是随机分布的，而是集中、高比例地出现，是人工用火的结果；而且人类用火证据在整个遗址持续数万年的各阿舍利文化层位都存在，说明当时人类在连续用火，对火的特点和性能有充分了解，能够根据意愿取火和用火[16]。

5. 南非汪达维克（Wonderwerk）洞穴遗址的研究案例

2012年，《美国科学院院刊》（*PNAS*）发表一篇文章，宣布在南非北开普敦地区汪达维克洞穴提取到有控制用火的证据，测年结果为距今约100万年[17]。该洞内堆积保留了厚度为2m的早期石器时代（Early Stone Age）的文化序列。该序列始于最下面的第12层，出土属于奥杜威技术模式的小型石器组合，上覆第11、10、9三个阿舍利文化层位，所报道的用火遗存出自第10层。对该遗址用火证据提取和研究的方法主要是野外地层观测和在实验室内对地层做微形态分析及对相关材料做显微观察与科技分析，后者主要借助红外光谱仪（Fourier Transform Infrared Spectroscopy，即FTIR）来进行。野外观察和显微观测表明，第10层的沉积物是由复杂的厘米级的微地层系列构成的；显微分析显示最下面的微地层的顶部有一个清晰可辨的层面，分布大量已经灰烬化的植物遗存和微小的动物碎骨。进一步分析揭示出数个这样的层面和延展长度超过一米的燃烧区。利用FTIR对微地层样品做显微光谱分析，发现分布在这些层面上的一些动物碎骨被加热到大约500℃的高温。这些碎骨棱角分明、断口锐利，灰烬化的植物遗存保存状况极佳，说明这两种材料是在原地被烧过，而不是被风力或水流搬运到遗址中的。于是研究者得出结论：借助现代科技手段在汪达维克遗址揭示出清楚无误的原地用火证据，将人类有控制用火的历史推至100万年前。

6. 肯尼亚FxJj20 AB遗址的研究案例

一项新的研究又将人类用火的历史推前至距今150万年。这项成果于2017年发表在美国《现代人类学》杂志（*Current Anthropology*）上，所针对的分析对象是肯尼亚库比福勒地区的FxJj20 AB遗址[18]。该遗址（FxJj20，AB是发掘部位编码）在20世纪70年代被发掘过，发现数处文化遗存富集的区域，被推测可能是远古人类用火的遗迹。其后的再次发掘和磁学分析、热释光分析和植硅体分析、遗物空间分析支持这样的判断。然而，这些早期研究结论并未被广泛接受，出现很多批评质疑的声音，而且缺乏现代科技手段支撑的早期发掘在获取标本和提取信息方面存在缺欠，无法做高精度的空间和材料分析。

在2010年和2015年，该遗址被重新发掘。新发掘的宗旨是找到尽可能多的考古材料，尤其是微小的标本，并提取它们的三维空间和产状信息。在现代田野科技、思路的支持和指导下，精耕细作的发掘结果是使95%标本的位置和产状信息被记录在案，这使对遗物、遗迹做高精度空间分析和对人类行为的复原成为可能。

后续的深度分析采用了几种方法或技术：①土壤微形态分析，以解析遗址各部位、各层位的沉积机理和过程，岩相薄片被置于显微镜下观察，以辨识古地面、人类活动迹象和自然营力作用；②系列燃烧实验模拟，在野外和实验室中分别进行，用以观察相关材料受热后的可见性变化（例如色变和裂纹等），以此建立烧土、烧骨和烧石的观测参照系；③便携式红外光谱仪分析，用来测试、记录加热和未加热的材料，以此分析相关材料受热后的矿物学变化，在目标区域出土的所有材料（土壤颗粒、碎骨、石制品和砾石等）都被做红外光谱分析，以确定是否受热，同样的红外分析还施加到从遗址其他部位、层位随机提取的材料上，以确认哪些部位发生过燃烧，是否存在野火的作用；④空间分析，借助ArcGIS软件来记录、分析石制品、动物碎骨、土壤团块等的三维坐标，这些遗物在平面和剖面上的空间分布对特定地层的沉积营力和过程可以提供非常有用的信息，尤其是文化遗物在纵向上的分布特征与土壤微形态信息相结合，可以提示一组考古标本是人类单次占据遗址所遗留，还是多次占据行为的叠加所致。上述分析的结果共同指向这样的结论：该遗址确实发生过燃烧加热现象，产生了无可争议的烧骨、烧石和烧土；很多烧石的原型是人类石制品，表明人类在遗址的活动；这些被烧过的材料（尤其是石制品、动物骨骼）不存在定向排列现象，说明不是水流等自然营力搬运改造的结果；这些受热的材料并非随机出现，而是集中分布，说明不是野火作用的结果。这些特征都与欧洲、西亚更晚的被确定存在人类用火证据的遗址的情况十分吻合，说明150万年前这里确实发生过人类原地用火。

当然，上述每一项研究都有质疑的声音，所得出的结论并非都被学术界接受，这说明提取和分析早期人类用火证据具有很大的难度和挑战性[19]。但这一领域的发展方向是明确的，就是在精细的野外工作的基础上，运用现代科技手段提取一切可能存在的信息，对各种迹象做交叉分析和验证，努力排除自然成因和干扰因素，每一项判断都须言之有据，而不是武断地凭主观臆断做出不被信服的结论。

五、用火方式的演化与人类社会的进步

人类学会用火、掌握保存火种的方法乃至发明人工取火的技术，应该是一个复杂、曲折的过程，对这一问题开展研究的学术道路也是历经曲折，充满争议。例如来自周口店遗址的用火证据最先被提出，但后来受到强烈质疑，近些年又在新的发掘与研究中得到证实（尤其是上文化层）[20]。诚然，北京猿人生活的时期已不再是研究人类最早用火的敏感时段，因为在此之前人类已经学会用火了，但在周口店第1地点上文化层发现的具有结构的火塘遗迹是目前同类遗存中最早者，而且该遗址的发掘与研究体现了现代田野考古的科技水准和思路方向。

1. 早期人类用火缺乏连续性和稳定性

按照“人类与火长期互动假说”，像北京猿人这样的旧石器时代早期人类对火控

制与使用的能力还很弱，无法使其长燃不灭。张森水对北京猿人用火的能力与方式做过这样的推断：①他们懂得用火并能对火加以控制；②他们不具备制造火种的能力，应该是将野火带进洞中；③他们没有能力一直保持火焰不灭，有时不得不在没有火的情况下生活，致使堆积中缺乏连续积累的灰烬与木炭；④火对北京猿人的生存十分重要，被用来驱离猛兽、熟食、照明、御寒[21]。这可能比较接近当时人类用火的实况。

最近对一些早期尼安德特人群用火方式的研究也指向这种状态。对生活在西欧的尼人留下的遗物、遗迹分析表明，他们有能力用火，但在寒冷的冰期却缺少用火的证据[22]，说明他们只会采集自然火种，而不能很好地保存火种。自然火多发生在温暖湿润的间冰期环境下，因为在那样的天气里才会经常雷鸣电闪。而冰期雷电很少，缺乏产生自然火的条件，于是他们便只能在无火的状态下艰难度日，熬过至冷至暗的时期。

这些研究和表述说明，我们不能简单地认为火被人类掌控之后很快得以普及，人类的生存之火瞬间燎原各地，变得与人类的生产、生活形影不离。人类在很长时期内对火的使用和控制应该是时断时续的，是一个逐渐学习、不断成熟的过程。

2. 有效保存火种与人工取火（用火）成为人类的日常行为

那么，从什么时候开始，人类对火的使用与管理达到了驾轻就熟的地步，可以有效保持火种乃至人工取火，使用火成为习惯和日常性行为？一系列考古发现表明，黎凡特地区的古人群可能走在前列。这里处于距今35万～20万年间的多处洞穴遗址保留了长期连续用火的证据，例如以色列的哈约宁（Hayonim）遗址[23]、塔邦（Tabun）[24]遗址和格什姆（Qesem）遗址[25]等。这些遗址保留了很多呈现叠压关系的灰烬、火塘、高比例被烧过的石质材料和动物骨骼。这些数量丰富的用火遗存出现在连续地层中，延续时间长达数万年。

格什姆遗址提供了大量坚实的日常用火证据。这处遗址坐落在撒马利亚山（Samarian）的西坡上，西距地中海12千米。该遗址上部4.5米厚的地层是人类活动时期形成的文化层，对其年代测定表明古人在遗址的活动发生于距今42万～20万年间，而这纵贯20万年的地层内皆有清晰的人类用火证据。直接证据是大量集中分布的木质灰烬，微形态分析和同位素分析表明这些灰烬经历了充分燃烧，被反复烧烤过；烧结的土块和大量炭化的骨骼、烧石与灰堆有清晰的共生关系；利用红外光谱仪和显微镜对烧骨的成分、颜色和形态特征的分析表明，这些烧骨或者在大于650℃的高温下被短时烧过，或者在500℃左右的火温中被长时间烧烤过；在洞穴的中央存在一处大型中心火塘，范围达4平方米，火塘内包含层层叠叠原地生成的灰白色灰烬和烧结的土状团块，灰烬中和火塘周边分布大量炭化动物骨骼和烧过的燧石制品。对灰烬的成分分析表明，该中心火塘被使用的时期可以被分为两个阶段，中心火塘的位置和围绕火塘所分布的人类行为遗迹提供了火塘功能、遗址空间利用和人类生存活动组织的珍贵信息。该遗址丰富、明确的用火证据表明人类在此用火呈现持续状态，成为日常的行为。该遗址大型中心火塘的发现是旧石器时代遗址中的首次，所出土的遗物、遗迹勾勒出穴居者围绕中心火塘制作、修理工具（包括目前最早的石叶石器），肢解猎物，处理动物骨骼（包括以动物骨骼为软锤加工石器），烤肉分食（从出土的人类牙齿的结石中提取到炭化材料），甚至制备、存储大型动物的骨髓和油脂[26]。如此连续、习惯性用火，表明当时人类已有取火的能力，对火的管理和使用十分娴熟，并且对火形成了高度依赖，不仅熟食、取暖、照明，还以火塘为中心组织开展各种生产生存活动，这被认为可能是继尼安德特人之后出现的新人类的行为遗留[27]。

虽然在格什姆遗址甚至更早的格舍贝诺特雅克夫遗址保存的连续用火遗存被推断是古人掌握了人工取火技能的结果，但考古工作者一直无法找到人工取火的证据。这种证据的提取和论证同样具有巨大的困难和挑战性。常识中早期人工取火的方式为两种：钻木取火和打石取火。前者因为木质材料易于腐烂难以保存，直到新石器时代晚期才有物证；后者是指用燧石击打（相互击打或用燧石击打金属材料）产生火种，但用这种方式取火后的材料不易辨认，因为燧石是优质的制作石器的材料，取火的痕迹与石器被制作和使用的痕迹难以区分。但最近的一项研究带来曙光，从若干疑为尼安德特人制作与使用的燧石两面器上提取到古人类打石取火的证据[28]。出土这样材料的遗址分布在法国西南部，年代被测定在5万年前，从中发掘出属于旧石器时代中期晚段具有阿舍利风格的莫斯特文化遗存。通过肉眼和显微观察，这些两面器上存在被用硬质矿物材料连续打击或与其摩擦所产生的痕迹，而这些痕迹的位置和性状与用黄铁矿石在两面器平或凸的器体表面做斜向打击取火实验所产生的平行条痕一致；这些痕迹在特定位置集中出现，且总是与两面器的长轴大体平行，与加工过程中产生的片疤相垂直，据此可以排除这些痕迹形成于埋藏过程中的可能性，被判定是遗址的占据者打石取火行为的证据。

研究者认定在取火过程中与燧石两面器配合使用的材料是黄铁矿，是因为通过观察模拟实验中各种材料与燧石相碰撞、摩擦所产生痕迹的特点，排除了使用其他材料的可能性：锰矿石在两面器上留下的摩擦痕迹没有明显的条纹；赤铁矿、针铁矿会在两面器表面留下难以清除的残渣，而在考古标本上并不存在它们的残留物；硅质岩与燧石两面器摩擦后会留下网状痕迹，即便产生平行条痕也与黄铁矿的痕迹区别较大；石英、砂岩、石英岩等材料与燧石摩擦后所产生的痕迹皆与考古标本上的痕迹明显不同。研究者认为之所以燧石两面器被用来打石取火，是因为两面器上的修理疤痕与黄铁矿摩擦更容易产生火花，而且具有两个使用面，当一面的片疤被磨损导致生火能力下降时，取火者会翻转到另一面继续生火，因而具有更长的使用寿命。另外，在很多两面器上发现了二次甚至多次修理的片疤，有些疤痕打破了原来的取火痕迹，并在新的修理面上出现新的打火迹象，说明存在再次乃至多次修理、不断打石取火的情况。研究者还注意到，有一些修理与使用痕迹与打石取火并无关系，它们更接近切割、刮削所产生的痕迹，说明这些两面器并非专门为打石取火而制作，而是一种多功能的工具。

3. 热处理和石煮法用火逐渐成为人类生产生活不可或缺的利器

人类在掌握了对火的控制和使用并成功实现熟食、照明、取暖等初级目标后，随着时代的发展和认知能力与技术的提高，对火的使用又延伸到对工具、用具材料性能的物理改变上，使人类对资源及材料利用的领域不断拓展，制作技术突飞猛进，为日后的文明起源和社会复杂化奠定了物质基础和技术储备。对生产原料做加热改变这一技术被称为“热处理”，对此人们首先会想到陶瓷器、青铜器和铁器的发明与制作，但这一技术的最初应用是发生在旧石器时代，被运用于对石器原料的改造上。

目前发现的人类对石料进行热处理的最早证据来自南非南部海岸的尖峰点（Pinnacle Point）遗址，在该遗址距今16.4万年和7.2万年的文化层中发现经过热处理的石制品，表明人类早在十几万年前就开始有目的地对硅质岩类石料进行热处理以改善原材料的性能，更好地被人类所利用[29]。这被看作是人类用火的里程碑事件，是早期现代人的行为标志之一，是早期现代人智能与技术提升并比尼安德特人等古老型人类更好地认识自然、利用自然并改造自然的例证。随着早期现代人的扩散，经过热处理的石器材料扩展到非洲其他地区和西亚、欧洲的旧石器时代中期遗址；至旧石器时代晚期，热处理技术产品已经广泛出现在旧、新大陆的大部分地区[30]。对远古热处理遗存的寻找和确认具有挑战性。首先，必须有明确的证据表明相关标本确实被高温加热过，发生了相应的物理性能改变；其次，必须证明这样的加热是人类有意为之，不是野火燎原的遗留，也不是人类在用火时无意识的行为结果。因而，遗址埋藏学研究和对相关遗迹与标本的热释光分析、磁学分析、矿物分析、色度与光泽分析、岩石力学分析等科技手段必须使用，而且要有实验模拟的对比、验证程序。

我国也发现过对石料热处理的考古证据，来自宁夏回族自治区水洞沟遗址的第2、12地点（SDG2、SDG12），测年数据在距今3万～1万年间。研究者通过实验模拟和对实验标本外部特征的肉眼与显微观察和应力实验等方法提取热处理标本的鉴别特征，并通过与考古标本的对比分析来研究生活在该遗址的先民是否采用过热处理技术。水洞沟遗址的石器原料主要是白云岩、燧石、石英岩和石英砂岩，模拟实验时选取这些石料（将每块石料一分为二，一半用作热处理实验，一半保持自然状态以做对比观察）分别于室外和实验室环境下在300～600℃的温度下做不同时长的加热实验，冷却后比较加热后和未经加热的标本，观察受热后外部特征改变情况，主要是油脂状光泽、破裂（破碎、裂纹）、颜色（大多数趋向于变红）的变化，以此分辨石料是否经历过热处理。当对标本外观形态的观察无法准确判断热处理行为时，使用扫描电镜观察热处理前后岩石晶体大小、形状、结构的变化，特别是是否存在受热后再结晶现象，可以提供重要的鉴别信息。通过上述实验模拟、显微观察和比对分析，研究者在SDG2和SDG12出土的石制品中发现热处理石制品110件，来自两个地点的标本分别为

45和65件，还有13件被判定为无意识加热的标本[31]。这项研究并未囊括这两处遗址出土的全部石制品材料，但分析结果已经清晰表明水洞沟的先民掌握、利用了对石料的热处理技术。

他们这样做的目的为何？通过岩石力学分析和X射线衍射检测，发现经过一定温度的热处理后，白云岩等石材质地变得更加致密均匀，韧性增强，力学性能的离散性明显缩小，抗压强度下降。这些变化降低了打击石料所需的力度，使石料易于产生多次开裂，不容易发生一次性灾变破坏，为古人类调整打击点、打击方向和力度创造了机会，从而降低了打制难度，提高了石器的制作效率和质量[32]。用火的热能对工具、用具的原材料做热处理是先民对火的性能、作用取得更深刻的认识并使其更好地为人类生产生活服务的重要体现，是人与火在长期互动历程中碰撞出的新的火花和取得的新的成就。人类历史上的第一次技术或认知革命发生在旧石器时代晚期，一系列新技术被发明并应用到对石器、骨角器等工具的制作上，大量精细、复杂和专门化的工具被制作出来，大量艺术作品产生，这其中火的催生作用不可低估。

到旧石器时代晚期，人类用火进一步发展，即使在用火熟食这一人类用火最初和最重要的领域，此时在传统的烧烤的基础上出现了花样翻新的多种方法，用热石加工、烹煮食物即是其中之一。

西班牙北部艾米罗（El Mirón）洞穴遗址保留用热石烹煮食物并提取油脂的证据[33]。该遗址在约15.5ka BP的马格德林文化层位中发现大量受热龟裂或崩解的烧石（FCR，fire-cracked rocks）。这些FCR出现在数个直径大于1.4米的火塘内，火塘中积累的灰烬、炭屑达20厘米厚。这些烧石由硬度很大的砂岩砾石构成，与其伴生的是大量动物骨骼和石制品。动物骨骼大多属于野山羊和赤鹿。空间分析表明，这些材料集中出现在火塘内和火塘周围，与火塘的功能密切相关，尽管不同火塘内遗物的数量和密度有所差异。这些材料在大小分布上有明显规律，符合路易斯·宾福德（R. Binford）提出的“掉落与抛离”原理[34]（drop and toss zones指人群在围绕火塘这一中心开展活动时，小的垃圾型物件经常会掉落在靠近火塘处，大的物件经常会被抛离至稍远的地方）。研究者得出这样的结论：这些FCR是当时占据洞穴的人群采用石烹法或石煮法（Stone boiling）加工动物肉食资源的残留物，即用加热后的石头把置于水中的野山羊和赤鹿等猎物加热煮熟，使肉能被撕下，骨髓能被取出，并能榨取油脂。获取油脂被认为是发明热石烹食方法的重要动力[35]。类似的材料在欧洲旧石器时代晚期的其他遗址也有所发现，例如在葡萄牙西南的露天遗址维尔博伊（Vale Boi），于距今25ka BP的格拉维特（Gravettian）文化层位中发现鹿与马的骨骼与石锤、石砧和FCR共生，被认为是提取猎物油脂的残留[36]。这样的热石烹煮能使人类更大化利用动物的营养成分，被认为是旧石器时代晚期狩猎采集人群资源利用强化、努力扩大能量与营养来源的重要方式之一。

“石煮法”遗存在宁夏水洞沟第12地点也有发现[37]。考古人员从该遗址距今约1.1万年前的灰烬层中发掘出大量破碎的石块。对这些石块的形态、大小和岩性分析及燃烧实验表明它们是被人类选择、搬运、加热然后浸入水中崩解破碎的，即它们是生活在遗址的先民用来烹煮食物的烧石（FCR），其作用的对象可能是改善水质和烹煮动植物食材。与灰烬和烧石一同出土有大量细石叶工具和骨器，还有石磨盘、石磨棒、石杵等加工植物种子的工具；骨器中有骨柄石刀和类似后期人类织网用的梭形器，还出土大量羚羊、兔子等能快速奔跑的小型动物的骨骼。这些材料说明生活在该遗址的先民在努力扩大食物资源，最大化从狩猎采集品中获得营养，显示出生活在旧石器时代末叶的人群对资源的强化利用和食物获取广谱革命的迹象[38]。类似的煮食法在北美印第安人部落中也常见[39]，有学者推测这种烧煮食物的方法是在旧石器时代晚期从东北亚地区传入的美洲的，但它的源头并没有找到。水洞沟第12地点的FCR材料可能在东北亚的晚更新世人群和美洲印第安人之间建立起新的历史纽带。

4. 用火改变了人类的生计模式并种下了文明的种子

大量考古学和人类学、民族学研究表明，人类新发端的行为方式，尤其是与大自然互动的新模式，会对自然环境和生态系统产生影响，进而影响人类的栖居方式，并使人类的社会组织结构发生改变，向减少流动性、更好地控制和利用自然资源的方向发展，而拓展性用火被认为是对人类生计模式、社会结构变革产生重大影响的新变量与发展动因。

在更新世末期，狩猎采集者在觅食方面出现明显的食物广谱化与资源强化[40]，并进而发展出农业。这种生计模式的转变被一些学者认为是人类用火烧荒改变生态环境的结果[41]。人类引来的燎原之火改变了其生存区域的生态条件，富集了资源斑块，特定生存资源的密度增加，获取特定资源的可预见性增强。在此情形下，捕获小型猎物更加便利，觅食的不确定性大为减少，觅食所要行走的路途大为减少，人群的流动性随之变小，这就预示着广谱经济之下的定居趋势的增加，进而人口规模扩大，社会日益复杂化，私有领地和财产的概念开始出现，成为旧石器时代晚期人类生计模式和社会结构转型的前奏，文明的曙光若隐若现。

火对人类生活改善和社会进步的推动作用还在延续。20ka BP，江西万年仙人洞的先民捏土做器，烤坯成陶，烧造出了盛水装物的器皿[42]；9ka BP，西亚地区新石器时代早期的先民借助火的热能锻造出红铜工具；7ka ~ 6ka BP，更高的火候帮助人类制造出合金青铜器，火助人类启动了文明的历程。其后铁器、电、蒸汽机、火箭、计算器等科技产品不断被发明创造，数万年来人类飞翔太空、探秘宇宙的梦想变为现实。

当然，火并不仅仅为人类带来福利。人类历史上遭受火灾毁灭性打击的案例比比皆是。就近前来说，1987年5月造成重大生命与财产损失的黑龙江大兴安岭森林火灾，

2019年分别在澳大利亚和美国加州燃烧了数月的熊熊山火，在2019、2020年两个年度的3月份发生在四川凉山西昌吞噬了数十位年轻消防员生命的森林大火……都清楚地昭示：人类虽然能够对火做有控制性的使用，用火造福于人类的生产生活，乃至将人类文明推到至高至远，但火并未完全被人类驯服，还会经常肆虐破坏，给人类和人类赖以生存的大自然造成重大灾难。从人类始祖开始的与火的长期互动，还将长期持续。

六、结 语

人类与火的互动是一个变害为利的长期征程，人类对火做控制性使用的历史已经穿越了将近200万年的时光隧道。用火使人类得以熟食烹饪，改善营养，塑造今日万物之灵健硕而灵巧的身躯；用火使人类能驱避猛兽，拓展领地，拥有现今温暖舒适的家园；用火使人类改善石料，制陶冶铁，成就今日之文明。如果先祖没有学会用火，现今的我们恐怕还停留在石器时代，而且是黑暗、湿冷、茹毛饮血的石器时代。我们将没有现代文明，没有现代科技，没有现代美食，没有火的光与热带来的激情和艺术；我们将局限在举头三尺的平面下，无法去太空翱翔，无法潜深海、钻地心去探索宇宙的奥秘。当然，人类并未将桀骜不驯的火完全驯服，火魔还会经常窜出来给人类带来重大灾难，人与火的长期互动还将继续下去。

远古人类用火的证据不易保留，发现和论证充满困难和曲折，很多遗址的材料和研究结论受到过质疑和挑战。考古人必须把握好野外科考的第一关口，做精耕细作的考古发掘，全面收集遗物、遗迹并高精度记录各方面资料，关注遗址的埋藏过程和遗存的空间信息。在实验室内要借助现代科技手段对所获的样品做尽可能多的精细、可重复检验的分析，将各种信息综合起来，排除自然营力和人类非有意行为的干扰因素，这样得出的结论才可能是坚实、可信的，才不会让先祖历尽艰辛取回的火种和光热的火焰再次黯淡、湮灭。

致谢：作者感谢徐欣、张月书、张钰哲在参考文献方面提供的帮助，感谢张弛与蒋洪恩提供的相关信息。

参考文献

［1］ Wrangham R, Catching Fire: How Cooking Made Us Human. New York: Basic Books, 2009.

［2］ Lynn D C. Hearth and Campfire Influences on Arterial Blood Pressure: Defraying the Costs of the Social Brain Through Fireside Relaxation. Evolutionary Psychology, 2014, 12(5): 983-1003.

[3] Pruetz S D, Herzog N M. Savanna Chimpanzees at Fongoli, Senegal, Navigate a Fire Landscape. Current Anthropology, 2017, 58(S16): 337-350.

[4] Herzog N M, Keefe E R, Parker C H, et al. What's Burning Got to Do With It? Primate Foraging Opportunities in Fire-Modified Landscapes. American Journal of Physical Anthropology, 2016, 159(3): 432-441.

[5] Wrangham R, Conklin-Brittain N L. 'Cooking as a Biological Trait'. Comparative Biochemistry and Physiology (Part A): Molecular & Integrative Physiology, 2003, 136(1): 35-46; Wrangham R W, Carmody R. Human Adaptation to the Control of Fire. Evolutionary Anthropology, 2010, 19(5): 187-199.

[6] Brain C K, Sillen A. Evidence from the Swartkrans Cave for the Earliest Use of Fire. Nature, 1988, 336(6198): 464-466.

[7] Gowlett J A J, Harris J W K, Walton D, et al. Early Archaeological Sites, Hominid Remains and Traces of Fire from Chesowanjia, Kenya. Nature, 1981, 294(5837): 125-129.

[8] 贾兰坡，王建. 西侯度——山西更新世早期古文化遗址. 北京：文物出版社，1978.

[9] 袁振新，林一朴，周国兴，等. 云南元谋人化石产地的综合研究//中国科学院古脊椎动物与古人类研究所. 古人类论文集. 北京：科学出版社，1978：94-98.

[10] Chazan M. Toward a Long Prehistory of Fire. Current Anthropology, 2017, 58(Supplement 16): 351-359.

[11] Black D. Evidence of the Use of Fire by *Sinanthropus*. Bulletin for Geological Society of China, 1931, 11(2): 107-108.

[12] James S R, Dennell R W, Gilbert A S, et al. Hominid Use of Fire in the Lower and Middle Pleistocene: A Review of the Evidence. Current Anthropology, 1989, 30(1): 1-26.

[13] 周振宇，关莹，王春雪，等. 旧石器时代的火塘与古人类用火. 人类学学报，2012, 31(1): 24-40.

[14] Weiner S, Bar-Yosef O, Goldberg P, et al. Evidence for the Use of Fire at Zhoukoudian. Acta Anthropologica Sinica, 2000, 19(Supplement): 218-223.

[15] Goren-Inbar N, Alperson N, Kislev M E, et al. Evidence of Hominin Control of Fire at Gesher Benot Ya'aqov, Israel. Science, 2004, 304(5671): 725-727.

[16] Alperson-Afil N. Continual Fire-making by Hominins at Gesher Benot Ya'aqov, Israel. Quaternary Science Reviews, 2008, 27(17-18): 1733-1739.

[17] Berna F, Goldberg P, Horwitz L K, et al. Microstratigraphic Evidence of in Situ Fire in the Acheulean Strata of Wonderwerk Cave, Northern Cape Province, South Africa. PNAS, 2012, 109(20): 7593-7594.

[18] Hlubik S, Berna F, Feibel C, et al. Researching the Nature of Fire at 1.5 Mya on the Site of FxJj20

AB, Koobi Fora, Kenya, Using High-Resolution Spatial Analysis and FTIR Spectrometry. Current Anthropology, 2017, 58(S16): 243-257.

[19] Roebroeks W, Villa P. On the Earliest Evidence for Habitual Use of Fire in Europe. PNAS, 2011, 108(13): 5209-5214.

[20] 高星，张双权，张乐，等. 关于北京猿人用火的证据：研究历史、争议与新进展. 人类学学报，2016, 35(4): 481-492.

[21] 张森水. 周口店遗址志. 北京：北京出版社，2004.

[22] Dibble H L, Abodolahzadeh A, Aldeias V, et al. How Did Hominins Adapt to Ice Age Europe Without Fire?. Current Anthropology, 2017, 58(S16): 278-287.

[23] Goldberg P, Bar-Yosef O. Site Formation Processes in Kebara and Hayonim Caves and Their Significance in Levantine Prehistoric Caves//Akazawa T, Aoki K, Bar-Yosef O. Neandertals and Modern Humans in Western Asia. Springer US, 2002.

[24] Shimelmitz R, Kuhn S L, Jelinek A J, et al. "Fire at Will": The Emergence of Habitual Fire Use 350,000 Years Ago. Journal of Human Evolution, 2014, 77(S1): 196-203.

[25] Karkanas P, Shahack-Gross R, Ayalon A, et al. Evidence for Habitual Use of Fire at the End of the Lower Paleolithic: Site-formation Processes at Qesem Cave, Israel. Journal of Human Evolution, 2007, 53(2):197-212.

[26] Blasco R, Rosell J, Arilla M, et al. Bone Marrow Storage and Delayed Consumption at Middle Pleistocene Qesem Cave, Israel (420 to 200 ka). Science Advances, 2019, 5(10): 1-12.

[27] Barkai R, Rosell J, Blasco R, et al. Fire for a Reason: Barbecue at Middle Pleistocene Qesem Cave, Israel. Current Anthropology, 2017, 58(S16): 314-328.

[28] Sorensen A C, Claud E, Soressi M. Neandertal Fire-making Technology Inferred from Microwear Analysis. Scientific Reports, 2018, 8(1): 10065.

[29] Brown K S, Marean C W, Herries A, et al. Fire as an Engineering Tool of Early Modern Humans. Science, 2009, 325(5942): 859-862.

[30] Copeland L. The Middle Paleolithic Flint Industry of Ras el-Kelb//Copeland L, Moloney N. The Mourterian Site of Ras el-Kelb, Lebanon. Oxford: BAR, 1998: 73-101; Duttine M, Guibert P, Perraut A, et al. Effects of Thermal Treatment on TL and EPR of Flints and Their Importance in TL-Dating: Application to French Mousterian Sites of Les Forêts (Dordogne) and Jiboui (Drôme). Radiation Measurements, 2005, 39(4): 375-385; Domanski M, Webb J. A Review of Heat Treatment Research. Lithic Technology, 2007, 32(2): 153-194.

[31] 周振宇，关莹，高星，等. 水洞沟遗址的石料热处理现象及其反映的早期现代人行为. 科学通报，2013，58（9）：815-824.

[32] 邵亚琪，郇勇，代玉静，等. 热处理对水洞沟遗址石器原料力学性能的影响. 人类学学报，

2015，34（3）：330-337.

[33] Nakazawa Y, Straus L G, González-Morales M R, et al. On Stone-boiling Technology in the Upper Paleolithic: Behavioral Implications from an Early Magdalenian Hearth in El Mirón Cave, Cantabria, Spain. Journal of Archaeological Science, 2009, 36(3): 684-693.

[34] Binford L R. Dimensional Analysis of Behavior and Site Structure: Learning from Eskimo Hunting Stand. American Antiquity, 1978, 43(3): 330-361.

[35] Stiner M C. Zooarchaeological Evidence for Resource Intensification in Algarve, Southern Portugal. Promontoria: Revista do Departamento de História, Arqueologia e Património da Universidade do Algarve, 2003, 1: 27-61.

[36] Bicho N, Correia J, Stiner M, et al. Preliminary Results from the Upper Paleolithic Site of Vale Boi, Southwestern Portugal. Journal of Iberian Archaeology, 2003(5): 51-66.

[37] 高星，王惠民，刘德成，等. 水洞沟第12地点古人类用火研究. 人类学学报，2009, 28(4): 229-336.

[38] 张乐，张双权，徐欣，等. 中国更新世末全新世初广谱革命的新视角：水洞沟第 12 地点的动物考古学研究. 中国科学：地球科学，2013，43（4）：628-633.

[39] Thoms A V. Rocks of Ages: Propagation of Hot-rock Cookery in Western North America. Journal of Archaeological Science, 2009, 36(3): 573-591.

[40] Kelly R L. The Foraging Spectrum: Diversity in Hunter Gatherer Lifeways. Washington: Smithsonian Institution Press, 1995; Stiner M C, Munro N D, Surovell T. The Tortoise and the Hare Small-game Use, Thebroad-spectrum Revolution, and Paleolithic Demography. Current Anthropology, 2000, 41(1): 39-74; Zeder M A. The Broad Spectrum Revolution at 40: Resource Diversity, Intensification, and an Alternative to Optimal Foraging Explanations. Journal of Anthropological Archaeology, 2012, 31(3): 241-264.

[41] Bird D, Bird R B, Codding B F. Pyrodiversity and the Anthropocene: The Role of Fire in the Broad Spectrum Revolution. Evolutionary Anthropology, 2016, 25(3): 105-116.

[42] Wu X H, Zhang C, Goldberg P, et al. Early Pottery at 20,000 Years Ago in Xianrendong Cave, China. Science, 2012, 336(6089): 1696-1700.

（原载于《人类学学报》2020年第39卷3期）

关于中国“旧石器时代中期”的探讨

一、引　　言

在旧大陆的旧石器时代考古学研究中，将一个事件或文化发展序列划分为早、中、晚三个时期，似乎早已约定俗成。按照三分法的断代模式，非洲的旧石器时代被划分为早期、中期和晚期，而旧大陆其他地区的旧石器时代分期亦遵循着这样的模式。这样的划分模式是为了更容易地对人工制品进行分类，用以表示人类文化发展从简单到复杂的转变过程[1]。

中国旧石器时代的三分断代模式是在20世纪二三十年代形成的，彼时西方科学家刚刚开始在我国进行田野考古工作。与他们的认知相应，中国的旧石器时代断代方法完全照搬了西方的模式，而这一模式是依据旧大陆西侧所发现的人工制品而建立的。然而，这意味着中国文化的演化轨迹与欧洲、非洲和黎凡特相似，但事实上远非如此[2]。我们十分关注中国旧石器时代三分断代模式中的旧石器时代中期，并将在本文中对它的本质进行探讨。

目前，中国有40多处旧石器时代遗址被划归到旧石器时代中期[3]（表一）。本文将讨论与中国旧石器时代中期有关的一些问题，包括：中国旧石器时代中期的定义标准和分期方法是什么？基于现有的大量旧石器时代考古学数据，能否找到更准确的分期方案？“中期”这一概念是否适用于中国的旧石器时代？为了解决这些问题，我们选取旧大陆西侧石器分析中常用以划分文化演进阶段的四个变量（原料采办、剥片技术、修整方式及类型的组合和演变），检视它们在中国中更新世晚期到晚更新世早期遗址中的状况①。最后，我们提出将中国旧石器时代文化发展序列划分为两个阶段，并对相关问题进行了讨论。

① 由于缺乏已发表的原始资料，目前无法对中国旧石器时代的石器组合进行全面的定量分析。

表一　中国旧石器时代中期的主要遗址/地点

标注序号	地点/遗址名称	露天/洞穴遗址	地层年代	测年技术	地质年代	人类化石	考古遗存	原料	动物化石
1	辽宁金牛山遗址	洞穴	30万～17万年	铀系法	中更新世晚期—晚更新世早期	早期智人头骨及部分后颅骨	石核、石片、砸击制品、刮削器、尖状器、雕刻器、骨制工具	石英和石英岩	*
2	辽宁鸽子洞遗址	洞穴	无	生物地层学	晚更新世早期—中期	牙齿？	石核、石片、刮削器、尖状器和灰烬	燧石	*
3	周口店第15地点	洞穴	14万～11万年	铀系法	中更新世晚期—晚更新世早期	无	石核、石片、砸击制品、刮削器、尖状器、雕刻器、薄刃斧、砍砸器和灰烬	石英、燧石、砂岩和多种火成岩	*
3	周口店第4地点	洞穴	17.5万～13.5万年	铀系法	晚更新世早期	早期智人牙齿	石制品数十件和骨器2件	石英	*
3	周口店第22地点	洞穴	无	生物地层学	中更新世—晚更新世	无	少量石核、石片和刮削器	石英和石英岩	*
4	河北泥河湾板井子遗址	旷野	无	地质学	晚更新世	无	大量石制品	燧石、石英岩、火成岩	?
5	许家窑遗址74093地点	旷野，河湖相堆积	12.5万～10万年	铀系法	中更新世晚期—晚更新世早期	早期智人牙齿和颅骨碎片	石核、石片、刮削器、尖状器、雕刻器、钻器、砍砸器、石球和鹿角制品	脉石英、燧石、火成岩、玛瑙、石英岩、变质灰岩	*
5	许家窑遗址73113地点	旷野，河湖相堆积	无	铀系法	中更新世—晚更新世	无	少量石制品	脉石英、燧石、火成岩、玛瑙、石英岩、变质灰岩	*
6	丁村遗址54：90地点	旷野，河湖相堆积	无	生物地层学	中更新世—晚更新世	无	石制品244件，包括刮削器、砍砸器、尖状器和手镐	黑色角页岩、燧石、石灰岩、玄武岩和石英岩	*

续表

标注序号	地点/遗址名称	露天/洞穴遗址	地层年代	测年技术	地质年代	人类化石	考古遗存	原料	动物化石
6	丁村遗址54：93地点	旷野，河湖相堆积	无	生物地层学	中更新世—晚更新世	无	石制品1件	黑色角页岩	*
6	丁村遗址54：94地点	旷野，河湖相堆积	无	生物地层学	中更新世—晚更新世	无	石制品7件	黑色角页岩、燧石、石灰岩、玄武岩和石英岩	*
6	丁村遗址54：95地点	旷野，河湖相堆积	无	生物地层学	中更新世—晚更新世	无	石制品25件，包括刮削器和砍砸器	黑色角页岩、燧石、石灰岩、玄武岩和石英岩	*
6	丁村遗址54：96地点	旷野，河湖相堆积	无	生物地层学	中更新世—晚更新世	无	石制品90件，包括手镐、刮削器和砍砸器	黑色角页岩、燧石、石灰岩、玄武岩和石英岩	*
6	丁村遗址54：97地点	旷野，河湖相堆积	无	生物地层学	中更新世—晚更新世	无	石制品318件，包括小型尖状器、大型手稿、刮削器、砍砸器和石球	黑色角页岩、燧石、石灰岩、玄武岩和石英岩	*
6	丁村遗址54：98地点	旷野，河湖相堆积	无	生物地层学	中更新世—晚更新世	无	石制品529件，包括小型尖状器、大型手镐、刮削器和砍砸器	黑色角页岩、燧石、石灰岩、玄武岩和石英岩	*
6	丁村遗址54：99地点	旷野，河湖相堆积	无	生物地层学	中更新世—晚更新世	无	石制品219件	黑色角页岩、燧石、石灰岩、玄武岩和石英岩	*
6	丁村遗址54：100地点	旷野，河湖相堆积	21万～16万年，124000 ± 700年或9.31万～6.93万年	生物地层学	中更新世—晚更新世	早期智人牙齿和顽骨碎片	石制品171件	黑色角页岩、燧石、石灰岩、玄武岩和石英岩	*
6	丁村遗址54：102地点	旷野，河湖相堆积	无	生物地层学	中更新世—晚更新世	无	石制品176件	黑色角页岩、燧石、石灰岩、玄武岩和石英岩	*

续表

标注序号	地点/遗址名称	露天/洞穴遗址	地层年代	测年技术	地质年代	人类化石	考古遗存	原料	动物化石
6	丁村遗址80：01地点	旷野，河湖相堆积	无	生物地层学	晚更新世早期	无	石制品297件，包括石核、石片、三棱尖状器、砍砸器、刮削器、琢背刀和石球	黑色角页岩、燧石、石灰岩、玄武岩和石英岩	*
7	山西襄汾师村、涧沟和丁村	旷野，河湖相堆积	无	生物地层学	中更新世—晚更新世	无	石制品42件	黑色角页岩、燧石、石灰岩、玄武岩和石英岩	*
8	山西曲沃里村西沟地点	旷野，河湖相堆积	>5万年	铀系法	晚更新世	无	石制品686件，包括石核、石片、刮削器、尖状器、雕刻器、石球	燧石、石英、砂岩、火成岩、石英岩	*
9	山西侯马南梁地点	旷野，河湖相堆积	无	生物地层学	晚更新世	无	石制品13件	角页岩、石英和燧石	*
10	山西永济东姚文村地点	旷野，河湖相堆积	无	地层学	中更新世晚期—晚更新世早期	无	石制品20件	燧石和石英岩	*
11	山西太原古交地点	旷野，河湖相堆积	无	地质学	晚更新世	无	12件石制品	黑色角页岩	*
12	陕西甜水沟大荔地点	旷野，河湖相堆积	23万～18万年	铀系法	中更新世晚期—晚更新世早期	早期智人头骨	400件石制品	石英岩、燧石、脉石英	*
13	陕西蓝田涝池河地点	旷野，河湖相堆积	无	地质学	晚更新世	无	260件石制品	石英岩、燧石和砂岩	*
14	陕西长武窑头沟地点	旷野，河湖相堆积	无	生物地层学	晚更新世	无	200多件石制品	石英、石英岩和燧石	*

续表

标注序号	地点/遗址名称	露天/洞穴遗址	地层年代	测年技术	地质年代	人类化石	考古遗存	原料	动物化石
15	甘肃镇原姜家湾7401地点	旷野	无	地质学	晚更新世	无	39件石制品	燧石、石英岩和火成岩	*
16	甘肃镇原寺沟口7403地点	旷野	无	地质学	晚更新世	无	9件石制品	燧石、石英岩和火成岩	*
17	甘肃庆阳赵家岔遗址	旷野	无	地质学	晚更新世	无	2件人工制品	?	*
18	河南渑池南村地点	旷野，河湖相堆积	无	地质学	晚更新世	无	1件石片、1件尖状器和1件砍砸器	?	*
19	四川丰都烟墩堡、高家镇	旷野	无	地质学	晚更新世	无	1215件石制品，包括石核、石片、刮削器等	石英岩、石英和燧石	*
19	四川丰都高家镇	旷野	无	地质学	晚更新世	无	1500多件石制品	石英岩、石英和燧石	*
20	福建漳州莲花池山遗址	旷野	无	地层学，地质学	晚更新世	无	39件石制品	燧石、石英岩、石英、火成岩	无
21	广东马坝狮子岩地点	洞穴	13.5万～12.9万年	铀系法	中更新世晚期—晚更新世早期	早期智人颅顶骨	2件石制品	?	*
22	贵州水城硝灰洞地点	洞穴	5.2万年	铀系法	晚更新世	早期智人牙齿	53件石制品	石英岩和燧石	*
23	贵州桐梓岩灰洞遗址	洞穴	18万～13万年或24万～20万年	铀系法	中更新世晚期—晚更新世早期	智人牙齿	13件石制品	燧石、多种火成岩、硅质灰岩和石英岩	*
24	贵州扁扁洞遗址	洞穴	无	地质学	晚更新世	无	35件石制品	硅质灰岩、燧石和砂岩	*

二、中国的旧石器时代中期是如何被定义的？

为了探明中国旧石器时代的性质[4]，以及在更广阔的视角下概括旧大陆东侧旧石器时代的特征[5]，东西方学者们进行了大量的工作。在传统意义上，划分中国的旧石器时代中期主要基于两个标准：第一，遗址的年代；第二，是否发现与早期智人（archaic *Homo sapiens*）相关的遗存。

依此，所有年代处于中更新世晚期到晚更新世早期（距今约14万～3万年）的考古材料都被认为应属旧石器时代中期。而判定遗址的地质年代及其出土遗物的文化属性通常基于几种手段，包括与遗物伴生的化石动物群组分和人类化石的特征、地层关系和绝对年代的测定结果。

1. 伴生的化石动物群组分

最早在中国开展旧石器时代考古学研究的西方学者（如安特生、桑志华、德日进）带来了生物地层学的研究方法。由于中国许多旧石器考古研究人员实际上是地质学家出身，因此在中国，利用动物群化石对比（faunal correlations）进行地层年代研究的方法由来已久[6]。

中国的一些更新世动物群被认为是具有较强时代指示意义的标准动物群，包括早更新世的泥河湾以及公王岭动物群，中更新世的周口店第1地点动物群和晚更新世的萨拉乌苏动物群[7]。判定其他考古遗址和化石地点相对年代的方法，主要是将其出土动物群的组分与这些标志动物群（index assemblages）进行对比。例如，周口店第15地点动物群的年代之所以被认为较第1地点更晚而较山顶洞更早，就是依据某些绝灭物种的出现情况[8]（表二罗列了该时段中国北方与南方的典型动物群名单）。

表二　中国北方与南方地区中更新世晚期—晚更新世早期与石器遗存伴生的大型哺乳动物名单

目	种属	中国北方	中国南方
灵长目	早期智人	*	*
	猩猩		*
	长臂猿		*
食肉目	狗獾	*	
	鼬	*	
	狼	*	*
	斑鬣狗		*
	豺	*	*

续表

目	种属	中国北方	中国南方
食肉目	大熊猫		*
	棕熊	*	
	柯氏小熊		*
	熊	*	
	猪獾		*
	狐	*	
	猫	*	
	花豹		*
	虎	*	*
长鼻目	诺氏古菱齿象	*	
	古菱齿象	*	
	纳玛象	*	
	东方剑齿象		*
奇蹄目	普氏野马	*	
	蒙古野驴	*	
	马	*	
	披毛犀	*	
	腔齿犀	*	
	犀牛	*	*
	巨貘		*
	貘		*
偶蹄目	河套大角鹿	*	
	肿骨鹿	*	
	大角鹿	*	
	马鹿	*	
	梅花鹿	*	
	鹿		*
	葛氏斑鹿	*	
	转角羚羊	*	
	水牛	*	
	原始牛	*	
	野猪		*
	李氏野猪	*	

续表

目	种属	中国北方	中国南方
偶蹄目	猪	*	
	羚羊	*	
	麂		*
	鬣羚		*

生物地层学在中国的应用一直存在很大的争议[9]。其中，一个最主要的问题是，一些标志动物群（index faunal）成员较多，部分种属的延续时间较长，如华南大熊猫-剑齿虎动物群[10]和华北的萨拉乌苏动物群[11]。此外，许多标本在被提取时，发掘者也缺乏对地层的控制[12]。因此，生物地层学通常也无法为那些年代本就存疑的遗址提供更多的有效信息。

2. 伴生的早期智人（archaic *Homo sapiens*）化石

目前，我国出土早期智人化石的旧石器时代考古遗址共11处，包括金牛山、庙后山、鸽子洞、周口店第4地点、许家窑74093地点、丁村54：100地点、大荔、涝池河、长阳下钟家湾、狮子岩①和硝灰洞遗址[13]。然而，在过去的几十年里，研究者们已经认识到古人类群体和石器文化之间并不存在直接关联（例如，长期被认为使用勒瓦娄哇技术的尼安德特人被发现与旧石器时代晚期的夏特尔贝龙（Châtelperronian）文化遗存共存[14]。

在中国的一些发现已经被证实存在更多的问题。例如，庙后山和金牛山遗址被归入旧石器时代早期，因为根据地质学和生物地层学提供的信息，它们最初被认为属于中更新世[15]。然而，在这两个地点先后发现了人类化石，并被鉴定为早期智人[16]。即便如此，这些发现也并没有改变对这两个地点文化时代的最初界定。

3. 地层关系

在我国，将出土人工制品和古人类化石的地层与已经建立的地质单元（即已知地质时代的标志层，index strata）进行地层层序的比较是一种常见做法。例如，早期周口店遗址的年代学重建就是依照这种方法[17]。贾兰坡等[18]依据地层关系将山西省的旧石器工业划分为三个时期：①“红色土系统中的文化”；②“黄土底部砾石层中的文化”；③“黄土系统中的文化”。然而，这些地层划分过于粗略，不足以分辨古人类文化变迁的具体特征。此外，当一些年代存疑的考古遗址与标志地点（index locality）距离较远时，我们也很难获得与其准确年代和（或）文化特征有关的信息。

---

① 即马坝人的产出地点，译者注。

4. 绝对年代测定

从20世纪70年代开始，古地磁法、放射性碳同位素法、铀系法、电子自旋共振法、热释光法、裂变径迹法、氨基酸外消旋法等测年方法被应用于中国旧石器时代考古遗址的年代测定中。总的来说，对中更新世晚期到晚更新世早期遗址的绝对年代测定结果与通过地质学和生物地层学建立的年代框架是大体吻合的[19]。然而，在对部分地点的测年中，绝对年代测定结果对传统的文化分期提出了质疑。例如，铀系法测得大荔遗址和丁村遗址的时代①在距今23万～18万年和21万～16万年之间[20]。如果这些测年数据可靠，那么这两个遗址应属中更新世。相应地，二者的文化时代应属旧石器时代早期，而不是旧石器时代中期。年代存疑的还有贵州观音洞遗址。该遗址一直被认为是中国南方最重要的旧石器时代早期遗址[21]。然而，其铀系测年结果表明该遗址年代较晚，为距今11.5万～5.7万年[22]，处于旧石器时代中期的年代范围。

当然，地质学、古生物学和年代学方法只能确定该遗址的相对和（或）绝对年代。要讨论中国这些中更新世晚期到晚更新世早期遗址的文化时代，还需借助文化的特征而不仅仅是测年技术和（或）伴生的人类化石[23]。因而，要厘清中国是否存在界定明晰的旧石器时代中期，就必须对相应考古遗址出土的材料进行解读。

三、在中国界定新的文化阶段的必要条件

为了考量中国的"旧石器时代中期"能否独立存在，本文选取了四个与石器制造相关的常用性状进行分析，涵盖了技术、类型和形态方面的特征，包括：①原料采办；②剥片技术；③修整方式；④类型的组合与演变（表三）。

表三　中国旧石器时代中期石器组合的预期变化

标准	中国的考古证据
引进新的或外来的石器原料	在中国考古遗址中，直到晚更新世晚期才出现外来的石器原料
使用更先进剥片技术	在晚更新世晚期以前，剥片技术仍具有随意性
更大量、更精致的加工修理	直到晚更新世晚期，中国旧石器遗址才出现大量且精致的加工修理技术
石器类型更加多样化	随着时间的发展，石器的类型不断增加，但直到晚更新世晚期石器类型才急剧增加

① 氨基酸外消旋法测得丁村遗址的年代更晚，为距今9.31万～6.93万年（周义华：《北京猿人和丁村人的氨基酸年龄测定》，《人类学学报》1989年第8卷2期，第177～181页）。

1. 如果在中国的中更新世晚期至晚更新世早期出现了新的技术发展，我们应该会发现开发更优质原料以及（或）引进新的或外来原料的证据

选择更优质石器原料来制造工具的趋势贯穿着整个更新世[24]。在某处遗址中发现引进的外来原料，可以作为存在远距离搬运行为或可能存在远距离交换行为的证据[25]。

在中国，对石器原料来源的研究相对较少（在2001年与S. Keates 的个人交流）。然而，就现有的资料来看，在中国的晚更新世晚期，石器原料是以本地产出为主。由于古人类几乎没有刻意地去开发优质原料，而本地原料多样且劣质，直接影响器物加工的质量。就地取材限制了更先进石器制作技术的运用与发展，导致许多石制品个体间形态差异大、类型不规范、器形较小、加工简单。

例如，周口店第15地点的大多数石核、石片和刮削器的原料都是取自当地的脉石英。而周口店第1地点和第15地点的主要石器原料差别并不大（图一；表四）。大荔遗址的石核和石片的原料以当地石英岩、燧石和脉石英为主。许家窑遗址石制品的原料多为产于当地的脉石英、燧石、火成岩、玛瑙以及石英岩（图二）。以石英和石英岩为原料，很难制作出优良的石制品[26]。在某些遗址被使用的燧石很容易在附近的河床上找到，它们的尺寸较小、质地也不均匀。因此，用这些原料制做出的工具通常较小，且形态不甚规则。相比之下，丁村遗址当属特例，该遗址的石器原料主要为产自本地的深色角页岩，这是一种制作石制品的优质原料（图三）。

直到晚更新世晚期，中国古人类深度开发特定优质石料的线索才开始出现。在内蒙古大窑、山西大崮堆山和鹅毛口遗址还发现了石器制造场。

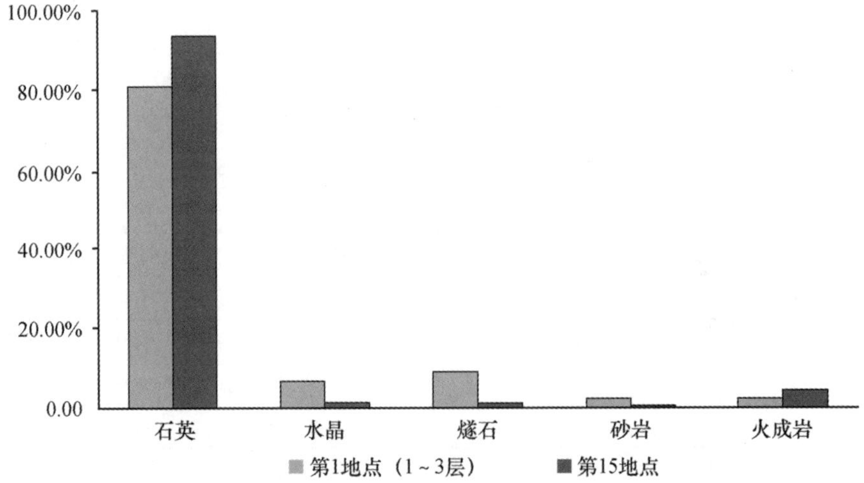

图一　周口店第1地点和第15地点的石器原料构成及占比

表四　周口店第1地点和第15地点各类石器原料的数量及其相对比例

原料	第1地点（1～3层）数量（件）	第1地点（1～3层）占比	第15地点数量（件）	第15地点占比
石英	368	80.70%	1196	93.44%
水晶	30	6.58%	14	1.10%
燧石	40	8.77%	12	0.94%
砂岩	9	1.97%	4	0.30%
火成岩	9	1.97%	54	4.22%
总计	456	100%	1280	100%

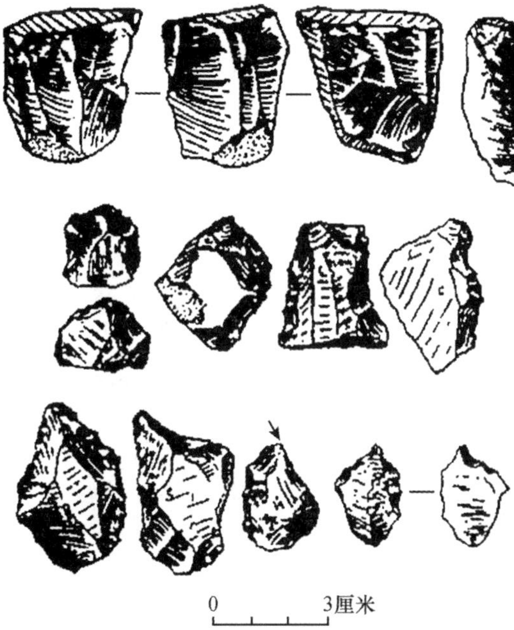

图二　许家窑遗址（74093地点）①出土石制品

2. 随着石器制作技术从简单向进步的转变，我们应该会发现剥片技术的变化

剥片技术的变化，特别是从简单的硬锤锤击法、砸击法和碰砧法到更先进的剥片方法（如预制台面、间接打击法），可能出现在旧石器时代早期到中期的过渡时期[27]。因此，我们应该能在旧石器时代中期遗址中找到比早期更规整的石片。

更新世以来，中国存在着多种剥片技术，包括硬锤直接打击法、砸击法和碰砧法。在晚更新世晚期以前，中国的剥片技术仍是简单而随意的，主要产品有简单的单台面和多台面石核、盘状石核、多面体石核和砸击石核，其石核核体及台面没有进行系统的预制。由此产生的石片，通常形态不规则，尺寸较小[28]。

① 译者注。

与之不同的是丁村遗址的石制品组合。最近，研究者在该遗址发现了一些“昆比哇”（Kombewa）类型的石片。多数石片的尺寸较大，形状规整，亦有台面预制的痕迹，表明这里存在一种相对复杂的剥片技术[29]（图三）。学者们普遍认为硬锤直接打击法是丁村遗址主要的剥片技术[30]。而该遗址石片尺寸及形态的规整，可能与优质原料（角页岩）的使用有关。

直到晚更新世晚期以后，软锤直接打击法、间接法和用于剥取石叶和细石叶的压制法才开始出现。预制石核与台面的技术与这些新的剥片方法同时出现，这些技术可以剥制尺寸和形状更规则的石片。这些新的剥片方法在水洞沟（26190 ± 800 a BP ~ 17250 ± 210a BP）、柴寺（26400 ± 800a BP）、下川（23900 ± 1000 a BP ~ 16400 ± 900a BP）、薛关（13550 ± 150a BP）和虎头梁（11000 ± 2100a BP）等晚更新世晚期遗址中均有发现。

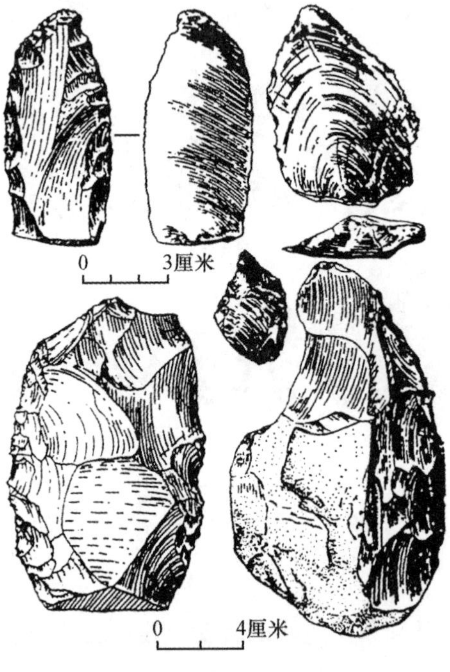

图三　丁村遗址出土石制品

3. 我们应该在旧石器时代中期遗址中找到大量的、加工更精致的石质工具

为了制作效用更高的石质工具，从石核上剥取石片之后，需要进行修整以加工工具的刃缘、修理工具形态或对变钝工具进行再加工。

纵观整个中国旧石器时代，工具的加工程度通常较粗浅，随意性较强。这导致石器的形态在很大程度上取决于坯材的原始状况，而非二次加工。此外，工具的刃缘大多不规则。以硬锤直接打击法进行的修整加工通常在石片背面留下痕迹。例如，周口店第15地点的一些单刃刮削器的毛坯虽然不规则且尺寸较小，但其刃缘形态有直、凸和凹刃几种，显然是经过修整的（图四）[31]。

在晚更新世晚期，一些石器组合表现出规范且精进的修理技术（如软锤技术和压制法），在形态和加工方法上看，工具的标准化水平提高；这在峙峪、水洞沟、下川、虎头梁和一些其他遗址中都有发现。

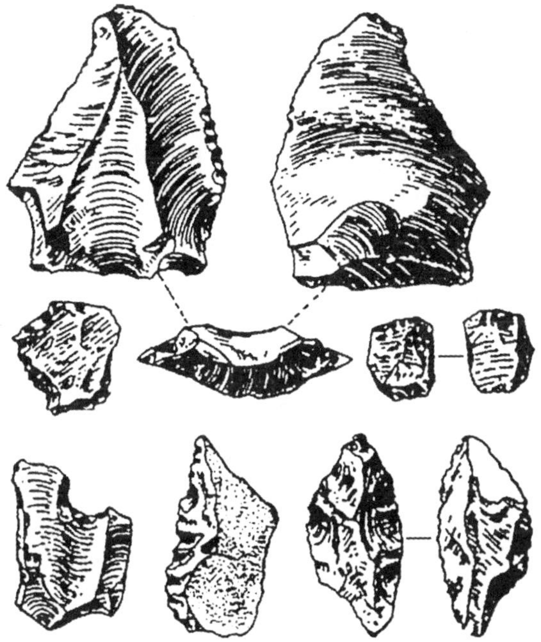

图四　周口店第15地点出土石制品

4. 旧石器时代中期的工具类型应比早期更多样化

随着剥片技术和修整方式的日益成熟，石质工具的类型应该更加多样。此外，如果古人类在旧石器时代中期拥有稳定的居所，应该能有更多的时间来制作更多类型的石制品。石器类型的多样化趋势在晚更新世晚期（即旧石器时代晚期）是非常显著的，但在旧大陆的一些地区，这一现象早在旧石器时代中期就开始出现[32]。

随着时间的推移，中国旧石器时代遗址的工具类型在不断增加。在中国旧石器时代的较早阶段，刮削器是遗址中最常见的工具类型，随后，尖状器比例不断增加，砍砸器的比例逐渐减少[33]。然而，直到晚更新世晚期，中国的石器类型才出现繁荣的趋势。在此阶段，新的器形占据了主流地位，包括石叶、端刮器、雕刻器、钻器、细石叶石核以及细石叶（图五）。此外，这一时期还出现了以兽骨和鹿角为原料且加工精致的工具。例如，周口店山顶洞遗址出土了最早的磨制骨器，放射性碳同位素测年结果显示其时代为晚更新世晚期（距今约27000年）[34]。

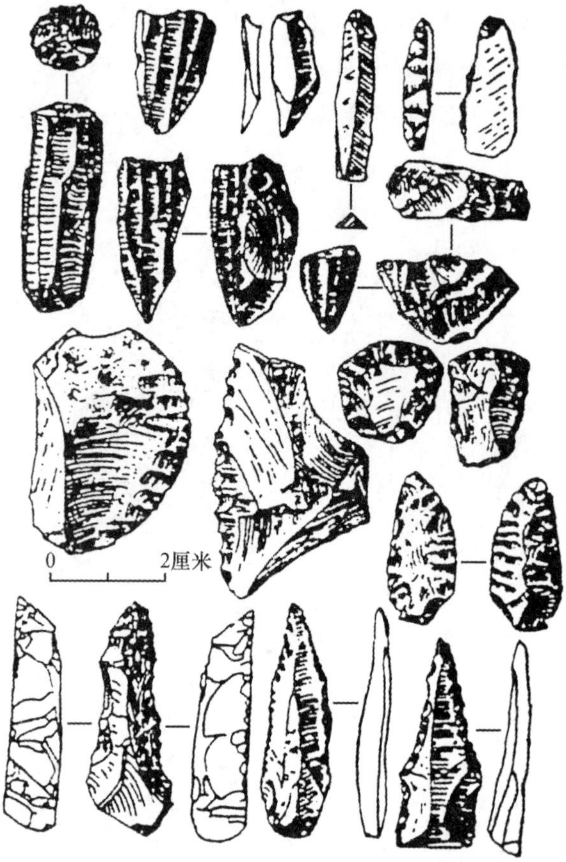

图五　下川遗址出土的旧石器时代晚期石制品

四、讨　　论

中国旧石器时代考古学的分期断代应以二分法取代三分法。综合以上的考察，本文作者认为，中国旧石器时代考古学的分期应采用二分法，而非沿用依据西方考古学材料照搬而来的不符合中国考古实际的三分法，即中国旧石器时代应划分为旧石器时代早期和晚期两个阶段。

中国旧石器时代早期始于距今100万年前（一些研究人员认为在200万年前），约在距今3万～2.7万年前结束，涵盖了以往所认为的中国旧石器时代早期及中期。这一时段的主要遗址有元谋、郧县、蓝田、周口店[35]和最初划归到旧石器时代中期的所有地点。这些遗址在石制品类型和石器技术上有许多共同的特征，总结如下：

• 仅开采当地可获得的石器原料，通常较劣质；

• 剥片技术以多种简单剥片方法为主，包括直接锤击法、砸击法和碰砧法，缺乏预制石核或预制台面技术；

• 多数石片形态不规则，尺寸较小，大量石片未经加工即直接使用；

• 多数石器工具的加工制作简单且随意，其不规则的刃缘和形态很大程度上取决于毛坯的原始形状，而非二次加工；

• 工具类型较少，最常见是刮削器、砍砸器和尖状器；

• 工具形制分化不明显，某些器类界定困难；

• 除在某些地点采集的重型工具（如手镐、手斧、薄刃斧、三棱尖状器和石球）[36]外，多数石制品尺寸较小。

这并不是说从早更新世到晚更新世早期，中国的旧石器时代文化发展是停滞不前的。在距今3万~2.7万年之前，中国旧石器工业的面貌就在发生改变。例如，使用碰砧法剥取石片的技术逐渐减少并最终消失。硬锤直接打击技术日趋成熟，可以剥取更多形状规则的石片，石片工具的比例明显提高。石器类型更多样化，规范化修理的产品增多[37]。然而，这些发展是渐进的，而不是一蹴而就的；缓慢的改变不足以支持划分出两个不同的文化时代。

中国旧石器时代晚期始于距今约3万~2.7万年，结束于距今约1万年左右。有300多个地点可以被划归到这个阶段[38]，但其中仅有约20个地点开展过系统的工作[39]。晚期的主要遗址有中国北方的阎家岗、小孤山、山顶洞、水洞沟、萨拉乌苏、峙峪、小南海、虎头梁、下川、柴寺以及薛关；中国南方的铜梁、富林、白岩脚洞、穿洞以及猫猫洞。

中国旧石器时代晚期的主要特征是石器组合的多样化。中国旧石器时代晚期的石器工业可分为四种不同类型[40]。

• 以水洞沟遗址为代表的石叶技术组合，其中石叶和石叶工具约占石制品组合的20%。主要的石制品类型包括石叶石核、预制石核、打击台面石片、三角形石片、边刮器、端刮器、尖状器、钻器、雕刻器和凹缺器。许多修理工具都表现出精湛的加工技术。此外，水洞沟遗址发现的石器与西方的一些石器类型可以进行类比[41]。

• 以下川、薛关、虎头梁和柴寺遗址为代表的细石叶技术组合。从晚更新世晚期到全新世中期，中国已经发现了200多处与细石叶制品相关的地点[42]。主要的石制品类型包括细石叶石核、细石叶和以细石叶为毛坯制作的工具、边刮器、端刮器、尖状器、琢背刀、钻器、雕刻器和凹缺器。这些组合中也存在传统的石片-石核产品。

• 石片-石核技术组合仍然是中国旧石器时代晚期的主流。从类型学和技术特点来看，这些旧石器时代晚期的石片-石核技术是从早期继承下来的。这些石制品组合主要由小型石制品构成，被称为“小石器传统”[43]和“中国北方旧石器主工业”[44]。其代表性遗址大多分布在中国北方，典型的遗址有山顶洞、峙峪、萨拉乌苏、小南海和小孤山遗址等。

• “零台面石片”技术组合是中国西南地区的一个新的石器工业分类，其特点是石片无台面，并以此为毛坯制作工具[45]。实验研究表明，“零台面石片”是以一种独特的砸击法剥片：即用石锤扁锐的边以倾斜角度砸击石砧上的石核[46]。这种技术的代表性遗址有猫猫洞、白岩脚洞和穿洞遗址。

正是晚更新世晚期石叶和细石叶工业的出现与延续，突破了中国旧石器时代文化长期缓慢的发展状况。

学界普遍认为，从技术和类型的角度上看，旧石器时代晚期的小石片工具组合与石叶及细石叶技术组合是华北地区旧石器时代早期的石核-石片工业发展的直接产物[47]。周口店第15地点、丁村和板井子遗址也被认为可能是旧石器时代晚期新文化元素的源头[48]。

然而，并不是所有的中国考古学家都认为，中国旧石器时代晚期的所有工业类型都是直接从本土的旧石器时代早期文化发展而来。虽然中国旧石器时代文化的继承性与延续性拥有考古材料的基础，但不可否认的是，社会和政治因素也会起一定的作用。直到最近，一些中国考古学家才愿意接受某些外来因素可能才是中国旧石器时代晚期石器技术和类型发展的源头。例如，张森水[49]认为，华北地区发现的石叶-细石叶组合与蒙古和俄罗斯的一些石器组合在技术和类型特征上具有很多相似之处。基于这种观察，张森水提出，中国的石叶-细石叶组合不是由本土石器工业发展而来的，而是与北部以及西北部人群文化交流的结果。中亚、蒙古和俄罗斯远东地区发现了年代相对较早的莫斯特文化和细石叶制品[50]，而在这些地区并没有阻碍这些技术组合向南部甚至更远地区传播的天然地理屏障。这一假说值得进一步探索，并有可能成为研究中国和东北亚地区（如韩国[51]）晚更新世晚期旧石器时代文化发展的关键。

五、结　　论

本文的主要目的不是对中国旧石器时代中期的考古发现进行综述，而是运用四个常被用以讨论石制品组合文化性质的考古学指标（原料采办、剥片技术、修整方式以及类型的组合与演变），来考察中国“旧石器时代中期”这一术语的有效性。本文的主要结果总结如下：

• 在中国已知的数百个旧石器地点中，大约有40个遗址被划归为旧石器时代中期；

• 这些旧石器时代中期遗址的分布很不平衡，大多数集中在华北地区中部，只有少数零星分布在华南地区，但这在一定程度上可能是由于南方缺乏系统的考古调查；

• 旧石器时代中期出土文化遗物丰富的地点不多，其中仅有17个地点发现了超过100件石制品，仅有5处地点发现了超过1000件石制品；

• 其中多数地点未经系统的调查与发掘，即使进行了大规模的发掘，也很少有人对石器组合进行详细的整理与分析；

• 只有少数地点进行了绝对年代的测定；

• 多数地点为旷野遗址，其遗物多出于河流相堆积，因此，遗址形成过程的研究是解释考古遗物埋藏成因以及重建古人类行为特征的关键；

• 中国旧石器时代中期的划分在传统上是依据地质学和古生物学的重建，以及伴生的早期智人化石的特征；

• 对原料的开发利用、剥片方法、工具毛坯、加工技术和方式以及器物类型的分析表明，中国旧石器时代早期和中期之间并不存在明显的区别。

总之，中国并不存在界定明晰的“旧石器时代中期”。这些所谓旧石器时代中期遗址出土的石制品组合，都不符合以石器分析四要素定义的“旧石器时代中期”石器生产的特点。今后，中国更新世的三分法断代分期应被二分法所取代：即旧石器时代早期和晚期。本文提出的二分法虽然只是基于定性的讨论，但希望将来能对中国中更新世晚期到晚更新世早期的考古资料进行更多的讨论及定量分析，以期更好地理解中国旧石器时代石器遗存，并从更广阔的角度来了解东亚古人类的演化进程。

参考文献

[1] Klein R G. The Human Career: Human Biological and Cultural Origins. Chicago: The University of Chicago Press, 1989; Trigger B G. A History of Archaeological Thought. Cambridge: Cambridge University Press, 1989.

[2] Movius H L. Early Man and Pleistocene Stratigraphy in Southern and Eastern Asia. Papers of the Peabody Museum of American Archaeology and Ethnology, 1944, 19(3); Ikawa-Smith F. Introduction: The Early Paleolithic Tradition of East Asia//Ikawa-Smith F. Early Paleolithic in South and East Asia. The Hague: Mouton Publishers, 1978: 1-10; 高星，欧阳志山. 趋同与变异——关于东亚与西方旧石器时代早期文化的比较研究//童永生，张银运，吴文裕，等. 演化的实证——纪念杨钟健教授百年诞辰论文集. 北京：海洋出版社，1997：63-76.

[3] 张森水. 我国北方旧石器时代中期文化初探. 史前研究，1985（1）：8-16; 邱中郎. 中国旧石器时代中期文化//吴汝康，吴新智，张森水. 中国远古人类. 北京：科学出版社，1989：195-219；Wu X Z, Poirier F E. Human Evolution in China. New York: Oxford University Press, 1995.

[4] Luchterhand K. Late Cenozoic Climate, Mammalian Evolutionary Patterns and Middle Pleistocene Human Adaptation in Eastern Asia//Freeman L G. Views of the Past. The Hague: Mouton Publishers, 1978: 363-421; Aigner J S. Archaeological Remains in Pleistocene China. Munich: C. H. Beck, 1981; Qiu Z L. The Middle Paleolithic of China//Wu R K, Olsen J W. Palaeoanthropology and Palaeolithic Archaeology in the People Republic of China. New York: Academic Press, 1985: 187-210; 邱中郎. 中国旧石器时代中期文化//吴汝康，吴新智，张森水. 中国远古人类. 北

京：科学出版社，1989：195-219；Wu R K, Olsen J W. Paleoanthropology and Paleolithic Archaeology in the People's Republic of China. Orlando: Academic Press, 1985; 张森水. 我国北方旧石器时代中期文化初探. 史前研究，1985（1）：8-16；张森水. 中国旧石器文化. 天津：天津科学技术出版社，1987；张森水. 中国北方旧石器时代早期文化//吴汝康，吴新智，张森水. 中国远古人类. 北京：科学出版社，1989：97-158；张森水. 中国北方旧石器工业的区域渐进与文化交流. 人类学学报，1990，9（4）：322-333；张森水. 在中国寻找第一把石刀. 人类学学报，1997，16（2）：87-95；黄慰文. 中国旧石器时代晚期文化//吴汝康，吴新智，张森水. 中国远古人类. 北京：科学出版社，1989：220-244；李炎贤. 中国南方旧石器时代早期文化//吴汝康，吴新智，张森水. 中国远古人类. 北京：科学出版社，1989：159-194；李炎贤. 中国旧石器时代晚期文化的划分. 人类学学报，1993，12（3）：214-223；Olsen J W, Miller-Antonio S. The Paleolithic in Southern China. Asian Perspectives, 1992, 31: 129-160; Schick K D. The Moving Line Reconsidered: Perspectives on the Earlier Paleolithic of Eastern Asia//Corruccini R S, Ciochon R L. Integrative Paths to the Past: Paleoanthropological Advances in Honor of F. Clark Howell. New Jersey: Prentice Hall, 1994: 569-596; 林圣龙. 中西方旧石器文化中的技术模式的比较. 人类学学报，1996，15（1）：1-20；高星. 关于"中国旧石器时代中期"的探讨. 人类学学报，1999，18（1）：1-16；Gao X. Explanations of Typological Variability in Paleolithic Remains from Zhoukoudian Locality 15, China. Ph. D. Dissertation. The University of Arizona, 2000.

[5] Movius H L. Early Man and Pleistocene Stratigraphy in Southern and Eastern Asia. Papers of the Peabody Museum of American Archaeology and Ethnology, 1944, 19(3); Movius H. The Lower Paleolithic Culture of Southern and Eastern Asia. Transactions of the American Philosophical Society, 1948, 38(4): 329-420; Schick K D, Dong Z. Early Paleolithic of China and Eastern Asia. Evolutionary Anthropology, 1993, 2(1): 22-35; Pope G, Keates S G. The Evolution of Human Cognition and Cultural Capacity//Corruccini R S, Ciochon R L. Integrative Paths to the Past: Paleoanthropological Advances in Honor of F. Clark Howell. New Jersey: Prentice Hall, 1994: 531-567; 高星，欧阳志山. 趋同与变异——关于东亚与西方旧石器时代早期文化的比较研究//童永生，张银运，吴文裕，等. 演化的实证——纪念杨钟健教授百年诞辰论文集. 北京：海洋出版社，1997：63-76.

[6] Chang K C. Archaeology and Chinese Historiography. World Archaeology, 1981, 13(2): 156-169; Chang K C. The Archaeology of Ancient China. New Haven: Yale University Press, 1986.

[7] Pei W C. The Zoographical Divisions of Quaternary Mammalian Fauna in China. Vertebrala Palasiatica, 1957, 1: 9-24; 韩德芬，许春华. 中国南方第四纪哺乳动物群兼论原始人类的生活环境//吴汝康，吴新智，张森水. 中国远古人类. 北京：科学出版社，1989：338-391；祁国琴. 中国北方第四纪哺乳动物群兼论原始人类生活环境//吴汝康，吴新智，张森水. 中国远古

人类. 北京：科学出版社，1989：277-337.

[8] Gao X. Explanations of Typological Variability in Paleolithic Remains from Zhoukoudian Locality 15, China. Ph. D. Dissertation. The University of Arizona, 2000.

[9] Aigner J S. Relative Dating of North Chinese Faunal and Cultural Complexes. Arctic Anthropology, 1972, 9(2): 36-79; 李炎贤. 华南旧石器时代的相对年代. 人类学学报，1982，1（2）：160-168；韩德芬，许春华. 中国南方第四纪哺乳动物群兼论原始人类的生活环境//吴汝康，吴新智，张森水. 中国远古人类. 北京：科学出版社，1989：338-391；祁国琴. 中国北方第四纪哺乳动物群兼论原始人类生活环境//吴汝康，吴新智，张森水. 中国远古人类. 北京：科学出版社，1989：277-337.

[10] 李炎贤. 华南旧石器时代的相对年代. 人类学学报，1982，1（2）：160-168.

[11] 盖培，黄万波. 陕西长武发现的旧石器时代中期文化遗物. 人类学学报，1982，1（1）：18-29.

[12] Pope G G. Recent Advances in Far Eastern Paleoanthropology. Annual Review of Anthropology, 1988, 17: 43-77.

[13] Wu X Z, Wu M L. Early *Homo sapiens* in China//Wu R K, Olsen W J. Paleoanthropology and Paleolithic Archaeology in the People's Republic of China. New York: Academic Press, 1985: 91-106; Wu X Z, Poirier F E. Human Evolution in China. New York: Oxford University Press, 1995.

[14] Stringer C, Gamble C. In Search of the Neanderthals: Solving the Puzzle of Human Origins. New York: Thames & Hudson, 1993.

[15] 金牛山联合发掘队. 辽宁营口金牛山发现的第四纪哺乳动物群及其意义. 古脊椎动物学报，1976，14（2）：120-127；金牛山联合发掘队. 辽宁营口金牛山旧石器文化的研究. 古脊椎动物学报，1978，16（2）：128-138；辽宁省博物馆，本溪市博物馆. 庙后山——辽宁省本溪市旧石器文化遗址. 北京：文物出版社，1986；陈铁梅，杨全，吴恩. 辽宁金牛山遗址牙釉质样品的电子自旋共振（ESR）测年研究. 人类学学报，1993，12（4）：337-346；郑公望，康永洙. 金牛山人遗址下部地层的热释光断代. 人类学学报，1994，13（3）：257-259.

[16] 张镇洪. 辽宁地区远古人类及其文化的初步研究. 古脊椎动物与古人类，1981，19：164-192；吴汝康. 辽宁营口金牛山人化石头骨的复原及其主要形状. 人类学学报，1988，7（2）：97-101.

[17] Teilhard de Chardin P, Young C C. Preliminary Report on the Choukoutien Fossiliferous Deposit. Bulletin of the Geological Society of China,1929, 8: 173-202; Black D, Teilhard de Chardin P, Young C C, et al. Fossil Man in China: The Choukoutien Cave Deposits with a Synopsis of Our Present Knowledge of the Late Cenozoic in China. Geological Survey of China, 1933.

[18] 贾兰坡，王择义，邱中郎. 山西旧石器. 北京：科学出版社，1961.

[19] 王令红. 中国远古人类年代学的新进展//吴汝康，吴新智，张森水. 中国远古人类. 北京：科学

出版社，1989：392-404.

［20］陈铁梅，原思训，高世君. 铀子系法测定骨化石年龄的可靠性研究及华北地区主要旧石器地点的铀子系年代序列. 人类学学报，1984，3（2）：259-269.

［21］裴文中，张森水. 中国猿人石器研究. 北京：科学出版社，1985；李炎贤，文本亨. 观音洞——贵州黔西旧石器时代初期文化遗址. 北京：文物出版社，1986.

［22］原思训，陈铁梅，高世君. 华南若干旧石器时代地点的铀系年代. 人类学学报，1986，5（2）：179-190.

［23］Jelinek A J. Concluding Discussion//Ronen A. The Transition from Lower to Middle Palaeolithic and the Origin of Modern Man. Oxford: British Archaeological Reports, BAR British Series S151, 1982: 321-329.

［24］Toth N, Schick K D. The First Million Years: The Archaeology of Protohuman Culture//Schiffer M B. Advances in Archaeological Method and Theory. New York: Academic Press, 1986: 1-96; Klein R G. The Human Career: Human Biological and Cultural Origins. Chicago: The University of Chicago Press, 1989; Dibble H. Local Raw Material Exploitation and Its Effects on Lower and Middle Paleolithic Assemblage Variability//Montet-White A, Holen S. Raw Material Economies Among Prehistoric Hunter-gatherers. Lawrence KS: University of Kansas Publications in Anthropology 19, 1991: 49-58; Otte M. Evolution in the Relationship Between Raw Materials and Cultural Tradition in the European Paleolithic//Montet-White A, Holen S. Raw Material Economies Among Prehistoric Hunter-gatherers. Lawrence KS: University of Kansas Publications in Anthropology 19, 1991: 161-168.

［25］Binford L R. Willow Smoke and Dogs' Tails: Hunter-Gatherer Settlement Systems and Archaeological Site Formation. American Antiquity, 1980, 45(1): 4-20; Binford L R. Isolating the Transition to Cultural Adaptations: An Organizational Approach//Trinkaus E. The Emergence of Modern Humans. New York: Cambridge University Press, 1989: 18-41; Kelly R L. The Foraging Spectrum: Diversity in Hunter Gatherer Lifeways. Washington: Smithsonian Institution Press, 1995.

［26］Shea J J. Lithic Microwear Analysis in Archeology. Evolutionary Anthropology, 1992, 1(4): 143-150.

［27］Toth N, Schick K D. The First Million Years: The Archaeology of Protohuman Culture//Schiffer M B. Advances in Archaeological Method and Theory. New York: Academic Press, 1986: 1-96; Schick K, Toth N. Making Silent Stones Speak: Human Evolution and the Dawn of Technology. New York: Simon & Schuster, 1993; Schick K D. The Moving Line Reconsidered: Perspectives on the Earlier Paleolithic of Eastern Asia//Corruccini R S, Ciochon R L. Integrative Paths to the Past: Paleoanthropological Advances in Honor of F. Clark Howell. New Jersey: Prentice Hall, 1994: 569-596.

［28］ 张森水. 中国旧石器文化. 天津：天津科学技术出版社，1987；林圣龙. 中西方旧石器文化中的技术模式的比较. 人类学学报，1996，15（1）：1-20.

［29］ 裴文中，吴汝康，贾兰坡，等. 山西襄汾县丁村旧石器时代遗址发掘报告. 北京：科学出版社，1958；王建，陶富海. 丁村遗址群旧石器概述. 山西文史资料，1991, 6；王建，陶富海，王益人. 丁村旧石器时代遗址群调查发掘简报. 文物季刊，1994，14（3）：1-75.

［30］ 刘源. 丁村石制品再观察. 人类学学报，1988，7（4）：306-313；李莉. 碰砧法和锤击法打片的实验研究//四川大学博物馆，中国古代铜鼓研究学会. 南方民族考古（第五辑）. 成都：四川科学技术出版社，1993: 180-197；李炎贤. 关于丁村文化的几个问题//童永生，张银运，吴文裕，等. 演化的实证——纪念杨钟健教授百年诞辰论文集. 北京：海洋出版社，1997：39-49.

［31］ Gao X. Explanations of Typological Variability in Paleolithic Remains from Zhoukoudian Locality 15, China. Ph. D. Dissertation. The University of Arizona, 2000.

［32］ Klein R G. The Human Career: Human Biological and Cultural Origins. Chicago: The University of Chicago Press, 1989; Kuhn S L. Mousterian Lithic Technology: An Ecological Perspective. Princeton: Princeton University Press, 1995.

［33］ 张森水. 中国北方旧石器时代早期文化//吴汝康，吴新智，张森水. 中国远古人类. 北京：科学出版社，1989：97-158；张森水. 中国北方旧石器工业的区域渐进与文化交流. 人类学学报，1990，9（4）：322-333.

［34］ 陈铁梅，Hedges R E M，袁振新. 山顶洞遗址的第二批加速器质谱^{14}C年龄数据与讨论. 人类学学报，1992，11（2）：112-116.

［35］ Jia L P, Huang W W. On the Recognition of China’s Paleolithic Cultural Traditions//Wu R K, Olsen J W. Paleoanthropology and Paleolithic Archaeology in the People’s Republic of China. Orlando: Academic Press, 1985: 259-265; 贾兰坡. 中国最早的旧石器时代文化//吴汝康，吴新智，张森水. 中国远古人类. 北京：科学出版社，1989：81-96；张森水. 我国北方旧石器时代中期文化初探. 史前研究，1985（1）：8-16；张森水. 中国北方旧石器时代早期文化//吴汝康，吴新智，张森水. 中国远古人类. 北京：科学出版社，1989：97-158；李炎贤. 中国南方旧石器时代早期文化//吴汝康，吴新智，张森水. 中国远古人类. 北京：科学出版社，1989：159-194.

［36］ 黄慰文. 东亚和东南亚旧石器初期重型工具的类型学——评Movius的分类体系. 人类学学报，1993，12（4）：297-304.

［37］ 张森水. 中国北方旧石器时代早期文化//吴汝康，吴新智，张森水. 中国远古人类. 北京：科学出版社，1989：97-158.

［38］ 李炎贤. 中国旧石器时代晚期文化的划分. 人类学学报，1993，12（3）：214-223.

［39］ 黄慰文. 中国旧石器时代晚期文化//吴汝康，吴新智，张森水. 中国远古人类. 北京：科学出版社，1989：220-244.

［40］ 黄慰文. 中国旧石器时代晚期文化//吴汝康，吴新智，张森水. 中国远古人类. 北京：科学出版社，1989：220-244；李炎贤. 中国旧石器时代晚期文化的划分. 人类学学报，1993，12（3）：214-223.

［41］ Breuil H. Archéologie//Boule M, Breuil H, Licent E, et al. Le Paléolitique de la Chine. Paris: Masson, 1928: 103-136; Bordes F. 1978. Foreword//Ikawa-Smith F. Early Paleolithic in South and East Asia. The Hague: Mouton Publishers, 1978.

［42］ Lü L D. The Microblade Tradition in China: Regional Chronology and Significance in the Transition to Neolithic. Asian Perspectives, 1998, 37(1): 84-112.

［43］ 贾兰坡，盖培，尤玉柱. 山西峙峪旧石器时代遗址发掘报告. 考古学报，1972（1）；Jia L P, Huang W W. On the Recognition of China's Paleolthic Cultural Traditions//Wu R K, Olsen W J. Paleoanthropology and Paleolithic Archaeology in the People's Republic of China. New York: Academic Press, 1985: 259-265; 黄慰文. 中国旧石器时代晚期文化//吴汝康，吴新智，张森水. 中国远古人类. 北京：科学出版社，1989：220-244.

［44］ 张森水. 中国北方旧石器工业的区域渐进与文化交流. 人类学学报，1990，9（4）：322-333；张森水. 在中国寻找第一把石刀. 人类学学报，1997，16（2）：87-95.

［45］ 李炎贤. 中国旧石器时代晚期文化的划分. 人类学学报，1993，12（3）：214-223.

［46］ 张森水. 中国旧石器文化. 天津：天津科学技术出版社，1987：1-336.

［47］ 贾兰坡，盖培，尤玉柱. 山西峙峪旧石器时代遗址发掘报告. 考古学报，1972（1）；贾兰坡. 中国细石器的特征和它的传统、起源与分布. 古脊椎动物学报，1978，16（2）：137-143; Gai P. Microlithic Industries in China//Wu R K, Olsen W J. Paleoanthropology and Paleolithic Archaeology in the People's Republic of China. New York: Academic Press, 1985: 225-241; Gai P. Microblade Tradition Around the Northern Pacific Rim: A Chinese Perspective//中国科学院古脊椎动物与古人类研究所. 中国科学院古脊椎动物与古人类研究所参加第十三届国际第四纪大会论文选. 北京：北京科学技术出版社，1991：21-31；李壮伟，石金鸣. 华北旧石器时代晚期文化的相互关系. 史前研究，1985（1）：17-23；Jia L P, Huang W W. On the Recognition of China's Paleolthic Cultural Traditions//Wu R K, Olsen W J. Paleoanthropology and Paleolithic Archaeology in the People's Republic of China. New York: Academic Press, 1985: 259-265; 黄慰文. 中国旧石器时代晚期文化//吴汝康，吴新智，张森水. 中国远古人类. 北京：科学出版社，1989：220-244.

［48］ 李炎贤. 中国旧石器时代晚期文化的划分. 人类学学报，1993，12（3）：214-223.

［49］ 张森水. 中国旧石器文化. 天津：天津科学技术出版社，1987；张森水. 中国北方旧石器工业的区域渐进与文化交流. 人类学学报，1990，9（4）：322-333.

［50］ Brantingham P J, Krivoshapkin A I, Li J Z, et al. The Initial Upper Paleolithic in Northeast Asia. Current Anthropology, 2001, 42(5): 735-746; Derevianko A P, Markin S V. The Mousterian of the

Altai in the Context of the Middle Paleolithic Culture of Eurasia//Dibble H L, Bar-Yosef O. The Definition and Interpretation of Levallois Technology, Monographs in World Archaeology 23. Wisconsin: Prehistory Press, 1995: 473-484; Derevianko A P, Petrin V I. Levallois on Mongolia//Dibble H L, Bar-Yosef O. The Definition and Interpretation of Levallois Technology, Monographs in World Archaeology 23. Wisconsin: Prehistory Press, 1995: 455-472; Derevianko A P, Shimkin D B, Powers W R. The Paleolithic of Siberia: New Discoveries and Interpretations. Chicago: University of Illinois Press, 1998.

[51] Norton C J. 2000. The Current State of Korean Paleoanthropology. Journal of Human Evolution, 2000, 38(6): 803-825.

［原载于《古物》（*Antiquity*）2002年第76卷，与Christopher Norton合著；崔祚文、侯佳岐译，王春雪、王晓敏校］

青藏高原边缘地区晚更新世人类遗存与生存模式

一、引　　言

晚更新世是人类演化的关键时期。在此阶段，人类扩散到地球可供生存的各个角落，开发了前人未能涉足的许多领地，加快了区域间的迁徙和交流；现代人类在这一阶段完成了从直立人和早期智人向晚期智人的进化，在生物特征上形成了现代人的体质架构，在行为与文化上实现了智能与技术的飞跃，为日后从狩猎采集经济向定居农业的转变奠定了智能与社会的基础；此段时期地球上大部分地区处在末次冰期的环境之下，人类的演化经历了严寒气候和冷暖、干湿的波动，不同地区的人类演化过程、生存方式和文化技术受到当地环境的制约，表现出不同的适应生存特点，区域文化特色显著增强；由于体能的增进、智能与技术的提高和人口的增加，人类对生存资源的开发程度加剧，人类活动对环境的改造与破坏作用更加显现[1]。青藏高原边缘地区（指青藏高原东北缘，海拔处于2000～4500m的区域）地域广袤，生态环境相对恶劣，对古人类的迁徙和开发构成挑战。目前的证据表明，人类可能在晚更新世晚期才扩散到这一区域，他们留下的遗存大多不超过30ka BP[2]。随着气候的波动和环境变化，这些早期开发者在这里经历了领地扩张和收缩[3]，其生存模式也发生相应的改变。

早在20世纪20年代，瑞典考古学家安特生就曾在甘青地区进行考古调查，发现了一批遗址[4]，对青藏高原边缘地区的史前考古遗存做了最早的区系文化研究。1948年夏，中国旧石器时代考古学之父裴文中先生对青海湟水地区进行了考古调查，在新石器时代考古方面取得重要成就[5]。至今，在青藏高原边缘地区已发现大批史前遗址，其中主要属新石器时代，据此建立起相对完整的考古学文化序列，包括马家窑文化、宗日文化和齐家文化[6]。而旧石器时代的遗存发现较少，在很长一段时间内，于20世纪80年代初发现于柴达木盆地边缘的小柴旦地点是为世人所知的唯一一处可能的旧石器时代遗址[7]。进入21世纪，对人类开发极端环境地区的过程、机制和人与环境耦合关系研究的重视，使该地区进入考古学家和古环境学家的视野，科学考察接踵而至，旧石器考古研究取得长足的进展。数年来，中国科学院古脊椎动物与古人类研究所、中国科学院青海盐湖研究所、兰州大学等机构与美国沙漠研究所、得克萨斯大学、加利福尼亚大学等科研单位合作，对青藏高原边缘地区进行了长期而系统的野外考察，发现了一系列旧石器遗址，获得珍贵的远古人类生存资料。尤其在青海湖附近的青藏高原北部边缘（海拔3000～4000m）发现多处距今15ka～10ka的人类活动遗存，包括石制品、动物碎骨、用火遗迹和生活面，对人类征服高原地区的时间、方式以及人类行为与环境的关系等课题取得新的认识[8]。

二、青藏高原晚更新世以来气候变化

古环境变迁对古人类体质进化和旧石器文化演变起到了十分重要的制约和影响作用。

由于对黄土和冰芯的研究积累，我们得以知晓青藏高原晚更新世以来的气候与环境变化的大致过程。自130kaBP倒数第二次冰期结束、转入广义的末次间冰期（MIS 5阶段）以来，青藏高原经历了完整的冰期—间冰期轮回，可以清楚地划出各个亚阶段（末次间冰期5a至5e，末次冰期4阶段、3阶段和2阶段，全新世早期、中期和晚期）[9]。末次间冰期（MIS 5）期间，夏季风势力强大、气候温暖湿润成为青藏高原东部的主要气候特征；末次冰期早期（MIS 4），气候冷湿；末次冰期间冰段（MIS 3）经历了夏季风强大、减弱、再增强的过程，总体上气候温暖湿润，适合人类生存；进入末次盛冰期（MIS 2），冬季风极为强大、气候干旱寒冷，出现荒漠景观[10]，不利人类生存。本阶段晚期夏季风开始加强，标志着末次冰消期的到来[11]。该时期末期存在一次冬季风迅速加强事件，推断应与新仙女木事件相当[12]。青藏高原在MIS 5e阶段（125ka BP）和MIS 3阶段后期（35ka BP），平均温度高出现代5℃（全球平均值只高1～2℃）[13]。在这两个阶段，高原成为强热源，吸引南亚夏季风强有力的入侵，季风降水几乎惠及整个区域，特别是高原东部降水丰沛，森林植被得以扩展到高原中部[14]。这应该是古人类开发的有利时机。在冷期，如末次冰期最盛期（LGM），该地区较现代降温平均达7℃，显著大于全球平均值（5℃），此时除夏季以外高原基本上为冰雪覆盖[15]，人类难以生存。根据古里雅冰芯的研究结果，几个主要的暖期到冷期（如5e阶段至5d阶段，5a阶段至4阶段，3阶段至2阶段）都是突变过渡，3000年左右时间急剧降温10℃以上，从冷期到暖期变化稍为和缓[16]。与此相对应，青藏高原东北部的古植被经历了高寒荒原、草原、草甸、暗针叶林等7个演化阶段[17]。

青藏高原东北边缘的青海湖沿岸是古人类遗存、旧石器考古遗址的密集分布区。晚更新世晚期，这里的湖泊水域一度扩大，湖水变深，气候湿润，沉积了粉砂质黏土及黏土层，微细层理很发育：18.2cal.ka BP左右为末次冰期盛冰阶进入晚冰期的界限，青海湖水域缩小，湖水变浅，湖滨砂砾层取代深湖相沉积，显然这是由于气候变干所致；晚冰期气候不稳定，相对的冷暖波动十分频繁[18]。自15.4cal.ka BP起气候开始向暖湿化发展，7.4cal.kaBP时达到暖湿组合的鼎盛期。（15.4～14.1）cal.ka BP和（13.7～12.9）cal.ka BP之间为两次相对暖湿事件；（16.0～15.4）cal.ka BP，（14.1～13.7）cal.ka BP和（12.9～12.1）cal.ka BP期间为3次冷干事件[19]。尽管关于青藏高原的泛湖期和青海湖高湖面的研究仍有不同意见[20]，但是晚更新世以来青藏高原边缘地区确实存在数个气候湿润、湖水扩张的时期[21]。随着高分辨率气候指标、精确测年方法的出现，发现大尺度-长时间的环境变化背景下，存在着若干小尺度-短时期的暖湿期和冷干期。这些变化对古人类的迁徙和适应生存都产生着重要的影响。正是伴随着这些气候条件变化的节奏，远古先民们踏上了“进军”高原的征途。

三、主要遗址介绍

迄今已经在青藏高原边缘地区发现数十处旧石器时代遗址（图一）。除小柴旦遗址发现于20世纪80年代之外，其余地点都是近年发现的。初步研究显示这些遗址出土的石制品、动物化石、其他文化遗存和埋藏情况、地层年代及环境信息对于探讨古人类扩散的时空范围、生存模式、技术传统、文化特征以及当地古环境演变等一系列关键学术问题具有非常重要的研究价值。以下简要介绍主要旧石器地点。

1. 小柴旦遗址

1982年发现于柴达木盆地边缘，随后进行过进一步的调查，采集到石制品160件，被认为是青藏高原地区确定的第一处旧石器时代遗址[22]。石制品出自小柴旦湖东南岸高出湖面（海拔3170m）8～13m的湖滨阶地上部的沙砾层中。石制品包括石核、石片、砍砸器、刮削器、端刮器、石钻、雕刻器等。该地点的石制品组合接近华北的传统石片工业[23]，未见预制石核或修理台面技术，也不见石叶和细石叶制品。石器基本以石片为毛坯，形体较小。原料主要为石英岩砾石。用^{14}C方法测得年代数据显示，该遗址的时代为30ka BP左右[24]。

2. 冷湖1号地点

发现于青海省海西蒙古族藏族自治州冷湖镇。该地点海拔2804m，石制品埋藏于保存良好的滩脊之内，调查时进行地表采集，未发掘。对发现石制品的相应层位采集的湖相泥炭进行测年，结果为（37.21±1.13）cal.ka BP[5]。该地点为青藏高原边缘地区发现的有准确年代数据的最早的旧石器时代遗址。

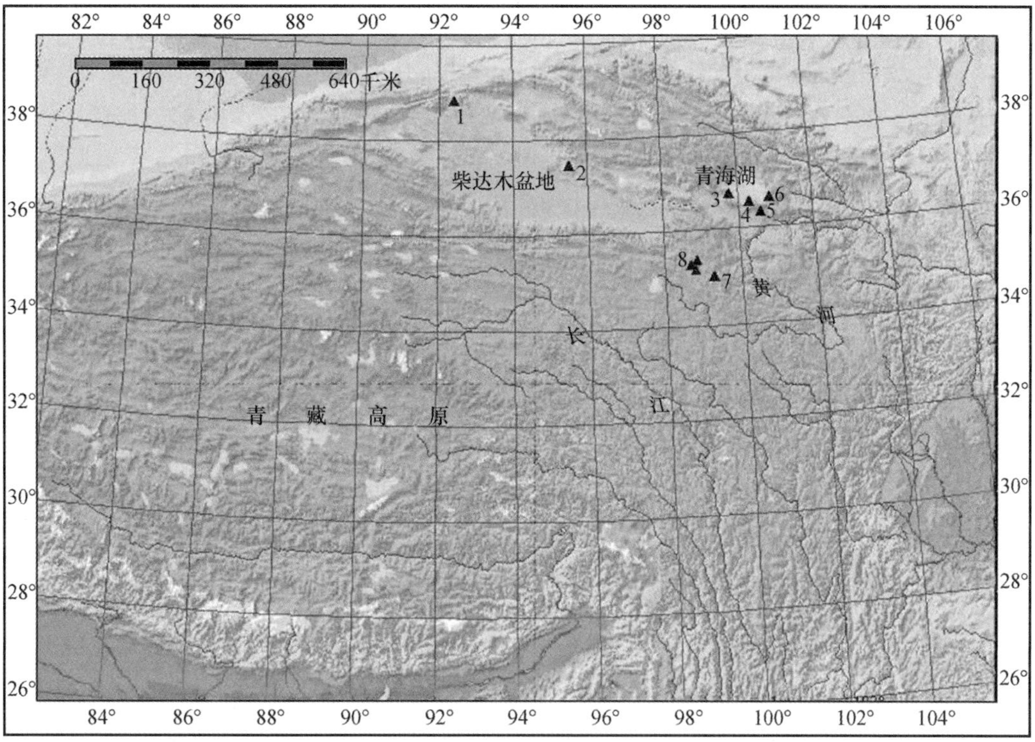

图一 青藏高原边缘地区主要旧石器地点分布图

1. 冷湖 2. 小柴旦 3. 黑马河 4. 江西沟 5. 沟后水库（GH001） 6. 娄拉水库 7. 下大武

8. 冬给错纳湖诸地点

调查采集的石制品共3件，包括2件石核和1件石叶。所有石制品均以细腻的灰绿色石英岩为原料，石核与石叶均体现了与勒瓦娄哇石叶剥制技术相似的风格，这种技术特点与宁夏水洞沟遗址出土的石制品[25]相近似，年代也大体接近甚至更早，似乎让人窥见有这种技术标识的人类群体向高海拔地区探索的步履。但由于该地点石制品数量太少，对其组合特征和技术特点及其反映的古人类种群属性尚无法做更多的解读；而且在这样早的时代具有这种技术风格的遗址目前在该地区还只发现这一处，做有关史前人类迁徙与交流的推断尤当谨慎。

3. 黑马河1号地点

1988年1月7日《人民日报》刊载消息，地质学家于青海湖南岸黑马河附近黄土阶地地面以下1.0～1.5m的黄土中发现石制品和骨制品[26]。2004年中美考察人员在青海省共和县黑马河镇发现黑马河1号地点。该地点海拔3210m，埋藏于青海湖西南缘黑马河阶地的黄土内。考察队员在该地点进行了小规模试掘，面积约14m^2，发现古人类的生活面及灰堆等遗迹。主灰堆由带有火烧痕迹的花岗岩砾石、闪长岩砾石、炭屑及灰烬组成，花岗岩和闪长岩砾石堆砌成圆圈状半切入黄土中，中间为大量的炭屑和部分文化遗物。次灰堆位于主灰堆南侧约1m处，也发现有火烧痕迹的砾石、炭屑、灰烬和未烧过的石制品。由于此灰堆之下地面无火烧氧化痕迹，推测此灰堆系由主灰堆扰动产生。

发现的石制品包括1件石英岩石核、2件细石叶残片、1件两面修理的刮削器及数件石片，同时还发现可能用于研磨植物或者磨制骨器、木器的圆形砾石。从文化层中发现48件碎骨，无法鉴定种属，推测为中型哺乳动物，从碎骨的破裂程度及破碎方式判断它们是古人类敲骨吸髓的产物。此外还发现蛋壳的碎片（0.7mm厚）。

剖面黄土中部发现有微弱发育但清晰可辨的古土壤，经过^{14}C测年判断该古土壤晚于12.5cal.ka BP[27]，代表了稍早于新仙女木事件的一段时间。遗迹及遗物位于该层古土壤之下，通过用灰堆及文化层内发现的炭屑进行测年，测定文化层的年代为（13.1 ~ 12.9）cal.ka BP[28]。

根据发现的文化遗迹和遗物，我们推测黑马河1号地点由一次古人类的小规模宿营形成；古人类在此加工，食用了类似于羚羊一类的中型哺乳动物及蛋类。推测他们使用烧热的砾石将肉类加工至熟。石器技术包括了细石叶打制技术和两面加工技术[29]。

4. 江西沟1号地点

2004年发现，遗存埋藏于海拔3300m青海湖古湖岸之上的风成沙丘的具有交错层理的细砂层中。遗址紧挨江西沟，向北4.5km即为现代青海湖湖岸。经过试掘，发现两个文化层，主要遗迹为两个不同层位的灰堆（图二）。

上文化层灰堆位于沙丘顶部35cm之下，其下2m为沙丘底部，推测当时人类在沙质地表上用火并未挖灶坑。该灰堆为长50cm，厚2cm的透镜体，保留炭屑、灰烬条带。灰堆旁发现2件花岗岩砾石。发现的石制品包括2件剥制细石叶产生的碎片，1件细石叶，2件中型哺乳动物的长骨碎片。通过灰堆中发现的炭屑测年，得出（14.8 ~ 14.16）cal.ka BP的数据[30]。

下文化层灰堆位于上层灰堆之下55cm处。发现范围约为60cm × 110cm大小的古人类生活面，形状不规则。灰堆以炭屑和灰烬为主，直径65cm，厚约1cm。通过对灰堆中发现的炭屑测年，得知文化层形成于（14.92 ~ 14.20）cal.ka BP[31]。下文化层出土石制品107件，其中78件以细腻的黑灰色变质岩为原料，20件以中等颗粒的粉红色花岗岩为原料，9件以红褐色燧石为原料。大部分石制品长度在5 ~ 10mm，多为普通的石片和碎片。另发现一些因受热破碎的小型砾石和4件大型石英岩砾石（长轴大于25cm）。从石制品体积和技术特征推断它们为预制石核、修理或加工工具的产物。虽然未直接发现细石叶，但根据技术分析，石片多为预制细石核的副产品。大部分花岗岩石片应

图二　江西沟1号地点地层剖面

为加热食物的烧石或石砧的副产品。文化遗物还包括109件碎骨，多为长骨及肋骨的碎片（块）。其中1件表面发现切割痕迹，另1件发现砸击痕迹，推测为古人类敲骨吸髓的产物[32]。

黑马河1号地点和江西沟1号地点都显示了更新世晚期古人类在青海湖湖岸地区短时间、小规模的宿营活动以及针对中小型哺乳动物的消费行为。

5. 娄拉水库地点

2007年6月发现于青海省海北藏族自治州娄拉水库西侧，海拔3395m。该地点埋藏于黄土下的风成沙丘中，由于修建娄拉水库时取土、取沙，导致文化遗迹和遗物暴露。我们对其进行了调查、记录，但未做发掘。采用区域调查法，以发现的一处灰堆为中心，布10m × 10m探方，搜集探方内地表的所有文化遗物并记录遗迹现象。

灰堆平面呈30cm × 30cm的不规则形，主要包含物为炭屑、灰烬、烧骨和石制品。灰堆以圆形砾石堆砌环绕而成，砾石有火烧痕迹。探方区域内发现的石制品以灰堆为中心向外扩散分布，中心处分布密集。石制品类型主要包括石片、碎屑和断块，另有少量细石叶残片。主要原料为石英。

初步判断该遗址形成年代为13ka BP，具体的年代数据仍在实验室分析中。

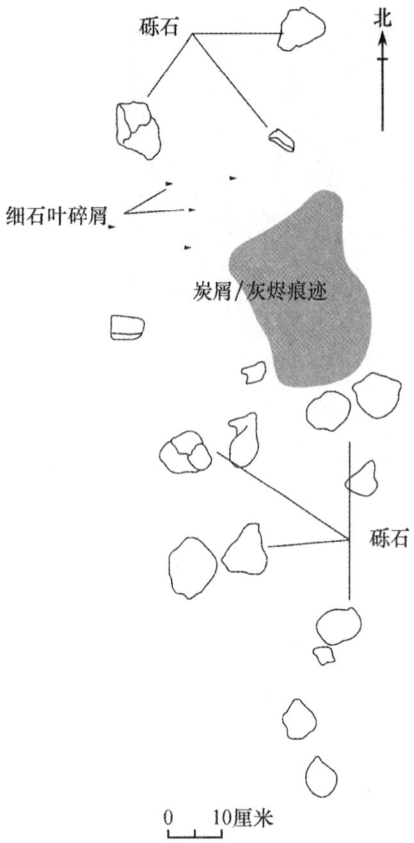

图三　沟后001地点灰堆遗迹平面图

6. 沟后001地点

2007年6月发现于青海省共和县沟后水库附近，海拔3056m。该地点位于共和盆地边缘沟后峡的高河漫滩内。由于沟后水库的修建，该河流已基本干涸。该地点经过了小规模试掘，试掘面积1m×3m。文化层位于距地表1.5m深处，主要遗迹为分布面积25cm×25cm的灰堆（图三），由炭屑、灰烬和砾石组成。石制品数量不多，仅从文化层堆积物中筛选出数件细石叶残片，主要原料为燧石和石英。灰堆中的砾石零散分布，多有火烧痕迹，其中2件因加热而断裂，应该是用来加热食物的烧石。

剖面由上至下堆积物分别为黄土、古土壤、细砂和粗砂交错层。文化层位于黄土和古土壤之下的砂层中，推测古人类在当时河流的河漫滩进行了短暂的宿营。具体年代的测定工作仍在进行中，根据遗址所处的地貌位置和地层推断其形成年代不早于10kaBP。

7. 下大武地点

2007年7月发现于青海省玛沁县下大武乡，海拔3992m，未进行发掘。文化遗物主要分布于清水河一级阶地砾石层之上的黄土堆积内，黄土堆积最厚处达4m。地表可采集到大量石制品，包括细石核、细石叶和刮削器等，大多以细腻的黑色石英砂岩和燧石为原料，在当地老乡取土遗留的黄土剖面上也发现保留在原生层位的石制品。在一处位于砾石层之上的灰堆中采集了土样和炭屑进行年代测定，实验室分析仍在进行中。

该地点地貌部位清晰，地层保存完整，文化遗物丰富，有考古发掘与研究的巨大潜力。

8. 冬给错纳湖1～5号地点

2007年7月发现于青海省玛沁县冬给错纳湖湖岸阶地顶部，海拔4106m，未进行发掘。文化遗物主要分布于古湖岸堆积顶部，经过拉网式调查，共发现5处富含石制品的地点，主要类型包括普通石核、细石核、细石叶、石叶、刮削器、石片和经过加工的工具。石制品均经历了一定程度的风化磨蚀。

目前可见的两级湖岸阶地均发现有石制品，阶地高度5～10m不等，古人类可能根据湖水的涨落有选择地生活于此，相信该地点具有很大的研究潜力。

四、初步研究成果与讨论

迄今为止获得的旧石器考古材料及相关研究表明，青藏高原边缘地区至少在距今30ka以来就有人类活动。到目前为止，所做的工作主要是针对重点区域开展旧石器调查、采集，对重要地点进行试掘，对发现的石制品、动物化石进行鉴定、分析研究，同时对部分遗址进行年代和环境分析。通过一系列野外工作和测试，我们对该地区旧石器文化面貌、技术传统及人类生存模式等学术问题有了初步的认识。

1. 石制品组合

由于目前掌握的材料零散、有限，难以反映整个地区的旧石器文化面貌。发现的石制品类型包括：石核、细石核、石片、石叶、细石叶、刮削器、修理石叶及修理石片等（图四）；还有一些用于堆砌火塘及作为烧石的砾石。整体上看，石制品基本为小型者，既有普通石核与石片的组合，也存在石叶、细石叶组合。大部分石核具有修理台面的技术特征。石片、石叶以及细石叶数量最多，一部分被加工修理成刮削器等

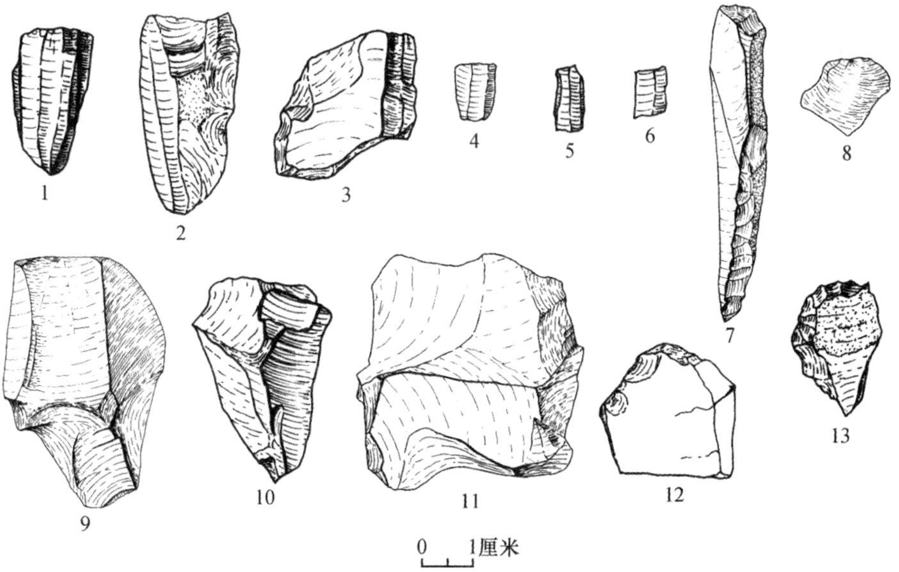

图四 青藏高原边缘地区发现的晚更新世石制品

1～3. 细石核 4～6. 细石叶断片 7. 鸡冠状石叶 8. 石片 9. 石核 10. 石片 11. 有修理痕迹的石片 12、13. 刮削器

（1、2、3、5、6、10、12、13——冬给错纳湖地点 4、7、8、9、11——下大武地点）

工具类型。有的遗址当中，普通石片技术与石叶技术并存，普通石片传统与细石叶工艺并存，石叶技术与细石叶工艺共存或者三者同时存在，这既可能与地表采集难以区分层位有关，另一方面也可能部分反映了石器组合的面貌和由此隐含的工具多样化功能。石制品主要以优质、细腻的燧石、石英岩和石英为主，选自于附近的河滩砾石或岩脉的露头。作为烧石和石砧等其他用途的砾石则主要以花岗岩为主，为就地取材，因地制宜。

2. 文化源流

有很多学者做过中国北方旧石器时代晚期石器工业类型研究，并以此探讨晚更新世人类技术的发展和不同地区间人群的迁徙或文化交流。张森水认为小石器为主的文化传统与长石片-细石器为主的文化传统代表了华北旧石器时代晚期石器工业的主要变体[33]，黄慰文将其划分为小石器传统、石叶工业和细石器工业[34]，李炎贤[35]和林圣龙[36]也做了相似的划分和归类。总体上，学术界基本一致地将北方旧石器时代晚期石器工业划分为小石片工业、石叶工业和细石叶工业3个类型，但对其传承关系和各自的渊源存在不同的认知[37]。根据目前发现的有限的考古学材料，我们认为青藏高原边缘地区旧石器时代晚期文化面貌与中国北方其他地区同时期的石器工业基本一致，反映当时活跃在中国北方地区的主体人群和其技术与生存行为方式具有同一性。从冷湖1号地点发现的寥寥几件具有预制技术特征的石叶产品与宁夏水洞沟遗址出土者具有相似的风格[38]，小柴旦遗址出土的小石片工具组合与华北源远流长的小石器[39]传统吻合，而若干晚于15ka BP遗址发现的细石器遗存则与华北20ka BP以后出现的细石器[40]工业雷同。我们知道，在旧石器时代晚期，人类智能发生飞跃，石器制作技术和人类生存模式发生革命性的改变，人口膨胀、扩散[41]。古人类迁徙辐射的同时也将旧石器文化带到了不同的地区。水洞沟具有莫斯特技术特征的石叶工业被认为是中西方人群迁徙或文化交流的产物[42]，华北细石器工艺的起源也有“本土说”[43]和“北来说”[44]。目前在青藏高原的边缘地区发现小石片工具、石叶工具和细石叶工具3种组合，后者显然晚于前二者。而当细石叶出现以后，小石片和石叶遗存仍隐约可见。由此推测，该地区的古人类迁徙与技术发展并非是单向直线式的，而是错综复杂的。可能在不同的时段、不同的区域有过不同人群的开发行为。他们是否有过互动？有过怎样的互动？我们尚不得而知。

目前从青藏高原的边缘地区发现的古人类遗存十分零散，年代相对较晚，在石器文化方面基本属于中国北方的文化体系。与华北丰富而呈现连续发展的旧石器时代工业相比，后者当为区域性的古人类演化和文化发展的中心，而青藏高原的旧石器文化是其辐射、衍生的结果；二者间具有一脉相承的关系。需要指出的是，青藏高原是具有强烈自身环境特点的地理单元，对气候变化更加敏感，晚更新世环境变化在这里可能呈现被放大的效应，对古人类适应生存的影响作用会更加显著，因此应该存在着与中国北方其他地区不同的人类扩张、缩退和生存方式演变模式，区域文化也应具有自己的特点。

3. 人类生存模式与环境制约

作为世界屋脊的青藏高原，海拔越高的地区越不适宜人类生存；高寒缺氧、生物资源稀少、食物资源分布不均匀等原因都制约着古人类的迁徙、开发和技术发展。根据目前的发现，末次冰期间冰段（MIS 3）后期，温暖湿润的环境使得狩猎采集者首次出现在该地区。他们的人数可能很少，留下的遗存十分有限，我们对他们的了解也如盲人摸象一般。他们中有的群体可能拥有当时较为先进的石叶技术，可以用锋尖利刃的石叶工具狩猎捕食。他们的生存行为以湖泊为中心，因为这里富积着他们需要的水源和动植物食物资源。适宜的环境，缺少争食竞争者，应该使他们的生存变得容易。但是否有生理上的不适应或其他的自然阻力，我们疏于考证。

随着末次冰期最盛期的到来，湖水退缩，生物资源减少，以湖泊为中心的资源带变小，之间的距离拉大。恶化的环境可能使得一部分人群消亡了，另一些人迁徙到相对暖湿、生物资源相对丰富的地域。于是我们很少能发现这一时期人类在这里生存的遗迹。

末次冰期冰后期，气温慢慢回升，适宜的气候条件和生存环境再现，人类重新回到高原的边缘地区[45]。这时的人类开发活动似乎更具规模，更加系统深入，开发者拥有了细石器技术和由此带来的复合工具，狩猎采集的能力增强，生存领地扩大，不再局限于湖泊的周围，在一些河岸也出现了他们征服的足迹。黑马河、江西沟、娄拉水库、沟后、下大武、冬给错纳湖等一系列分布相对密集、年代在15ka BP之后的遗址的出现便是明证。但较之华北腹地，这里的人们还是留下了在特殊环境下以特定的生存模式留下的印记：大多遗址表现为短时营地的特点，大多遗址保留古人类用火的遗迹，有的遗址存在的碎骨体现出古人类敲骨吸髓的特征。这些说明古人类是处于高频迁徙移动的状态以利用稀薄的食物资源；他们必须借助火的热度取暖和熟食；而一旦得到食物，就要将其消费至穷尽。这正是古人类对所处环境适应、应变，变不利为有利的结果。

当然，由于目前掌握的材料相当有限，对古人类生存模式的推测与阐释尚需更加翔实的考古材料加以验证。

致谢：感谢青海考察组其他成员在野外工作中做出的贡献和对本文写作给予的支持和建议。他们包括：兰州大学陈发虎教授、中国科学院青海盐湖研究所马海州研究员，美国得克萨斯大学大卫·B. 马德森（David B. Madsen）教授、美国沙漠研究所罗伯特·G. 埃尔斯顿（Robert G. Elston）和大卫·罗德（David Rhode）博士、美国加州大学洛杉基分校P. 杰弗里·布兰丁汉姆（P. Jeffrey Brantingham）博士、美国亚利桑那大学欧阳志山（John W. Olsen）教授等。

参考文献

[1] Dawson A G. Ice Age Earth: Late Quaternary Geology and Climate. London: Routledge, 1992: 293; 刘东生. 开展“人类世”环境研究，做新时代地学的开拓者——纪念黄汲清先生的地学创新精神. 第四纪研究，2004，24（4）：369-378；吴新智. 与中国现代人起源问题有联系的分子生物学研究成果的讨论. 人类学学报，2005，24（4）：259-269.

[2] 黄慰文. 中国旧石器晚期文化//吴汝康，吴新智，张森水. 中国远古人类. 北京：科学出版社，1989：222-232，236；Brantingham P J, Gao X, Olsen J W, et al. A Short Chronology for the Peopling of the Tibetan Plateau//Madsen D B, Chen F H, Gao X. Late Quaternary Climate Change and Human Adaptation in Arid China (Developments in Quaternary Science) . Amsterdam: Elsevier, 2007: 129-150.

[3] Brantingham P J, Kerry K W, Krivoshapkin A I, et al. Time-space Dynamics in the Early Upper Paleolithic of North East Asia//Madsen D B. Entering America: North East Asia and Beringia Before the Last Glacial Maximum. Salt Lake City: University of Utah Press, 2004: 255-284.

[4] Andersson J G. Researches into the Prehistory of the Chinese. BMFEA, 1943, 15:1-304.

[5] Pei W C. Archaeology Research in Kansu. Peking Natural History Bulletin, 1948, 16(3-4): 231-238.

[6] 许新国. 青海考古的回顾与展望. 考古， 2002（12）：1059 ~ 1067.

[7] 黄慰文，陈克造，袁宝印. 青海小柴达木湖的旧石器//中国科学院中澳第四纪合作研究组. 中国-澳大利亚第四纪学术讨论会论文集. 北京：科学出版社，1987：168-175.

[8] Madsen D B, Ma H Z, Brantingham P J, et al. The Late Upper Paleolithic Occupation of the Northern Tibetan Plateau Margin. Journal of Archaeological Science, 2006, 33(10): 1433-1444; Brantingham P J, Gao X. Peopling of the Northern Tibetan Plateau.World Archaeology, 2006, 38(3): 387-414.

[9] 施雅风，李吉均，李炳元. 青藏高原晚新生代隆升与环境变化. 广州：广东科技出版社，1998：417-442.

[10] Herzschuh U. Palaeo-moisture Evolution in Monsoonal Central Asia During the Last 50, 000 Years. Quaternary Science Reviews, 2006, 25(1-2): 163-178; 潘保田，王建民. 末次间冰期以来青藏高原东部季风演化的黄土沉积记录. 第四纪研究，1999（4）：332-335.

[11] 潘保田，王建民. 末次间冰期以来青藏高原东部季风演化的黄土沉积记录. 第四纪研究，1999（4）：332-335.

[12] 潘保田，王建民. 末次间冰期以来青藏高原东部季风演化的黄土沉积记录. 第四纪研究，1999

（4）：332-335.
［13］ 施雅风，李吉均，李炳元. 青藏高原晚新生代隆升与环境变化. 广州：广东科技出版社，1998：417-442.
［14］ 施雅风，李吉均，李炳元. 青藏高原晚新生代隆升与环境变化. 广州：广东科技出版社，1998：417-442.
［15］ 施雅风，李吉均，李炳元. 青藏高原晚新生代隆升与环境变化. 广州：广东科技出版社，1998：417-442.
［16］ 姚檀栋. 末次冰期青藏高原的气候突变——古里雅冰芯与格陵兰GRIP冰芯对比研究. 中国科学（D辑），1999，29（2）：175-184.
［17］ 阎革，王富葆，韩辉友，等. 青藏高原东北部30ka以来的古植被与古气候演变序列. 中国科学（D辑），1996，26（2）：11-117.
［18］ 沈吉，刘兴起，Matsumoto R，等. 晚冰期以来青海湖沉积物多指标高分辨率的古气候演化. 中国科学（D辑），2004，34（6）：582-589.
［19］ 沈吉，刘兴起，Matsumoto R，等. 晚冰期以来青海湖沉积物多指标高分辨率的古气候演化. 中国科学（D辑），2004，34（6）：582-589；山发寿，杜乃秋，孔昭宸. 青海湖盆地35万年来的植被演化及环境变迁. 湖泊科学，1993，5（1）：9-17；刘兴起，沈吉，王苏民，等. 16ka以来青海湖湖相自生碳酸盐沉积记录的古气候.高校地质学报，2003，9（1）：38-46；Colman S M, Yu S Y, An Z S. Late Cenozoic Climate Changes in China's Western in Terior: A Review of Research on Lake Qinghai and Comparison with Other Records. Quaternary Science Reviews, 2007, 26(17-18) : 2281-2300; 刘兴起，王苏民，沈吉. 青海湖QH-2000钻孔沉积物粒度组成的古气候古环境意义. 湖泊科学，2003，15（2）：112-117；陈克造，Bowler J M，Kelts K. 四万年来青藏高原的气候变迁. 第四纪研究，1990（1）：21-31.
［20］ 郑绵平，袁鹤然，赵希涛，等. 青藏高原第四纪泛湖期与古气候. 地质学报，2006，80（2）：169-180；贾玉连，施雅风，范云崎. 四万年以来青海湖的三期高湖面及其降水量研究. 湖泊科学，2000，12（3）：211-218；赵希涛，朱大岗，严富华，等. 西藏纳木错末次间冰期以来的气候变迁与湖面变化. 第四纪研究，2003，23（1）：41-52；李世杰，张宏亮，施雅风，等. 青藏高原甜水海盆地MIS3阶段湖泊沉积与环境变化. 第四纪研究，2008，28（1）：122-131；Madsen D B, Ma H Z, Rhode D, et al. Age Constraints on the Late Quaternary Evolution of Qinghai Lake, Tibetan Plateau. Quaternary Research, 2008, 69(2): 316-325.
［21］ Herzschuh U. Palaeo-moisture Evolution in Monsoonal Central Asia During the Last 50, 000 Years. Quaternary Science Reviews, 2006, 25(1-2): 163-178.
［22］ 黄慰文，陈克造，袁宝印. 青海小柴达木湖的旧石器//中国科学院中澳第四纪合作研究组. 中国-澳大利亚第四纪学术讨论会论文集. 北京：科学出版社，1987：168-175.
［23］ 张森水. 中国北方旧石器工业的区域渐进与文化交流. 人类学学报，1990，9（4）：322-333.

[24] 黄慰文，陈克造，袁宝印. 青海小柴达木湖的旧石器//中国科学院中澳第四纪合作研究组. 中国-澳大利亚第四纪学术讨论会论文集. 北京：科学出版社，1987：168-175.

[25] Breuil H. Archéologie//Boule M, Breuil H, Licent E, et al. Le Paléolitique de la Chine. Paris: Masson, 1928: 103-136.

[26] 黄慰文. 中国旧石器晚期文化//吴汝康，吴新智，张森水. 中国远古人类. 北京：科学出版社，1989：222-232，236.

[27] Madsen D B, Ma H Z, Brantingham P J, et al. The Late Upper Paleolithic Occupation of the Northern Tibetan Plateau Margin. Journal of Archaeological Science, 2006, 33(10) : 1433-1444.

[28] Madsen D B, Ma H Z, Brantingham P J, et al. The Late Upper Paleolithic Occupation of the Northern Tibetan Plateau Margin. Journal of Archaeological Science, 2006, 33(10) : 1433-1444.

[29] Madsen D B, Ma H Z, Brantingham P J, et al. The Late Upper Paleolithic Occupation of the Northern Tibetan Plateau Margin. Journal of Archaeological Science, 2006, 33(10) : 1433-1444.

[30] Madsen D B, Ma H Z, Brantingham P J, et al. The Late Upper Paleolithic Occupation of the Northern Tibetan Plateau Margin. Journal of Archaeological Science, 2006, 33(10) : 1433-1444.

[31] Madsen D B, Ma H Z, Brantingham P J, et al. The Late Upper Paleolithic Occupation of the Northern Tibetan Plateau Margin. Journal of Archaeological Science, 2006, 33(10) : 1433-1444.

[32] Madsen D B, Ma H Z, Brantingham P J, et al. The Late Upper Paleolithic Occupation of the Northern Tibetan Plateau Margin. Journal of Archaeological Science, 2006, 33(10) : 1433-1444.

[33] 张森水. 中国北方旧石器工业的区域渐进与文化交流. 人类学学报，1990，9（4）：322-333.

[34] 黄慰文. 中国旧石器晚期文化//吴汝康，吴新智，张森水. 中国远古人类. 北京：科学出版社，1989：222-232，236.

[35] 李炎贤. 中国旧石器时代晚期文化的划分. 人类学学报，1993，12（3）：214-223.

[36] 林圣龙. 中西方旧石器文化中的技术模式的比较. 人类学学报，1996，15（1）：1-20.

[37] 黄慰文. 中国旧石器晚期文化//吴汝康，吴新智，张森水. 中国远古人类. 北京：科学出版社，1989：222-232，236；张森水. 中国北方旧石器工业的区域渐进与文化交流. 人类学学报，1990，9（4）：322-333；李炎贤. 中国旧石器时代晚期文化的划分. 人类学学报，1993，12（3）：214-223；林圣龙. 中西方旧石器文化中的技术模式的比较. 人类学学报，1996，15（1）：1-20.

[38] Breuil H. Archéologie//Boule M, Breuil H, Licent E, et al. Le Paléolitique de la Chine. Paris: Masson, 1928: 103-136.

[39] 张森水. 中国北方旧石器工业的区域渐进与文化交流. 人类学学报，1990，9（4）：322-333.

[40] 张森水. 中国北方旧石器工业的区域渐进与文化交流. 人类学学报，1990，9（4）：322-333.

[41] 陈胜前. 中国北方晚更新世人类的适应变迁与辐射. 第四纪研究，2006，26（4）：522-533.

[42] 宁夏文物考古研究所. 水洞沟——1980年发掘报告. 北京：科学出版社，2003：209-219.

[43] 贾兰坡. 中国细石器的特征和它的传统、起源和分布. 古脊椎动物与古人类，1978，16（2）：137-143.

[44] 裴文中. 中国史前时期之研究. 上海：商务出版社，1948：1-235.

[45] Brantingham P J, Gao X. Peopling of the Northern Tibetan Plateau. World Archaeology, 2006, 38(3): 387-414; Brantingham P J, Ma H Z, Olsen J W, et al. Speculation on the Timing and Nature of Late Pleistocene Hunter-gatherer Colonization of the Tibetan Plateau. Chinese Science Bulletin, 2003, 48(14): 1510-1516; 周笃珺，马海州，Brantingham P J，等. 晚更新世以来青海北部的人类活动与湖泊演变. 盐湖研究，2003，11（2）：8-13.

（原载于《第四纪研究》2008年第28卷6期，与周振宇、关莹合著）

趋同与变异：关于东亚与西方旧石器时代早期文化的比较研究

旧石器时代早期是人类起源和文化发展的最初阶段，史前学家对这一时期古人类文化的研究倾注了极大的精力。然而由于该阶段历史的久远以及物质文化遗存的残缺不全，研究工作仍然存在着诸多的缺环和纰漏，一些相互矛盾着的假说和理论并行存在，呈现一种百家争鸣的局面。本文所要探讨的关于东亚和西方旧石器时代文化的异同及其相互关系即是目前该领域的热门课题之一。

一、关于旧石器时代早期文化变异的理论解释及研究现状

如同当代世界各地的人类群体在文化方面千姿百态一样，发现于各个地区的旧石器时代考古文化也是色彩纷呈。长期以来，关于各地考古遗存在文化传统上的异同常被系之以生物学的纽带，即文化的相近体现着文化创造者们血缘关系的相近，反之，不同的文化形式即被视为不同血缘群体的创作产物[1]。这样的假设往往经受不住实践的检验，因为一些在生物学上关系密切的群体有时会体现出不同的文化甚至使用不同的语言，而在一些血缘关系疏远的人群之间却保留有相似的风俗习惯、创造和使用相同的技术与工具。

所以考古学家需要跳出生物学的框架来探讨考古文化的异同及其成因。在这一方面，不同的理论流派对发现于西欧莫斯特文化层中诸多文化相所做出的不同的理论解释很有启发意义。以博尔德[2]为代表的传统观点认为这些不同的器物类型及其组合是由不同的文化群体所创造的不同的文化的反映；以宾福德为代表的新考古学派则将其解释为由同一文化群体因季节的不同，经济活动类型的不同而导致行为变异的结果[3]。而最近崛起的技术组织学派（Technological Organization）则将这些文化相视为在工具制造、使用、修复、再使用直至废弃的一系列动态行为过程中的静态物质形式反映[4]。虽然这些论点仍有待于论证，但至少帮助我们开阔了视野。现在越来越多的考古学家认识到“各个（石器）组合的特质可能是由若干相互制约的因素产生的，包括生态、文

化，甚至心理因素”[5]。

在旧石器时代早期的考古研究中，许多学者注意到东亚与西方在石器制作技术以及工具类型和形态方面存在着诸多本质的区别。半个世纪以来莫维斯[6]关于东西方两个文化传统的理论在很大程度上主宰着这方面的研究和探讨。

莫维斯将旧大陆旧石器时代早期考古遗存划分为两个文化传统，一个是西方的阿舍利手斧传统（Acheulian Handaxe Tradition），起源于非洲然后向北延伸入欧洲，向东进入印度次大陆，器物组合以手斧和其他大型两面加工的石器为主。另一个是东亚的砍砸器传统（Chopper-Chopping Tool Tradition），石器类型主要为砾石石核石器[7]。莫维斯对这两个文化传统的成因做了这样的推测：①东亚处于人类进化和发展的边缘地带，因某种原因在一定阶段与人类演化的主线脱离，因而在孤立的环境下保留了最初阶段的人类物质文化形式；②东亚劣质的石器原料限制了该地区石器文化的进步，使生活在该地区的先民们不能制造出更好的石质工具[8]。

于是东西方旧石器时代早期的文化就被这道所谓“莫维斯线”（The Movius Line）一分为二了。在西方，以博尔德[9]为代表的少数学者曾对莫氏的观点提出质疑，认为其对两个传统的划分及其解释不具有说服力，但大多数西方学者倾向于接受莫氏的二分说。在东亚，尤其在中国，绝大多数考古学家强烈地反对莫氏的假说，尤其是这种假说所隐喻的东亚文化落后与停滞的观念。在一段时期内，莫维斯线（Movius Line）似乎已成历史名词，莫氏的学说逐渐被淡忘。但由于近年来东西方学术交往日益增多，文化比较又成为新的时尚，对莫氏理论的讨论也随之再度热烈起来。当然，随着考古材料的增多和理论探讨的深入，这些讨论已站在更高的起点上，莫氏的一些观点已经得到了修正，而且传统上东西方的两个阵营的界线也变得模糊起来。例如希克[10]认为莫维斯对东亚旧石器时代早期文化特点之概括依然正确，但提议用“简单的石核-石片文化”（Simple Core/Flake Complexes）取代莫维斯的“砍砸器传统”作为东亚旧石器时代早期文化的代名词，同时指出莫氏的手斧文化已经不能涵盖西方旧石器时代早期的考古发现。林圣龙[11]亦基本上接受莫维斯对东西两个传统的划分，认为二者之间存在着本质的区别。李先富和克拉克[12]则认为东亚新的考古发现已经证明在东西方旧石器时代早期文化之间不存在技术和文化上的分野。黄慰文[13]持相近的观点，认为在中国大陆和朝鲜半岛存在与阿舍利文化相同的手斧和其他两面器，因而东亚在文化发展上从来未被摒弃于世界主流文化之外，因而所谓的莫维斯线可以被擦掉了。

总体来说，西方学术界倾向于认为在东西方旧石器时代早期文化之间存在着许多重大差别。这些不同点可以大体归纳如下几点。

在类型上，西方旧石器时代早期的石器工业以手斧等大型两面加工的工具为典型特征，而在东亚则以砍砸器和加工简单的小石片工具为代表。

在技术上，西方在旧石器时代早期使用一些较之东方更先进的技术手段制造石质工具，例如修理石核技术、勒瓦娄哇技术（Levallois Technology）、双阳面剥片技术（Kombewa Method）、软锤修理和有控制的加工等。而在东方只有硬锤直接剥片和简单的修理加工技术被采用过。

在器物形态方面，由于西方在器形专业化和形制标准化方面的成功，石器形态和风格规则稳定，而“远东的石器特点则是由于器类缺乏专业化而致使石器形态千变万化”[14]。

在文化发展上，西方在石器制造技术方面有着清晰的发展和进步线索可循，而在东方，“（石器）文化没有进步可言”[15]。

这些在旧石器时代早期东西方石器文化之间泾渭分明的差别到底是客观存在还是某些学者的主观臆断？如果这些差别真正体现在考古遗存中，该如何做出解释？到目前为止对该课题的探讨大多局限在学术名词、器物类型学及形态学等定性的讨论之上，而这些讨论的侧重点又往往落在东亚是否存在阿舍利文化因素（手斧）方面。为了更好地了解旧石器时代早期世界各地考古文化的特点及其成因，我们必须进一步开阔视野，综合而全面地考察现有的学术资料和理论解释。而且不但要研究考古遗存本身，还要剖析研究中诸多人为的因素，使我们的认识能更客观、更深入。

二、西方旧石器时代早期文化

这里的西方一词并不是一个严格的地理概念，而是泛指东亚以西的旧大陆，包括非洲、欧洲和中西亚。

非洲：两个旧石器时代早期文化传统的诞生地

根据现有的资料，非洲可以被称为旧石器时代早期两个文化传统的发源地。其一是奥杜威传统（Oldowan Tradition）。是现在已知的人类最早的石器工业，最近在埃塞俄比亚的戈纳（Gona）遗址发现的石器已将这一传统的历史上溯至2.5Ma BP[16]。其特点是石器组合中多为简单的砾石石核、石片和加工粗糙的工具[17]。另一个是诞生于1.7Ma BP的阿舍利文化传统（Acheulian Tradition），主要石器类型是两面加工的手斧、薄刃斧和其他一些比较规范化的石器。

自从20世纪60年代在非洲发现早期人类化石和石器以来，该地区一直处于古人类学研究的中心。新的发现和新的研究成果使我们对人类初始阶段的行为和文化的认识不断深化。传统观点认为奥杜威的石器在形制上很原始，类型缺乏分工，效用性亦很差。最近的模拟实验表明，奥杜威的石器在形态变化上往往受制于原料的原始形状，而不是取决于制造者的主观意志[18]。这诚然证实了奥杜威石器在形态上的原始性，但关于这些石器缺乏类型的分工和功能的适宜性的论断却不能成立。实验证明，那些发现于奥杜威峡谷的边缘锐利的石核石器在劈裂和肢解动物方面十分适用有效[19]。那些形体滚圆的石球（spheroids）可以作为狩猎时致命的投掷工具（projectiles）[20]。微痕分析显示奥杜威石片石器也有广泛的用途，包括锯割和加工木质工具、肢解猎物和切割肉类、割草和采集植物果实等[21]。

有关奥杜威石器组分的认识亦得以修正。以前人们片面强调了石核石器，亦即砍砸器在奥杜威传统中的主导作用。现在研究者们倾向认为那些石片石器可能更重要更有效用。甚至那些未经加工的石片在许多场合是十分有用的工具，例如用于肢解动物以及切割和加工兽皮[22]。模拟实验甚至导致这样的结论：许多所谓石核工具可能事实上只是剥离石片过程中的副产品[23]。实验考古学的另一项有趣的发现是：奥杜威的石器制造者们往往是用右手进行操作，这就将现代人类大多数个体右手倾向的历史上溯了200余万年[24]。

就类型学和技术特点而言，阿舍利的两面器是从奥杜威的双面砍砸器逐步发展演变而来的。但这两个传统的关系绝不是简单的更新替代。在阿舍利时代，奥杜威传统的石器类型并未消失，而是继续在阿舍利体系中存在，有时甚至构成一些阿舍利文化的主体器形。在东非，那些不含手斧的石器工业往往与阿舍利工业相伴而生，“当两面器或多或少地存在的时候，那些遗存便被归于阿舍利文化。反之，那些不包含手斧的遗存则被归于发达的奥杜威文化（Developed Oldowan）”[25]。由此可见，这两个文化传统之间并不存在严格的界线。有的学者甚至认为，在同期并存的阿舍利文化与奥杜威文化之间的差别其实是同一文化群体在不同的地点从事不同的活动，或者利用不同的原料的反映[26]。如果这一说法成立，那么那种认为阿舍利文化比奥杜威文化优越的观点便是偏颇和误导了。

欧洲：并非阿舍利文化的净土

有关古人类在欧洲最早出现的时间目前尚有争议。在一段时期内人们普遍认为在距今0.5Ma前人类尚未涉足这块陆地[27]。最近在西班牙格兰多利纳（Gran Dolina）洞穴遗址发现的原始人类化石及其文化遗存则将人类在欧洲出现的历史提前到0.78Ma BP[28]。而在格鲁吉亚德马尼西（Dmanisi）遗址发现的直立人下颌骨及其石器进一步证明古人类在1.8Ma ~ 1.6Ma BP即已居住在高加索地区[29]。

欧洲在旧石器时代早期并非阿舍利文化传统的一统天下。即使在西欧——阿舍利文化的原始发现地和命名地［阿舍利文化因法国的阿舍利（St. Acheul）遗址而得名］，不同的旧石器时代早期文化内涵早已为人们所认知[30]。在一些遗址，例如英国的滨海克拉克顿（Clactonian-on-sea）、斯旺司孔（Swanscombe）下层，法国的瓦隆内（Vallonnet）洞穴遗址，意大利的伊塞尔尼亚-拉皮内塔（Isernia-La Pineta），德国的卡利奇（Kalich），石器文化是接近奥杜威传统的以石片石器为主的工业，被命名为克拉克当和塔亚克（Clactonian&Tayacian）文化。而在另一些遗址，如法国的索姆（Somme）、特拉阿玛塔（Terra Amata），英国的霍斯尼（Hoxne），西班牙的托拉尔巴（Torralba）和安布罗纳（Ambrona），则可以被归为阿舍利文化传统。

对于西欧旧石器时代早期这两类文化传统的关系，学术界有着不同的观点。一些学者认为石核-石片工业先于阿舍利工业，前者渐为后者取代。另一些学者则认为二者同时并存，交互发展[31]。最近在英国的东部农场（East Farm）、巴纳姆（Barnham）、萨福克（Suffolk）的考古发掘支持后一观点，即旧石器时代早期文化在西欧并非是新文化取代旧传统的线性发展模式[32]。而且这种二分法过于简单，不能囊括发现于该地区丰富多彩的旧石器时代早期文化。阿斯顿等[33]指出在英国的旧石器时代早期存在着多种文化变体。穆西[34]亦对意大利旧石器时代早期文化的复杂性做了探讨。斯沃博达[35]等则建立了一个新的分类系统，即“小石器工业”，特点是石器组合以小型器物为主，不存在手斧和其他大型两面器。

最近在德国的舍宁根（Schöeningen）出土的三件保存完好的木质标枪（wooden spears）引起了学术界的广泛关注。根据地层关系这三件木器被确定为0.4Ma BP[36]，早于阿舍利文化在当地出现的时间。一些石片石器和被肢解了的动物骨骼与之相伴出土。这些发现一方面表明人类系统而有效地狩猎大型动物的历史比原先估计得要悠久得多，另一方面说明阿舍利的手斧并非人类进行复杂而成熟的适应生存行为的必不可少的工具，而且石器技术也不该是衡量人类进化和发展的唯一指标。

在中欧，目前有关旧石器时代早期文化的考古记录还很不完备。正如斯沃博达[37]所指出，“绝大部分旧石器时代早期的发现只是零散的标本和小规模的采集，不足以进行详细的讨论”。这些石器遗存多以轻型工具（石片石器和小石片类）为主，被称之为小型石器文化。真正的两面器很晚才出现于该地区。在那些小型石器工业中，所采用的原料多为脉石英，另有少量燧石和石灰岩。石器制造技术主要为砸击法和简单的直接锤击加工。石器类型以用石片加工的刮削器为主，石制品的宽度大多在3cm以下，砍砸器和其他大型工具十分罕见。值得注意的是，欧洲中部中更新世的这些小型石器工业与以周口店为代表的中国北方石器工业有诸多相似之处，表现在石器类型组合，小石器的主体地位及其形制特点，大型工具的稀少，以及原料的开发利用和技术手段。就此而言，那道假想中的莫维斯线显然被逾越了。

西亚：莫氏学说中两个文化的交汇处

西亚目前公认的最早的考古记录来自以色列约旦河谷的乌伊迪雅（Ubeidiya）遗址，时代为1.4Ma～1Ma BP[38]。这一遗址通常被归于阿舍利文化系列，但手斧的成分很少而且不很典型，石核-石片工具实为这一工业的主体，大量的球形器构成该石器文化的另一特色[39]。在中东尚有一些时代较晚的所谓阿舍利文化遗址，像以色列的埃握瑞-卡瑞（Evro-Quarry）遗址，叙利亚的拉塔姆尼（Latamne）和奥朗特斯（Orontes）等，其特点是少数加工简单的手斧与石核-石片主体器形的结合[40]。另外一些遗址，如叙利亚海岸的杰贝勒贝辛（Jebel Berzine），则为典型的石核-石片文化类型[41]。

最近在土耳其伊斯坦布尔附近雅林布尔加兹（Yarimburgaz）洞穴的考古发掘获得了丰富的石制品。其时代被确定为中更新世。这批石器的主体类型是经过细致的陡向加工的石片石器，刃缘多为不规则的锯齿状。另有少量加工精细的砍砸器。没有发现手斧和勒瓦娄哇技术产品。研究者认为该石器组合与欧洲的塔亚克（Tayacian）工业有很近的渊源关系，并与中欧和中亚地区的砍砸器-小石器工业有很大的相似性[42]。

目前中亚地区旧石器时代早期的考古发现可谓凤毛麟角。在塔吉克斯坦中亚平原上的几个遗址被归为中更新世，其文化内涵表现为以石核-石片工具为主的石器工业[43]。

印度次大陆通常被看作是东西方两大石器传统的交汇地带[44]。波里斯科夫斯基[45]对该地区旧石器时代早期文化提出了一个与非洲相似的发展框架：早一阶段的文化相当于非洲的奥杜威文化，以马哈德维安（Mahadevian）和先索安文化（pre-Soanian）为代表，其特点是利用不经过修理的砾石剥片并将石片简单地加工成工具。后一阶段的文化是以索安（Soanian）和马德拉斯（Madras）遗址为代表的相当于阿舍利的石器文化，包括石核-石片和手斧两种成分。但是由于许多遗址在年代测定方面存有异议，上述的两个文化传统的模式也就很有疑问。大多数学者认为该地区最早的旧石器遗存只相当于阿舍利文化的晚期阶段[46]，因而很难与奥杜威文化对应起来。而且在这两个所谓的文化传统之间也不存在明显的分界线[47]。就此而言，印度次大陆与非洲和欧洲旧石器时代文化之间确有相似之处，即含手斧的工业与不含手斧的工业并肩存在，相互融合。不同之处在于印度次大陆的手斧是用石英岩制作的，而不是采用燧石作为原料。

三、东亚地区旧石器时代早期文化

在东亚，尤其是在中国和印度尼西亚，旧石器时代考古的早期研究工作多由西方学者启动。他们将西方的研究方法和理论体系传入东方，同时也将基于对欧洲史前考古文化认识的基础上形成的对亚洲文化先入为主的观念带入东方的考古研究。当史前考古这门学科在东亚发展成熟的时候，本地的考古学家们力图建立自己的考古学体系，体现自己的研究特色，于是这些地区的旧石器时代考古便往往成为西方学术体系和本地研究特点的混合体。这对于该地区这一领域的研究产生了深远的影响，这些影响可以从学术语言、类型学、理论和方法体系等诸多方面体现出来。

东南亚：一个在人类起源和文化传统方面颇具争议的地区

自从世界上第一具直立人（*Homo erectus*）化石于1891年在爪哇被荷兰的尤金·杜伯斯（Eugene Dubois）发现以来，又有若干古人类化石和石器在爪哇岛出土，致使该地区成为有关研究人类起源和文化发展的颇有争议性的热点区域，而争论的焦点首先是爪哇人头盖骨的分类属性问题。这一争论随着北京猿人的发现落下帷幕，但爪哇人的年代和地层关系很快又成为新的讨论热点。大多数西方学者对爪哇人年代的古老及其测年方法存有疑问。其原因是这些化石和石器皆出自河流相二次堆积层中，因而用伴生的动物化石和岩石测得的年代不能代表人类化石本身的年龄[48]。而另一些学者，尤其是当地的考古学家，坚持认为爪哇人的年龄至少在1.5Ma以上[49]。

最近对爪哇人的断代研究又掀起了新的浪潮，运用新的年代学手段对爪哇人的年代研究获得了一些有趣的结果，同时也引发了新的一轮有关人类起源和扩散的辩论。利用钾-氩法（Argon-argon）测定两个爪哇化石地点（Mojokerto和Sangiran）获得的年代为1.81Ma ~ 1.66Ma BP[50]；利用电旋共振（ESR）从另两处化石地点（Ngandong和Sambungmacan）获得的年代结果为53000 ~ 27000a BP[51]。较老的一组数据又使关于人类到底是起源于非洲还是多源的辩论旧话重提，争论较多的问题是围绕着非洲起源说（Out of Africa）展开的，包括人类何时走出非洲？那些首次从非洲向外扩散的群体处于怎样的分类位置？他们携带的工具处于何种发展阶段？较晚的一组数据更引人深思，它意味着直立人在东南亚存活的时间比其在非洲和其他欧亚大陆都要长久；在人类历史的一定阶段，至少有三种人类种群——直立人、尼安德特人和早期智人，曾经在旧大陆上同时存在，因而人类进化的历史远不是一个前后更替的线性过程。当然，如同先前的断代工作一样，新的测年结果也受到了质疑，症结仍是地层关系。

爪哇旧石器文化也同样存在着地层和年代学上的问题。莫维斯曾将该地区旧石器时代早期的考古遗存建立了一个帕吉坦尼亚（Patjitanian）文化，由砾石石器和他称为原手斧（Proto-hand-axes）的大型石片石器组成。他认为这一文化虽然与阿舍利文化在形式上有所雷同，但在本质上有重大区别。但这一所谓的文化在埋藏学方面遭到了质疑，因为“这些所谓的旧石器时代早期文化不仅年代较晚，而且出土于被搬运混杂过的河流相地层中，不能作为一个文化共同体来看待”[52]。当然也存在着不同的意见，例如寇尼斯瓦尔德[53]建立了一个桑格里安（Sangrian）石片文化体系，认为该文化与爪哇猿人相伴而生，时代至少是中更新世。巴斯特拉[54]则指出在巴克索科（Baksoko）河岸数级阶地上都发现帕吉坦尼亚（Pajitanian）文化的石器，包括小型石制品和手斧。

中国的旧石器时代早期文化：单一性与复杂性

在亚洲东北部，几乎所有的可靠的旧石器时代早期的考石记录均来自中国。在这一地区，在旧石器时代早期与中期文化之间不存在十分明显的技术界线。二者的划分往往取决于生物地层年代和相伴的古人类化石的分类地位，亦即是直立人还是早期智人。这成为西方学者将东亚旧石器时代文化定性为原始、单一和落后的主要原因。在莫维斯的学说中，中国的砍砸器传统在整个更新世鲜有变化。一些西方学者至今仍然坚持认为“在所有的（中国旧石器时代早期）遗址中，其石器工业都可以一言以蔽之为简单的石核-石片技术”[55]。这一观点往往遭到中国乃至亚洲学者的反对。

之所以对中国旧石器时代文化产生如此的分歧，其原因是多方面的，其中既有客观的，也有主观的。其一，尽管大量的早—中更新世考古遗址已在中国发现，但真正经过系统发掘的不多，许多地点的野外工作尚未形成详尽的文字材料，因而学术成果不为外界所知；其二，许多在非洲旧石器时代考古中广泛采用的断代技术在中国的应用受到了限制，因为这些技术手段多依赖火山熔岩材料，而这种材料在中国的遗址中往往缺乏；其三，语言的障碍以及对资料处理和表述的不同使东西方学者很难充分地了解和利用对方积累的丰富的资料；其四，自从西方在20世纪60年代兴起“新考古学”以来，旧石器时代考古的研究中心已经转移到古人类生态、行为、适应和技术组织（Technological organization）方面，器物的分类描述和类型学分析已经与研究主流渐离渐远。但在中国以及东亚地区，考古学仍在很大程度上保持着分类和描述的传统模式[56]。这样就使东西方学者在交流讨论中难免各说东西；其五，许多西方学者下意识地对东方的研究工作持有成见，尤其不情愿接受东方学者的研究结论。

许多西方学者对中国旧石器时代早期文化的认识仅仅是建立在周口店等屈指可数的几个地点之上。实事上，在周口店以外上百个早—中更新世地点已在中国发现和发掘。据张森水[57]的统计，仅在中国北方的旧石器时代早期的文化遗址和地点便有134处之多。欧阳志山和米勒-安东尼奥[58]对华南的旧石器时代考古做了综述，列举的早—中更新世人类化石和石器地点有18处。当然，新的发现仍在滚动着这个巨大的雪球。

林圣龙[59]对中国旧石器时代早期的文化特点做了如下归纳总结：打片采用三种方法——锤击法、砸击法和碰砧法；石核大多不经修理；在一些遗址中石片工具占主导地位，在另一些遗址中则以砾石石器为主；刮削器、尖状器是最主要的工具类型，石锥、雕刻器、手镐、石球和薄刃斧在一些遗址中出现；不存在真正的手斧；一些遗址以刮削器为主，一些则以砍砸器为主；总体来说，石器规范化的程度很低。由于研究工作的局限，目前还很难对中国旧石器时代早期的考古学文化进行更全面、更深入的概括。而且中国幅员辽阔，境内地质、地貌和生态环境千差万别，作为单一的文化区域进行研究显然勉为其难。因而，根据古生态、古地貌进行分区研究似乎很有必要。

在许多西方学者的观念中，中国的古人类文化在整个更新世都维持着简单而原始的特征。诚然，中国旧石器时代早期文化在石器技术和形态方面不如西方那样进步显著，但它们也决非一成不变。张森水[60]对中国旧石器时代早期文化的发展趋势做了如下总结：①越来越多的优质原料被开发利用；②石锤直接打击技术走向成熟而碰砧技术逐渐衰落；③规则的石片逐渐增多；④越来越多的石器采用石片做毛坯；⑤石制品形体经历由小变大，然后由大变小的过程，但长宽之比保持不变；⑥石器类型逐渐增多；⑦砍砸器日渐衰落，而尖状器则不断增多，且日益规范化；⑧制作精良的器物不断增加；⑨锤击加工逐渐由多向变为主要为向背面的单向加工。由此可见，中国旧石器时代早期文化绝不是死水一潭，而是不断变化、不断发展的，只不过其发展的路径及节奏与西方同期的文化不同而已。

中国的旧石器文化也并非单一的、千篇一律的，即使是在小石片石器体系中，各个遗址也都体现着自己特点。例如，周口店北京猿人文化与观音洞文化之间就在原料、技术、类型和器物形态方面有诸多差异，往往被作为不同地区文化变异的例证[61]。而且，“小石片石器工业”这一标签并不能涵盖在中国境内发现的丰富多彩的石器文化。例如在辽宁庙后山遗址和湖北的石龙头遗址，石器组合是以中型器物为主；而在西侯度[62]、匼河[63]、蓝田[64]、三门峡[65]、丁村[66]和百色[67]则发现许多砍砸器、手镐、薄刃斧、三棱尖状器等大型石器。虽然一些地点在年代方面尚存异议，但在中国旧石器时代早期存在大型石质工具这样一个事实则不容否定，而且这些石器中不乏制作精良者。

关于中国旧石器时代文化的两个传统问题

中国学者在展示中国旧石器文化的多样性方面做了许多努力，关于两个旧石器文化传统的理论即是例证之一。这一理论首先由贾兰坡等[68]于20世纪70年代初提出，以后又有所补充和发展[69]。这一学说认为在中国北方存在两个相互平行的文化传统，一个是“匼河-丁村系”，以砍砸器和大三棱尖状器为代表，是以大型石制品为主的石器工业；另一个被称作“周口店第一地点-峙峪系”，典型器物为刮削器和雕刻器，是以小型石器为主体的石制品工业。这两个文化传统被认为代表着两种原始经济类型——采集和狩猎，发源于旧石器时代早期，然后齐头并进，连绵不绝，直至新石器时代早期，成为两种农业模式——作物种植和家畜饲养的雏形。

这一学说将中国旧石器研究由单纯的器物分类描述提高到关于文化与技术传统以及古人类生态与适应模式的理论高度，但却一直颇受争议。西方文献也多有引述和讨论，但评议多为否定性的。这一理论的不足之处似乎可以归结为如下几个方面：①这两个文化传统的代表性遗址几乎分布于同一自然地理和生态区域，因而很难解释二者为什么会在100余万年里独自生存平行发展；②无充分的证据表明在史前时代大型的工具是用于采集而小型工具用于狩猎，相反，民族学和实验考古学表明古代人群在适应生存中既需要大型工具也需要小型工具以实现不同的功能，而且采集和狩猎从来是不可分割的经济形式；③研究表明在大型石器传统的一些遗址中，包括典型遗址丁村，大型工具并不占主导地位，反倒是小型石片石器成为器物群的主体[70]；④该理论的最大纰漏将由埋藏学研究揭示出来，大型石器传统中的遗址多为河流相地点，许多石制品经历了扰动和搬运，而且许多大型标本来自地表采集，难免造成不同时代的文化遗物混杂其间，也很难排除采集者的主观选择。就此李先富和克拉克[71]明确提出："看来（该理论）未能描述出这两个文化传统之间的共同点主要是由于匼河-丁村系的实物资料残缺不全。"这样一个二分法的可能后果是一方面忽略这两个所谓文化传统内部各遗址的独特性特征，另一方面忽视被划归到不同传统里的遗址之间可能的共同点。简而言之，中国旧石器时代文化的复杂性和多样性不可能简单地用单纯地建立在石器类型和形态定性分析的基础上的两个线性模式概括出来。

关于东亚的手斧问题

一些中国乃至东亚的考古学家一直坚持不懈地在本地区寻找可以与阿舍利文化相提并论的文化遗存，以便擦掉那道"莫维斯线"，并改变西方学者加于东方石器文化的保守与落后的形象。在中国，黄慰文[72]辨识出三个富含手斧的文化区域，即北方的汾河流域、中部的汉水谷地和华南的百色盆地， 许多大型石器标本被确认为手斧。在韩国的全谷里（Chongokni）亦有若干石器标本被归于手斧类[73]。这些发现和对器物的界定引起了一些学者的兴趣，例如李先富和克拉克[74]便就此认为阿舍利文化延伸到了东亚， 因而莫氏的学说可以被彻底抛弃了。但大多数学者并不接受这一说法。林圣龙对中国和韩国的所谓的手斧的实物标本或线图进行了重新研究，结论是它们并不是真正的手斧，而是手镐、薄刃斧、三棱尖状器和砍砸器等[75]。

近来在全谷里及附近地点做过工作的学者倾向于认为全谷里的年代可能会很晚，至少不属于旧石器时代早期。至于中国的手斧，至少在两个方面值得商榷：从埋藏学角度看，那些被称为手斧的标本大多来自地表采集或采自经过搬运扰动的层位，很难确定其原始年代；从形态上，中国的许多标本不具备真正手斧的标准。它们的器体多厚重，有的横断面为三角形，缺少通体的两面加工。无论如何，那些厚重且具有尖刃的石器在中国，尤其在百色和汉中文化区域的存在是个不容忽视的事实，现在应致力于寻找这批石器类型的原生层位及其来龙去脉，并进一步从形态和技术上探讨他们与西方阿舍利手斧文化的关系。就目前而言，这些器物的存在可以看作是中国旧石器时代早期丰富多彩的文化内涵的佐证，但由此断言阿舍利文化渗透到了东方尚为时过早。

四、讨　　论

关于世界各地旧石器时代文化的异同

综上所述，旧石器时代早期的旧大陆不可能简单地被“莫维斯线”划为东西两个世界。世界各地的旧石器时代早期文化的确存在着多方面的变异，但这些差异并不仅仅体现在东方与西方之间，而是一种全方位现象。我们不能否定东西方之间文化的差异，但也不应忽略这两个世界内部各个地区各个文化之间的区别。例如在欧洲，阿舍利文化仅分布在西部，而在中—东部则成为小型石器的天地。即使是在西欧，其文化内涵也绝非是单一的，“英国在旧石器时代早期存在诸多文化变体”[76]已成为不争的事实； 法国的旧石器时代早期文化也丰富多样，既有手斧文化，也有非手斧文化。与此同时，在东亚，尤其是在中国，不同的旧石器时代早期文化也已被人们所认知。

另一方面，东亚与西方在旧石器时代早期文化之间存在着若干相似之处，例如在非洲、中东（Ubeidiya）和中国北方均出土了大量的球形器[77]。这些石器在原料、形状、大小以及体表特征都很相似。非洲的奥杜威（Oldowan）、发达的奥杜威（Developed Oldowan）工业， 欧洲的克拉克当（Clactonian）与塔亚克（Tayacian）工业， 和东亚与西亚的石核-石片工业之间在器物组合、石器形态和技术特点方面也有很多趋同性，应属同一文化类型。即使是非洲与欧洲的阿舍利文化，如果除掉大型的两面器成分，其余的器物组合便与其他石核-石片文化别无二致。更有趣的是中欧和华北的小石器文化之间展示着极大的共性，尤其体现在用脉石英作原料和广泛采用砸击技术方面。

石核-石片工业：并非简单保守的石器文化的标志

目前“简单的石核-石片工业”（Simple core/fake industry）已在西方文献中取代

“砍砸器传统”（Chopper-chopping tool tradition），成为东亚旧石器时代早期文化的代名词。因为这些石器只需简单的技术即可制造，而且可以归入人类最古老的文化——奥杜威传统之中，它便被涂上了一层“保守”、“落后”的灰暗色彩。但这样的遗存分布于世界各地，存在于整个更新世，它们更应该被看作是史前人类技术文化进步与生存适应发展的基石，而不是某一人类种群文化发展一定阶段的标志。而且，并非在这一标签下所有的考古学文化都是单纯简单和静止不变的。例如丁村的石器文化即表现出很强的个性和很高的制作水平，表现在经过修理的石核、大而薄的规则石片、形制稳定的大三棱尖状器、加工精细的刮削器和尖状器以及体表滚圆的球形器。这些都体现了石器制作的计划性、规范性和进步性。对周口店第一地点的研究表明，该石器工业从下层到上层在石器技术和规范性方面有着明显的进步。还应该说明的是，世界上可靠的最早的人工有控制的用火遗迹发现于周口店，而不是在西方阿舍利文化遗址中。由此可见，用“简单的石核-石片石器”来概括东亚旧石器时代早期文化就如它所取代的“砍砸器传统”一样失之简单和偏颇。

阿舍利文化：旧石器时代早期的一个区域性的文化变体

在考古文献中，石核-石片文化常遭贬抑，形如弃婴；而阿舍利文化则倍受溢美，犹如宠儿。但人们往往忽略这样的事实：前者分布于世界大多数地区，是一个全球的文化现象，而后者仅出现在非洲东部和北部、西欧的局部以及西亚的少数几个地点，仅是一个区域性的文化变体。因而阿舍利文化不该被作为一种尺度来衡量其他文化的发展水平。而且几乎所有的阿舍利文化都包含着石核-石片类的成分，有时在器物组合中两面器仅仅是微不足道的配角。所以在阿舍利与石核-石片两个体系之间不存在一条不可逾越的鸿沟，与其将二者作为两个平行发展的独立的石器文化传统，不如将阿舍利文化看作是一个在多姿多彩的旧石器文化体系中的一个地区性的特化了的文化变体。

关于手斧的神话

手斧在旧石器时代早期文化中几乎被当成了奇迹，它被认为是“研究直立人与早期智人的计划性、认知性、心智发展水平以及将人类的主观愿望用恰当的物质形式表现出来的能力的最好的证据”[78]。有的学者甚至将手斧视作可借以窥视旧石器时代人类思维的窗口[79]。但这位窗前的观测者承认，迄今为止，除了对这类器物笼统的溢美之词，考古学家从这一窗口得到的信息甚少[80]。

人们常对手斧的神话做这样的注解：手斧的制作是一个复杂的过程，它需要较高的智力水平和技术能力，包括对原材料的了解预测、对产品的想象设计以及对工具和技法的熟练运用。但当代诸多的石器制造者们并不需要借助高科技手段和很强的专业训练即能复制出对称规则的手斧。他们需要的只是模仿、练习、时间、耐心和经验，而这些对每世每代每日每时都要与石为伍、以石为生的古代人类并不缺乏。

到目前为止，对手斧的物理性状已有充分的研究，但对其功能则众说纷纭。现在比较流行的观点是手斧曾被用于多种不同的功能，同时本身也是便于携带的原材料，以便随时生产石片加工石器以应不时之需[81]。这样看来，手斧这种多功能器具对于古人类来说并不是必不可少的，因为它的诸多功能可以轻易地被一些简单而专业化了的工具所取代。因而这种器具应被视为在局部地区人类石器技术发展的偶然产品，而不是人类进化发展历程中的必然产物。

关于中国旧石器研究水平问题

西方文献对东亚尤其是中国的旧石器时代考古学研究常持怀疑和批评的态度。由以下的引述可以略见一斑。

“（在中国）对不同（旧石器时代）遗址的报告和研究在标准和水平上常常不明确或不统一。”“对考古发现的介绍和描述往往与西方的规矩和形式不相吻合。”“器物插图常常引人误解，因为其方位处理与西方常用的模式不同”[82]。“希冀（从中国的考古论著中）找到对一定区域、一定时代和一定文化题材的成熟的研究结果是不现实的。研究者会发现大多（中国的）文献缺少理论和方法论的内容。”“在讨论中国旧石器时代文化时必须对使用中国的文献资料万分谨慎（with extreme caution），因为这些文献倾向于从纯粹定性的角度来观察各文化的变异。”[83]

这些批评当然有其中肯、正确的一面，揭示出中国旧石器研究中的一些弱点及其与世界研究方向和水平的差距，但同时也暴露出部分西方学者“以我为主”、“以我为模式”的心态。

这方面一个很好的例证是泥河湾的研究。数十年来中国的考古学家们在该盆地进行了大量的考察工作，建立起了地质地层年代和文化发展序列，但西方学术界却对此视若不见。近年来西方学者开始介入此项研究，合作考察的结果是基本上肯定了中国学者的结论，泥河湾的地位和声誉即就此发生了变化。现在在西方文献中可看到这样的评述：“泥河湾盆地很可能会为建立一个长远的地层和生物地层序列提供一个最好的契机。”“在这里有极佳的机会来获得（古人类的）行为信息”[84]。

五、结　语

史前时代人类石器文化的趋同和变异是个全方位的现象，因而旧石器时代早期的古人类文化不应该简单地被所谓“莫维斯线”割裂为东西两个世界。世界各地的史前人类曾经共同拥有一些基本的石器技术、制造和使用一些基本的石质工具（例如石核-石片石器）。但各地各时代的人群由于生态环境、社会组织和原料供给诸方面的不同，产生的文化现象亦当有自己的特点。西方的阿舍利文化只是诸多文化变体中的一个，不应当被视为一个坐标系来衡量其他文化的发展水平。考古学家应正视这些石器文化的异同，并且超越这些有关形态、类型方面的表层现象和研究中的人为因素，而从生态环境、人类行为和社会组织以及文化发展变化的内在动力等更深的层次上探讨这些文化现象背后的原因，从而将这一学科的研究引向深入。

参考文献

［1］ Coles J M, Higgs E S. The Archaeology of Early Man. Middlesex: Penguin, 1969.

［2］ Bordes F. Mousterian Cultures in France. Science, 1961, 134(3482): 803-810.

［3］ Binford L R, Binford S R. A Preliminary Analysis of Functional Variahility in the Mousterian of Levallois Facies. American Anthropologists, 1966, 68(2): 238-295.

［4］ Dibble H. Reduction Sequences in the Manufacture of Mousterian Implements in France//Soffer O. The Pleistocene Old World: Regional Perspectives. New York: Plenum Press, 1987: 33-46.

［5］ Clark J D. The Acheulean Industrial Complex in Africa and Elsewhere//Corruccini R S, Ciochon R L. Integrative Paths to the Past: Paleoanthropological Advances in Honor of F. Clark Howell. New Jersey: Prentice Hall, 1994: 451-469.

［6］ Movius H L. The Lower Paleolithic Culture of Southern and Eastern Asia. Transactions of the American Philosophical Society, 1948, 38(4): 329-420.

［7］ Movius H L. The Lower Paleolithic Culture of Southern and Eastern Asia. Transactions of the American Philosophical Society, 1948, 38(4): 329-420.

［8］ Movius H L. Lower Paleolithic Archaeology in Southern Asia and the Far East//Howells W W. Studies in Physical Anthropology, No.1: Early Man in the Far East. Detroit: American Association of Physical Anthropologists, 1949.

［9］ Bordes F. The Old Stone Age. New York: McGram-Hill Book Company, 1968.

［10］ Schick K D. The Movius Line Reconsidered: Perspectives on the Earlier Paleolithic of Eastern Asia//Corruccini R S, Ciochon R L. Integrative Paths to the Past: Paleoanthropological Advances in

Honor of F. Clark Howell. New Jersey: Prentice Hall, 1994: 569-596.

[11] 林圣龙. 中西方旧石器文化中的技术模式的比较. 人类学学报，1996，15（1）：1-20.

[12] Yi S, Clark G A. Observations on the Lower Paleolithic of Northeast Asia. Current Anthropology, 1983, 24(2): 181-202.

[13] 黄慰文. 东亚与东南亚旧石器初期重型工具的类型学——评Movis的分类体系. 人类学学报，1993，12（4）：297-304.

[14] Clark J D. The Acheulean Industrial Complex in Africa and Elsewhere//Corruccini R S, Ciochon R L. Integrative Paths to the Past: Paleoanthropological Advances in Honor of F. Clark Howell. New Jersey: Prentice Hall, 1994: 451-469.

[15] Movius H. The Lower Paleolithic Culture of Southern and Eastern Asia. Transactions of the American Philosophical Society, 1948, 38(4): 329-420.

[16] Semaw S, Renne P, Harris J W, et al. 2.5-milion-year-old Stone Tools from Gona, Ethiopia. Nature, 1997, 385(6614): 333-336.

[17] Toth N, Schick K D. The First Million Years: The Archaeology of Protohuman Culture//Schiffer M B. Advances in Archaeological Method and Theory. New York: Academic Press, 1986: 1-96.

[18] Toth N. The Oldowan Reassessed: A Closed Look at Early Stone Artifacts. Journal of Archaeological Sciences, 1985, 12(2): 101-120.

[19] Jones P R. Experimental Implement Manufacture and Use: A Case Study from Olduvai Gorge, Tanzania. Philosophical Transactions: Biological Sciences, 1981, 292(1057): 189-195.

[20] Isaac G L. The Archaeology of Human Origins: Studies of the Lower Pleistocene in East Africa: 1971-1981//Wendorf F, Close A E. Advances in World Archaeology. New York: Academic Press, 1984: 1-87.

[21] Keeley L H, Toth N. Microwear Polishes on Early Stone Tools from Koobi Fora, Kenya. Nature, 1981, 293(5832): 464-465.

[22] Toth N. The Oldowan Reassessed: A Closed Look at Early Stone Artifacts. Journal of Archaeological Sciences, 1985, 12(2): 101-120.

[23] Toth N, Schick K D. The First Million Years: The Archaeology of Protohuman Culture//Schiffer M B. Advances in Archaeological Method and Theory. New York: Academic Press, 1986: 1-96.

[24] Toth N. Archaeological Evidence for Preferential Right-handedness in the Lower and Middle Pleistocene, and Its Possible Implications. Journal of Human Evolution, 1985, 14(6): 607-614.

[25] Clark J D. The Acheulean Industrial Complex in Africa and Elsewhere//Corruccini R S, Ciochon R L. Integrative Paths to the Past: Paleoanthropological Advances in Honor of F. Clark Howell. New Jersey: Prentice Hall, 1994: 451-469.

[26] Klein R G. The Human Career: Human Biological and Cultural Origins. Chicago: The University of

Chicago Press, 1989.

[27] Roebroeks W. Updating the Earliest Occupation of Europe. Current Anthropology, 1994, 35(3): 301-305.

[28] Carbonell E, Rodríguez X P. Early Middle Pleistocene Deposits and Artefacts in the Gran Dolina Site (TD4) of the 'Sierra de Atapuerca' (Burgos, Spain) . Journal of Human Evolution, 1994, 26(4): 291-311.

[29] Gabunia L, Vekua A. A Plio-Pleistocene Hominid from Dmanisi, East Georgia, Caucasus. Nature, 1995, 373(6514): 509-512.

[30] Howell F C. Observations on the Earlier Phase of European Lower Paleolithic. American Anthropologist, 1966, 68(2): 88-201.

[31] Schick K D. The Movius Line Reconsidered: Perspectives on the Earlier Paleolithic of Eastern Asia//Corruccini R S, Ciochon R L. Integrative Paths to the Past: Paleoanthropological Advances in Honor of F. Clark Howell. New Jersey: Prentice Hall, 1994: 569-596.

[32] Ashton N, McNabb J, Irving B, et al. Contemporaneity of Clactonian and Acheulian Flint Industries at Barnham, Suffolk. Antiquity, 1994, 68(260): 585-589.

[33] Ashton N, McNabb J, Irving B, et al. Contemporaneity of Clactonian and Acheulian Flint Industries at Barnham, Suffolk. Antiquity, 1994, 68(260): 585-589.

[34] Mussi M. The Earliest Occupation of Europe: Italy//Roebroeks W, Van Kolfschoten T. The Earliest Occupation of Europe. Leiden, the Netherlands: University of Leiden, 1995: 27-50.

[35] Svoboda J. Lithic Industries of the Arago, Vértésszölös, and Bilzingsleben Hominids: Comparison and Evolutionary Interpretation. Current Anthropology, 1987, 28(2): 219-227.

[36] Thieme H. Lower Palaeolithic Hunting Spears from Germany. Nature, 1997, 385(6619): 807-810.

[37] Svoboda J. Middle Pleistocene Adaptations in Central Europe. Journal of World Prehistory, 1989, 3 (1): 33-69.

[38] Tchernov E. The Age of the 'Ubeidiya Formation, an Early Pleistocene Hominid Site in the Jordan Valley, Israel. Journal of Earth Science, 1987, 36(1): 3-30.

[39] Bar-Yosef O. The Prehistory of the Levant. Annual Review of Anthropology, 1980, 9: 101-133.

[40] Bar-Yosef O. The Lower Paleolithic of the Near East. Journal of World Prehistory, 1994, 8(3): 211-265.

[41] Beasancon J, Copeland L, Hours F, et al. The Paleolithic Sequence in Quaternary Formations of the Orontes River Valley, Northern Syria: A Preliminary Report. Institute of Archaeology, Bulletin (London), 1978, 15: 149-170.

[42] Kuhn D L, Arsebük G, Howell F C. The Middle Pleistocene Lithic Assemblage from Yarimburgaz Cave, Turkey. Paléorient, 1996, 22(1): 31-49.

[43] Davis R S, Ranov V A, Dodonov A E. Early Man in Soviet Central Asia. Scientific American, 1980, 243(6): 130-137.

[44] Ikawa-Smith F. Introduction: The Early Paleolithic Tradition of East Asia//Ikawa-Smith F. Early Paleolithic in South and East Asia. The Hague: Mouton Publishers: 1978: 1-10.

[45] Boriskovsky P I. Some Problems of the Paleolithic of South and Southeast Asia//Ikawa-Smith F. Early Paleolithic in South and East Asia. The Hague: Mouton Publishers, 1978: 87-95.

[46] Clark J D. African and Asian Perspectives on the Origins of Modern Humans. Philosophical Transactions: Biological Sciences, 1992, 337(1280): 201-225.

[47] Sankalia H D. The Early Paleolithic in India and Pakistan//Ikawa-Smith F. Early Paleolithic in South and East Asia. The Hague: Mouton Publishers, 1978: 98-127.

[48] Klein R G. The Human Career: Human Biological and Cultural Origins. Chicago: The University of Chicago Press, 1989.

[49] Jacob T. New Finds of Lower and Midde Pleistocene Hominies from Indonesia and an Examination of Their Antiquity//Ikawa-Smith F. Early Paleolithic in South and East Asia. The Hague: Mouton Publishers, 1978: 14-22.

[50] Swisher C C, Curtis G H, Jacob T. Age of the Earliest Known Hominids in Java, Indonesia. Science, 1994, 263(5150): 1118-1121.

[51] Swisher C C, Rink W J, Anton S C. Latest *Homo erectus* of Java: Potential Contemporaneity with *Homo sapiens* in Southeast Asia. Science, 1996, 274(5294): 1870-1874.

[52] Schick K D, Dong Z. Early Paleolithic of China and Eastern Asia. Evolutionary Anthropology, 1993, 2(1): 22-35.

[53] Svoboda J. Lithic Industries of the Arago, Vértésszölös, and Bilzingsleben Hominids: Comparison and Evolutionary Interpretation. Current Anthropology, 1987, 28(2): 219-227.

[54] Bartstra G J. The Patjitan Culture: A Preliminary Report on New Research//Ikawa-Smith F. Early Paleolithic in South and East Asia. The Hague: Mouton Publishers, 1978: 30-35.

[55] Schick K D. The Movius Line Reconsidered: Perspectives on the Earlier Paleolithic of Eastern Asia//Corruccini R S, Ciochon R L. Integrative Paths to the Past: Paleoanthropological Advances in Honor of F. Clark Howell. New Jersey: Prentice Hall, 1994: 569-596.

[56] Olsen J W. The Practice of Archaeology in China Today. Antiquity, 1987, 61(232): 282-290.

[57] 张森水. 中国北方旧石器时代早期文化//吴汝康，吴新智，张森水. 中国远古人类. 北京：科学出版社，1989：97-158.

[58] Olsen J W, Miller-Antonio S. The Paleolithic in South China. Asian Perspectives, 1992, 31(2): 129-160.

[59] 林圣龙. 中西方旧石器文化中的技术模式的比较. 人类学学报，1996，15（1）：1-20.

［60］ 张森水. 中国北方旧石器时代早期文化//吴汝康，吴新智，张森水. 中国远古人类. 北京：科学出版社，1989：97-158.

［61］ 裴文中，张森水. 中国猿人石器研究. 北京：科学出版社，1985：1-277；李炎贤，文本亨. 观音洞——贵州黔西旧石器时代初期文化遗址. 北京：文物出版社，1986：1-181.

［62］ 贾兰坡，王建. 西侯度——山西更新世早期古文化遗址. 北京：文物出版社，1978：1-85.

［63］ 贾兰坡，王择义，王建. 匼河——山西西南部旧石器时代初期文化遗址. 北京：科学出版社，1962：1-40.

［64］ 贾兰坡，盖培，黄慰文. 陕西蓝田地区的旧石器//中国科学院古脊椎动物与古人类研究所. 陕西蓝田新生界现场会议论文集. 北京：科学出版社，1966：151-154.

［65］ 黄慰文. 豫西三门峡地区的旧石器. 古脊椎动物与古人类，1964，8（2）：162-177.

［66］ 裴文中，吴汝康，贾兰坡，等. 山西襄汾丁村旧石器时代遗址发掘报告. 北京：科学出版社，1958：1-111；王建，陶富海. 丁村遗址群旧石器概述//山西省考古研究所. 山西旧石器时代考古文集. 太原：山西经济出版社，1993：219-228.

［67］ 何乃汉，邱中郎. 百色旧石器的研究. 人类学学报，1987，6（4）：289-297.

［68］ 贾兰坡，盖培，尤玉柱，山西峙峪旧石器时代遗址发掘报告. 考古学报，1972（1）：39-58.

［69］ Jia L P, Huang W W. On the Recognition of China's Paleolthic Cultural Traditions//Wu R K, Olsen W J. Paleoanthropology and Paleolithic Archaeology in the People's Republic of China. New York: Academic Press, 1985: 259-265.

［70］ 刘源. 丁村石制品再观察. 人类学学报，1988，7（4）：306-313；张森水. 丁村54：100地点石制品研究. 人类学学报，1993，13（3）：195-213.

［71］ Yi S, Clark G A. Observations on the Lower Paleolithic of Northeast Asia. Current Anthropology, 1983, 24 (2): 181-202.

［72］ 黄慰文. 中国的手斧，人类学学报，1987，6（1）：61-68.

［73］ Bea K. The Significance of the Chongokni Stone Industry in the Tradition of the Paleolithic Cultures of East Asia. Ph. D. Dissertation, the University of California, Berkeley, 1988.

［74］ Yi S, Clark G A. Observations on the Lower Paleolithic of Northeast Asia. Current Anthropology, 1983, 24(2): 181-202.

［75］ 林圣龙. 对九件手斧标本的再研究和对莫维斯理论之拙见. 人类学学报，1994，13（3）：189-208；林圣龙. 关于全谷里的手斧. 人类学学报，1995，14（3）：189-205；林圣龙，何乃汉. 关于百色的手斧. 人类学学报，1995，14（2）：118-131.

［76］ Ashton N, McNabb J, Irving B, et al. Contemporaneity of Clactonian and Acheulian Flint Industries at Barnham, Suffolk. Antiquity, 1994, 68(260): 585-589.

［77］ Willoughby P R. Spheroids and Battered Stones in the African Early and Middle Stone Age. Oxford: British Archaeological Reports, 1987: 17; 李超荣. 石球的研究. 文物季刊，1994（2）：103-108.

［78］ Clark J D. The Acheulean Industrial Complex in Africa and Elsewhere//Corruccini R S, Ciochon R L. Integrative Paths to the Past: Paleoanthropological Advances in Honor of F. Clark Howell. New Jersey: Prentice Hall, 1994: 451-469.
［79］ Wynn T. The Intelligence of Later Acheulean Hominids. Man, 1979, 14(3): 371-391.
［80］ Wynn T. Handaxe Enigmas. World Archaeology, 1995, 27(1): 10-24.
［81］ Clark J D. The Acheulean Industrial Complex in Africa and Elsewhere//Corruccini R S, Ciochon R L. Integrative Paths to the Past: Paleoanthropological Advances in Honor of F. Clark Howell. New Jersey: Prentice Hall, 1994: 451-469.
［82］ Schick K D, Dong Z. Early Paleolithic of China and Eastern Asia. Evolutionary Anthropology, 1993, 2(1): 22-35.
［83］ Yi S, Clark G A. Observations on the Lower Paleolithic of Northeast Asia. Current Anthropology, 1983, 24(2): 181-202.
［84］ Schick K D, Dong Z. Early Paleolithic of China and Eastern Asia. Evolutionary Anthropology, 1993, 2(1): 22-35.

［原载于《演化的实证——纪念杨钟健教授百年诞辰论文集》，海洋出版社，1997年；与欧阳志山（John Olsen）合著］

朝向人类起源与演化研究的共业：古人类学、考古学与遗传学的交叉与整合

一、引　言

在最近的30年中，现代人类起源与演化问题成为学界研究和媒体传播的热点，出现针锋相对的理论流派，将古人类学、考古学、分子生物学等多个学科裹挟了进去，其讨论之热烈和受关注程度之高，可以说是继直立人和南方古猿被发现并将人类历史两次大幅度前推之后掀起的人类起源研究的第三次浪潮。不同于之前的研究与讨论，在新的学术浪潮中，研究工作不再局限于古人类学和考古学这样传统的领域，而是由新兴的分子生物学或遗传学发端和引领；相关证据不再局限于人类化石和考古材料，DNA 成为论据的主角；研究的视野不再囿于宏观的化石与文化遗存的形态特征，而是进入了微观的分子层面。由于参与领域的增加和科技手段的进步，此一轮的研究不断有新的发现和新的认识，不断取得新的突破，但也因为不同学科间存在研究对象、方法和思路的不同，学科间缺少了解、沟通与协作，出现一些学术语言和研究结论不被彼此理解和接受的情况，在一些问题上出现误解与无谓的争论，影响了相互之间的借鉴、互动和成果的共享，进而影响了在一些重要问题上做整合研究并达成学术共识。因而，开展相关领域的交流合作，尤其是传统的古人类学、考古学与新兴的分子生物学之间的沟通、协作，明确彼此的关注点、需求和专长，凝练共同的学术问题和目标，整合现有的资源与成果并向着共同的学术方向一道前行，是推动相关研究走向深入并取得更大突破的必要举措。

为此目的，2016年9月6～7日间，笔者和付巧妹研究员及德国马普学会进化人类学研究所的斯万特·帕博（Svante Pääbo）先生共同发起了一个以“人类演化与适应生存方式——遗传学、考古学与人类学的交叉研究”为题的小型国际会议。研讨会在中国科学院古脊椎动物与古人类研究所举办，来自国内外考古学、遗传学和古人类学、古环境学等不同领域的50多位学者参加了研讨和交流。我在会上做了题为“浅谈考古学、遗传学和古人类学交叉整合研究的必要性与意义”（Call for Collaboration and

Integration among Archaeology, Paleoanthropology and Genetics）的主题发言，得到一些学者的反响。在吴新智院士的鼓励下，我将报告整理成文，以与更多的同行交流和讨论。

二、目前的研究现状与问题

自1987 年三位西方遗传学家提出所有现代人的直接祖先都起源于非洲的“出自非洲说”后[1]，现代人起源与演化成为一个炙手可热的学术问题和社会关注的焦点，国际学术界围绕此问题形成两大理论阵营，分别主张现代人类“非洲单一地区起源”和“多地区进化”，发生着激烈的论辩，并各自寻找证据，推进研究，强化论述[2]。随着新材料的发现和新研究成果的产生，学术界对此问题的研究进一步深化，相关假说也得到发展或修正。分子生物学在继续强化现代人从非洲起源并向其他地区扩散的论述，通过高通量现生人群的遗传变异分析，进一步推断早期现代人群走出非洲的时间和到达世界各地的节点，以及现代人类各族群形成、融合的过程[3]，同时在早期现代人与尼安德特人的遗传关系上获得突破，提取到二者混血的DNA证据，并发现在现代人形成过程中曾有几个“遗传人种”并存，逐渐从“完全替代论”向“部分替代论”或“融合说”调整[4]；而人类化石的发现也表明在晚更新世中晚期并存几个不同的“形态人种”，尼安德特人与早期现代人存在形态的混合与镶嵌[5]；考古学则发现所谓的“现代人行为”出现在不同的时间与地区，并非与化石证据和遗传证据相一致，于是研究视角从“行为现代性”转向“行为多样性”[6]。

在此背景下，中国地区的相关研究也取得重要进展，理论认识得到深化。1998 年吴新智基于对中国晚期智人颅骨和牙齿特征的观察，正式提出“连续进化附带杂交”的假说，指出这个模式是“多地区进化说”在东亚的表现形式，该模式可能贯穿中国古人类的进化历史[7]。最近从湖南道县福岩洞、广西崇左智人洞等遗址新发现的人类化石表明，早期现代人于10多万年前即在中国南方出现，远早于“出自非洲说”限定的早期现代人移入的时间窗口[8]；对一些古老型人类化石的研究发现，现代人的形态特点在本土的早期智人化石上有清晰的体现，本土连续演化、镶嵌进化的论述得到进一步强化[9]；遗传学研究从4万年前的“田园洞人”化石上提取到线粒体DNA与核DNA，发现该个体的基因与现代东亚人和美洲印第安人很接近，并且已经与同期的旧大陆西部古人群产生了遗传分异[10]；考古学研究则表明中国乃至东亚的石器文化及其反映的人群的生存方式一脉相承，没有发生过中断或替代，“出自非洲说”所做出的该地区于距今10万～5万年间发生过本土人群大灭绝的假设可以被否定[11]。这些新的发现与成果，尤其是学科交叉研究所取得的进展，使该地区现代人起源与演化的脉络更加清晰起来，细节与过程正在被不断揭示与复原出来。但不同观点的争论仍在继续，很多缺环仍未被填补，很多证据仍然存在着多解的可能性，研究中的概念错误与前提误区仍然存在；参与其中的不同学科的从业人员在研究思路、方法和成果表达方式诸方面存在较大差异，阻碍了彼此之间的交流与合作，亟须做多学科的交叉和整合研究，也需要方法与理念的创新和理论阐释的突破。

三、主要学科在相关研究上的优劣势

有关现代人起源与演化、扩散的研究主要在遗传学、古人类学和考古学三个领域内进行。由于研究对象、材料、方法和所关注的问题不同，各个学科有自己的特点，在人类起源与演化研究上各有优势和强项，也各有劣质和短板。

1. 古人类学

在此使用的古人类学概念，特指对古人类体质特点和生长发育的研究，即通过人类化石的形态与结构特征研究人类的起源与演化，也可称其为“化石人类学”。

该学科研究的对象是人类化石，因而其擅长点和薄弱点取决于人类化石的丰贫度和所携带信息的完整性。人类化石保留着标本所代表的人体死亡时的某些体质特征，客观地记录着该个体的死亡年龄、性别、身高、脑量、营养健康、生长发育、古病理等生理信息（当然，信息的完整性和真实性视化石的保存情况而定），对古人类个体及其所代表的群体的演化阶段、演化地位和不同阶段的发展变化，不同地区人群的形态差异，古人类对环境变化的生理适应与调整等，提供直接的不可替代的形态证据，并在古人类生存与分布的时空信息，特定人群迁徙、扩散的路线，不同人群的基因交流等方面，提供重要的线索与启示。这些材料、证据与信息，对于研究和重建人类演化的过程、趋势与格局，对于构建人类起源与演化的理论，不可或缺。

吴新智通过对中国出土的古人类化石的形态观测和与其他地区标本的比较研究，指出东亚人类化石上存在系统性、连续性的演化特征和镶嵌进化的证据，包括颜面在水平方向扁平，鼻梁矮，鼻腔与眼眶之间骨表面平或稍凹，眼眶近长方形，上颌骨颧突下缘弯曲，与上颌体连接处位置较高，额骨与鼻骨和上颌骨相接的骨缝呈大致水平的弧形，额骨正中线上最突出处靠下，头骨最宽处在中三分之一部的后段，早期较强而中期较弱的正中矢状脊，上门齿呈铲形等，并在少量化石上提取到可能是基因交流导致的西方古人类常有的性状，进而提出东亚人类演化的“连续进化附带杂交”假说[12]。近来在中国的一些古老型人类牙齿上进一步提取到向现代人演化的性状[13]，给该理论提供了更多的形态证据。在更大的层面上，人类演化出直立行走能力的时间，直立人相对于之前的人类脑量明显增大，尼安德特人独特的体质特征，现代人体质特点出现的时间和目标人群，尼人与早期现代人基因交流的形态证据等，这些重要人类演化信息的提取和科学结论的建立，都依赖于对人类化石形态和结构的观测分析，这就是为什么古人类学界对人类化石趋之若鹜，每每有所发现，都会成为轰动性的新闻，常能成为《自然》（*Nature*）、《科学》（*Science*）封面文章的缘故。

但该领域有明显的薄弱环节。人类化石毕竟凤毛麟角，被发现者往往残破不全，很难提供完整的信息，存在着很多时空缺环，无法据此建立起早期人类演化的完整证据链；人体都有个体特点和变异，化石标本也一样，其形态对一个时段或群体的代表性存在被质疑的空间。对化石的形态和结构研究依赖两方面信息：测量性性状和非测量性性状，对后者的观察分析难免受到研究者经验与主观因素的影响，具有一定的不确定性；由于标本稀缺，定量分析和重复验证能力相对较差；有些化石因发现的偶然性或非经专业工作者发掘出土，年代和出土环境信息缺失，很难将其放到一个精确的年代框架中加以讨论；体质形态有些可能受制于遗传变异，有些应该源于环境适应，目前的阶段还很难将人类体质演变的内因外力区分出来，因而形态研究能够发现人类起源与演化的现象却难以揭示其动因与机理。因为化石本身的局限，一些重大学术问题目前还无法得到令人满意的解答，例如最初的直立行走是源于何种动因，是在陆地上演化出来的行为方式还是在树栖阶段就已经发生[14]？尼安德特人的内耳迷路是其独有的特征吗[15]？具有现代人形态特点的奥莫（Omo）头骨被从距今10万年提前到距今20万年[16]，可信度有多大？中国地区年代超过100万年的古人类头骨只有蓝田公王岭出土的一具，它能代表该地区那样长时段内的古人类形态特点吗?

2. 考古学

在考古学界，涉及人类起源与早期演化研究的领域是旧石器时代考古学。该学科通过古人类留下的物质文化遗存研究早期人类的技术、行为和文化演变以及人类应对环境变化的适应生存方式。该学科研究的对象是物质文化产品，包括人类制作和使用的工具，狩猎、采集与消费后的动植物遗存，艺术作品，墓葬，建筑遗迹，用火遗存等。相对于人类化石不易形成、保存和数量稀少，人类物质文化遗存要丰富得多，并在时空上有更好的连贯性；由于文化遗存多成组出土于考古地层，往往具有更好的年代与埋藏学基础，有清楚的遗物、遗迹间的共生关系或相关性。这些遗存是为适应生存的需要而被制造和遗留，因而反映着人类的技术发展和智能演化过程及社会关系，以及对特定环境的适应生存能力与方式；它们的存在可以标记特定人群活动的时空范围、迁徙扩散的路线，不同人群间的交流互动，不同区域间文化差异等，对特定技术的起源、传播及农业、文明、城市、国家等的起源都会提供关键信息；对一个地区或时段而言，可以提供人群演化是否连续，是否发生过中断、替代等方面的重要信息。

就中国地区现代人起源研究而言，旧石器时代考古学提供着独特、不可或缺的视角和佐证。例如，从石器技术而言，该地区旧石器时代文化与旧大陆西部具有明确的不同，在石器原料开发利用方式，石器制作技术，石制品类型、形态与组合，区域文化传统的传承等方面，从早到晚清楚地表现出一脉相承与连续发展的趋势和特点，没有外来文化对本土文化从根本上改造、替代的证据，也不存在“出自非洲说”倡导者所提出的10万～5万年前中国地区本土人类因末次冰期灭绝而形成的人类演化空白[17]。这样的证据和研究结论为“连续进化附带杂交”学说提供了重要而关键的支持[18]。通过石器技术的比较研究和断代分析，还在水洞沟遗址追踪到旧石器时代晚期一支来自西北的古人群[19]，并得以知晓东亚古人群拥有有别于西方古人群的一些适应生存方式[20]。

文化遗存也有其软肋。人类行为受大脑的支配，受自然条件和技术能力的制约，存在着很多不可掌控的主客观影响因素，其文化产品必然存在着很大变异，很少受生物演化自然规律的制约，规律性不强。由于这些特点，考古遗存对文化创造者的生物属性无法做出直接、准确地反映，研究者的经验与主观因素会占有一定的成分，定量分析和重复验证能力相对较差，也难以通过文化属性揭示人类起源与演化的动因与机制。

在现代人起源与扩散问题上，西方学者曾经致力于寻找和辨识早期现代人技术与行为标识，并开出了包括石叶技术、精美的石器、磨制骨器、复合工具、装饰品、艺术品、墓葬、猎获大型动物的能力、对石料的热处理、对居址的复杂利用方式等一串清单[21]。但随着研究的深入，发现很多所谓“现代人行为特征”其实早已被尼安德特人所拥有，例如墓葬、艺术作品、精美的工具等[22]，而在现代人出现的头10万多年间并没有找到与之配套的上述文化产品，于是意识到人类的行为变化远大于体质形态与遗传变化，考古学文化无法与人类的特定演化阶段或人群相对应，那些所谓的“现代人行为标志”出现在不同时期、不同地域和不同人群中。于是，从考古方面论述现代人起源，尤其为“出自非洲说”寻找或提供文化或行为证据的做法已在很大程度上被摒弃；多数考古学家正背离“现代人行为（Modern Human Behavior)”或“行为的现代性（Behavioral Modernity）”，而开始更多关注人类行为的多样性（Behavioral Diversity）[23]。

3. 遗传学

遗传学或分子生物学是现代人起源研究中异军突起的新秀，也是这一学术命题与相关讨论的发起者。目前该学科主要从两个方面对这个问题做分析、破译：①对现生人群遗传信息的提取和比较分析，从不同地区人群遗传多样性的多寡和古老基因的孑遗情况回溯、反推现代人起源与扩散的过程和祖裔人群可能的生存地，并借助分子生物钟推算现代人基因的起始点；②在古人类化石上提取DNA并做测序分析，破译该个体及其所代表群体的遗传密码，寻找与其他人群的遗传关系以及与我们现代人类的连接点。该学科立足日新月异的现代分子生物学技术和信息科技，相较古人类学和考古学具有更好的现代科学基础，具有很强的大数据分析和重复检测能力，能从很小的骨骼碎片上提取DNA，甚至能从地层沉积物中提取人类或其他动物的DNA。该领域强于微观分析，有能力揭示人类演化的内在原因或机理，因为演化的根本原因是遗传变异或DNA复制错误，那些适应环境、有利于生存的变异经过自然选择得以保留并在群体中扩散，带来种群的基因变化，并进而发生相应的体质和行为变化[24]。

遗传学介入人类起源与演化研究，为传统的基于人类化石和文化遗存形态观察分析的研究模式带来了冲击和活力，为一些重大问题的破解提供了全新的科技手段，对古人类学得出的结论提供了一个补充、验证的机会。遗传学能做出考古学和体质人类学无法做到的事情，例如从世界各地代表性人群的DNA信息中发现现代非洲人比其他地区的人群具有更大的遗传多样性，进而通过聚类分析和演化树形分析提出现代人类“出自非洲说”[25]；从一小块指骨上的DNA中发现一个前所未知的古人类群体——丹尼索瓦人（Denisowan）[26]，进一步表明人类演化的复杂性；提取到尼安德特人与现代人混血的遗传证据，证明现代人的基因库中有尼安德特人的少量遗传贡献[27]。

但该领域也同样有短板。在古DNA提取与分析方面，目前只在有限的化石上提取到DNA，除了少数特例，所提取到的DNA都在10万年以内，主要材料来自欧亚大陆，更多地区的材料尚未被触及，尤其是未能获得非洲地区早期现代人的遗传基因，因而所获得的结果与结论难免偏颇与局限。在通过现生人群的遗传变异做溯源推导时，以前很多研究依赖线粒体DNA信息在母系内追溯，存在很大的局限性，目前更多的核DNA被分析和关注，情况正在改变；现在生活在各地的人群或多或少经历了迁徙移动，其间不断混血，这样的迁徙融合对现今基因变异与分布会造成无法辨识的影响，就如考古发掘中遇见“扰乱层”一样，确凿的反推难以实现[28]；该领域所采用的某些假设前提有待验证或已被证明不可靠，例如恒定的变异率或分子生物钟[29]，将遗传多样性大小等同于演化历史的长短等；很多文章或书籍简单地将不确定的现代人起源于非洲的时间表述为十分确定的20万年前。还应该指出，通过现代人群的遗传变异对古代人群做溯源推导得出的只是有待验证的推论，却常常被作为直接证据或既成事实加以表述甚至作为新研究的出发点；在支持现代人起源于非洲假说的古人类学、考古学和遗传学的学者间，存在循环论证、相互引述支持而不是独立研究的倾向或成分。

四、学科交叉与整合研究的必要性

如上所述，参与现代人起源与演化研究的学科领域主要是古人类学、考古学和遗传学。年代学、古环境学及科技考古的一些领域也参与其间，做着某种程度的贡献。

就三个主要学科而言，各有强项，也各有短板，所谓尺有所短，寸有所长，谁也无法包打天下。人类起源与演化研究是这些学科的共业，彼此间必须交流与协作。

目前不同学科间交流是缺乏的，互动则流于形式和表面。一些古人类学家（包括考古学家）对遗传学家通过现代人群的遗传变异推导远古人群的起源、演化的做法与结果存在疑虑，但由于缺乏遗传学的专业知识，又很难对其方法与结果做有效的深度分析；他们寄望于遗传学家答疑解惑，却发现一些遗传学家不屑于解释这些细节，而遗传学内质疑与反对的声音又将研究者推到两个相互否定的极端，让人无所适从。一些遗传学家对体质人类学与考古学缺乏基本的了解，以古人类学和考古学材料与证据存在缺环和不确定性为由质疑这两个学科的科学基础，对其研究结果不以为然，甚至将后者扣上“狭隘的民族主义”的帽子而加以否定，有时又会从后者的材料、结果或不同意见中断章取义、取其所需，强化自己论述。当不同学科的研究结论发生矛盾时，一些学者往往固执己见，否定对方，而很少检讨自己可能的问题并作交叉验证或相互协调。

其实，不同学科间彼此是有所需求的。古人类学与考古学企盼遗传学能在微观上、分子层面上补强宏观证据的不足，能对体质演变和行为方式的诸多现象提供遗传机制的阐释，并在下述具体问题上对遗传学有热切的需求与期盼：在人类起源与演化的一些重大节点或事件上，例如直立行走，毛发退化，脑量增大，语言产生，享用一些特定食物，适应高寒环境等，哪些是遗传变异触发的，具体是如何发生的？人类一些体质特点演变，例如大脚趾、大拇指变化，眉脊弱化，头骨壁变薄，下颌隆突，牙齿变小，大脑越来越复杂等，基因突变起过怎样的作用？人类一些特定的生产与文化活动，诸如制作工具、追逐猎物、艺术创作、生殖繁衍、暴力与互助，都受哪些基因控制？如何控制？在人类演化过程中，如何分辨遗传变异的作用和环境的压力与改造？当然，还希望借助分子生物学技术确凿地鉴定野生与驯化的植物、动物，有效鉴别不同的食性人群（例如狩猎采集人群与农业社群），有效区分不同生态环境下的人群（例如热带-亚热带丛林中的人群与草原地区生存的人群），有效分辨目前已高度融合的地球村人中不同族群的源头与融合的过程等。当然，对中国的材料而言，从包括金牛山人、大荔人、马坝人、许家窑人等在内的早期智人化石上提取DNA，以便研究他们是否对现代人群有过基因贡献，他们与尼安德特人和丹尼索瓦人是否有亲缘关系等疑难问题，是学术界翘首以待的。

遗传学界也会从古人类学与考古学领域得到助益。前者对后者显而易见的需求是分析材料，即做古DNA提取和测序的人类骨骼样本，而且样本所附着的地理、地层和年代信息不可或缺。在提取用于分析测试的人骨样品时，最理想的状态是遗传分析者亲临发掘现场，与考古从业者并肩工作，在防止样本被人为污染的同时，搞清人骨的地层和埋藏学信息。当然，古人类学与考古学的作用并非仅仅是为遗传学提供标本和相关信息，遗传学从微观层面破译人类演化密码，其结论需要回到化石和文化遗存的宏观层面加以检验；遗传学也需要从古人类学研究中获得学术问题和方向，针对特定的问题开展研究，并与古人类学相关领域一道，从不同的侧面构筑人类起源与演化的理论大厦。因而，搞清古人类学的研究现状，知道人类学家、考古学家的问题和需求，对遗传学研究十分重要。

五、未来方向建议

如何加强相关学科间的交流、协作，由表层的互动变为深度的整合研究？笔者认为可以从下述几个方面做出努力。

发展各自的学科，发挥各自的优势。学科都在发展完善之中，尤其现代精密仪器的出现和信息技术的发展，为各个学科提供了前所未有的发展契机。体质人类学会不断克服化石材料的困难，在获得更多标本的同时会从已有的材料上提取更多的信息和精细数据，利用断层CT技术将观测的对象从表面的形态延伸到内部的结构，强化量化分析，减少结果的不确定性。考古学也在发展实验模拟、微痕分析、残留物分析、同位素分析、材料分析等分支领域，并致力于提取文化遗存精细的图像与观测数据，加强量化分析，减少研究的主观成分。遗传学的发展更是日新月异，正在从对线粒体DNA信息的依赖转向核DNA和全基因研究，减少假设前提的不确定性和分析结果的片面性。对更多古人类DNA的提取和破译，将会对人类起源与演化研究带来更多重大的变革和突破。各自学科的发展完善会为学科间的交流互动奠定更好的科学基础。

在三个主要学科间做紧密的交流、合作。体质人类学、考古学和遗传学都以研究人类起源与演化为方向与目标，这奠定了三个学科交叉与合作的坚实基础。既然相关学科彼此需求，互有所长，就应该相互学习，相互了解，加强交流、合作，致力于从其他学科汲取信息与问题的营养，消除不信任与隔阂，消除学术语言的混乱，建立畅通的交流渠道和共同的工作平台。本次“人类演化与适应生存方式——遗传学、考古学与人类学的交叉研究”研讨会的召开，就开创了一个很好的先例。

与更多相关学科横向协作、互动。随着科技发展和人类起源研究成为显学，越来越多的学科领域在加入此方面的研究之中，学科的界限在不断打破。年代学、埋藏学、古环境学、蛋白组学、骨组织学、食谱分析、稳定同位素分析等领域都会对人类的演化与适应生存研究提供独特而重要的信息，对三个主要学科提供助力。

共同立项，做交叉与整合研究。最有效的交叉、合作是共同立项，在同一学术目标下组成研究团队，对重大人类起源与演化问题从不同侧面做整合研究，并选取资源丰富、条件成熟的某个遗址或区域做依托。这需要凝练科学问题与学术目标，建立由各领域精兵强将组成的能有效合作的研究团队，确立合理的技术路线，制定可行的研究与管理计划。相信这样的综合性项目会取得更大的创新突破，会产生重大学术成果，也会培养具有广博视野的跨学科新型人才，促进相关学科间的交流、交叉与合作，反过来会促进各个学科的长足发展。

致谢：本文在写作中与吴新智院士、付巧妹研究员等做过讨论，笔者感谢他们的建议与启发。彭菲提供了文献帮助，两位审稿专家提供了建设性的意见与建议，在此表达谢意。

参考文献

[1] Cann R L, Stoneking M, Wilson A C. Mitochondria DNA and Human Evolution. Nature, 1987, 325(6099): 31-36.

[2] Wolpoff M H, Wu X Z, Thorne A G. Modern *Homo sapiens* Origins: A General Theory of Hominid Evolution Involving the Fossil Evidence from East Asia//Smith F H, Spencer F. The Origins of Modern Humans: A World Survey of the Fossil Evidence. New York: Alan R Liss Inc., 1984; 吴新智. 中国远古人类的进化. 人类学学报，1990，9（4）：312-321；Wolpoff M H. Human Evolution (1996–1997 Edition). New York: McGraw-Hill, 1996; Chu J Y, Huang W, Kuang S Q, et al. Genetic Relationship of Populations in China. PNAS, 1998, 95(20): 11763-11768; 柯越海，宿兵，肖君华，等. Y染色体单倍型在中国汉族人群中的多态性分布与中国人群的起源及迁徙. 中国科学，2000，30（6）：614-620；柯越海，宿兵，李宏宇，等. Y染色体遗传学证据支持中国人起源于非洲. 科学通报，2001，46（5）：411-414；吴新智. 与中国现代人起源问题有联系的分子生物学研究成果的讨论. 人类学学报，2005，24（4）：259-269；吴新智. 中国古人类进化连续性新辩. 人类学学报，2006，25（1）：17-25；吴新智. 现代人起源的多地区进化学说在中国的证实. 第四纪研究，2006，26（5）：702-709；高星，张晓凌，杨东亚，等. 现代中国人起源与人类演化的区域性多样化模式. 中国科学：地球科学，2010，40（9）：1287-1300.

[3] Pagani L, Lawson D J, Jagoda E, et al. Genomic Analyses Inform on Migration Events During the Peopling of Eurasia. Nature, 2016, doi:10.1038/nature19792; Mallick S, Li H, Lipson M, et al. The Simons Genome Diversity Project: 300 Genomes from 142 Diverse Populations. Nature, 2016, doi:10.1038/nature18964; Malaspinas A S, Westaway M, Muller C, et al. A genomic History of Aboriginal Australia. Nature, 2016, doi:10.1038/nature18299.

[4] Green R E, Krause J, Briggs A W, et al. A Draft Sequence of the Neandertal Genome. Science, 2010, 328(5979): 710-722; Reich D, Patterson N, Kircher M, et al. Denisova Admixture and the First Modern Human Dispersals into Southeast Asia and Oceania. American Journal of Human Genetics,

2011, 89(4): 516-528; Krause J, Fu Q M, Good J M, et al. The Complete Mitochondrial DNA Genome of an Unknown Hominin from Southern Siberia. Nature, 2010, 464(7290): 894-897; Vernot B, Akey J M. Resurrecting Surviving Neandertal Lineages from Modern Human Genomes. Science, 2014, 343(6174): 1017-1021; Prüfer K, Racimo F, Patterson N, et al. The Complete Genome Sequence of a Neanderthal from the Altai Mountains. Nature, 2014, 505(7481): 43-49; Fu Q M, Li H, Moorjani P, et al. Genome Sequence of a 45,000-year-old Modern Human from Western Siberia. Nature, 2014, 514(7523): 445-449; Fu Q M, Hajdinjak M, Moldovan O T, et al. An Early Modern Human from Romania with a Recent Neanderthal Ancestor. Nature, 2015, 524(7564): 216-219.

[5] Brown P, Sutikna T, Morwood M J, et al. A New Small-bodied Hominin from the Late Pleistocene of Flores, Indonesia. Nature, 2004, 431(7012): 1055-1061; Curnoe D, Ji X P, Herries A I R, et al. Human Remains from the Pleistocene-Holocene Transition of Southwest China Suggest a Complex Evolutionary History for East Asians. PLOS ONE, 2012, 7(3): e31918; Darren C, Ji X P, Paul S C, et al. Possible Signatures of Hominin Hybridization from the Early Holocene of Southwest China. Scientific Reports, 2015, 5: 12408; Soficaru A, Dobos A, Trinkaus E. Early Modern Humans from the Peştera Muierii, Baia de Fier, Romania. PNAS, 2006, 103(46): 17196-17201.

[6] Shea J. *Homo sapiens* Is as *Homo sapiens* Was: Behavioral Variability Versus "Behavioral Modernity" in Paleolithic Archaeology. Current Anthropology, 2011, 52(1): 1-35.

[7] 吴新智. 从中国晚期智人颅牙特征看中国现代人起源. 人类学学报，1998，17（4）：276-282.

[8] Liu W, Jin C Z, Zhang Y Q, et al. Human Remains from Zhirendong, South China, and Modern Human Emergence in East Asia. PNAS, 2010, 107(45): 19201-19206; Liu W, Martinón-Torres M, Cai Y J, et al. The Earliest Unequivocally Modern Humans in Southern China. Nature, 2015, 526(7575): 696-699.

[9] Liu W, Schepartz L A, Xing S, et al. Late Middle Pleistocene Hominin Teeth from Panxian Dadong, South China. Journal of Human Evolution, 2013, 64(5): 337-355; 刘武. 早期现代人在中国的出现与演化. 人类学学报，2013，32（3）：233-246；刘武，吴秀杰，邢松. 现代人的出现与扩散——中国的化石证据. 人类学学报，2016，35（2）：161-171.

[10] Fu Q M, Meyer M, Gao X, et al. DNA Analysis of an Early Modern Human from Tianyuan Cave, China. PNAS, 2013, 110(6): 2223-2227.

[11] 高星. 更新世东亚人群连续演化的考古证据及相关问题论述. 人类学学报，2014，33（3）：237-253；Gao X. Paleolithic Cultures in China: Uniqueness and Divergence. Current Anthropology, 2013, 54 (Supplement 8): 358-370; 吴新智，徐欣. 从中国和西亚旧石器及道县人牙化石看中国现代人起源. 人类学学报，2016，35（1）：1-13.

[12] 吴新智. 现代人起源的多地区进化学说在中国的证实. 第四纪研究，2006，26（5）：702-709；吴新智. 从中国晚期智人颅牙特征看中国现代人起源. 人类学学报，1998，17（4）：276-282.

［13］ Liu W, Schepartz L, Xing S, et al. Late Middle Pleistocene Hominin Teeth from Panxian Dadong, South China. Journal of Human Evolution, 2013, 64(5): 337-355.

［14］ Thorpe S K S, Holder R L, Crompton R H. Origin of Human Bipedalism as an Adaptation for Locomotion on Flexible Branches. Science, 2007, 316(5829): 1328-1331.

［15］ Wu X J, Crevecoeurb I, Liu W, et al. The Temporal Labyrinths of Eastern Eurasian Pleistocene Humans. PNAS, 2014, 111(291): 10509-10513.

［16］ MacDougall I, Brown F H, Fleagle J G. Stratigraphic Placement and Age of Modern Humans from Kibish, Ethiopia. Nature, 2005, 433(7027): 733-736; Fleagle J G, Assefa Z, Brown F H, et al. Paleoanthropology of the Kibish Formation, Southern Ethiopia: Introduction. Journal of Human Evolution, 2008, 55(3): 360-365.

［17］ Su B, Xiao J, Underhill P, et al. Y-Chromosome Evidence for a Northward Migration of Modern Humans into Eastern Asia During the Last Ice Age. The American Journal of Human Genetics, 1999, 65(6): 1718-1724.

［18］ 高星. 更新世东亚人群连续演化的考古证据及相关问题论述. 人类学学报，2014，33（3）：237-253；Gao X. Paleolithic Cultures in China: Uniqueness and Divergence. Current Anthropology, 2013, 54(Supplement 8): 358-370; 吴新智，徐欣. 从中国和西亚旧石器及道县人牙化石看中国现代人起源. 人类学学报，2016，35（1）：1-13.

［19］ 高星，王惠民，关莹. 水洞沟旧石器考古研究的新进展与新认识. 人类学学报，2013，32（2）：121-132；Peng F, Wang H M, Gao X. Blade Production of Shuidonggou Locality1 (Northwest China): A Technological Perspective. Quaternary International, 2014, 347(1): 12-20; Li F, Kuhn S L, Gao X, et al. Re-examination of the Dates of Large Blade Technology in China: A Comparison of Shuidonggou Locality 1 and Locality 2. Journal of Human Evolution, 2013, 64(2): 161-168.

［20］ Gao X. Paleolithic Cultures in China: Uniqueness and Divergence. Current Anthropology, 2013, 54 (Supplement 8): 358-370; 高星，裴树文. 中国古人类石器技术与生存模式的考古学阐释. 第四纪研究，2006，26（4）：504-513.

［21］ Klein R G. Anatomy, Behavior, and Modern Human Origins. Journal of World Prehistory, 1995, 9(2): 167-198; McBrearty S, Brooks A S. The Revolution that Wasn't: A New Interpretation of the Origin of Modern Human Behavior. Journal of Human Evolution. 2000, 39(5): 453-563; Bar-Yosef O. The Upper Paleolithic Revolution. Annual Review of Anthropology, 2002, 11(31): 363-393; d'Errico F, Vanhaeren M, Barton N, et al. Out of Africa: Modern Human Origins Special Feature: Additional Evidence on the Use of Personal Ornaments in the Middle Paleolithic of North Africa. PNAS, 2009, 106(38): 16051-16056.

［22］ Nowell A. Defining Behavioral Modernity in the Context of Neandertal and Anatomically Modern

Human Populations. The Annual Review of Anthropology, 2010, 39(1): 437-452; Rodríguez-Vidal J, d'Errico F, Pacheco F G, et al. A Rock Engraving Made by Neanderthals in Gibraltar. PNAS, 2014, 111(37): 13301-13306.

[23] Shea J. *Homo sapiens* Is as *Homo sapiens* Was: Behavioral Variability Versus "Behavioral Modernity" in Paleolithic Archaeology. Current Anthropology, 2011, 52(1): 1-35.

[24] Walter C. Thumbs, Toes, and Tears, and Other Traits That Makes Us Human. New York: Walker Books, 2006.

[25] Cann R L, Stoneking M, Wilson A C. Mitochondria DNA and Human Evolution. Nature, 1987, 325(6099): 31-36.

[26] Krause J, Fu Q M, Good J M, et al. The Complete Mitochondrial DNA Genome of an Unknown Hominin from Southern Siberia. Nature, 2010, 464(7290): 894-897.

[27] Green R E, Krause J, Briggs A W, et al. A Draft Sequence of the Neandertal Genome. Science, 2010, 328(5979): 710-722.

[28] Gao X, Zhang X L, Yang D Y, et al. Revisiting the Origin of Modern Humans in China and Its Implications for Global Human Evolution. Science China: Earth Sciences, 2010, 53(12): 1927-1940.

[29] Rodriguez-Trelles F, Tarrio R, Ayala F J. Erratic Overdispersion of Three Molecular Clocks: GPDH, SOD, and XDH. PNAS, 2001, 98: 11405-11410.

（原载于《人类学学报》2017年第36卷1期）

考古学与人类学：关于构建中国人类学体系的思考

一、引　　言

有幸受邀参加席焕久先生发起和主持的“21 世纪中国人类学发展高峰论坛”，聆听各位专家的演讲，参与研讨和互动，本人所学良多，受益匪浅。在这一过程中有机会把自己从旧石器时代考古学的小圈子中解放出来，接触到更广泛的学术内容和更深刻的科学问题，也促使自己把对相关问题的所学所思整理成文，以此就教于各领域前辈和同仁，并想在学科发展方面谈一点儿看法，以期抛砖引玉。

本人在北京大学读本科时先入历史学系（考古专业），后进入新成立的考古学系（1983 年）；考入中国科学院（古脊椎动物与古人类研究所和中科院研究生院）攻读硕士学位时学科方向是古人类学，专业是旧石器时代考古学；后来到美国亚利桑那大学攻读博士学位，进入人类学系，主专业（major）是考古学，副专业（minor）是文化人类学。由于这样的教育背景和个人的兴趣，我在将考古学作为自己的专业领域之余，对历史学、人类学也有点儿皮毛程度的一知半解，对相邻领域的科学问题和学科发展也时常给予一定的关注。我曾经幻想并呼吁中国能发展出美国那样的人类学体系，考古学、体质人类学、文化人类学和语言人类学等作为其分支学科，能相互补充、渗透、交叉与协作，分别从人类生物属性、社会属性的不同侧面开展研究，共同探讨与解决人类（尤其是中国人群）的起源、演化与发展问题，既提供基础科学问题的答案，又提供现实社会问题的解决方案，成为一门综合性的、集基础学科与应用学科于一身、合自然科学与人文科学于一体的重点学科体系。但现实的发展却是各分支学科各自为战，渐行渐远，很少交集；人类学被虚化，相关内容被肢解，该有的学科作用与意义无法体现。中国要不要、能不能发展出一个整合、强大的人类学体系，值得深思与探讨。

二、考古学在中国的发展及其学科定位、作用

考古学（Archaeology）通过发掘和分析古代人类生产与生活遗留下来的物质遗存复原人类演化历史，探究人类适应生存的过程、动因和规律。在我国的学科分类中它被划入人文社会科学，很长时间被放置于历史学，2011 年成为独立的国家一级学科。世界其他国家多将其归属于人类学，也有的将其划归艺术史。

考古学的根系源远流长，但近代才发展成为一门科学。在欧洲，它与地质古生物学有密切的渊源关系，而在中国，北宋以来的金石学是其前身。真正意义的近现代考古学发祥于欧洲，20世纪20年代从西方传入中国，与传统的金石学相结合，催生了具有中国特色的考古学体系。这一学科不断成长，由小到大，由弱变强，至今成为深受重视的一门显学，成为一项国家层面的行业或事业。据不完全统计，目前全国考古界的专业人员不少于 3000 人，各省、自治区、直辖市和多个大都市都设有专门的考古研究机构，其名称各异，包括考古研究所、考古研究院、文物研究所、文物考古研究所、遗产研究院、博物馆等；还有全国性的“中国考古学会”及其专业委员会及地方行业组织；近30所大学设置考古院系或专业；文物考古类出版物遍及各省市，信息与成果呈现爆炸式的增长……

考古学在中国诞生以来一直受到不同程度的重视，在学术研究和社会发展中发挥着越来越重要的作用。20世纪二三十年代发现和发掘安阳殷墟、渑池仰韶和宁夏水洞沟、北京周口店，将中国的古史由传说变为信史（至少对商、周而言），将古人类在这片土地上生存的时间推前至遥远的旧石器时代；即使在“文革”时期，考古工作也得以推进，只是出土的材料被作为马列学说的注脚和阶级教育的素材。在经济建设的大潮中，考古工作者更是大显身手，在各种基本建设工地上，比如三门峡水库、小浪底水库、三峡库区、南水北调库区和沿线、公路—铁路建设，发掘和抢救濒危的文化遗产。在国家进入全面建设小康社会、文化软实力的意义凸显的今天，文物考古工作又被赋予新的功能和任务：承担中华文明探源工程等国家级科技支撑项目、科技基础性工作专项、重大文物保护科技项目，申报世界文化遗产，筹建博物馆，建设考古遗址公园，在国际会议上展示灿烂的华夏文明……

中国考古学得以持续发展、兴旺发达，有多重历史和社会原因，包括：中华民族悠久的历史、丰富的文化遗产的积淀和支撑；根深蒂固的金石学传统的依托；民族自豪感和爱国主义教育的需求；在社会科学领域内的独特性，例如纯学术色彩更浓——与社会环境、政治体制的兼容性更强；强烈的交叉学科特点——在实证和研究手段方面接近自然科学；容易产生看得见摸得着乃至轰动性的成果——重大考古发现；当代

经济发展、社会富裕带来的文物收藏热的烘烤；就业市场的导向和引力；具有很强的实用性，包括遗产的抢救、发掘、保护、展示，文物鉴定，文化产业发展及相关设施建设等。由于这样多重的学术和社会功能，该学科在人文科学中受到更多的青睐，得到更多的国家政策与资金支持。循着学科自身的发展规律，在特定的社会背景下，中国考古学的发展呈现新的趋势：越来越成为独立的学科和体系，剥离历史学、脱离人类学的趋势越来越明显；与博物馆学关系越来越紧密；分支领域不断拓展，学科逐渐深化、细化；区域性发展、地方化特点越来越突出；科技手段得到重视、强化乃至流行化；从“考物”变为“考人”，透物见人成为主旨，亦即从器物的类型（演变或器物排队）、形态、技术、功能、区系类型、文化界定到理论探讨，包括中国人的来源、农业的起源、文明的起源、国家的起源、人与环境的交互作用等；在公众考古的旗帜下走向社会，走向公众，走向媒体，成为显学；跨越国门，与国际接轨。

就我国史前考古学而言，未来的发展潜力和学术、社会作用或许会聚焦、体现在下述方面：

（1）人类在从动物大类中分化出来的过程中文化与社会行为所起的作用及其方式；

（2）中国直立人的来源、现代人的起源、多民族人群的形成过程（文化遗存与行为方式的视角）；

（3）特点鲜明的中国史前文化成因及其反映的东西方古人群适应生存方式的多样性与复杂性；

（4）特定类型的农业（旱作农业、稻作农业、具有可食的根茎植物的栽培、家畜驯养）起源过程与动因；

（5）多元、多彩的中华文明的孕育、形成过程和机制；

（6）中国国家的起源；

（7）特定事物、行为能力（用火）、器物工具（细石器、陶器）、技术工艺（居住建筑）的起源与变化。

对这些学术问题的探讨与研究乃至破解将使中国考古学的成果产生能力、国际影响力和社会地位更加提高，对于社会发展和文化建设的作用更加彰显。

三、人类学在中国的发展现状

人类学，顾名思义就是研究人类这一物种的学科，其研究范畴应该包括人类的生物属性和社会属性。这一学科也有很长的发展历史，最早发端于古希腊哲学家亚里士多德对具有高尚道德品质及行为的人的兴趣与描述。19世纪前，人类学基本局限在体质人类学范畴，主要是对人体解剖学和生理学的研究。19世纪后，欧洲的一些学者及探险家、传教士、海员等开始对古文化遗存和民族志材料感兴趣，使得人类学研究逐渐突破解剖学和生理学的藩篱，扩展到对体质、文化、语言和民族多方面的综合研究。由于各国地域材料的不同和学术传统的差异，其后人类学的含义和发展路径在各个国家和区域有所不同。在欧洲大陆，“人类学”一词一般是个狭义的概念，专指体质人类学，对文化方面的研究则被称为民族学。而在北美，人类学是个广义的概念，既包含对人类体质或生物属性的研究，也包含对人类文化或社会属性的研究，成为一个重要的学科门类，并发展出几个相互关联的分支学科，包括考古学、生物（或体质）人类学、文化人类学和语言人类学。近来在几个传统的学科之外，又衍生出新的领域，包括应用人类学、医学人类学等。

中国的人类学发展走的是一条多源、混杂、曲折的道路[1]。先是一些欧美的地质学家、考古学家（安特生、桑志华、德日进、步达生等）到中国从事化石采集和考古调查、发掘，催生了化石人类学（狭义的古人类学）和史前考古学，其后丁文江、李济、裴文中、费孝通、吴定良、夏鼐、吴汝康等从欧美留学归来，引入田野考古、人体测量、民族学调查等现代理念与方法，使西方的人类学体系在中国本土化，学科的基础初奠并沿着西方的道路迅速发展。细观李济、吴定良、费孝通等奠基—开拓者的学术功底与研究实践，他们大都是“全能者”，兼通体质人类学和文化（社会）人类学，在两个分支领域皆有建树。其实这正体现了欧美的学术思想与传统，认为人的两重属性不可分割，相关的研究也不能割裂。20世纪30年代在中央研究院历史语言研究所成立的“人类学组”，40年代在浙江大学成立的“人类学系”，都将体质人类学和文化人类学、民族学囊括其中，很多调查、研究项目也是几方面并重，不存在文、理上的沟壑，也不存在纯学术与应用研究的分野。

这其中的发展有学科自身的惯性和规律，也有人为、社会因素的干预。周口店、仰韶、殷墟的工作因材料的重要性而使学科壮大，考古学、古人类（体质）学由此而变得树大根深。而抗战时期国民政府支持的民族素质研究项目，则推动了对不同区域、不同族群的生物基础、营养环境、文化习俗、优生优育等多方面的考察和研究，促进了体质（当代）人类学、文化（社会）人类学、民族学的发展与交叉融合，也使人类学成果对当代社会问题的应用、实用作用与功能得以挖掘和显现。

新中国成立后，人类学的发展轨迹发生了重大转向、改变。吴定良在浙江大学建立的综合性的人类学体系（很像目前美国人类学的雏形）被肢解，吴定良转到复旦大学生物系。考古学归并到社会科学系统，体质人类学归入自然科学系统，二者越来越井水不犯河水。而文化人类学、社会学、民族学这些与当代社会敏感的政治问题关系密切的学科则日渐凋零。“人类学”这个学科名词只在“古人类学”这一细小的分支上得以残存，作为一个大的学科门类基本消失。改革开放、拨乱反正后，一些学者和机构曾尝试恢复综合性的人类学体系，费孝通先生举起社会学的大旗，吴汝康、吴新智两位先生在古人类学之外又尝试开辟“今人类学”，中山大学和厦门大学成立了“人类学系”，“中国人类学会”也被发起成立。但人类学发展并不强劲、顺利，似乎再没有了当初那样的底气、功力和凝聚力。近二十年来，文化人类学得到一定的发展，体质人类学出现复苏，语言人类学也渐露头角，加之方兴未艾的考古学，学科发展的新时代似乎曙光乍现。只是它们各自有自己的名号，各自有自己的专属区，彼此没有什么交集。人类学这面大旗仍然闲置着、落寞着。

在这样的局面下，宏观的人类学框架没有着落，各分支领域发展也受到制约和影响。其中可能存在的问题包括以下六条。

（1）由于缺乏统一的旗帜、组织架构和交流平台，分支学科间无法有效地开展交流、合作和争取重大资源项目，无法将科研队伍、研究内容、资源手段和成果数据有效整合与集成，携手攻关、共同破解重大学术与社会问题的能力被消解、削弱，各自获得的研究成果难免出现只见树木不见森林的局面，总体成果的显示度和影响力降低。

（2）学科内关系混乱，层级不清，定位不明，有的领域被肢解、边缘化。考古学曾经隶属历史学、人类学，如今似乎一支独大，成为独立学科。古人类学被划归地质学的二级学科——古生物学（含古人类学）（一个“含”字道出了古人类学的边缘化和尴尬地位），或者在第四纪地质学下成为三级学科，在考古学成为一级学科后，古人类学在高等教育系统中会被划归考古学的二级学科。

（3）画地为牢，文、理分割。由于我国学科体制过于强调人文社会科学与自然科学的区别，习惯于条块分割的管理方式，致使新近复兴的文化人类学、语言人类学虽然仍根植于西方的学术思想，但却在很大程度上游离于人类学的体系之外，与考古学、生物人类学等姊妹学科几无往来。

（4）在国家学科发展计划、基金项目中找不到归属和合理的出口。例如在国家自然科学基金申报系统中，人类学课题的申报须到“地质学”下的“古生物（含古人类）”方向、“第四纪地质学”方向，或新近增加的“古人类”方向。

（5）在学科规划、学位点设立、研究计划与项目设立、行业评估—评审、奖项与人才推荐等方面不能作为一个统一强大的学科发声，无法引起政府和社会的充分重视。

（6）与西方的学术体系无法有效接轨，交流合作渠道不畅。

四、考古学与历史学、人类学的关系：剪不断理还乱

考古学与历史学、人类学关系都很密切，内容上有内在关联，皆无法真正割裂。但目前的考古学越来越独立，呈现一枝独秀的局面，先后发生了脱离历史学、脱离人

类学的过程和趋势。

中国考古学本身的发展与其他学科关系的变化是与欧美学术思想与学科的发展变化密切相关的[2]。考古学在其发展的早期阶段深受地质学和古生物学的影响，出土标本被视同古生物中的“标准化石”，以此来标记人类的演化和文化的发展阶段，因而被称为“进化考古学”。进入20世纪初叶，简单、直线进化的思维模式变得式微，辨识和界定具有地域性差异的考古学文化的工作模式逐渐将其取代，关注的重点是考古学文化的年代和文化间的渊源关系，考古学进入“文化历史考古学”的阶段。在这两个阶段中，考古学的宗旨是复原人类的历史过程，尤其是重建没有文字记录的史前史，自然与历史学关系密切，成为广义的历史学的有机组成部分。但20世纪中叶，泰勒、克拉克、宾福德等英美学者发起“新考古学”，摈弃文化历史传统，而引入文化生态学理论，将探究人类生存方式与生态环境的关系、诠释人类演化和考古学文化形成的动因与过程、研究人类社会的普遍规律作为考古学要义，并宣布考古学脱离历史学而归属人类学。其后，“后过程主义”等学派对“新考古学”进行反思和批判，强调考古学的独立性，提出考古学就是考古学，否则什么都不是。于是出现考古学脱离人类学，成为独立学科体系的倾向。

中国考古学演变为独立学科的过程当然受到欧美学术发展的影响，但更多还是自身的发展和所处的社会环境及其被赋予的使命使然。如前所述，考古学在历史悠久、文化灿烂、遗产遍地的中国有其特别适宜的土壤，有重大的社会需求，这使其如鱼得水，不断强化。另外，当代中国历史学和人类学界没能产生强大的统合力量，缺少一呼百应的大师级人物，也是分支学科得以做大、独立的重要原因。但学科的划分与归位都是人为的、形式上的，不应该掩盖或者改变学科自身的内容特点和与邻近学科的关系。从构建人类史前史、用实物资料补史证史的角度，考古学与历史学密不可分，完全可以划归一个学科群；而从通过文化遗存、人类行为方式（社会属性）研究人类的演化事件、过程和动因的角度，它与人类学关系也很密切，与体质人类学、文化人类学、语言人类学、社会学、民族学等有内容目标的重叠，完全可以划归到一个学科群中。因而，考古学与历史学、人类学的区别主要体现在研究时段、对象和方法手段上，而不是大的学术方向、研究内容和目标上。切不可因为人为的划分和设置而模糊了学科的要义、共性和相互关系。

五、构建综合性的人类学体系

在目前的各分支领域各自为战，尤其是考古学一支独强，成为独立的国家一级学科，拥有独立的学术体系、组织架构和出版物的情况下，我们已不太可能再按照西方的模式整合出单一、完整、层级明确的人类学体系（一级学科）。这是由历史传统不同、学术环境与体制不同、学科发展道路不同、国家或社会需求不同等诸多因素决定的（除非有强大的顶层设计方可改变局面）。在此情况下，不必强求改变局面，不必生拉硬拽将隶属于各自系统的各个分支学科放到一个筐子里。我们可以有所为有所不为，构建内容紧密而形式松散的中国人类学体系：强化学科内容上的内在联系，以学科的宗旨将各分支联结在一起，以科学问题的提出和解决作为合作联合的抓手，创造平台加强交流和互动，并在时机成熟时建立综合性的研究实体。

在破解人类的起源、演化、生存与发展各方面问题的宗旨下，各个学科可以找到自己的归属和定位，包括研究人类从古到今生长发育体质特征的生物人类学，分析人类遗传变异与演化内在驱动力的遗传人类学，研究先民文化、技术与生存方式的考古学，研究当代人类文化现象、社会结构与族群—人际关系的文化人类学或社会人类学，通过人类语言变异追溯和研究特定族群的历史、目标人群的关系及生存环境和演化过程的语言人类学，对当代人群营养、健康、体质变异、社会问题加以分析和解决的应用人类学等。将这些学科整合、促使其协作互动的一个重要抓手是提出宏观、重大的有关人类演化与发展的科学问题，推动设立国家研究计划或重大项目。在此方面须瞄准国际热点和具有国家、社会重大需求的科学问题，而这类问题的解决能明显提高国家实力和国际影响力、竞争力，而且这类问题（例如中国人起源）的破解需要多学科交叉与协作。这样重大项目的设立需要高屋建瓴式的顶层设计，需要发挥大师和学术带头人的作用，也需要宣传和舆论造势引起社会的关注和支持。

加强行业内学科间的交流、协作与协调的一个重要方式与纽带是建立行业社团组织。“中国人类学会”是个很好的平台，应该将其扩展、整合和完善，使其成为包容性强、认可度高、凝聚力大、影响面广的全国性人类学社团机构，完善组织架构，定期开展学术研讨和交流活动，提出事关行业发展的政策建议和科学计划，定期举办专业培训和科普活动，建立学会网站和交流平台，并与国际同类机构建立交流互动关系。

策划和筹建综合性的国家人类学研究机构（研究中心、研究所或研究院）是一个重大的目标和举措。可循序渐进，依托现有的从事人类学研究的机构，由松散单元联合到实体建设，最终形成集体质与文化、形态与功能、远古与现今、宏观与微观、基础与应用研究于一体，跨越自然科学与社会科学鸿沟的研究实体。在此方面，德国马普学会进化人类学研究所（莱比锡）是很好的参照样板。要达此愿，顶层支持与设计至关重要！

出版能反映、代表国内行业最高水准并在国际学术界得到高度认可的权威专业期刊也是一个行业重要的纽带和黏合剂。这样的刊物能集中发布和展示行业的最新发展动态、科研进展和研究成果，能为行业同仁提供交流学术思想与信息的平台，也能据此吸引国外同行的关注和参与。目前中国科学院古脊椎动物与古人类研究所主办的《人类学学报》是个很好的起点和选项。如果它能拓展以包容人类学各分支学科的内容，将会获得更大的生命力和影响力，并有望在不远的将来成为具有国际学术影响力的 SSCI 期刊，成为我国人类学的品牌刊物和对外延展的窗口。

六、建立和发展中国的应用人类学体系

人类学的很多工作不仅属于基础科学研究领域，还有很强的应用属性，即利用人类学研究的数据、成果解决具体的社会问题，服务于人类的生存与发展。在西方已有“应用人类学”（Applying Anthropology）这一术语来界定这方面工作的性质和作用。应用人类学较其他分支是一个新领域，旨在运用人类学的方法和理论来分析和解答人类社会中的实际问题。在过去的十几年中，这一领域在美国和其他西方发达国家得到了很好的发展，人类学的研究成果和方法被政府、企业和技术部门采纳的事例持续增加。很多应用人类学工作者就业于公共卫生部门、疾病控制中心、文博考古机构、学区办公室、印第安部落自治区、公园景区及政府决策部门和企业，为社会的发展做出了显著的贡献。实践证明人类学的每个分支学科都有其独特的应用价值和潜能。

目前，中国进入全面建成小康社会的历史阶段，遇到很多瓶颈和挑战，人口、健康、就业、贫富差距、社会问题、环境问题……这些转型、发展中出现的问题并不能靠经济增长和法制建设完全加以解决，迫切需要从人类学的角度提供科学依据、标准数据和解决方案[3]。我国当代人类学的领军人物——吴汝康和吴新智两位院士在20世纪80年代初就在应用人类学的开创和推动方面做了很多努力，代表性的成果是中科院古脊椎动物与古人类研究所同当时的国家标准化研究所在80年代中后期联合完成的第一次全国成年人体测量项目。古人类研究所根据人类学的研究方法与成果，为该项目制订了科学的计划和技术标准，并领导和参与了人体测量队员的培训和人体测量数据的采集。该项目为中国的建筑和制造业提供了不同地区人群人体数据的宝贵资料（一直被沿用至今），首开中国应用人类学的先河。

目前，要拓展应用人类学学科及开展相关工作，我认为可以从下面几个方面着手。

（1）对中国不同地区、不同族群、不同性别、不同年龄的人体进行测量，据此建立不同指数（身高、体重、身体比例、各项围度等）的数据库，建立动态的人体标准，为与人体相关的服装、家具、武器、工具、医疗器械、车辆等的设计制造提供数据，为国家相关政策（例如外贸出口）的制定提供科学依据。

（2）对特定环境下（城市、农村、高海拔、环境污染、贫困山区等）特定人群生长发育、营养健康情况及其随环境变化而发生的改变进行研究，以分析和解决诸如儿

童生长发育中的早熟、肥胖现象，中年人过劳死现象，老年人骨质疏松问题等，为幼儿园、学校、老年公寓、工作场所的营养配餐、营养品配方等工作提供科学依据，为改善乃至消除贫困地区、环境恶劣地区的营养不良、毒素摄入等提供政策建议。

（3）从人体工效学的角度对运动员、航天员、潜水员等特殊行业从业人员的选拔和培养提供数据和评估意见。

（4）研究基因技术在遗传信息检测、疾病预防与控制等方面的应用与服务。

（5）对直接服务于密集人群的企业或政府人事、民政部门提供专项调查数据和分析报告，提供政策上的咨询与建议。

（6）承担文化遗产保护工程以及博物馆、考古遗址公园、文物景区建设项目的规划业务，为文化产业、事业发展提供专业的咨询与建议。

可做的事情很多，可发挥的作用很大。如果我们能扎扎实实开展一些力所能及而又影响深远的工作，取得好的成效并得到社会的广泛认可，我们将为自己铺就道路，产生造血功能，进而做大做强，使应用人类学成为具有高度社会关注度和需求性的显学和热门行业。如果我们能在此基础上建立起国家层级的“中国应用人类学中心”，这一行业将能稳步和持续发展，不断发挥科学造福于人类的本质作用与功能，并为人类学中其他领域的研究成果找到出口或孵化器，进而提高学科和行业的地位，带动我国人类学学科的整合与长足发展。中国梦是绚烂多彩的。人类学事业的发展及其对中国社会的贡献，也应该是其中一道靓丽的彩虹。

参考文献

［1］ 杜靖. 中国体质人类学史研究. 北京：知识产权出版社，2013.

［2］ Trigger B G. A History of Archaeological Thought (Second Edition). Cambridge: Cambridge University Press, 2006.

［3］ 陈淳. 考古学的理论与研究. 上海：学林出版社，2003.

（原载于《21世纪中国人类学的发展》，知识产权出版社，2015年）

贰 方法篇

周口店遗址发现北京人新化石的潜力：对遗址潜在沉积物的地球物理勘探分析

一、绪　论

20世纪20年代初在周口店（韦氏注音Choukoutien或Chou-k'ou-tien）（该地区位于北京西南约50千米处）的考察及随后的系统发掘，发现了丰富的脊椎动物化石和人类遗存[1]。在第1地点（即所谓的北京猿人遗址）发现了5个直立人的头盖骨，1个大型的哺乳动物群化石和人工制品[2]，在山顶洞发现了三个完整的解剖学意义上的现代智人头骨以及伴出的动物和文化材料[3]。该遗址因其有关全人类的独特性和普遍价值于1987年被列入联合国教科文组织的世界遗产名录[4]。不幸的是，这些重要的人类化石材料在第二次世界大战期间全部丢失[5]。在1927～1937年和1958～1979年的大规模发掘中，该遗址已知地点的大部分沉积物被发掘和清理，1966年在第1地点出土了北京猿人的额骨和枕骨[6]。最近对该地点的抢救性发掘始于2009年[7]，发现了一些动物骨骼、石制品和更多原地用火的证据[8]，但未发现人类化石。只在第1地点西壁和鸽子堂西侧底部留存了部分原始堆积。在北京猿人遗址没有发现其他适合发掘的沉积物。过去三十年间对文字资料和原始堆积的研究存在诸多争议，挑战了周口店第1地点在考古学上的地位[9]。尽管仍有可能通过研究文献资料来进一步阐释已发掘地点的沉积学特征，并在目前的抢救性发掘中从第1地点获得更多的材料和埋藏学信息，但更好的策略是寻找更有可能发现重要化石的新地点，并对未受扰动的沉积物进行研究，以获得人类活动的新证据。因此，从1995年到2004年，我们进行了一系列的地质和地球物理勘探，在周口店遗址的龙骨山西坡和东坡寻找潜在的第四纪矿藏。本文对地球物理勘探的初步结果以及后续的解释分析进行介绍。

二、地质勘探

龙骨山处于巨大的三叠纪和古生代钙质向斜中，为了找到可能含有化石和文化遗存的洞穴裂隙沉积，1995年和1996年对其进行了试探和深入的地质研究，以对周口店遗址的结构有进一步认识[10]。在地质时期，含有二氧化碳的水溶解了山体内部的部分岩石基质，这一过程发生在沿着地质起伏和不连续的地方（断层、裂缝、地层连接处），形成了典型的喀斯特溶洞和洞穴。后期，这些空洞在一定程度上被泥流时期的径流水输送的沉积物所填充。这些充填的角砾岩沉积物内包含化石[11]，但往往被自然或近期的人为地表沉积物所掩盖。

我们对可能含有洞穴裂隙沉积物的区域进行了定位，首先编制了该地块露头的详细地质图，以更好地了解该地块的地质演变和岩相学历史；其次，利用地球物理学方法，通过比较原生的夹层和近期地层的物理特性，寻找洞穴区。在第一步中，地质结构（地堑、断裂）在岩溶化开始时的作用得到了确认。多数的岩溶发展是沿着两类主要的断裂表现出来的，即N10°E和N120°E，对潜在的洞穴裂缝沉积物及其年代学的检测显示了一系列随之而来的此类现象最终塑造了该遗址。

三、地球物理方法

在初步调查中使用了四种主要的地球物理方法（电磁、电板、磁力和微重力方法）。在正式调查中使用了另外三种地球物理方法（电断层图、地表地震波和地面穿透雷达），在最后的研究中采用了测试性钻孔的方法。今天，龙骨山被低矮的灌木植被所覆盖，地球物理勘探是在山坡东西两侧现有的铺砌道路和小路上进行的。我们在植被中清理出一米宽的小路，以便为地球物理勘探提供通道。

1. 微重力：质量缺陷探测

在土木工程领域，这种勘探方法旨在通过测量表层效应来揭示内部夹层的对比密度。它也被用来寻找浅层空洞（如古代采石场、地下通道和岩溶洞），在某种程度上，用来确定沉积堆积的厚度。我们的工作沿着铺砌道路和小路，在地表共进行了649次测量，测量间距为5m或2.5m。发现了几个与质量缺陷有关的强烈而清晰的异常点，构成了该遗址西部地区空洞的最初迹象。

2. 探地雷达

绝缘材料的二维图像显示探测到了强异质性（测量距离：距西坡2200米，距东坡500米）确定了几个高能反射体。一些证实了从电子射线断层图中推断出的几何形状，而另一些在固体石灰岩中的反射体，被认为与微重力测量有关。

3. 电子射线断层图

断层图是通过引入计算机辅助的断层图绘制而成的。通过计算机计算选定剖面的电导率，并绘制材料几何形状的二维定位图，以便对其电导率进行分类，这与在固体石灰岩和洞穴裂隙填充物之间观察到的重要电阻率对比有关。我们在西坡测量了总长度为2800米的剖面。在北部的异常区域记录了一组特别密集的测量数据，以了解石灰岩丘陵风化区的三维几何形状（图一）。

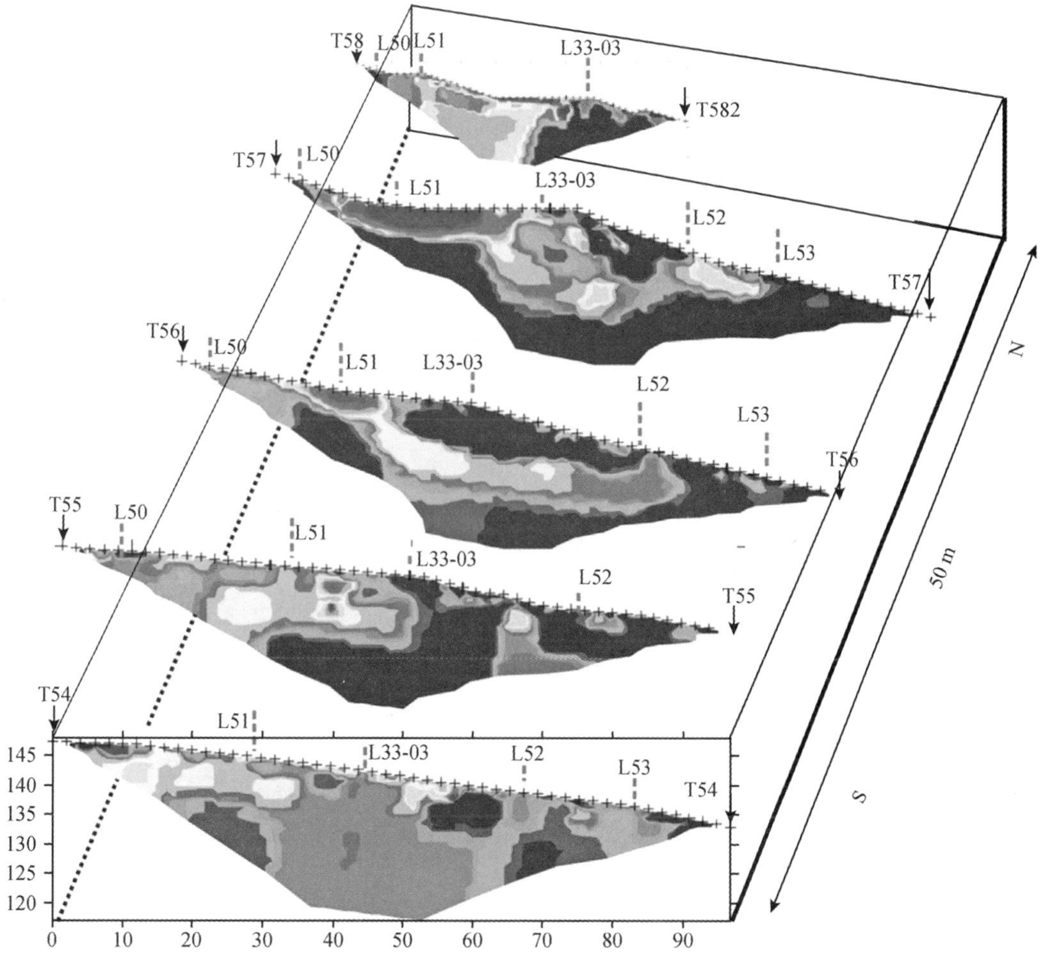

图一　北部异常点的电子断层图
从南到北看东西剖面的方框图，蓝色到红色对应绝缘材料到导电材料
（如固体岩石到填充物）

请扫码观看彩色图片

4. 地表地震波

地表地震波被用于材料的机械特性（400m测量）的分类研究。地震数据证实了从电学解释中推断出的固体、风化石灰岩和充填沉积物之间的差异性。

四、地球物理勘探

在地质调查之后，我们找到了地球物理异常点，如电磁和电阻区（钙质岩石）和导电区（填充物、角砾岩和黏土）[12]，以及密度对比鲜明的区域（密集与松散实体）[13]。在接下来的几年里，对五个地球物理异常点进行了综合测绘。其中三个位于龙骨山的东坡，另外两个位于龙骨山的西坡。这种方法区分出了岩溶和沉积实体，意味着一种局部影响岩石或被角砾岩沉积物填充的通道，沿着两个主要的断裂方向发展，或许存在一些未知的空洞，也可能是已知空洞的延伸。

测试钻孔是用来确认潜在空洞或洞穴裂隙沉积物等地球物理异常现象的。由于东坡是遗址的核心区域，受到国家和地方文化遗产保护法的严格保护，因此禁止从事任何像试探这样的破坏活动（此外，该区域的大多数沉积物在以前的发掘过程中被清理或扰动），但在没有发掘过的西坡可以进行此类研究。2003年，我们启动了一项增强版地球物理勘探，以对1996年的调查进行补充。我们使用新的地球物理方法，如电子断层扫描[14]、地表地震波[15]和地面穿透雷达[16]。在西坡的表面很少看到石灰岩露头，但在山丘的南部边缘可以看到岩溶事件（10cm至4m的空洞）。沿着西坡南部的悬崖可以观察到两种类型的岩溶的发展：结合式岩溶（沿地层节理）和裂缝式岩溶（沿断裂）。走向为N170°至N30°E，倾角为75°NE到90°垂直，方向为N100°至N120°E，倾角：50°N到垂直。沿着这些走向，该地区发生了主要的岩溶事件（可以看作一种岩溶模式）。在山丘的西坡上发现了两个含有地质和地球物理异常的主要区域。在北部，发现了一个古老的岩溶空洞，表面有一个开口，里面充填了黏土和（或）角砾岩。它的走向接近N110°E，顶部宽约10～15m，底部宽20m，长度至少为80m，深至少20m。它可能与第1地点（山丘的东坡）非常相似，并表明可能有人类通过垂直或侧向的通道进入。图一显示了在该地区获得的连续电子断层图。在南部，探测到了石灰岩丘陵内的一个古老的岩溶洞穴。随后又发现了一个开口于地表的已被填满的溶洞（方向与北部异常点非常相似），表明可能有人类通过水平（山体边缘）和垂直的方式到达这一空洞。

地球物理勘探的结果与山丘西坡南缘周围的各种地质露头之间存在着强烈的关联。根据1996～2003年的数据编制的详细地质和地球物理图，我们确定了龙骨山西坡的验证性钻孔调查的位置（图二）。

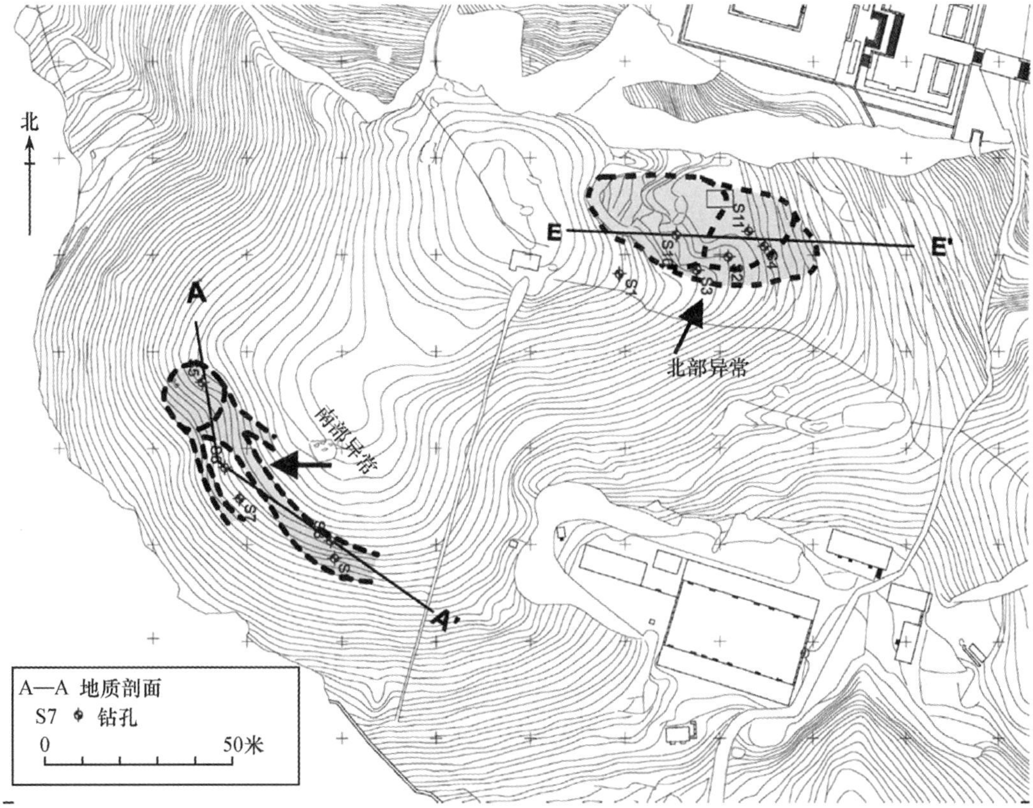

图二　龙骨山的地球物理异常点和调查钻孔的位置

五、测试性钻孔

2004年，我们在该山丘的西坡进行了一次钻孔调查，以确认这批材料和两个主要异常点的位置。我们在北部的异常区钻了六个钻孔，在南部的异常区钻了五个钻孔。表一是有关每个钻孔中存在空洞证据的综合描述。钻孔结果证实，在岩溶地貌中存在空洞。它们或者以石灰岩内部的封闭空洞的形式存在，在山丘西坡北段有8个垂直高度为1.5m至6.2m的空洞，在山丘南段有两个垂直高度为1.8m至2.5m；或者以石灰岩中的开放空洞形式存在，在西坡北段有两个垂直高度为3.2m至5.8m的空洞或洞窟，在西坡南段有一个高度为8m的空洞。图三说明了从地质、地球物理和钻孔作业中推导出的一些地质模型，图四说明了固体石灰岩和填充物之间过渡区的一个钻芯例子。

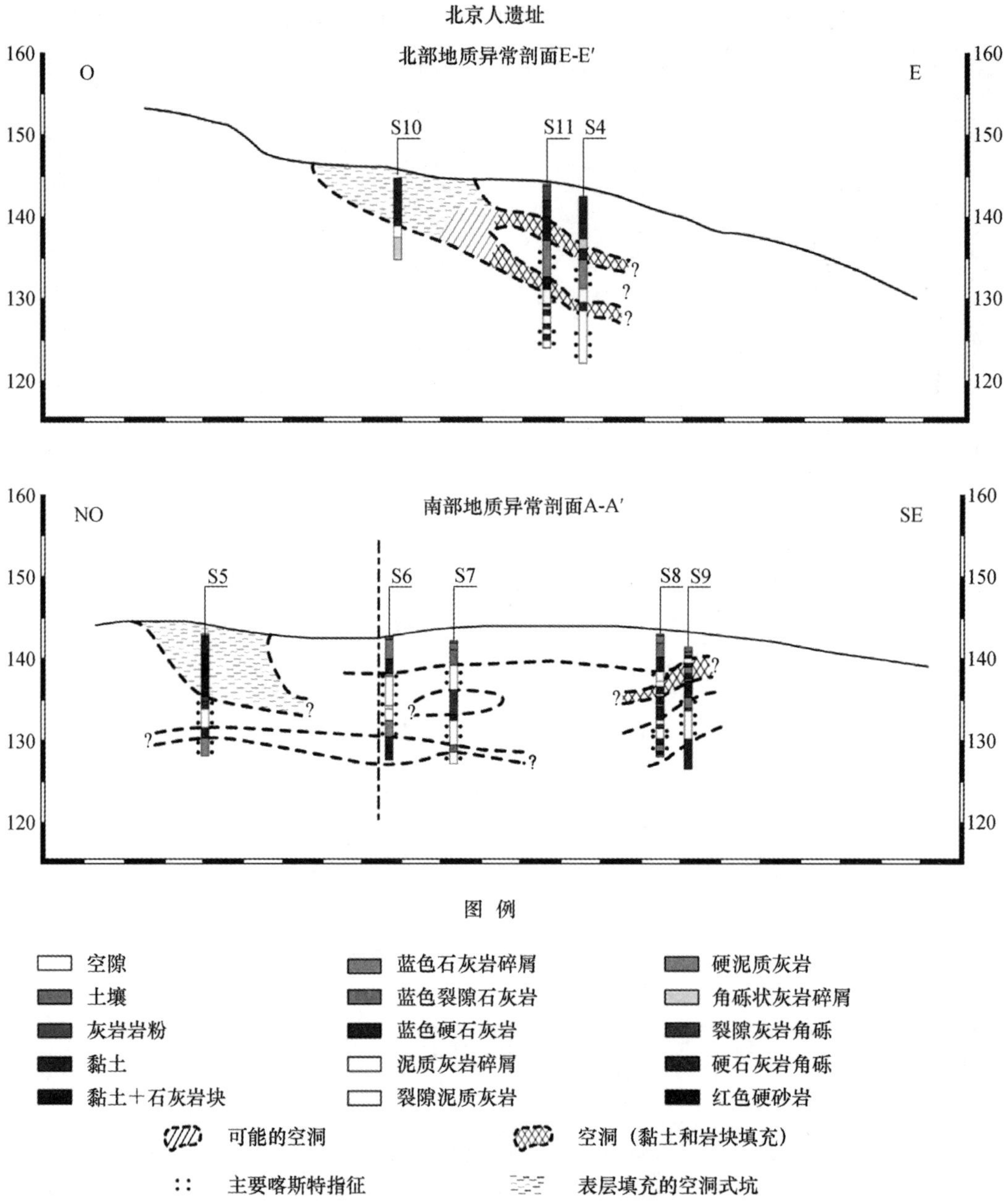

图三　基于钻孔的A-A′（下部）和E-E′（上部）的地质剖面（剖面位置见图二）

请扫码观看彩色图片

图四 S9钻孔的钻芯（注意固体石灰岩和充满碎屑黏土区域之间的对比）

表一 周口店龙骨山钻孔发现的空洞

钻孔编号	深度（米）	充填物质	空洞性质
南部异常点			
S5	0 ~ 7.7	黏土+砂岩层	外
S8	5.80 ~ 7.60	虚空+黏土+角质元素	内
S9	1.40 ~ 3.90	虚空+礁石+碎石元素+块状物	内
北部异常点			
S2	5.20 ~ 7.40	黏土和固结层交替出现+石灰岩元素	内
S2	11 ~ 15	黏土和泥灰岩-石灰岩块交替出现	内
S3	2.60 ~ 3.70	黏土+泥灰岩-石灰岩砾石	内
S3	8.80 ~ 15	黏土+泥灰岩-石灰岩碎屑岩块	内
S4	0 ~ 3.20	泥质黏土	外
S4	5.10 ~ 7.60	塑性黏土+石灰岩砾石	内
S10	0 ~ 5.80	泥质黏土+一些石灰岩碎屑元素	外
S11	4 ~ 6.90	黏土和泥灰岩-石灰岩块交替出现	内
S11	11.30 ~ 12.85	黏土和泥灰岩-石灰岩块交替出现	内

注：“外”意为空洞延伸至地表；“内”意为空洞似乎整体在岩层内部。

六、结　论

我们在龙骨山西坡的钻孔证实了图二所示的地球物理勘探结果。这些工作还说明，在东坡进行的初步工作和随后的地球物理勘探结果对于人类在该地区活动的潜在证据来说是非常重要的。提取的钻孔岩芯也证实：第二个异常点，即第4地点附近，可能是一个连接第4地点和第1地点的空洞通道；第三个异常点在第15地点附近，大致呈北—南方向。如图五所示，龙骨山西部的空洞有四种模式。有水平开口的空洞可能被用作生活区，而有垂直开口的空洞可能被古人类有意识地用作狩猎动物的天然陷阱，人类自己可能意外坠落到这些天然陷阱内。因此，填充这些隐蔽洞穴的沉积物可能会保存史前早期人类活动的痕迹，甚至是人类化石。因此，龙骨山东坡和西坡的沉积物都值得发掘，以便有可能从周口店遗址发掘出新的文化遗存和人类化石。

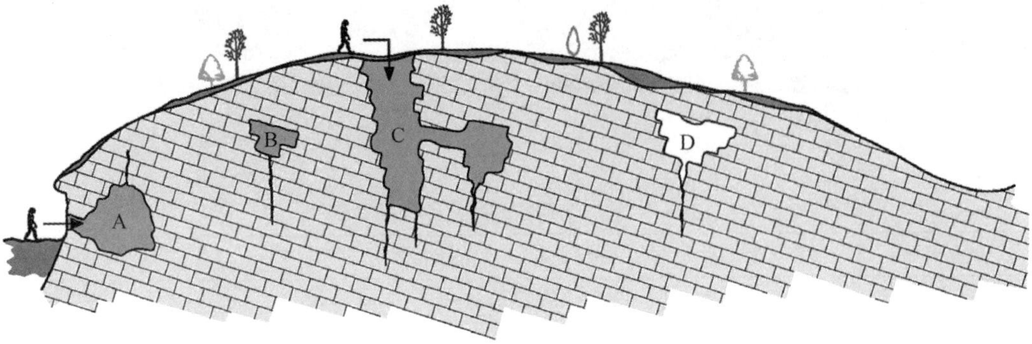

图五　龙骨山西坡的四种空洞模式

A. 有水平开口的空洞　B. 充满沉积物的空洞　C. 有垂直开口的空洞　D. 空洞

致谢：作者感谢吴新智教授和伊夫·科普斯（Yves Coppens）教授发起这个项目。德莱蒂博士（Drs.P.Deletie）、巴伦（J-P.Baron）、阿隆伯特（P.Allombert）和蔡炳溪参与了初步调查。

参考文献

[1] Andersson J G. Children of the Yellow Earth: Studies in Prehistoric China. New York: MacMillan, 1934: 94-126.

[2] Pei W C. An Account of the Discovery of an Adult *Sinanthropus* Skull in the Choukoutien Cave Deposit. Bulletin of the Geological Society of China, 1929, 8(3): 203-205; Teilhard de Chardin P, Young C C. Preliminary Report on the Choukoutien Fossiliferous Deposit. Bulletin of the Geological Society of China, 1929, 8(3): 173-202; Black D. Evidence of the Use of Fire by *Sinanthropus*. Bulletin for Geological Society of China, 1931, 11(2): 107-108; Teilhard de Chardin P, Pei W C. The Lithic Industry of the *Sinanthropus* Deposits in Choukoutien. Bulletin of the Geological Society of China, 1932, 11(4): 317-358; Breuil H. Bone and Antler Industry of the Choukoutien *Sinanthropus* Site. Palaeontologica Sinica(New Series D), 1939, 6: 1-41; Weidenreich F. The Skull of *Sinanthropus pekinensis*: A Comparative Study on a Primitive Hominid Skull. Palaeontologica Sinica(New Series D), 1943, 10: 1-485; 裴文中，张森水. 中国猿人石器研究. 北京：科学出版社，1985.

[3] Wu X Z, Poirier F E. Human Evolution in China: A Metric Description of the Fossils and a Review of the Sites. Oxford: Oxford University Press, 1995.

[4] 高星. 周口店北京人遗址. 北京：美术摄影出版社，2004.

[5] Jia L P, Huang W W. The Story of Peking Man: From Archaeology to Mystery. Oxford: Oxford University Press, 1990.

[6] Wu R K, Dong X R. Des fossiles d'Homo erectus decouverts en Chine. Anthropologie, 1983, 87: 177-183.

[7] Stone R. Still Seeking Peking Man. Science, 2009, 325(5936): 22-23.

[8] Zhang Y, Guo Z T, Deng C L, et al. The Use of Fire at Zhoukoudian: Evidence from Magnetic Susceptibility and Color Measurements. Chinese Science Bulletin, 2014, 59(10): 1013-1020; Zhong M H, Shi C L, Gao X, et al. On the Possible Use of Fire by *Homo erectus* at Zhoukoudian, China. Chinese Science Bulletin, 2014, 59(3): 335-343.

[9] Binford L R, Ho C K. Taphonomy at a Distance: Zhoukoudian, "The Cave Home of Beijing Man"?. Current Anthropology, 1985, 26(4): 413-442; Binford L R, Stone N M. Zhoukoudian: A Closer Look. Current Anthropology, 1986, 27(5): 453-475; Weiner S, Xu Q Q, Goldberg P, et al. Evidence for the Use of Fire at Zhoukoudian, China. Science, 1998, 281(5374): 251-253; Wu X Z. Investigating the Possible Use of Fire at Zhoukoudian, China. Science, 1999, 283(5400): 299; Goldberg P, Weiner S, Bar-Yosef O, et al. Site Formation Processes at Zhoukoudian, China. Journal of Human Evolution, 2001, 41(5): 483-530; Boaz N T, Ciochon R L, Xu Q Q, et al. Mapping and Taphonomic Analysis of the *Homo erectus* Loci at Locality 1 Zhoukoudian, China. Journal of Human Evolution, 2004, 46(5): 519-549.

[10] 同号文，董为，徐钦琦. 周口店遗址保护区地质-地球物理调查简报及结果解释. 人类学学报，2001，20（3）：201-208.

[11] Zdansky O. Die Saeugetiere der Quataerfauna von Choukoutien. Palaeontologica Sinica(Series C), 1928, 5: 1-146; Teilhard de Chardin P, Young C C. Preliminary Report on the Choukoutien Fossiliferous Deposit. Bulletin of the Geological Society of China, 1929, 8(3): 173-202.

[12] Oldenburg D W, Li Y G. Estimating Depth of Investigation in DC Resistivity and IP Surveys. Geophysics, 1999, 64(2): 403-416.

[13] Mirzaei M, Bredewout J W. 3-D Microgravity Data Inversion for Detecting Cavities. European Journal of Environment Engineering Geophysics, 1996, 1(3): 249-270.

[14] Loke M H, Barker R D. Rapid Least-squares Inversion of Apparent Resistivity Pseudosections Using a Quasi-Newton Method. Geophysical Prospecting, 1996, 44(1): 131-152.

[15] Park C B, Miller R D, Xia J H. Multichannel Analysis of Surface Waves. Geophysics, 1999, 64(3): 800-808.

[16]	Stevens K M, Lodha G S, Holloway A L, et al. The Application of Ground Penetrating Radar for Mapping Fractures in Plutonic Rocks Within the Whiteshell Research Area, Pinawa, Manitoba, Canada. Journal of Applied Geophysics, 1995, 33(1-3): 125-141.

［原载于《国际第四纪》（*Quaternary International*）2016年第400卷，与Philippe Cote、Jean-Paul Blais、董为、同号文、Xavier Derobevt、Sergio Palmalopes、张双权、陈福友合著；顾雪玲、彭菲译］

“元谋人”的年龄及相关的年代问题讨论

一、引　　言

1965年5月1日，地质学家钱方等在中国云南省元谋县元谋盆地东南的上那蚌村西北约80m处的一个高约4m的褐色土包下部发现两枚古人类牙齿化石[1]，成为古人类学研究史上的重要事件。这两枚牙齿后来被确定属于直立人这一演化阶段，俗称“元谋人”，其生存年代被测定为170万年前。在很长时期内，“元谋人”作为在中华大地上发现的最早的化石人类及东亚人类的祖先代表被写进论文、专著和教科书，然而围绕这一重要发现的讨论与争议一直没有间断过。除了有关元谋人的演化阶段与地位的讨论外，其出土地层和年代是争论的焦点，不同学者提出过不同的数据和看法。纵观中国的古人类学和旧石器时代考古学研究，很多问题受困于年代数据，得到偏颇的结论或不能被普遍接受的意见。年代学是人类起源与演化研究的基础，只有建立在坚实的测年基础上，相关的讨论才有意义，研究成果才会产生广泛的影响力。

谨以此文纪念“元谋人”化石发现50周年。

二、有关“元谋人”年代研究的历史与争议

元谋人化石发现后的数年间，由于社会状况的纷扰，学术界并未加以重视。1973年胡承志根据以前裴文中等在元谋盆地所做的生物地层学研究结果，指出猿人化石的出土层位可能为下更新统上部[2]。1973年，钱方、浦庆余在老鸦塘-牛肩包元谋组中采集了十几块古地磁样品，在地质力学研究所进行测试，结果表明有明显的磁极性变化。1974年钱方、马醒华和邢历生到元谋盆地做系统的古地磁采样，实测了7条元谋组地层剖面，确定元谋组是一套厚695.4m的河湖相沉积，结合孢子花粉和哺乳动物化石材料，可以分成四段28层，“元谋人”牙齿出自第四段下部的第25层。钱方等的古地磁采样地层从下到上由5条剖面相接而成，共布置采样点76个，提取样品353块，采样

间距多在10～15m左右。1976年李普、钱方等发表测定结果[3]，指出整个序列可以在第3条剖面的底部附近分成两段，上段以负极性为主，下段基本上为正极性，分别对应松山负极性时和高斯正极性时。上段负极性的部分中还有几个时间较短的正极性间段，被分别对应到吉尔萨（Gilsa）正极性事件和奥杜威（Olduvai）正极性亚时；下段正极性期中也有负极性间段，被对应到高斯正极性时中的凯纳（Kaena）负极性亚时和马莫斯（Mammoth）负极性亚时。这样，整套元谋组地层大致对应于（1.5 ± 0.1）Ma到（3.1 ± 0.1）Ma期间，"元谋人"化石埋藏的层位生成于（1.7 ± 0.1）Ma，即吉尔萨事件（1.79Ma～1.61Ma）范围内。于是就产生了"元谋人"的年代为距今170万年的结论。他们同时指出，元谋组中已经发掘到大量哺乳动物化石，已鉴定出6个目18个科29个属，灭绝种占86.7%，以此支持古地磁方法得出的结论。

其后，学者们从不同的角度对元谋人的年代做出分析，多数结果支持170万年的结论。1977年浦庆余、钱方发表文章，从地层学的角度再次强化了对元谋人170万年的论述[4]。1977年程国良等发表古地磁研究结果，基本支持李普等的测年数据，认为元谋直立人化石所在层位的年代为1.64Ma～1.63Ma BP，并指出由于地磁极性年表正处于不断发展完善之中，上述年代数据可能会在未来被更动，但更动范围不会大于± 10万年。他们还据此推测中国第四纪的下限可能大于3Ma[5]。1978年林一璞等发表对元谋哺乳动物群的研究成果[6]，对出自元谋组各段的哺乳动物化石做了系统的梳理和描述，所列出的属于第四段的代表性动物种类包括泥河湾剑齿虎、桑氏鬣狗、剑齿象、云南马、爪蹄兽、中国犀、最后枝角鹿、纤细原始狍、山西轴鹿、云南水鹿、羚羊、豪猪等。他们指出元谋动物群约有40个种类，能定到种的有24种，其中绝灭种有22个，占93%；与泥河湾动物群相比，元谋动物群中第三纪残留种更多，因而元谋动物群比泥河湾动物群的时代稍早，元谋人的地质时代应为更新世初期，古地磁所得出的元谋人年龄为距今约170万年的结论和元谋动物群的古老性是吻合的。1985、1991年，钱方等又对元谋组第四段进行系统采样和古地磁测定，所测结果支持1976年得出的结论[7]。1988年梁其中等也从磁性地层学的角度得出"元谋人"的生存年代为1.75Ma～1.67Ma，距今约1.7Ma的结论[8]。1991年，吴佩珠、钱方发表用氨基酸外消旋测年法对"元谋人"所在地层中伴生的动物化石所做的测定结果。他们以钱方等由古地磁方法推定的与元谋人化石邻近层位的猪牙化石的年龄为距今1.67Ma为依据，采用"校正法"求出k_t值，得出"元谋人"的年龄大约是距今1.54Ma的推论[9]。1998年黄培华等发表用电子自旋共振（ESR）测年技术对元谋猿人遗址的牙化石埋藏年龄的测定结果[10]。他们在遗址地层中采集、制备了14个马牙和犀牛牙化石样品，对其中的5个样品做ESR测试，得出"元谋人"遗址化石埋藏年代大于1.1Ma BP小于1.6Ma BP的结论。

也有学者对"元谋人"的时代提出了不同的意见。1978年，尤玉柱等在研究了牛肩包和上那蚌发现的哺乳动物化石后，结合沉积相变化，认为产有"元谋人"化石的这套由砾石、砂、黏土组成的河流相沉积应从元谋组中分离出来，建立属于中更新统的上那蚌组，指出从该地层中发现的云南马过去被认为是中国华南早更新世的标准化石，但近年来在华南某些地区（如湖北）的洞穴堆积中发现它可以生活到中更新世，据此提出“元谋人”的时代为中更新世的可能性[11]。1983年，刘东生、丁梦林在《人类学学报》上发表《关于元谋人化石地质时代的讨论》的论文[12]，认为以前的元谋组地层划分和古地磁研究存在问题，导致“元谋人”的年龄被高估。他们根据对元谋组（广义）的岩石地层、古生物地层和磁性地层的重新认识，提出由广义的元谋组建立上新统沙沟组、下更新统元谋组（狭义）和中更新统上那蚌组的划分，指出“元谋人”化石产出在上那蚌组，时代为中更新世，处在古地磁极性柱的布容正向期的底部，其时代应不超过73万年，可能为距今60万～50万年。他们提出上述质疑与结论的主要依据是：元谋盆地地层关系复杂，强烈的新构造运动造成大那乌、上那蚌、牛肩包一带元谋组下部地层紊乱，元谋组下部地层中的上新世和第四纪初期的古老哺乳动物化石被卷入第四段中，造成该段绝灭动物种属高于第三段的反常现象；根据云南马和东方剑齿象化石来确定元谋组第四段为早更新世不十分可信，因为云南马虽然于早更新世开始出现，但在中更新世地层中也有发现，东方剑齿象则是中国南方中更新世常见的代表性化石，它们在第四段的发现说明该段时代为中更新世。刘东生、丁梦林据此重新解释李普和程国良等建立的元谋剖面的磁性地层，认为在元谋剖面的古地磁极性柱上，松山/高斯的界面可能位于元谋组（广义）第二段中间的14层和13层；布容正极性期则出现在第四段。由此可见，刘东生等并未对元谋人遗址的相关地层开展新的年代学测定，而是根据前人的材料和结果做了重新解释和分析。

2002年，兵头政幸等学者在美国《人类进化杂志》（*Journal of Human Evolution*）发表以《对中国元谋和亚洲其他遗址的人类遗存的古地磁测年》为题的文章[13]，公布了对“元谋人”的古地磁测年结果。该团队于1994、1995年对元谋盆地开展了地质调查和古地磁样品采集，在分别从杨柳村和茂易村向东延伸、相距5～6km的两条剖面的78处地点选择性地采集黏土样品，在每处地点采样4～5块。他们提取的元谋盆地的古地磁极性信号与李普、程国良等的结果基本一致，但在参考了马化石的出土位置和生存年代信息，孢粉分析揭示的植被变化和环境特点，以及青藏高原隆升的研究成果后，提出元谋盆地的沉积始于吉尔伯特负极性时晚期（Late Gilbert），止于布容正极性时的早期（Early Brunhes）；“元谋人”化石出自一个隶属布容正极性时早期的负极性事件薄层中，对应于S6，年代为0.7Ma BP。这样的结果与刘东生、丁梦林的意见趋于一致。

三、朱日祥等对元谋遗址所做的新古地磁年代测定

从上述资料与讨论来看，尽管从古地磁的角度得出的“元谋人”年代为距今170万年的结论在我国学术界享有一定的“官方定论”的彩色，被大多数专著、教科书和论文采用，但在学术界并未达成广泛共识，进一步的测定和分析仍然需要[14]。尤其是早期的古地磁研究尚处于该领域的初创时期，所采取的技术手段和参照数据带有当时的局限性，样品的采集间隔大，分辨率低；对“元谋人”地层所开展的古地磁测年的最初尝试发生在“文革”后期，中国当时尚不稳定，在这样的背景下产生的成果有被质疑的空间；而后期的很多研究又深深受到前期结论的影响，难免带有先入为主和附会的成分。其后兵头政幸等人所做的古地磁分析虽然采用了现代技术，但采样位置与化石出土地点最近的距离也有600m，而且采样不很规范，间距随意，所得出的结果并不被学术界普遍接受。

2008年，朱日祥等在《人类进化杂志》（*Journal of Human Evolution*）发表文章[15]，公布了对“元谋人”迄今最新、最系统、最精细的古地磁测年结果，将“元谋人”牙齿的出土层位置于在奥杜威正极性亚时上界之上的沉积地层中，重新肯定了1.7Ma的结论。由于该论文在国外以英文发表，在国内未引起足够的关注。作为该文的作者之一，笔者感到有必要加以介绍，以飨国内的读者。

朱日祥领导的古地磁研究团队于2003、2005年在元谋盆地人类牙齿化石产地附近开展了系统的地质调查和取样工作。由于原先埋藏“元谋人”牙齿的山包已经被发掘夷平，该团队首先对化石出土地点以北约160m处的牛肩包剖面的79.2m厚的地层做清理和采样，共提取198块古地磁样品，采样间隔0.4m。人类牙齿化石的出土层位（以竖立在遗址的纪念-保护碑所坐落的地面为起始点）被对应到该采样剖面的59～60.5m的深度。他们还在化石产地东面约30m处开挖了一个深21m的探井，从中提取了98块古地磁样品，取样间隔0.2m，人类牙齿化石出土层位被对应到探井地层顶界向下3m处。此外，从化石产地西侧约20m处的一个与原来埋藏人类化石的山体同样高度的山包上以0.2～0.4m的间距提取了23块古地磁样品，该剖面的顶界比牙齿化石的出土层位高出约3m。

该团队采用目前最先进的设备与技术对采集的样品开展了一系列岩石磁学实验分析测试，包括磁化率随温度变化特征、等温剩磁获得曲线等。为获得样品的磁性极性并建立磁极性地层，从每个取样层位选取一个样品，对其天然剩磁做逐步退磁分析；所有319块样品都经历12～21个步骤的逐步热退磁分析，最高温度达到685℃。分析表明，牛肩包剖面存在两个磁极性区域，上部的0～73.3m为负极性带，下部的73.3～79.2m为正极性带，其他剖面也给出了同样的信号。出土元谋人牙齿化石和石制品的层

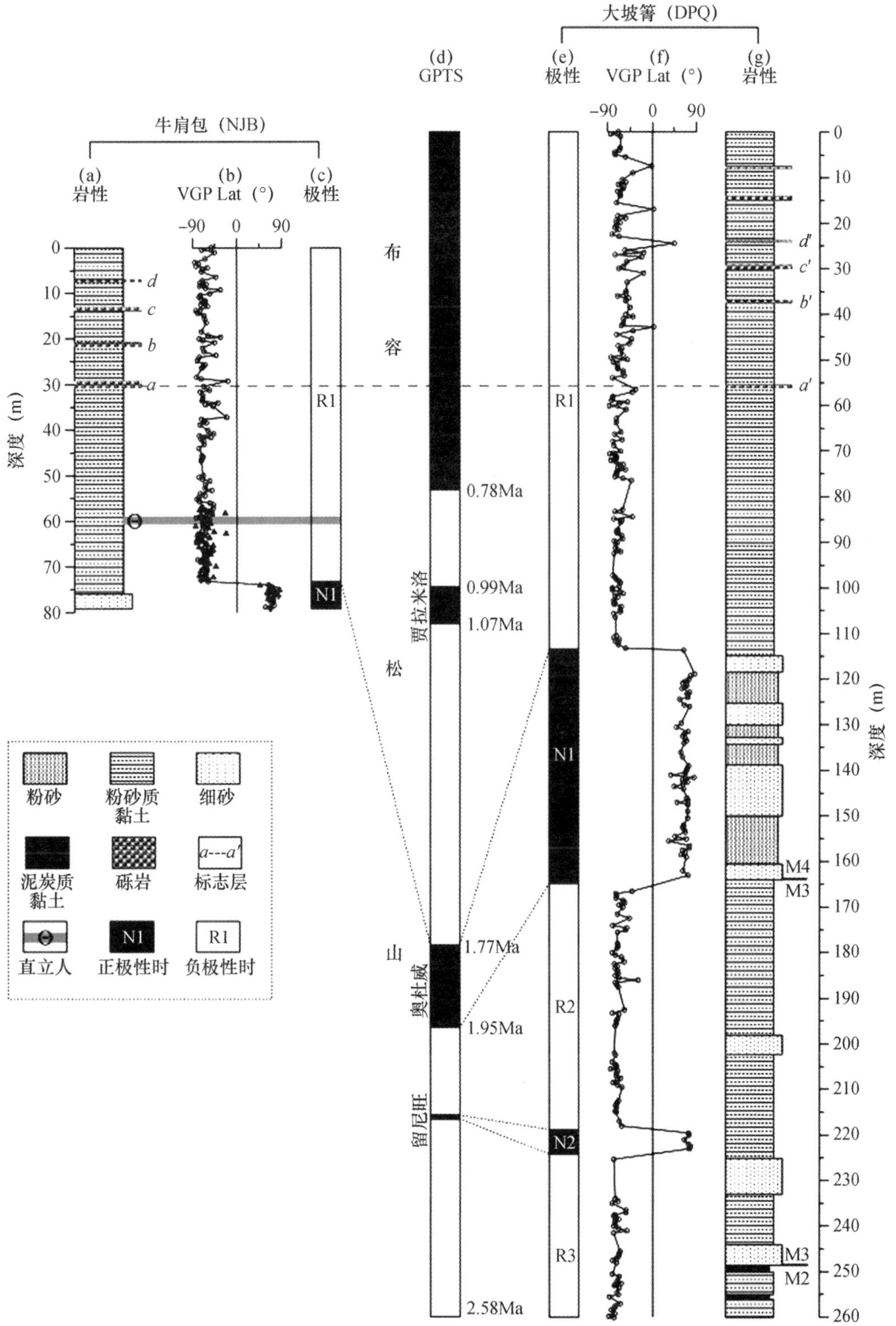

图一　元谋盆地牛肩包（左a—c）和大坡箐（右e—g）岩性地层与磁极性地层及其与地磁极性年表的对比（引自［15］）

位处于负磁极性地层中，位于从奥杜威正极性亚时到松山负极性时的正、负极性转换界线之上的12.8～14.3m处。

为了进一步确定“元谋人”化石和石制品的年代，朱日祥等将牛肩包剖面与距其西北约0.5km并与之大致平行的大坡箐剖面做比较分析（图一）。大坡箐剖面也在同期经由朱日祥团队做过系统的古地磁研究[16]。该剖面上记录的两条正极性带被分别对应于奥杜威和留尼旺正极性亚时，年代分别为（1.77～1.95）Ma BP与（2.14～2.15）Ma BP，而三条负极性带则被确定为松山负极性时。他们指出，可以通过地层标志层对牛肩包和大坡箐两个剖面进行准确对比，从而将两个剖面的地层清楚地对应衔接起来，这样从大坡箐剖面上所获取的古地磁信息在牛肩包剖面上同样适用，大坡箐剖面上段和牛肩包剖面的极性完全一致。结论是：牛肩包剖面上的负极性带应该形成于奥杜威正极性亚时之后，即小于1.77Ma；埋藏于负极性带的人类化石和石制品位于奥杜威正极性亚时上界（其年龄为1.77Ma）之上12.8～14.3m的地层中。这样，1.7Ma的年龄对“元谋人”来说是合理可信的。

四、其他人类化石材料的测年问题

“元谋人”的年代测定在学术界发生过争论，学者们提出过不同的结论和意见，这种情况并非孤例。在我国发现的“河套人”、“资阳人”、“柳江人”、“马坝人”、“巫山人”等重要的古人类化石的年代一直处于悬而未决的状态。

在中国被最早辨识出的古人类化石是1922年于内蒙古鄂尔多斯地区萨拉乌苏河畔发现的一枚人类牙齿[17]，西方学者称其为“Ordos tooth”（直译为“鄂尔多斯牙齿”），中国学者叫它为“河套人”。其后在该地区又发现若干人类骨骼并发掘出少量石制品。在很长时期内，“河套人”成为华北晚更新世化石人类的重要代表，但由于这些人类遗存并非经规范的考古发掘出土，地层和时代并不清楚。约10年前，由桑志华在1923年采集的一段股骨（编号PA.62）分别在美国和中国的年代实验室做AMS^{14}C测年，得到距今300～200年的基本一致的数据[18]，说明该骨骼来自现代个体，而非化石人类。英国学者苏珊·基茨据此对在中国发现的诸多古人类化石的年代提出了质疑[19]。其后笔者通过合作者将另一件发现于萨拉乌苏遗址地表的人类肢骨在德国马普进化人类学研究所年代实验室做AMS^{14}C测年（实验室编号MSMA15770），得到距今2751年的数据，说明该地点的人骨标本无法做简单的时代推定，“河套人”是否是化石人类存疑。

类似的情况还有四川“资阳人”的地层与年代。1951年在修建成渝铁路时，于资阳县城西北黄鳝溪南岸挖桥基时发现一些动物化石，其中有一具人类头骨，当时被称作“中国已发现的最早的新人化石”[20]。其后裴文中前往调查并组织发掘，在东发掘坑（与人类化石出土地点临近）出土一些动植物遗存和一根骨锥。该地点的地层被划分为4层，人类头骨化石被推断出自第三层深黄色砂砾层中。用乌木测得两个^{14}C年代数据，一个距今3万年，另一个距今7000年，前一个数据被认为更可信[21]。1981年张森水等在距“资阳人”出土地点西北100m处发掘“资阳人B地点”，采集到一批石制品，性质与“铜梁文化”接近，认为这批石制品与“资阳人”是同时代的[22]。其实，“资阳人”化石的年代是不确定的，因为并非来自规范的考古发掘，当时并未记录下出土层位，无法确知人类化石与测年标本、动物化石和文化遗存的关系。对此安志敏已经指出过[23]。

另一个引起学术界高度关注而年代无法确定的化石人类是广西的“柳江人”。该化石材料发现自一个窄小的岩洞中，包括一个近乎完整的头骨和部分颅后骨，头骨和颅后骨是否属于同一个体不很清楚。该头骨具有明显的现代人解剖性状，但年代一直无法确认，因为化石的发现地并非人类生活的场所和骨骼的原地埋藏现场，很可能经过了水流的搬运和再埋藏。2002年，沈冠军等对发现“柳江人”化石的小岩洞内的地层开展碳酸盐铀系测年，提出“柳江人”的年龄至少为68ka，更可能处于（139～111）ka BP的年代范围内，甚至可能大于153ka BP[24]。如果这样的年代可信，“柳江人”将是亚洲地区时代最早的现代人个体，甚至早于西亚和欧洲的早期现代人，这对研究早期现代人的起源与扩散将是极其重要的材料！但该项年代学研究存在致命的缺欠，即所测定的对象——地层样品和人类遗存之间的关系无法有效建立起来，该组年代数据不能代表人类化石的真实年龄。笔者在日本东京的一座博物馆曾见过一个古人类展览，将“柳江人”放到距今1万年的时段。经与展览策划者交流，得知他们认为目前的“柳江人”年代皆不可信，从化石形态判断，该个体应该处于更新世与全新世的交汇点。

广东“马坝人”头骨被认为是华南具有代表性的早期智人化石，对探讨现代人演化和东西方古人类群基因交流具有重要学术意义[25]。该化石于1958年由当地农民在曲江县马坝镇狮子山的一处山洞中挖掘肥料时发现，已经破碎，后被当地干部收集起来，因而是一件脱层的化石。其后追溯了可能的埋藏地层，并用铀系方法对可能与人类共生的哺乳动物化石做测年，得出距今13.5万～12.9万年的推断，但因为人类化石与测年样品的共生关系不能完全建立，该年代数据是否适用于人类化石有被质疑的空间。其后沈冠军等对“马坝人”遗址开展次生碳酸盐岩和骨化石样品的铀系年代测定。由于原化石出土地——狮头峰第二层溶洞北侧一个裂隙中的堆积已被挖掘殆尽，无测年的样品可采，他们便在该裂隙南侧的另一个支洞中提取测年样品。测年的结果是“马坝人”的年代至少为（230±5）ka BP，更可能大于（278±4）ka BP，据此可以将东亚地区直立人与早期智人过渡的时间和现代人出现的时间大幅提前[26]。但由于无法将取样支洞的地层与原化石出土地层做衔接对应，无法确定测年地层和人类化石的埋藏关系，这样的测年结果对于“马坝人”来说并无实际意义。

重庆巫山县龙骨坡遗址出土的“巫山人”下颌骨与牙齿曾经引起很大的关注和争议，包括“人类化石”的分类属性和年代[27]。近来韩非等发表新的测年结果[28]：通过对遗址不同层位（CⅡ、CⅢ）出土的17枚哺乳动物牙齿化石开展ESR和铀系测定，发现从北剖面CⅢ采集的10个牙齿的测年数据具有自洽性，大约为2.35Ma BP；而从南剖面采集的7枚牙齿产生的数据与地层顺序不很吻合，但来自该剖面CⅢ的3枚牙齿给出了大约2.48Ma BP的均值；结合生物地层和磁性地层信息，出土“人类”化石和石制品的CⅢ2层位的时代被确定为2.2Ma BP。这样，龙骨坡就成为中国与东亚迄今最早的人类驻足地，而且是非洲以外最古老的古人类遗址。我们期待这样的结果能得到更多的论证和支持，但诚如作者所言，“龙骨坡文化”的创造者仍然是个谜团。

五、讨论与结语

地质学、年代学和古生物学工作者对“元谋人”的地层和年代做了一系列考察和研究，用多学科手段做了分析测试，提供了一个对重要遗址和材料持续研究、严谨求实的案例。但一个不容忽视的事实是，此项研究存在先天的不足。“元谋人”化石只有两颗牙齿，所能提供的解剖学形态信息有限，无法支撑有关演化阶段与体质特征的深入研究；两颗牙齿非考古发掘所得，无法证明它们的采集地点就是其原始埋藏地点；发现化石的山包已经消失，其后的地层观察与采样分析只能在附近相似的堆积体中进行，无法确保所观察研究的地层与原化石出土地层有100%的契合度。这些，都留下对已取得的相关研究结论提出质疑的空间，也提示正规考古发掘与遗址保护的极其重要性。

“元谋人”的文化遗存一直不很明朗。据文本亨报道，1973年10～12月，中国科学院古脊椎动物与古人类研究所组织了对元谋人牙齿产地的发掘工作，从地层中和地表上获得了一些石器材料[29]。从元谋人化石产地地层中发掘出来的性质明确的石制品是三件刮削器，都是用米黄色的石英岩制成。其中一件加工自石核。个体都很小，修疤皆很少。三件石制品“均发现于含猿人化石的褐色黏土层之中”，但“石器和猿人牙齿化石之间有着一定的上下垂直距离，低者0.5m，高者在1m左右，若以水平距离言之，则最远者约20m，最近者为5m左右”。这三件石制品虽然在当时被宣布“是我国发现与猿人化石伴生的最早石器，在亚洲地区目前为止尚未看到时代可与之相比较的材料”，但他们与“元谋人”的关系并不十分明确，而且材料太少，无法反映技术和组合特点，与华南的砾石石器技术体系也缺乏吻合性。其后在该地区的考察与发掘也未能找到更多与“元谋人”化石共生关系更确凿、技术特点更清楚的文化遗存。日后出现过一些有关元谋人会用火的报道，但由于提不出有说服力的证据，在学术界基本上没有产生关注和影响力。

古人类化石对研究人类的起源与演化、扩散具有不可替代的重要作用，而对其生存年代的精准测定，又是开展各项研究和论证化石及文化遗存材料价值的基础。中国的大多数古人类遗址由于找不到其形成过程中的火山灰沉积，在非洲和日本等地行之有效的高精度测年手段无法加以运用，致使一些遗址的测年数据不被广泛采信。另一方面，一些重要人类化石并非经规范的考古发掘出土，地层和埋藏学的原始信息缺失，为日后的采样测年造成了困扰，使一些数据因“先天不足”而受到质疑。对化石年代较老的情况，只能采取各种手段，获得化石发现或出土的原始信息并用多学科协作的方式做交叉验证，尽可能得到有说服力的数据与结论。而对于AMS^{14}C测年范围许可的样品，最有效的手段是在化石上做微损取样直接测年，得到化石本身精确的年代数据，就如对萨拉乌苏人骨和田园洞人类化石所做的那样[30]。对出自柳江、资阳、泾川、水洞沟、涞水等地点的重要人类化石，这应该是唯一可行的途径。

致谢：感谢吉学平、葛俊逸、张晓凌、关莹、徐欣等对本文的撰写在资料方面提供的帮助，更感谢两位审稿人中肯、富有建设性的意见与建议。

参考文献

[1] 钱方. 中国最早的古人类——元谋人发现记. 大自然，2000，4：7-9.

[2] 裴文中. 云南元谋更新世初期的哺乳动物化石. 古脊椎动物与古人类，1961，（1）：16-31；胡承志. 云南元谋发现的猿人牙齿化石. 地质学报，1973，47（1）：65-71.

[3] 李普，钱方，马醒华，等. 用古地磁方法对元谋人化石年代的初步研究. 中国科学，1976（6）：579-591.

[4] 浦庆余，钱方. 对元谋人化石地层——元谋组的研究. 地质学报，1977（1）：89-100.

[5] 程国良，李素玲，林金录. “元谋人”的年代和松山早期事件的商榷. 地质科学，1977，1（1）：34-43.

[6] 林一朴，潘悦容，陆庆五. 云南元谋早更新世哺乳动物群. 古人类论文集. 北京：科学出版社，1978：101-120.

[7] 钱方. 关于元谋人的地质时代问题——与刘东生等同志商榷. 人类学学报，1985，4（4）：324-332；钱方. 元谋人的时代. 地质力学学报，2005，11（4）：302-310.

[8] 梁其中，江能人，孙荣. 元谋盆地晚新生代地层的磁性地层学研究. 云南地质，1988，7（3）：245-256.

[9] 吴佩珠，钱方. 用氨基酸测年法对“元谋人”年代的初步研究. 人类学学报，1991，10

（3）：194-199.

[10] 黄培华，Giün R. 元谋猿人遗址牙化石埋藏年代的初步研究. 人类学学报，1998，17（3）：165-170.

[11] 尤玉柱，祁国琴. 云南元谋更新世哺乳动物化石新材料. 古脊椎动物与古人类，1973，11（1）：66-80.

[12] 刘东生，丁梦林. 关于元谋人化石地质时代的讨论. 人类学学报，1983，2（1）：40-48.

[13] Hyodo M, Nakaya H, Urabe A, et al. Paleomagnetic Dates of Hominid Remains from Yuanmou, China, and Other Asian Sites. Journal of Human Evolution, 2002, 43(1): 27-41.

[14] Zhu R X, An Z S, Potts R, et al. Magnetostratigraphic Dating of Early Humans in China. Earth-Science Reviews, 2003, 61(3-4): 341-359.

[15] Zhu R X, Potts R, Pan Y X, et al. Early Evidence of the Genus *Homo* in East Asia. Journal of Human Evolution, 2008, 55(6): 1075-1085.

[16] Zhu R X, Potts R, Pan Y X, et al. Paleomagnetism of the Yuanmou Basin Near the Southeastern Margin of the Tibetan Plateau and Its Constraints on Late Neogene Sedimentation and Tectonic Rotation. Earth Planetary Science Letter, 2008, 272(1-2): 97-104.

[17] Licent E, Teilhard de Chardin P, Black D. On a Presumably Pleistocene Human Tooth from the Sjara-osso-gol (South 2 Eastern Ordos) Deposits. Bulletin of the Geological Society of China, 1927, 5 (3-4) : 285-290.

[18] 尚红，卫奇，吴小红. 关于萨拉乌苏遗址地层及人类化石年代的问题. 人类学学报，2006，25（1）：82-86.

[19] Keates S G, Hodgins G W L, Kuzmin Y V, et al. First Direct Dating of a Presumed Pleistocene Hominid from China: AMS Radiocarbon Age of a Femur from the Ordos Plateau. Journal of Human Evolution, 2007, 53(1): 1-5.

[20] 裴文中，吴汝康. 资阳人. 北京：科学出版社，1957.

[21] 吴汝康，吴新智. 中国古人类遗址. 上海：上海科技教育出版社，1999.

[22] 李宣民，张森水. 资阳人B地点发现的旧石器. 人类学学报，1984，3（3）：215-224.

[23] 安志敏. 关于我国若干原始文化年代的讨论. 考古，1972（1）：57-59，42.

[24] Shen G J, Wang W, Wang Q, et al. U-Series Dating of Liujiang Hominid Site in Guangxi, Southern China. Journal of Human Evolution, 2002, 43(6): 817-829.

[25] 吴新智. 中国远古人类的进化. 人类学学报，1990，9（4）：312-321.

[26] Shen G J, Tu H, Xiao D F, et al. Age of Maba Hominin Site in Southern China: Evidence from U-series Dating of Southern Branch Cave. Quaternary Geochronology, 2014, 23: 56-62; 高斌，沈冠军，邱立诚. 马坝人地点南支洞铀系定年初步结果. 暨南大学学报（自然科学版），2007，28（3）：308-311.

[27] Huang W P, Ciochon R, Gu Y M, et al. Early *Homo* and Associated Artefacts from Asia. Nature, 1995, 378(6554): 275-278; 吴新智. 巫山龙骨坡似人下颌属于猿类. 人类学学报，2000，19（1）：1-10.

[28] Han F, Bahain J J, Deng C L, et al. The Earliest Evidence of Hominid Settlement in China: Combined Electron Spin Resonance and Uranium Series (ESR/U-series) Dating of Mammalian Fossil Teeth from Longgupo Cave. Quaternary International, 2015, http://dx.doi.org/10.1016/j.quaint.2015.02.025.

[29] 文本亨. 云南元谋盆地发现的旧石器//中国科学院古脊椎动物与古人类研究所. 古人类论文集. 北京：科学出版社，1978：126-133.

[30] Shang H, Tong H W, Zhang S Q, et al. An Early Modern Human from Tianyuan Cave, Zhoukoudian, China. PNAS, 2007, 104(16): 6573-6578.

（原载于《人类学学报》2015年第34卷4期）

水洞沟的新年代测定及相关问题讨论

一、引　　言

水洞沟遗址于1923年被发现并进行首次发掘[1]，1963年和1980年又经过两次系统发掘[2]，出土了丰富的旧石器时代文化遗存。它是在中国最早发现的旧石器时代遗址之一，自发现伊始其独特的文化内涵便引起中外学者的广泛关注。法国学者在一开始便因其出土石叶和端刮器等类型而将其纳入西欧的旧石器时代文化体系之中，并将其发展阶段定位在发达的莫斯特文化和发展中的奥瑞纳文化之间[3]。中国学者最初将其界定为旧石器时代中期，以后更改为旧石器时代晚期，并定性为中国北方旧石器时代晚期3个文化类型之一[4]。

长期以来对水洞沟遗址及其文化的研究与讨论集中在如下几个方面。

出土文化遗物的层位　20世纪20年代初时的考古发掘对层位和遗物间的关系不是十分重视，将所有的出土物视为出自一个地层单元。1963年的发掘将该遗址的地层划分为8层，文化遗物出自灰黄色粉砂土层，即第2层（从下向上编号），并将其称为“水洞沟第一文化层”。1980年的发掘则划分了16个层位，其中第4～16层（从下向上编号）属全新统，1～3层为晚更新统；2～3层为灰黄色黄土状粉砂层，被称为“水洞沟文化层”或“下文化层”，出土打制石器、细石器和两件磨石；而4～16层被定为“上文化层”，出土打制石器、磨制石器和陶片等。以后周昆叔等又将水洞沟的地层划分为13层，其中8层属于全新世，另外5层属于晚更新世，并注明晚更新世的最上层（第5层）“为黄土状粉砂土，产旧石器”[5]。由此可见，对水洞沟地层的划分尚未形成统一的共识和方案。

文化时代　此前用水洞沟遗址的样品（全部出自第1地点）共测出6个绝对年代数据（表一），变异范围很大。标本PV 0316和PV 0330采自上部地层，以此测定的结果显然不能代表真正水洞沟文化的年代。其余4个样本采自相同或相近的层位，但结果很不相同。两个铀系年代明显偏老，研究人员对用此方法测定的骨化石年龄因存在后天骨组织对铀的吸入或流失的不确定性而多持谨慎态度[6]；余下的两个^{14}C年龄常被引述为水洞沟文化的年代，但二者之间有很大的变异范围。这样，对水洞沟遗址及其文化时代，尤其是石叶工业在中国出现的时间一直没有测得令人满意的结果。

表一 水洞沟第1地点绝对年代数据

样品编号	材料	层位	年龄（BP）	测年方法	数据出处
BKY 82042	马牙	下文化层	38000 ± 200	铀系	[7]
BKY 82043	马牙	下文化层	34000 ± 200	铀系	[7]
PV 0317	钙结核	粉砂层	26190 ± 800	^{14}C	[8]
PV 0331	鹿骨	8层（上）	17250 ± 210	^{14}C	[8]
PV 0316	螺壳	文化层上部	8770 ± 150	^{14}C	[8]
PV 0330	骨化石	4层	6070 ± 70	^{14}C	[8]

文化属性 水洞沟文化中独特的技术和类型成分早已被学术界普遍认识，但对其在中国旧石器文化体系中的定位却有细微的差异：它时而被划分到长石片-细石器工业之中，时而被看作是与细石器工业平行的一个单独的文化体系。

文化渊源 一种观点认为水洞沟文化是由中国北方早期旧石器文化逐步发展演变而来的，在丁村和板井子等遗存中可以看到水洞沟石叶的雏形[9]；另一种观点则认为水洞沟并非从中国旧石器时代中期某文化衍生而来，而是一个因文化交流而产生的新的文化体系，其根源在西、北[10]。

由此可见，水洞沟遗址仍留有许多悬而未决的课题，新的发掘与研究仍大有可为。

1999年和2000年夏，中美两国的考古学家和地质学家对水洞沟遗址进行了新的勘查，在2号地点发现了火塘等文化堆积和遗迹，对出露的地层剖面和遗迹进行了局部清理，采集到一批石制品、骨器、动物碎骨和木炭，并对木炭等标本做了^{14}C年龄测定，其结果已在《古物》（*Antiquity*）上发表[11]。本文对两次的野外工作成果和测年结果做进一步的分析报道，并对上述有关水洞沟遗址的若干问题展开讨论。

二、水洞沟第2地点的位置与地层

据德日进等的描述[12]，水洞沟遗址共有5个地点。以前的工作集中在第1地点。第2地点位于第1地点的东南侧，二者只有一渠之隔，相距很近（图一）。

图二将1号和2号地点的地层堆积进行了对比。从剖面对比图可以看到第2地点和第1地点的堆积十分相似，都是在第三纪红色黏土之上沉积具有细层理的砂层，砂层之上

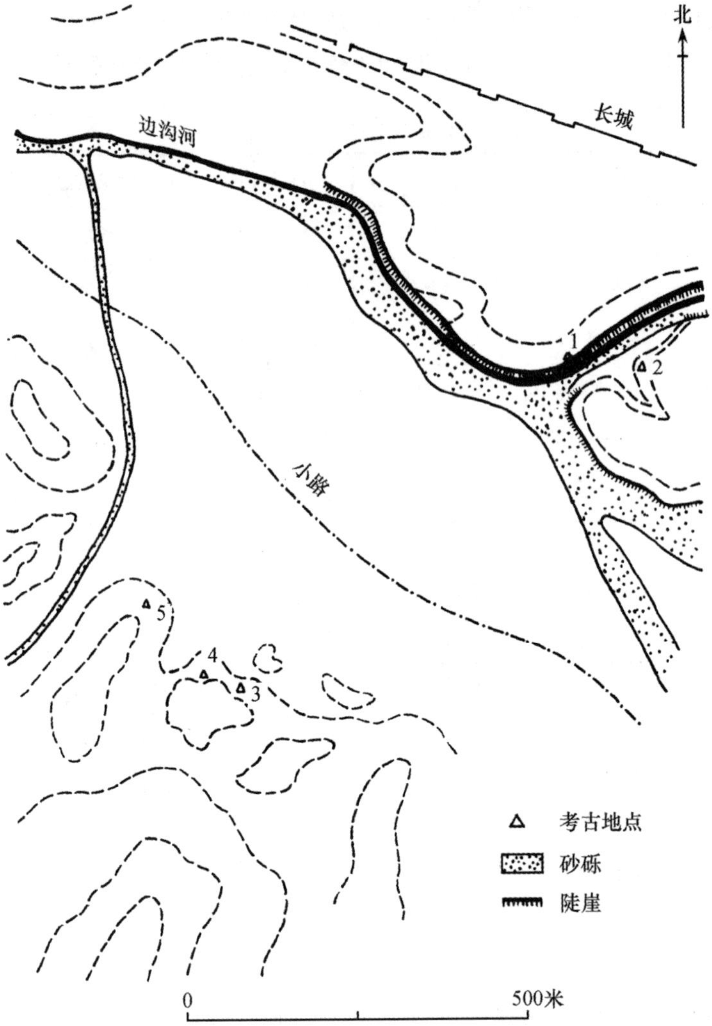

图一　水洞沟地点分布

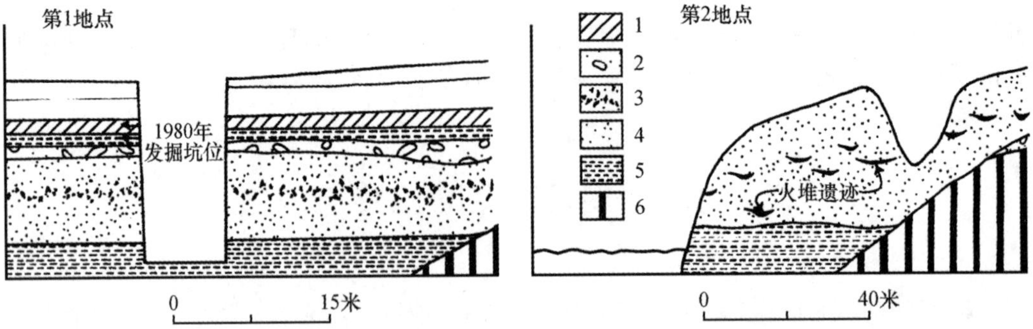

图二　水洞沟第1、2地点地层

1. 含腐植质的砂土　2. 砂砾　3. 钙质结核　4. 黄土状粉砂土　5. 层理发育的砂层　6. 第三纪红色黏土

为砂砾层和黄土状粉砂土，为真正的水洞沟文化遗物出土层位。此层在第2地点的厚度大约是第1地点的两倍。此层之上在第1地点尚有多层的砂砾层、砂层和黏土堆积，但在第2地点缺失，可能已被剥蚀。从二者的堆积比较看，“水洞沟文化层”在两个地点原本是相通和连续的，其时代和文化是相同和一体的。

三、水洞沟第2地点的文化遗迹、遗物

此次调查在第2地点100m × 100m范围内于水洞沟文化层中发现7处火塘遗迹和5处与火塘相关的遗迹。由于田野工作只限于地表勘查，故在遗址内类似遗迹的确切数量尚不得而知。这7处可以确定的火塘都较小，直径在30 ~ 80cm之间。火堆直接坐落在地面上，未有任何挖坑处理的迹象。火塘的底部为发红的烧土，其上为木炭和灰烬，间或有烧裂的河卵石分布其间。在其他5处遗迹中都存在木炭、灰烬、动物化石和石制品等，但没有明显的边界，分布较散乱，应该是被破坏了的火塘或是火塘中的灰炭等的再次堆积。从暴露的剖面观察，这些火塘等遗迹分布在具有一定间隔的“层面”上，每层“层面”下有小的钙质结核出露，可能代表若干次沉积间断。由于未做发掘，这些遗迹的叠压关系不是很清楚。但有一点是肯定的，即人类在此活动非止一次，非止一时。

从上述遗迹中采集到石制品、骨器、动物化石和木炭等文化遗物。这些遗物被记录和编号，并在宁夏考古研究所进行了初步分析。动物化石中可以鉴定的只有一枚恰克图转角羚羊（*Spiroceros kiakhtensis*）的前臼齿和一段可能属于普氏羚羊（*Gazella przewalskyi*）的趾骨。其他化石多为大、中型哺乳动物的肢骨碎片。在火塘周围的黏土中发现一些鸵鸟蛋的碎片，但它们是否为人类活动的遗留物尚不能肯定。

石制品的来源有两种情况：地表采集，包括普通石核、细石核、细石叶、砸击品、石片、断块、碎屑和少量刮削器（5件）；另一部分清理自水洞沟文化层，有的位于火塘之中，与木炭、灰烬等伴生，有的来自火塘之外。包括石核4件、石片3件、砸击石核-石片14件、断块2件、碎屑4件、刮削器2件（图三：1 ~ 3）。这些石制品多以燧石等硅质岩为原料，其余为石英岩制品。

有1枚骨器出自第4号火塘（图三：4）。该骨器取材于一段大型哺乳动物长骨的中部，一段被两面加工成可供切割和刮削的刃口。在刃缘的两面可见磨蚀的光面，显然是使用所致。整个器体被火烘烧过。从器身的断裂特征分析，该器物在被使用后曾被进一步加工修理，但在修理过程中发生劈裂因而被废弃。

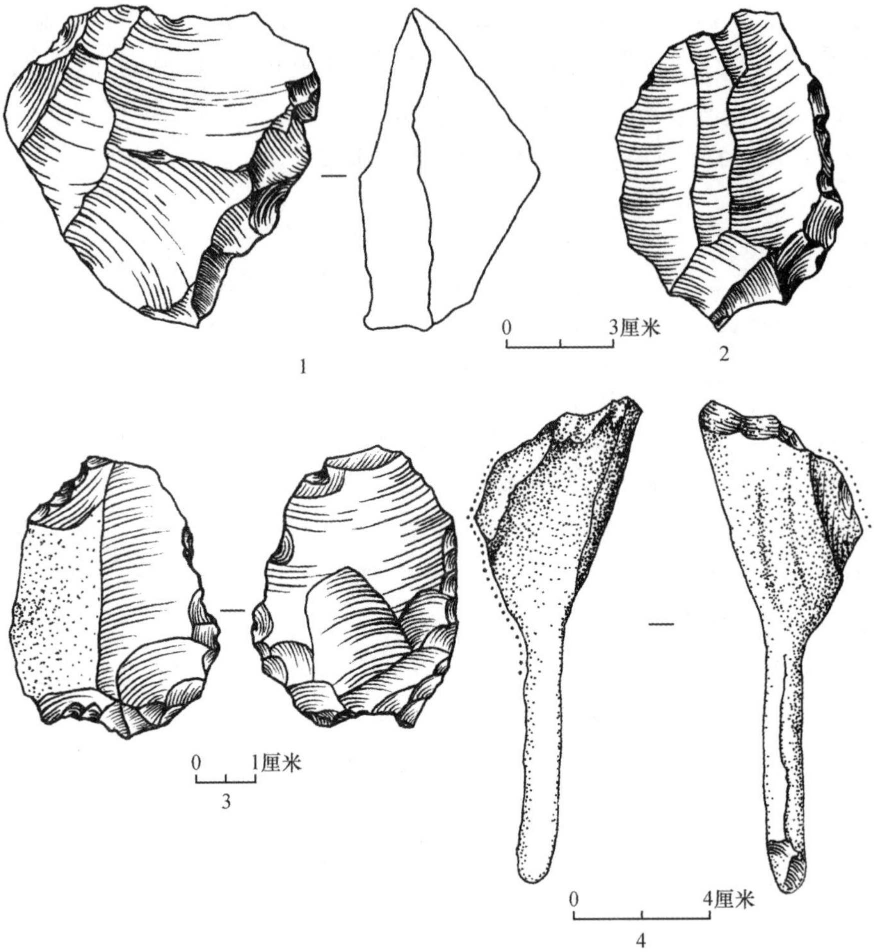

图三　石制品和骨器

1. 石核　2、3. 刮削器　4. 骨器

四、年代测定

此次野外工作在火塘堆积中采集了若干测年样品，主要是木炭。其中8个样品被送交美国贝塔分析实验室（Beta Analytic）进行年代测定。测年方法为加速器质谱（AMS）^{14}C测年，所得结果如表二所示。

表二　水洞沟2号地点加速器质谱^{14}C测年

样品来源	材料属性	测年结果（BP）	年代范围@2σ	样品实验室编号
火塘1	木炭	26350 ± 190	26730 ~ 25970	Beta-132982
火塘2	木炭	25670 ± 140	25950 ~ 25390	Beta-132983
火塘2	鸵鸟蛋壳	26930 ± 120	27170 ~ 26690	Beta-132984

续表

样品来源	材料属性	测年结果（BP）	年代范围@2σ	样品实验室编号
火塘3	木炭	26830 ± 200	27230 ~ 26430	Beta-134824
火塘4	木炭	25650 ± 160	25970 ~ 25330	Beta-134825
火塘5	木炭	26310 ± 170	26650 ~ 25970	Beta-146355
火塘7	木炭	29520 ± 230	29980 ~ 29060	Beta-146357
火塘10A	木炭	23790 ± 180	24150 ~ 23430	Beta-146358

五、讨　论

1. 水洞沟遗址的年代

本次对水洞沟2号地点的年代测定取得了令人满意的结果。在野外工作中采集到理想的测年样本——木炭，利用先进的实验室对8个样品进行了测定，得到的结果十分相近，变异范围在29500 ~ 23800a BP之间，尤其集中在27000 ~ 25000a BP区间内。这与水洞沟1号地点用出自确定的文化层中的钙结核所测定的^{14}C年代26190 ± 800a BP相吻合，为水洞沟遗址的“水洞沟文化层”提供了可靠的年代数据，并进而为石叶工业在中国北方的存在建立了可信的时间框架。

2. 水洞沟遗址新材料的文化意义

此次调查对水洞沟遗址的性质和文化内涵取得了新的认识。12处火塘遗迹和与火塘相关的遗物的发现表明水洞沟遗址蕴藏着丰富的旧石器时代文化信息。古人类选择此地作为生产、生活的场所，制造石器、骨器等工具，加工食物等生活资源，升起熊熊的篝火熟食、御寒和驱赶猛兽，而其遗留物则被原地埋藏起来，成为今天的考古研究素材。这些遗迹与堆积并非发生在一个时期，表明古人类对该遗址的利用或连续或间断地持续了一定时期，因而对该遗址的进一步发掘和研究定能揭示更多的有关古人类文化与技术的特点和演变、生存环境、生计方式和适应行为的信息。

水洞沟的长石片或石叶工业具有强烈的西方旧石器时代晚期初段（Initial Upper Paleolithic）的技术特点，在中国北方独具特色。由于以前对其时代测定未能取得理想的结果，对其渊源和在旧石器时代文化体系中的定位不是很清楚。此次研究将这一文化传统在中国北方出现的时间确定在距今29000 ~ 24000年之间，为上述问题的讨论奠定了良好的基础。从目前的资料看，类似的石器工业在蒙古戈壁和西伯利亚南部出现得更早，时间跨度分别为33000 ~ 27000a BP和43000 ~ 39000a BP；而卡拉波等西伯利亚最早的石叶工业遗址的时代与西欧最早的旧石器时代晚期的早一阶段十分接近[13]。因而石叶工业由西到东、由北向南的传播脉络是十分清楚的；水洞沟遗址代表着欧亚大陆这一文化链条上目前发现的时代最晚的一环，是晚更新世人类迁徙与文化交流的有力证据。

中国细石器文化传统的渊源是另一个令人感兴趣的问题，中国的学者多认为其起源于华北[14]，但对其确切的根源却不很清楚。从目前的材料和测年结果来看，中国的细石器工业出现的时间晚于水洞沟文化的年代。水洞沟地点的新发现可能为细石器传统的起源提供了线索。细石器工业在技术和材料方面有一些独特的要求，包括对石核（尤其是台面）进行预制修整，并选用燧石等优质硅质岩为原料。在水洞沟工业之前的中国旧石器文化体系中，预制石核从来没有成为一个规范和常用的石器制作环节，燧石等优质材料也很少使用。而在水洞沟工业中这两个条件都得到了满足。另外一个有意义的现象是砸击技术在水洞沟石器工业中所扮演的角色。砸击技术一般在两种情况下被应用：开发不规则破裂、不易锤击剥片的石英类原料和劈裂河卵石等形态滚圆、个体小的材料以为进一步的剥片和加工创造条件[15]。在细石器工业中砸击技术也常在后一种情况下被运用，作为预制石核的一种起始程序。该技术在中国北方旧石器文化体系中占有重要的地位，但多在第一种情况下被使用。在水洞沟遗址砸击技术则被应用到燧石材料。在采自2号地点文化层的石制品中有相当数量的砸击制品，全部以燧石为原料；一些砸击石片十分细小修长，已基本具备了细石叶的形态特征，而在地表采集的石制品中已经含有典型的细石核和细石叶（图四）。虽然这些细石器的确

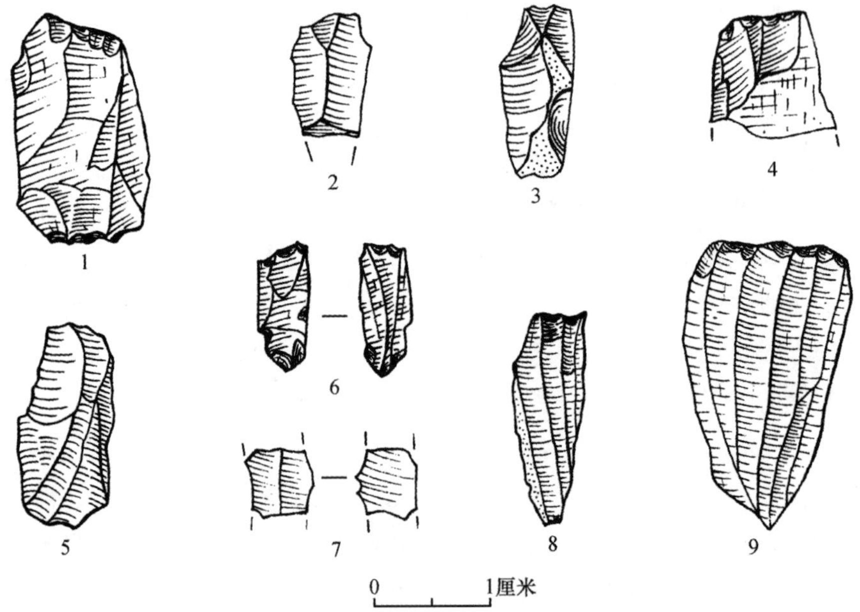

图四　砸击石片与细石器

1～6. 采自文化层的砸击石片　7～9. 采自地表的细石核、细石叶

切层位尚不清楚，但他们有可能与典型的水洞沟文化有渊源关系。现有的材料似乎允许做这样的推测：从西方、北方传入的以预制石核为主要特征的石叶技术在水洞沟与中国北方已有的砸击技术发生了融合，而这种融合发生在质地优良的燧石材料上，便孕育和产生了细石器文化，并由此扩散到整个华北和周边地区。如果这样的推理成立，那么水洞沟遗址埋藏着破译东亚地区细石器传统起源的密码，等待着我们去发掘和研究。

参考文献

[1] Licent E, Teilhard de Chardin P. Le Paléolithique de la Chine. L' Anthropologie, 1925, 35(4): 201-234.

[2] 贾兰坡，盖培，李炎贤. 水洞沟旧石器时代遗址的新材料. 古脊椎动物与古人类，1964，8（1）：75-83；宁夏博物馆，宁夏地质局区域地质调查队. 1980年水洞沟遗址发掘报告. 考古学报，1987（4）：439-449.

[3] Boule M, Breuil H, Licent E, et al. Le Paléolithique de la Chine. Archives de l'Institut de Paléontologie Humaine, mémoire 4. Paris: Masson, 1928: 1-138.

[4] 李炎贤. 中国旧石器时代晚期文化的划分. 人类学学报，1993（3）：214-223.

[5] 周昆叔，胡继兰. 水洞沟遗址的环境与地层. 人类学学报，1988（3）：263-269.

[6] Bischoff J L, Rosenbauer R J, Tavoso A, et al. A Test of Uranium-series Dating of Fossil Tooth Enamel: Result form Tournal Cave, France. Applied Geochemistry, 1988, 3(2): 145-151.

[7] 陈铁梅，原思训，高世君. 铀子系法测定骨化石年龄的可靠性研究及华北地区主要旧石器地点的铀子系年代序列. 人类学学报，1984（3）：259-269.

[8] 黎兴国，刘光联，许国英，等. ^{14}C年代测定报告（PV）Ⅰ//中国第四纪研究委员会碳十四年代学组. 第四纪冰川与第四纪地质论文集（第四集）. 北京：地质出版社，1987：16-38.

[9] 李炎贤. 中国旧石器时代晚期文化的划分. 人类学学报，1993（3）：214-223.

[10] 张森水. 中国旧石器文化. 天津：天津科学技术出版社，1987.

[11] Madsen D B, Li J Z, Brantingham P J, et al. Dating Shuidonggou and the Upper Palaeolithic Blade Industry in North China. Antiquity, 2001, 75(290): 706-716.

[12] Licent E, Teilhard de Chardin P. Le Paléolithique de la Chine. L' Anthropologie, 1925, 35(4): 201-234.

[13] Brantingham P J. Astride the Movius Line: Late Pleistocene Lithic Technological Variability in Northeast Asia. Ph. D Dissertation, University of Arizona, 1999; Derevianko A P, Shimkin D B, Powers W R. The Paleolithic of Siberia: New Discoveries and Interpretations. Chicago: University of Illinois Press, 1998.

［14］ 贾兰坡. 中国细石器的特征和它的传统、起源与分布. 古脊椎动物与古人类，1978，16（2）：137-143.

［15］ 高星. 周口店第15地点的剥片技术研究. 人类学学报，2000，19（3）：199-215.

（原载于《人类学学报》2020年第21卷3期，与李进增、D. B. Madsen、P. J. Brantingham、R. G. Elston、R. L. Bettinger合著）

水洞沟遗址沉积-地貌演化与古人类生存环境

水洞沟是中国发现最早的旧石器时代晚期遗址之一，不仅出土大量石制品，还发现古人类用过的火塘等遗迹和装饰品等遗物，以及丰富的动物化石[1]（图一）。由于该遗址在旧石器文化和古人类生存环境方面具有丰富的内涵，自20世纪20年代发现以来，中外学者对其发掘和研究陆续不断。尤其是近年来中国科学院古脊椎动物与古人类研究所和宁夏文物考古研究所在该遗址开展了一系列多学科系统发掘和研究，发现了一些新的遗迹、遗物和文化层位[2]，进一步确定水洞沟遗址是研究和诠释晚更新世人类在东北亚迁徙、扩散和文化交流的枢纽，将水洞沟文化的研究带入一个新的高潮[3]。该遗址的地层剖面貌似简单，却由复杂地质过程和环境变迁所形成的多种类型沉积物所构成。长期以来，该遗址及邻近地区沉积、地貌和环境方面的研究相对薄弱，影响了对古人类迁徙、演化等方面的研究和对古人类生存行为的理解和诠释。为此，本文在前人工作的基础上，结合近年来的野外调查、发掘所获得的资料，对遗址区域新生代沉积类型、地层划分及古人类生存环境等问题进行探讨，希望能对相关的古人类学研究有所推进。

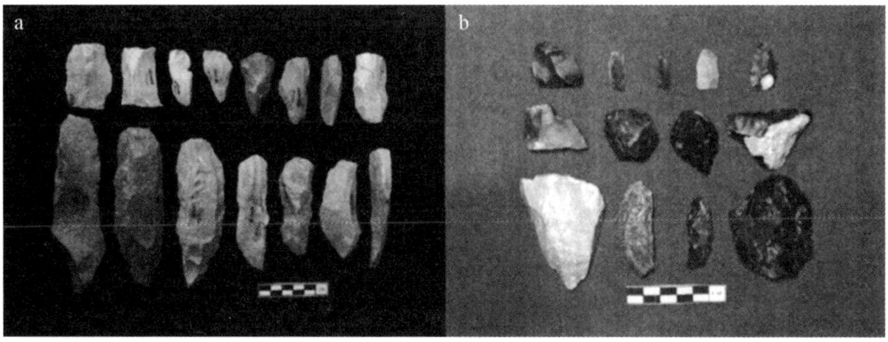

图一　出土于水洞沟第1地点（a）和第2地点（b）的旧石器时代石制品

一、水洞沟遗址沉积-地貌演化

1. 第四纪沉积与地貌特征

水洞沟遗址位于宁夏灵武市区东北约30km，地处鄂尔多斯地块的西缘，西距黄河约10km。黄河的一条名为边沟（局部称作水洞沟）的细小支流经此从东南向北注入黄河，遗址分布于小河两岸。灵武市区东北有一座南北走向的低山，名为东山，海拔1400～1500m，向北至水洞沟以西，高程降低为1305m，称为黑山，东距水洞沟遗址约3km。灵武东山东坡发育南北走向的黑山-风咀子坡冲断层[4]，山体西侧沿断层向西掀揭，东侧下降。断层活动错断了上新世古黄河形成的剥蚀-侵蚀平原而形成灵武东山，两侧山坡保留古黄河砾石层，成为本区最高的第Ⅴ级黄河阶地（T_5）。西侧表现为多条向黄河倾斜的山梁，上覆3～5m砾石层，砾石成分复杂，与下伏渐新统地层不整合，高程从山顶1400m向西降低为1250m，高出黄河300～150m。从T_5向西，依次发育Ⅳ～Ⅰ级黄河阶地（T_4～T_1）。T_4高出黄河100～60m，基座为渐新统清水营组。上覆厚约5m的阶地砾石层，其中含磨圆很好的玛瑙砾石，一般认为属上新世河流砾石的特征。T_3～T_1为堆积阶地，高出黄河分别为30m、20m和10～15m，T_3和T_2由含砂质透镜体的砂砾层组成，T_1阶地沉积下部为砂砾层，上部为厚10m的灰黄色亚砂土。

灵武东山东侧同样发育5级阶地，不同的是它们的阶地面平坦，阶地组成物质与西侧阶地基本相同，T_5～T_3分别高出黄河130～150m、130m和110m。它们主要分布于水洞沟遗址以南和以西山麓地带（图二）。水洞沟两岸发育T_1和T_2两级阶地，它们与黄河T_1和T_2阶地受同样的构造因素控制而形成，只不过发育于黄河的细小支流水洞沟两侧，阶地沉积为水洞沟河流的沉积物。

鄂尔多斯北部的毛乌素沙地西延至水洞沟一带已有收敛之势，明长城沿沙地南缘修建。发源于清水营一条称为边沟的小河在长城以南沿长城流向西北，过长城后称为水洞沟注入黄河（见图二）。

水洞沟遗址第1地点发现于边沟右岸冲刷的陡崖上，剖面总厚只有15m左右，但却包括了渐新统至全新统等不同时代的地层，自上而下可分为10层（图三：a），描述如下。

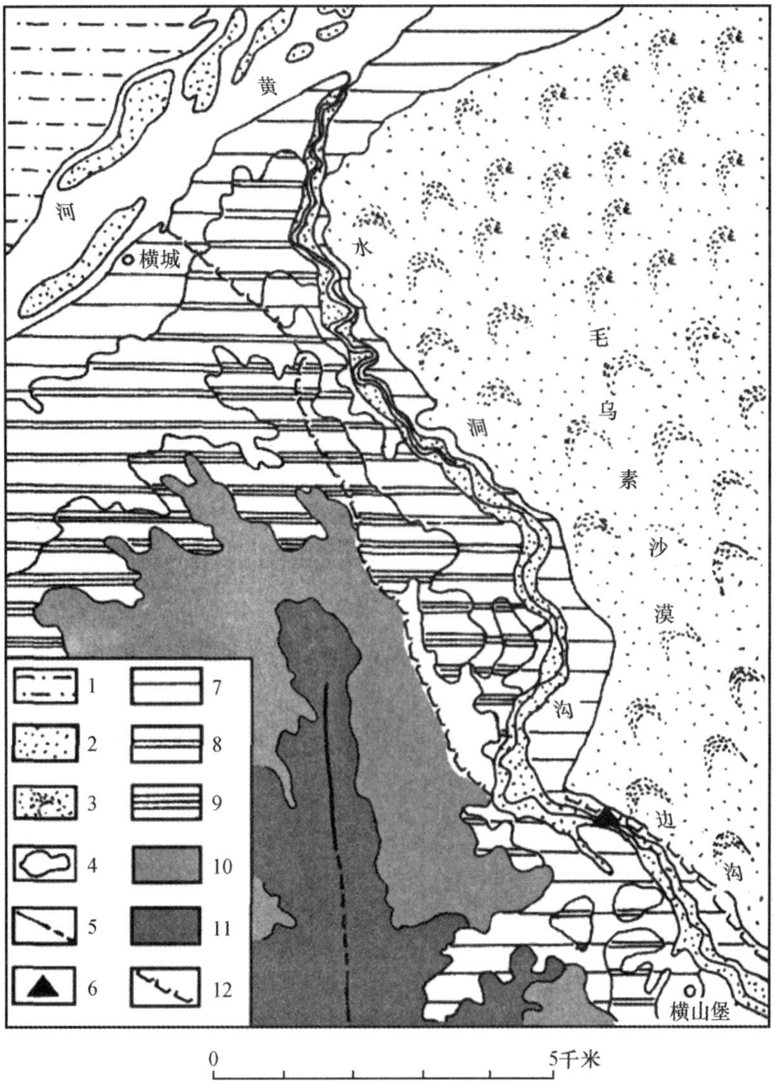

图二　宁夏水洞沟遗址地貌略图

1. 冲积平原　2. 沙洲及河漫滩　3. 沙漠　4. 阶地地貌单元界限　5. 断裂　6. 旧石器遗址　7. 一级阶地　8. 二级阶地　9. 三级阶地　10. 四级阶地　11. 五级阶地　12. 长城

全新统

⑩灰黄色粉砂、淤泥质亚黏土。具水平层理，疏松，厚2～3m。

～侵蚀面Ⅳ～

⑨灰绿、灰白色粉砂、亚砂土层。具水平层理，疏松，含螺壳化石，厚约1.5m。

⑧灰色亚砂土、亚黏土层。含灰黑色炭质条带，具平行层理，含植物残体及螺壳化石，疏松。黑色条带从边缘向中心倾斜，显示原来湖泊洼地地

形。本层最大厚度1～2m。

⑦淡黄色粉砂及底砾层。粉砂分选好，具水平层理，疏松。底部为薄层砾石层或砾石透镜体。本层厚约2m，于底部发现磨光石斧和磨盘，称为上文化层。

～侵蚀面Ⅲ～

⑥黄土状粉细砂。灰黄色，疏松，具水平层理，垂直节理发育。宏观上类似黄土，粒度却比黄土粗得多。其中发现旧石器时代石制品及披毛犀、普氏野马等动物化石，称为“水洞沟文化层”或“下文化层”。本层最厚可达7～8m，顶部为T_1阶地面。

⑤灰绿色黏土、亚黏土。具水平层理，含铁质锈斑和骨化石碎片，厚约1m。

④砾石层。充填有土红色砂质黏土，只在局部出露，可见厚度小于1m。

～侵蚀面Ⅱ～

③灰黄色亚砂土及砾石层。亚砂土具水平层理，垂直节理发育，较致密、坚硬，含砾石透镜体。本层厚8～9m，顶面为T_2阶地面。

②砾石层。主要成分为红色石英砂岩、灰岩等，分选磨圆较差，厚约1m。

～侵蚀面Ⅰ～

①棕红色黏土。具水平层理，干后坚硬并裂成碎块。该层在遗址地区组成T_2阶地的基座，顶部为起伏较大的侵蚀面，出露厚度约5～7m。

水洞沟遗址第2地点位于第1地点对岸，两者相距约200m，剖面出露⑤和⑥层，厚约15m。剖面向东，底部出露①和②层[5]（图三：b）。

对上述剖面的结构、沉积相及其时代的认识，有一个不断变化、逐步深入的过程。首先，对①层棕红色黏土，德日进早期的报告中将其划归蓬蒂期[6]，相当于保德红土。1956年杨钟健等人[7]发表了在清水营一带发现于该地层中保留完好的脊椎动物化石材料，将其划归渐新统，称其为清水营层，现称清水营组；其次，对剖面结构的认识有较大改变。最早德日进所绘的剖面把②、③层和④～⑥层视为同一阶地的沉积物，时代相同。1991年孙建中等人[8]在对水洞沟遗址的研究中首先识别出②、③层和④～⑥之间有一个侵蚀面，属2个不同阶地的沉积。我们的野外调查结果与孙建中等人[9]的一致，认为②和③层属T_2阶地沉积物，并且在长城以北水洞沟河岸也找到存在T_2阶地的明确证据。④、⑤、⑥层属T_1阶地沉积物，⑦层及其以上的地层被大多数研究者笼统地划归全新世，孙建中等人[10]的研究发现⑨和⑩之间存在侵蚀面，这一观察深化了对遗址剖面的认识。

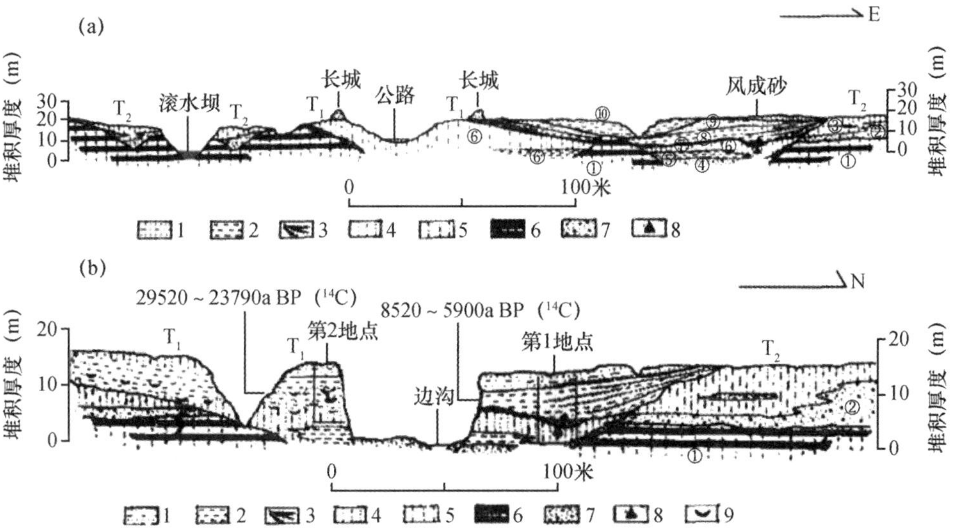

图三

（a）水洞沟遗址第1地点第四纪地质-地貌剖面图　（b）水洞沟遗址第1地点至第2地点第四纪地质剖面图

1. 亚砂土　2. 亚黏土　3. 炭质条带　4. 粉砂　5. 黄土状土　6. 红黏土　7. 砂砾　8. 旧石器遗址　9. 火塘

最后还应提到早期研究者把③层以上地层统称为“黄土”，实际上它们的沉积相很复杂，②、③层为河流在山麓堆积的冲洪积相砂砾石层和夹砾石透镜体的亚砂土，④层为河床相砾石层，⑤层为小型湖泊沉积物，⑥层为河漫滩相的亚砂土，具黄土状土的特征，⑦ ~ ⑩层为阶地被侵蚀后形成的洼地内发育的浅湖静水沉积。由于其侵蚀面并未切穿T_1阶地沉积物，所以并非溯源侵蚀所造成。它与T_1以及⑨和⑩层之间的侵蚀面均为气候原因所造成。

2. 遗址地层的年代

为确定水洞沟遗址文化的年代，自1984年以来，许多年代学家应用各种方法、手段对遗址剖面开展过测年工作[11]。表一列出了迄今为止水洞沟遗址测年结果的数据。

在表一测年数据中，对第1地点的年代测定，黎兴国等人[12]测试样品由周昆叔、刘景芝等提供，宁夏博物馆1980年发掘报告发表的2个数据，均明确指出来自旧石器层位[13]，可能与黎兴国等人发表的PV-331和PV-317为同一组数据，只是经过年龄校正。PV-331和PV-317两者差值大，一般认为这个用鹿骨测得的^{14}C年代16760 ± 210a BP误差较大，也可能有后期有机碳的污染，年代值偏晚，故研究者多采用后一个年代值，即25450 ± 800a BP。上文化层的测年数据则普遍认为可信度较高。陈铁梅等人[14]发表的下文化层铀系测年在38000 ~ 34000a BP之间，与黎兴国等的数据偏差较多，需要更多的数据比较后方可确认其可信度。孙建中等人[15]发表的数据中，上文化层在

表一　水洞沟遗址地层测年数据

样品号	材料	地点与层位	年龄数据（a BP）	测年方法	数据来源
PV-330	骨化石	Loc. 1④层（上文化层）	5900 ± 70	^{14}C	黎兴国等人[12]
PV-316	螺壳	Loc. 1上文化层	8520 ± 150	^{14}C	黎兴国等人[12]
PV-331	鹿骨化石	Loc. 1⑧上部（原文）	16760 ± 210	^{14}C	黎兴国等人[12]
PV-317	钙质结核	Loc. 1⑥层（下文化层）	25450 ± 800	^{14}C	黎兴国等人[12]
82042	马牙	Loc. 1⑥层（下文化层）	38000 ± 2000	铀系	陈铁梅等人[19]
82043	马牙	Loc. 1⑥层（下文化层）	34000 ± 2000	铀系	陈铁梅等人[19]
S25	淤泥	Loc. 1⑧（上文化层）	5940 ± 100	^{14}C	孙建中等人[15]
S31	灰烬层	Loc. 1⑧（上文化层）	7436 ± 101	^{14}C	孙建中等人[15]
S37	螺壳硅藻层	Loc. 1⑧（上文化层）	8190 ± 120	^{14}C	孙建中等人[15]
	动物化石	Loc. 1下文化层	17250 ± 210	^{14}C	宁夏博物馆[13]
	钙质结核	Loc. 1下文化层	26230 ± 800	^{14}C	宁夏博物馆[13]
火塘1	木炭	Loc. 2第2文化层	26350 ± 190	^{14}C	高星等人[17]☆
火塘2	木炭	Loc. 2第2文化层	25670 ± 140	^{14}C	高星等人[17]☆
火塘3	鸵鸟蛋壳	Loc. 2第2文化层	26930 ± 120	^{14}C	高星等人[17]☆
火塘4	木炭	Loc. 2第2文化层	26830 ± 200	^{14}C	高星等人[17]☆
火塘5	木炭	Loc. 2第2文化层	25650 ± 160	^{14}C	高星等人[17]☆
火塘6	木炭	Loc. 2第2文化层	26310 ± 170	^{14}C	高星等人[17]☆
火塘7	木炭	Loc. 2第2文化层	29520 ± 230	^{14}C	高星等人[17]☆
火塘10A	木炭	Loc. 2第2文化层	23790 ± 180	^{14}C	高星等人[17]☆
Beta207935	鸵鸟蛋壳	Loc. 2第2文化层	28420 ± 160	^{14}C	高星*☆
Beta207936	木炭	Loc. 2第2文化层	28330 ± 170	^{14}C	高星*☆

注：*未发表数据，☆应用AMS^{14}C测年，Loc. 1第1地点，Loc. 2第2地点。

5940 ~ 81900a BP之间，与黎兴国等人[16]的数据一致，可信度较高。高星等人[17]提供第2地点第2文化层的年龄数据，使用样品为火塘中的烧炭和鸵鸟蛋壳，适于^{14}C年龄测定，测年工作在美国贝塔分析实验室（Beta Analytic）和加利福尼亚大学（University of California）的实验室应用AMS^{14}C测年技术进行，数据比较稳定可靠，经与黎兴国等人[18]、陈铁梅等人[19]的数据比较，认为第1地点下文化层和第2地点第2文化层年代在29000 ~ 24000a BP之间是比较可信的。需要指出的是，第2地点发掘于近年，对地层划分和控制严格，辨识出多个文化层位，其中第2文化层遗物与遗迹最为丰富，可供测年的样品很多，成为测年的主要目标。而第1地点发掘时间早，对地层划分不如以后精细，对旧石器时代遗存只作为一个层位单元处理，实则包含了不同的层位。因而第2地点的第2文化层应对应于第1地点旧石器时代堆积的某个层位。

通过上述分析讨论可以认为旧石器时代古人类在水洞沟地区的主要活动时期大致在29000～24000a BP，相当于深海氧同位素阶段3（MIS 3）[20]，而第1地点上文化层所代表的新石器时代古人类活动大致发生在8520～5900a BP之间。

3. 水洞沟地区地貌发育史

第四纪时期，水洞沟地区由于地壳间歇性抬升和受黄河及其支流的影响，形成多级阶地。大致在上新世晚期，黑山-风咀子坡冲断层开始活动，灵武东山开始出现，并使东山西侧的阶地向黄河倾斜。至第四纪晚期，相当于MIS 5—MIS 4阶段，可能由于降水量和暴雨的增加，冲洪积平原广泛发育。大致在MIS 3阶段之前，本区地壳抬升导致河流下切，冲洪积平原成为T_2阶地。当MIS 3阶段到来时，气候湿润温和，降雨量增加，河道局部地区出现湖泊，形成⑤层灰绿色黏土。同时因构造稳定，较厚的河流相沉积发育，再次出现起伏较小的冲洪积平原地形。到冰后期距今8000～5000年之间，气候适宜，降水量增加，小河上游侵蚀加强，中下游却出现堆积，使上游形成小型积水洼地，发育⑦～⑩层全新世湖相沉积，而且⑨和⑩层之间还出现过一次气候变化导致的轻微侵蚀过程。大约在距今4000年左右，地壳再次抬升，较强烈的溯源侵蚀形成现今地貌景观。上述地貌发育历史表明该区晚第四纪虽然没有剧烈的构造运动，但由于特殊的地质环境，一些轻微的地壳升降和气候变化都能在沉积和地貌上留下清晰的印记。

二、水洞沟晚第四纪环境

1. 孢粉记录

周昆叔等人[21]、孙建中等人[22]、李秉成[23]对水洞沟遗址剖面进行过较深入的孢粉分析。周昆叔等人[24]所做的孢粉分析结果显示，木本花粉占孢粉总数的24.4%，草本占75.4%，孢子偶见。木本植物以松、云杉、白刺为主，还有栎、桦、槭、柳等。小灌木和草本植物以麻黄、藜、蒿为主，还有禾本科、豆科、虎耳草科、茜草科、唇形科、黑三棱属、香蒲属、莎草属和菊科等。孢粉记录显示草本植物占优势，白刺、麻黄、藜等为干旱区植物，代表了草原为主的环境。栎、香蒲、黑三棱属等植物代表较湿的气候。总体来看，当时当地生态环境大致为阔叶疏林草原。年代测定表明该地层形成于29ka ~ 24ka BP，正值MIS 3阶段。当时本区虽仍然为干旱草原地带，但降水有所增加，栎、槭、柳等阔叶树也能局部生长，甚至有挺水植物繁殖，总体环境条件较好。

全新世阶段的孢粉分析最为详细，不同研究者分析结果基本一致[25]，李秉成[26]将全新世孢粉图式划分为3个孢粉带，总体为干旱草原环境，但因降水增加而局部出现阔叶乔木和水生植物。

上述孢粉分析结果表明，水洞沟下文化层和上文化层都分别形成于本区环境较好的时期，适宜的气候为各种动植物繁殖和古人类生存提供了便利的条件。

2. 脊椎动物化石记录

遗址的上、下文化层都曾出土丰富的动物化石[27]，上文化层脊椎动物化石有普氏野马（*Equus przewalskyi*）、鹿（*Cervus* sp.）、普氏羚羊（*Gazella przewalskyi*）、野驴（*Equus hemionus*）、鸵鸟（*Struthis* sp.）等。下文化层脊椎动物化石有披毛犀（*Coetodonta antiquitatis*）、普氏野马（*Equus przewalskyi*）、野驴（*Equus hemionus*）、鹿（*Cervus* sp.）、牛（*Bubalus* sp.）、普氏羚羊（*Gazella przewalskyi*）和鸵鸟（*Struthis* sp.）等。

1928年布勒等人[28]发表的著作，提到水洞沟遗址脊椎动物化石有野驴、犀牛、鬣狗、羚羊、非洲羚羊、牛属、鸵鸟等，但对化石未进行具体描述和讨论。现根据上述动物化石材料，对其生存时代和环境讨论如下。

首先，下文化层的动物化石的种属都曾见于萨拉乌苏动物群，应属晚更新世，测年数据进一步证明这一判断。其次，几乎全部动物均为生活于草原地带的种属，大部分能耐干旱和寒冷。其中水牛适应温暖气候，说明该区MIS 3阶段气候比较适宜，夏季可能相当温暖。现代鸵鸟是亚热带沙漠和草原动物，当时能有鸵鸟生存，应有较高的气温。因此，可以推测当时气候较干旱，但比冰期时要温暖湿润许多，适宜这些草原动物的繁衍。孢粉分析提供的植被证据也支持上述判断。

上文化层的动物化石与下文化层基本相同，所以它们的生态环境也应大致相同，气候比现在温暖、湿润。

3. 古人类生存环境

近期中国干旱半干旱区环境变化研究显示，陕西渭南地区MIS 3阶段和全新世最适宜期年均气温比现在高1 ~ 2℃，年降雨量高100 ~ 150mm[29]，说明该阶段气候明显比现在温暖湿润。但是中国干旱区气候受控于西风带和东亚季风系统的相互消长，因而存在气候不稳定性，全新世曾发生过4次短尺度干旱事件[30]。内蒙古萨拉乌苏河流域

MIS 3阶段也为温暖湿润气候，但记录了9次冷干事件[31]。巴丹吉林沙漠近3万年来气候变化也显示了基本相似的波动过程[32]。

水洞沟地处西北干旱区，MIS 3阶段和全新世的气候环境特征应与上述地区大体一致，气候比现今温暖湿润。孢粉分析结果和脊椎动物化石组合显示古人类在此活动期间，植被为阔叶疏林草原，局部地区有积水洼地，挺水植物较繁茂，周边还适宜阔叶树生长，显然气候条件优于现在；附近地形平坦开阔，并有沙漠出现，总体表现为干旱区草原环境，各类食草动物适于在此繁衍生息。这样的环境为古人类生存提供了基本条件，他们应以狩猎为主要生产活动，栖息于近水源的河边或湖边，并遗留下他们制作和使用的石器、装饰品和火塘等。但是古人类生活期间也应经历过气候干冷事件，采取怎样的应对方略，还有待今后继续深入研究。

三、讨论与结论

水洞沟遗址地处中亚干旱区南缘向半干旱区过渡地带，年平均气温8℃，年降雨量200mm，植被为草原与荒漠过渡带，生产力低下的古人类似乎很难在现今环境条件下生存。

本区地质构造上属鄂尔多斯稳定地块的西缘，西临新生代持续沉陷的银川盆地，东接广阔的毛乌素沙地，地形平坦开阔，第四纪沉积物堆积薄。但是水洞沟遗址剖面包含了多种成因类型的沉积物，保存了丰富的孢粉和脊椎动物化石，为恢复和重建古人类生存环境提供了丰富的材料和证据，同时也使遗址成为宁夏-内蒙古干旱区晚第四纪典型剖面。通过野外调查、年代测定、孢粉分析、化石鉴定等研究手段，我们获得以下几点基本认识。

（1）水洞沟遗址下文化层是中国西北干旱区东南边缘晚更新世典型剖面，除古人类活动遗迹、遗物外，孢粉、脊椎动物化石丰富，沉积物类型多样且富于变化，在宁夏-内蒙古干旱区具有代表性。1983年宁夏地矿局提出建议，将旧石器时代层位划出，建立“水洞沟组”[33]。2006年，周昆叔[34]建议将水洞沟遗址作为标准剖面，袁宝印等人[35]正式使用“水洞沟组”一词。本文再次提议建立“水洞沟组”，其典型剖面为水洞沟遗址第1、第2地点④～⑥层，地质年代大致在30ka～24ka BP，形成于MIS 3阶段后期，比萨拉乌苏组稍晚，大致相当于城川组。

（2）旧石器时代古人类在此活动时，边沟小河已经出现，不过它处于堆积时期，河道游荡。毛乌素沙地已经出现[36]，但气候比现今温暖湿润，河道变化可形成积水洼地。植被为阔叶疏林草原，干旱区食草动物繁盛，适于古人类在此狩猎栖息。全新世气候适宜期环境条件大致与旧石器时代古人类在此活动时相似，动植物种属和植被也大体相同，因此新石器时代的古人类又来到这里，开发利用自然资源，开展生产活动。

（3）旧石器时代古人类活动年代为29ka ~ 24ka BP，相当于MIS 3后期，新石器时代古人类活动年代为9ka ~ 5ka BP，相当于全新世气候适宜期。而末次冰期冰盛期时的古人类活动遗迹尚未发现，似乎表明古人类活动受控于气候和环境变化。可能不是由于人类不能耐受寒冷，而主要是这个时期缺少动物和其他食物资源，或许这也是今后人类在气候环境变化时所面临的主要问题。

致谢：钟侃、尤玉柱、夏正楷、周力平、张家富、马晓玲、张晓凌、张乐、张双权、曹明明、关莹、周振宇、刘德成和姚政权等参加了野外调查并参与讨论。他们的工作成果和意见、建议对本文的写作提供了重要的帮助，谨此表示深切的谢意。

参考文献

［1］ Licent E, Teilhard de Chardin P. Le Paléolithique de la Chine. L'Anthropologie, 1925, 35(4): 201-234; 贾兰坡，盖培，李炎贤. 水洞沟旧石器时代遗址的新材料. 古脊椎动物与古人类，1964，8：75-83；汪宇平. 水洞沟村的旧石器文化遗址. 考古，1962（11）：601-604；周昆叔，胡继兰. 水洞沟遗址的环境与地层. 人类学学报，1988，7（3）：263-269；宁夏文物考古研究所. 水洞沟——1980年发掘报告. 北京：科学出版社，2003；高星，王惠民，裴树文，等. 水洞沟2003 ~ 2004发掘的主要收获//本书编委会. "元谋人"发现40周年纪念会——暨古人类国际学术研讨会论文集. 昆明：云南科技出版社，2006：152-158.

［2］ 高星，王惠民，裴树文，等. 水洞沟2003 ~ 2004发掘的主要收获//本书编委会. "元谋人"发现40周年纪念会——暨古人类国际学术研讨会论文集. 昆明：云南科技出版社，2006：152-158.

［3］ 高星，李进增，Madsen D B，等. 水洞沟的新年代测定及相关问题讨论. 人类学学报，2003，21（3）：211-218.

［4］ 宁夏地质矿产局. 1∶20万银川市幅区域地质调查报告. 兰州：中国地质图制印厂，1983.

［5］ 高星，李进增，Madsen D B，等. 水洞沟的新年代测定及相关问题讨论. 人类学学报，2003，21（3）：211-218.

［6］ Teilhard de Chardin. Mammiferes Tertiares de Chine et de Mongolia. Ann de Paleon, 1926, 15: 1-51.

［7］ 杨钟健，周明镇. 甘肃灵武渐新世哺乳动物化石. 古生物学报，1956，4（4）：447-459.

［8］ 孙建中，赵景波，等. 黄土高原第四纪. 北京：科学出版社，1991.

［9］ 孙建中，赵景波，等. 黄土高原第四纪. 北京：科学出版社，1991.

［10］ 孙建中，赵景波，等. 黄土高原第四纪. 北京：科学出版社，1991.

［11］ 高星，李进增，Madsen D B，等. 水洞沟的新年代测定及相关问题讨论. 人类学学报，2003，21（3）：211-218；孙建中，赵景波，等. 黄土高原第四纪. 北京：科学出版社，1991；陈

铁梅，原思训，高世君. 铀子系法测定骨化石年龄的可靠性研究及华北地区主要旧石器地点的铀子系年代序列. 人类学学报，1984（3）：259-269；黎兴国，刘光联，许国英，等. ^{14}C年代测定报告（PV）Ⅰ//中国第四纪研究委员会碳十四年代学组. 第四纪冰川与第四纪地质论文集（第四集）. 北京：地质出版社，1987：16-38；Imbrie J, Hays J D, Martinson D G, et al. The Orbital Theory of Pleistocene Climate: Support from a Revised Chronology of the Marine $\delta^{18}O$ Record//Berger A, Imbrie J, Hays J D, et al. Milankovitch and Climate. Netherlands: Reidel Dordrent, 1984: 169-305.

[12] 黎兴国，刘光联，许国英，等. ^{14}C年代测定报告（PV）Ⅰ//中国第四纪研究委员会碳十四年代学组. 第四纪冰川与第四纪地质论文集（第四集）. 北京：地质出版社，1987：16-38.

[13] 宁夏博物馆，宁夏地质局区域地质调查队. 1980年水洞沟遗址发掘报告. 考古学报，1987（4）：439-448.

[14] 陈铁梅，原思训，高世君. 铀子系法测定骨化石年龄的可靠性研究及华北地区主要旧石器地点的铀子系年代序列. 人类学学报，1984（3）：259-269.

[15] 孙建中，赵景波，等. 黄土高原第四纪. 北京：科学出版社，1991.

[16] 黎兴国，刘光联，许国英，等. ^{14}C年代测定报告（PV）Ⅰ//中国第四纪研究委员会碳十四年代学组. 第四纪冰川与第四纪地质论文集（第四集）. 北京：地质出版社，1987：16-38.

[17] 高星，李进增，Madsen D B，等. 水洞沟的新年代测定及相关问题讨论. 人类学学报，2003，21（3）：211-218.

[18] 黎兴国，刘光联，许国英，等. ^{14}C年代测定报告（PV）Ⅰ//中国第四纪研究委员会碳十四年代学组. 第四纪冰川与第四纪地质论文集（第四集）. 北京：地质出版社，1987：16-38.

[19] 陈铁梅，原思训，高世君. 铀子系法测定骨化石年龄的可靠性研究及华北地区主要旧石器地点的铀子系年代序列. 人类学学报，1984（3）：259-269.

[20] Imbrie J, Hays J D, Martinson D G, et al. The Orbital Theory of Pleistocene Climate: Support from a Revised Chronology of the Marine $\delta^{18}O$ Record//Berger A, Imbrie J, Hays J D, et al. Milankovitch and Climate. Netherlands: Reidel Dordrent, 1984: 169-305.

[21] 周昆叔，胡继兰. 水洞沟遗址的环境与地层. 人类学学报，1988，7（3）：263-269.

[22] 孙建中，赵景波，等. 黄土高原第四纪. 北京：科学出版社，1991.

[23] 李秉成. 一万年来灵武水洞沟遗址古气候的新认识. 干旱区资源与环境，2006，20（4）：25-29.

[24] 周昆叔，胡继兰. 水洞沟遗址的环境与地层. 人类学学报，1988，7（3）：263-269.

[25] 周昆叔，胡继兰. 水洞沟遗址的环境与地层. 人类学学报，1988，7（3）：263-269；孙建中，赵景波，等. 黄土高原第四纪. 北京：科学出版社，1991；李秉成. 一万年来灵武水洞沟遗址古气候的新认识. 干旱区资源与环境，2006，20（4）：25-29.

[26] 李秉成. 一万年来灵武水洞沟遗址古气候的新认识. 干旱区资源与环境，2006，20（4）：25-29.

[27] 宁夏文物考古研究所. 水洞沟——1980年发掘报告. 北京：科学出版社，2003.

[28] Boule M, Breuil H, Licent E, et al. Le Paléolithique de la Chine. Archives de l'Institut de Paléontologie Humaine, mémoire 4. Paris: Masson, 1928.

[29] Lu H Y, Wu N Q, Liu K B, et al. Phytoliths as Quantitative Indicators for the Reconstruction of Past Environmental Conditions in China Ⅱ: Palaeoenvoronmental Reconstruction in the Loess Plateau. Quaternary Science Reviews, 2007, 26(5): 759-772.

[30] 吴海斌，郭正堂. 末次盛冰期以来中国北方干旱区演化及短尺度干旱事件. 第四纪研究，2000，20（6）：548-558.

[31] 温小号，李保生，章典，等. 萨拉乌苏河流域末次间冰阶气候. 地质学报，2007，81（4）：553-562.

[32] 杨小平. 近3万年来巴丹吉林沙漠的景观发育与雨量变化. 科学通报，2000，45（4）：428-493；杨小平. 巴丹吉林沙漠腹地湖泊的水化学特征及其全新世以来的变化. 第四纪研究，2002，22（2）：97-104.

[33] 宁夏地质矿产局. 1∶20万银川市幅区域地质调查报告. 兰州：中国地质图制印厂，1983.

[34] 周昆叔. 水洞沟遗址是华北三万年以来的标准剖面//钟侃，高星. 旧石器时代论集——纪念水洞沟遗址发现八十周年. 北京：文物出版社，2006：57-68.

[35] 袁宝印，侯亚梅，Budja M，等. 中国北方晚第四纪史前文化与地层划分框架//钟侃，高星. 旧石器时代论集——纪念水洞沟遗址发现八十周年. 北京：文物出版社，2006：8-16.

[36] 耿侃，单鹏飞. 银川地区：过去、现在及未来. 北京：文物出版社，1992；袁宝印. 萨拉乌苏组的沉积环境及地层划分问题. 地质科学，1978（3）：220-224.

（原载于《科学通报》2008年第53卷10期，与袁宝印、裴树文、王惠民、陈福友、冯兴无合著）

水洞沟第12地点古人类用火研究

一、引　　言

水洞沟遗址群自1923年发现后一直被中外学术界关注[1]，该遗址的分布范围不断扩大，地点不断增加，出土材料不断丰富，学术探讨的领域不断拓展。在该遗址出土的大量旧石器时代晚期文化遗存中，部分石制品明显具有欧亚大陆西部旧石器时代中、晚期文化的技术风格，在中国旧石器考古文化体系中特立独行，因而成为探讨晚更新世人类迁徙、东西方文化交流和古人类对特定生态环境适应生存方式与能力的学术热点[2]。

到目前为止，对水洞沟遗址的考古材料研究主要集中在石制品的类型与技术方面。自21世纪初在遗址开展新的调查、发掘和研究以来，遗址出土的大量古人类用火材料引起本文作者们的极大兴趣，意识到这些材料提供着古人类应对环境变化而采取的特定适应行为方式的重要信息，是研究当时人类智能发展、生存方略和人群间、人与环境间互动关系的不可多得的材料。其实，水洞沟遗址文化层中的用火材料在遗址发现和发掘伊始便被记录过，尤其是1980年宁夏博物馆与宁夏地质调查队进行的第四次发掘更是多有发现[3]，但当时没有对此加以重视和展开研究。2002年高星等公布过一批采自于第2地点的火塘材料[4]，但侧重点是用火塘中的样品做年代测定，对用火遗迹本身并未开展进一步研究。

2003～2007年期间，中国科学院古脊椎动物与古人类研究所和宁夏文物考古研究所组成联合考古队对遗址数个地点开展了系统发掘，清理出大量火塘遗迹、木炭、灰烬、烧石、烧骨等用火材料。这些用火遗迹、遗物出自文化层，时代明确，与石制品、动物碎骨等文化遗物有清楚的共生关系。其中在第2、8、12地点发现的用火遗存最为集中和丰富，保存状况也最佳[5]。这些用火材料分属两个不同的时段，提供着旧石器时代晚期先民用火模式发生重大转变的重要信息，对整个旧石器时代人类用火能力发展过程的研究有一定的启示。本文系对第12地点古人类用火行为的专题研究，包括对用火材料的观察、分析和实验研究，并据此对晚更新世末古人类的生存方式和智能发展提出探讨。

二、第12地点发掘出土的用火材料与成因

第12地点位于宁夏灵武水洞沟遗址核心区以北约4km处，地理坐标为N38°19′40″，E106°29′49″。该地点发现于2005年，2007年做了面积为12m²的小规模发掘。文化层埋藏于边沟河Ⅱ级阶地中上部，为厚层的灰黑色含细砂灰烬层。^{14}C和光释光测年表明，该文化层形成于距今1.2万～1.1万年之间[6]。

该地点保存的旧石器时代灰烬层分布范围和厚度十分罕见，代表古人类在遗址长时间、大范围的用火行为和对火的高度依赖性。该地点大部分堆积已被砖场取土破坏，但在残存的堆积剖面上仍可见灰烬层南北延长逾50m，东西延展约10m，呈透镜状分布。灰烬集中分布的最厚处达1.6m。据砖场人员陈述，他们取土时在现残留剖面的西侧见到过更厚、更集中的灰烬堆积。该地点的灰烬层为灰烬、木炭、砂土、石块的混合堆积，不见明确的分层现象。地层中出土大量石制品、骨制品和动物碎骨。石制品包括细石核、细石叶、刮削器、局部磨光的石器、石磨盘及磨棒、石杵等；骨制品包括制作精美的骨锥、骨针和有刻槽的骨片等；动物碎骨中有明显烧烤过的标本（图一）。

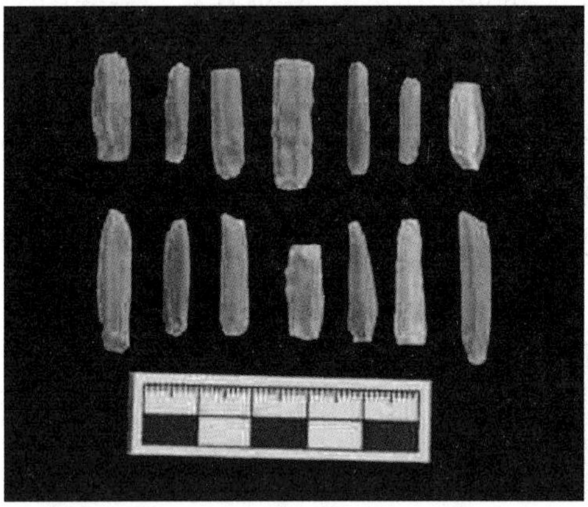

图一　水洞沟第12 地点出土的细石器

地层堆积物中包含大量石块，这些石块皆被烧灼过，本文称其为“烧石”。烧石的大量存在是该遗址文化遗存的一个鲜明特点，在旧石器时代遗址中罕见。在2007年发掘期间共发现、收集烧石13000多块，总重量307kg，在12m²发掘探方堆积中密集分布，与其他文化遗存混杂共生，无一定分布规律。这些烧石形态各异，多呈多面体不规则形状，除烧裂和色变迹象，没有打、砸等人工加工改造的痕迹。它们个体大小有一定差异，重量多在12～280g区间内变异，其中60%者重量在20～50g之间，18%者重量为50～100g，5%者重量为100～150g，超过150g者仅占1.5%；55%的个体粒径在2.5～5cm之间。总体看来烧石个体间的差异不很大，以小型者为主，应该是人工选择、利用的结果。

约98%的烧石是经烧烤后破裂的石块，表面多呈现裂纹和高温导致的灰白、灰褐颜色，与敲开后出露的岩石本色有明显区别。少量个体完整的烧石表面出现不规则龟裂纹。约40%的烧石保留原生石皮，说明他们系自然石块被直接用作烧石使用。裂解的石块的破裂面多为不规则裂面，部分破裂面是岩石的节理面（图二、图三）。少量

标本表面在出土时黏附着微量烧灰。岩性分析统计表明，该地区常见的石料主要有灰岩、白云岩、石英砂岩、石英岩及少量变质岩和燧石小砾石，而烧石的材料几乎全是石英砂岩和白云岩，且以前者为多，基本不见该地区最普遍的灰岩和遗址中常用来制作石器的燧石、脉石英等原料。

图二　出现龟裂纹的烧石

图三　破碎成小块的烧石

上述特点说明这些烧石不是偶然出现在遗址地层中自然破碎的石块，而是人类有意识选择、搬运到遗址并经烧裂所致；并且不是作为制作石器的原料偶尔被热火烧过，而是经人类长时间高温烧烤。从其个体大小、出现数量和破裂程度看，他们也不是考古遗址中和现代野外生活中常见的火塘或炉灶的圈石，而是有其特殊和专门的用途。我们对其功用的判断是：它们是被古人烧热后用来熟食或烧水使用的，体现了先民用火用热的特殊技能与方式以及当时的人群对当地特定生态环境的特定适应生存方略。

三、模拟实验研究

为了解这些烧石的性质和成因，量化特定的石料达到遗址出土标本破裂程度与状态的火温和烧烤方式，我们对在遗址周边采集到的与遗址出土烧石岩性相同、形态相近的砾石、石块进行了烧烤的模拟实验。实验的基本设计如下：①具有可对比性的合适原料的采集、选择；②对石料进行低热灼烧后形态改变状态观察（包括不浸水与浸水两种方式）；③对石料进行高热灼烧后形态改变状态观察（包括不浸水与浸水两种方式）；④用已浸过水的烧石进行再灼烧、浸水反复实验观察；⑤用发掘出土的烧石进行相同的实验观察。

为了获得接近古人在旷野用火状态下产生的火温，我们尝试了两种火塘模式。

开放式火塘：模拟旷野中简单的不做封围的火塘，在平地上选择稍低的小坑，用当地的灌木、小乔木燃起篝火，不予吹火增氧，用自然、低温的火焰对其上的石料进行烧灼。经检测，这种情况下火焰外部温度一般在500～600℃。将石料烧烤15分钟后观察，记录不同岩性的石料在不浸水与浸水两种状况下形态变化的情况。结果发现：①烧热而不浸水的石料均不发生破裂，但有些石料表面出现裂纹（我们将这种情况定为1级破裂）；②浸水后个别石料分裂为两半，多是沿着石料原有的节理面裂开（此种情况被定为2级破裂）；③被浸之水不能沸腾或不能长时间沸腾。

炉灶式火塘：用土石做出炉灶式相对封闭的火塘，将通风口迎着自然风方向，以此在不变更燃烧质的条件下吹火增氧助燃，而在无风情况下用人工吹火助燃，制造出相对高温的灼烧条件。火焰外部温度一般可达600～800℃。将石料烧烤15分钟后观察，记录不同岩性的石料在不浸水与浸水两种状况下形态变化的情况。结果发现：①烧热而不浸水的石料大部分表面出现裂纹但不开裂（1级破裂），小部分裂为两半或沿节理裂开，破裂面较为平滑（2级破裂，图四），此种条件下烧热的石灰岩发生颜色变浅、变白的现象，有的成为生石灰；②烧热浸水后，石英砂岩、白云岩石料一般破裂为3～5块，破裂面无一定方向且均为不平滑面（此种情况被定为3级破裂），性状与地层出土的大粒径烧石相同，对此类原料重复同类实验操作，石料再次破裂成更小的石块，与发掘出土的小块烧石性状相同；③脉石英、燧石和其他变质岩等材料的烧石浸水后爆裂为碎屑或粗颗粒状（此种情况被定为4级破裂）；④石灰岩烧石浸水后发生质变并污染水质；⑤被热石浸灼的水沸腾时间长，可达2分钟，当然，持续放入热石可使水长时间沸腾。

模拟实验过程中所观察到的几个现象对研究烧石的成因和用途具有启示意义。

（1）按照实验产生的石块的破裂定级标准，第12地点出土的烧石大多处于2～3级破裂状态，尤以3级居多，说明这些烧石经历高温热烧和浸水的处理过程，而且很多还不止一次被重复处理、利用。从利用价值判断，虽然热烧和浸水是两个连贯的程序，但前者应该是后者的预备程序，即烧石的真正用途是浸到水中，将水或液体食物（汤、粥类）加热、煮沸。

（2）对石灰岩石料的热烧实验发现，经低温烧灼者虽一般不破裂，但浸水后表皮会产生大量的片状碎屑；而经高温热烧者即成为熟石灰块，浸水之后立即分解为碎末，随即变为浆状乳白色熟石灰。高温灼烧的石灰石无论浸水与否均不能变成发掘出土的烧石形态，而且使浸过的水浑浊不可用。这有助于我们理解为何石灰岩在当地最易于获取却并未成为烧石的材料，因为其特性不符合当时人类的特别需求，被人类有意识地排除在适用材料之外。

图四　实验产生的2级破裂烧石

（3）脉石英、燧石等材料在经高温热烧、浸水后往往发生爆裂，分解为碎屑或粗颗粒状，也会造成水质一定程度的污染；如果水中有食物，则碎屑、砂粒与食物相互混杂不易分离，影响人类对食物的享用。这应该是在遗址内古人类会用这些材料制作工具，而不用它们作为烧石使用的原因。

（4）如果上述推理成立，那么说明该遗址的古人类在用火技能方面发生重大变革或进步，即他们不再满足于更早的人类直接用火烧烤食物的方式，而是进化到用烧石热水、熟食的间接用火方式，使火温更易掌控，热量更有效利用。对烧石原料的选择说明当时的先民在经历生产生活的实践后对当地各种石头的特性有了深入的了解，积累了丰富的环境知识和生活经验，知道对其所面临的资源如何用其利、避其害。

该地点的古人用这种烧石加热何种对象？是什么样的生态环境促使他们产生这样的适应反应？我们试图从遗址的古环境信息中找到答案。

四、遗址周边古环境特点、食物资源和水质测试

1. 古环境和食物资源

水洞沟毗邻鄂尔多斯台地西南缘的毛乌苏沙地，西侧10km以外便是黄河及其冲积平原，遗址所在盆地处于黄河冲积平原与温带荒漠草原的过渡带，考古遗址点处于这个过渡带之内的河流沼泽近岸草甸与低矮木本植物为主的小环境。古环境资料表明，水洞沟地区晚更新世后期至全新世的几万年内均处于荒漠草原大环境中；孢粉组合特征显示在第12地点整个地层发育期内该地区是以麻黄属+藜科+霸王+蒿属+禾本科组合为主的植被类型，为干旱—半干旱荒漠草原植被景观。在该地点文化层堆积时期，气候相对暖湿，附近生长着沼生植物和榆、栎、桦等温带落叶阔叶乔木，为稀树荒漠草原环境[7]。从人类食物资源的角度看，这些乔灌木的根、茎、叶和果实可被人类食用的部分较少；目前在遗址附近沙漠里生长着蒙古葱、沙葱、沙蒿、沙米、锁阳、甘草和盆地河湖近岸生长着黑果枸杞、苦菜、胖娃娃菜等近20种可食性植物[8]，它们大多出现在晚更新世孢粉样品中，其果实、籽粒或根、茎、叶一般须经煮沸甚至长时间蒸煮才能成为人类的盘中餐。此外，遗址文化层出土兔（*Lepus* sp.）、狗獾（*Meles meles*）、鹿（Cervidae）、普氏羚羊（*Gazella przewalskyi*）、水牛（*Bubalus* sp.）、野猪（*Sus* sp.）、普氏野马（*Equus przewalskyi*）以及鸟类和啮齿类遗骸，其中普氏羚羊和兔的标本最多。这些动物主要是食草类，与人类文化遗存伴生，是先民作为食物消费后的残余物，不排除他们对这些肉食进行过烹煮享用。很可能肉食资源是当时人类加热熟食的主要对象。

2. 水洞沟遗址的水质测试

为考察水洞沟遗址附近可供水对先民的可利用性，我们从两个水源提取样本做水质分析检测。水样①来自遗址区内第2级阶地堆积下部砾石层的潜流泉水。该潜流距地表深度约11～15m，在遗址区内不同地点有泉眼外溢。水样②来自遗址附近的红山湖，红山湖是由发源于水洞沟上游26km清水营的边沟流水形成的活水湖，在沿途间断加入泉水并最终流入黄河。对这两处水样的分析测试结果见表一[9]。

表一　水洞沟遗址区水质检测对比表

检测项目		标准（mg/L）	检测结果（mg/L）水样①	检测结果（mg/L）水样②
感官性状和一般化学指标	色度	15度	0度	0度
	浑浊度	5度	<DL度	4度
	臭和味	无	无	无
	肉眼可见物	无	微量泥沙	无
	pH值	6.5—8.5	7.7	8.1
	铁	0.3	1.10	0.12
	锰	0.1	<DL度	<DL度
	铜	1.0	<DL度	<DL度
	锌	1.0	<DL度	<DL度
	挥发酚	0.002	<DL度	<DL度
	硫酸盐	250	118	523
	氯化物	250	345	367
	溶解性总固体	1000	588	1690
	总硬度	450	133	310
	阴离子洗涤剂	0.3	0.01	0.05

检测项目		标准（mg/L）	检测结果（mg/L）水样①	检测结果（mg/L）水样②
毒理学指标	氟化物	1.0	2.01	5.05
	氰化物	0.05	<DL度	<DL度
	砷	0.05	0.0044	0.0014
	硒	0.01	<DL度	<DL度
	汞	0.001	<DL度	<DL度
	镉	0.01	<DL度	<DL度
	六价铬	0.05	0.041	0.15
	铅	0.05	<DL度	<DL度
	银	0.05	<DL度	<DL度
	硝酸盐氮	20	8.89	4.04
细菌学指标	细菌总数	100个/mL	8	240
	总大肠菌群	3个/L	70	92
	游离余氯	-	<DL度	<DL度

检测结论	
	水样①检测项目：除肉眼可见物、铁、氟化物、总大肠杆菌群不符合国家生活饮用水卫生标准（GB5749—1985）外，其他项目均符合国家生活饮用水标准。 水样②检测项目：除硫酸盐、氯化物、溶解性总固体、氟化物、细菌总数、总大肠杆菌不符合国家饮用水卫生标准外，其他项目均符合国家生活饮用水卫生标准。

从表一可以看出，水样①的感官性状与一般化学指标大多数符合饮用标准，其中肉眼可见物和含铁量虽然超标，但饮用后不会使人体产生较明显或确定的生理不适，饮用氟化物超标的水对骨骼和牙齿影响较大，但在短期内对人体没有明显的伤害，而且这种伤害是非致命的。水样①总大肠杆菌每升高达70个，远远高出每升3个的标准，直接饮用会立即对人体造成明显的伤害，体现为腹痛、腹泻，严重时危及生命，对童叟病弱者伤害更剧。但是富含大肠杆菌的水一经加热沸腾水质即得到改善，可直接饮用。水样②中除了含有水样①的超标信息之外，还有硫酸盐、氯化物、溶解性总固体，细菌总数几项也超标，其中溶解性总固体接近水样①的3倍，细菌总数是水样①的30倍。应该注意的是，两个水样虽然细菌总数差别非常大，但深层地下水①与地表水②的总大肠杆菌的比例却非常接近。水样②是现代流水样本，不可避免带有现代工农业污染影响的成分；水样①为地下水，在一定程度上可以代表这一地区早期人类可用水的水质。上述测试结果显示：生活在当地的人群，无论在现代和还是万年前，都不可以直接食用本地的生水，而必须对其进行煮沸加热。这应该是生活在水洞沟第12地点先民们针对这种不利的水资源情况而发明了用烧石煮水的独特用火方式，并在遗址中留下大量烧石的主要原因。当然，现代水质与史前人类利用的水质会有一定差别，因此这项研究结论还需更多材料的支持和检验。

五、第12地点古人类用火方式、作用与意义

水洞沟遗址第12地点出土的大量破裂的经过高温烧烤的石块是1.2万～1.1万年前生活在该地区的先民用来烧水、煮食的烧石的残留，这样的结论得自于对出土碎石的形体观察并得到模拟实验分析的验证。当时的先民之所以要对生水进行煮沸是因为当地的水中含有大量大肠杆菌，直接饮（食）用会对人体造成明显乃至致命的伤害，这样的结论得到对遗址区内两处水源水样的水质检测分析结果的支持。用烧石热煮的另一个可能对象是食物，包括动植物。孢粉分析信息和当地具有可比性的现代植物种类提示当时的人类可以利用多种植物的可食性果实、籽粒或根、茎、叶，而这些食物资源中很多种类必须经过烹煮才能享用。第12地点灰烬层中与这些烧石共生的石磨盘及磨棒、石杵等工具具有加工植物种籽的功能；将这些可食性植物的籽粒捣碎、研磨的程序应该与烹煮环节相衔接，也加强了对先民烧煮食物行为推测的可信性。

用烧热的石头来煮水熟食，民族学资料中有很多记载，多被称为“石烹法”[10]。例如鄂伦春人将掺了水的食物放到桦皮桶或清理干净的大型动物的胃里，将炽热的石块投入其中煮沸；傣族人在剽牛时，在地上挖一个坑，将牛皮垫在坑里，盛水放肉，把烧红的石块丢在其中，加热至熟。类似的煮食法在北美印第安人部落中也常见[11]，

其中阿西尼本人（Assineboins）名字的意思就是“石煮者”（stone boilers），他们宰牛后在地上挖一个坑，将牛皮铺在上面，将水、牛肉置于内，在旁边生火，将石头烧热投入其中，直到肉熟为止。学者认为这种烧煮食物的方法是在旧石器时代晚期从东北亚地区传入的，但它的源头并没有找到。水洞沟第12地点的烧石材料将这种“石烹法”的历史提前了1万多年，并可能在东北亚的晚更新世人群和美洲印第安人之间建立起新的历史纽带。

控制火、使用火是一种高层次的智力行为，在所有动物类中只有人类具备这样的能力。在漫长的人类演化历史中，人类对火的驾驭和利用能力是不断发展、不断加强的[12]。来自以色列格舍贝诺特雅克夫（Gesher Benot Ya’aqvo）遗址和北京周口店遗址的考古材料表明，至少在80万～70万年前的直立人演化中期，古人类已能控制用火、保存火种[13]。来自湖北黄龙洞的材料表明，距今10万年前的早期智人能在洞穴深处有效地用火来熟食和取暖[14]。近3万年前的水洞沟第2地点大量火塘遗迹表明当时人类对火高度依赖，对火的控制能力增强，但还是停留在简单、直接用火的模式。而距今1.1万年前的水洞沟第12地点的烧石及其反映的先民用火方式与功用则表明古人类对火的控制和利用能力发生了飞跃，由简单的直接用火而转入复杂的间接用火，用火方式由火与受热对象的直接接触而变为通过烧石间接传导热能；受热对象不再局限于有形的固体，而是包括了无形的、难以掌控的液体，并因此促成了盛器的发明、利用；火的功能在熟食、取暖、照明、防身等之外又增加了改善水质，将原本不可生活的环境变得利于生存。

水洞沟第12地点的烧石是首次确认并得以论证的古人类间接用火、掌握“石烹法”的证据，对古人类用火的历史研究具有里程碑的意义，也从一个侧面反映了当时的先民对资源环境的高度认知、利用能力和因地制宜、机动灵活的生存方略。当时的先民处在更新世向全新世的过渡期，气候条件在从末次冰期向冰后期转变，人类的生计则从迁徙游动的狩猎采集经济向定居的农业经济转型，文明的种子在孕育发芽。水洞沟第12地点的先民正生活在这一时期，他们用烧石烹煮食物、改善水质的创举，或许给我们提供了一个窗口，使后人得以窥见先祖在向文明挺进的征程上的一个壮美画面。

致谢：作者感谢宁夏水环境监测中心惠允使用尚未发表的《水洞沟地下水、地上水分析测试报告》；感谢关莹、马宁、王春雪等提供参考文献和相关资料并参与讨论，感谢周振宇、宋艳花、梅惠杰、彭菲、罗志刚等参与遗址的发掘和材料整理与研究。

参考文献

[1] Licent E, Teilhard de Chardin P. Le Paléolithique de la Chine. L'Anthropologie, 1925, 35(4): 201-234.

[2] Kozlowski J K. The Problem of the So-called Ordos Culture in the Light of the Palaeolithic Finds from Northern China and Southern Mongolia. Folia Quaternaria, 1971: 36: 63-99; 高星，裴树文. 中国古人类石器技术与生存模式的考古学阐释. 第四纪研究，2006，26（4）：504-513.

[3] 宁夏文物考古研究所. 水洞沟——1980 年发掘报告. 北京：科学出版社，2003：1-233.

[4] 高星，李进增，Madsen D B，等. 水洞沟的新年代测定及相关问题讨论. 人类学学报，2002，21（3）：211-218.

[5] 高星，王惠民，裴树文，等. 水洞沟遗址调查与发掘的新进展//高星，石金鸣，冯兴无. 天道酬勤桃李香——贾兰坡院士百年诞辰纪念文集.北京：科学出版社，2008：230-239.

[6] 刘德成，陈福友，张晓凌，等. 水洞沟12号地点的古环境研究. 人类学学报，2008，27（4）：295-303.

[7] 刘德成，陈福友，张晓凌，等. 水洞沟12号地点的古环境研究. 人类学学报，2008，27（4）：295-303.

[8] 内蒙古畜牧局草原研究所. 草原手册. 呼和浩特：内蒙古人民出版社，1964：152-164.

[9] 宁夏水环境监测中心. 水洞沟地下水、地上水分析测试报告. 宁水环检字［2006］第35236号（2006年2月17日印制，未发表）.

[10] 宋兆麟，黎家芳，杜耀西. 中国原始社会史. 北京：文物出版社，1983：358-359.

[11] Thoms A V. The Fire Stones Carry: Ethnographic Records and Archaeological Expectations for Hot-rock Cookery in Western North America. Journal of Anthropological Archaeology, 2008, 27(4): 443-460; Thoms A V. Rocks of Ages: Propagation of Hot-rock Cookery in Western North America. Journal of Archaeological Science, 2009, 36(3): 573-591.

[12] James S R. Hominid Use of Fire in the Lower and Middle Pleistocene: A Review of the Evidence. Current Anthropology, 1989, 30(1): 1-26.

[13] Goren-Inbar N, Alperson N, Kislev M E, et al. Evidence of Hominin Control of Fire at Gesher Benot Ya'aqov, Israel. Science, 2004, 304(5671): 725-727; Wu X Z. Investigating the Possible Use of Fire at Zhoukoudian, China. Science, 1999, 283(5400): 299.

[14] Liu W, Wu X, Li Y, et al. Evidence of Fire Use of Late Pleistocene Humans from the Huanglong Cave, Hubei Province, China. Chinese Science Bulletin, 2009, 54(2): 256-264.

（原载于《人类学学报》2009年第28卷4期，与王惠民、刘德成、裴树文、陈福友、张晓凌、张乐合著）

关于北京猿人用火的证据：研究历史、争议与新进展

一、引　　言

位于北京西南的周口店遗址的科学资源和遗产价值是多方面的，北京猿人用火证据就是其中的一项重大发现，在很长时间里被国际学术界公认为人类有控制用火的最早证据。一系列材料发现和分析结果表明，北京猿人（当时被称为“中国猿人”）会用火，而且懂得保存火种，从而实现了有控制地用火。然而，从20世纪80年代中期开始，美国学者、“新考古学”鼻祖宾福德（Binford）从埋藏学角度对北京猿人的用火能力及其证据提出疑问，认为那些证据并不坚实，分析结论并不可靠[1]。其后少量学者到周口店第1地点做了局部采样分析，开展了地质学、埋藏学和地球化学分析，其结果否定该遗址存在原生的用火证据，进一步否定了北京猿人有控制地用火的可能性[2]。当然，这些对北京猿人用火证据的否定性意见和分析结果也遭致一些中外学者的否定，认为他们的研究并不足以推翻以前的研究结论[3]，一些新的分析还对北京猿人用火证据提供了新的支持[4]。随着来自以色列和南非的考古发现与研究将人类用火的记录推前至79万年、100万年前[5]，周口店埋藏“人类最早的用火证据”的地位被取代，北京猿人时期人类是否会用火已不再是一个十分敏感的话题，但由于周口店遗址独特的学术地位和影响力，对北京猿人用火证据的提取和论述仍然是一个重要的相关研究案例，而且对于东亚地区来说，周口店遗址的用火记录仍然是最早的、争议最少的，对研究东亚直立人的演化过程和适应生存方式，仍然具有重大意义。

二、周口店工作早期对用火证据的发现与分析

周口店遗址在科考工作伊始是作为一个古生物化石地点被探索和发掘的。1929年裴文中开始关注和收集人类文化遗存，包括可能的石制品和用火遗迹。按照步达生发

表于1931年的首篇有关周口店用火证据的论文的记述，“从1929年开始，不时有明显炭化或部分变黑的动物骨骼从发掘自周口店主堆积里的材料中被发现。这些材料的物理性状明确表明他们曾经被火烧过”[6]。但这些被烧过的材料是否产自北京猿人曾经生活的洞内，是否是被洞外地表上的野火烧过的物质后来被水流带进洞中，不得而知。1931年底，德日进携带出自周口店第1地点的疑似烧骨标本到巴黎与出自欧洲史前遗址的类似材料做比较研究。这些材料在巴黎博物馆的矿物实验室做了化学分析，从中发现了游离碳，说明这些材料确实被烧过。其后，类似的实验分析又在北京协和医学院的药理系进行过，分析的对象是疑似灰烬和炭化骨骼残片，结果再次在被分析材料中找到高含量的游离碳，重金属污染的可能性被排除。基于这些分析结果和烧过的材料与北京猿人化石及石制品共生的事实，步达生宣布：“毋庸置疑，中国猿人懂得用火，而且有充分的理由相信，那些发现于周口店主堆积中与中国猿人遗存没有直接共生关系的已经炭化和煅烧过的骨头与鹿角也是这支人类用火的结果。”[7]

根据原始发掘记录和其他文献，早期发掘中发现的用火遗存包括烧骨、烧石、炭化的朴树籽、木炭和灰烬（图一）。这些遗物遗迹出自第1地点的4个层位，即第4～5层、石英Ⅱ层、第8～9层和第10层下部。这些烧过的材料经常集中出现在特定部位，尤其令人关注的是，3个灰堆被发现在鸽子堂石英II中，其中两个整齐地分布在一大块石灰岩上。一些石灰岩块已经被烧成石灰，使地层堆积呈现黑、红、棕、白颜色杂陈的现象。在有的层位，细颗粒沉积物已经变成坚硬的砖红土[8]。

在步达生做出最初的宣布后，学术界广泛认可周口店遗址保留人类演化史中有控制用火的最早记录[9]。莫维斯曾经对北京猿人用火情形做出如下生动的描述：“用火是他每日生活的常项。他以紫荆的枝条作为燃料，在开放的火塘上烤出肉的芳香。火将温暖和光明带进洞穴，使夜晚的猛兽不做非分之想。对他来说，火是珍贵的资产，无边的力量！”[10]张森水对北京猿人用火的能力与方式做了这样的推断：①他们懂得用火并能对火加以控制；②他们不具备制造火种的能力，应该是将野火带进洞中；③他们没有能力一直保持火焰不灭，有时不得不在没有火的情况下生活，致使堆积中缺乏连续积累的灰烬与木炭；④火对北京猿人的生存十分重要，被用来驱离猛兽、熟食、照明、御寒；⑤在周口店遗址发现并认识用火证据是人类演化研究史上的一座里程碑[11]。

对北京猿人用火证据的分析在断续进行着。其中的一项研究是通过裂变径迹和热释光方法对沉积物做定年分析，对重点层位得出与其他方法相吻合的测年结果[12]。这项研究对用火证据的强化有重要意义，因为所测定的对象是矿物榍石，来自第4和第10层的疑似灰烬中。这些榍石颗粒只有经历高温事件，原来的^{238}U自发裂变径迹消失，在退火后新的自发裂变径迹生成积累，才会得出这样合理的年代数据，否则其年龄结果会更古老[13]。另一项是对第1地点西剖面沉积样品中的元素碳（Elemental carbon）的

图一　在周口店发掘早期发现的烧骨与炭化的朴树籽和烧石

a. 烧骨与炭化的朴树籽　b. 烧石

分布分析，分析样品分别采自剖面第4、7、10层和洞外自然堆积物中，有的样品取自存放于周口店遗址博物馆中的20世纪30年代保留下来的灰烬块。分析发现元素碳在疑似火塘的部位出现高含量，其富集程度在20世纪30年代采自第10层的样品中远远高于其他层位的样品，据此认为第10层的样品应该来自洞穴内靠近火塘的核心部位[14]。

综上所述，根据原始田野记录、发掘报告和研究论著的记载和分析，周口店遗址第1地点某些层位和部位保存的用火证据是系统、丰富、清楚并相互支持的。这就是为什么当西方少数学者对这些证据加以怀疑和否定时，更多的学者提出了否定之否定。他们认为前人收集到的相关联的证据体系和多方面研究成果不应该被基于埋藏学的假设和少量带有明显局限性的分析结果而整体否定，周口店古人类用火的证据是坚实可信的，不会被轻易推翻[15]。

三、质疑与否定

对北京猿人用火问题的看法于1985年出现拐点。宾福德与何传坤在《现代人类学》（*Current Anthropology*）发表《远距离的埋藏学：周口店，北京猿人的洞穴之家？》一文[16]。基于文献和图片资料，两位学者从埋藏学的角度对学界长期所持的周口店第1地点是北京猿人的洞穴家园——古人类在那里制作工具、分食猎物并用火照明、取暖、熟食的观点提出质疑。他们认为：人类化石和石制品的共生性不强，所谓的“灰烬层”并非火堆的遗留物，因为没有发现具有结构性的火塘；很多动物骨骼应该是生活在洞穴中的鬣狗、狼和其他食肉动物导致的，并非是人类狩猎行为的产物；所谓灰烬更可能是猫头鹰或其他猛禽的粪便或自然火的遗存，而非人工火的遗留。他们的意见是：并不知晓在周口店洞穴内曾经发生了什么；人类经常出现在洞中，经常在那里使用石器并可能用过火[17]。这虽然不是明确的结论，但已足以影响其他人对北京猿人用火问题的看法[18]。

因为这篇文章被批评为纸上谈兵，宾福德等随后到中国做了实地考察和访问交流。他们在周口店考察了半天时间，又用4天时间观察了出自遗址的1523件动物骨骼。在这些骨骼上，宾福德等观察到食肉动物的咬痕和石器的切痕，以及铁锰的污染和火烧的痕迹，并发现动物种类和解剖部位的不平衡性。基于这些观察，宾福德等发表新的研究论文，题目也有了新意：《周口店近观》。他们的结论是：周口店洞穴中的骨骼的主要收集者是以鬣狗为代表的穴居动物，居住在洞内的人类并非大型动物的狩猎者，而是偶尔的捡食者；周口店第1地点保留属于北京猿人生活晚期的有控制用火的确凿证据，即上部地层埋藏有少量被烧过的马类的骨骼；但这样的证据在下部地层缺失，很多出自下部地层的颜色发黑的骨头缘于矿物污染，少量骨骼显示出变干后被烧过的特点，应该是自然火所为，与人类的行为无关；被认为是灰烬的色彩杂陈的堆积层不一定是燃烧所致，除非做现代化学分析，否则无法得出结论[19]。

在1996、1997年两个年度，维纳（Weiner）、古德伯格（Goldberg）等西方学者与中国学者合作，针对周口店第1地点西剖面开展了较系统的地质学、地球化学和埋藏学研究。寻找原生的用火证据是他们的重要目标。在清理西剖面时，他们在第10层上部采集到42件大型动物的骨骼和278件小型动物的骨骼。其中5件大型动物骨片在新鲜的破裂处呈现从内到外相一致的灰黑颜色，红外光谱分析证明这些发黑的颜色是烧烤的结果。小型动物骨骼中有7件属于同类情况。多件微小的碎骨变得圆钝，应该是搬运磨蚀或食肉动物消化的结果；从第10层上部的疑似灰烬中未提取到树木燃烧所应产生的植硅体和足够的钾元素等成分；在第10层下部被以前推定为火塘的地方，发现沉积物包含细层的黏土、细沙和有机物成分，显示是在静水环境或低能量水流环境下生成的；在第10层上部发现数件石制品，并在第10层和第4层观察到石制品与烧过的动物骨骼共生的现象；还发现烧骨在小型动物和大型动物骨骼中的构成（2.5%的小型动物碎骨和12%的大型动物碎骨具有烧烤的痕迹）与具有明确的人类用火证据的一些晚期人类遗址的情况很相似。根据这些现象他们得出结论：对于第10层在静水中生成的堆积，无法判断所包含的动物骨骼（不管烧过与否）和石制品是否原生；由于缺失灰烬和灰烬中所应该包含的植硅体等物质和原地埋藏的火塘迹象，没有直接证据表明第4层和第10层发生过古人类原地用火；“烧烤过的动物骨骼和石制品在同层共出只能暗示他们的文化关联，并进而提示可能发生过人类用火，但无法证明它们”[20]，即北京猿人用火只有间接的证据，没有直接的证据。这篇在《科学》（*Science*）上发表的论文尽管没有彻底否定北京猿人用火的可能性，但似乎使周口店洞穴中曾经亮起的火焰暗淡了很多[21]。2001年，古德伯格等在《人类进化杂志》（*Journal of Human*

Evolution）发表了更详尽的有关周口店遗址形成过程的埋藏学研究论文[22]，认为周口店遗址第1地点在第6层堆积形成的过程中洞顶已经坍塌，不再保留洞穴结构；从第10层到第3层都显示水动力的沉积环境，在任何层位都不存在没有争议的原地用火证据。

2004年，波阿兹（Boaz）等发表了根据原始发掘记录和发表的文献资料对周口店第1地点原始地层和发掘探方做三维重建的论文，以梳理出土的人类化石、文化遗存和其他材料的空间关系。他们的研究在很大程度上复述了古德伯格等的分析结果，并认为北京猿人不是周口店洞内的居住者，而是偶尔到洞里的捡食者，但又有些自相矛盾地声明周口店遗址存在人类用火的迹象[23]。

四、新的发现与研究进展

为落实周口店遗址保护规划，从2009年开始，中国科学院古脊椎动物与古人类研究所对遗址西剖面做有限度的清理发掘[24]。解决用火问题的争议是新一轮考古发掘与研究的学术目标之一。经过数个年度的野外工作，在近20m^{2}的面积内完成了对第3～5层的清理，发现一批石制品和动物化石。标本主要出自第4层，亦即上文化层。该层以前出土过很多用火遗存，这次亦然。在全站仪、三维激光扫描仪等现代田野设备与技术的支持下，新发掘出土的标本和揭露出的遗迹现象具有更精确、更翔实的三维空间信息；考古队与多个实验室合作，在现场对重要的部位、层位和迹象做了系统的取样（图二），开展了一系列埋藏学、沉积学、地球化学和燃烧分析，在北京猿人用火问题上取得了重要进展。

1. 新发现与新观察

在新一轮清理发掘中，从第4层发现的与用火证据相关的材料（图三）和观察到的相关迹象有以下几类。

集中用火的部位或火塘：发掘揭露出三处集中用火的部位或火塘，遗迹内的沉积物呈现异常的红色，其间夹杂着灰黑色疑似灰烬的物质。下面将要提到的分析显示这些部位分布有高含量的植硅体、钾元素等燃烧产物和超出常规的红度，被长时间高温烧烤过。其中一处残存围石圈筑结构（图三：a）。

烧骨：发掘出多件内外皆呈黑或灰褐色、明确被烧过的动物骨骼（图三：b）。这些烧骨与石制品、火塘等文化遗存出现在同一层面上相距很近的位置，具有清晰的共生关系。

高温受热的灰岩变成石灰：在发掘区东北角的一堆石灰岩块受热发生形态与颜色变化，发生龟裂、断裂，部分已经成为白色的石灰粉末，即生石灰（图三：c）。依据

图二　发掘期间在现场记录、提取用火证据

图三　新发现的与古人类用火相关的材料与遗迹

a. 集中用火的部位或火塘　b. 烧骨　c. 石灰岩

石灰生成原理，主要成分为碳酸钙的石灰石在高温下经过一定时间的煅烧，分解为氧化钙和二氧化碳。前者即为生石灰的主要成分。将石灰石变成石灰的过程，非偶尔发生的野火所能为；这些石灰岩块和颗粒不等的石灰粉末堆积在一起，显系原生并就地埋藏，可以排除从洞外被水带入的可能性。

洞穴的证据：一堆大小不一的石灰岩角砾出现在第4层上部的北侧，应为洞顶坍塌的结果。这说明在第4层堆积形成的过程中，周口店第1地点至少有些部位存在洞穴结构，为人类生存提供遮风避雨的条件，直到第3层形成时洞顶才最终消失[25]，而不是像古德伯格等推测的那样从第6层以上遗址就处在完全开放的环境下。

关于水动力对沉积所发生的作用：发掘表明第4层的确存在静水环境下形成的沉积物的水平层理，但这样的现象并非普遍，只出现在局部，主要在发掘区的西南角。观测显示，第4层中有的层位向西南方向倾斜，很可能在该方向形成局部洼地，该部位的沉积过程受到静水的影响与改造，但不可据此认为该层整体堆积都受到水动力的影响，不具备人类生存的条件。

第4层堆积的复杂性：第4层被称为“上文化层”，被作为一个地层单元和文化层位对待，尽管前人注意到该层堆积还可以细化。本次发掘发现该层堆积厚而复杂，根据岩性特征可以划分为多个不同的层位，各层之间在沉积物构成、颜色、粒度、硬度、包含物和产状诸方面都有所不同。这些不同层位的堆积应代表不同时期的不同沉积环境、沉积过程和生态条件，将其作为一个文化单元研究显然过于简单。

2. 植硅体提取与燃烧实验分析

未从沉积样品中找到植硅体和足够的钾元素成为维纳等认定周口店遗址不存在古人用火的直接证据的主要原因。一项新的研究对此得出相反的结论。发掘队与国家安全生产研究院合作，从新暴露的地层中提取4组样品做分析测试，其中3组样品来自第4层，1组来自第6层。这些样品经过一系列化学处理和制备后，用扫描电镜（Hitachi-S4800 Field-Emission）和X射线衍射仪（Bruker-D8 Advanced）做物质组成分析，结果发现很多富含植硅体的颗粒团和二氧化硅、元素碳、元素钾等成分。这对维纳等人的分析结果提出了否定并对北京猿人用火证据提供了更多支持[26]。

为了解开两次分析结果迥异的困惑，课题组对不同树木做了燃烧实验，以分析不同树种在燃烧后是否会产生不同的残留物。共有12种在北京猿人生活时期曾经在周口店地区生长的树种被选来做实验，包括朴树和紫荆。燃烧后对产生的灰烬分别做收集和成分分析，发现灰烬中植硅体和硅、铝、铁、钾等成分的含量因树种的不同而有很大的差别[27]。这样的结果具有极大的启示意义：周口店遗址各个层位原本就有复杂性，在不同层位、部位提取的样品已经具有很大的差异性，而不同树木产生的燃烧残留物还有变异，这更加剧了分析结果的偶然性和不确定性。维纳等从剖面表层局部提取的分析样品，或许根本没有保存灰烬，或许含有的灰烬恰巧产自植硅体与钾元素产量低的树种，于是得出否定的结论。

3. 磁化率与红度分析

为了分析为何特定部位的堆积会出现颜色偏红的现象并揭示颜色变化与用火之间可能的关联性，课题组针对第4层堆积中新发现的被认定为集中用火的位置或火塘以及颜色正常的区域和洞外沉积进行了系统的野外采样和磁化率与色度测量分析。低频和高频磁化率测量使用MFK1-FA多频磁化率仪，测试频率分别为976Hz及15616Hz，仪器分析精度为0.1%，共测试样品405个；色度测试使用柯尼卡美能达CM-700d色彩色差仪，共测试样品401个。分析显示，被认定为用火部位的沉积物的磁化率、红度显著异常，有的区域的磁化率值较其他部位的沉积物高出22倍，红度高出近3倍（图四）。分析揭示，被检测出高磁化率值和高红度值的样品中富含细粒磁铁矿和赤铁矿，这两种矿物正是导致沉积物磁化率升高和红度值增加的原因，而持续高温作用是这两种矿物生成的机理；磁化率随温度变化的特征进一步揭示具有高磁化率值的区域应该经历了700℃以上的燃烧加热，这是自然火难以达到的温度[28]，说明这些区域确实发生过长时间集中原地用火。

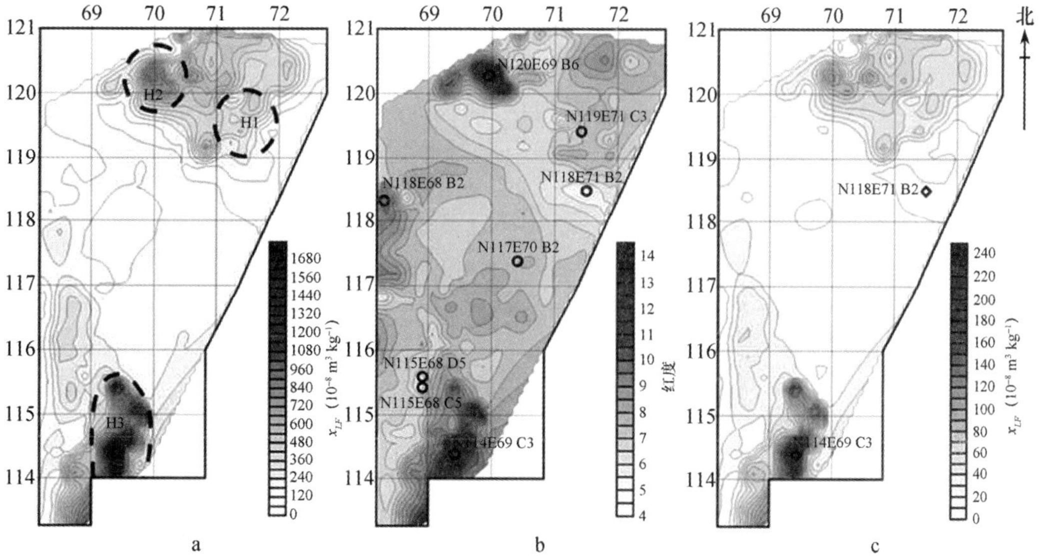

图四　第4层沉积物低频磁化率（a）、红度（b）及频率磁化率（c）等值线图

五、讨论：如何看待不同的分析结果与观点

周口店遗址的用火争议在旧石器时代考古研究中不是孤例，很多早期遗址曾被认为存在用火遗存，然后被质疑、否定，有的争议一直无法了断。之所以很多遗址在这方面存在争议或不确定性，是遗址埋藏过程的改变和相关证据特点使然。尤其是久远的旧石器时代早期遗址，在形成过程中及其后，各种营力会对人类留下的遗物、遗迹不断扰动、改造，导致有的用火迹象扭曲或消失，使得对其辨认和论证变得十分困难，“庞贝”似的原原本本保留人类活动某一瞬间的遗址实属凤毛麟角。但不能因为证据体系不完整而武断否定一些遗址存在人类用火的可能性，尤其不该在不做具体分析的情况下就从想象中或理论上加以否定。为防止无谓的争论，找到一套学术界公认的可构成人类有意识用火证据的标准对开展有效的研究与讨论十分重要。维纳等[29]提出了一个评判用火证据的层级标准（表一），我们可以借鉴过来以讨论周口店的案例。

表一　评判原地用火的标准与可信度

物证与关联性	可信度
经过构建的火塘（比如凹坑，围石结构），最好与烧骨、烧石、烧土等共生	明确无误、意图明确的人类用火证据
清楚的关联性。例如，在不会生长树木的洞穴内出现原地埋藏的木头灰烬	人类用火证据
不确定的关联性。例如，在一个地层单元或层位出现烧骨与石制品共生的现象	人类用火的指向性证据
被烧过的材料散布在沉积物中，缺乏与人类遗物直接的共生关系	遗址存在烧火的证据，但无法证明人类有意识地用火

如前所述，在周口店遗址第4、8～9、10、石英II层堆积中，烧骨、烧石和炭化的朴树籽被清楚地记录在案。按照维纳等学者的证据标准体系，这些层位皆存在起码的烧火的证据；进一步分析文献资料，发现被烧过的材料所出土的层位都包含人类化石、石制品等人类遗存，于是证据的可信度上升至“人类用火的指向性证据”；如果我们相信德日进、裴文中等周口店早期工作者的观察和记录，3个灰堆被发现在鸽子堂石英Ⅱ中，其中两个整齐地分布在一大块石灰岩上，那么该层位该部位的用火证据就可以被归类为“人类用火证据”；新的发掘从第4层揭露出具有石块围挡结构的火塘，附近还有烧骨、烧石和石制品共生，从灰烬堆积中提取到丰富的植硅体、钾元素和异常高的磁化率和红度数值，于是可以确定地说，周口店遗址第1地点第4层存在“明确无误、意图明确的人类用火证据”。

其他层位的情况如何，尤其是引人关注的第10层？古德伯格等对第10层给与了格外的关注。他们对该层下部的用火证据是完全否定的，认为那个部位的沉积是在静水或缓慢流水环境下生成的，主要表现为细层的粉细砂和黏土，含有黑色的有机质成分，这些物质应该来自洞外的高坡上。对于第10层上部堆积，他们表达出不确定性，认为该部位的沉积物来自黄土，物源与下部有别；该部位堆积没有层理，并含有烧过和未烧过的骨头以及大量粪便残块，说明经历过鬣狗等动物的扰动；同时他们又指出："该部位存在可能是被人类带入的石英岩材料，同时还有变黑的、可能是烧过的骨骼，暗示该层的部分迹象可能与人类活动有关。"[30]根据各种记录和野外观察，第10层堆积厚，变化复杂，经历过很长时间各种营力的作用，人类留下的遗物、遗迹不可避免经过一定的扰动。对于这样复杂的地层，必须做进一步的分层和详细的观察研究，而不应该如摸象的盲人那样急于做结论。原始野外记录表明该层存在丰富的用火遗存，包括集中分布的灰烬和烧骨、烧石等；元素碳分析已经指出第10层应该存在火塘[31]；而且第10层被认为与鸽子堂内的石英Ⅱ层可以对应，根据记录，石英II层存在巨石上集中分布的灰堆。因而不排除早期发掘者在该层的一些部位曾经见证过未被扰动的火塘和其他确凿的用火证据。我们期待未来能再次在残存的第10层堆积中发现明确无误的人类用火证据。

对周口店古人类用火问题的看法和讨论提供了一个重要研究案例。一方面随着新技术的出现和新证据的获取，对已有的研究结论会提出新的强化或证伪，另一方面随着社会思潮或特定理论体系的改变，对一些前人的研究结论会提出连带性的理念上的质疑或否定，尽管并没有开展新的研究。因而，在接受或排斥一个新的观点之前，我们应当对该观点是立足于科学事实还是基于主观臆断有所了解和判断。当宾福德等发表第一篇有关周口店遗址性质和质疑人类用火证据的论文时，他们仅仅是做过有限的文献分析，并没有亲身开展调查研究。在发表第二篇文章之前，他们到遗址剖面前驻足观察了数小时，然后花费4天时间观测了1523件动物骨骼。诚如一些学者所指出的那样，这样浮光掠影式的观察和匆匆忙忙间对如此大量的骨骼样品做观测分析，很难产生准确的、没有偏颇的数据资料，很难对半个多世纪内积累的成果做有效的评判[32]。不难发现，他们的结论有些先入为主，受到当时学术界对远古人类获取肉食资源的能力与方式看法转变的影响，即由原先认定的人类是天生的狩猎者转而认为人类在早期没有狩猎的能力，仅靠偶尔的捡食获得肉食。于是北京猿人由狩猎者变为捡食者甚至是猛兽猛禽的口中食，他们的洞穴之家变为鬣狗、洞熊的巢穴，他们在洞内烧烤分享猎物也就变得不太可能。他们倾向接受第4层存在人类用火的证据却否定第10层有同样的遗存，潜在的原因是生活在第4层的北京猿人处于相对晚的时代，此时的人类具有狩猎和用火的能力是可以被接受的，而更早的第10层时期的人类则不行！非证据不同，是观念使然。

由于宾福德巨大的学术影响力，他对周口店遗址的性质和北京猿人用火证据的观点对其他学者产生了重大影响。当维纳等注意到周口店第1地点第4、10层存在与晚期人类遗址中确凿无疑的用火证据相似的石制品与烧骨的相关性，但坚持认为周口店的这些证据只是指向人类用火的可能性，但不能证实时[33]，很难说这样自相矛盾的解释没有受到宾福德的影响；当波阿兹（Boaz）等提出北京猿人并非周口店洞穴的居住者，反而是他们的尸体被鬣狗拖入洞穴中，其后又将北京猿人描述为偶尔借助火的光亮和恫吓力光顾那个大型的鬣狗巢穴的捡食者时[34]，他们其实是在接续宾福德已经开讲的故事。

同样的材料和数据可以做相反的解释。吴新智运用维纳等的数据来反驳他们的结论。他们观察到2.5%的小型动物骨骼和12%的大型动物骨骼有被烧过的痕迹，认为这些烧骨是被水流从洞外带入的[35]。吴新智则指出，水流对小型动物骨骼搬运的比例应该高出大型动物骨骼，而不是相反，因而这组数据反而说明这些骨骼是在洞内原生的，不是水流搬运的结果。另外，用水流作用来解释烧石和石制品在文化层中的存在也是无法被接受的[36]。由此可见，学术研究应该基于事实或证据得出客观的结论，避免主观、片面，也不该被理论的流向和别人的观点所左右。

六、结　　语

周口店遗址洞穴堆积十分复杂。发掘揭露的13个层位历经漫长的沉积过程，期间各种自然营力和人类活动都留下过印记；不同层位、不同部位都有不同的演化历史和不同的营力作用，形成不同的地层堆积过程、环境演化过程和人类与其他动物生存事件的叠加。从以前的发掘记录、维纳等学者所做的剖面清理和新近发掘所揭示的信息看，很多层位，尤其是关键的第10、8～9、4层，应该做进一步的划分，以分辨人类活动和堆积形成的细微事件与过程。在这样的遗址做发掘和研究，要防止简单化的倾向，不能以偏概全。尤其是遗址在20世纪发掘后剖面经历长时间裸露，受到各种自然营力的侵蚀和改造，从剖面上提取有限的样品做分析测试具有很大的偶然性和不确定性，得出的结论需要考虑这些因素，不该太武断和绝对。

从以前的发掘记录和各种分析结果看，周口店遗址存在着系统性的古人类用火的证据。这些证据不是孤立的，是可以相互验证和支持的。新的发掘所揭示的材料与现象和现代科技分析结果更使遗址第4层的用火证据变得明确无误，对该层位的用火争议终可尘埃落定。但我们也不可走得过远，宣称周口店遗址所有层位的用火证据都被证实了，不再存在争议了。新的发掘和研究仍需去发现和提取证据，不断提升科技分析的能力，把这项研究推向深入。

致谢：作者感谢2009年以来参加过周口店遗址第1地点发掘与研究的各位同仁，感谢郭正堂、钟茂华和孙卫东等的参与和指导，感谢两位审稿专家提出的中肯意见和有益的建议，感谢周口店博物馆在发掘期间给予的协助。

参考文献

[1] Binford L R, Ho C K. Taphonomy at a Distance: Zhoukoudian, "The Cave Home of Beijing Man"?. Current Anthropology, 1985, 26(4): 413-442; Binford L R, Stone N M. Zhoukoudian: A Closer Look. Current Anthropology, 1986, 27(5): 453-475.

[2] Weiner S, Xu Q Q, Goldberg P, et al. Evidence for the Use of Fire at Zhoukoudian, China. Science, 1998, 281(5374): 251-253; Goldberg P, Weiner S, Bar-Yosef O, et al. Site Formation Processes at Zhoukoudian, China. Journal of Human Evolution, 2001, 41(5): 483-530; Boaz N T, Ciochon R L, Xu Q Q, et al. Mapping and Taphonomic Analysis of the *Homo erectus* Loci at Locality 1 Zhoukoudian, China. Journal of Human Evolution, 2004, 46(5): 519-549.

[3] Wu X Z. Investigating the Possible Use of Fire at Zhoukoudian, China. Science, 1999, 283(5400): 299; Behrensmeyer A K. Comments on "Zhoukoudian: A Close Look" by Binford LR, Stone NM. Current Anthropology, 1986, 27(5): 453-475; Haynes G. Comments on "Zhoukoudian: A Close Look" by Binford LR, Stone NM. Current Anthropology, 1986, 27(5): 453-475; Olsen J W. Comments on "Zhoukoudian: A Close Look" by Binford LR, Stone NM. Current Anthropology, 1986, 27(5): 453-475.

[4] Shen C D, Yi W X, Yang Y, et al. Concentrations of "Elemental Carbon" in Samples from the Peking Man Site at Zhoukoudian and the Possibility of Their Application in the Development of Evidence for the Use of Fire by Humans. Chinese Science Bulletin, 2004, 49(6): 612-616.

[5] Goren-Inbar N, Alperson N, Kislev M E, et al. Evidence of Hominin Control of Fire at Gesher Benot Ya'aqov, Israel. Science, 2004, 304(5671): 725-727; Berna F, Goldberg P, Horwitz L K, et al. Microstratigraphic Evidence of in Situ Fire in the Acheulean Strata of Wonderwerk Cave, Northern Cape Province, South Africa. PNAS, 2012, 109(20): 7593-7594.

[6] Black D. Evidence of the Use of Fire by *Sinanthropus*. Bulletin for Geological Society of China, 1931, 11(2): 107-108.

[7] Black D. Evidence of the Use of Fire by *Sinanthropus*. Bulletin for Geological Society of China, 1931, 11(2): 107-108.

[8] 贾兰坡，黄慰文．周口店发掘记．天津：天津科学技术出版社，1984；裴文中，张森水．中国猿人石器研究．北京：科学出版社，1985；张森水．周口店遗址志．北京：北京出版社，2004.

[9] Movius H L. The Lower Paleolithic Culture of Southern and Eastern Asia. Transactions of the

American Philosophical Society, 1948, 38(4): 329-420; Oakley K P. The Earliest Fire-makers. Antiquity, 1956, 30(118): 102-107.

[10] Movius H L. The Lower Paleolithic Culture of Southern and Eastern Asia. Transactions of the American Philosophical Society, 1948, 38(4): 329-420.

[11] 张森水. 周口店遗址志. 北京：北京出版社，2004.

[12] Guo S L, Zhou S H, Meng W, et al. Age Determination of Peking Man by Fission Track Dating. Chinese Science Bulletin, 1980, 25(6): 535-536；刘顺生，张峰，胡瑞英，等. 裂变径迹法在北京猿人年代测定中的应用//吴汝康，任美锷，朱显谟，等. 北京猿人遗址综合研究. 北京：科学出版社，1985：241-245；裴静娴. 北京猿人洞穴堆积及其他洞穴堆积的热发光年龄//吴汝康，任美锷，朱显谟，等. 北京猿人遗址综合研究. 北京：科学出版社，1985：256-260；郭士伦，刘顺生，孙盛芬. 北京猿人遗址第四层裂变径迹法年代测定. 人类学学报，1991，10（1）：73-77.

[13] Wu X Z. Investigating the Possible Use of Fire at Zhoukoudian, China. Science, 1999, 283(5400): 299; 郭世伦. 周口店北京猿人用火和存在灰烬的裂变径迹证据. 人类学学报，1998，17（4）：325-326.

[14] Shen C D, Yi W X, Yang Y, et al. Concentrations of “Elemental Carbon” in Samples from the Peking Man Site at Zhoukoudian and the Possibility of Their Application in the Development of Evidence for the Use of Fire by Humans. Chinese Science Bulletin, 2004, 49(6): 612-616.

[15] 张森水. 关于周口店第1地点的用火问题. 人类学学报，1998，17（4）：320-322；吴新智. 应严肃对待别人和自己的科研成果. 人类学学报，1998，17（4）：322-324.

[16] Binford L R, Ho C K. Taphonomy at a Distance: Zhoukoudian, “The Cave Home of Beijing Man”?. Current Anthropology, 1985, 26(4): 413-442.

[17] Binford L R, Ho C K. Taphonomy at a Distance: Zhoukoudian, “The Cave Home of Beijing Man”?. Current Anthropology, 1985, 26(4): 413-442.

[18] James S R. Hominid Use of Fire in the Lower and Middle Pleistocene: A Review of the Evidence. Current Anthropology, 1989, 30(1): 1-26.

[19] Binford L R, Stone N M. Zhoukoudian: A Closer Look. Current Anthropology, 1986, 27(5): 453-475.

[20] Weiner S, Xu Q Q, Goldberg P, et al. Evidence for the Use of Fire at Zhoukoudian, China. Science, 1998, 281(5374): 251-253.

[21] Wuethrich B. Geological Analysis Damps Ancient Chinese Fires. Science, 1998, 281(5374): 165-166.

[22] Goldberg P, Weiner S, Bar-Yosef O, et al. Site Formation Processes at Zhoukoudian, China. Journal of Human Evolution, 2001, 41(5): 483-530.

[23] Boaz N T, Ciochon R L, Xu Q Q, et al. Mapping and Taphonomic Analysis of the *Homo erectus* Loci at Locality 1 Zhoukoudian, China. Journal of Human Evolution, 2004, 46(5): 519-549.

[24] 张双权，高星，陈福友，等．周口店第一地点西剖面2009-2010年发掘报告．人类学学报，2016，35（1）：63-75.

[25] 张双权，高星，陈福友，等．周口店第一地点西剖面2009-2010年发掘报告．人类学学报，2016，35（1）：63-75.

[26] Zhong M H, Shi C L, Gao X, et al. On the Possible Use of Fire by *Homo erectus* at Zhoukoudian, China. Chinese Science Bulletin, 2014, 59(3): 335-343.

[27] Zhong M H, Shi C L, Gao X, et al. On the Possible Use of Fire by *Homo erectus* at Zhoukoudian, China. Chinese Science Bulletin, 2014, 59(3): 335-343.

[28] 张岩，郭正堂，邓成龙，等．周口店第1地点用火的磁化率和色度证据．科学通报，2014, 59（8）：679-686.

[29] Weiner S, Xu Q Q, Goldberg P, et al. Evidence for the Use of Fire at Zhoukoudian, China. Science, 1998, 281(5374): 251-253.

[30] Goldberg P, Weiner S, Bar-Yosef O, et al. Site Formation Processes at Zhoukoudian, China. Journal of Human Evolution, 2001, 41(5): 483-530.

[31] Shen C D, Yi W X, Yang Y, et al. Concentrations of “Elemental Carbon” in Samples from the Peking Man Site at Zhoukoudian and the Possibility of Their Application in the Development of Evidence for the Use of Fire by Humans. Chinese Science Bulletin, 2004, 49(6): 612-616.

[32] Behrensmeyer A K. Comments on “Zhoukoudian: A Close Look” by Binford LR, Stone NM. Current Anthropology, 1986, 27(5): 453-475; Haynes G. Comments on “Zhoukoudian: A Close Look” by Binford LR, Stone NM. Current Anthropology, 1986, 27(5): 453-475; Olsen J W. Comments on “Zhoukoudian: A Close Look” by Binford LR, Stone NM. Current Anthropology, 1986, 27(5): 453-475.

[33] Weiner S, Xu Q Q, Goldberg P, et al. Evidence for the Use of Fire at Zhoukoudian, China. Science, 1998, 281(5374): 251-253.

[34] Boaz N T, Ciochon R L, Xu Q Q, et al. Mapping and Taphonomic Analysis of the *Homo erectus* Loci at Locality 1 Zhoukoudian, China. Journal of Human Evolution, 2004, 46(5): 519-549.

[35] Weiner S, Xu Q Q, Goldberg P, et al. Evidence for the Use of Fire at Zhoukoudian, China. Science, 1998, 281(5374): 251-253.

[36] Wu X Z. Investigating the Possible Use of Fire at Zhoukoudian, China. Science, 1999, 283(5400): 299.

（原载于《人类学学报》2016年第35卷4期，与张双权、张乐、陈福友合著）

周口店第15地点剥片技术研究

周口店第15地点位于龙骨山东麓，与第1地点相隔约70m，与第4地点相邻。该地点发现于1932年，发掘于1935～1937年[1]。共有万余件石制品和大量的动物化石从该地点发掘出土，其文化遗物之丰富和学术地位之重要在周口店旧石器文化遗址群中可与山顶洞遗址相媲美，仅次于第1地点，从而使其成为中国乃至东亚中、晚更新世的一处重要的旧石器时代考古地点。

虽然该地点在中国旧石器时代考古学研究中占有很重要的位置，在各种文献中被广泛提及和引述，但对该地点的研究基础却十分薄弱，其丰富的文化遗物从来没有被系统地整理和分析。迄今为止对该地点的原始研究只有两篇发表于20世纪30年代的发掘简报[2]。这使中外的学者们在使用该地点的考古材料方面受到了很大的限制。笔者有幸于1997年接触和研究了这批石器资料，并在此基础上完成了博士学位论文[3]。现将该论文中有关石核、石片研究和剥片技术分析部分单独成文，以飨国内读者。

一、石核形态与类型

共有130件锤击石核从第15地点发掘出土。其中126件以脉石英为原料。为了客观地描述和分析这些石核的形态和技术特点，本文对每件标本做了以下的测量和记录：①长度、宽度、厚度和重量；②台面和工作面的数量；③台面的性质和大小；④石片疤的数量、大小和方向；⑤台面角；⑥打击点、锥疤和半锥体阴痕状态；⑦多台面标本台面间的几何关系；⑧残存原生石皮的比率；⑨原料种类。

根据打片方向、台面的数量与关系的综合考量，该地点的石核可以分为以下3个类型。

（1）简单石核（simple cores）：共23件，包括单台面和双台面石核。这些石核的特点是其利用率很低，只有零散的几个石片被剥离下来，打片显得简单和随意，台面和工作面不做任何修整。它们在打片的初始阶段即被弃置不用或者是因其质地不良，或者是其形态不适合被进一步利用。这样的标本在西方文献中被称为“尝试石核”

（tested cores）。

简单石核个体间的大小变异很大。最大者长为14cm，最小者为3.4cm，标准偏差值（standard deviation）为2.4cm。

（2）盘状石核（discoid cores）：共33件（图一）。这类石核的特点是石片疤分布在其两个相对的工作面上，且从边缘向中心延伸，使石核体边缘薄而中心厚，横切面近于圆形。

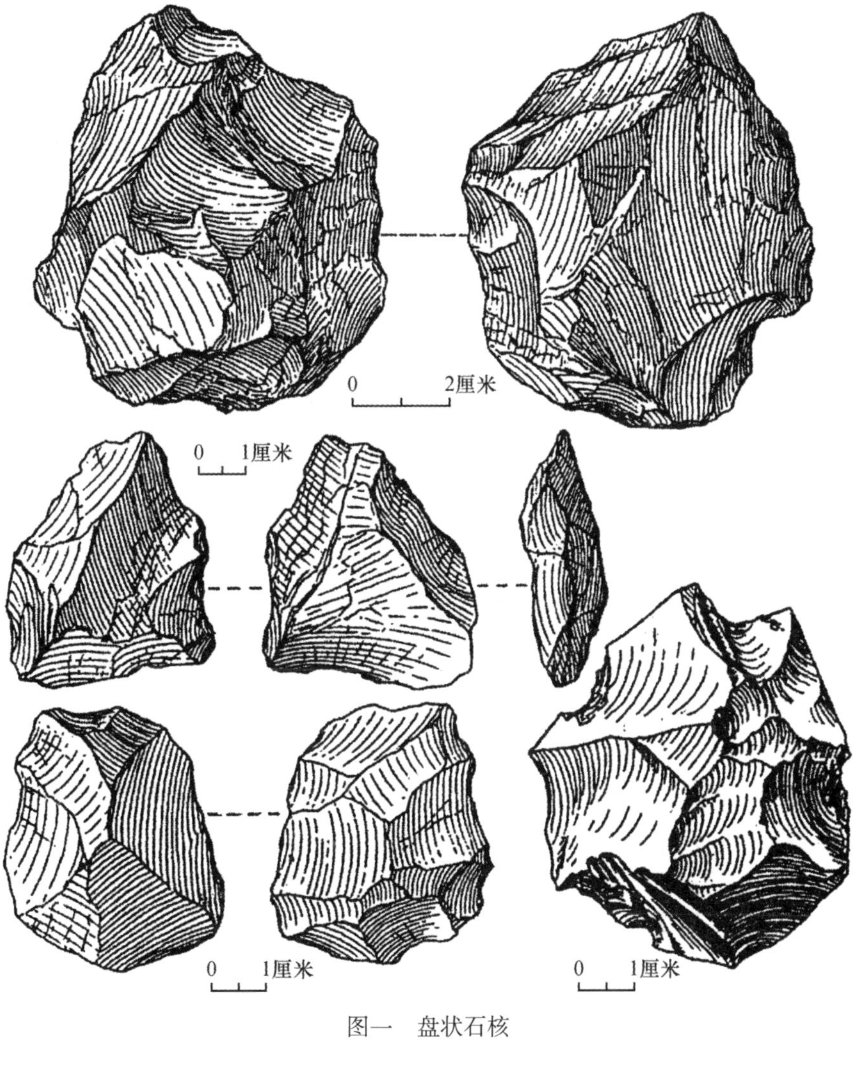

图一 盘状石核

盘状石核个体间大小的变异较之简单石核要小得多。绝大多数盘状石核的个体较小，平均长为5.8cm，宽为4.7cm，厚为3.3cm，台面角平均为79°，是一类利用率较高的石核。

（3）多台面石核（polyhedral cores）：共74件（图二），占石核类的57%。这类石核体上遍布石片疤，石片疤的方向不定，石核呈多面体。

多台面石核的个体变异很大，最大者长12.8cm，最小者长仅3.4cm。大多数个体很小，平均长为5.6cm，台面角平均为82°，表明多数石核曾被充分利用。

图三展示石核长度与宽度的分布。图四是3类石核平均重量的分布情况，表明盘状石核小于简单石核和多台面石核，因而在3类石核中利用率最高。其次为多台面石核，多台面石核所拥有的原生石皮比率在3类石核中最小，但这并不表明其利用率高于盘状石核，而是其剥片的方式所导致的。

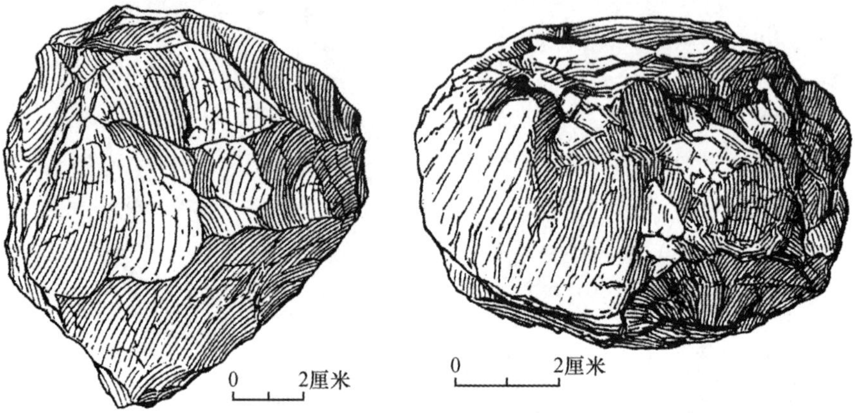

图二　多台面石核

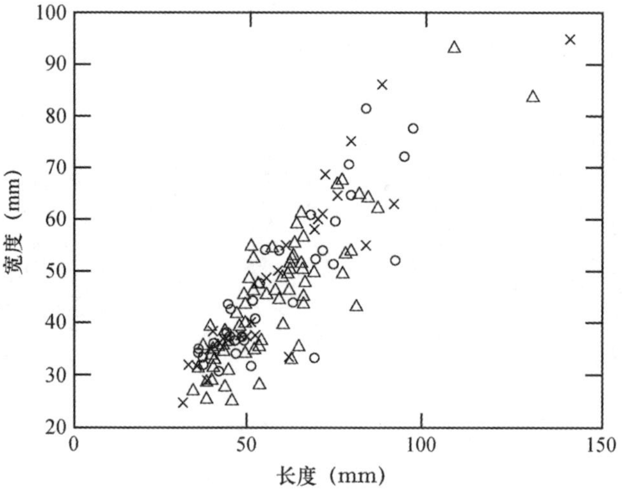

图三　三种类型石核的长宽分布（×简单石核，△多台面石核，○盘状石核）

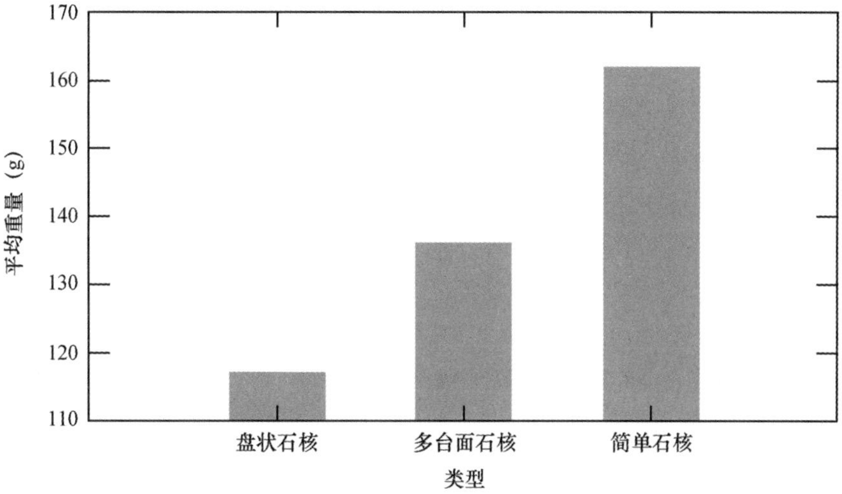

图四　三种类型石核的平均重量分布

二、石片的类型与特点

本文共研究了439件锤击石片和91件残片、断片。其中393件以脉石英为原料。为研究石片的剥片技术和形态特点，对每件标本的下述变量进行了测量和记录：①标本完整状况；②长度、宽度、厚度和重量；③台面性质、形态和大小；④石片角；⑤打击点、半锥体和锥疤状况；⑥边缘破损情况；⑦原生石皮占有率；⑧背面石片疤数量；⑨背面石片疤的走向；⑩总体形状；⑪原料种类。

表一　完整石片的大小测量统计表

测量统计项目	长度（mm）	宽度（mm）	厚度（mm）	重量（g）
数量	439	439	439	439
最小值	11	12	3	1
最大值	160	175	45	521
平均值	36	34	12	21
标准偏差值	16	17	5	36

表一列出了对完整的石片标本大小与重量的测量统计情况。这些石片大多个体较小，长度与宽度多在2～5cm之间，厚度多在0.5～2cm之内。其中两件石片个体很大，分别为16cm×13cm×4.5cm和10.3cm×17.5cm×3.6cm，表明在材料许可的情况下生活在该地点的古人类有能力生产大型的石片。

绝大多数石片为普通石片（图五）。长型石片很少。其中7件标本可归类为长石片或石叶——长宽比值大于2且两侧边近于平行（图六：4、6、7）。但图七显示全部石片的长宽比值呈正态连续分布，而且这些石叶在技术特征方面与普通石片没有多少差别，因而不必人为地将它们单独分为一类。

对于普通石片的形状很难进行准确的描述。第15地点的石片可以依据其两侧边缘的走向和关系大致划分为4类。

（1）平行石片　石片的两侧边基本上相互平行，标本的总体形状近于长方形或方形。只有5.6%的标本属于平行石片。

（2）窄尾石片　石片的两侧边向尾端收缩并最终交汇，使标本在整体上呈三角形。共有10.4%的标本属于这类石片。

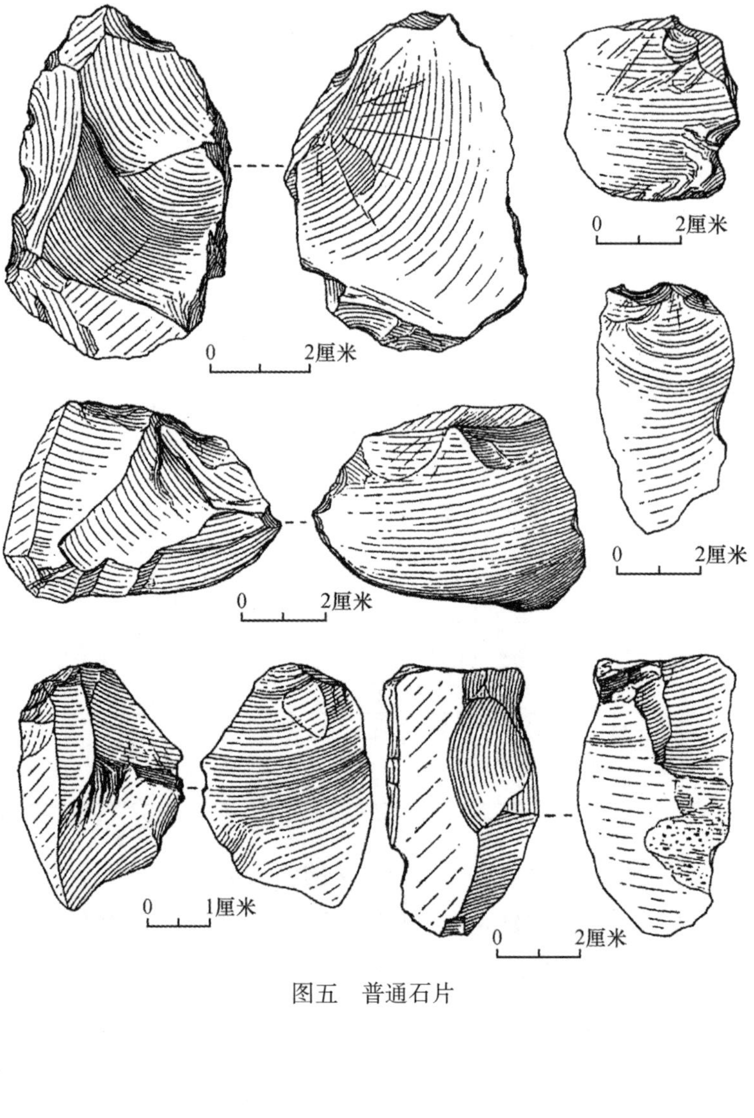

图五　普通石片

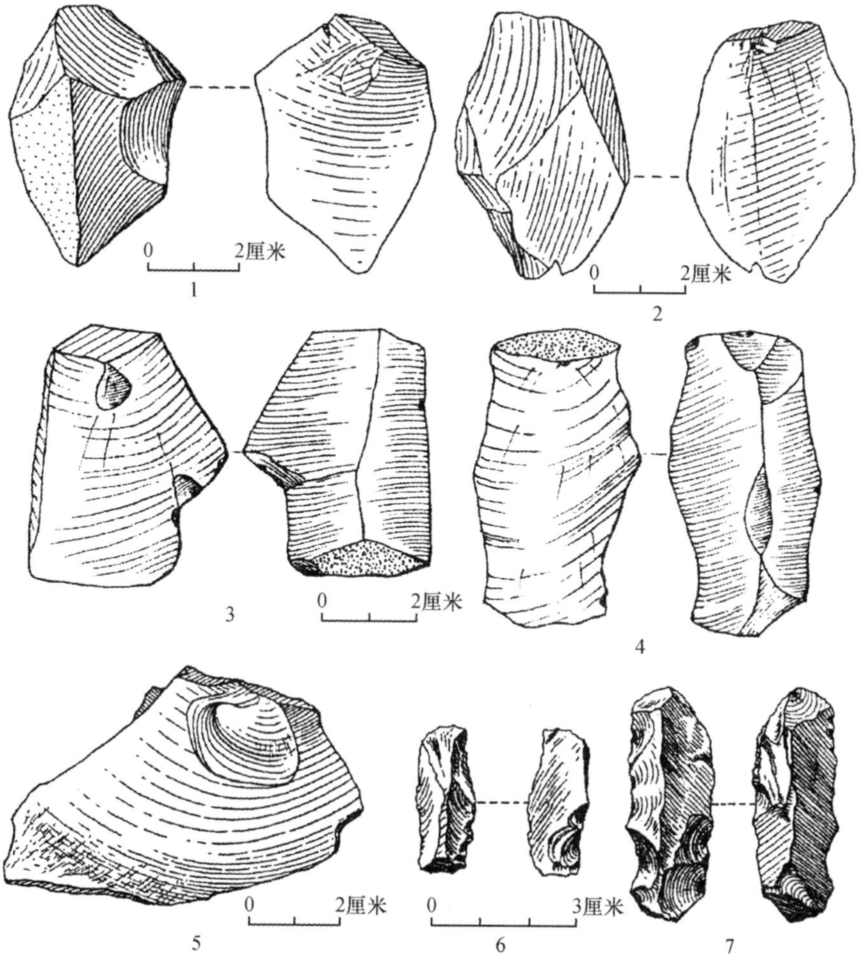

图六　普通石片与石叶

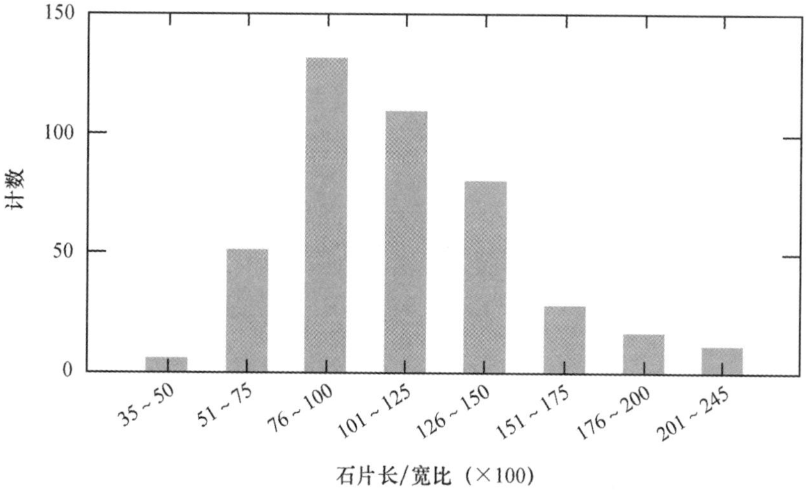

图七　石片长/宽比的分布情况

（3）宽尾石片　与窄尾石片相反，其两侧边在尾端向两侧扩张，使标本尾端的宽度大于台面端的宽度，整体形态呈梯形、扇形或近圆形、半圆形。共有7.3%的石片属于这一类型。

（4）不规则石片　石片不属于上述任何一类，不可能用几何语言进行分类和描述。共有76.7%的标本属于不规则类，占石片的绝大多数。

石片的台面可以划分为以下7个类型。

（1）自然台面　12.6%的石片的台面为原生石皮。

（2）节理面台面　石片的台面为平整而新鲜的节理面。该类台面往往归于自然台面。但考虑到脉石英节理发育，在打片过程中易于顺节理面断裂，因而利用新鲜的节理面打片在程序上应不同于利用原生石皮面剥片，故单独分为一类。4.3%的石片具有节理面台面。

（3）素台面　具有素台面的标本是石片中最多的一类，占石片总数的63.8%。

（4）有脊台面　6.6%的标本具有有脊台面。

（5）有疤台面　具有有疤台面的标本占石片总数的9.2%。

（6）线状台面　2.5%的石片归属此类。

（7）点状台面　只有0.7%的石片具有点状台面。

点状台面和线状台面的台面面积显然是很小的，但难以准确测量。表二显示在不包括具有上述两类台面的标本中，具有节理面台面的石片拥有最小的台面，有脊台面石片拥有最大的台面。研究发现石片台面的宽度与厚度构成一定的正向线性关系（图八），即宽台面与厚台面往往搭配出现，说明当时的石片生产者尚没有能力将石片的绝对厚度控制在一定的标准之内。这样的线性关系在石片台面面积与石片大小之间则不很明显，说明对大多标本而言并非台面越大而石片越大。而当将石片的大小按台面

表二　台面面积与石片本身大小的测量比较

台面性质	自然台面		节理面台面		素台面		有脊台面		有疤台面	
数量	55		18		275		23		40	
测量项目	*P*	*F/P*	*P*	*F/P*	*P*	*F/P*	*P*	*F/P*	*P*	*F/P*
最小值	0.3	2.2	0.6	3.4	0.1	2.1	0.4	2.4	0.2	1.0
最大值	29.5	39.7	3.8	17.6	73.3	77.3	11.0	22.5	47.3	37.7
平均值	3.5	9.1	1.6	8.5	2.2	11.2	3.8	6.8	3.6	9.0
标准偏差值	4.5	8.2	0.8	4.1	5.2	12.6	2.7	5.4	7.4	7.6

注：*P* 台面面积（单位为cm^2）；*F/P*石片大小与台面面积比值。

的性质进行分类比较时，发现具有小台面（点状台面、线状台面和节理面台面）的石片皆为个体很小者，说明特别小的石片只能与小台面相伴而生。图九表明第15地点石片的石片角测量数值呈正态连续发布。有脊台面石片的石片角的平均值最小（99°）。其他类型的石片角度平均值很相近（105°～109°）。全部石片石片角的平均值为108°。

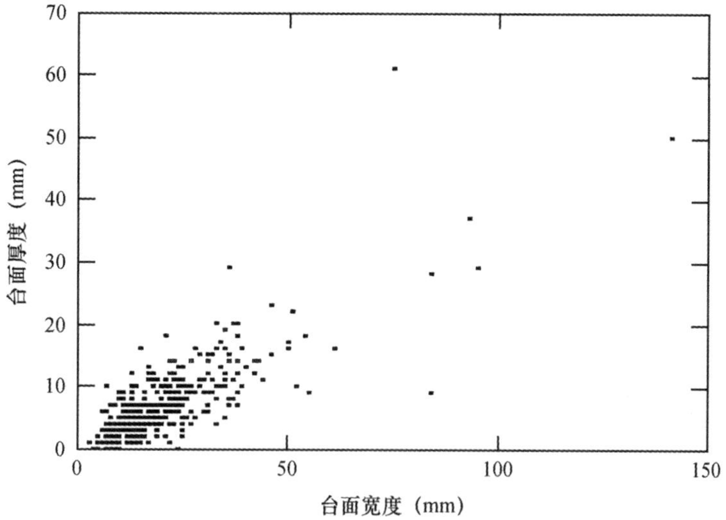

图八　石片台面宽度与厚度分布图

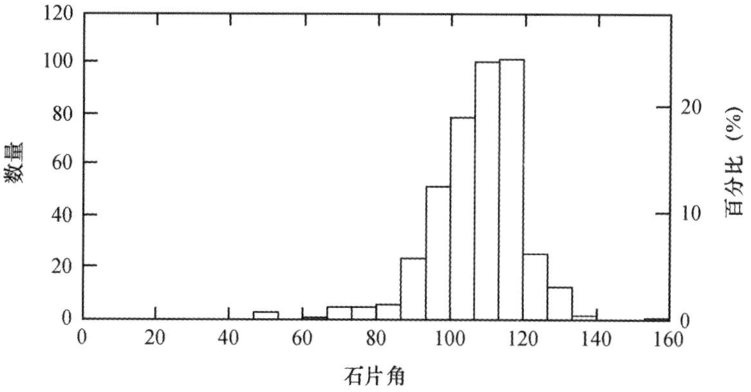

图九　石片角分布图

第15地点石片上的打击点大多不清楚。近41%的标本没有打击点的任何痕迹。仅25%的石片保留深凹而明显的打击点。半锥体在这些石片上亦不常能观察到。77%的标本没有明显的半锥体，仅3.2%的石片保留凸出而显著的半锥体。个别石片在半锥体处反而凹入。另外，只有2.5%的石片出现锥疤。缺失打击点、半锥体和锥疤往往被归结于软锤打片的迹象[4]。但石片阳面上的痕迹不但与剥片方式有关，还受到原料质量的影响。同为第15地点的石片，上述特征在不同原料的标本上有着不同的显现（表三）。在石英石片中，54.7%的标本观察不到打击点，85.4%的标本没有半锥体。相比之下，在火成岩、粉砂岩和燧石类石片中，仅3.5%的标本没有打击点，54.3%的标本没有凸起的半锥体。这说明不能单纯用上述特征来推断产生石片的技术与方式，必须考虑到不同原料对石制品上诸多痕迹与特点的影响与制约。

表三　不同原料的石片的打击点和半锥体的观测、统计和对比

观测项目	打击点（%）			半锥体（%）			
状态描述	无	深	浅	无	微凸	显凸	凹入
石英石片	54.7	4.9	40.4	85.4	12.1	1.6	0.9
非石英石片	3.5	10.4	86.1	54.3	38.0	7.8	0

关于石片的背面，76%的标本不保留原生石皮，仅3%的标本全部为石皮所覆盖。大多数标本的背面有2～4个石片疤。由于石英的质地粗糙，对这些石片背面石片疤关系与走向的研究很难取得理想的结果。

在未经加工的石片中，69件或16%的标本的边缘有破损现象，其中68%发生在一侧或两侧边上。这些破损疤痕往往很小且不连续。这样的疤痕有时被解释为使用的结果。但使用破损与自然破损很难区别开来，尤其当这样的痕迹发生在像石英这样劣质的材料上。

三、砸击石片

砸击技术的一个重要特点是石核可以被连续利用直至消失[5]，而且石核与其产生的石片之间没有明显的界线。

共有87件砸击产品从第15地点发掘出土（图一〇），仅占石核-石片类的11.6%。其中35件为一端石片，其余为两端石片。绝大多数标本个体很小，平均长为3.4cm，宽为2.2cm，厚为1.4cm，重为1.3g。总体来说，两端石片的个体大于一端石片。这是因为产生两端石片时砸击力从顶端传达到了底端，因而剥离出完整的石片；而当砸击力未能传到底端，或在石核体内遇到节理或裂隙从而被化解时，产生的石片便不完整，因而个体较小。

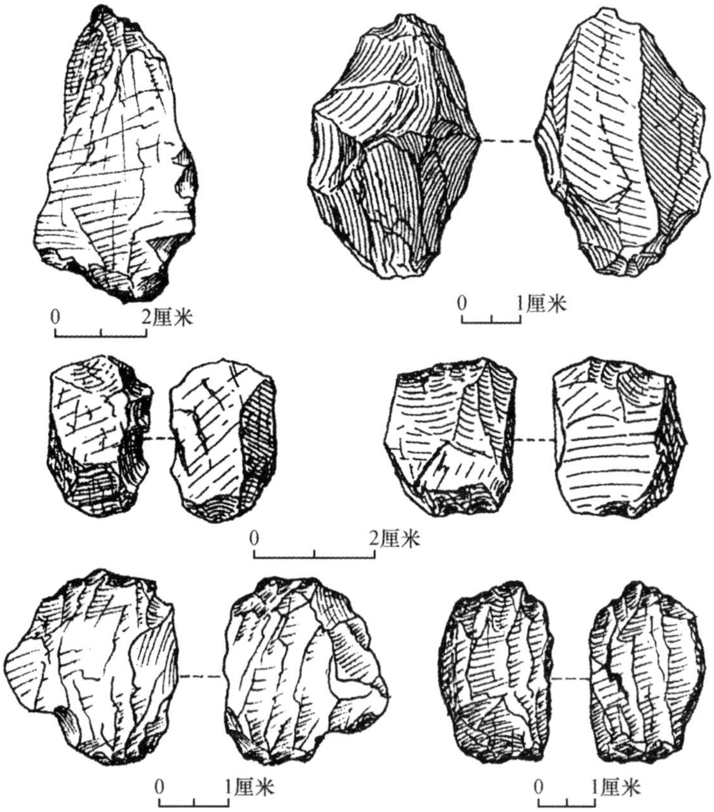

图一〇　砸击石片

四、石　　锤

第15地点的石制品中共有7件石锤（图一一）。其中5件为火成岩，另2件为砂岩。这些石锤在一端或两端有打击破损的痕迹。其中两件在中部平坦处显现凹陷的破损坑疤，表明它们亦被作为砸击石锤使用过。

与石核、石片和大量的残块废片比较，石锤在该地点的数量显得不成比例。但事实上石锤并不一定是专用工具，不需要具备特定的形态特征，自然砾石、废弃的石核和断块皆可偶尔代之。而当这样的石锤没有被充分利用并留下明显的破损特征时便会逃过研究者的眼睛。

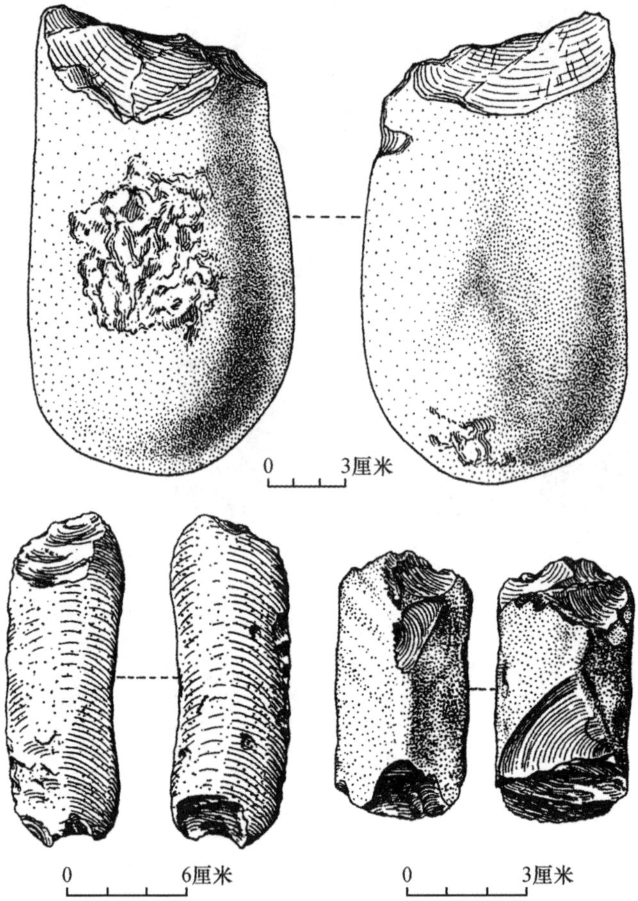

图一一　石锤

五、讨　论

1. 生产石片的技术与方式

从出自周口店第15地点的石核与石片观察，至少有两种剥片技术在该地点被使用过。一种是石锤直接打片，以石核和石片为代表；另一种为砸击打片，其产品为砸击制品。在石片中有几件个体很大的标本带有宽而厚的台面，其石片角亦很大，超过120°。这样的石片曾被认为是碰砧法的产品[6]。本文认为不能排除碰砧技术在该地点应用的可能性。但正如一些学者所指出，宽厚而倾斜的台面和大的石片角并非碰砧石片的专有特点，这样的特点在锤击石片中也能观察到，因而很难将锤击产品和碰砧产品截然区分开来[7]。

通过对3种类型的石核（简单石核、盘状石核和多台面石核）的观察，可以确定生活在第15地点的古人类拥有娴熟的锤击打片技术，会根据原材形态的不同而采取不同的剥片方式。至少有两种锤击打片方式可以从这些石核上推断出来。

A. 向中心交互打片。这样的打片方式发生在盘状石核上，即从砾石的边缘向中心在上下两面上交互打片，一个工作面上的石片疤成为在另一个工作面上打片的台面。剥片在相对的两个面上交互进行，直至石核变得很小不能继续使用为止。这样即使不对标本的台面和工作面进行修整，也能使其保持适合的剥片角度。因而这种打片方式具有一定的计划性与规范性。正因为如此，盘状石核在总体上小于其他两类石核，利用率最高。

B.多向打片。此种打片方式被施于多台面石核上。多向剥片的特点为机会性与方向不定，缺乏计划性，通体为台面与工作面，一旦石核体上不再有适合打击的台面与角度时便被弃之不用。

从打片的力学角度分析，由双面交互剥片所产生的盘状石核应起始于扁平的原材，而多向打片则适用于在多面体原材上生产石片。当然，随着打片的进行和原材形态的改变，交互剥片方式可以转化为多向剥片。

将第15地点中用这两种锤击方式生产的石片区分开来是一件无法做到的事情。原因之一是这些石片多为石英制品，质地不均匀，断口不规则，因而很难精确判断其背面石片疤的方向。原因之二是这两种方式生产的石片在特征方面不具有排他性，因而不能截然分开。从这些石片的特点观察，古人类在剥片时一般不对石核的台面做修整。数件石片在背面上出现一系列小而重叠且与打击轴走向一致的疤痕（图一二：2、3），说明古人类在生产石片时偶尔对石核的工作面加以修理。

将上述打片技术熟练地应用在质地不良难以控制的脉石英材料上，说明生活在该地点的远古人类在驾驭生产技术和开发利用资源方面已经具有了很强的能力。

2. 砸击技术的特点及其在第15地点的地位

砸击技术在旧石器时代曾在世界范围内被广泛应用[8]，在中国的旧石器考古学中更是一个重要的研究课题[9]。它多被用来开发个体较小不易锤击剥片或像脉石英这样不易控制的原料[10]。

在中国的旧石器时代考古遗址中，砸击产品含量最高者为周口店第1地点，在石核与石片类中，砸击制品占74%以上[11]。砸击产品在中国其他遗址中亦多有发现。有关更新世时代中国的砸击技术及其产品似乎可以归纳为如下一些特点。

A. 在绝大多数遗址或地点中，砸击技术只起着辅助作用，砸击制品只占很小一部分。占统治地位的是锤击法及其产品。周口店第1地点是个特例。

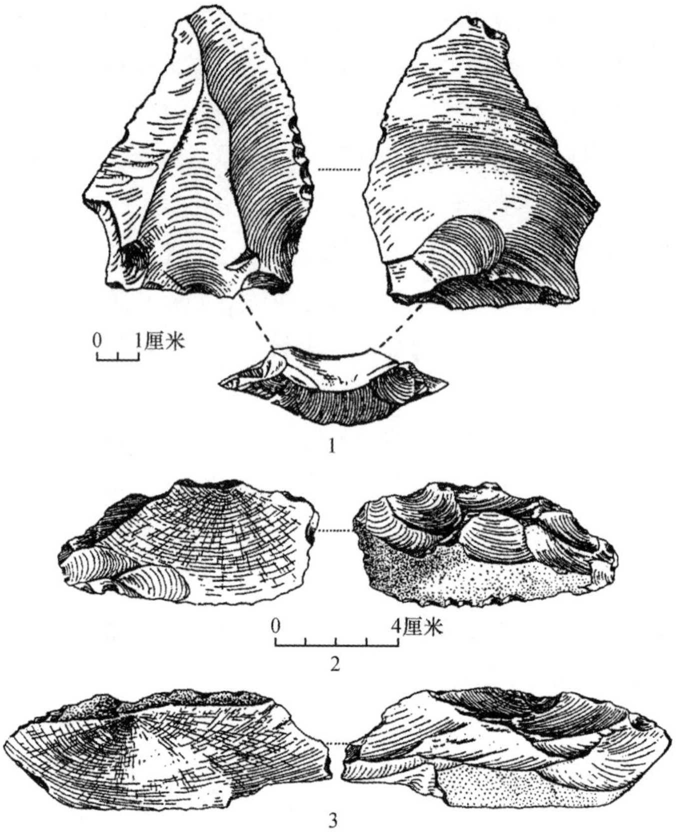

图一二　“勒瓦娄哇尖状器”与石片

B. 绝大多数的砸击制品采用石英作为原料。实验表明脉石英和粗质的石英岩在锤击打片时易于在结构裂隙处断裂，不易控制和利用[12]。因而采用砸击法生产石英石片是不得已而为之。

C. 绝大多数砸击制品个体很小。例如在周口店第1地点，砸击石片的长度多在3～5cm之间。这样小的石片只能用来制作小型的工具，而且很难被持续加工和使用。

D. 大部分砸击石片没有被加工成工具。在周口店第1地点，共有3890件未经加工的砸击石片和768件加工成工具的砸击制品被发掘出土，亦即每6件砸击制品中只有1件被加工利用过。相比之下，在锤击产品中共有1231件完整且未经加工的石片和588件被加工成工具的石片被采集，亦即每3件锤击石片中便有1件被加工使用过。这样显著的对比说明砸击制品作为加工石器的毛坯的可利用率远低于锤击制品，因而砸击剥片不是生产石器毛坯的有效方法。

关于砸击产品在第15地点所占的比重以及砸击技术在该地点石器生产中的地位长期以来一直不很明确。裴文中在其最初的研究报告中，提及在第15地点的石制品中砸击制品十分罕见，因而较之第1地点是个“不解之谜”[13]。这次系统的整理研究发现了87件砸击产品，占石核-石片类的11.6%，比例远远低于第1地点（74%）。由此可见，砸击技术在周口店经历过第1地点的极盛期后，在第15地点已经衰落，由主导地位变成了辅助和陪衬。

揭示这一重大转变的谜底应该从砸击技术的特点和第15地点的古人类对锤击技术的娴熟控制和运用方面去寻找。如上所述，砸击法是古代人类群体在面对石英这样劣质的原料时不得已而采取的生产石器毛坯的方法。它的使用具有很大的浪费性，即大量消耗原材料，在效能上是以量代质。当人们没有能力用更好的办法来开发这样的原料时，采用砸击法便是其唯一的选择。这可能就是北京直立人的处境。而在第15地点，情况有了很大的变化。生活在该地点的古人类在锤击技术方面有了很大的进步，能够有效地用石锤从脉石英块上打下可用的石片，而且能够根据原料形态的不同采用不同的方式（例如向中心交互剥片和多向剥片）生产石片，因而在很大程度上摒弃了浪费资源的砸击法，使锤击法成为生产石器毛坯的主要方法。

3. 关于第15地点的勒瓦娄哇技术问题

在周口店第15地点的石制品中，一件石片（图一二：1）十分引人注目，几乎成了该地点石器工业的商标。该石片采用燧石为原料，在其背面有3个与石片打击轴走向一致且在尾端交汇的石片疤，最后的一个片疤呈三角形且叠压在其他二疤之上，使整个石片的外形近于三角形，远端的纵剖面也呈三角形。这件石片的形态特征与西方旧石器时代遗址中常见的勒瓦娄哇尖状器（Levallois point）十分相似，因而常被作为勒瓦娄哇技术被应用于周口店第15地点的证据[14]。

勒瓦娄哇技术是一个重要而又复杂的旧石器考古学研究课题。自从100多年前这一石器技术在西欧被解读后，研究者一直对其争论不休，其定义与内涵不断被修正[15]，研究重点也不断被更新和改变。对勒瓦娄哇技术的传统定义着眼于石核和由此产生的特定的石片在形态上的密切关系上，即石核是经过细致的预制加工，这样从石核上产生的石片便拥有了固定和预设的形态，无需加工即可直接使用[16]。近来有的学者提出勒瓦娄哇技术只是生产石片这一能动的过程中的一个环节，即在连续剥片的时候有些石片会自然地拥有相似与固定的形态，因而无需对石核进行预制处理[17]。不过这样的观点尚不被多数学者所接受。在研究方面，传统上人们只重视对少数典型的终极产品（end products，例如勒瓦娄哇石核、石片和尖状器）的形态观察。近来人们则更重视对生产石片的全过程及其全部产品的形态变异的实验与技术分析。

许多研究者意识到单纯地通过对少数终极产品的形态观察很难准确地判断在某一石器工业中是否运用了真正的勒瓦娄哇技术[18]。实验与拼合研究表明一些很容易被分类为勒瓦娄哇石片的标本事实上是由非勒瓦娄哇技术产生的，而一些在类型学上不属于勒瓦娄哇产品的石片却是由真正的勒瓦娄哇技术生产出品的[19]。这样，在研究一个含有“勒瓦娄哇制品”的器物组合时，便会面临如下的3种情况：①所有的石制品都是由勒瓦娄哇技术产生的；②所有的石制品都是由非勒瓦娄哇技术产生的，但一些出品具有勒瓦娄哇产品的形态特征，即“非勒瓦娄哇技术的勒瓦娄哇产品”；③部分石制品是由勒瓦娄哇技术产生，而另一部分是由非勒瓦娄哇技术产生的。

由此可见，在判断一个石器工业是否拥有真正的勒瓦娄哇技术成分时须十分谨慎。在所谓“典型的勒瓦娄哇产品”中，勒瓦娄哇尖状器的问题最大。这类器物被定义为规则的三角形的石片，其背面有3条石片疤，构成倒置的“Y”状。博伊达[20]对该类石器进行了深入的研究，证明它不是勒瓦娄哇技术的专利产品，而是可以通过多种方式制做产生，包括从柱状石核和盘状石核上剥离下来。这样的实验结果对周口店第15地点的“勒瓦娄哇尖状器”的技术归类具有很大的启示，因为盘状石核是该地点的石核中重要的一个类型。

博伊达[21]对典型的勒瓦娄哇石核和盘状石核的形态和技术特征做了比较。二者都是由两个凸起的曲面组成。皆为中心厚四边薄。对勒瓦娄哇石核而言，两个曲面不对称且不能互换：一个面为工作面，用以预设所要产生的石片的大小和形态；另一个面是台面，保持着适合的剥片角度。而盘状石核则不然，两个曲面可互为台面和工作面；二者的工作面都要经过一定的加工修整，保持适合的角度和工作状态，这样生产出的一些石片都会比较规则，其形态具有一定的规范性与预测性。由此可见，二者在形态和技术方面有很多的相似性，因而可以生产出形态相同或相近的制品。

本次研究未能在第15地点的石制品中拣选出其他具有勒瓦娄哇特征的石核或石片，因而上述“勒瓦娄哇尖状器”尚属孤例。在现存的石核和石片中也没有见到对石核进行系统的修理与预制的标本，倒是有若干盘状石核被发现。所以对该石片最合理的解释应该为：它是一件从盘状石核上剥落的规则石片，而非真正的勒瓦娄哇技术产品。因而周口店第15地点的器物组合落入上述3种情况中的第二类，即全部石制品由非勒瓦娄哇技术产生，而个别标本带有勒瓦娄哇的形态特征。这种含有“勒瓦娄哇尖状器”与盘状石核组合的旧石器遗址在日本也有发现[22]，显然不是孤例。

4. 关于第15地点的功能与使用

本文只从生产石片的角度对第15地点的功能做一探讨。从第15地点出土了石锤、石核石片和大量的断块废屑，说明该地点的一个重要的功能是作为打制石片和生产石器的基地。但第15地点应该不是生活在该地点的古人类群体生产石器的唯一场所。从石制品原料使用的分类统计来看（表四），脉石英制品在类型上最为完整，囊括了石核、石片、断块废屑和工具，说明它们是就地生产的。而火成岩、燧石和粉砂岩制品则基本不包括石核，也少有断块废屑，说明它们大多不在该地点生产，而是在别处打片后，经筛选的石器毛坯被带回该地点进行进一步的加工和使用。即使脉石英制品其打片与制做的过程也不是全部在洞穴内完成的。如前所述，在石片类中，台面为原生石皮的标本只占12.6%，绝大多数（76%）石片的背面没有原生石皮。这说明一些脉石英石料可能在原生地被进行初级打片或实验剥片，以敲掉外表风化破裂部分，用来检验该砾石是否可以被打片利用。检验过关的材料方被搬入洞内继续使用。

表四　石制品原料使用的分类统计

原料	石英		火成岩		水晶		燧石		粉砂岩		石英岩
统计项目	数量（件）	百分比（%）	数量（件）	百分比（%）	数量（件）	百分比（%）	数量（件）	百分比（%）	数量（件）	百分比（%）	数量（件）
石核	126	1.8					2		1		1
石片	393	5.7	113	1.6			15	0.2	9	0.1	
砸击品	86	1.3			1						
石锤			5	0.1					2		
断块	4730	68.9	32	0.5	66	1.0	1				
工具	1198	17.4	54	0.8	14	0.2	12	0.2	4	0.1	1
总计	6533	95.2	204	3.0	81	1.2	30	0.4	16	0.2	2

5. 与周口店第1地点的关系及其文化意义

自从第15地点被发现和发掘以来，将其与第1地点进行对比便成为该地点研究的重要议题。一种观点认为第1地点、第4地点与第15地点同属一个巨大的龙骨山地下洞穴，因而第1地点上部（1～3层）与第4地点（包括新洞）和第15地点属同一时期、同一考古学文化[23]。另一种观点则认为第15地点与第1地点的上部为不同时期的文化，前者比后者有显著的进步[24]。

本次研究首次将绝对年代的测定技术应用到第15地点。对含有文化遗物层位的测定结果为距今14万～11万年（有关测年的方法、材料和结果的详细情况将另文发表）。而第1地点上部最晚的测年结果为距今23万～22万年。由此可见，二者之间存在着10万年左右的间隔。

据统计，共有3484件石制品从第1地点的1～3层发掘出土，包括石核12件、石片199件、砸击制品600件、石锤8件、石砧2件、石球2件、石器456件和断块2205件[25]。从这一组统计数字可以看出，砸击技术在此占据主体地位，而锤击技术起着辅助作用。这与第15地点的情况正好相反，说明二者不可能属于同一时期的同一考古学文化。在第1地点上部的12件锤击石核中，5件以石英为原料，另7件为非石英制品；7件为单台面石核，5件为双台面石核。按照本文的分类标准，只有一件可以定为不很规则的盘状石核，且以燧石作为原料。其他标本都属于简单石核。由此可见，锤击技术在第1地点的应用尚不很成熟，不很系统，说明即使在北京直立人的晚期，人们也没能很好地掌握这门石片生产的技术来开发利用随处可见的石英材料，因而不得不依赖砸击技术来生产石片加工石器。

周口店第15地点的石器工业曾被作为中国旧石器时代中期的起始；其技术特点及器物的类型和形态亦被认为与西方的石器工业以及旧石器时代晚期的长石片-细石叶工业存在着某种联系。本次研究表明，虽然该地点在打片技术方面与第1地点有了很大的区别和进步，但在总体的石器技术、类型与形态上仍属于中国北方的石核-石片-刮削器技术主工业。在该地点并不存在真正的长石片-石叶技术成分，也没有真正的勒瓦娄哇技术产品。这说明它与中国北方的旧石器时代早期的考古学文化一脉相承，因而不应该被视作新的文化分期的开端或新的技术与文化的发源地。

参考文献

[1] 贾兰坡，黄慰文. 周口店发掘记. 天津：天津科学技术出版社，1984.

[2] 贾兰坡. 周口店第15地点开掘简单报告. 世界日报（自然副刊），1936-1-19，2-9；Pei W C. A Preliminary Study on a New Paleolithic Station Known as Locality 15 at Zhoukoutien. Geological Bulletin of China, 1939, 19 (2): 147-187.

[3] Gao X. Explanations of Typological Variability in Paleolithic Remains from Zhoukoudian Locality 15, China. Ph.D. Dissertation. The University of Arizona, 2000.

[4] Crabtree D. Comments on Lithic Technology and Experimental Archaeology//Swanson E. Lithic Technology: Making and Using Stone Tools. The Hague: Mouton Publishers, 1973: 105-114.

[5] 裴文中，张森水. 中国猿人石器研究. 北京：科学出版社，1985.

[6] 裴文中，贾兰坡. 丁村旧石器//裴文中，吴汝康，贾兰坡，等. 山西襄汾县丁村旧石器时代遗址发掘报告. 北京：科学出版社，1958：97-111.

[7] Aigner J S. Important Archaeological Remains from North China//Ikawa-Smith F. Early Palaeolithic in South and East Asia. The Hague: Mouton Publishers, 1978: 163-233; 李莉. 碰砧法和锤击法的打片实验研究//四川大学博物馆，中国古代铜鼓研究学会. 南方民族考古（第五辑）. 成都：四川科学技术出版社，1993.

[8] 林圣龙. 砸击技术与砸击产品：国外发现情况. 人类学学报，1997，6（4）：352-360.

[9] 张森水. 中国旧石器文化. 天津：天津科学技术出版社，1987.

[10] Svoboda J. Middle Pleistocene Adaptations in Central Europe. Journal of World Prehistory, 1989, 3(1): 33-69; Kuhn S L. Mousterian Lithic Technology: An Ecological Perspective. Princeton: Princeton University Press, 1995.

[11] 裴文中，张森水. 中国猿人石器研究. 北京：科学出版社，1985.

[12] Maloney N, Bergman C, Newcomer M, et al. Experimental Replication of Bifacial Implements Using Bunter Quartzite Pebbles//MacRae R J, Malney N. Non-Flint Stone Tools and the Palaeolithic Occupation of Britain. Oxford: British Archaeological Reports, BAR British Series 189, 1988: 25-48.

[13] Pei W C. A Preliminary Study on a New Paleolithic Station Known as Locality 15 at Zhoukoutien. Geological Bulletin of China, 1939, 19(2): 147-187.

[14] Kozlowski J K. The Problem of the So-called Ordos Culture in the Light of the Palaeolithic Finds from Northern China and Southern Mongolia. Folia Quaternaria, 1971: 36: 63-99; Otte M. The Nature of Levallois//Dibble H L, Bar-Yosef O. The Definition and Interpretation of Levallois Technology, Monographs in World Archaeology 23. Wisconsin: Prehistory Press, 1995: 117-124.

[15] Ranov V. The Levallois Paradox//Dibble H L, Bar-Yosef O. The Definition and Interpretation of Levallois Technology, Monographs in World Archaeology 23. Wisconsin: Prehistory Press, 1995: 69-78.

[16] VanPeer P. The Levallois Reduction Strategy. Monographs on World Archaeology 13. Wisconsin: Prehistory Press, 1992.

[17] Dibble H. The Implications of Stone Tool Types for the Presence of Language During the Lower and Middle Paleolithic//Mellars P, Stringer C. The Human Revolution: Behavioural and Biological Perspectives on the Origins of Modern Humans. Edinburgh: Edinburgh University Press, 1989: 415-433.

[18] Copeland L. Levallois or Non-Levallois? Reflection on Some Technological Features of Hummal Leve IA (EI-Kowm, Syria) . Comison V, X Congresso, Union Internacional de Ciencias Prehistoricas, 1981: 1-25.

[19] Boëda Ë. Levallois: A Volumetric Construction, Methods, a Technique//Dibble H L, Bar-Yosef O. The Definition and Interpretation of Levallois Technology, Monographs in World Archaeology 23. Madison: Prehistory Press, 1995: 41-68.

[20] Boëda Ë. Levallois: A Volumetric Construction, Methods, a Technique//Dibble H L, Bar-Yosef O. The Definition and Interpretation of Levallois Technology, Monographs in World Archaeology 23. Madison: Prehistory Press, 1995: 41-68.

[21] Boëda Ë. Levallois: A Volumetric Construction, Methods, a Technique//Dibble H L, Bar-Yosef O. The Definition and Interpretation of Levallois Technology, Monographs in World Archaeology 23. Madison: Prehistory Press, 1995: 61-67.

[22] Sato H, Nishihaki Y, Suzuki M. Lithic Technology of the Japanese Paleolithic: Levallois in Japan?// Dibble H L, Bar-Yosef O. The Definition and Interpretation of Levallois Technology, Monographs in World Archaeology 23. Wisconsin: Prehistory Press, 1995: 485-500.

[23] 贾兰坡，黄慰文. 周口店发掘记. 天津：天津科学技术出版社，1984.

[24] Qiu Z L. The Middle Paleolithic of China//Wu R K, Olsen J W. Palaeoanthropology and Palaeolithic Archaeology in the People Republic of China. New York: Academic Press, 1985: 187-210; 张森水. 中国旧石器文化. 天津：天津科学技术出版社，1987.

[25] 裴文中，张森水. 中国猿人石器研究. 北京：科学出版社，1985.

（原载于《人类学学报》2000年第19卷3期）

关于周口店第15地点石器类型和加工技术的研究

周口店第15地点是东亚地区的一处重要的更新世中晚期考古遗址。该地点发现于1932年，发掘于1935～1937年[1]，从中出土丰富的石制品，其中的石核、石片和剥片技术的研究结果已在《人类学学报》2000年第19卷3期发表[2]。本文报告对该地点石制品的另一重要方面的研究成果——石器的类型、形态和加工技术。

一、石器类型

贾兰坡与裴文中曾在20世纪30年代对周口店第15地点的石器进行过初级分类。在贾兰坡的分类中该地点的石器包括4个类型，即尖状器、平圆状器、刮削器和斧状器[3]。裴文中则将该地点的石质工具划分为大型砍砸器、盘状和半盘状工具、小砾石工具、刮削器、尖状器、石锥、小手斧和半手斧、雕刻器和细石器等[4]。上述二文均为周口店第15地点的发掘简报，只涉及部分发掘出土的石制品，故其分类不能涵盖所有的石器类型；况且此二文发表于20世纪30年代，其对部分器物的分类和命名已经过时，与当今的学术传统和惯例不相符合。裴文中当时即已指出其对石器的归类“随着进一步的研究，有可能被更改”[5]。所以对该地点的石器重新进行分类和研究显得很有必要。

如表一所示，周口店第15地点的石器为中国旧石器时代文化中常见的类型组合。具体分类如下。

表一　石器分类统计

类型	数量（件）	百分比（%）
刮削器（Scrapers）	1188	92.6
单边刃刮削器（Single side scrapers）	1043	
双刃刮削器（Double-edged scrapers）	113	
多刃刮削器（Multiple-edged scrapers）	12	
拇指盖状刮削器（Thumbnail scrapers）	12	
端刃刮削器（End scrapers）	8	

续表

类型	数量（件）	百分比（%）
凹缺器（Notches）	24	1.9
雕刻器（Burins）	17	1.3
砍砸器（Chopper-chopping tools）	13	1.0
尖刃器（Points）	10	0.8
石锥（Awls）	5	0.4
薄刃斧（Cleavers）	3	0.2
石球（Spheroids）	2	0.2
加工不规则的工具（Irregular pieces）	21	1.6
总计（Total）	1283	100

1. 刮削器

刮削器是周口店第15地点经过加工的石器中数量最多的一类，占总数的92.6%。根据刃口形态和加工位置可进一步划分为如下5个类型。

单边刃刮削器共1043件，占刮削器的87.8%。根据刃缘的形态分为3个亚型。

a. 单直刃刮削器514件，占单边刃刮削器的49.3%（图一）。

b. 单凸刃刮削器409件，占单边刃刮削器的39.2%（图二）。

c. 单凹刃刮削器120件，占单边刃刮削器的11.5%（图三）。

双刃刮削器113件，占刮削器的9.5%（图四）。

多刃刮削器12件，仅占刮削器的1%。

拇指盖状刮削器12件（图五）。该类器物的特点是器体小而短，加工痕迹细小，加工长度小于毛坯周长的一半，器体呈拇指盖状。类似的标本在许家窑和峙峪等遗址也曾发现过，被称为“短身圆头刮削器”或“圆头刮削器”[6]。

端刃刮削器只有8件，而且不很典型，在形态和技术上与边刃刮削器没有明显的不同，有别于常见于旧石器时代晚期的以石叶为毛坯的标本。

2. 砍砸器

砍砸器共13件，仅占石器总量的1%。其中两件形体规则，加工仔细，具有明显的砍与劈的功能特点（图六）。

3. 薄刃斧

薄刃斧只有3件（图七）。该3件标本形体规则，大小相近（表二），风格一致，是该地点很有特色的一类器物。它们皆以大型石片为毛坯，在台面端有若干重叠而大

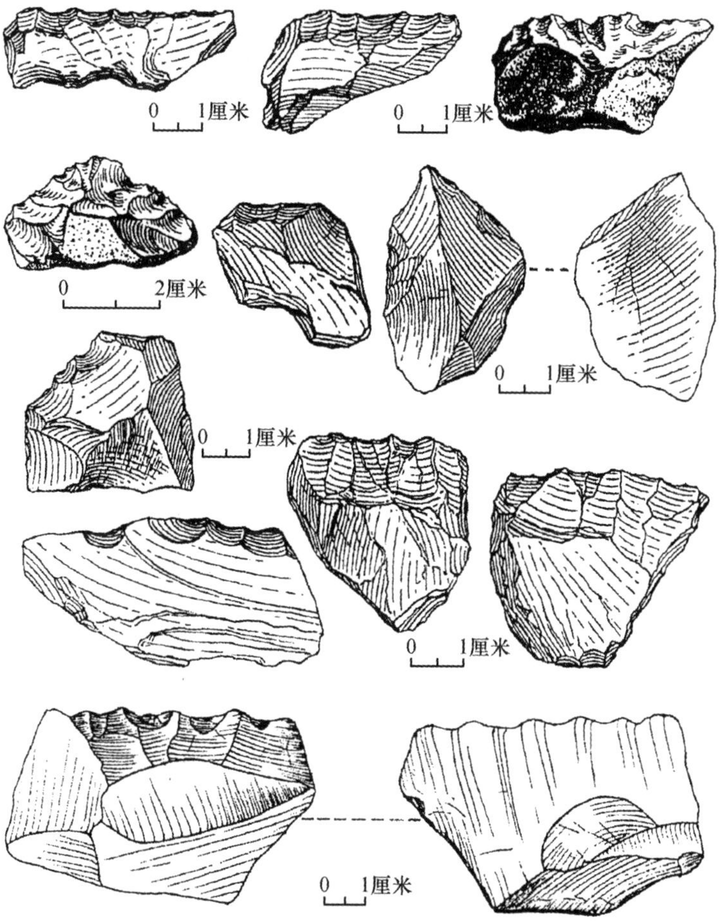

图一 单直刃刮削器

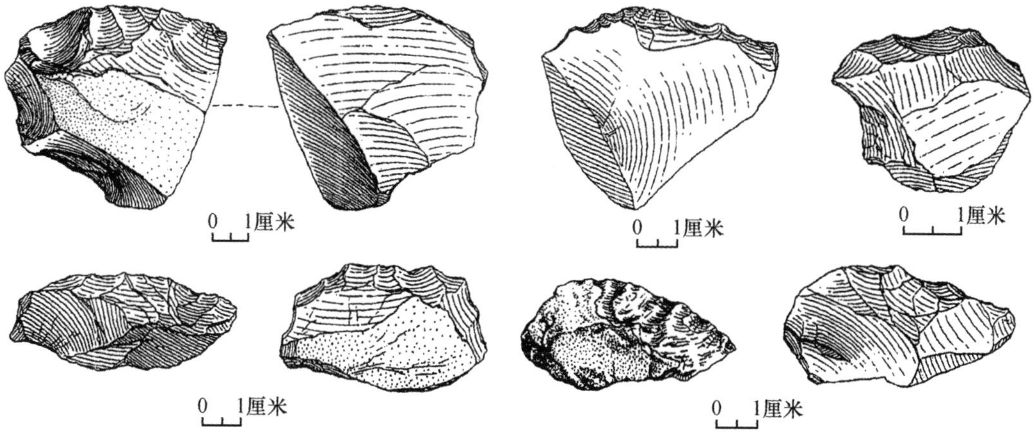

图二 单凸刃刮削器

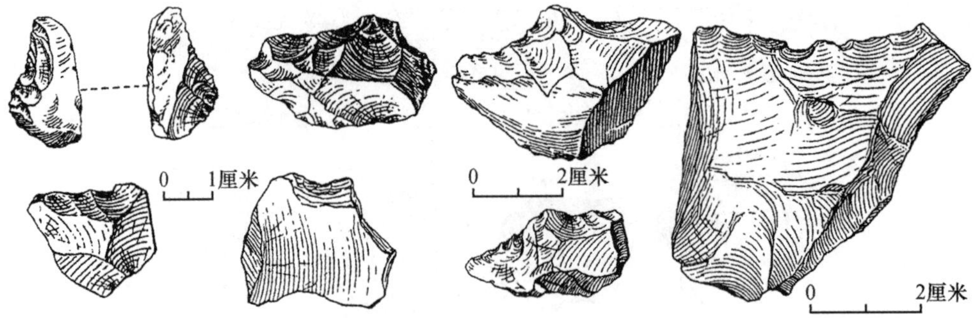

图三　单凹刃刮削器

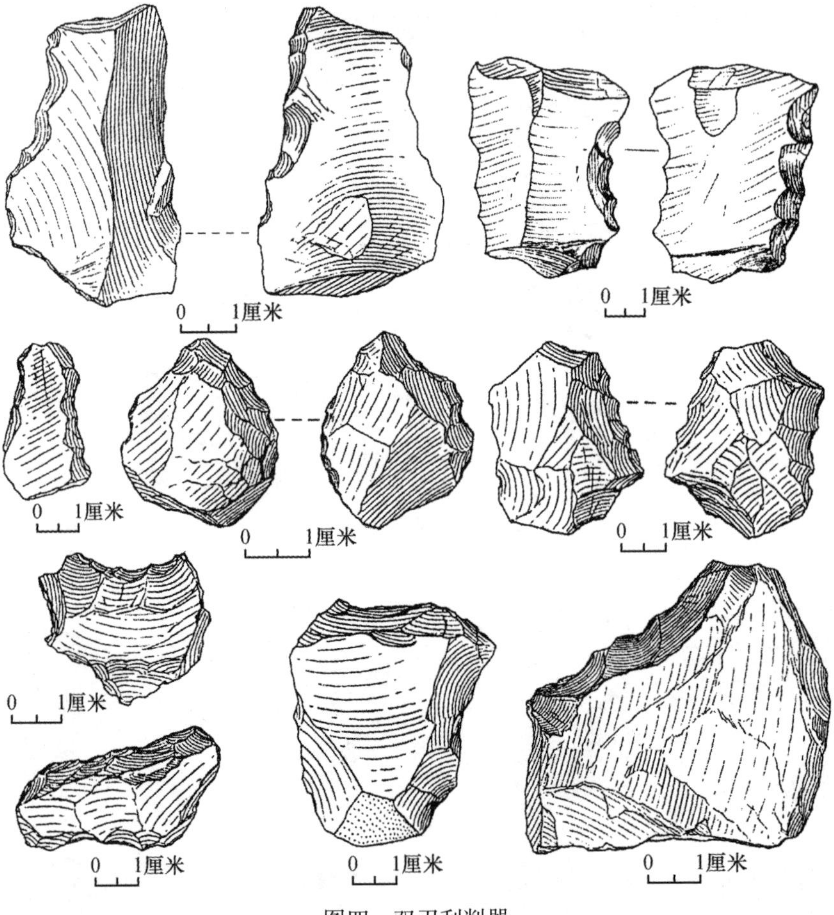

图四　双刃刮削器

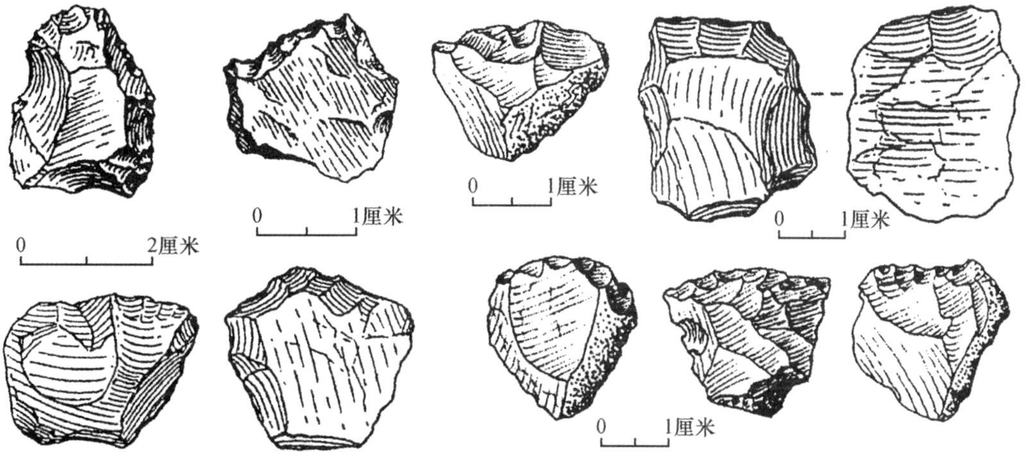

图五　拇指盖状刮削器

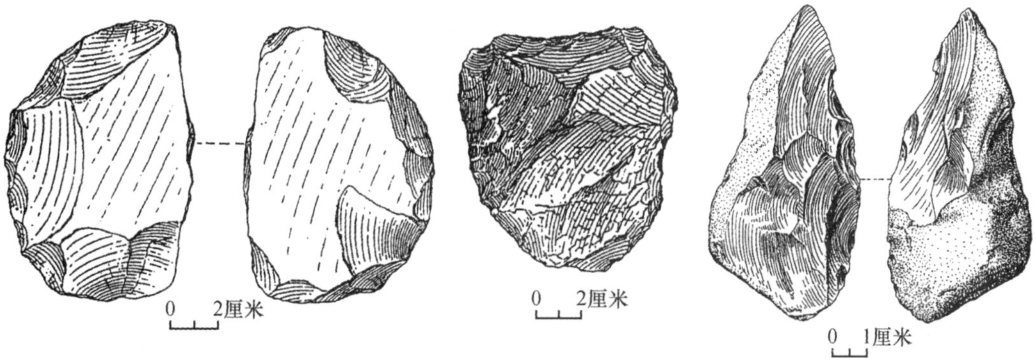

图六　砍砸器

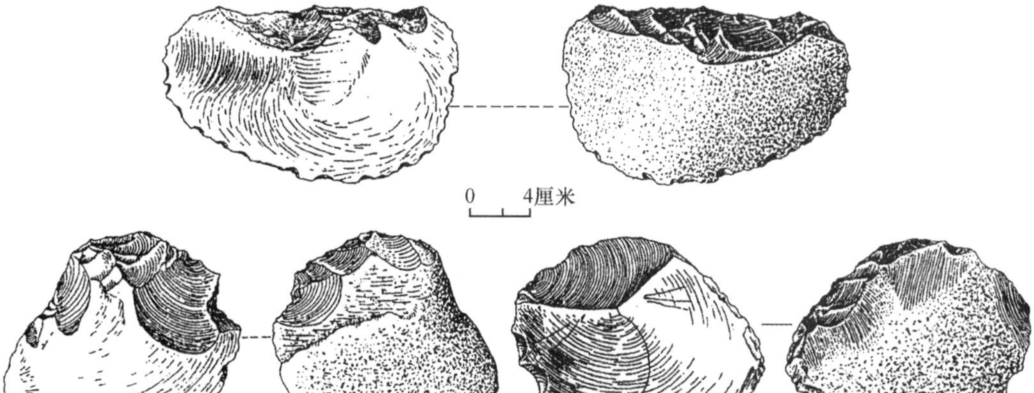

图七　薄刃斧

小不一的修理痕迹以使其变得圆钝，便于抓握；石片的远端及两边保持自然锋利的原始形态以用于砍劈，其上并有若干断续的小疤，应是使用的结果。

表二　薄刃斧的形体测量与原料情况

标本号	长（mm）	宽（mm）	厚（mm）	重（mm）	原料
RP39046	155	170	48	1038	火成岩（Igneous flake）
RP39029	128	210	48	984	火成岩（Igneous flake）
RP39028	127	150	41	?	石英岩（Quartzite flake）

薄刃斧是欧洲旧石器时代考古遗址中常见的类型。其特点是将大型石片的台面端和两侧边做钝化处理以利抓握，远端自然锋利作为刃口，整体呈U形。薄刃斧在我国曾被称作“石片制成的砍伐器”[7]或“修理把手大石片”[8]，直到近来才被作为单独的一类器形看待[9]。但如同本文描述的3件薄刃斧一样，在我国旧石器时代遗址中发现的薄刃斧许多不具备U形态，较之欧洲的标本具有自己的特点。

4. 尖刃器

尖刃器或尖状器是旧石器时代的一类重要器形，在周口店第15地点却不很发达。只有10件尖刃器在该地点发掘出土。这些标本在尖部的修制处理不很精细，个别标本有尖端缺损的迹象（图八）。

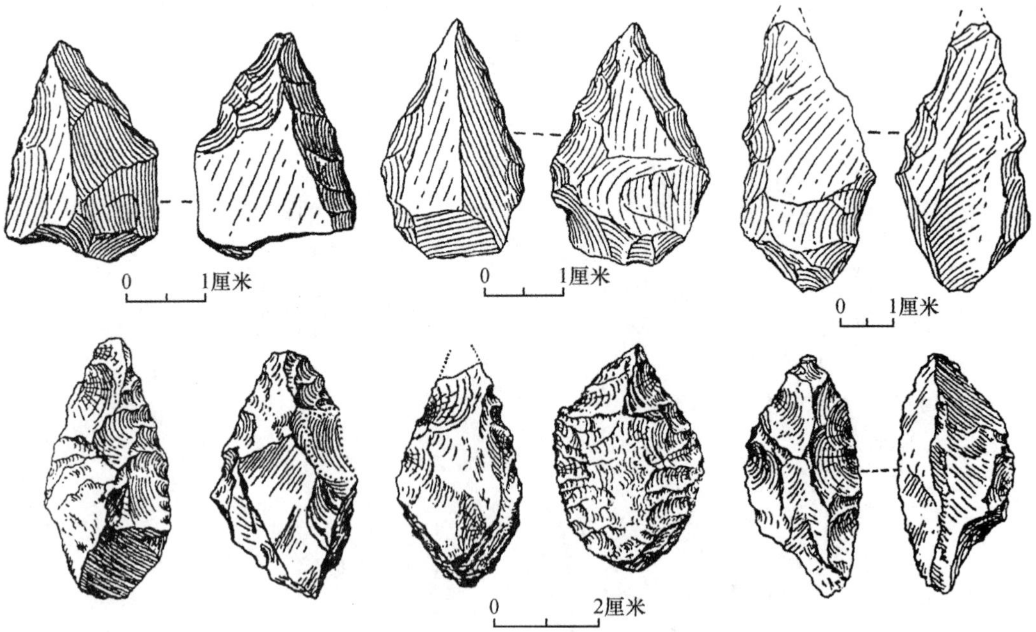

图八　尖刃器

5. 石锥

只有5件标本被归类为石锥（图九：1～3）。

6. 凹缺器

在欧洲的石器分类中，“凹缺工具”（Notched tools）涵盖几个亚型，包括凹缺器（Notches）、远端凹缺的石片（End-notched flakes）、塔亚克尖状器（Tayac points）等[10]。在我国旧石器的分类定义中这类工具往往只指具有一个缺口的标本。

在第15地点，共有24件标本被归类为凹缺器（图九：4～6）。由于这些标本的个体很小，且多以易碎的石英为原料，因而不能排除有些标本上的凹缺非人类有意加工的可能性。

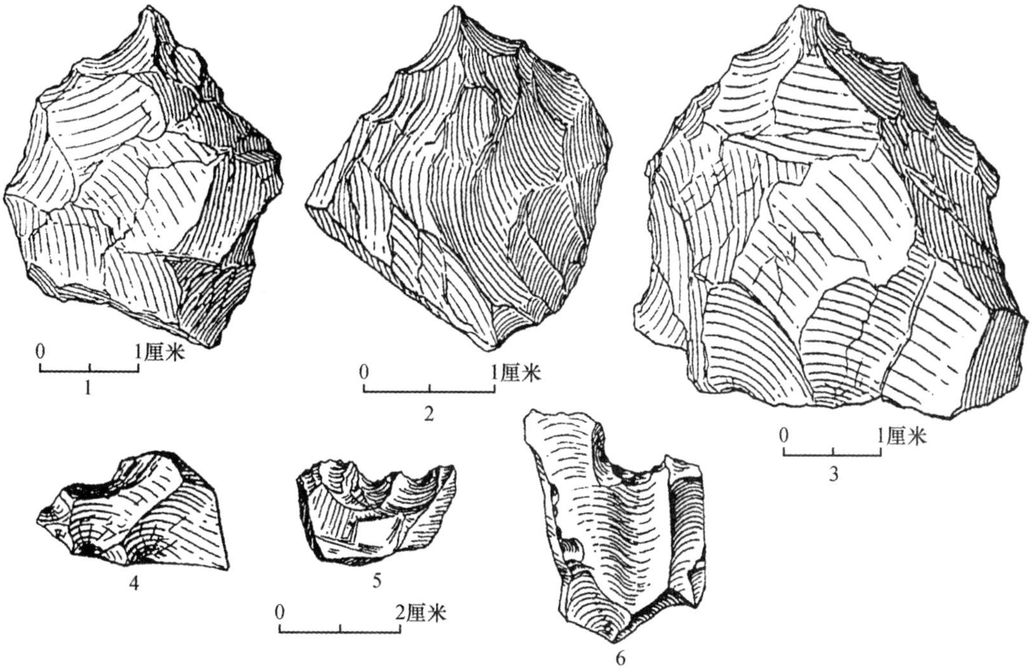

图九　石锥与凹缺器

7. 雕刻器

雕刻器通常被认为是一类专事雕刻的工具[11]。这样的观点近来受到了挑战。一些研究者通过实验和观察，提出雕刻器并不是独成一类的专用工具，而是由一种近似于加工技术（雕刻器打法）所产生的作用不同的产品的集合体；雕刻器打法实际上被用来从石片或石叶上剥离多余的材料、修理刃缘或产生可进一步加工利用的石器的毛坯。这样“雕刻器”的功能可能包括了切割、刮削、雕刻、制作复合工具，甚至作为细石核以产生石叶[12]。在第15地点的石器中，共有17件标本被定类为雕刻器（图一〇）。其中少数几件修痕明显，刃口锐利，不失为在我国发现的该类器物的精品。

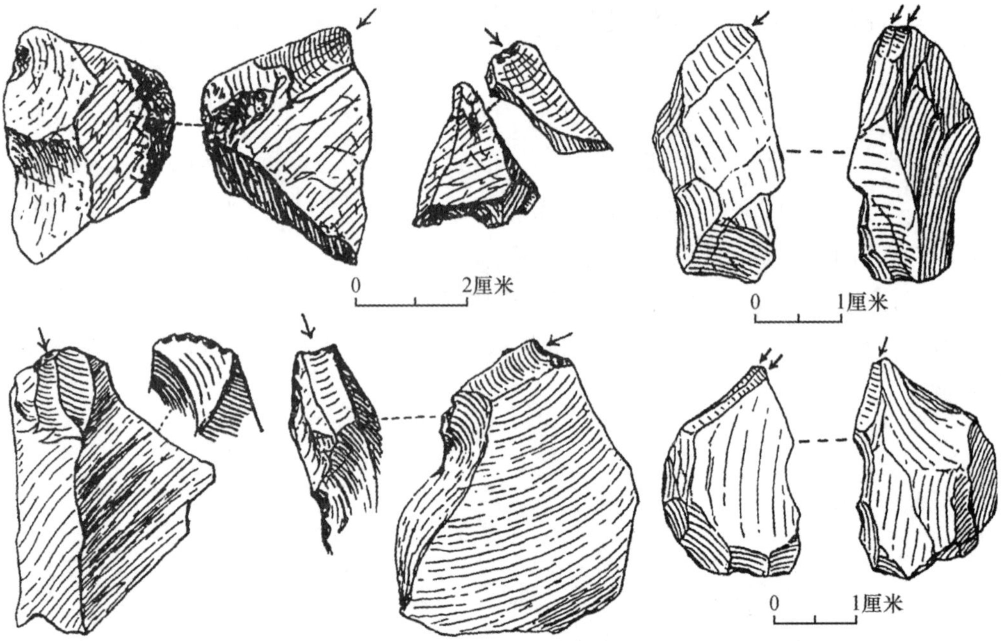

图一〇　雕刻器

8. 石球

只有2件石球从第15地点发掘出土（图一一）。它们与多面体石核的区别在于其器体被着意修制得圆钝，遍布小的石片疤，器体上不存在小于90°的台面角，不可能从其上产生可用的石片。表三列举了对这2件石球大小、重量和片疤数的测量统计情况。

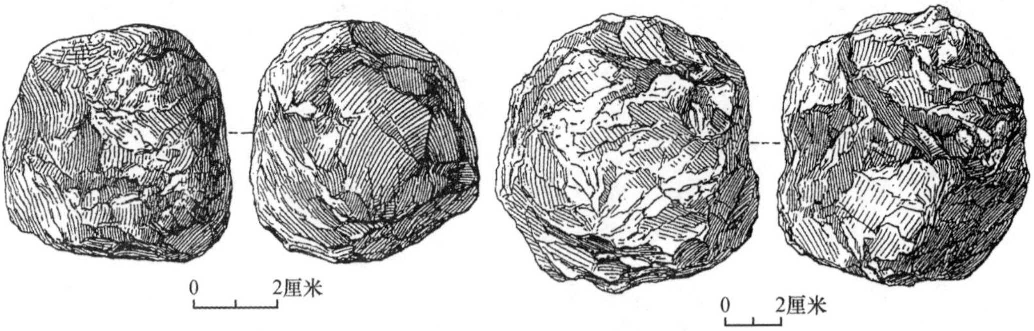

图一一　石球

表三 石球大小、重量和片疤数测量统计

编号	长（mm）	宽（mm）	厚（mm）	重（g）	疤数
1	96	87	76	853	53
2	55	55	52	208	52

石球在非洲和西亚的许多旧石器时代考古遗址中被大量发掘出土。学者对该类器物的制作与使用有不同的看法[13]。有的学者根据非洲的情况推而广之，认为石球的出现与使用石英作为石器原料有密切的关系，并推断“以石英为主要原料的石器地点的石制品组合应具有高含量的石球成分”[14]。到目前为止，在我国的30多处旧石器时代遗址中已经出土了数千件石球或球状器[15]。许家窑是目前我国出土石球最多的遗址，但石英在该地点并不是占主要地位的原料。在周口店第1和第15地点，石英材料占据了绝对优势地位，而石球却寥寥无几。由此可见，上述对石球与石英关系的推断至少在中国的一些遗址是不适用的。

9. 加工不规则的工具

共有21件标本被划归此类。在这些标本的刃缘上可观察到大小不一、明显而连续的打击痕迹，但其刃缘很不规范，不在一个平面上，使其不便分类到上述的任何类型中去。它们中有的可能是利用不规则的毛坯加工出的不规范的石器，有的可能是经多次打片而未能成功因而被弃置的石核。

二、原料与毛坯

表四和表五列出了周口店第15地点加工石器所用原料和毛坯的分类统计情况。从这两个表格可以看出，绝大部分石器（93.4%）是利用脉石英加工制作的。其次是火成岩，占石器总数的4.2%。其他原料用量极少。大型石器（包括砍砸器和薄刃斧）多以火成岩和砂岩，小型石器则以脉石英为主，兼用其他原料。石器的毛坯以残片为主（占54%），其次为残块（占25%）。用完整的石片加工的石器占13%。仅发现1件利用两极制品加工的标本。考虑到脉石英材料的易碎性和砸击技术的特点，很可能在残片和残块中有些实际上为砸击制品，但因不保留砸击制品的特点而难以被辨识出来，因而利用砸击制品做毛坯的石器的实际比例可能会比观察到的要高一些。

表四　石器原料的分类统计

原料 器类	脉石英		火成岩		水晶		燧石		砂岩		石英岩
	数量（件）	百分比（%）	数量（件）	百分比（%）	数量（件）	百分比（%）	数量（件）	百分比（%）	数量（件）	百分比（%）	数量（件）
单边刃刮削器	998	77.9	29	2.3	9	0.7	7	0.5			
双刃刮削器	93	7.3	12	0.9	3	0.2	5	0.4			
多刃刮削器	11	0.9	1	0.1							
拇指盖状刮削器	11	0.9			1	0.1					
端刮器	8	0.6									
尖刃器	10	0.8									
凹缺器	22	1.7	2	0.2							
砍砸器	4	0.3	5	0.4					4	0.3	
薄刃斧			2	0.2							1
雕刻器	14	1.1	2	0.2	1	0.1					
石锥	5	0.4									
不规则石器	20	1.6	1	0.1							
总计	1196	93.4	54	4.2	14	1.1	12	0.9	4	0.3	1

表五　石器毛坯的分类统计

毛坯种类	残片	残片	石片	砾石	石叶	两极品	总计
单刃刮削器[1)]（件）	560	299	129	64	11		1063
双刃刮削器（件）	80	4	25	4			113
多刃刮削器（件）	9	2			1		12
尖刃器（件）	3	5				1	10
凹缺器（件）	15	5	1				24
砍砸器（件）		3	3	1			13
薄刃斧（件）			1	9			3
雕刻器（件）	17		3				17
石锥（件）	1	3	1				5
总计（件）	685	321	163	78	12	1	1260
百分比（%）	54	25	13	6	1	0	99

1）包括单边刃刮削器、端刮器和拇指盖状刮削器。

三、加工技术

周口店第15地点的石器绝大多数由锤击直接加工生产制作。近96%的标本带有鱼鳞状修疤，疤痕深凹，大小不一。2%的标本出现短浅细小的修疤；另2%的标本有着窄长、浅平、平行而规则的修疤。后一类修疤常被推断为压制修理的结果。但这样的标本在第15地点的数量很少，而且多发生在脉石英材料上，难以对痕迹做仔细地观察和确切地定性，因而尚不能肯定是否在该地点应用了压制修理技术。另外，在一件标本上存在向两面崩落的砸击屑疤。砸击加工作为一种石器加工的方法被认为在周口店第1地点偶尔使用过[16]。这种加工技术是否在第15地点也得以应用，尚不能因一件标本的存在而确定。

表六列出了刮削器中加工部位易于识别和描述的标本的加工位置统计情况。以石片为毛坯的标本的两边和两端便于识别；以非石片为毛坯的标本的加工部位则只划分为长边和短边。当一件石器拥有超过1个以上的刃缘时，每一条刃缘被作为一个独立的个体进行观察和统计。从表六可以看出，多数（58.9%）以非石片毛坯加工出的石器的刃缘发生在毛坯较长的一边上；在较短的一边出现刃口的标本只占15.4%。这种取舍倾向说明石器的加工者有意使原料得以充分利用。在以石片为毛坯的标本中，绝大部分以一边为刃口；将左侧和右侧边加工成刃的标本比例接近。4.6%的标本的刃口发生在石片的远端。极少数标本的刃口发生在台面端上。另外，仅1%的标本的加工部位超越了一边或一端，说明加工不很彻底，对原料进行充分开发利用的压力不大。

对刮削器、砍砸器、薄刃斧、尖刃器、石锥和凹缺器的共1396条刃缘的统计表明，绝大多数（89.6%）石器为单向加工。表七列出了对以石片为毛坯的单边刃刮削器的加工方向的统计情况。65%的标本为正向加工，25%为反向加工；余下的10%为两面加工、错向加工或交互加工。在单边刃刮削器的3类亚型之间在加工方向方面不存在明显的差别。

表六　石器加工位置统计

方位	长边	短边	右边	左边	远端	近端	右+远	左+远	两边+远	总计
数量（件）	490	128	87	75	38	6	4	3	1	832
百分比（%）	58.9	15.4	10.5	9.0	4.6	0.7	0.5	0.4	0.1	100

表七　单边刃刮削器加工方向统计

加工方向 / 类型	正向（件）	反向（件）	两面（件）	错向（件）	交互（件）	小计（件）	百分比（%）
直刃（件）	43	18	2	2	1	66	51
凸刃（件）	37	11	5	1	1	55	43
凹刃（件）	4	3	1			8	6
小计（件）	84	32	8	3	2	129	
百分比（%）	65	25	6	2	2		100

四、大小和形态变异

1. 器体大小

表八和表九列出了全部石器个体大小的测量统计结果和对各类石器长度的分类测量统计情况。表八表明周口店第15地点以小石器为主，全部石器的平均长、宽、厚、重分别为38mm、30mm、16mm和27g。表九表明砍砸器和薄刃斧在各类石器中明显偏大，平均长分别为110mm和172mm，平均重分别为453g和1011g。其他器类皆为小型者，各类型之间以及同一类型中个体的变异也较小。测量统计表明在单边刃刮削器、双刃刮削器和多刃刮削器之间在个体大小和重量方面（平均长度、宽度和厚度）不存在明显的差别，因而那种认为双刃和多刃刮削器是在单刃刮削器的基础上进一步加工利用原材料的推断[17]，看来在该地点的石器上得不到印证。图一二是单边刃刮削器的3个亚型（直刃、凸刃和凹刃）标本的长与宽分布情况。统计和图示皆显示这3类亚型器物在器体大小和重量方面不存在显著的差异，只是在凹刃刮削器类中个体之间的变异要更小一些。

表八　全部石器的大小和重量测量统计

测量项目	最小值	最大值	平均值	标准偏差值
长（mm）	15	231	38	16
宽（mm）	6	156	30	12
厚（mm）	1	115	16	7
重（g）	2	1171	27	70

表九　各类石器长度与重量的测量统计

类型＼测量数值	最小值		最大值		平均值		标准偏差值	
	长度（mm）	重量（g）	长度（mm）	重量（g）	长度（mm）	重量（g）	长度（mm）	重量（g）
石锥	22	4	38	28	30	13	6	9
雕刻器	18	2	52	32	35	12	8	9
砍砸器	54	93	190	1171	110	453	40	321
薄刃斧	130	984	213	1038	172	1011	42	38
凹缺器	21	6	92	189	36	21	13	36
尖刃器	19	4	52	22	35	13	11	7
端刮器	15	2	33	18	21	8	7	5
拇指盖状刮削器	18	4	29	12	21	6	3	2
单边刃刮削器	18	3	125	205	37	21	11	22
双刃刮削器	19	3	95	116	40	21	13	24
多刃刮削器	28	6	68	85	39	25	12	25
不规则石器	26	4	70	81	42	23	11	16

2. 刃角

图一三和图一四是对可测量的石器的刃角（尖刃器和石锥测其侧刃角）测量结果图示。薄刃斧的刃角比其他类型的刃角明显为小，这是因为薄刃斧刃角的测定方位为自然而锋利的石片远端及侧边，而不是经过钝化修理的把手。其他石器的刃角呈单峰正态分布（unimodal and normal），集中在60°～80°之间。这样的结果意味着其中一些被从形态上划分为不同类型的石器可能并非当初人类有意制造具有不同的刃角以适应不同的需求和功能的工具。

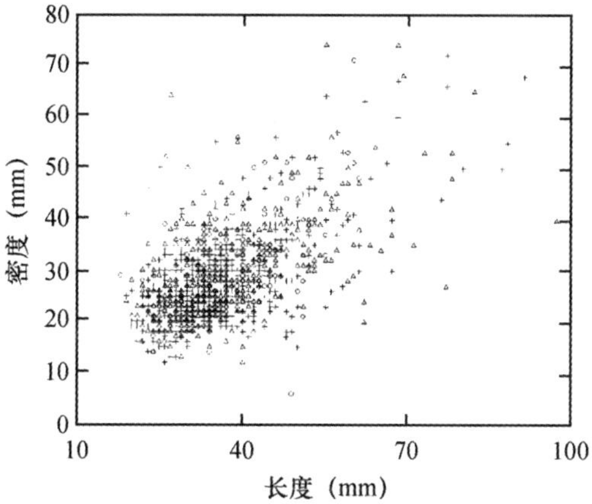

图一二　单边刃刮削器的长/宽分布

+=直刃st　■=凸刃cv　O=凹刃cc

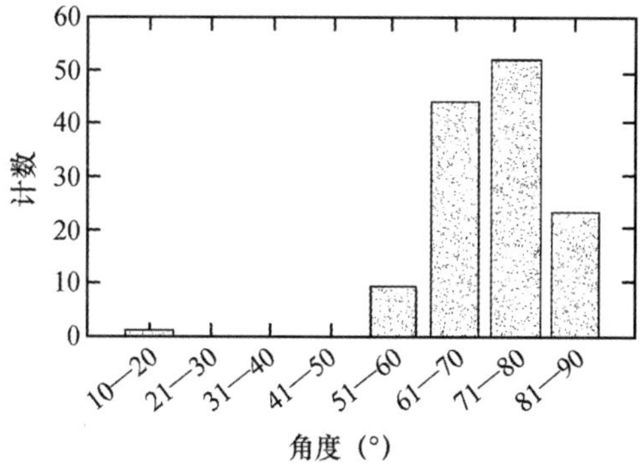

图一三　石器的刃角分布

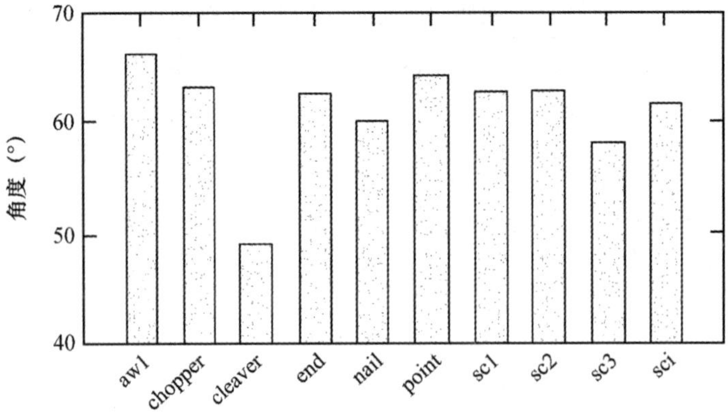

图一四　各类石器的平均刃角图示

sc1=单边刃刮削器；sc2=双刃刮削器；sc3=多刃刮削器；sci=不规则石器

3. 加工长度和深度

石器刃口的长度和加工深度是石器加工的精细度和原料利用程度的重要标志。石锥和凹缺器是该地点石器中加工最简略者，平均加工长度分别为14mm和15mm，加工的深度也很浅。其次为尖刃器，平均刃口长度为21mm。多刃刮削器、端刮器和拇指盖状刮削器的每条刃口也很短浅。砍砸器是加工长度与深度最大的一类，平均长度和深度分别为118mm和29mm（见表一〇），但该类器物的个体间变异很大，长度与深度的标准偏差值分别为63mm和12mm。图一五将单边刃刮削器的3个亚型标本的刃口长度做了对比。凸刃刮削器的加工长度最大，个体间的变异也最大。凹刃刮削器的刃口长度在3类中是最短者。总体来看，周口店第15地点的石器（主要是刮削器）的加工深度都很浅，表明对原料的利用不很充分。

表一〇　各类石器刃口加工长度和深度的测量统计

测量数值 / 类型	最小值（mm）		最大值（mm）		平均值（mm）		标准偏差值（mm）	
	长度	深度	长度	深度	长度	深度	长度	深度
砍砸器	55	9	254	55	118	29	63	12
端刮器	13	3	51	13	25	8	13	4
拇指盖状刮削器	18	7	32	13	25	9	4	2
单直刃刮削器	11	2	71	27	28	9	9	4
单凸刃刮削器	16	3	161	33	39	12	15	5
单凹刃刮削器	14	3	54	21	26	9	8	4
双刃刮削器	14	3	55	21	28	8	9	4

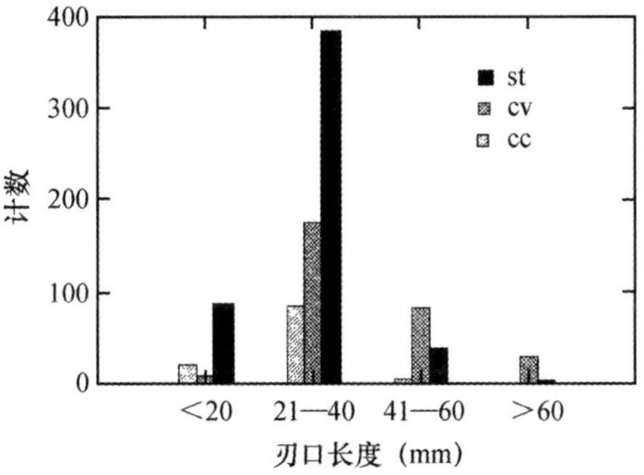

图一五 单边刃刮削器刃口长度的对比图示

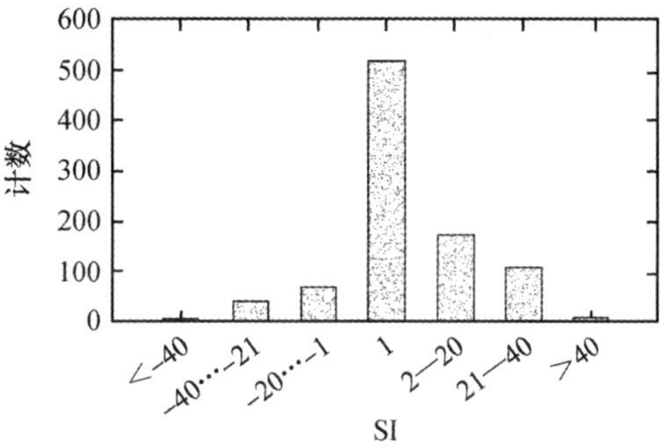

图一六 单边刃刮削器刃口形态指数分布

4. 刃口形态

刃口形态是划分石器类型以及在器形内部进一步划分亚型的重要标准，而且具有不同刃口形态的工具往往被认为具有不同的功能。在周口店第15地点出土最多的石器为单边刃刮削器，而这一类型又依其刃口形态被归类为3个亚型：单直刃刮削器（514件）、单凸刃刮削器（409件）和单凹刃刮削器（120件）。为了更准确地说明和描绘这些标本的刃口形态变异，并探索和阐释这些变异在类型学和功能上的意义，本文将巴顿（Barton）[18]创设的刃口形态指数（SI-Shape Index）的概念①引入第15地点的石器研究。图一六展示了周口店第15地点单边刃刮削器刃口形态指数的分布情况。该图显示这些标本刃口的形态指数呈单峰正态分布，即曲度大的凹刃刮削器和凸刃刮削器很少；曲度越小，标本越多，其形态指数分布趋向越向中间靠近直刃刮削器。这意味着这些刮削器的凹刃和凸刃实际上是围绕直刃而产生的自然形态变异，很可能是由原坯的边缘形态和加工的控制不力造成的，而不是石器制造者有意加工出不同的刃口以适应不同的功能，因而这3类亚型是人为的分类，不具备功能和行为上的意义。

5. 刃口状态

对于刃口状态，亦即刃口的平齐程度很难进行准确并标准化的界定和描述。周口

---

① 根据巴顿（Barton）的定义，刮削器刃口的形态（直、凸和凹）变异被理想化为圆弧的曲度变异。刃口的形态取决于其所在的圆弧的曲率直径。当刃口为凸状时，曲率直径为正值；当刃口为凹状时，曲率直径为负值。±300mm被认为是两个临界曲率直径值，即凸刃和凹刃刮削器可以拥有的并能有效地与直刃刮削器相区别的最大直径。当曲率直径的绝对值达到500mm时该标本即被界定为直刃刮削器。形态指数通过公式$SI=500/r$计算出来。r为曲率直径，可以通过三角函数计算出来。这样，凸刃刮削器的形态指数为正值，而凹刃刮削器的形态指数为负值，直刃刮削器的形态指数则为1。对于凸刃和凹刃刮削器，其形态指数的绝对值越大，表明其凸起和凹入的程度越大；而形态指数的绝对值越小，其刃口的曲度越小，越接近直刃刮削器。

店第15地点石器的刃口状态被大致划分为4个类型，即平齐、齿状、近齿状和不平齐。“平齐”用来描述具有平缓、连续而不见明显的凸起和凹入的修疤的刃口；“齿状”系指在刃口出现深凹、连续而排列整齐的修疤；“近齿状”刃口上的修疤深凹但排列不很规则；“不规则”指上述3种情况之外的修疤。在刮削器和砍砸器中，50.3%的标本具有平齐的刃口，34.5%的刃口为不规则者，10.8%的刃口为近齿状，另外4.4%的标本具有齿状刃口。不规则的刃口在砍砸器中的比例高于刮削器；“加工不规则的工具”的刃口全为不规则者。而个体很小的端刮器和拇指盖状刮削器的刃口几乎全为平齐者。

6. 变量相关性分析

变量相关性分析涵盖了毛坯的大小、刃口的长度、加工的深度、刃角和刃口的形态等变量。图一七展示了加工深度和刃角的关系。虽然二者不构成线性关系，但几乎所有的交叉点都位于一条连接左下角和右上角的直线的上方。这可能意味着在一定的加工深度下要取得最小最锐的刃角是有一定的极限的。图一八至图二〇显示在刃口长度和毛坯的长度、加工深度和毛坯的长度、刃口长度与加工深度之间存在着一定的正态线性关系，表明对多数标本来说，个体越大，其刃缘越长，刃口加工越深。这意味着原料与毛坯个体的大小对石器制作有着很大的影响与制约：大的材料对原料的利用和加工提供了更广阔的自由和空间；而个体小的材料则限制了石器制作者技术与工艺的发挥。这样的线性关系在石器的刃角与个体的大小宽厚之间、刃口形态指数与个体的大小宽厚之间、刃角与刃口形态指数之间以及刃口形态指数与加工深度之间并不存在，表明这些变量的变异是独立发生的，不具备因果的联系和互动的关系。

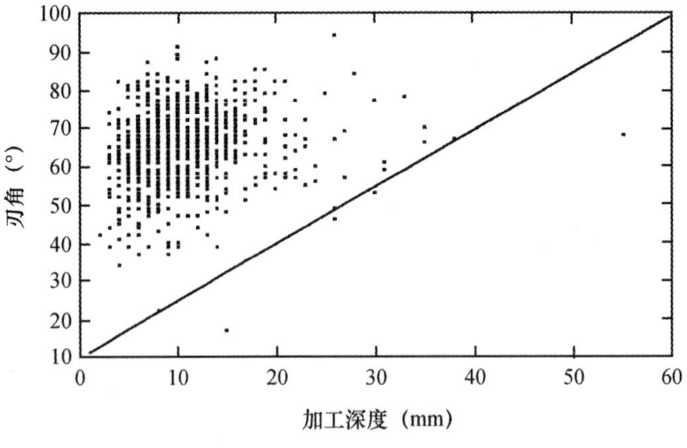

图一七　单边刃刮削器加工深度与刃角的关系

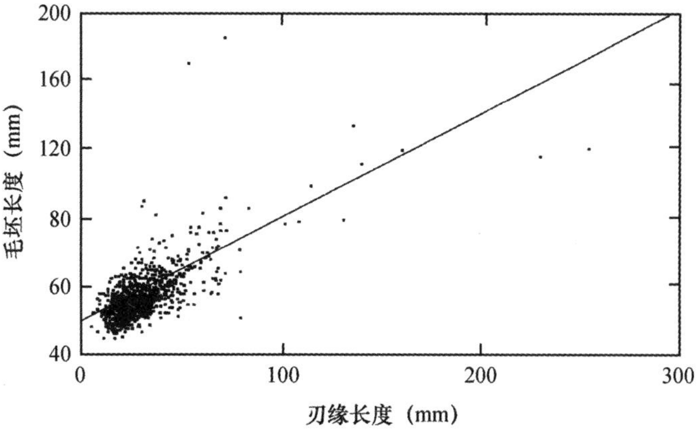

图一八　刃缘长度与毛坯长度的关系

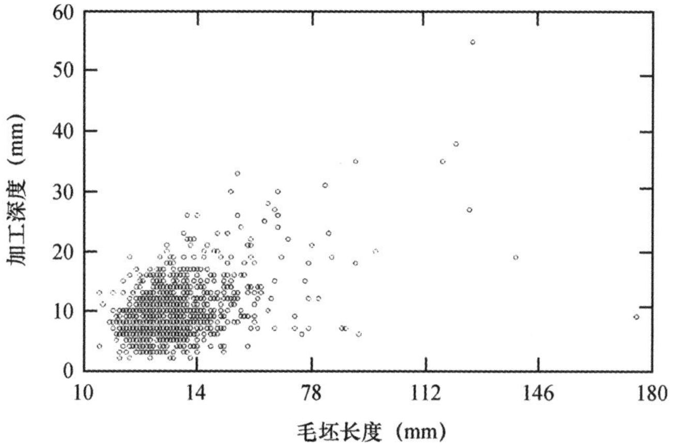

图一九　毛坯长度与加工深度的关系

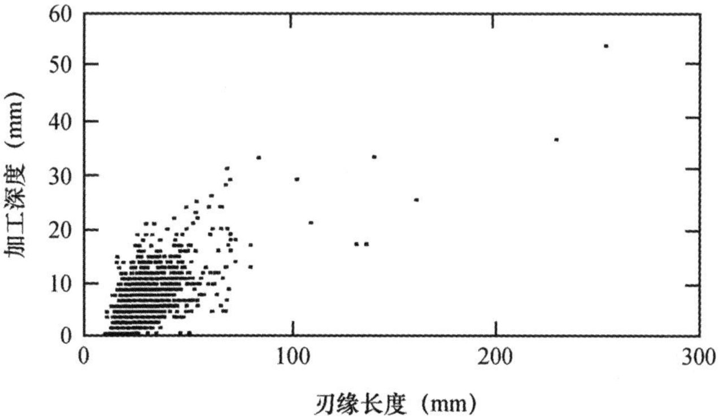

图二〇　刃缘长度与加工深度的关系

五、结　语

综上所述，周口店第15地点的石器可以概括为如下一些特点。

（1）脉石英为该地点的主要原料。个体小的标本绝大多数以脉石英为原料；少数个体大的石器以火成岩和砂岩作原料。

（2）石器的毛坯以残片为主（54%），其次为残块（25%）。以完整石片为毛坯的石器只占13%。

（3）刮削器是该地点石器的主要类型，占近93%。其他类型包括砍砸器、尖刃器、石锥、凹缺器、雕刻器和薄刃斧。在刮削器中绝大部分为单边刃刮削器。

（4）石器由锤击加工。是否运用了压制修理尚不能确定。绝大多数标本向一面加工。石片石器多为正向加工。

（5）从刃口的加工部位和数量来看，大多数标本的刃口出现在毛坯较长的边缘上，说明石器的制作者有意使材料得以合理的利用。但绝大多数标本只在一条边缘上被加工利用，说明充分利用原料的努力浅尝辄止，原料供给的压力不大。

（6）在刮削器和砍砸器中，一半左右的标本具有平齐的刃口，但也有相当数量的标本的刃口很不规则；大多数标本的修疤呈鳞状，大小不一。少数标本的修疤浅平、规则而平行。

（7）大多数石器个体很小，形态不规则。各类器形之间存在着明显的大小上的区别。单边刃刮削器的亚型之间在大小、加工长度和深度以及刃角和刃形诸方面不存在明显的差异，说明这些刮削器在刃口形态（直刃、凸刃与凹刃）方面的变异主要取决于毛坯的原始形态，而不一定代表类型与功能的不同。变量相关分析显示在刮削器的刃长与毛坯长度、加工深度与毛坯的长度、刃长与加工深度之间存在着正向线性关系，说明石器的大小与加工的程度与原坯的大小与形态紧密相关。

一个地点的石器文化面貌是由多方面的因素造成的，包括原料的可用量与质量、地点的功能与性质、特定的人类行为方式与器物的功用、制作者对石器制作技术的把握和控制等。以往的研究往往只将石器的特点归结为人类的制作技术水平，而在很大程度上忽略了其他因素的影响与制约。这样便难免失之偏颇。一个不应被忽略的而在实际上对一个石器文化的面貌具有重大影响的因素是原料的可供量与质量。上述周口店第15地点的石器在类型与形态方面的诸多特征应该与原料的特点密切相关，在很大的程度上是由原料的丰富性与其质量的粗劣性决定的。对此笔者将另外发表论文加以探讨和论证。

对于周口店第15地点石器的功能与使用，裴文中提出了割、砍、挖等可能性[19]。

张森水在研究我国旧石器时代工具的功能时指出，像刮削器这样的小型工具可供割切和刮削，用于加工猎获物[20]。如上所述，周口店第15地点石器的主要成分是具有各种刃口形态的轻型工具——刮削器；重型工具（包括砍砸器和薄刃斧）在组合中比重很小；具有尖刃的标本数量少且不典型。这说明周口店第15地点石器的主要功用不是用来生产和获取（包括狩猎和采集），而是简单的切割与加工。这可能是由该地点的功能与性质决定的，即该地点是当时古人类分割食物和消费栖息的基地以及工具加工的场所。近年来西方的一些学者在研究莫斯特的工具组合（Mousterian “tool-kit”）时得出结论，认为这些石器主要是由非获取性的工具（non-extractive implements）构成的，包括刮削器、凹缺器和齿状器等。这些工具主要是用来生产或加工其他材料的工具或用具，而不是用来获取生活资源[21]。其实，学者对东亚的旧石器工具早已做出了类似的推断，认为发现于该地区旧石器时代的石片和石片工具主要被用来生产和加工竹质或其他非石质的工具，而简单的砾石工具则被用来补充非石质工具的不足而发挥重型工具的功能[22]。周口店第15地点的石器是否曾被用来加工制作其他材料，尚需在对这些石器的功能和使用痕迹做深入研究后方可定论。

周口店第15地点的石器文化保留着中国北方旧石器时代主工业的主要特征，例如石器个体小，刮削器为主要器形，加工简单不规则等。就石器类型与技术而言，周口店第15地点与第1地点的石器文化可谓一脉相承，具有强烈的继承性，但也有一些区别，例如利用砸击石片加工的石器在第15地点较之第1地点明显减少；第15地点具有特色的薄刃斧不见于第1地点；第15地点的刮削器、砍砸器和雕刻器中的一些标本比之第1地点的同类标本加工更精细，形态更规则等。这些差别可能反映出两个地点因为时代不同而产生的技术水平的不同，或是古人类在两个地点生存适应的行为方式出现了变化。但由于这两个地点（尤其是第15地点）尚未被全部揭露，资料不全，并且对两个地点的石器研究在方法和信息的舍取处理方面存在着差异，因而对二者的文化关系尚需进行综合而等信息量的比较研究方可得出较客观全面的认识。

致谢：本文是在笔者博士论文其中的一个章节的基础上加工完成的。在写作过程中得到了张森水、欧阳志山（J. W. Olsen）和库恩（S. L. Kuhn）诸先生的指导和帮助。沈文龙先生帮助绘制了部分器物线图。在此谨表衷心的感谢！

参考文献

[1] 贾兰坡，黄慰文. 周口店发掘记. 天津：天津科学技术出版社. 1984.

[2] 高星. 周口店第15地点的剥片技术研究. 人类学学报，2000，19（3）：199-215.

[3] 贾兰坡. 周口店第15地点开掘简单报告. 世界日报（自然副刊），1936-01-19，1936-02-09.

[4] Pei W C. A Preliminary Study on a New Paleolithic Station Known as Locality 15 at Choukoutien.

Geological Bulletin of China, 1939, 19(2): 147-187 .
[5] Pei W C. A Preliminary Study on a New Paleolithic Station Known as Locality 15 at Choukoutien. Geological Bulletin of China, 1939, 19(2): 147-187 .
[6] 贾兰坡，盖培，尤玉柱. 山西峙峪旧石器时代遗址发掘报告. 考古学报，1972（1）：39-58；贾兰坡，卫奇. 阳高许家窑旧石器文化遗址. 考古学报，1976（2）：97-114.
[7] 贾兰坡. 旧石器时代文化. 北京：科学出版社，1957.
[8] 裴文中. 中国旧石器时代文化//郭沫若，杨钟健，裴文中，等. 中国人类化石的发现与研究. 北京：科学出版社，1955：53-89；张森水. 中国旧石器文化. 天津：天津科学技术出版社，1987.
[9] 黄慰文，祁国琴. 梁山旧石器遗址的初步观察. 人类学学报，1987，6（3）：236-244；林圣龙. 中国的薄刃斧. 人类学学报，1992，11（3）：193-201.
[10] Bordes F. Typologie du Paléolithique Ancient et Moyen. Publications de l'Institut de Préhistoire de l'Univeresité de Bordeaux. Mémoire, 1961, 13(1,2); Holdaway S, McPherron S, Roth B. Notched Tool Reuse and Raw Material availability in French Middle Paleolithic Sites. American Antiquity, 1996, 61(2) :377-387 .
[11] Movius H. Note in the History of the Discovery and Recognition of the Function of Burin as Tools// Vaufrey R. La Préhistoire, Problémes et Tendences. Paris: C.N.R.S, 1968: 311-318.
[12] Barton C M, Olszewski D J, Coinman N R. Beyond the Graver: Reconsidering Burin Function. Journal of Field Archaeology, 1996, 23(1): 111-125.
[13] Leakey L S B. The Bolas in Africa. Man, 1948, 48: 48; Clark J D. The Stone Ball: Its Association and Use by Prehistoric Man in Africa//Balout L. Congrés Panafricain de Préhistoire, II, Alger, 1952. Paris: Arts et Métiers Graphiques, 1955: 403-417; Willoughby P R. Spheroids and Battered Stones in the African Early and Middle Stone Age. Oxford: British Archaeological Reports, 1987; Schick K D, Toth N. Early Stone Agetechnology in Africa: A Review and Case Study into the Nature and Function of Spheroids and Subspheroids//Corruccini R S, Ciochon R L. Integrative Paths to the Past: Paleoanthropological Advances in Honor of F. Clark Howell. New Jersey: Prentice Hall, 1994: 429-449.
[14] Schick K D, Toth N. Early Stone Agetechnology in Africa: A Review and Case Study into the Nature and Function of Spheroids and Subspheroids//Corruccini R S, Ciochon R L. Integrative Paths to the Past: Paleoanthropological Advances in Honor of F. Clark Howell. New Jersey: Prentice Hall, 1994: 429-449.
[15] 李超荣. 石球的研究. 文物季刊，1994，14（3）：104-108.
[16] 裴文中，张森水. 中国猿人石器研究. 北京：科学出版社，1985.
[17] Dibble H L. Interpreting Typological Variation of Middle Paleolithic Scrapers: Function, Style, or

Sequence of Reduction? Journal of Field Archaeology, 1984, 11: 431-436.

[18] Barton C M. Lithic Variability and Middle Paleolithic Behavior: New Evidence from the Iberian Peninsula. BAR International Series 408. Oxford, England, 1988.

[19] Pei W C. A Preliminary Study on a New Paleolithic Station Known as Locality 15 at Choukoutien. Geological Bulletin of China, 1939, 19(2): 147-187 .

[20] 张森水. 中国旧石器文化. 天津：天津科学技术出版社，1987.

[21] Anderson-Gerfaud P. Aspects of Behavior in the Middle Paleolithic: Functional Analysis of Stone Tools from Southwest France//Mellars P. The Emergence of Modern Humans: An Archaeological Perspective. Ithaca: Cornell University Press, 1990: 389-418; Kuhn S L. Mousterian Lithic Technology: An Ecological Perspective. Princeton: Princeton University Press, 1995.

[22] Boriskovskii P I. Vietnam in Primeval Times. Soviet Anthropology and Archaeology, 1968, 7(2):14-32; Hutterer K. Reinterpreting the Southeast Asian Paleolithic//Allen J, Golson J, Jones R. Sunda and Sahul: Prehistoric Studies in Southeast Asia, Melanesia and Australia. New York: Academic Press, 1977: 31-71; Pope G. Bamboo and Human Evolution. Natural History, 1989, 10: 48-57 .

（原载于《人类学学报》2001年第20卷1期）

周口店第15地点石器原料开发方略与经济形态研究

周口店第15地点发现于1932年，发掘于1935～1937年，是东亚的一处中更新世晚期的重要旧石器地点。共有1万多件石制品从该地点发掘出土。有关该地点石器的类型、形态变异、剥片和加工技术的研究成果已在《人类学学报》2000年第19卷3期和2001年第20卷1期予以发表[1]。本文是对该地点石器文化系列研究的第三部分，专门讨论古人类对石器原料开发利用的程度、方略和经济形态。

一、原料种类与开发方略

石器原料是史前人类制造工具和从事生产、生存活动的最重要的生产资料，其可用量与质量对人类工具制作技术的发挥、发展和石器文化特点的形成起着很大的制约作用。同时人类对特定的石料资源的利用程度与开发方略又反过来揭示着该人类群体的石器制作水平和对所处生态环境的适应能力。

表一列出了周口店第15地点石器原料的种类及其在各类石制品中的利用率。共有6类石质原料在该地点被使用过，包括脉石英、火成岩、水晶、燧石、砂岩和石英岩。火成岩可进一步划分为深成岩和浅成岩等细类，但由于数量少便作为一个大类进行研究。从表中可以看出，石英占了95.2%，在石器原料中占绝对优势；其次为各类火成岩，占3%。其他原料使用得很少。

表一　原料种类与利用率

原料种类 / 石制品类型	石英		火成岩		水晶		燧石		砂岩		石英岩
	数量（件）	百分比（%）	数量（件）	百分比（%）	数量（件）	百分比（%）	数量（件）	百分比（%）	数量（件）	百分比（%）	数量（件）
石核	126	1.8					2		1		1
石片	393	5.7	113	1.6			15	0.2	9	0.1	
两极品	86	1.3			1						

续表

原料种类 / 石制品类型	石英		火成岩		水晶		燧石		砂岩		石英岩
	数量（件）	百分比（%）	数量（件）	百分比（%）	数量（件）	百分比（%）	数量（件）	百分比（%）	数量（件）	百分比（%）	数量（件）
石锤			5	0.1					2		
废品	4730	68.9	32	0.5	66	1.0	1				
工具	1198	17.4	54	0.8	14	0.2	12	0.2	4	0.1	1
总计	6533	95.2	204	3.0	81	1.2	30	0.4	16	0.2	2

对不同原料的不同利用程度与方式可以揭示人类对不同原料的认知性、选择性和开发能力。在周口店第15地点，石英作为主要原料被大量用来生产石核、石片和制作石器，锤击法和砸击法都在该种原料上使用过。没有发现锤击产生的水晶石核与石片；砸击产生的水晶石片只有1件。砸击法没有被应用到石英和水晶之外的其他材料上。火成岩、燧石和砂岩等原料的利用在该地点有共同的特点：只有2件石核（燧石）在这一组群中被发现；断块和废片的比例远远小于石英类；非石英石片比石英石片的个体更大（图一），形态更规则。这些现象说明火成岩、燧石和砂岩石片并非如石英石片一样在遗址内生产，而是在他处进行剥片，选中的石片被运回遗址中加以利用。这样的结论也得到了“最小单元分析”（Minimal nodule analysis）的支持。“最小单元分析”将石制品按原料的种类、质地、颜色和条纹等特征划分到尽可能小的单元，然后以此为单位做系列分析，以揭示每种甚至每块原料被利用和消耗的过程和程度，以及人类对不同原料不同的倾向性和开发方略[2]。这样的分析手段无法应用到该地点出土的量大、破碎而又在质地和颜色上无法相区别的脉石英和水晶制品上。笔者将燧石、火成岩和砂岩标本进行了细致的归类，并对每一类的最小单元进行了拼合研究，结果未能取得任何成功。这说明这几类原料不是在遗址内进行剥片和加工的。当然，由于该地点的文化层未被全部揭露，这样的尝试带有一定的局限性。

表二揭示了不同原料在不同的石器类型中的利用情况。超过93%的石器是以石英为原料加工制作的。石英被用来加工除薄刃斧以外的各类石质工具。超过4%的石器以火成岩为原料，包括刮削器、砍砸器、薄刃斧、凹缺器和雕刻器。超过1%的石器用水

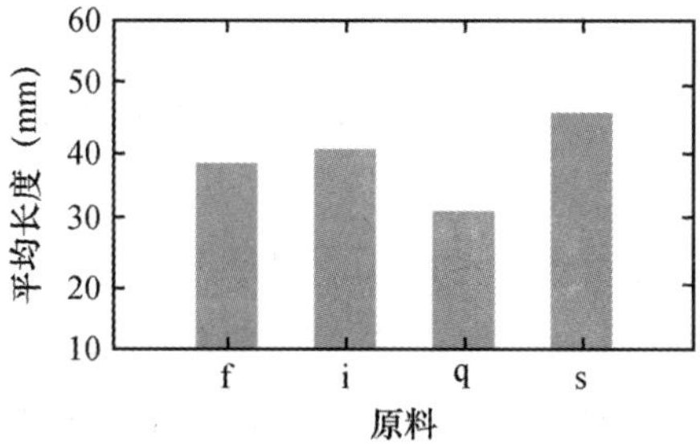

图一　不同原料石片组的平均长度比较

晶制作，类型包括刮削器和雕刻器。不足1%的石器标本采用燧石为原料，而且全部为刮削器。0.3%的石器以砂岩为原料，全部为砍砸器。只有1件薄刃斧采用石英岩做原料。上述统计表明该地点的古人类具备根据不同的功能要求选取不同质地的原料生产石器的能力，但所使用的原料绝大多数为脉石英。

表二　不同石器种类对原料使用情况统计

原料／器类	脉石英		火成岩		水晶		燧石		砂岩		石英岩	
	数量（件）	百分比（%）	数量（件）	百分比（%）	数量（件）	百分比（%）	数量（件）	百分比（%）	数量（件）	百分比（%）	数量（件）	百分比（%）
石锥	5	0.4										
雕刻器	14	11	2	0.2	1	0.1						
砍砸器	4	0.3	5	0.4					4	0.3		
薄刃斧			2	0.2							1	0.1
凹缺器	22	1.7	2	0.2								
尖刃器	10	0.8										
端刮器	8	0.6										
拇指盖状刮削器	11	0.9			1	0.1						
单刃刮削器	998	77.9	29	2.3	9	0.7	7	0.5				
双刃刮削器	93	7.3	12	0.9	3	0.2	5	0.4				
多刃刮削器	11	0.9	1	0.1								
不规则形器	20	1.6	1	0.1								
总计	1196	93.4	54	4.2	14	1.1	12	0.9	4	0.3	1	0.1

二、石器原料的分布、可用量和质量

对古人类在开发利用石器原料资源方面所付出的代价与收获之间关系的研究是近来旧石器时代考古学的一个热点。而这种投入与产出之间的比值取决于3个要素：原料的分布、人类相对于原料源地的迁徙运动方式和对获取原料所做出的时间和体力上的安排[3]。

研究石器原料的分布情况必须考虑两个变量：可用材料的富集程度和材料源地距人类栖息地的距离。自周口店古人类遗址发现以来，该地区已被进行过多次地质调查，寻找石器原料产地即为调查的内容之一。龙骨山和其所在的西山山脉的主体是由石英岩、石灰岩和砂岩等各类岩石构成的；这些山脉岩石的风化露头和周口河多砾石的河床为古人类提供了便利的获取石料的场地。在周口河阶地中的形成于中更新世的“下砾石层”被认为是生活在该地的古人类的一个重要的石器原料来源[4]。周口店第15地点古人类所使用的石料绝大部分为就地取材。调查发现在周口店附近很容易找到脉石英、石英岩、火成岩和砂岩等石块；水晶岩块的富集地则发现于遗址北面大约5km处。燧石等优质原料在遗址附近很难见到，因而也很少被使用。

石料资源条件不仅取决于其数量，更重要的在于其质量。而质量的衡量标准既包括断口的规则程度，又包括岩块的形态和大小。周口店遗址附近虽然可用的石块比比皆是，但在质量方面却是先天不足。首先，在该地最易得到的石料是脉石英和石英岩。石英类（包括水晶）因多节理和裂隙容易在打片时破裂和崩断，形成不规则的断口，因而被公认为不易控制和不理想的石器原料[5]。其次，当地包括石英、火成岩、砂岩在内的石料的存在形式多为小的砾石和石块，在打片中不易掌控，很难剥下大的和规则的石片，剥片的数量有限。这些都为古人类充分发挥石器制作技术，生产出美观、规则和适用的工具带来了困难。

总而言之，周口店的石器原料具有高含量和低质量的双重特点；古人类在该地点对原料开发利用的效益取决于对二者的平衡。这样的原料条件对石器技术的发挥和石器的类型与形态有着很大的制约和影响。

三、原料的开发和消耗程度

古人类对石器毛坯的选择性与倾向性和对材料的利用、消耗程度可以揭示人类群体所面临的资源条件及其对资源的开发能力，同时也是其文化特点的重要体现。

1. 石器毛坯的选择

表三列出了周口店第15地点各类器形对毛坯的使用情况。该地点石器的毛坯种类包括断片-裂片、完整石片、断块、长石片、两极石片和砾石。断片-裂片是主要的毛坯种类，占54%；断块在毛坯中占次等重要的地位，占25%；其次为完整石片，占13%；另有6%的石器以砾石为毛坯，1%的石器以长石片为毛坯。仅发现1件石器是用两极石片加工而成的。考虑到石英在砸击的过程中易于断裂、破碎，其产品中有些不具备技术上的鉴定特征，因而在该地点出土的有些断块、断片可能是砸击所致，所以以砸击品为毛坯的石器的实际比例应高出上述的统计结果。

一般来说，完整的石片因个体较大、形态较规则、保留有锋利的边缘而成为人类加工石器的首选毛坯。但在该地点用石片作毛坯的石器只占13%，而采用断片-裂片和断块作毛坯的石器合计占近80%。这样的比例不应是人类主观选择的结果，而是当时的人类群体面对以脉石英为主的劣质原料的一种不得已的应变方式。

表三　各类石器毛坯分布统计

分类	断片-裂片（件）	断块（件）	石片（件）	砾石（件）	长石片（件）	两极石片（件）	总计（件）
单刃刮削器（件）	560	299	129	64	11		1063
双刃刮削器（件）	80	4	25	4			113
多刃刮削器（件）	9	2			1		12
薄刃斧（件）			3				3
砍砸器（件）		3	1	9			13
尖刃器（件）	3	5	1			1	10
凹缺器（件）	15	5	3	1			24
石锥（件）	1	3	1				5
雕刻器（件）	17						17
总计（件）	685	321	163	78	12	1	1260
百分比（%）	54	25	13	6	1	0	100

2. 对原料的消耗程度

笔者在此使用“消耗”一词来表示石器原料被利用的过程，是因为人类对所拥有的石料的剥片和加工在数学上是一个使其体积和重量不断减少的系列过程，这一过程包括将石块直接打制成工具、从石核上剥离石片、以石核或石片为毛坯加工石器、对石器的使用磨损、对使用过的石器的再加工利用，以至将使用过的（或损坏的）的石器最终弃置。这样的研究可以揭示石器制作和使用的动态过程，展现一件或一组器物的生命史（Artifact life history），将静止孤立的石制品类型串联成相互关联的技术和工艺流程。对周口店第15地点原料的消耗程度本文从以下几个方面进行了探讨和诠释。

1）石核消耗程度

揭示石核消耗程度的一个手段是对比石核组合中利用率低的标本与利用率高的标本的数量关系。前者是指核体上的片疤少而零散、尚有较大的利用空间的石核；后者则相反。周口店第15地点的石核被划分为3类：简单石核（23件）、盘状石核（33件）和多台面石核（74件）[6]。以利用率划分，简单石核属低效石核，而盘状石核和多台面石核属高效石核，二者的比例为1∶4.7。这样，利用率高的石核远远大于利用率低的石核，表明当时的人类对搬运到遗址内适用的石料是尽其所能加以剥片利用的。

2）石片被加工成器的概率

加工过的石片石器与未被加工的石片的比例是对比和衡量一个石器工业对原料利用程度的重要标志之一。在周口店第15地点，共有530件未被加工过的石片和断片-裂片；以石片和断片-裂片为毛坯的石器共848件；二者的比例为1∶1.6，亦即超过38%的石片和断片-裂片未被加工成器。如果单纯考虑完整的石片，则未被加工成器的比例更高，达73%。

为了探究个体的大小是否成为如此众多的石片未被选为石器毛坯的一个原因，笔者将未被加工的石片与石片石器在长、宽、厚、重方面进行了对比（表四）。从这些测项的平均值来看，未被加工者比被加工者的个体要小一些，因而可能一些石片因个体小而被弃置不用。但这不能对全部未被加工的石片做出解释，因为许多完整的石片在个体大小方面仍然在可用的范围之内[7]。石片的形态也不能对此提供圆满的解答。一些石片确实因形态的原因无法被利用，包括40例边缘折断的标本。但仍有一些标本具备可用的形态。

表四 未被加工的石片与石片石器个体大小对比

测项	长度（mm）		宽度（mm）		厚度（mm）		重量（g）	
分类	石片	石器	石片	石器	石片	石器	石片	石器
标本数量	439	163	439	163	435	163	435	163
最小值	11	19	12	15	3	5	1	3
最大值	160	213	175	156	45	52	521	1038
平均值	36	40	34	32	12	14	21	33
标准偏差值	16	23	17	18	5	7	36	137

一个可能的解释是尽管大量的石片没有被加工改造，但其中一些被作为工具直接投入了石器技术流程中使用的一环。模拟实验和微磨损分析揭示从石核上剥离下的石片在自然状态下可以有效地完成许多工作[8]。笔者个人的实践经验也印证了这一点。1992年在参加于周口店举办的石器技术研讨班时学员们用当地的石料（主要是石英类）制造工具并肢解了一只山羊。学员们的首选工具是未经加工的边缘锋利的石片。这样的切割工具被证明十分有效；只有当石片变钝或粘上太多的油脂、毛发时加工修整才成为必要。由此类推，古人类也会直接使用适用的石片，而不会做不必要的修整和改造。

"使用石片"在中外许多文献中被提及，但要得到确证却不很容易，尤其是当所面对的标本是石英这样晶粒粗、破损不规则的材料时，其边缘的碎疤的人工属性很难被准确地判断。在本文研究的石制品中，有69件石片的边缘存在屑疤。对这些疤痕的成因尚需要进一步的研究；对无此类疤痕的标本也应进行微磨损观察，以确定是否被使用过。当然，对石英类材料的微痕研究尚没有理想的结果，需要继续探索。

3）加工长度指数

为了更客观地度量和表示每一件毛坯边缘的利用程度，笔者在研究中创设了“加工长度指数”的概念。加工长度指数系指加工出的刃口长度与该刃口所在的有效边缘长度的比值。有效边缘是指一条边缘上适合被加工成刃的部分（不管是否被加工过），通常呈薄锐平缓的形态。这样，当毛坯一条有效边缘的一部分未被修整时，其原因应是石器制造者的主观使然，而非材料条件的限制。加工长度指数越大，该有效边缘被加工得越彻底；当加工长度指数为1时，该有效边缘已被全部修整成刃。在周口店第15地点的石器中，少数标本的边缘利用率低，加工长度指数小于0.5。全部石器加工长度指数的平均值为0.89，表明在总体上对有效边缘的大部分做了加工。图二是该地点刮削器加工长度指数分布的直观图示。在各类石器中该指数的分布没有明显的差异。

4）加工深度指数①

加工长度指数标明毛坯在横向上加工的程度。对毛坯在纵向上修整的程度，本文引入了由库恩首创的加工深度指数（Index of resharpening）的概念[9]。加工深度指数为石器刃口上修疤终止处的厚度与毛坯中部最大厚度的比值，以帮助测算刃口所在的毛坯在纵向上（即修疤或加工力的延展方向）被剥离下来的材料的数量。在石器加工、使用、磨损和再加工利用的系列过程中，石器的刃口将向毛坯的中部（脊）靠拢。加工深度指数越大，修整疤痕越靠近中脊，加工程度越高；当加工深度指数为1时修疤即已达到中脊，此时该标本很难被进一步加工利用。在研究周口店第15地点的石器时，笔者只将毛坯为规则的石片的标本（共125件）纳入此项测量和计算，以求减少误差。图三是对所得结果的图示，可见大部分标本的加工深度指数在0.4～0.8之间。该指数的平均值为0.66，表明这些标本在总体上仍有继续加工的余地。需要指出的是，图三将加工深度指数为1的标本的数量夸大了，因为有些大于1的数值被处理为1，而大于1的指数是在测量和多次换算的过程中误差累计的结果。

5）单个标本刃口的数量

单个标本被加工出的刃口的数量应是表明原料供给的条件和衡量原料是否被充分利用的一个重要指标。从周口店第15地点发掘出土的刮削器共1188件，拥有1313个刃口。其中单刃刮削器1063件，单刃刮削器与双刃刮削器-多刃刮削器的比例为8.5：1。

① 根据库恩的定义，石器的毛坯被理想化为断面呈三角形、最大厚度在中间的形态。加工深度指数$I=t/T$。t为石器刃口上修疤终止处的厚度；T为毛坯中脊处的厚度，在实践中T值取毛坯的最大厚度。t值不易直接测量，而且往往不被有意测量，但可以通过刃口的深度（D）和刃角（α）之间的三角函数关系计算出来。这样就演变出公式$I=\sin D/T$。当把α由角度换算成弧度时，公式最终成为$I=\sin(\alpha\pi/180)D/T$。

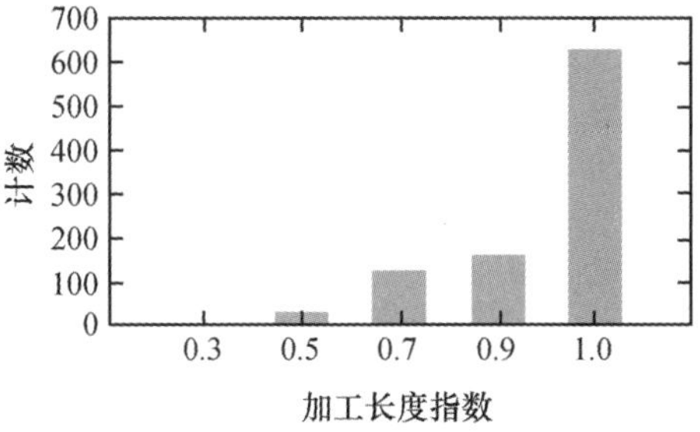

图二　刮削器加工长度指数分布图

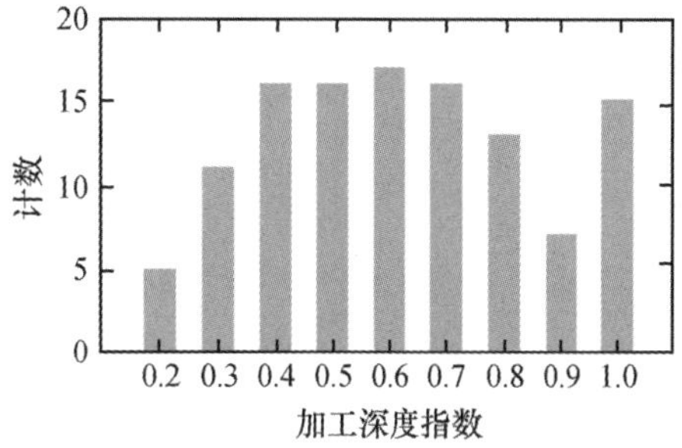

图三　石片刮削器加工深度指数分布

如此高的比值说明在该地点古人类更倾向于制造新的工具，而不是对原有的石器作废物利用。对不同原料的石器的刃口数量分析发现该地点的古人类对不同的原料采用了不同的取舍方式：单刃工具与双刃-多刃类的比例在脉石英类刮削器中为9.6∶1；在水晶类中为3∶1，在火成岩类中为2.2∶1，在燧石类中为1.4∶1。显而易见，非石英原料被消耗和利用的程度远远大于脉石英。这种悬殊的差别说明当时的古人类对来之不易的优质原料的偏爱。

上述较高的加工长度指数、相对低的加工深度指数和绝大多数石器为单刃标本、绝大多数刃口只有单层修疤等观测结果对探讨生活在该地点的古人类对原料利用的倾向性和方略具有重要的启示，表明他们具有对石料的一条有效边缘在横向上尽可能加以利用的意识，但对该边缘在纵向上的充分加工以及在该标本上生产更多的刃口则缺乏热情。当一件石器被用钝、磨损时，其持有者有如下的选择：①在原刃口上进行再加工；②在该标本的其他部位开辟新的刃口；③将其遗弃而另择毛坯制造新的工具。一般来说，大而新的石器更适用、更受青睐；而被深度加工、刃角变大、个体变小的器物则在功能上处于不利的地位。一个制约工具持有者做出上述某种选择的重要因素是获取原料的代价。如果原料易于获取，那么生产新的工具应是首要选择；而如果原料得之不易，那么继续加工利用原来的材料（或者修整原来的刃口，或者开辟新的刃口，或者兼而为之）将是更合理的举措。由此可见，周口店第15地点的古人类在石器原料丰富的前提下遵从了上述逻辑，对石料的加工利用做出了明智的选择。

通过对石核的利用率、石片的成器率以及毛坯在横向、纵向和周边上对材料的消耗程度的测量、统计和分析可以看出，该地点在总体上对原料的利用率是偏低的。这与当地石料的丰富性和质量的低劣性是密切相关的。而对不同质地的原料不同的利用程度则揭示了古人类对不同原料的鉴别和选择能力，及其在现有的资源条件下现实灵活的应对方略。

四、讨论：原料、技术与人类生存模式

从上述统计分析可对周口店第15地点石器工业在原料利用方面的特点做如下的归纳。

（1）该地点的古人类在制造石器时就地取材；所用的石器原料绝大部分为脉石英。

（2）石器原料具有高含量和低质量的双重特点；这对原料开发方略和石器技术、形态有重大的影响。

（3）原料的利用率偏低。这体现在存在大量的未被利用的断块、废品和对毛坯的小程度消耗。

（4）一些石片未被加工成器。其中有的可能直接投入了使用。

（5）该地点的古人类对所面临的石料资源条件采取了灵活、变化的应对方略：脉石英和水晶在遗址内进行剥片、加工，而火成岩、燧石和砂岩等则在产地打片，只有经选择的石器毛坯被运回遗址加以利用；燧石、火成岩和砂岩等相对优质的材料在该地点的利用率或消耗程度远远大于石英类。

在过去的二三十年里，旧石器时代考古学的重心已经从类型和形态学分析转到了对石器技术的系统组织或工艺流程以及一个工业组合内部、不同组合之间的变异成因的探究上。一个石制品组合中可观察到的这种变异（包括类型、技术和形态）的背后可能隐藏着这样的三个制约因素：原料条件和开发技术、制造和使用石器的特定行为方式、遗址在人类迁徙和居住系统中所扮演的角色[10]。为了揭示这些因素对考古学文化所起的作用，一些学者在民族学和实验考古学的经验和信息的基础上提出了若干理论阐释的模式或假说，以期对探索远古人类生产能力和适应生存方式提供有助的启示。笔者在研究中引入和参照了如下的三个模式，以便从理论的高度阐释周口店第15地点的石器文化和人类的适应方略。

宾福德的聚落组织论（Settlement organization）：宾福德认为聚落组织形式对人类的石器技术和文化变异起着至关重要的影响和制约作用[11]。他将石器技术划分为精细加工（curation）和权宜加工（expediency）两类。精细石器（curated tools）修整精致，形态规范，可以实现多种功能，在设计制作时对其用途已有前瞻性，易于携带，并可随时加工改造、旧物新用。支配人类对石器进行精细加工的动因源于对有限的石料资源的最大程度的利用的欲望或需求，而这种动力或需求是与人类不断迁徙流动的聚落组织形式相伴而生的。处于这种生活方式的人类群体由于需要不断面对新的、石器原料资源未知的生态环境，需要随身携带工具和石料以解决不时之需并最大限度地利用已有的材料。权宜石器（expedient tools）则相反，修制粗糙、简单，形态多变，功能有限，随制、随用、随丢，很少进行再加工和再利用。这种现象的产生被认为与聚落相对稳定的生活方式息息相关，因为在此条件下石料供给充裕，生活资源稳定，人们不需要为生产多功能的、便于携带的石器和节省原料而绞尽脑汁。

库恩的技术装备论（Technological provisioning）：这一理论是对宾福德上述理论的修正，以此将人类生计方式、土地使用（或聚落形态）和石器技术有机地串联起来。技术装备这一概念包容了精细加工和权宜加工的内涵，并涵盖了对石器的制作、移动、使用、维修的计划性和满足可能的需求的策略性[12]。库恩提出了两种相对立的技术装备方略：一种是装备人员（Provisioning individuals），即为外出从事狩猎和采集的人员配置适当的石制品；另一种为装备地点（Provisioning sites），即在特定的场所（诸如居住地点、水源和猎物必经之地）预先放置石制品，以备需要时使用。用于装备人员的石制品一般为已成型并被精致加工的工具，个体小，功能多，并会被不断修整和再利用。这些特点正是精细石器所具有的。用于装备地点的石制品应主要是石料或石器的半成品。由于石料的富集和就地生产石器，在被装备的地点经常会发现断块、废片、未被利用的石片或原料，以及简单加工的石器，而这些正是权宜石器的特点。装备人员的策略被经常移动的人群所大量采用；而装备地点的策略则主要为聚落相对稳定的人类群体所采纳。

安德烈斯基的原料决定论：这一理论批评宾福德学派过分强调人类土地使用方式或移动行为对石器技术所起的作用，认为宾福德未考虑石器原料条件是个失误。相反，原料决定论认为石器原料的可用量与质量是制约石器技术发挥和工业特点的最根本的因素。图四是安德烈斯基提出的原料决定论的图示[13]。在这一模式下，劣质的原料只能产生不规范和加工粗劣的石器；质量高而又稀少的原料将会产生规则和精致的石器；而质量高同时又数量多的原料条件可能既产生规范精致的石器，又产生不规则和粗劣的石器。

石料数量 \ 石料质量	高	低
多	兼有精细石器和权宜石器	基本为权宜石器
少	基本为精细石器	基本为权宜石器

图四　原料供给量、质量和石器特点关系示意图

上述理论虽然都因过分强调一个方面而带有自己的局限性[14]，但它们都从一定的角度对一个石器工业的技术和特点提出了合理的解释，对研究周口店第15地点的文化特点和原料利用的经济形态提供了有益的借鉴和启示。

周口店第15地点的石器工业包含石锤、石核、石片、石器和大量的断块、废片。石器多呈不规则的形态，加工简单随意，毛坯在横向、纵向和周边的材料消耗程度都较小，对毛坯原始形态的改变程度轻[15]。从总体上，该地点的石器工业具有明显的权宜技术特点，这与该地点的性质或功能和石器原料条件是密切相关的，同时也折射出

古人类在此生产活动和适应生存谋略的信息。

从石制品的组分、遗址出土的大量的破碎的动物化石和遗址的地质条件（洞穴）来看，该地点是古人类从事石器生产的场所和栖息、消费的生活基地：洞穴或岩厦为古人类提供了遮风避雨的天然条件；地处山地与平原交接处的丰富多样的自然环境为多种动植物提供了生存条件，进而为生活在这里的人类提供了充裕的食物资源；周口河从龙骨山下流过，为人类提供了方便的水源；而河滩上的砾石和山体基岩的风化裸露处则为古人类提供了生产石器的原料。这些资源条件为古人类提供了一个理想的、相对稳定的家园，使古人类能够在该地点以至整个周口店遗址生生不息。由于聚落相对稳定，人们可以随时将遗址附近适宜的石料带到洞内制作石器，或将在外出狩猎和采集时在远处发现的合适的原料运回遗址，这样便在事实上将地点装备了充足的石器原料，人们可以对石器随用随制，不断更换，而不必处心积虑节省原料并生产出多能、高效和长用的工具。

但稳定的聚落生活形式并不一定排斥对石器的精细加工。相反，由于不需要疲于迁徙移动，石器制作者应有更充裕的时间和精力投入到石器的制作和技术的完善，生产出形制规范、功能完备的工具，并有利于产生专门制作石器的能工巧匠。但这些似乎在周口店第15地点以及其他地点没有发生。另外，装备地点和装备人员这两种行为与方略也不一定具有排他性。可以想见，当狩猎采集者从生活基地出发去获取食物资源时，他（或她）需要配置一定的工具以供使用。因而，在周口店这样既是石器制造场又是栖身之所的综合性的遗址内，是可以有用于装备地点和装备人员的石制品并存的。周口店第15地点的石器工业绝大多数呈现权宜石器或装备地点石制品的特点，但少数加工精良的刮削器和尖刃器是符合精细石器的标准的。另外，在该地点出土的3件形制规范并在手握处剥离若干石片的薄刃斧是很理想的用于装备人员的利器。它们那锋利、规则的刃口可以用来砍伐树木、宰杀、肢解猎物和刮削加工竹、木器，而且其个体较大，可以作为石核在需要时从上剥离石片以加工小的工具。事实上，该3件标本体上都在一端有若干片疤，许多片疤表明剥离下的石片是在可用的尺寸之列的[16]。笔者在观察这3件标本时曾询问过一位到访的日本资深旧石器考古学家的意见，他认为它们不是石器，而是石核。虽然笔者不能苟同，但同意它们可能具备石核的功能。而这样多功能并可被不断改造利用的石器，正是精细石器或用来装备人员的工具的特点。只是这类标本在该地点数目很少。

周口店第15地点的工业特点和原料利用的经济形态应该更主要是由该地点的石器原料资源条件所决定的。石料是制作石器的必需的材料，没有石料便无从生产石器；没有好的石料便不可能生产出好的石器，所谓巧妇难为无米之炊，安德烈斯基的原料决定论正是揭示这样的一个道理。周口店的石器原料可以概括为这样的特点：数量多、个体小、质地差。按照安德烈斯基的原理，这样的材料是注定要产生形态不规则、个体小、加工简单、使用率低的石器的。因而不应片面地将上述文化或技术特点作为衡量当时人类制作技术和思维智能发展水平的标准，而应通过这些现象研究当时的人类群体采取什么样的方式去克服自然界所设下的困难和障碍，用什么方略最大限度地去开发这批不理想的原料并成功地适应生存了下来。就目前的研究结果，可以看出周口店第15地点的古人类对原料开发和利用采取了如下的方略。

（1）就地取材、广产薄取、以量补质：大量采集石料并生产石片，从中选取适宜的毛坯加工石器，并不断用新的石器更换旧的、不适用的石器。

（2）对不同质地的材料用不同的方式加以开发。例如对脉石英和水晶既用锤击法又用砸击法生产石片，而对燧石、火成岩和砂岩等则只用锤击法生产石器的毛坯；对石英类等近处的材料搬到遗址内打片，而对燧石、火成岩等远处的材料则在产地打片，只将适用的毛坯带回遗址；能根据石器的功能要求选择不同质地和大小的毛坯生产石器；对相对优质的材料充分加以利用等。即使对脉石英材料也采取了区别对待的方式而不是一味地消耗和浪费，这表现在石核不同的形态和剥片程度上：简单石核多为个体大、质地粗劣者，而盘状石核和多台面石核则多为小型者，有些已穷尽其可利用的潜力。这表明石器生产者对相对优质的石英材料还是尽力做到物尽其用的。

（3）生活在该遗址的古人类在不断提高和完善其对原料开发的手段和技能。在第1地点，人们对脉石英的开采以砸击法为主要方法，锤击法尚不很成熟。到了第15地点，古人类已在很大程度上减少了对浪费、低效而又不宜控制的砸击法的依赖，而主要用锤击法生产石片，并发展出交互剥片和多向剥片等多种方式以开发形态不同的原料。将锤击法成熟地运用到脉石英材料上应该被看作是当时的人类在石器技术上的一个了不起的成就。

五、结　　语

周口店第15地点的石器原料以脉石英为主。这样高含量和低质量的原料条件对该地点石器工业在类型、形态、原料资源利用程度诸方面起着至关重要的制约作用，并对人类石器制作技术的发挥和适应生存行为产生了重大的影响。在石料资源不利的条件下，该地点的古人类采取了务实和灵活的应对策略，广产薄取，以量补质，将用锤击法开发脉石英的技术发展到成熟，并对不同的原料采用了不同的开发利用的方略。这些为研究中更新世晚期我国北方的古人类在开发资源方面的能力和对特定的生态环境的适应生存模式提供了重要信息，并对正确认识石器文化特点形成的内在机制和评判史前工业技术的发展水平提供了重要的启示。

参考文献

[1] 高星. 周口店第15地点的剥片技术研究. 人类学学报，2000，19（3）：199-215；高星. 关于周口店第15地点石器类型和加工技术的研究. 人类学学报，2001，20（1）：1-18.

[2] Kelly R L. Hunter-Gatherer Mobility and Sedentism: A Great Basin Study. Ph. D Dissertation, University of Michigan, 1985.

[3] Kuhn S L. Mousterian Lithic Technology: An Ecological Perspective. Princeton: Princeton University Press, 1995.

[4] 裴文中，张森水. 中国猿人石器研究. 北京：科学出版社，1985.

[5] Maloney N C, Bergman C, Newcomer M, et al. Experimental Replication of Bifacial Implements Using Bunter Quartzite Pebbles//MacRae R J, Malney N. Non-Flint Stone Tools and the Paleolithic Occupation of Britain. Oxford: British Archaeological Reports, British Series 89, 1988: 25-48.

[6] 高星. 周口店第15地点的剥片技术研究. 人类学学报，2000，19（3）：199-215.

[7] 高星. 周口店第15地点的剥片技术研究. 人类学学报，2000，19（3）：199-215.

[8] Keeley L H. Experimental Determination of Stone Tool Uses: A Microwear Analysis. Chicago: The University of Chicago Press, 1980; Keeley L H, Toth N. Microwear Polishes on Early Stone tools from Koobi Fora, Kenya. Nature, 1981, 293(5832): 464-465.

[9] Kuhn S L. Mousterian Lithic Technology: An Ecological Perspective. Princeton: Princeton University Press, 1995.

[10] Milliken S. The Role of Raw Material Availability in Technological Organization: A Case Study from the South-east Italian Late Paleolithic//Milliken S. The Organization of Lithic Technology in Late Glacial and Early Postglacial Europe. Oxford: BAR International Series 700, 1998: 63-82.

[11] Binford L R. Willow Smoke and Dog’s Tails: Hunter-gatherer Settlement Systems and Archaeological Site Formation. American Antiquity, 1980, 45(1): 2-20.

[12] Kuhn S L. Mousterian Lithic Technology: An Ecological Perspective. Princeton: Princeton University Press, 1995.

[13] Andrefsky W. Raw Material Availability and the Organization of Technology. American Antiquity, 1994, 59(1): 21-34.

[14] 陈淳. 谈旧石器精致加工. 人类学学报，1997，16（4）：312-318.

[15] 高星. 关于周口店第15地点石器类型和加工技术的研究. 人类学学报，2001，20（1）：1-18.

[16] 高星. 关于周口店第15地点石器类型和加工技术的研究. 人类学学报，2001，20（1）：1-18.

（原载于《人类学学报》2001年第20卷3期）

石器微痕分析在中国考古学中的应用与发展前景

“石器微痕分析”在考古学发展史上是一个较为新鲜的术语。虽然其理念的出现已有半个世纪之久，但一般局限在极少数石器分析专家的研究中。其他分支领域的考古学家对石器微痕分析的了解与应用，无论在国内还是在国外，都是近几年的事。在当前的考古学领域，微痕分析作为一种新的研究理念与方法已被大多数学者认可，越来越多的人开始在石器研究中尝试运用这种方法。微痕分析在重新审视考古学材料，认定石器功能，诠释古代人类生存模式和社会行为，取得重大课题研究的创新与突破等方面都展现出巨大的潜力和良好的前景。在中国，尤其如此。

一

考古标本上的微痕，从广义上说，是指非肉眼所能鉴别的微小痕迹，当然可以是人为的也可以是自然的。微痕是需要通过放大镜，特别是显微镜的帮助来认定的。在这里我们要讨论的“微痕”（micro-wear），是特指史前石质工具上产生的使用痕迹（use-wear），是特定的古代人类行为（使用工具）的产物。微痕分析的主要用途是为我们了解石器功能提供直接的考古学证据，基本方法是对考古遗址出土的石器标本作系统的显微观察（microscopic examination），对观察到的石器使用微痕做出类别判断（如被使用的刃缘部位、使用的运动方式和加工对象等），进而对考古文化特点、人类行为方式和生态资源条件做出综合的阐述。微痕分析是一种将静态的考古记录和动态的文化现象连接起来的研究手段，是在考古学理论阐释上“中程理论”行之有效的应用方法。

在此之前，研究石器功能主要从类型学人手，对石器使用功能的论述是建立在对石器的形态特征、技术特点和加工方式的观察基础之上的。博尔德（Francios Bordes）在对旧大陆西部旧石器时代文化遗存的经典研究著作中列举了著名的63种的石器类型[1]。在这里，不同类型的工具被理解成是被有意识地加工而成的具有不同功能的产品。博尔德及其追随者由此通过不同的石器类型组合来推断旧石器时代人类的经济行为和社会结构。随着新考古学的兴起，这样的研究理念受到挑战，由此引发了20世纪60年代闻名于考古学界的博尔德与宾福德（Binford）关于旧石器时代中期莫斯特文化的论战，争论的核心是对石器类型与经济功能关系的不同解释。博尔德等坚持不同的石器类型组合反映了不同的社会群体在从事特定经济活动中形成的石器技术传统和使用风格，而宾福德等却认为这种不同石器类型组合在同时代遗址群中的出现可能代表了史前人类有意识地针对不同的经济活动采用相应功能的工具的结果[2]，换言之，人类群体可能是相同的，但因不同的生存活动而留下的工具组合可能是不同的。双方言之凿凿，据理力争，相持不下。在那个时代，考古学界谁也没有想到二十几年后，这一段公案完全可以通过用微痕分析来检验各类石器功能的途径加以了断。

因此，如果将微痕分析的目的仅仅看作鉴别石器使用的具体方式，那还远远没有真正理解微痕分析的重要意义。微痕分析的核心价值是为我们研究考古材料、了解人类行为、理解古代社会提供新的手段和视角。它和现在新兴的、流行于考古学界的动物考古学、植物考古学等分支领域一样，把过去忽略了的考古信息通过新的手段重新揭示出来，让我们更深一步地阐释古代人类的行为，复原远古的历史。

以北美大陆全新世石叶功能研究为例。石叶技术在美国中部曾昙花一现，来无踪去无影，饶人寻味。北美考古学家对流行于伍德兰中期（Middle Woodland）的石叶的研究乐此不疲，但对其功能的探究，至20世纪80年代后期才有所突破。第一个对伍德兰中期的石叶作系统的功能研究是俄亥俄州立大学的理查德·耶克斯（Richard Yerkes），他对俄亥俄州的霍普韦尔（Hopewell）文化的一个聚落遗址墨菲（Murphy）出土的大量石叶作了微痕分析，结果表明，这里的石叶是作为多功能性的工具来使用的，与北美史前常见的两面器和修理石片一样，是用来从事一系列不同经济活动的石质工具[3]。奥代尔（G. H. Odell）在对伊利诺斯河下游河谷的三个霍普韦尔文化遗址的调查中，对石叶功能的分析又有了新的发展[4]。在这三个遗址中，斯迈陵戴姆（Smiling Dam）是位于河谷台地上的村落居住点，另两个遗址拿破仑河谷洪泛地（Napoleon Hollow Flood Plain）和拿破仑山坡地（Napoleon Hollow Hill Slope）是位于高地山坡间的祭祀遗址。奥代尔通过微痕分析发现居住遗址和祭祀遗址中的石叶功能是截然不同的。居住遗址斯迈陵戴姆出土的石叶比两个祭祀遗址数量要少得多，但在使用方式上是多用性的。而在祭祀遗址中，石叶在石器类型组合中占有相当的比例，它们的使用方式主要集中在切割和刮削软性动物质地对象。结合动物遗物的分析，奥代尔认为祭祀遗址中石叶是用来屠宰或处置狗的牺牲的特定工具，这种特定的工具（石叶）是应祭祀牺牲的需要而有匠人特别生产出来并提供给巫师们专门使用的。居住遗址中石叶功能可能是派衍出来的。如果是这样，那么北美史前的石叶产生与消亡可能是与伍德兰中期流行的某种特殊的宗教仪式有关联。换个角度看，通过微痕分析，对石叶功能的研究至少能揭示出美国中部在伍德兰中期（公元前300～公元

500年）存在着某种流行的宗教仪式。这是一个以小见大的案例。

微痕分析对考古学文化现象阐述和理论建树上的贡献的另一例子是沈辰对加拿大安大略湖区流域早期农业遗址的石器研究[5]。安大略省南部的格兰德班克（Grand Bank）是加拿大最早的玉米农耕遗址，距今约1500年左右。沈辰的研究主要关注的是在农业起源的进程中石器生产与使用方式的转变。他对从伍德兰中期的HH遗址、伍德兰晚期早段的格兰德班克及伍德兰晚期中段的朗派恩（Long Pine）三个遗址出土的两千余件石器作了微痕分析。通过对比，他发现农业起源前后的石器使用有很大的区别。早期遗址中石器的使用集中在有限的石器类型上，使用功能的范围也较狭窄，这可能与流动性的狩猎采集经济行为有关。晚期遗址中石器使用的功能范围十分广泛，微痕分析就能鉴别出32种不同的使用方式，而且有使用微痕的工具不再局限在特定的类型上，而是包括了大量的非成型的石片。沈辰认为这种变化与农业起源过程中经济行为和社会组织结构有关。在狩猎采集社会中，社会群体小但血缘关系强，因特定的经济行为，其季节性流动与营养资源获取的目的性非常明确，所以石器生产与使用的范围就显得有限。到了早期农业社会，社会群体虽然相对较大，但血缘关系相对较弱，而且农耕经济的出现伴随着土地所有权意识的产生和个体生产经营的分化，这就直接影响了石器的生产与使用。石器生产比起之前缺乏标准化和目的性，石器的使用也就因地制宜、因人而异了。过去对农业起源的研究主要集中在人口消长、组织结构变化、营养资源调整以及聚落环境等方面，而沈辰对石器功能的分析为研究农业起源进程中石器生产与使用方式的转变提供了新的启示。

诸如此类的研究实例还有不少，在此不一一列举。需要说明的是，这一系列研究基本上在20世纪90年代广为考古学界接受。在此之前，正如奥代尔在《石器微痕分析的考古学实验研究》序中指出，西方学术界对微痕分析的不解、猜忌和排斥为这一新兴领域的发展设置了极大阻力。当然这也受到微痕分析自身带有的非客观性的分析方式所影响。要消除这一自身的不足和消极影响，从事微痕分析专业人员需要进行大量的实验、观察，提供实验标本对比数据，并接受盲测的检验。如何进行微痕分析实验，其目的与意义何在，将在下面详细介绍。

二

奥代尔在《石器微痕分析的考古学实验研究》序中将微痕分析的发展脉络作了简要的介绍。然而，许多国内学者可能并不清楚，奥代尔本人正是微痕发展史的一部分，他是微痕研究在西方学术界主要创始人和倡导人之一。他本人30多年的学术生涯正是微痕分析发展的艰辛与坎坷的真实写照。

奥代尔生于1942年。当1957年谢苗诺夫（S. A. Semenov）在苏联出版了他的微痕分析的成名作《史前技术》时，奥代尔还在读高中。该书于1964年被翻译成英文版时，奥代尔刚刚从耶鲁大学本科毕业，随即于第二年获得了耶鲁大学的师范硕士学位，开始在美国和欧洲的高中教授美国历史。当时，美国考古学界正因谢苗诺夫的《史前技术》一书受到地震般的震荡，许多考古学家认识到微痕分析对石器功能研究的重要性，却又发现行之不易。在此震荡与刺激下，一些学者开始效仿谢苗诺夫的做法，着手进行微痕实验工作，其中一位就是后来成为奥代尔博士生导师的露丝·特林厄姆（Ruth Tringham）教授。她在60年代末曾在谢苗诺夫的实验室工作过一段时间，传承了这位被誉为微痕分析始祖和大师的实验工作方法。

从20世纪30年代开始，谢苗诺夫在苏联科学院物质文化史研究所于圣彼得堡的原始生产技术实验室主持工作。实验室不大，主要仪器是体视显微镜。实验室的主要工作是从事打制石器、磨光石器、细石器以及铜器等工具的制作与使用。他的研究成果作为苏联考古学资料与研究第54册《史前技术》（俄文直译为《原始生产技术》）于1957出版后，得到学术界极大的重视。次年，中国一个科学代表团访苏，参观了谢苗诺夫的实验室，感触良多，回来后马上翻译了署名为D. 戈尔耶夫写的书评《史前时代技术的研究》一文，发表在1959年第1期的《考古》杂志上。在编者按中，亲身经历这次访问的译者写道，“我们参观以后的感想是：原始生产技术的实验工作，不只能够使我们更亲切地了解到古代生产技术与功率，而且能够通过这些去认识社会生产力的发展，因而是值得重视的一项工作，值得学习的一项工作。”

严格地说，微痕分析被介绍到中国的时间要比西方早得多。但遗憾的是，这项“值得重视”、“值得学习”的工作，因中苏关系的破裂以及后来“文革”的纷扰导致学术活动的中断，完全被国人遗忘了。直到20世纪80年代中期，学术界经历了拨乱反正，微痕分析又辗转绕道从大洋彼岸被介绍到国内，此刻我们已被西方远远地甩在了后面。这不能不说是历史的嘲弄，学术的撼痛。

露丝·特林厄姆博士在20世纪70年代初由欧洲经苏联到美国哈佛大学任教，而奥代尔恰在此时回到哈佛大学人类学系攻读考古博士学位，投入露丝·特林厄姆的门下，开始从事石器微痕实验研究。那时候，在大西洋另一端的牛津大学里，有一位后来也成为微痕分析创业大师的博士生劳伦斯·基利（L. H. Keeley）在从事同样的实验工作。英语世界里的第一篇提倡科学地、系统地从事微痕实验研究的论文，是1974年基利发表于《世界考古》期刊上的《微痕研究的技术与方法：批判性的回顾》[6]。在这篇文章里，基利对当时不少人急功近利地从事微痕研究提出了批评，指出这些人认为使用了显微镜来观察石器标本就算是进行了微痕研究，结果其结论多是主观的且经不起检验的。基利批评道：“目前能动摇对微痕研究可行性信心的最为严峻的问题，是微痕研究报告缺乏可掌控性（inadequacy of the controls）。”[7]他指出，这种掌控性是能合理地提出鉴别某种使用痕迹，特别是区别使用痕迹与非使用痕迹的理由与证据。在这里，基利提出几个例子来说明不少人认定的所谓“使用微痕”其实不过是自然产生的痕迹。他呼吁微痕研究的从事者要沉下心来，先解决学科基础问题，从实验做起。

在这篇文章发表不到一年的时间内，大洋彼岸的奥代尔做出了积极的响应。在同一期刊上，奥代尔发表了题为《微痕研究的前景：对劳伦斯·基利的同情呼应》的论文[8]，进一步强调了科学而系统的实验工作的重要性，认为实验不仅是要自己动手做，更重要的是要有科学的记录，同时他详细列举了微痕实验工作必须要记录的项目。在基利的基础上，奥代尔进一步提出微痕研究需要有自身的理论阐述，需要认识到这项新的学科能够达到什么目的，如何达到这些目的。

就这样，由苏联科学家谢苗诺夫开创的事业由欧美两位年轻的考古学博士生继承下来并在以后发扬光大了。1977年，他们两位同时获得博士学位。同年悉尼大学的约翰·坎明加（John Kamminga）也以《微痕分析方法研究澳洲土著石器工具用途》为题完成了博士学位。后来这三篇博士论文被誉为微痕研究在欧美的开创性成果[9]。也在这一年，第一届石器微痕研究大会在加拿大西海岸的西蒙·弗雷泽大学（Simon Fraser University）召开，总结了过去十几年来的实践，对微痕分析提出了一些标准化的建议。值得一提的是，会议提交的论文大部分都是涉及微痕科学性实验的，可见当年基利和奥代尔的呼吁起到了重要作用。

事情到此本应皆大欢喜，殊不知在后来的十几年中微痕研究领域中却发生了高倍法与低倍法之间的激烈争论。以奥代尔为代表的低倍法微痕分析流派在80年代一直处于下风，被以基利为代表的高倍法流派排斥于主流之外，直到90年代初才被广泛接受。两个学派因其方法不同，各有利弊[10]。个中原因除了学科上的见仁见智，与奥代尔求职生涯经历也不无关系。

毕业后不久，奥代尔在加拿大的不列颠哥伦比亚大学人类学系做了两年代课教授，随后就任伊利诺伊州美国考古中心的石器实验室主任。其间，奥代尔将其博士论文分为三篇学术论文发表在欧美主要杂志上[11]。因为伊利诺伊州美国考古中心当时的主要任务是高速公路建设中的考古调查和发掘，奥代尔就专注于伊利诺伊河谷的史前石器研究，论文多发表于当地的年度报告中。奥代尔在这段时间内默默耕耘，为他在20世纪90年代的重新崛起奠定了坚实的基础。1984年起奥代尔任职于俄克拉荷马州的塔尔萨大学（University of Tulsa）人类学系。这一年，加拿大考古学家托马斯·理查德（Thomas Richards）在《西加拿大人类学家》上发表了一篇带有偏见倾向的文章，开始对奥代尔提倡的分析方法发难。他认为微痕研究唯一的正确方法就是基利的高信法，因而极力排斥低倍法的作用[12]。这一论文引起了一场旷日持久的论战，也反映出当时微痕研究的主流掌握在基利一派。

与奥代尔相比，基利要幸运得多。刚从牛津毕业的他，在美国芝加哥大学得到教职。1980年，以他的博士论文为基础的《石器使用的实验鉴定》一书由芝加哥大学出版社出版，旋即被认为是从事石器微痕研究的必要工具书[13]。本书为微痕研究高倍法学派定下了基调，而英国伦敦大学考古研究所和美国芝加哥大学也立刻成为培养微痕研究（高倍法）研究生的摇篮，一时间人才济济。后来较有影响的微痕学者大多是基利的同事或学生，比如在日本开创微痕研究的阿子岛香就是于20世纪80年代毕业于基利门下的博士生。相比之下，奥代尔这边就显得冷清多了。塔尔萨大学人类学系不设博士点，低倍法学派的传承在这里遭遇了困难。但是，80年代中期，在哈佛大学和多伦多大学分别有两位约翰先生在努力发展低倍法的研究工作，后来都成为在论战中这一学派的代表人物。多伦多大学的约翰·汤姆乔克（John Tomenchuk）毕业于1985年，用工程力学的计算方法来鉴别石器使用刃缘上破损的形态，开启了低倍法的量化研究。虽然奥代尔在他的论文中不断介绍汤姆乔克的工作，但他的研究直到90年代才得到重视（也是“高”、“低”倍之争的结果）。哈佛大学的约翰·希尔（John Shea）遵循哈佛派低倍法微痕实验研究道路于1990年完成学业，开始发表一系列研究成果。

可以说20世纪90年代是低倍法微痕研究成果累出的阶段。这时期，奥代尔在一些重要刊物上发表了大量的学术论文，特别是系统地用微痕分析研究了伊利诺伊河谷的史前文化石器，取得了令人瞩目的成绩。这些研究及时地影响了不少青年学子投入到微痕低倍法的研究与探索中去。90年代，在北美用低倍法微痕分析方法来研究考古材料的博士论文约有五部左右，其中一部是由来自中国的留学生沈辰博士在多伦多大学完成的。

当然，80年代的大争论也促使了从事高倍法微痕分析的学者的反思。在90年代，不少新一代的博士生重新客观审视了微痕分析方法论，科学地检验了以分析使用光泽为主的高倍法的优劣，也认识到了以观察使用破损片疤形态为主的低倍法的科学性和合理性。逐渐地，两派学者同时认识到微痕研究的发展趋势一定要结合这两种方法[14]。

现在可以说，微痕研究在90年代后期完成整合发展。通过争论与反思，微痕分析从业者在理论与方法方面做出了更完善的阐述，同时让更多的考古学家理解和接受了这一新的领域。目前，微痕研究正进入一个新的时代，我们希望中国的学者能够在这一发展阶段积极参与其间，抓住机遇，迎头赶上。

三

中国的微痕研究起步并不算晚。“文革”后百废再兴，学术研究方兴未艾。在20

世纪80年代国际学术交流中，微痕研究被及时地介绍到国内。只是因为这项工作涉及的领域太过专业，当时在国内只有极少的人尝试了微痕实验，不为人注意，也没能连续发展下来。

80年代初，四川大学的童恩正先生与美国哈佛大学的张光直先生曾有意向在四川大学建立4个考古实验室，其中包括石器实验室。童恩正先生以哈佛大学的微痕研究工作为基础，介绍了微痕分析方法[15]。发表在《史前研究》上的《石器的微痕研究》一文介绍的是微痕分析的低倍法，但当时作者并没有认识到这一点。遗憾的是，四川大学没能将微痕实验计划付诸实践。

中国科学院古脊椎动物与古人类研究所的张森水先生是改革开放之后较早与欧美学术界交流的旧石器考古学家之一。在80年代中期赴美访问期间，张森水先生参观考察了芝加哥大学基利的实验室，回国后以发表基利专著书评的形式介绍了高倍法微痕分析方法[16]，同时指导其研究生开始了探索性的实践。随后不久，侯亚梅以微痕实验为题完成了硕士论文[17]。侯氏的研究立足于对基利高倍法方法的系统学习和模仿，同时尝试对少量考古标本进行观察对比，是中国对石器微痕分析的首次系统的实践活动，得出的结论令人鼓舞。可惜这项研究浅尝辄止，因研究者兴趣的转移而被画上了休止符。在此前后，北京大学考古系的研究生们在吕遵谔先生的指导下，开展了系列实验工作，先后有黄蕴平[18]、夏竞峰[19]、王幼平[20]、李卫东[21]、顾玉才[22]等发表了实验报告。这些实验主要是对各类石质工具如雕刻器、尖状器、刮削器、石钻等进行模拟制作与使用，同时尝试对使用痕迹做显微观察。这些工作在中国的实验考古学领域具有创新意识，对微痕分析也有促进作用，但随着这批研究生完成学业，这项实验工程也戛然而止，所取得的成果也被尘封起来。这样，在中国最重要的两个旧石器时代考古研究机构，微痕分析及相关的实验活动在经历了昙花一现后，又归于沉寂，止步于学科的门口。拉近与西方旧石器时代考古学研究距离的契机，又一次在学人的惋惜声中与我们擦肩而去。

近半个世纪过去了。当微痕分析在西方已经发展成较为成熟的分支领域，成为对重要古人类遗址石器标本的功能研究和理论阐释不可或缺的方法体系，成为许多大学考古专业的必修课程的时候，它在我国却一直引而不发，起而不飞，在很大程度上沦为一个新颖而又空泛的术语，化作引人望梅止渴的幻境。对这种停滞与曲折的处境和困顿，我们认为其原因大致有四。

其一，学术发展水平与状态的局限。微痕分析是一项专业性很强并高度细化的理念和方法，是在考古学领域中分化出来的特殊分支方向，有自己特定的理论、技术、视角和功能。而我国考古学界乃至整个学术界在很长的时期内是在粗放的发展模式中运行的，对专而细的分支领域既不重视也无力去发展。当中国旧石器时代考古学界忙碌于新材料的发现、发掘与整理，满足于遗址与遗存的描述与报道，专注于对石制品的类型划分和形态比较，沉湎于文化传统的建立和宏观的区域对比时，对个别标本上的细微痕迹做费时费力的精细观察、通过烦琐和系统的实验建立起翔实的对比数据、在实验与微痕分析的基础上从理论层面阐释人类的行为与技术，对大多数人来说，不仅缺乏强烈的需求与动力，甚至还显得有些矫情和多余。

其二，实验条件的限制。微痕分析是建立在科学地、系统地实验工作的基础之上的。这项工作十分烦琐且耗时甚长，需要长期的实验、观察和积累。因此，它需要有长期并稳定运行的实验室作依托和支撑，需要有人连续并前赴后继地从事工作。单从物质条件来说，要建立一个配置有合乎要求的显微镜和进行图像采集、数据提取和加工的一套仪器设备和其他辅助设施的完备的实验室，对20世纪中国的绝大多数考古科研机构来说是不现实的。甚至在欧美国家，有些微痕分析实验室因资金和人员无以为继而关闭的事情也屡有发生（在奥代尔为《石器微痕分析的考古学实验研究》所作的序中有所提及）。因为硬件条件不够而导致中国的微痕研究事业欲动还止，只能说是无可奈何。

其三，人才匮乏的制约。较之中国古人类和旧石器材料的得天独厚，较之欧美日韩地区旧石器时代考古人才济济，我们的旧石器时代考古队伍可谓规模可怜，人才匮乏，同期专门从业人员从来没有超过50人。以这样微小的队伍进行各个分支领域的拓展，尤其是微痕分析这样需要不断有人进行长期的实验和积累的专业，实在是力不从心，很容易形成青黄不接、难以为继的局面。还应该看到，我国的旧石器考古工作者多是在人文社科的环境中培训出来的，从知识结构来讲对仪器设备的操弄和开展实验、提取数据并不擅长。另外，这一领域发端于西方，重要文献皆用西文写就，这对经历了中西交流阻隔、外文基础不好的学术前辈来说，系统了解微痕分析的理论和方法，并在实践中正确加以应用，实在是勉为其难。

其四，理论滞后的羁绊。我国微痕分析长期未能取得长足发展的更深层的原因，应当是相关理论的苍白形成的羁绊与桎梏。微痕分析不仅仅是一项技术、一种方法，在其背后有一套指导与解析理论，这些理论指导着微痕分析的操作规范和发展方向，也赋予微痕分析恰当的功能和意义。但我国微痕分析的早期尝试是实践先行于理论，在未能详细了解这一领域原理、方法、作用和局限的情况下，实践者边开始摸索着前行，边干边学，既没有清楚的方向，也没有充分的信心，更形不成规模，难免磕磕碰碰，走些弯路。对微痕分析这样专业性极强的分支领域，必须有经过专业训练的研究者进行系统化的引导；学科的发展必须要对理论基础和科学方法有深刻认识。当一项工作只有简单操作而没有理论的阐释和方法论的指导时，其发展定然没有生命力。

至20世纪末，情况有了改变。在海外受到微痕分析系统训练并师承奥代尔低倍法体系的沈辰博士回国开展合作研究，较系统地介绍了低倍法微痕分析的理论与方法[23]，并将其应用在对国内的旧石器时代考古材料的研究之中[24]。同时曾在留学日本期间见习于东北大学阿子岛香实验室的王小庆博士，回国后介绍了流行于日本的高倍法微痕分析体系，并开展了一定的研究实践[25]。这些海归学者的传授与研究，及时拉开了新世纪中国微痕研究发展的序幕。

四

21世纪之初的中国学术界展现着崭新的风貌。在考古学领域，知识新颖、思想活跃、目光敏锐的新一代学人走向舞台的中央，理论探讨日趋活跃，新技术、新方法的运用被大多数学者看作推动学科长足发展和实现与发达国家学术接轨的重要途径。在中国科学院，“知识创新工程”如火如荼地展开，科研体制在更新，科研条件在改善，科研经费在增长，研究者的视野更多地投向了国际前沿。作为我国古人类学与旧石器时代考古学的摇篮和研究中心的中国科学院古脊椎动物与古人类研究所，恰逢其时，顺利进入创新试点（二期）序列，开始规划与凝练能取得创新突破的重大科研方向。在通过“招聘海外杰出人才”通道从美国归国的高星博士的提议下，石器微痕分析脱颖而出，成为获得优先支持的前沿领域。在高星的策划和组织下，我国首届“2004 IVPP微痕分析培训研讨班”于2004年夏在中国科学院古脊椎动物与古人类研究所举办。为举办此次培训研讨班，我们经过了两年多的酝酿，就培训研讨班一系列的具体问题展开了多次的探讨，如举办培训班的目的、指导思想、人员遴选、教学与实践内容以及相关活动安排等。这样详尽的准备工作，主要是防止培训研讨班的结果流于形式，后续工作不了了之，再一次给实践微痕分析的努力带来遗憾。

因此，我们将“2004 IVPP微痕分析培训研讨班”（以下简称“微痕班”）的基本目的确定为：系统开展该方向的研究，普及微痕分析知识，培养新一代微痕研究人才推动石器微痕分析在中国的实质性应用与发展，使其成为中国考古学的一个重要分支领域。具体来说，我们希望培养一批从理论到实践上能真正理解石器微痕研究意义的，能实际从事微痕实验分析的，能在当前课题研究中积极运用微痕分析的年轻学者。由他们全面掌握好这门新技术和新方法，并传播下去，进而推动这门学科的发展。故在这次培训中，我们的指导思想是让学员们真正全方位地了解微痕研究的内容，并学以致用。

参加培训研讨的学员来自中国科学院古脊椎动物与古人类研究所、中国社会科学院考古研究所、山西省考古研究所、北京大学、吉林大学、山东大学、山西大学、四川大学、厦门大学等科研机构和高校，皆为对石器研究或微痕分析有兴趣的研究生和青年研究人员，共二十余人。为了提高微痕班培训的含金量，我们邀请到了微痕研究开创人之一、美国塔尔萨大学的奥代尔教授专程前来作微痕研究理论方法的演讲，并由加拿大皇家安大略博物馆的沈辰博士指导为期三周的理论教学和实验活动。其间，中国科学院古脊椎动物与古人类研究所、北京大学、吉林大学、中国社会科学院考古研究所、中国国家博物馆的一些专家也前来参与指导、研讨与交流。

微痕班的活动分为三个部分。首先是为期一周的理论学习，由奥代尔教授、沈辰博士及社科院考古所的王小庆博士作学术演讲。奥代尔为学员作了五个专题报告：①石器石料资源获取与石器技术的最新研究；②石器功能分析的发展背景；③微痕分析的一些基本概念；④微痕分析的运用；⑤石器残留物分析。沈辰博士介绍了微痕实验的基本方法和操作程序，并作了微痕研究在泥河湾盆地旧石器时代文化遗物的运用的报告。王小庆博士为培训班做了微痕分析高倍法的研究报告。

在理论学习阶段，沈辰博士为微痕班学员精选了西方微痕研究的经典读物作为教学阅读材料。内容分为：①微痕分析专著选读；②微痕分析概述；③微痕分析历史；④微痕分析原理与方法；⑤微痕分析实验；⑥微痕分析运用等方面。同时学员们对发表的中文石器微痕研究论文和报告全部作了系统研读。学员们在聆听系列报告之间，还有高强度的阅读要求，并每天定时与授课老师研修讨论。特别是我们安排了一次微痕班学员与中国石器专家关于微痕研究在中国发展方向的研讨。这样的活动，给微痕班学员提供了与中外微痕专家一个近距离的接触与交流的平台，能鼓励他们努力继承和发扬前辈们的未尽工作和实现他们的愿望。

第二阶段是在泥河湾遗址为时三天的考察与实地实验。在高星与沈辰的带领下，微痕班学员在野外采集石料、打制石器，用原始石器工具砍伐树木、屠宰全羊，让学员们对史前人类基本的生存行为有了亲身体验。通过这样的实践，学员们对石器使用的功效有了新的认识，特别是对微痕产生的基本条件有了感触，为下一步微痕实验做好了准备。

微痕班的第三阶段中， 进行了高强度的实验项目。学员们回到IVPP的实验室，在沈辰博士的指导下，开始系统的实验和观察。这些实验项目强调了科学程序，有体验、观察、记录、分析、对比、认识、反思等要求。《石器微痕分析的考古学实验研究》就是对微痕班的实验项目的系统总结。在这里发表的实验报告，示范了从事微痕分析系统最基本的工作程序，也意在表明对石器使用微痕的正确认定，必须建立在对实验标本微痕产生过程认识的基础上。除此之外，别无其他捷径可循。

微痕班的成功之处在于全面系统地介绍了微痕研究的理论与实践，为学员们因材施教，让他们有一个从抽象概念到感性认识的过程。可以看到，微痕班的成功举办基于国内外的学术大背景。在国外，微痕分析开始成为石器研究必不可少的分析手段，发展出成熟的经验可供借鉴和推广。在国内，在提倡科教兴国和社会和谐与可持续发展的背景下，科学文化事业被提到前所未有的高度，经济的持续、快速发展为科研提供了雄厚的物质支持。在旧石器时代考古领域，学术梯队与理念发生变化，人才培养的力度加大，石器研究体系正在深化发展，急需完善微痕分析技术。在硬件条件上，现在各个考古科研单位都有能力购置必备的设备和各类显微镜。目前，最需要的是人才的培养。我们的微痕班正是在这样的环境下，及时为培养我国的微痕分析专业人才做出了努力，形成了学科发展起始阶段的一个初级但充满生机的队伍，为微痕分析在我国的长远发展播下了火种。现在，微痕班的学员中有不少人正在用微痕分析方法开展硕（博）士论文研究。

当然我们必须承认，微痕班的培训也有一定的遗憾。首先在理论教学上，因为奥代尔和沈辰所从事的研究角度，这届微痕班基本上延续了微痕研究的低倍法技术，学员们对高倍法的认识还不充分。其次在实践上，因为人手多，显微镜仪器较少，每一位学员所得到的进行观察实践的机会还不充裕。按理想的设计，每两位学员应该有一台带显微照相的显微镜，但当时整个微痕班只有三台显微镜能够进行实验标本的微痕拍照。再次，因为学员们对实验标本的观察不充足，故微痕实验中最为关键的一环"盲测"，还不能及时开展。最后，因为以上遗憾，原计划中让部分学员在培训的最后阶段开展对考古标本微痕观察的工作，也因时间仓促，不得不放弃。这些遗憾，希望今后的同类培训能够弥补。

毫无疑问，"2004 IVPP微痕分析培训研讨班"对中国的石器微痕研究发展起到了重要的推动作用。如果这项工作能够持续发展，我国的微痕研究能与国际接轨，并进而进入国际同领域的前列，那么，本届微痕班的成果就会具有划时代的意义，它在中国考古学发展史上将留下浓墨重彩的一笔！

五

一项技术发明与发展的意义不在于它的新奇，而在于它的功用，在于它能解决实际问题，尤其是用以前的方法无法解决的问题。所以，我们现在要思考的是，微痕分析在中国能做些什么？应该如何发展？前景究竟怎样？

关于微痕分析在中国考古学中的作用，我们认为，至少它在以下层面可以扮演重要的角色。

技术层面　微痕分析作为一项技术手段，可以帮助我们破译石器的功能、用途，并以此审视中国旧石器时代考古研究体系中饱受西方诟病的类型学实践，亦可通过对使用痕迹的辨识对存在争议而又具有关键意义的考古标本做属性认定。

传统的石器类型划分是在对石器功能做假设推断的前提下进行的，于是我们有了砍砸器、刮削器、雕刻器等类型名称；而对功能的推断往往又是基于对标本形态特征（诸如形状、刃口形态与部位等）的观察，于是便有了"类型=功能=形态" 这样主观性很强的不严谨的公式。之所以是“主观性强”和“不严谨”，是因为功能与形态之间并没有必然性的、排他性的关联。微痕分析的介入使我们为对这种分类做法的怀疑找到了依据，因为多项研究表明，许多工具的功用与他们的名称并不吻合。在同一类型里的标本可能有不同的用途和使用方式，不同的类型却可能用于同样的目的，而以往被作为废弃物的石片却在很多案例中被平反为重要的工具[26]。因此，微痕分析为我们提供了直接研究判断石器功能的途径，使我们在研究中减少了主观臆断的成分，对诸如“使用石片”等模棱两可的定性有了检视的手段，对部分标本“是刮削器和还是砍砸器，该定为砍砸器还是石核”等纯经验性的问题，也就不必再进行无谓的争论了。

中国的旧石器时代考古类型学与非洲、欧洲、西亚有很大的不同。由于中国的旧石器考古研究者所面对的石器材料较之西方有着更大的变异，缺乏规范性和系统性，因而我们定出的很多种类无法在由博尔德定义的在旧大陆西部广为接受的旧石器时代石器类型体系[27]中找到位置，因而东西方在这一领域的对话常常是鸡同鸭讲，各说各话。我们不能简单以“中国特色”来一言蔽之，毕竟学术研究需要共同的语言；也不能机械地套用西方的成规，毕竟两地间石制品在视觉上存在着诸多不同。但如果能以相同的微痕分析手段直接进入功能的客观层面，或许问题能变得简单明了，能透过纷繁的外部变异而找到共性的真谛。譬如中国的手斧与西方的同名物之间的关系，争论一直停留在形态的表层，如果从功能入手，或许就能进入柳暗花明的另一重天地。

近20年来，中国早期人类遗存的发现取得了一些突破，在龙骨坡、人字洞和泥河湾早期地层出土了被推断为距今200万年左右的石制品，但对其人工属性的判定一直存在争议。问题不在于研究者能力的高低，而在于一些遗物（尤其是人类演化早期的制品）被人类加工改造的程度很小，自然与人工的界线原本就不清楚。对这样遗存属性的判断，“仁者见仁，智者见智”或由学术权威凭经验来拍板定案，显然不是科学的做法。运用微痕分析或许能解决一部分问题，为中国最早人类的找寻与研究带来新的曙光。当然，前提是材料适合。

理论层面 微痕分析通过辨识工具作用的对象和方式，可以帮助研究者窥探古人类所面临的生态条件和资源攫取方式，进而解析古人类的行为特点、生存模式和社会状态。这方面的意义在前文已经举例谈到，在此我们想强调它对中国旧石器时代考古理论阐释的独特作用。

在中国旧石器时代考古的理论阐释方面，着眼于人类行为模式并进入人类起源与演化的宏观理论深度的案例还很少，大多数探索局限在历史文化的层面，热衷于特定文化传统的确立、区域间的比较和对文化传播与人类迁徙扩散的追溯上[28]。于是产生了华北两大旧石器文化传统[29]和中国旧石器文化南北二元结构[30]等假说。这些假说以遗址和区域内石制品的形态和技术特征为核心，试图在理论的层面对其异同做出解释，但在一定程度上，对古人类行为模式和生计方式的推测也附加了进来。例如贾老等认为华北的两个不同的旧石器文化传统实际上体现了狩猎与采集这两种不同的经济形态，而后又分别发展成为新石器时代的家畜饲养和作物种植这两种早期农业经济模式[31]。要想对这样的假说做出检验，单在石器的形态与技术的范畴内转圈未免隔靴搔痒，无能为力。而如果能通过石器微痕分析，从石器的用途和作用对象的角度切入，进而进入古生态条件和古人类获取资源方略的层面的话，我们离史前人类的经济活动和行为方式会更近一些，会得到一些有益的证据和启示。

除此之外，微痕分析或许能帮助我们通过对石器功能的研究找回一些遗失的材料和信息，进而取得对中国旧石器文化更全面、更客观的认识，并为一些假说提供验证。对于这块大陆上旧石器时代的石制品中大多数标本规范性差、加工欠精良的现象，学者从不同的角度进行过研讨[32]。一些学者认为，这里的旧石器时代石制品之所以以粗糙、浅加工的面目出现，是因为它们并不是生活在这里的古人类用于生产与生活的主要工具，而是用来制作更重要的工具——竹木器[33]，因而石器在人们的生存活动中只是配角。对这样的假说，因竹木器在旧石器时代的考古遗址中得不到保存而无法直接加以检验，但通过对石器的微痕分析，我们可以知道加工制作竹木器是否是石器的一个主要功能，从而使其得到间接的检验。如果答案是肯定的，我们便顺势提取和复原了已在考古遗存中消弭于无形的远古时代竹木器的信息，使隐形材料得以现身。

学科发展层面　微痕分析作为一支风头正健的新分支领域，其引进与发展对推动我国考古学向更专、更细和更高的方向开拓，带动相关分支领域的发展，会起到积极的作用。

一个行业内各个专业的发展不是孤立进行的，而是相互关联、相互影响的。微痕分析的基础是实验，开展系统的石器模拟制作与使用实验，主观上是为了获取各种经过有控制的使用所产生的痕迹的规律和参数，客观上会推动实验考古学的发展，至少在石器的研究领域会如此。微痕分析的方法很容易从石质材料转到骨角材料上，以此观察判断骨角类标本上的痕迹种类，分析骨角工具的功能和用途，这样就会为考古遗址中动物骨骼表面痕迹分析提供新的手段，从而推动动物考古学的发展与进步。微痕分析强调对标本埋藏情况和后期保存状况的了解，强调对发掘过程和方法的了解和掌控，这样就会带动考古埋藏学的发展，也会促使发掘者改进发掘和标本处理存放的方法，更好更多地保存珍贵的原始信息，从而促进田野考古工作的革新与进步。微痕分析从细微处人手，注重实验，强调经过反复观察得出客观规律性的认识，立足对石器的功能判定来阐释人类的行为，这对改变我国考古学中以主观定性为主轴的研究传统，实现从主观到客观、从经验到实证的转变，并使以器物形态描述、类型界定与技术复原研究为核心的考古学实践逐步上升到对古人类行为方式、生存模式和社会属性探讨的理论高度，应会起到一定的刺激与推动作用。

关于如何发展中国的微痕分析，我们想提出这样几个方向。

1. 加强基础理论研究，夯实微痕分析的实验基础

要发展一门学科，必须有相应的理论体系为指导，有坚实的方法体系作基础。中国的微痕分析始于实践，理论研究几乎没有展开，理论指导力度不够。当然，过去的探索并不是没有理论指导，而是缺乏系统性和深度。我们现在所需要的是深化理论的学习与探讨，要真正理解为什么要从事石器微痕研究，它能给我们带来什么，又有怎样的局限性。

现在考古界同仁中许多人对微痕分析抱着这样两种态度：一是不清楚微痕分析到底有什么用途，片面地认为它只是一种从事鉴定性的技术工作，不了解它在解决重大考古学课题中的作用；二是对微痕分析结果持有怀疑，片面认为微痕分析者没有客观标准来确认使用微痕，仅仅依靠自己的主观论断。这两种观点的出现十分正常，类似的情况在西方20世纪七八十年代也曾经存在过，如今在中国旧话重提，正是反映了同样的发展轨迹。

如果将微痕分析仅仅看作是鉴定使用痕迹，那就未免有些肤浅和局限。当然，微痕分析是以正确地认定史前工具上保留的使用痕迹为前提，但微痕研究者不能止步于此，必须越过技术的层面做更深层的理论思考：这些使用痕迹能为我们提炼出什么样的古人类行为信息，如何能利用这些信息来阐述史前社会活动，什么样的考古学问题可以通过石器使用微痕的分析来解决，在解析这些考古学问题时微痕分析有怎样的局限性。更重要的是，通过微痕分析，我们能在当代考古学研究中提出什么样新的问题。这些新问题可能因过去缺乏相应的技术手段和研究视角而没有被关注，如今却能给我们带来突破和创新的契机！显然，对这些问题的思索已经进入微痕分析理论探索的层面了，这个理论体系既包含了微痕分析本身的方法论，也融入了人类学和考古学解析理论的许多元素。对于我们来说，首先是要系统地学习这些理论，理解、领会并运用它们指导微痕分析实践，然后再立足于我们自己的材料特点和实践经验加以发展和创新，走出自己的微痕分析道路。

要想消除人们对微痕分析客观性、真实性与科学性的疑虑，使其真正成为开展考古学研究的利器，首先必须夯实微痕分析的实验基础。科学化、系统化的实验是发展微痕研究的另一项基础性工作。纵观微痕研究发展史，谢苗诺夫开创的事业就是建立在实验的基础之上，后续者也是奉此为圭臬，循着这样的路径前行。今日微痕分析之所以被大多数学者接受，正是因为从业者进行了大量的实验观察，积累了丰富的实验对比图像和数据，并经过接受实验标本盲测的考验交出了成绩单，使信者欣慰、疑者释然。所以微痕分析在考古学上的运用不能操之过急，不能未经实验就贸然对考古标本进行观察判断。有些学者对我们目前只谈实验而不急于对考古材料进行分析感到不解，但我们深知，微痕分析者必须先在实验中了解使用痕迹产生的复杂过程和变异，才能真正掌握这门学科的真要，才能得出客观的结论，就像人之学走路，不练站立而直接去走，那是注定步履不稳、行走不远的。20世纪70年代，基利和奥代尔就提出微痕分析报告要有可掌控性，微痕实验要有可复验性。就是说，一个人的微痕分析结论必须有相应的实验认证，而实验对其他人来说是可以重复验证的，这样才能保证微痕分析的客观性和科学性，也唯有如此，研究者的结论才能被别人认可和接受。因此可以说，实验是入行微痕分析的敲门砖，是构筑微痕分析大厦的基石。

在没有获得系统的实验参考标本和微痕实验数据的前提下，盲目开始对考古标本进行观察和分析是不负责任的，也是不科学的，而且还会因为基础不深和判定错误影响微痕分析的声誉，进而对其发展和推广造成杀伤和破坏。在国内目前阶段，我们还只能对考古材料进行有限的探索性研究，重点放在微痕实验数据库的建设上。进入21世纪，显微镜和各类电子技术设备有了质的发展，硬件上的提高和影像数据分析软件的开发，使我们建设以实验工作为主旨的、能与国际同类研究机构水准相当的“石器微痕分析中心”成为可能。在这样的分析中心，我们可以系统地开展石器制作与使用实验和微痕观察，建立石器微痕的影像数据库，并用实验数据的“已知”来对比研究考古标本的“未知”，从而科学地探索石器的制作工艺、使用方式和加工对象，捋清石器类型与功能之间的关联，提取古人类获取食物和其他生活资源的种类和方式信息，为从理论层面阐释古人类的行为特点和生存模式奠定基础。

2. 完善微痕分析的技术方法，发展微痕研究中的量化分析

目前困扰微痕分析的两个主要瓶颈，一是多功能使用微痕的认定，二是微痕的量化分析。我们如果能在中国丰富材料的基础上对解决这两个问题方面取得技术突破，则将为整个微痕研究的发展做出重大的贡献。

当前的微痕研究，多是以所观察的标本是单一功能为假设前提的，然而史前石器的使用肯定要复杂得多。一件工具可能会进入使用、修理、再使用的循环过程，一器多用的现象会很普遍，一件标本的某一部位也经常会以不同的方式被累计使用过。对这样复杂微痕的甄别和认定，目前在西方也没有好的解决办法。要攻克这一难关，首先必须对单一功能微痕的辨认功夫要过硬，对影响微痕产生及其变异的复杂因素，诸如石料特性、刃口形态、加工对象、操作行为等，有充分的认识。在此基础上，再有针对性地开展一件标本的多用途、多用式使用实验，观察使用痕迹的特征和规律，分辨不同的种类，从中寻找破解疑难的钥匙。

使用微痕的量化分析一直是微痕学亟须解决的问题，特别对低倍法更是如此。在如何将复杂的破损片疤形态量化表述方面，汤姆乔克曾做过尝试[34]，但他运用的动力学模式远远超出一般考古学者的理解能力。用奥代尔的话说，目前对微痕的分析还停留在“素描性阐述阶段”（interpretive state），即研究者将观察到的微痕与实验标本对照后进行性质判断、解释与分析，还没有量化的标准可循，也无法用量化语言来表述。但目前电脑影像数据分析软件的出现，使我们得到了一个前人梦寐以求的技术平台，为微痕片疤的量化处理提供了前所未有的可能。这项工作还没有人去开展，如果我们能在这一领域尝试和开拓，取得创新和突破的前景是光明的。

3. 多学科交叉的综合研究

中国的旧石器时代考古学实践自周口店的发掘开始就一直强调多学科交叉协作，形成很好的综合研究传统，开展微痕分析也应该遵循这一传统。只有与其他学科相结合，特别是与分子生物学、动物考古学、环境考古学等新兴学科的有机结合，微痕学才会找到适宜成长的土壤，才能有更强的生命力和更广阔的发展空间。

与微痕分析最有亲缘性的新兴领域是工具上古DNA的提取和分析。如果能在石器上提取到动物DNA，对古代石器使用功能就有了直接的证据， 就可以与微痕分析结果相互印证。在石器上提取动物DNA已有若干尝试， 目前的进展虽不是很理想，但显示了乐观的前景。将这一分子生物学手段与微痕分析进行结合与互动，会有力推动微痕学的发展与深化。因为如果一件考古标本被微痕分析认定有切割动物的痕迹，我们还无法知道切割了哪类动物；但如果从这件标本上成功提取到某一种动物的DNA，我们就能既知其然，也能知其所以然了，对史前人类生存活动的阐释就会进入更深、更细的层面；如果从这件标本上提取到多种动物的DNA，那么我们对史前经济生活的认识就会更进一步，也可以循此线索对该标本的多功能使用痕迹做进一步的显微观察和辨识，从而使微痕分析更加深化和细化。

同样，通过古植物学方法对被认定有使用痕迹的考古标本作残留物分析也是一种验证的手段。石器上古植物的残留物不一定完全是工具使用的结果，也可能是一种自然的沉淀；其保存状况与古气候、古土壤以及遗址埋藏条件有密切的关系。植物残留物的存在可以为微痕分析提供石器的功能线索并加以验证，而微痕分析也可以为残留物的属性鉴定提供启示和证据。因此，微痕分析和残留物分析的结合能够使我们对考古标本信息的解读更加客观全面，并帮助我们更准确地复原古代社会经济活动的真实面貌。

与微痕分析可以建立密切交叉协作关系的另一个学科是动物考古学。后者在我国也是刚新兴的、具有重大发展潜力的领域。通过动物考古学研究手段对动物遗骸上各类痕迹的辨识和认定，将为石器微痕分析提供相应的线索、依据和佐证，而从微痕分析中得到的信息也可以为动物考古学提供线索和启示。另一方面，如果微痕分析和动物考古学的结论不吻合或矛盾，那么我们得到的将是警示，我们应回到自己的领域重新检视自己的技术流程和观察结果，真正提出科学的和有说服力的结论。因而二者可以相互支持、相互补充、相互验证、相互促进，共同为研究古人类获取食物资源的种类、方式和经济活动特点做出贡献。

4. 研究中心建设与人才梯队的培育

微痕分析作为考古学的一个分支领域，不可能在一朝一夕之间一蹴而就，不会仅靠少数几个人就能操持完成，更不会像墙角下的常青藤自己会破土而出、爬上墙壁而枝繁叶茂。它需要学科体制上的保障和硬件条件的支持与投入，更需要培育一支有一定规模并可持续发展的队伍。

在学科体制上，我们认为需要建立几个石器微痕分析研究中心，这些中心可以独立开展实验、观察和研究并形成自己的特色，更可彼此间进行交流、补充和验证。目前中国科学院古脊椎动物与古人类研究所、中国社会科学院考古研究所、北京大学和吉林大学等考古文博单位都有条件和能力来建设这样的研究单元，也都表现出开展此项工作的强烈愿望。在硬件方面，筹建单位的基础建设投入必不可少，但一旦成形，并不一定成为永久的负担，因为研究中心可以通过申报课题、承担项目等方式获得资金，在有成果的前提下产生造血功能，形成良性循环。在当前国家加大科研投入、科研体质发生变革、课题制成为项目组织的主要方式的大背景下，这样新兴、有发展前景、可望取得创新突破的领域获得基金渠道的支持应该是有优势的。

我们更关注的是人才培养和梯队建设，这是在中国发展微痕学的当务之急和关键所在！有了人，可以争取资源，可以创造条件，反之一切无从谈起。以前的几例尝试皆归于夭折，都是根源于无人为继。培养人才应该是通过多渠道进行的，包括在相关大学考古院系开设微痕分析课程、引进在西方经过专业培训的人才、举办专题培训班等。在目前人才匮乏而又急需的情况下，采取培训班的方式应该最为可取易行。但一次这样的培训并不能万事大吉，还需要更多的后续举措，包括对新入门者的基础培训和已经入道人员的提高培训。经过这样持续、集中的努力，一批微痕分析青年才俊将会在适宜的土壤上成长、开花、结果并一代代繁衍、发展下去。

六

斗转星移。中国的微痕分析在经历过难产与夭折的波折后，又迎来了孕育与发展的新机遇。一方面，我们积累了大量的考古素材，为微痕分析奠定了丰厚的材料基础，也使旧有的研究模式难再驾驭；另一方面，学术传统的转型、科研队伍的更替、新学科分支发展的刺激、与国际接轨的驱动和创新突破的压力，皆使得考古界一线的工作者对微痕分析这样新兴领域的方法和理念产生了强烈的需求；同时，现代科技手段的进步和科研条件的改善也为微痕分析提供了前所未有的物质平台。因此，只要我们予以重视，制定出适合的发展策略和计划，并坚定不移地加以推行和落实，微痕分析在中国应用与发展的前景是广阔而光明的，在一些方面我们还会取得创新和优势，为微痕分析的整体发展做出独特的贡献。

中国石器材料的独特性将为微痕分析提供新的实验场和发展舞台。目前西方所开展的微痕分析主要是针对燧石这类均质、细腻的材料进行的。用这类材料制成的石器是西方石器时代工具的主体。而在中国出土的石制品多是用石英类材料制作的。这类材料均质性差，颗粒、裂隙多，还具有较强的透光性，这使开展微痕分析难度加大，西方学者很少去尝试，也缺乏研究动力。而在中国则不同，不对这些主体材料加以研究，所开展的工作就没有实质性的意义。因此，在中国开展微痕分析必然要涉及这样的材料，这种需求也许会促成中国的微痕分析走出一条具有特色的道路，在分析材料的普适性和获取信息的完备性方面有所创新，有所突破。

中国的微痕分析虽然相较西方起步晚得多，但我们并非基础全无。我们已经有了一定的实践积累，而且有西方先行者的经验教训可供借鉴，可以少走很多弯路。例如西方的微痕分析经历了十几年的被怀疑、排斥和围绕方法论的纷争，尤其是高倍法和低倍法的内耗，而我们就不必再重走这样曲折的道路。我们现在直接将高倍法和低倍法结合起来的微痕研究，应该说与国外同行站在了同一起跑线上。

在技术条件方面，如前所述，目前显微镜和计算机等技术设备的质量和功能有了质的发展和改进，各种适用的影像数据分析软件也不断被开发和普及，使得微痕分析的准确性和效率大大提高，一些障碍不断被攻破。在知识经济时代，这些技术与信息传播和普及的速度很快，致使我们与西方在技术和设施方面的差距在迅速缩小，在微痕分析手段和信息方面的距离在拉近，从而使我们建设与国际同类研究机构水准相近的“石器微痕分析中心”成为可能，而不再像以前那样遥不可及。

在人员和组织方面，我们也有良好的传统和起点。微痕分析是一项系统性工作，涉及实验、观察、数据提取和测试等一系列环节，最有效的做法是团队合作。在此方面我们有很好的传统，20世纪80年代在北京大学开展的实验工作就是在团队间展开。《石器微痕分析的考古学实验研究》所展现的成果更是一个大型团队合理分工、密切协作的产物，这与国外大多数实验工作是以散兵游勇的方式进行的状态相比已经有了特色和进步，在世界微痕研究发展史上也不枉为一项创举！

因此，我们有理由相信，中国的微痕分析这株新的、生命力旺盛的幼苗已经破土而出。它将沐浴着阳光，滋润着雨露，茁壮而健康地成长。而培育、灌溉她的园丁们则在勤奋而精心地工作，立誓决不让她再次夭折，要使她亭亭玉立，根深叶茂，长成中国考古学之林中的一棵硕果累累的参天大树。《石器微痕分析的考古学实验研究》所呈现给大家的内容，既是记录她生命里程的一个界碑，也是从业者们坚定而明晰的誓言。

参考文献

[1] Bordes F. Typologie du Paléolithique Ancient et Moyen. Publications de l'Institut de Préhistoire de l'Univeresité de Bordeaux. Mémoire, 1961, 13(1,2); Bordes F. Reflections on Typology and Techniques in the Palaeolithic. Arctic Anthropology, 1969, 6(1): 1-29.

[2] Bordes F. Typologie du Paléolithique Ancient et Moyen. Publications de l'Institut de Préhistoire de l'Univeresité de Bordeaux. Mémoire, 1961, 13(1,2); Bordes F, De Sonneville-Bordes D. The Significance of Variability in Palaeolithic Assemblages. World Archaeology, 1970, 2(1): 61-73; Binford L R. Archaeology as Anthropology. American Antiquity, 1962, 28(2): 217-225; Binford L R. A Consideration of Archaeological Research Design. American Antiquity, 1964, 29(4): 425-441; Binford L R, Binford S R. A Preliminary Analysis of Functional Variability in the Mousterian of Levallois Facies. American Anthropologist, 1966, 68(2): 238-295.

[3] Yerkes R W. Using Microwear Analysis to Investigate Domestic Activities and Craft Specialization at the Murphy Site，a Small Hopewell Settlement in Licking County, Ohio//Graslund B, Knutsson H, Knutsson K, et al. The Interpretive Possibilities of Microwear Studies. Societas Archaeologica Upsaliensis, Uppsala, Sweden, 1990: 167-176.

[4] Odell G H. Prehistoric Hafting and Mobility in the North American Midcontinent: Examples from Illinois. Journal of Anthropological Archaeology, 1994, 13(1): 51-73; Odell G H. The Role of Stone Bladelets in Middle Woodland Society. American Antiquity, 1994, 59(1): 102-120.

[5] Shen C. The Tool Use Patterning at the Grand Banks Site of the Princess Point Complex, Southwestern Ontario. Northeast Anthropology, 2000, 60: 63-87; Shen C. The Lithic Production System of the Princess Point Complex During the Transition to Agriculture in Southwestern Ontario, Canada. BAR International Series 991. Oxford, 2001.

[6] Keeley L H. Technique and Methodology in Microwear Studies: A Critical Review. World Archaeology, 1974, 5(3): 323-336.

[7] Keeley L H. Technique and Methodology in Microwear Studies: A Critical Review. World Archaeology, 1974, 5(3): 326.

[8] Odell G H. Micro-wear in Perspective: A Sympathetic Response to Lawrence H. Keeley. World Archaeology, 1975, 7(2): 226-240.

[9] 沈辰，陈淳. 微痕研究（低倍法）的探索与实践——兼谈小长梁遗址石制品的微痕观察. 考古，2001（7）：62-73.

[10] 沈辰，陈淳. 微痕研究（低倍法）的探索与实践——兼谈小长梁遗址石制品的微痕观察. 考古，2001（7）：64-66.

［11］ Odell G H. Toward a More Behavioral Approach to Archaeological Lithic Concentrations. American Antiquity, 1980, 45(3): 404-431. Odell G H. The Mechanics of Use-Breakage of Stone Tools: Some Testable Hypotheses. Journal of Field Archaeology, 1981, 8(2): 197-209; Odell G H. The Morphological Express at Function Junction: Searching for Meaning in Lithic Tool Types. Journal of Anthropological Research, 1981, 37(4): 319-342.

［12］ Richards T. Searching High and Low: A Review and Comparison of Microwear Analysis Methodologies. Western Canadian Anthropologist, 1984, 1: 18-25.

［13］ Keeley L H. Experimental Determination of Stone Tool Uses: A Microwear Analysis. Chicago: University of Chicago Press, 1980.

［14］ Yerkes R W, Kardulias P N. Recent Developments in the Analysis of Lithic Artifacts. Journal of Archaeological Research, 1993, 1(2): 89-119; Odell G H. Stone Tool Research at the End of the Millennium: Classification, Function, and Behavior. Journal of Archaeological Research, 2001, 9(1): 45-100; Odell G H. Lithic Analysis. New Yorks: Kluwer Academic/Plenum Publishers, 2004: 139-152.

［15］ 童恩正. 石器的微痕研究. 史前研究，1983（2）：151-158.

［16］ 张森水. 述评《石器使用的试验鉴定——微磨损分析》一书. 人类学学报，1986，5（4）：392-395.

［17］ 侯亚梅. 考古标本微磨痕初步研究. 人类学学报，1992，11（4）：354-361；侯亚梅. 石制品微磨痕分析的实验研究. 人类学学报，1992，11（3）：202-215.

［18］ 黄蕴平. 沂源上崖洞石制品的研究. 人类学学报，1994，13（1）：1-11.

［19］ 夏竞峰. 燧石刮削器的微痕观察. 中国历史博物馆馆刊，1995（1）：22-42.

［20］ 王幼平. 雕刻器实验研究//北京大学考古系. 考古学研究（一）——纪念向达先生诞辰九十周年、夏鼐先生诞辰八十周年. 北京：文物出版社，1992：65-90.

［21］ 李卫东. 燧石尖状器实验研究//北京大学考古系. 考古学研究（一）——纪念向达先生诞辰九十周年、夏鼐先生诞辰八十周年. 北京：文物出版社，1992：91-123.

［22］ 顾玉才. 海城仙人洞遗址出土钻器的实验研究. 人类学学报，1995，14（3）：219-226.

［23］ 沈辰，陈淳. 微痕研究（低倍法）的探索与实践——兼谈小长梁遗址石制品的微痕观察. 考古，2001（7）：62-73.

［24］ 陈淳，沈辰，陈万勇，等. 小长梁石工业研究. 人类学学报，2002，21（1）：23-40.

［25］ 王小庆.石器使用痕迹显微观察的研究//中国社会科学院考古研究所. 21世纪中国考古学与世界考古学：纪念中国社会科学院考古研究所成立50周年大会暨21世纪中国考古学与世界考古学国际学术研讨会论文集. 北京：中国社会科学出版社，2002：552-568；王小庆. 赵宝沟遗址出土细石叶的微痕研究//邓聪. 桃李成蹊集——庆祝安志敏先生八十寿辰. 香港：中国考古艺术研究中心，2004：112-120.

[26] Toth N. The Oldowan Reassessed: A Closed Look at Early Stone Artifacts. Journal of Archaeological Sciences, 1985, 12(2): 101-120.

[27] Bordes F. Typologie du Paléolithique Ancient et Moyen. Publications de l'Institut de Préhistoire de l'Univeresité de Bordeaux. Mémoire, 1961, 13(1,2); Bordes F. Reflections on Typology and Techniques in the Palaeolithic. Arctic Anthropology, 1969, 6(1): 1-29.

[28] 张森水. 中国北方旧石器工业的区域渐进与文化交流. 人类学学报，1990，9（4）：322-333；高星，欧阳志山. 趋同与变异——关于东亚与西方旧石器时代早期文化的比较研究//童永生，张银运，吴文裕，等. 演化的实证——纪念杨钟健教授百年诞辰论文集. 北京：海洋出版社，1997：63-76.

[29] 贾兰坡，盖培，尤玉柱. 山西峙峪旧石器时代遗址发掘报告. 考古学报，1972（1）：39-58.

[30] 张森水. 管窥新中国旧石器考古学的重大发展. 人类学学报，1999，18（3）：193-214.

[31] Jia L P, Huang W W. On the Recognition of China's Paleolthic Cultural Traditions//Wu R K, Olsen W J. Paleoanthropology and Paleolithic Archaeology in the People's Republic of China. New York: Academic Press, 1985: 259-265.

[32] 高星，裴树文. 中国古人类石器技术与生存模式的考古学阐释. 第四纪研究，2006，26（4）：504-513.

[33] Pope G. Bamboo and Human Evolution. Natural History, 1989, 10: 48-57.

[34] Tomenchuk J. The Development of a Wholly Parametric Use-wear Methodology and Its Application to Two Selected Samples of Epipaleolithic Chipped Stone Tools from Hayonim Cave, Israel. Ph.D. Dissertation. The University of Toronto, 1985.

（原载于《石器微痕分析的考古学实验研究》，科学出版社，2008年；与沈辰合著）

叁 发现与研究篇

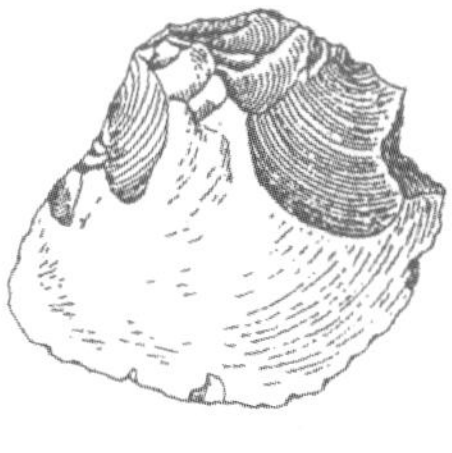

陕西大荔育红河村旧石器地点

陕西大荔地区的古人类文化，自1978年发现一具较完整的早期智人头骨化石[1]后，引起各方关注。中国科学院古脊椎动物与古人类研究所和陕西省考古研究所进行过多次调查，在大荔县和蒲城县一带发现旧石器文化地点近二十处，并于1979年和1980年分别对解放村和卿避村等地点进行正式发掘，取得了可喜的成果[2]。为了进一步探讨这一地区的旧石器文化，1987年10～11月，我们再次到该地工作，又发现几处新地点，并在育红河村北的一个地点（野外编号87008），做了面积为4米×5米的发掘，出土了丰富的石制品和少量动物化石。

一、地理位置和地层概况

这次发掘的地点，在著名的大荔人地点（78006）东北约10千米处，南距育红河村小学250米，北距洛河近300米，地理坐标为34°55′N，109°49′E（图一）。

该地区地处黄土源与渭河谷地的交接地带。洛河在此间由南而折向西流，切开黄土塬形成宽而深的河谷，在河谷区内发育了三级阶地。Ⅰ级阶地，只在洛河右岸局部发育，顶面高出洛河水面约7米，由粗、细砂和现代土状物质构成。Ⅱ级阶地，在洛河右岸发育较好，左岸只有局部保存。阶地顶面距洛河水面约40米，以三趾马红土为基座，其上堆积着砂层、砂砾层、砂质黏土及黄土状物质。在砂砾层中发现石制品和动物化石。Ⅲ级阶地，在洛河左岸保存较好，顶面高出洛河水面约70米，由作为基座的三趾马红土和其上的砂砾层、砂质黏土层及黄土状物质构成。砂砾层含文化遗物，其层位相当于解放村大荔人文化层。

87008地点地处洛河左岸第Ⅱ级阶地的一处丘状残体中（图二）。残体长约100、宽约50米，顶面距洛河水面约25米。地层概况如下（从上到下）。

晚更新世（Q_2^2）

⑥灰黄色黏土质粉砂，岩性极像马兰黄土，顶面为耕土层。厚1米。

⑤灰白色砂质黏土，纯净，无层理，厚0.5米。

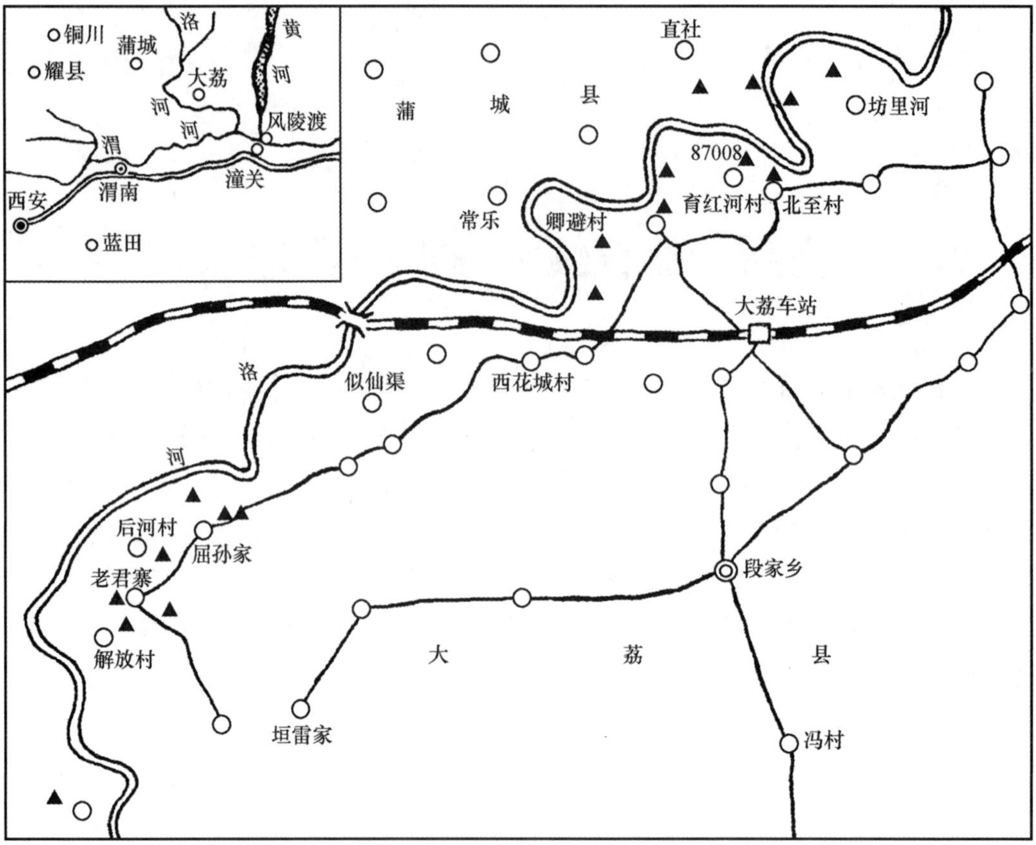

图一　大荔、蒲城地区旧石器地点分布示意图

④灰白色细砂，纯净，厚2.4米。

③褐色砂砾层，具砂透镜体及黏土团块及花生状钙质结核，并夹有类似腐殖质所构成的黄褐色条带。上部堆积松散，靠底部变致密。砂砾层具水平层理和斜层理，砾径多在2～5厘米之间，分选较差，磨圆度较高，微显定向排列，厚1.5米。该层含丰富的石制品和少量动物化石，本文记述的文化遗物全部出自此层。

②浅赭色细砂，松散，纯净，具斜层理，厚1.5米。

——不整合——

上新世（N_2）

①三趾马红土，构成阶地的基座，出露部分厚0.5米，未见底。

洛河Ⅱ级阶地底部的砂砾层在育红河村至解放村一带发育比较稳定（但厚度有一定变化），并且在出露处大多可以找到石制品和动物化石，为寻找古人类的文化遗迹提供了较好的场所。

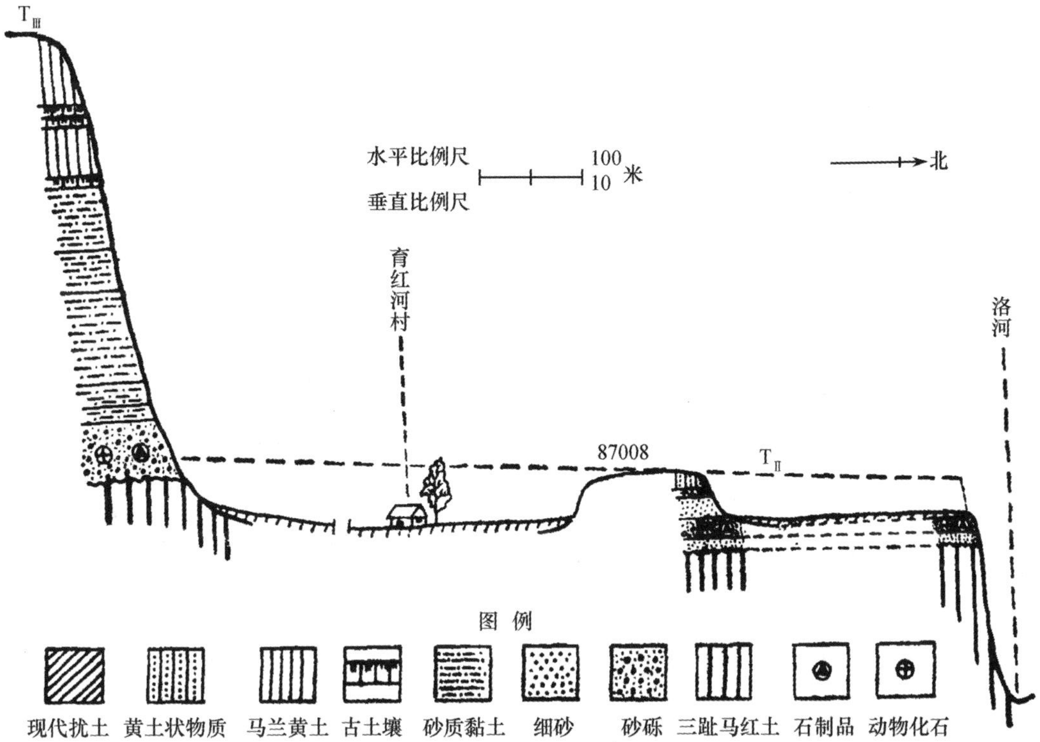

图二　87008地点阶地剖面示意图

二、动物化石

该地点的动物化石较少，且多数标本破碎并有水流冲磨的痕迹。化石多为单个牙齿，少量为肢骨、犄角及斧足类蚌壳，初步鉴定如下。

丽蚌（*Lamprotula* sp.），只有三个残破的蚌壳。

鹿（*Cervus* sp.），材料为一段角枝和一枚臼齿。

马（*Equus* sp.），材料有上臼齿一枚，下臼齿五枚，均有不同程度的破损。其中一枚左下臼齿保存较好，其下后尖呈圆形，下后附尖近于菱形，双叶谷呈“V”状，具有真马中较原始种类的特征。

贺风三趾马（*Hipparion houfenense*），材料为左上乳前臼齿一枚，左侧上牙床一段，上附P^2—M^1，四枚牙齿，均保存完好。牙齿的齿冠较高，原尖扁长，具有明显的贺风三趾马的属性[3]（图三：1）。

诺氏古菱齿象（*Palaeoloxodon naumanni*），材料为一枚完好的右下第三臼专。齿冠为狭长型，外壁线近于平直，内壁线呈凸弧状，靠前部的齿嵴呈扁菱形，齿嵴频率为6（图三：3）。

披毛犀（*Coeiodonta antiquitatis*），材料为右前第三掌骨，骨面有较深的肌肉附着痕迹，长200毫米，前后径27毫米，内外径57毫米，三项数值均在披毛犀同一解剖部位测值的变异范围内[4]（图三：2）。

从上述化石可以看出，尽管该地点的动物化石很少，却包含着不同时代的种属。丽蚌从第三纪开始出现，到现代尚有现生种；贺风三趾马是上新世的典型动物，在早更新世地层中偶见其孑遗；披毛犀从更新世早期一直生活到更新世晚期；而诺氏古菱

1. 贺风三趾马左P^2—M^1

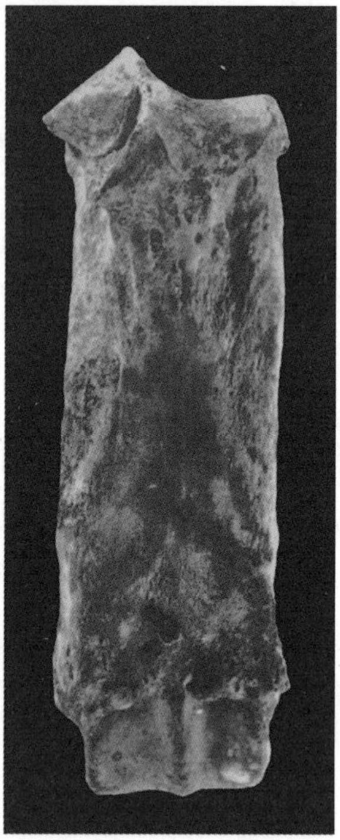

2. 披毛犀右前第三掌骨

3. 诺氏古菱齿象M_3

图三　育红河旧石器地点出土动物化石

齿象则是晚更新世的标准化石[5]。从埋藏情况及一些标本有明显的磨蚀和破损痕迹看，这种新老种属共处的现象应是经河流冲刷、搬运而后沉积所致。最令人感兴趣的是贺风三趾马化石在此出现，该地区三趾马红土地层很发育，构成第Ⅱ、第Ⅲ级阶地的基座。众所周知，这套地层富含三趾马化石。在育红河村以北约4.5千米处的蒲城县东窑村附近，20世纪60年代曾在该层出土过贺风三趾马的一段左下颌骨，上有P_2—M_3的完整齿列[6]。在87008地点的文化层中，夹有棕红色的黏土团块，其岩性与三趾马红土极为相近。因而在洛河Ⅱ级阶地砂砾层中出现三趾马化石也就不足为奇了。

三、石　制　品

本文研究的石制品共529件。这些标本散布于砂砾层中，大部分受到不同程度的冲磨，其中部分表面有黄白色水锈。石制品的岩性主要为石英岩和燧石，另有少量脉石英、石英砂岩及其他硅质岩类。制作石制品的原料和同层的河卵石砾径相近、磨圆度相同、岩性相似，表明当时人类系在附近的河滩上选取石料制作工具。这批标本在类型上包括石核33件，石片180件，窄长小石片5件，经过第二步加工而可称为石器的311件。此外，尚有大量碎屑和断块。观分类记述如下。

1. 石核

石核　33件。包括锤击石核和砸击石核。

1）锤击石核

锤击石核　30件。器形最大者165×120×70（长×宽×厚，单位毫米，下同），最小仅17×14×11，以小型者居多。台面角多在80°~90°之间。依台面的多寡可进一步分成单台面、双台面和多台面三类。

（1）单台面石核　14件。形状多不规则，核体大小悬殊，最大和最小者全在此类中。其中12件为自然台面，2件为素台面。核体上多数只有一至二个石片疤，是一类利用率极低的石核。P6430，个体很小（30×22×18），自然台面，台面角69°（图四：2）。

（2）双台面石核　5件。形状多不规则，全部为自然台面，台面角变异大，两个工作面的打片方向或相交呈90°，或相对打片，核体上的石片疤亦很少。

（3）多台面石核　11件。每件石核具有三个或三个以上的台面。其中5件系向两面打片的盘状石核，台面多为原石片疤面，周身布满石片疤，核体较小，是一类利用率较高的石核。P6428，68×60×61，是该类石核中形状最规则的一件（图四：4、图五：2）。另有5件系在较平的自然砾石面上从四周向中心剥片，P6429，82×70×63

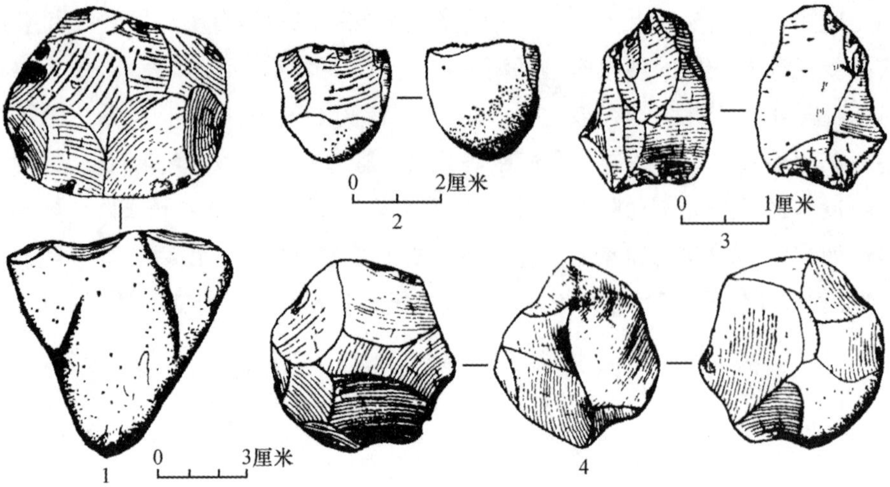

图四　石核

1. 多台面石核（P6429）　2. 单台面石核（P6430）　3. 砸击石核（P6439）　4. 盘状石核（P6428）

（图四：1、图六：1）。还有一件形状不规则，打片方向不定。

2）砸击石核　3件。器形均很小，最大者仅32×28×12。P6439，20×15×10，系最小的一件，两端见砸痕并在两面留下细小的片疤，疤面有清晰的波纹（图四：3）。

2. 石片

包括锤击石片和砸击石片。

1）锤击石片

锤击石片　175件。其中整片52件，半边石片65件，残片58件。石片完好的很少，即使整片也多局部折损。

在整片中，有25件因水流冲磨，其上的打击点、波纹、放射线已不存在，另外17件这些特征变得模糊，只有10件保存完好。石片形状多不规则，器形多比较小，最长64、最短12、最宽70、最窄14、最厚37、最薄4毫米。长型石片、宽型石片、中型石片（长型石片其长度大于宽度；宽型石片其长度小于宽度；中型石片其长度相等或相近）三者数量相近。石片多较薄，宽厚指数（宽厚指数=厚/宽×100）在40以下者占50%以上。台面为自然面者30件，素台面9件，有脊台面5件，零台面4件，线状台面2件，有疤台面[7]2件。在有疤台面中，一件的台面上有三个孤立的小疤，另一件似乎为崩裂所致，没有清楚的修理台面的标本。石片角多集中于95°～105°和111°～116°两个区间内。从磨蚀较轻的标本观察，大部分有比较清楚的打击点，多数的半锥体不显或微凸，大多具有放射线，少量带有锥疤。石片的背面，15件全为自然面，20件部分保留自然面，17件为或有疤或有脊或有平坦的人工面。其中9件局部具有打击痕迹，可能为加工后的次品。另有两件在锐利的边缘上有多个或连续或散布的小疤，疑为未经加工而直接使用

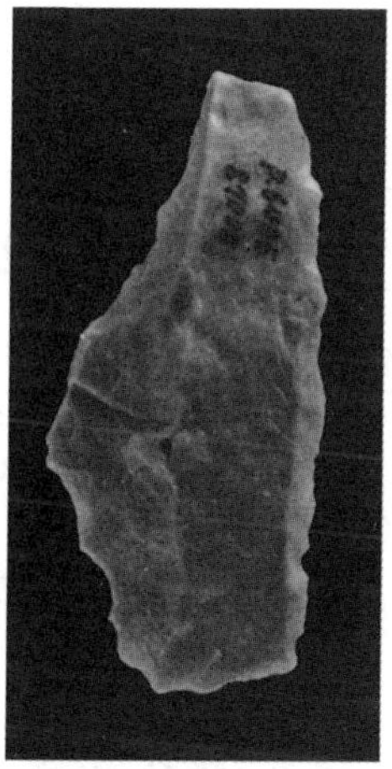

1. 复刃刮削器（P6485）

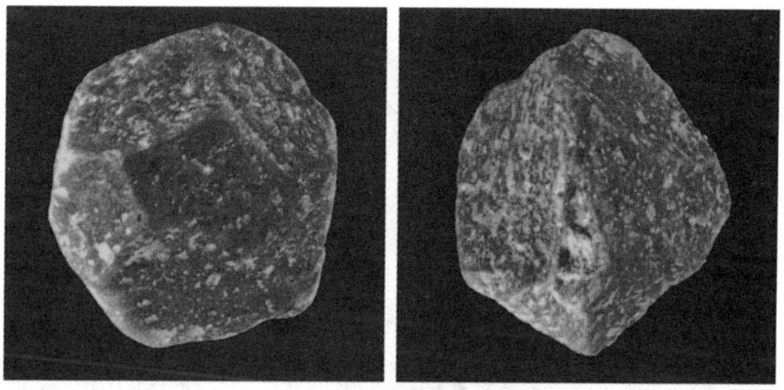

2. 盘状石核（P6428）

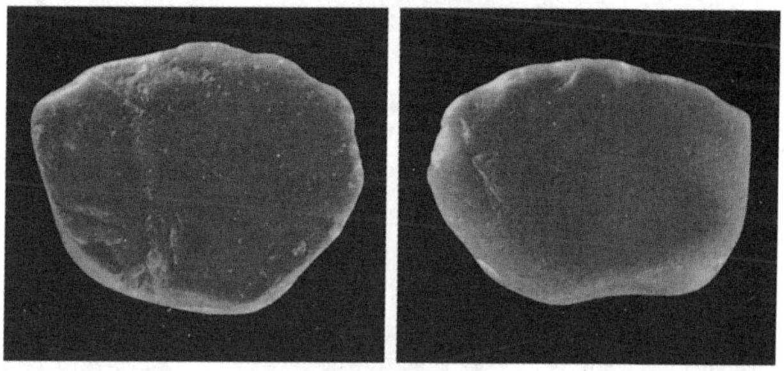

3. 单凸刃刮削器（P6455）

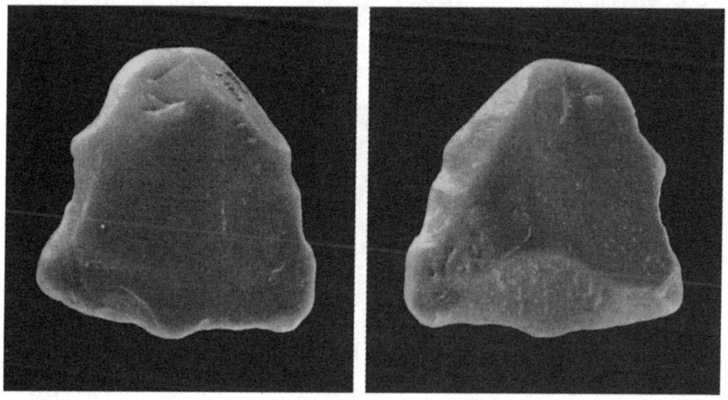

4. 复刃刮削器（P6454）

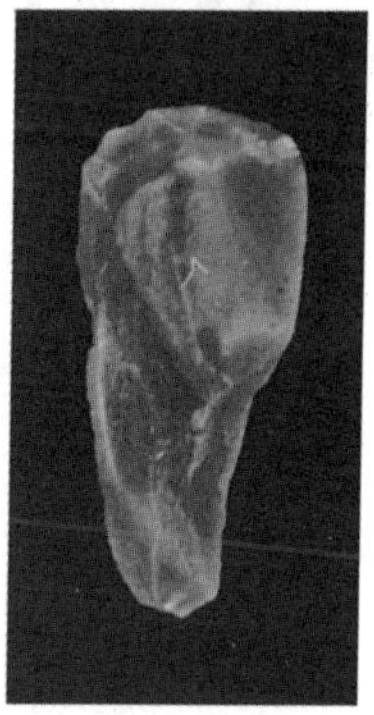

5. 端刃刮削器（P6451）

图五　育红河旧石器地点出土石核和石器

的石片。P6434，58×33×17，素台面（图六：5、图七：1）。P6432，32×43×13，有疤台面（图七：3）。P6433，65×50×20，使用石片（图七：2、图八：3）。

2）砸击石片

砸击石片　5件。器形都很小，最长的仅26毫米。砸端皆为刃状，砸击点清楚，两面遗有小疤。其中3件为两端石片，另外两件为一端石片。P6437，23×30×9，两端石片，一端砸痕清晰，另一端崩落的片疤很少（图七：4）。

还有五件窄长的小石片，器形小而薄，宽度皆不及长度的一半，最小者仅14×6×3。其中4件两侧不平行。多不见清楚的台面和打击点，尽管有的在形态上接近石叶，但尚未见到明确的间接打击的证据。

1. 多台面石核（P6429）

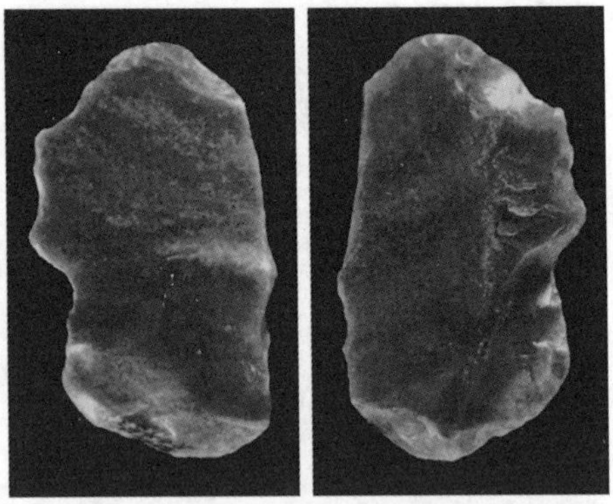

2. 端边刃刮削器（P6453）

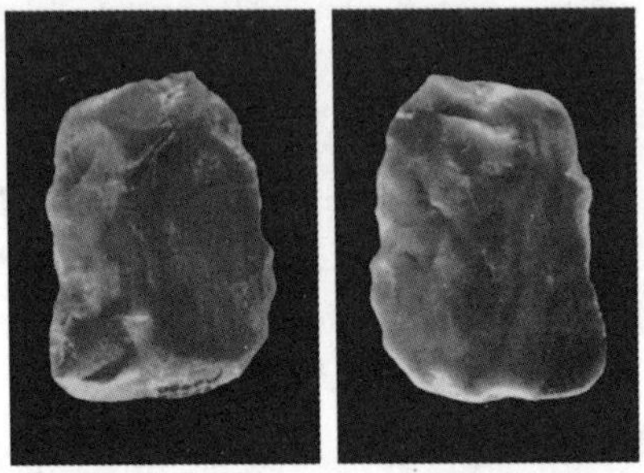

3. 两边刃刮削器（P6456）

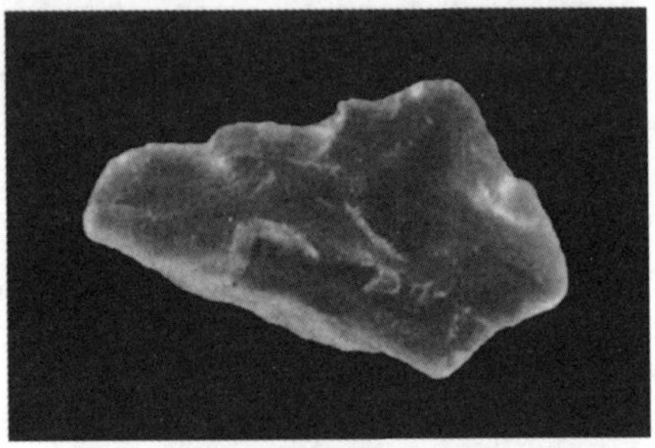

4. 单直刃刮削器（P6441）

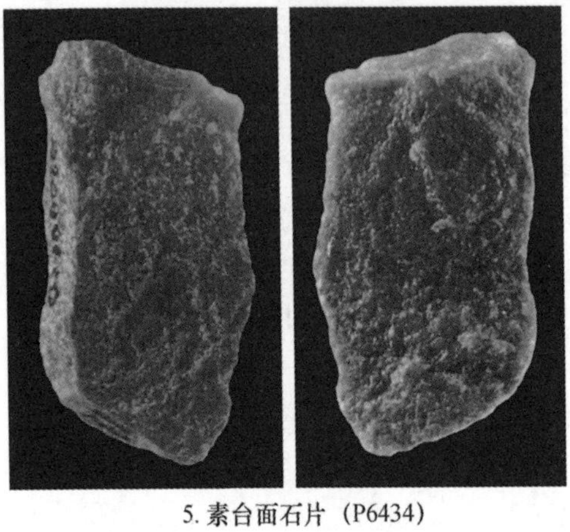

5. 素台面石片（P6434）

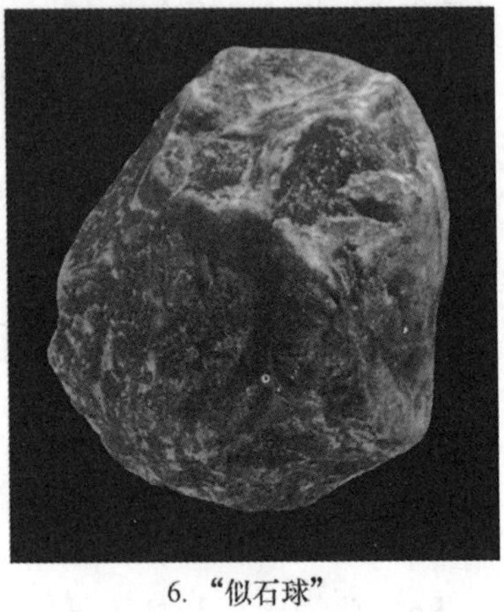

6. “似石球”

图六　育红河旧石器地点出土石核和石器

3. 石器

石器　311件。本文将进行过第二步加工、成一定器形的石质工具称为石器。其中20%受到较重的磨损，使修疤的打击点、波纹等微结构变得模糊，另有65%受到轻度磨损，只有15%保存完好。

从类型上可分为刮削器、尖状器、石锥、雕刻器和“似石球”。器形的界线基本清楚，但少量颇难定性。现将各类器形分述如下。

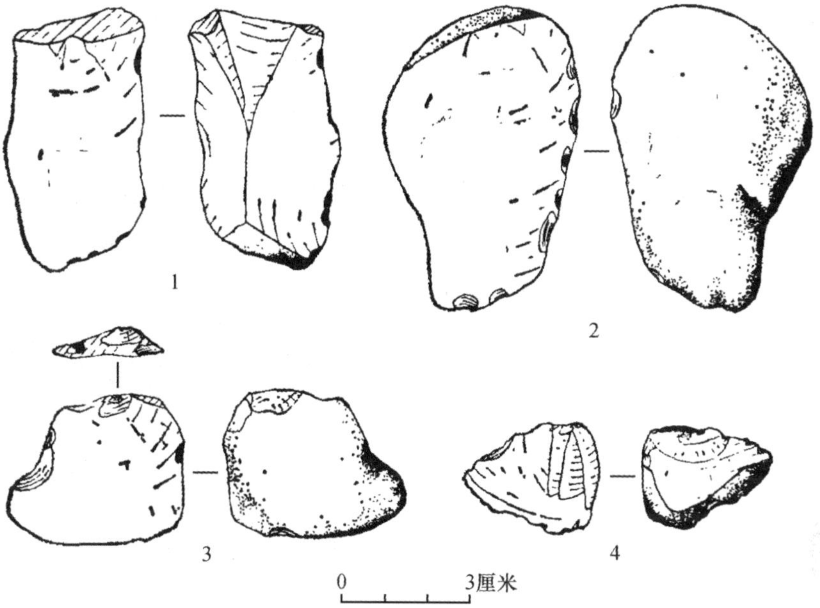

图七 石片

1. 素台面石片（P6434） 2. 使用石片（P6433） 3. 有疤石片（P6432） 4. 砸击石片（P6437）

1）刮削器

刮削器 220件，占石器总数的71%，是该地点的主要器形。依刃缘的位置和数目，进一步划分为单边刃、两刃、复刃和端刃四组。

（1）单边刃刮削器 163件。在本文的分类中，刃口在毛坯相邻的两条边（端）上并相连，且连接处无明显的变化和转折，亦划归单边刃组。依刃口的形态又分成直刃、凸刃、凹刃、凹凸刃和凹缺刃五型。

Ⅰ型：38件。单直刃刮削器。是刮削器中加工较精细，形状较规整的一类，近一半呈长方形、三角形、梯形等几何形状。最大者56×87×27，重180克；最小者17×11×5，重1克。刃角最大90°，最小25°。其中18件的刃缘较平齐，6件呈锯齿状，14件不规整。修疤多较小，结构较简单，具两重或两重以上修疤相叠者只有6件。P6440，45×49×13，燧石制品，三角形，两面加工，修疤深凹，刃角50°（图八：6、图九：1）。P6441，24×14×6，燧石制品，将石片的右侧边正向加工成锯齿状的刃口，器形很小，刃角51°（图六：4、图九：2）。

在该型器物中有10件于刃口以外的边（端）上有局部打击痕迹，另有3件在由经过磨蚀的修疤构成的刃口或刃口以外的其他部位上又出现少量（多为一至二个）未经磨蚀的新疤，本文称这种现象为“再生疤”。对此在下文中予以讨论。

Ⅱ型：87件。单凸刃刮削器，是单边刃刮削器中数量最多的一类。形状多不规则，极少呈规整的几何形状。最大者55×75×30，重150克；最小者9×10×4，重不足

1. 钝正尖尖状器（P6464）

2. 锐正尖尖状器（P6465）

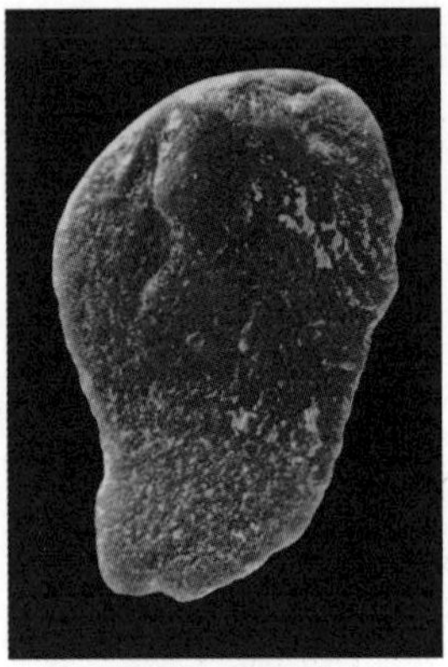

3. 使用石片（P6433）

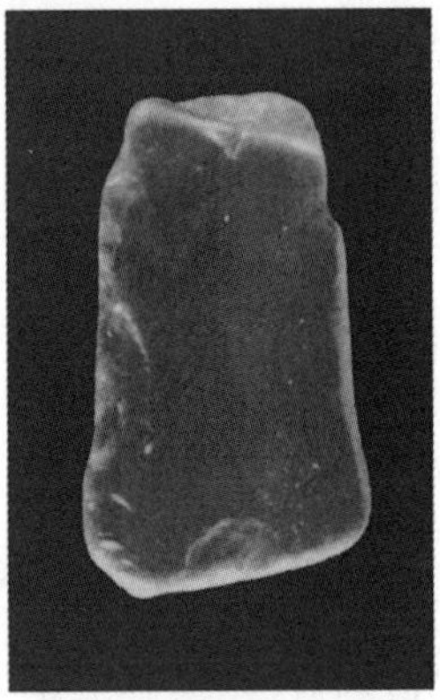

4. 单凹刃刮削器（P6444）

5. 单凸刃刮削器（P6448）

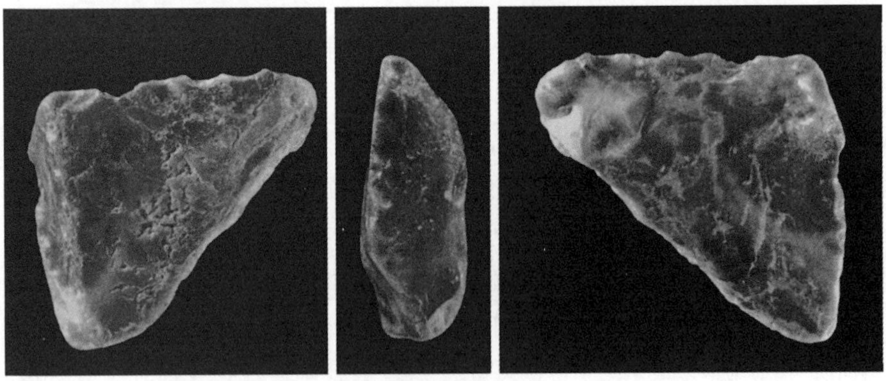

6. 单直刃刮削器（P6440）

图八　育红河旧石器地点出土石器

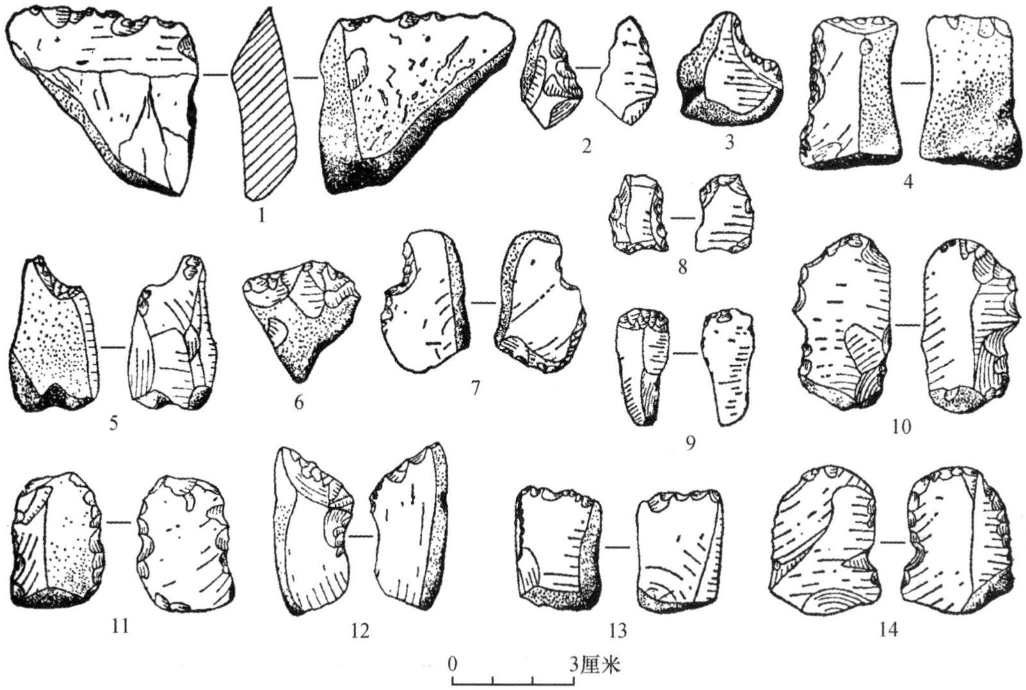

图九　刮削器

1、2. 单直刃刮削器（P6440、P6441）　3、4. 单凹刃刮削器（P6445、P6444）　5. 凹缺刃刮削器（P6484）　6. 单凸刃刮削器（P6448）　7. 凹凸刃刮削器（P6452）　8. 复刃刮削器（P6458）　9、13、14. 端刃刮削器（P6451、P6450、P6472）　10. 端边刃刮削器（P6453）　11、12. 两边刃刮削器（P6456、P6482）

1克，刃角最大91°，最小23°，大于70°者8件，50°～70°之间33件，30°～50°之间19件。20°～30°之间者5件，尚有几件无法测量。刃缘较平齐者24件，呈锯齿状者8件，不规整者55件。P6455，55×75×30，系该型中最大的一件，原料为石英岩石片，近椭圆形，用转向打法将毛坯远端和左侧边的局部加工成刃，边、端以弧状相接，刃角41°～64°（图一〇：1、图五：3）。P6448，30×30×12，用燧石石块制成，近于扇形，从平坦的一面向另一面加工成缓凸状的修疤相叠的呈锛形的刃口，并于其他部位亦可见局部修理痕迹。重9克，刃角64°～82°（图八：5、图九：6）。

另外，有21件于非刃口的部位可见粗糙的打击痕迹，另有5件具有“再生疤”。

Ⅲ型：28件。单凹刃刮削器。形状多不规则，器体大小悬殊，最大82×75×26，重达208克；最小15×17×5，重不足1克。重量大于100克者3件，70～80克者2件，50克左右的3件，15～16克之间4件，10克以下15件。刃角最大88°，最小30°。加工痕迹多比较小，刃缘大多比较平齐，呈锯齿状者很少。P6444，36×25×16，用燧石残片制成，于薄锐的一边向一面加工成平整而微凹的刃口，修疤重叠细密，磨蚀较重。重15克，刃角37°（图八：4、图九：4）。P6445，28×26×10，燧石制品，向一面加工成深凹形的刃口（图九：3）。

另外，尚有5件于非刃口的部位有局部打击痕迹，另有3件具有“再生疤”。

Ⅳ型：6件，凹凸刃刮削器。是指在毛坯的同一条边缘上一段加工成凹刃另一段加工成凸刃，并且两段连接成一个统一的刃口。器形都不规整，器体比较小，最大43 × 38 × 24，重44克；最小16 × 16 × 7，重1克。其中5件的重量在9克以下。刃缘多比较短，两段的刃角多不相同。刃角最大86°，最小40°。P6452，33 × 22 × 8，将石片远端左半段加工成凹缺状，右半段和右侧边加工成凸弧状（图九：7）。

Ⅴ型：4件，凹缺刃刮削器。系将毛坯的局部打成缺口状凹曲，并在缺口处进行细致的加工。器体都很小，形状不规则，刃角都在70°以上。P6484，38 × 23 × 14，用燧石石块制成，重15克，刃角71°（图九：5）。

（2）两刃刮削器　33件。加工痕迹在毛坯的两条边（端）上。刃缘多不平整，修疤相对少而散，显得比单刃组加工逊色。依加工的部位不同又分成两边刃和端边刃二型。

Ⅰ型：27件。两边刃刮削器。加工痕迹在毛坯的两侧边上。形状多不规则，呈梯形、四边形等几何形状者只有几件。器体多比较小，最大者59 × 68 × 26，重103克；最小者10 × 17 × 6，重不足1克。只有3件重量在70克以上，其余皆在30克以下。刃角变异较大，最大者达91°，最小仅23°。刃角大于70°者19件，50° ~ 70°之间者24件，40° ~ 50°之间5件，40°以下2件，有一件具有“再生疤”。刃缘的形态组合有直—直、直—凸、直—凹、凹—凸、凹—凹、凸—凸六种。P6456，23 × 32 × 10，一侧加工成直刃，另一侧加工成凸刃，刃口规整，修疤匀称（图六：3、图九：11）。P6482，40 × 20 × 13，一刃直，另一刃凹曲（图九：12）。

Ⅱ型：6件。端边刃刮削器。加工痕迹在毛坯一端和一侧边上，两刃相连但有明显的转折，往往端刃长而加工细，似为主刃；边刃短而修疤少，似为次要刃口。其中一件呈半圆形，两件呈四边形，两件近于扇形，另一件不规整。最大52 × 53 × 21，重74克；最小41 × 24 × 10，重12克。刃角有很大变异，最大94°，最小28°。同一标本的二刃角有两件相近，另外4件相差较大，最大差值50°。刃口较平齐者八刃，不平齐亦不呈锯齿状者四刃。刃缘形态组合有直—直、直—凸、凹—凸三种。P6453，41 × 24 × 9，将燧石残片的远端加工成凸刃，右侧边加工成凹刃（图六：2、图九：10）。P6481，53 × 55 × 22，远端被加工成微凸的刃口，右侧边加工成直刃（图一〇：2）。

（3）复刃刮削器　16件。其中三刃者13件，四刃者3件。8件呈规则的四边形、半圆形等，另8件形状不规则。器形大小变异大，最大76 × 63 × 30，重155克；最小12 × 12 × 3，重不足1克。多数重量在20克以下。刃角最大96°，最小30°，同一标本不同刃口的刃角多不相同。刃缘的形态组合有直—凸—直、直—凸—凸、直—凹—凸、直—凹—凹、凹—凸—凹、凹—凹—凹、直—直—直—直、直—直—直—凸，直—凸—凸—凸九种。P6454，62 × 63 × 21，是个体较大的一件，将石片的左侧、右侧边分别加工成凹刃和凸刃，远端加工成直刃（图五：4、图一〇：4）。P6458，器形很小（18×15×5），燧石制品，绝大部分边缘被加工成刃（图九：8）。P6485，43×20×6，毛坯为薄长的燧石石片，在三条边上加工出薄锐的刃口（图五：1、图一〇：3）。

（4）端刃刮削器　8件。刃口在毛坯窄的一端上，器形都很小，重量皆在9克以下，刃角最大79°，最小43°。依刃口分成平端刃和圆端刃二型。

Ⅰ型：3件。平端刃刮削器。刃口基本平直。P6450，28×22×19，用燧石制成，修疤小而密，于邻边又有局部打击痕迹（图九：13）。

Ⅱ型：5件。圆端刃刮削器。刃口为圆弧状，其中4件为长身形，1件为短身形。P6451，27×13×9，加工精细，近于卵圆形，背面有一纵脊，断面为三角形，系将燧石残片的远端正向打击出数条浅长的小疤，制成匀称的半圆形刃口。重3克，刃角73°（图五：5、图九：9）。P6472，35×28×13，有“再生疤”，一侧修疤保存完好，另一侧经较重的磨蚀，二者共同组成舌状的刃口（图九：14）。

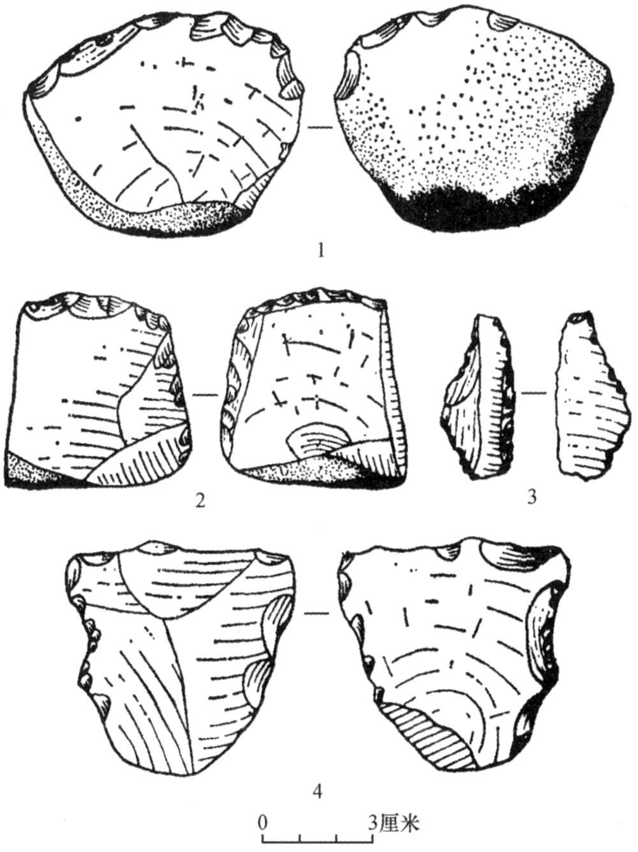

图一〇　刮削器

1. 单凸刃刮削器（P6455）　2. 端边刃刮削器（P6481）　3、4. 复刃刮削器（P6485、P6454）

2）尖状器

尖状器　56件。占石器总数的18%，是该地点的重要器形。其特征是两边夹一角，加工着重在尖角上，但两侧边多做较长的修理。器体多比较小，长度在40毫米上者8件，20～40毫米之间27件，小于20毫米者21件。重量在30克以上者5件，10～30克之间10件，2～10克者22件，其余皆不足2克。有23件器体较宽，宽厚指数大于50，其他皆小于50。有一些因器体很小，且器形不规整，无法测量尖刃角，但从测得部分数值看，一般都较大，大多在50°以上，最大达116°，在70°～90°的区间比较集中。侧刃角变异较大，小者33°，大者达102°，一般集中在50°～70°之间，依尖刃的位置和形态，可分成正尖、角尖、喙状尖、小三棱、双尖和多尖六种。

（1）正尖尖状器　27件。尖刃在毛坯中轴线的一端上，两侧基本对称。这是尖状器中加工较好，形状较规整的一类。依尖刃的形态又分成锐正尖和钝正尖二型。

Ⅰ型：19件。锐正尖尖状器。其特征是两侧刃相交呈芒状的尖刃，尖端锐利。器身大多较短，大小变异较小。P6465，31×25×12，心形，两侧刃正向加工，修疤重叠细密，尖端较短。重11克，尖刃角85°（图八：2、图一一：1）。P6466，23×10×7，用燧石残片制成，形如柳叶，器体小而长，于一侧将整条边加工，另一侧只加工近尖端的半边，背面有一条从台面端向下剥片留下的浅长的片疤。重2克，尖刃角45°（图一一：2）。

Ⅱ型：8件，钝正尖尖状器。特征是两侧刃相交呈凸弧状的较钝的尖刃。本型器物在个体大小、尖刃角和侧刃角方面比锐正尖类有较大的变异。P6464，燧石石片制品，断面三角形，将台面端正向加工出短的钝尖（图八：1、图一一：4）。

（2）角尖尖状器　9件。尖刃偏离毛坯的中轴线，修理工作多不对称，往往对一侧仔细加工而在另一侧只加工尖刃部。总体来看，该类器物比正尖类加工略显逊色。依尖刃的形态可分成锐角尖和钝角尖二型。

Ⅰ型：8件。锐角尖尖状器。P6490，器体很小（21×15×5），燧石制品，将石片的合面端正向加工成斜的尖刃，一侧修疤窄长细密，另一侧修疤小而少（图一一：6）。

Ⅱ型：1件（P6467）。钝角尖尖状器。50×37×22，用燧石小石块制成，器体较大，磨蚀较重。系将一侧加工成一条长的形如凹刃刮削器般的侧刃，另一侧加工很短，在凸弧状的尖刃上修疤格外集中。这件器物可能是尖、刃皆可使用的多功能器物（图一一：12）。

（3）喙状尖状器　3件。其是角尖尖状器的一种变体，特征是将一边加工成较长的凸弧状的侧刃，于另一侧局部重击成凹缺状。器体都很小，重量在5克以下。P6468，30×18×9，燧石制品，是喙状尖状器中最精致的一件（图一一：14）。

（4）小三棱尖状器　2件。器体短小而厚，断面呈三角形，在尖部的三个面上都

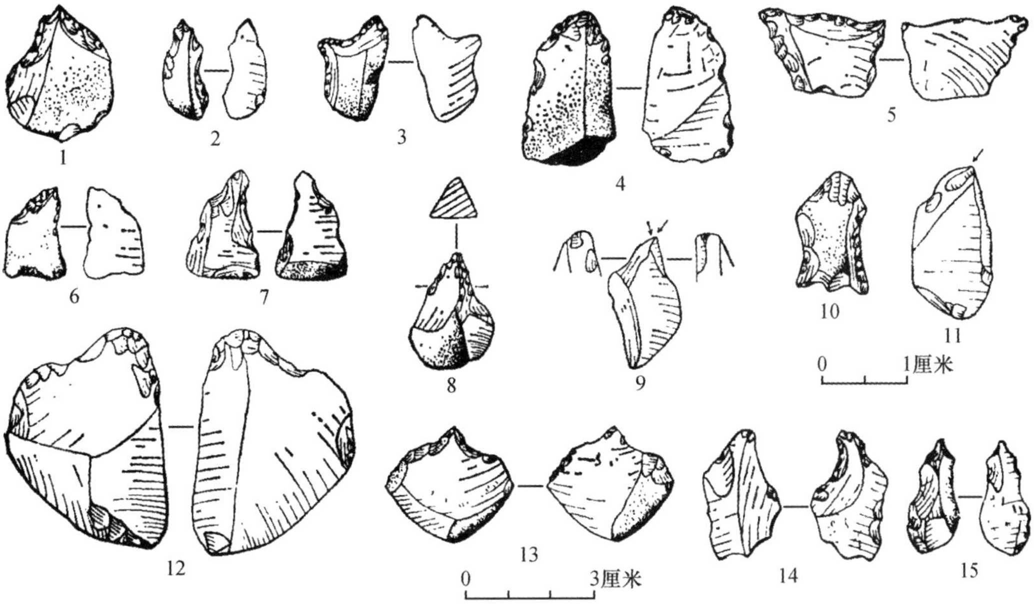

图一一 石器

1、2. 锐正尖尖状器（P6465、P6466） 3. 双尖尖状器（P6469） 4. 钝正尖尖状器（P6464） 5. 双尖尖状器（P6470） 6. 锐角尖尖状器（P6490） 7、13. 短身石锥（P6461、P6459） 8. 小三棱尖状器（P6463） 9、11. 雕刻器（P6493、P6494） 10. 多尖尖状器（P6471） 12. 钝角尖尖状器（P6467） 14. 喙状尖状器（P6468） 15. 长身石锥（P6462）

有加工痕迹。P6463，27×18×15，用燧石小石块制成，是加工较好、较典型的一件（图一一：8）。

（5）双尖尖状器　13件。在同一毛坯上加工出两个可供使用的尖刃。器体都很小，最大41×35×10，重17克；最小10×10×7，重不足1克。其中11件重量在4克以下。从尖刃的形态看，二尖同为锐尖者11件，一锐一钝者2件；从尖刃的位置看，同为角尖者6件，一正尖一角尖者7件；从加工方式看，二尖同为正向加工者9件，一正向加工一反向加工者1件，一正向加工一两面加工者2件，一正向加工一错向加工者1件。尖刃角最大102°，最小50°，大多集中于80°～100°之间，显然从总体上看比单尖类的尖刃角要大。约有一半的同一个体的两尖刃角角度相近。P6469，25×16×7，重3克，一正尖较长，另一角尖较短（图一一：3）。P6470，16×11×4，重1克，在很小的毛坯上加工出两个角尖，二者共用一条侧刃（图一一：5）。

（6）多尖尖状器　2件。是很有特色的器物，在很小的毛坯上加工出三个可供使用的尖刃，重量都在1克以下。器体呈多边形，对周边进行加工，但于转折处呈突出的尖状，且尖端被加工过，以此区别于复刃刮削器。本类器物和上述的双尖类器物中，有一些由于个体小，加工的尖刃短，在形态上往往和石锥很难区别。P6471，14×9×6，是加工较好的一件（图一一：10）。

3）石锥

石锥　28件。石锥是该地点石器中器体最小的一类。其特点是尖端短，近尖部的两侧凹人形成双肩。最大者34 × 28 × 15，重12克；最小12 × 9 × 4，重不足1克。重量在5克以上者4件，2 ~ 5克之间的11件，其余在1克以下。器体多宽短且厚，长宽指数最大160，最小40，有10件在100以上，14件在50 ~ 100之间，只有4件小于50。宽厚指数最大75，最小25，其中17件在50以上。其中15件两侧基本对称，其余的于一侧做较长的加工，另一侧只加工局部。依器身的长短分成长身石锥和短身石锥二型。

Ⅰ型：4件。长身石锥。器身长，长宽指数在50以下，侧刃加工较长。P6462，25 × 12 × 7，燧石制品（图一一：15）。

Ⅱ型：24件。短身石锥。器身宽短，长宽指数在50以上。器物比Ⅰ型加工略显逊色，修疤大多只见于尖刃的局部，尖端很短。P6459，25 × 28 × 9，重4克，两侧加工成宽肩，尖刃短而锐（图一一：13）。P6461，25 × 17（图一一：7）。

4）雕刻器

雕刻器　6件。每件只有一至两个打击出的片疤，只体现了雕刻器打法而不是严格意义上的雕刻器。依形态分成笛嘴形和平面形。

Ⅰ型：4件。笛嘴形雕刻器。重量全在6克以下。宽厚指数一件接近50，其余皆大于50。其中3件只向一侧剥落小的石片，和另一侧的自然面组成屋脊形的刃口，另一件（P6493）向两侧打击，刃口尖锐（图一一：9）。

Ⅱ型：2件。平面形雕刻器。P6494，20 × 11 × 6，重1克，系雕刻器中最小的一件（图一一：11）。

5）“似石球”

“似石球”　1件。器身上有向不同方向打击而留下的片疤，使棱角变钝，石片疤与弧状的自然面构成不很规则的球体（图六：6）。

四、结　　语

（一）文化时代

这批石制品和动物化石出自洛河Ⅱ阶级地底部的砂砾层中。一般认为，华北地域性河流及其支流的第Ⅱ级阶地普遍存在着二元结构，即上部堆积着粉砂土（或新黄土），下部为河流相砂砾层[8]，砂砾层属于或相当于萨拉乌苏组[9]。因而有理由认为，育红河地点的砂砾层属晚更新统。这一推论也得到该地点出土的化石材料和年代学研究结果的支持。该地点的动物化石虽然混杂着不同时代的种属，但最晚的、亦即具有时代意义的标本为诺氏古菱齿象，它的生存时代为晚更新世；在与育红河地点相距约3.5千米的西华城附近洛河Ⅱ级阶地的相应层位曾出土过象化石，^{14}C测定年代为距今20400±500年[10]；用本地点的哺乳动物肢骨做^{14}C年代测定（PV-862），结果为距今17330±500年（由中国科学院古脊椎动物与古人类研究所^{14}C实验室测定）。依各方面资料，可以推定育红河地点的地质时代为晚更新世晚期，文化时代属旧石器时代晚期。

（二）地点性质

含文化遗物的砂砾层具水平层理和斜层理，砾石磨圆度高，具一定的分选和定向排列，部分砾石和石制品上有黄白色水锈，显系河流相堆积。化石和石制品散布于砂砾层中，动物化石混杂着不同时代的种属，大部分石制品经不同程度的磨蚀，表明这批文化遗物在埋藏前经历水流冲磨和搬运作用。关于旧石器时代文化遗址，著名考古学家玛丽·利基（Mary Leakey）曾划分为四种类型[11]，其中河流冲积地点的特点是：文化遗物的分布没有规律，石制品和动物化石与河流相物质混合在一起被埋藏。依其分类，育红河地点应属河流冲积地点。从埋藏情况及文化遗物的表面特征，可以看出该地点自身具有一些复杂的性质。有学者曾指出："综观华北地区旧石器晚期遗址和许多化石地点的剖面。……当含有脊椎动物化石和文化遗物时，该层堆积的颜色常为黑褐色，多具橘黄色条带。"[12]育红河地点也具有这种特点。但与华北同时代其他遗址或地点不同的是，育红河地点经历明显的水流作用。一些动物骨骼的断口处被磨蚀得圆钝光亮，另一些如披毛犀的掌骨、诺氏古菱齿象的臼齿等却保存完好。石制品也是这样，一部分被磨蚀较重，另一部分却几乎看不出磨损的痕迹。上述现象允许做这样的推测：当时的人们常在洛河两岸及河滩上活动，将文化遗物遗留于地表，由于所处的小环境不同，有的遗物被及时埋藏，有的则留在河湾中经受水流的摆动和冲磨，还有的可能被搬运一定距离后沉积下来。当然，也不排除少量时代更早的文化遗物，如贺风三趾马等，从老的地层中被搬运至此，客居于晚期地层之中。

（三）石制品的一般性质

该地点石制品的一般性质可概括为以下七点。

（1）所用原料主要为石英岩和燧石，两项合计占96%。在石核、石片类中以石英岩为主，在石器类则以燧石为主。

（2）打片主要用锤击法，偶尔用砸击法；打片时多以砾石自然面作台面，未见修整石核、修理台面。

（3）石器的毛坯以石片类（包括锤击的整片、半片、残片和砸击石片）为主；在片状毛坯中大多是残片，在块状毛坯中主要为小石块。

（4）石器加工采用锤击法；加工方式多样，计有正向加工、反向加工、两面加工、交互加工、转向加工、错向加工等，其中正向加工为最主要方式，两面加工亦较多使用。

（5）石器形状多不规则，刃口多不平整，刃角、尖刃角变异大，显得加工粗糙，风格古朴，“个性”很强。

（6）小型石器占极高的比例，82%的重量在20克以下。

（7）石器的基本类型为刮削器、尖状器、石锥和雕刻器。刮削器为主体器形且类型多样，在当时人类日常生活中具有极其重要的作用；尖状器中的小三棱类和在很小的毛坯上加工出的双尖、多尖类很有特色；石锥在该地点占有较高的比例（相时其他遗址而言）；雕刻器数量不多且不典型。

在对石制品的研究中亦发现一些问题，在此提出并略加探讨。

（1）关于原料在两类石制品中不平衡性。这一问题学者们在研究大荔人的文化时已经提出过[13]。在育红河地点的石核、石片类中，石英岩占72%，燧石占22%；而在石器类中，石英岩仅占20%，燧石高达77%。造成这种现象，一方面可能由于制造者较多地使用小石块直接加工石器，而在占毛坯总量32%的小石块中，85%以上为燧石；另一方面可能源于当时人类对原料的鉴别和选择，即在石英岩和燧石这两类原料中，最大限度地选取燧石这种相对优质的石料加工石器。

（2）在该地点的石片类中，70%以上为半边石片和残片，即使整片也多在边、角局部折损。经观察和实验，发现当地的石料多呈结核状，质地不均匀且多节理，打片的力容易被分解或改变方向，致使石片易于劈裂、折断和形态多样，这可能是半边石片、残片及碎屑占很大比例以及整片不整的主要原因。

（3）在石器中，部分标本于尖或刃以外的部位有少量粗糙的“打击痕迹”，或集中，或分散，或深凹，或浅平。一部分可能是人类加工未就而废弃的刃口，考虑到地点特殊的埋藏环境，另一部分可能是在河流中冲撞的自然痕迹。另外，刮削器中有13件具有“再生疤”。“再生疤”的产生，可能既有自然营力在冲刷、搬运、埋藏方面的原因，亦不排除人类“二次加工”的可能性。

（4）大荔地区的旧石器以其小而具有鲜明的特色。这种特色的形成，笔者认为应首先考虑自然条件的制约。从当时的石器可以看出，他们就近在河滩中选取原料制作工具。而这些原料大多比较小，砾径在10厘米以下，很少有大于15厘米者，特别是燧石结核，多在7厘米以下，这就决定了人们利用这种原料加工出的大部分石器只能是小型的，而不可能出现像丁村那样的大三棱尖状器、砍砸器。因而，研究古人类文化，特别是在旧石器时代，生产力水平很低、驾驭自然的能力很小的条件下创造的人类文化，自然条件对其面貌的制约和限定，应是首要考虑的因素。

（四）对比和讨论

在大荔县和浦城县的洛河两岸，分布着洛河Ⅲ级阶地中的旧石器中期文化诸地点（如解放村大荔人文化地点）和洛河Ⅱ级阶地中的旧石器晚期文化诸地点（如育红河地点）。虽然它们属于不同的时代，文化面貌却很相近。如在原料方面，都主要使用石英岩和燧石，并且都有两类石制品选用原料不平衡的现象；在毛坯方面，二者都以片状毛坯为主，同时较多使用小石块加工石器；在打片方面，都主要使用锤击法，偶尔用砸击法，打片时很少对石核做修整；二者的石器主要采用正向加工，并较多出现两面加工；二者的基本器形都是刮削器、尖状器、石锥和雕刻器，并且都以刮削器占主导地位；石器都以小型者居多，形状多不规则，刃口多不平整，刃角、尖刃角变异大；都有少量具有“再生疤”的标本。当然，二者亦有不同之处。例如石英岩石片在育红河地点占90%，而在大荔人地点只占53.5%；在单边刃刮削器中，育红河地点以凸刃居多，占57%，凹刃只占18%，而在大荔人地点则以凹刃居多，占34%，凸刃仅占20%；育红河地点较规则的盘状石核、形态接近石叶的薄长小石片、加工精细的小圆端刮削器以及微型的双尖、多尖尖状器、小三棱尖状器等在大荔人地点缺失。这些差别说明，育红河的石器文化比大荔人的石器文化具有一定的进步性。通过上述对比，可以认为在大荔地区洛河Ⅱ级阶地与Ⅲ级阶地出土的石器文化是密切相关的，表明古人类在这一地区沿洛河长期生活过，创造了既有继承又有所发展的旧石器文化。

近些年来，从甘肃东部到陕西东部的地域内，陆续发现一批旧石器地点，包括甘肃环县刘家岔[14]、楼房子、庆阳巨家塬[15]、镇原黑土梁[16]、径川南峪沟、桃山嘴[17]、牛角沟、合志沟[18]和陕西长武窑头沟[19]、乾县大北沟[20]、韩城禹门口[21]等，其分布范围主要在渭河支流径河和洛河水系之间，向东可达黄河之滨。这些地点的旧石器文化遗物被埋藏在晚更新世砂砾层或黏土层中（禹门口地点的石制品出自洞穴堆积，与其他地点的地层稍有不同），应和育红河地点属同一时代。由于许多地点没有进行系统发掘，资料有限，难观其全貌，但就目前已发表的材料看，这些地点与育红河地点的石制品在风格上是十分接近的，如打片主要用锤击法，偶尔用砸击法；打片时很少对石核做修整；石制品上多保留自然面；石器多用片状毛坯制作，但用小石块加工的石器占一定比例；石器多不规整；个体大多比较小；加工方式主要是正向加工；在器形组合中，刮削器占极高的比例，尖状器亦是重要器形，有少量石锥和雕刻器，偶见石球。总体看来，这些地点的石制品给人以加工粗糙、风格古朴之感。

在华北旧石器时代晚期诸遗址和地点中，峙峪的材料最为丰富[22]。与育红河地点比较，二者在打片方法、器形大小和主要器类的组合等方面，具有我国华北地区旧石器时代晚期文化的一些共同特点，但二者的文化面貌有一定的差别，如峙峪的石制品大多器形规整，加工精细，同类器物的“共性”较强。

育红河和水洞沟的石制品更显示两种迥异的风格，例如水洞沟的石核普遍经过修整，长薄的石片占较高的比例，大多石器形体规整，加工精细，尖、刃锋利匀称[23]。

从上述的分析和对比中可以看出，育红河地点的石器文化存在于从甘肃东部到陕西东部这一地域内的一个时代相当、面貌相近的旧石器时代晚期文化群体之中，并具有我国华北晚期旧石器文化的一些特点。在技术传统上，它属于以峙峪文化为代表的小石器传统，而和以水洞沟文化为代表的长石片传统相距较远[24]。从总体上看，它与华北同时代的其他区域内的旧石器文化相比略显粗糙、古朴，而与旧石器时代中期的大荔人石器文化有更多的相近点。相信随着更多材料、更理想遗址的发现和更深入的研究，对大荔地区洛河Ⅱ级阶地的石器文化会有更全面和进一步的认识。

附记：本文是在笔者硕士研究生论文的基础上改写而成的。导师张森水先生对此付出了很多心血，同时在室内和野外工作中得到中科院古脊椎动物与古人类研究所贾兰坡、邱中郎、李炎贤、盖培、尤玉柱、陈万勇诸先生，龙凤骧同志和陕西省考古研究所周春茂同志以及大荔县政协、文管会和文化局的指导和帮助。文中器物照片由张杰同志拍摄，部分插图由刘增同志清绘，在此表示衷心感谢。

参考文献

[1] 吴新智. 陕西大荔县发现的早期智人古老类型的一个完好头骨. 中国科学，1981（2）：200-206.

[2] 周春茂，张青山. 大荔旧石器时代地点群考古调查纪要. 史前研究，1986（1-2）；吴新智，尤玉柱. 大荔人遗址的初步观察. 古脊椎动物与古人类，1979，17（4）：294-303；张森水，周春茂. 大荔人化石地点第二次发掘简报. 人类学学报，1984，3（1）：19-29.

[3] 邱占祥，黄为龙，郭志慧. 中国的三趾马化石. 北京：科学出版社，1987.

[4] 徐晓风. 辽宁安平中更新世动物群中的*Dicerorhinus Kirchbergensis*（Jäger，1839）. 古脊椎动物学报，1986，24（3）：229-241.

[5] 周明镇，张玉萍. 中国的象化石. 北京：科学出版社，1974.

[6] 任炳辉. 陕西蒲城三趾马和古菱齿象化石. 古脊椎动物与古人类，1965，9（3）：298-302.

[7] 关于石片台面的分类，参见：裴文中，张森水. 中国猿人石器研究. 北京：科学出版社，1985；李炎贤. 关于石片台面的分类. 人类学学报，1984，3（3）：253-258.

[8] 尤玉柱. 论华北旧石器晚期遗址的分布、埋藏以及地质时代问题. 人类学学报，1984，3（1）：68-75.

[9] 刘东生. 黄土的物质成分和结构. 北京：科学出版社，1966.

[10] 中国科学院地理研究所渭河组. 渭河下游河流地貌. 北京：科学出版社，1983.

[11] Leakey M D. Olduvai Gorge Volume III: Excavations in Beds I and II, 1960-1963. Cambridge: Cambridge University Press, 1971.

[12] 尤玉柱. 论华北旧石器晚期遗址的分布、埋藏以及地质时代问题. 人类学学报，1984，3（1）：68-75.

[13] 张森水，周春茂. 大荔人化石地点第二次发掘简报. 人类学学报，1984，3（1）：19-29.

[14] 甘肃省博物馆. 甘肃环县刘家岔旧石器时代遗址. 考古学报，1982（1）：35-48.

[15] 谢骏义，张鲁章. 甘肃庆阳地区的旧石器. 古脊椎动物与古人类，1977，15（3）：211-222.

[16] 甘肃省博物馆，庆阳地区博物馆. 甘肃镇原黑土梁发现的晚期旧石器. 考古，1983（2）：97-100.

[17] 张映文，谢骏义. 甘肃泾川南峪沟与桃山嘴旧石器遗址的发现. 考古与文物，1981（2）.

[18] 刘玉林，黄慰文，林一璞. 甘肃泾川发现的人类化石和旧石器. 人类学学报，1984，3（1）：11-18.

[19] 盖培，黄万波. 陕西长武发现的旧石器时代中期文化遗物. 人类学学报，1982，1（1）：18-29.

[20] 邱中郎. 陕西乾县的旧石器. 人类学学报，1984，3（3）：212-214.

[21] 刘士莪，张洲. 陕西韩城禹门口旧石器时代洞穴遗址. 史前研究，1984（1）.

[22] 贾兰坡，盖培，尤玉柱. 山西峙峪旧石器时代遗址发掘报告. 考古学报，1972（1）：39-58.

[23] 贾兰坡，盖培，李炎贤. 水洞沟旧石器时代遗址的新材料. 古脊椎动物与古人类，1964，8（1）：75-83.

[24] 关于我国旧石器时代晚期文化的技术传统，请参见：张森水. 富林文化. 古脊椎动物与古人类，1977，15（1）：14-27；张森水. 中国旧石器文化. 天津：天津科学技术出版社，1987.

（原载于《考古学报》1990年第2期）

昂昂溪新发现的旧石器

昂昂溪附近的大兴屯旧石器时代晚期地点发现于1981年，1982年进行了发掘，获得了一批化石和石器，并已研究发表[1]。基于该地区对研究细石器各种问题的重要意义，1986年夏我们在昂昂溪地区作史前文化考察时，也对大兴屯地点进行了调查，观察了原发掘的剖面，同时在附近又发现两个化石和石器点。

新发现的地点在原发掘区东南的两个洼地内，两地点相距约10米。两地点的石器和化石集中分布在3米×4米和3米×2米的范围内，散布于砂层表面或半埋于砂层中。发现遗物地点的上覆地层已被侵蚀，但其附近的地层剖面仍清楚，与1982年发掘的剖面能对得起来。所发现的石器和化石无明显的水流搬运痕迹，可能原埋于砂层中。似可认为，新发现的遗物与以前找到的化石和石器属同一层位。

一、哺乳动物化石

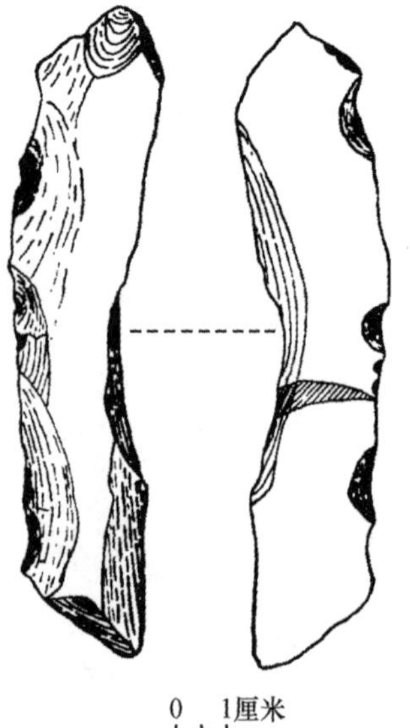

图一 骨制品（Bone artifact）

这次所获的哺乳动物化石都很破碎，多为大型哺乳动物肢骨和骨盆的碎片，可以鉴定的只有4种哺乳类化石残破的牙齿。它们是：

牛（Bovidae gen. et sp. indet）

马（*Equus* sp.）

鹿（*Cervus* sp.）

麂（*Muntiacus* sp.）

鹿和麂的牙齿化石以前在大兴屯地点未见报道，属首次发现。

在碎骨中，有几件标本呈褐色、灰白色，似为污染所致；一件小的管状碎骨片的一端有一半圆形的动物咬痕；在另一件长128毫米、宽26毫米的骨片上，一侧凹状劈裂，另一侧较平直，在刃状边缘上显示了五六处向内壁和外壁剥片的痕迹（图一），是一件人工痕迹清楚的骨制品。

二、石 制 品

这次调查共获石制品60件，其中石核7件（包括4件残块）、石片44件（包括锤击石片19片、砸击石片8件、残片17件）、石叶3件、石器6件。原料以燧石为主，石英和火成岩很少。

（一）石核和石片

石核　均为小型单台面锤击石核，形状不规则，最小者仅14×17×11（长×宽×厚，单位毫米，下同）。均为自然台面，核体上各有一块石片疤，打击点较清楚，半锥体阴痕明显，其中两件有清晰的同心波纹。如标本p.6422（图二：1），台面角63°，石片疤大小仅为9×17，似乎未能打下可用的石片。在台面的左侧和左侧边的上部也有粗糙的打击痕迹，并相交成短而钝的尖刃，其打击方向与原工作面呈90°。这件标本给人的印象是欲加工成器但未能成功，从而也给分类带来一定的困难。

锤击石片　19件。基本上是小型的，其中包括一些碎屑片。长大于宽者4件，宽大于长者7件，长宽相近者8件。最大者32×28×6，最小者8×9×1，平均为15.5×15.3×3.7。台面均很小，自然台面5件，素台面1件，线状台面2件，有脊台面1件。石片角多在104°~110°之间，打击点多不明显，半锥体大多微凸，一些标本有清晰的波纹和放射线，少数几件有锥疤。只有3件石片的背面保留自然面，大部分标本的台面背缘有与劈裂面同向的打击痕迹，特别是一些很小的石片存在这种疤，似可看作是打片中修理石核的结果。本类石片形状有不规则的、梯形的、铲形的和近似石叶的。如标本p.6424（图二：3），尾端折断，背面局部保留自然面，自然面与人工面之间原来的一条纵脊被台面后缘的修疤破坏了一部分。标本p.6425（图二：2），素台面，半锥体处有一锥疤，背面大部分为自然面，并遗有一块与剥片方向呈90°的浅平的石片疤。其左侧两面可见细疤。

砸击石片　8件。形状较锤击石片规则，都比较小，平均为16.5×14×4.5。其中一端石片和两端石片各斗件。在一端石片的一端可见砸击点，有的标本在劈裂面上有清晰的波纹，有的标本则在劈裂面上呈现半锥体的阴痕或呈半锥体状凸起。两极石片的两端均呈刃状并可见砸击点，其两面均有崩落碎屑的痕迹。标本p.6426（图二：4），中间宽，两端略窄，砸击点清楚，接近砸击点处屑疤多而细碎，劈裂面上波纹清晰。

石叶　3件。台面均很小，近于线状，台面背缘可见细小的修疤。标本p.6423（图二：5），形状规则，原料为淡黄色燧石，线状台面，打击点小而清楚，劈裂面上有小

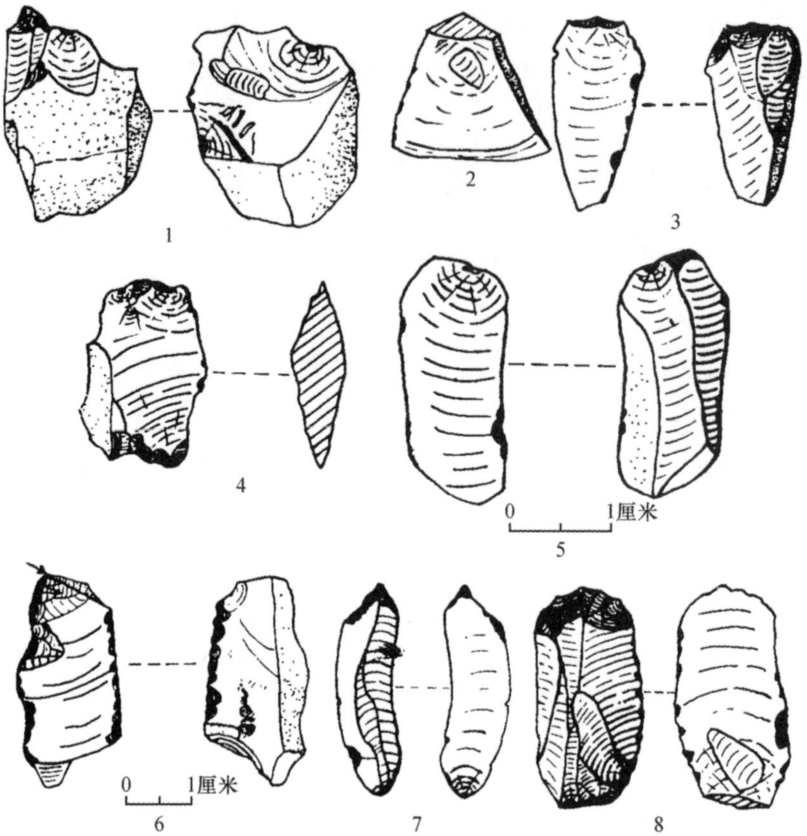

图二　石制品（Stone artifacts）

1. 石核（Core）　2、3. 锤击石片（Flake）　4. 两极石片（Bipolar flake）　5. 石叶（Micro-blade）　6. 直—凸刃刮削器（Straight-convex scraper）　7. 尖状器（Point）　8. 圆头刮削器（End-scraper）

（1、2、3、6、8同一比例；4、5、7. 同一比例）

而凸的半锥体和清晰的同心波纹，断面梯形。尾端由破裂面向背面打了一下而稍残。该标本的右侧下部劈裂面上有一浅平的石片疤和几个细小的疤，难以判断是否是第二步加工的痕迹。

（二）石器

石器　6件。石器的毛坯有块状，石片和石叶各2件。石器类型只有刮削器和尖状器两类。

1. 刮削器

刮削器　5件。2件块状毛坯者加工粗糙，另外3件用石片做的加工较好。

（1）凸刃刮削器　1件，系将石叶的尾端截断，将左侧边加工成凸弧状的刃缘。主要向破裂面加工，只在近台面处转向背面加工，同时右侧边亦有局部加工的痕迹。刃缘平齐，修疤细小，可能采用了压制法。

（2）直一凸刃刮削器　标本p.6421（图二：6），器体很小（21×12×5），略呈梯形。石片的远端残缺，台面因修理而局部破损，右侧两面遗有细小的修疤，背面者深凹，破裂面者稍浅平，形成锋利而平直的刃口；左侧边有两处向劈裂面加工，形成两处凹入的刃口，但整个刃缘略呈凸弧状。其中一处的修疤浅平而长，可能是压制的结果；在尾端的残断处亦有局部的加工痕迹。更有趣的是，在台面与劈裂面相接处，又用雕刻器打法从左上角斜向右侧打了一下，使这件石器可能成为多功能的工具。

（3）圆头刮削器　标本p.6420（图二：8），属长身圆头刮削器。系将一长石片的远端向背面精修成刃，刃缘匀称，呈半圆形，刃口较锐，刃角60°。刃口上的修疤浅平，呈草叶状，既可能是用软锤加工而成的，亦可能是压制的痕迹。其左右两侧也有一些细疤，类似的痕迹也见于端刃的近缘，可能是使用的结果。

2. 尖状器

尖状器　1件，即标本p.6427（图二：7），系用石叶做成，器体很小（21×6×3），修理工作只见于石叶的远端，主要向背面加工，劈裂面上亦有浅平细小的修疤。右侧的修理痕迹比左侧略细一些，两侧刃相交成一个短的尖刃。像这样用小石叶加工成的尖状器，在海拉尔“中石器时代”遗存中曾有发现，被称为“细石叶尖状器”[2]；下川遗址亦有类似的器形，称其为“微型尖状器”[3]。

三、结　　语

这次调查，新发现了鹿和麅两种哺乳动物化石、圆头刮削器和石叶尖状器两种石器类型和一件人工痕迹清楚的骨制品，为研究该地点文化面貌增添了新材料。

在我们发现的碎骨中，也有与以前在这个地点报道过的烧骨类似的标本，表面呈褐色或灰白色。就我们这批标本而言，不像是燃烧炭化的结果，而极可能是污染所形成的。

从我们发现的两个化石和石器点观察，化石和石制品都很破碎，分布范围小，无规律，无明显的文化层。我们同意大兴屯旧石器时代晚期地点“是一处早期猎人的临时宿营地”的看法[4]。似可推测，先民们携带猎物和采集到的石料至此，肢解受用了猎物，同时也在此加工石器，在作短期停留后，抛下碎骨和一些石制品而离去。

新的调查为我们进一步工作提供了线索。我们相信，随着材料的不断增加，这一带对探索细石器的起源、演变以及时空关系等诸问题将是一个有意义的地区。

附记：本文是在张森水先生的指导下完成的，邱中郎先生对全文作了审阅和修改。参加调查工作的除张森水和笔者外，还有黑龙江省文物考古研究所的于汇历和齐齐哈尔市文管所的辛健等同志。在工作中，得到了齐齐哈尔市昂昂溪区政府的支持，作者谨致谢意。

参考文献

[1] 黄慰文，张镇洪，缪振棣，等. 黑龙江昂昂溪的旧石器. 人类学学报，1984，3（3）：234-243.

[2] 安志敏. 海拉尔的中石器遗存——兼论细石器的起源和传统. 考古学报，1978（3）：289-316.

[3] 王建，王向前，陈哲英. 下川文化——山西下川遗址调查报告. 考古学报，1978（3）：259-288.

[4] 黄慰文，张镇洪，缪振棣，等. 黑龙江昂昂溪的旧石器. 人类学学报，1984，3（3）：234-243.

（原载于《人类学学报》1988年第7卷1期）

四方洞——河北第一处旧石器时代洞穴遗址

四方洞（又称大方洞）遗址位于河北省承德市鹰手营子矿区（原属兴隆县），地处鹰手营子镇东北约1.5千米的柳河右岸。西南距兴隆县城约20千米，东北离承德市约51千米。地理坐标为北纬40°33′15″，东经117°40′8″（图一）。

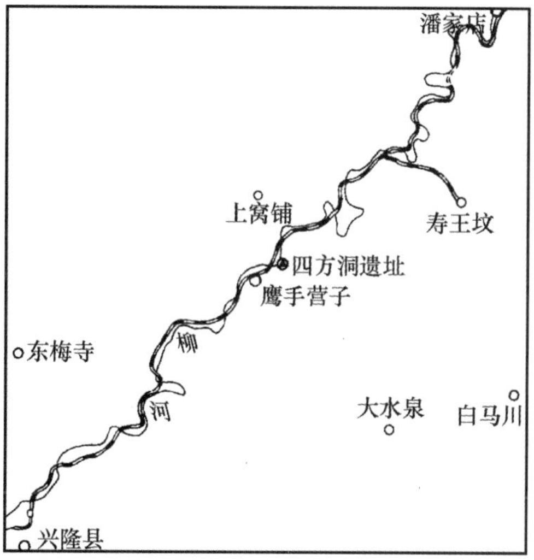

图一　四方洞遗址的地理位置

该遗址（河北省野外地点编号HB830022）于1983年由兴隆县文管所王峰发现，并随即进行了小规模的试掘，清理出动物化石和石制品，从而将其确定为一处旧石器时代文化遗址。1988年夏，中国科学院古脊椎动物与古人类研究所与河北省文物研究所组成联合发掘队①，对该遗址做了首次正式发掘。本文即是对这次发掘成果所做的初步研究报告。

① 这次发掘由张森水先生领队，参加发掘的除笔者外，还有长春地质学院的程新民、山西大学的张俊山、天津自然博物馆的郑敏，以及河北省首届旧石器时代考古训练班的全体学员。

一、地质与地层概况

该遗址系一处洞穴遗址。洞穴生成于奥陶系灰岩山体中，为一构造洞。洞口呈较规则的四方形，西向，高出现柳河水面约3米。洞口高约12米，宽约13米。洞内近入口处宽敞如厅状。向内延伸约10米处，洞穴向南、向东北分化为两个支洞。南支洞（B洞）较短，于山体背后有一出口，洞内湿冷，没有土状堆积与人类活动遗迹。东北支洞（A洞）被土状堆积充填，堆积层从外向内渐次抬升，形成呈12°的倾斜的坡面，人可入最深处距洞口约45米。洞顶较为平整，并随洞穴延伸向下平缓倾斜。两壁自下而上向中间略为收缩（图二）。

次发掘区位于A洞内距洞口23米处。接东南壁向内连续布方3个，发掘面积为30平方米（图三）。

发掘区的地层情况如下（从上至下）所述。

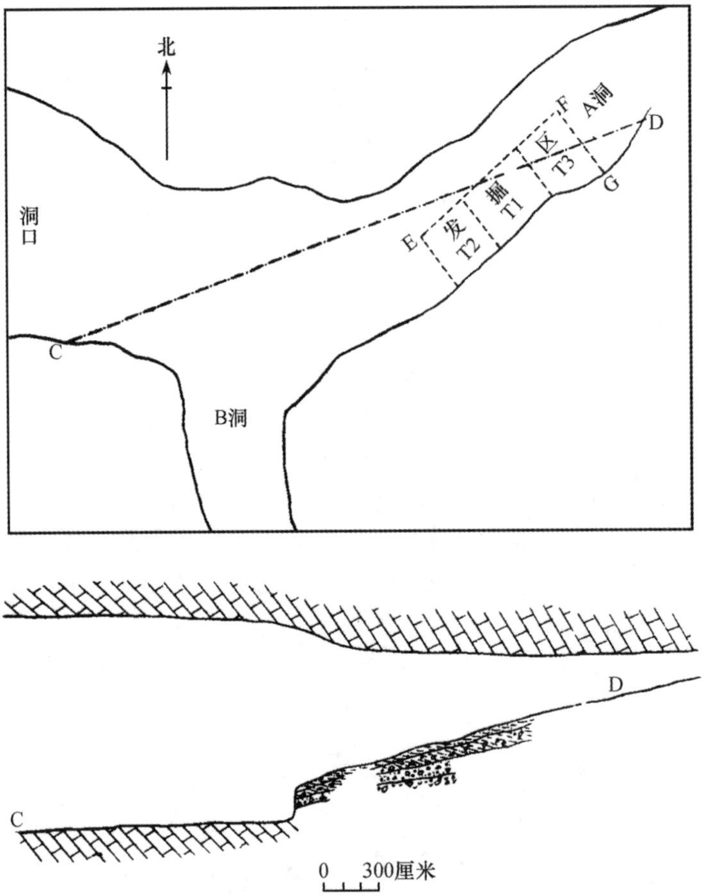

图二　四方洞实测平、剖面图

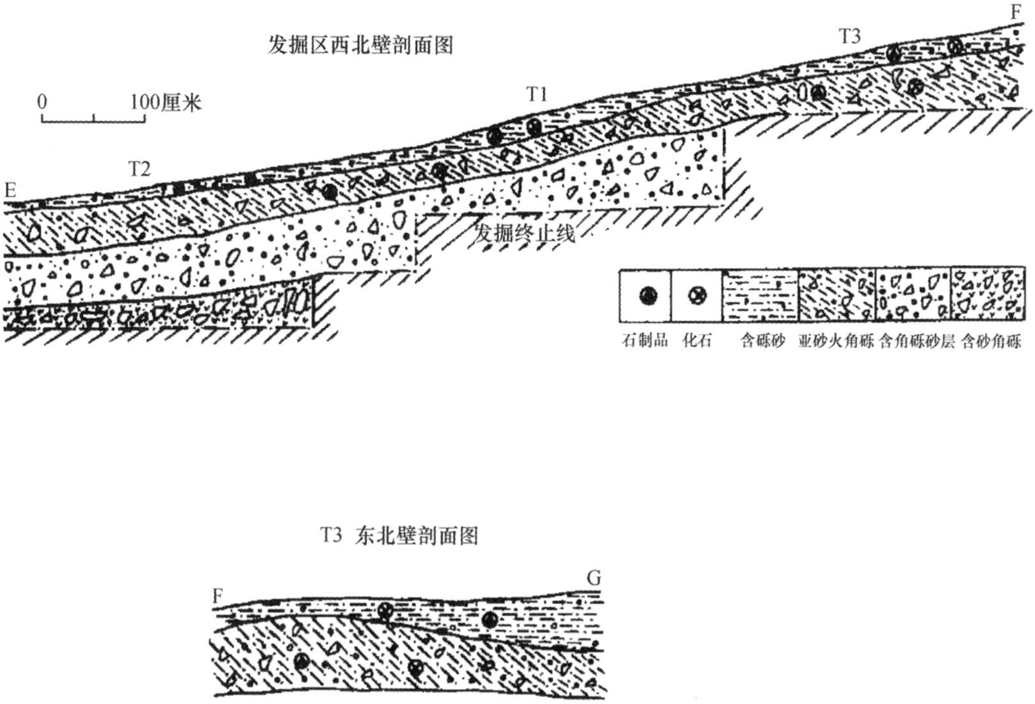

图三 四方洞遗址地层剖面图

①扰土层：灰黄色，松散，厚约5厘米。出土有动物碎骨、石制品及陶片等后期人类遗物（该层所含的石制品与动物化石标以“0”层标记）。

②上文化层：灰黑色松散的含砾砂土。受晚期扰动较甚，发掘区中部被汉代灰坑及其他遗迹打破。厚度变化较大，薄处不足10厘米，厚度可达50厘米，从洞口向内、向东南壁方向逐渐加厚。与下伏地层呈起伏的不整合接触。于该层出土部分石制品和动物化石以及烧骨、炭屑等（本层的文化遗物标有“1”层标志）。

③下文化层：灰白、黄褐杂色亚砂土夹角砾层，并含有磨圆度较高的小砾石。靠洞壁附近因渗水作用颜色偏白。上部受到晚期人类活动的侵扰。厚30～60厘米。角砾砾径大多在15厘米以下，小砾石砾径多在2～5厘米之间。该层含钙质成分较多，堆积物呈半胶结状态，大多数砾石与石制品外表包有钙衣。出自该层的文化遗物、遗迹包括石制品、人工破碎的石块、炭屑和小块灰烬以及动物牙齿和碎骨等（文化遗物标有“2”层标志）。发掘表明在T3处，即发掘区靠洞内一侧，文化遗物最为集中。该层与下伏地层呈不整合接触。

④黄红色含砂砾角砾层。厚约60厘米。胶结较紧密。角砾比上层增多且砾径更大。下部所含物质颗粒变小，含砂增多。未见任何文化遗物。

第4层与下伏地层之间为一侵蚀面，二者之间夹一层很薄的紫红色细砂。

在T2内继续下挖深至120厘米处，为黄褐色胶结紧密的含砂角砾层，没有文化遗物。以下对两个文化层的遗存分别加以记述。

二、上文化层

（一）动物遗骨

该层的动物遗骨较少，大多数有轻微石化。除啮齿类头骨、下颌骨与鹿类牙齿外，动物肢骨及体骨皆很破碎。可鉴定的动物种类很少，只有中华鼢鼠（Myospalax fonanieri）和鹿（*Cervus* sp.），另有一些鸟类肢骨。

从动物碎骨上可以看到如下迹象：轻度风化，一些骨片上有裂纹或剥离少量碎片；铁锰等矿物污染，有4具中华鼢鼠的下颌骨骨体表面出现点状或片状灰黑、灰褐颜色，而内部骨体则保持本色；烧骨，有几枚骨片和鸟类肢骨从内到外呈灰色或褐色，有的表面出现裂纹；动物咬痕，少量碎骨上有啮齿类咬痕及食肉类牙齿的啃咬、划、压痕迹；人工痕迹，数枚骨片上有人类工具切割条纹及划痕。

此外，尚有一些骨片十分破碎，但观察不到明显的动力作用痕迹。

（二）石制品

根据地层关系及出土物性质，我们认为扰土层中的石制品（即标有“0”标记者）应出自上文化层，故在此归并一起加以记述。

石制品包括如下几类：石料、人工破碎砾石、石核、石片与石器。

1. 石料与人工破碎砾石

属于该类的有：完整的砾石75件，破裂的砾石或有少量片疤的石块36件。砾径5～15厘米，大多在10厘米左右。其中部分砾石或石块表面可见或集中或散乱的坑疤。岩性包括石英砂岩58件，火成岩41件，石英岩6件，燧石6件。从岩性分析，这些砾石、石块并非地层堆积中的自然产物，而是当时的人类为生产和生活目的搬入洞内的。一些可能作为石器原料留以备用，一些也许因质地或形状不利于打片而被半途废弃，有坑疤者则可能是人类当作石砧、石锤敲砸使用过。

2. 石核

石核　45件。其中石英砂岩最多，占75.6%，其次为火成岩，占15.6%，其他岩性包括石英岩、燧石和脉石英，合占8.8%（表一）。依台面将其分为单台面石核、双台面石核和多台面石核三类。

表一 上文化层石核与石片的分类、统计 单位：件

项目 \ 数量 \ 分类		石核				石片					合计
		多台面	双台面	单台面	分计	自然台面	素台面	有疤台面	砸击	分计	
原料	石英砂岩	16	9	9	34	14	4	1		19	53
	火成岩	2	3	2	7	4	3	2		9	16
	石英岩	1		1	2	1	1			2	4
	燧石		1		1	1				1	2
	脉石英	1			1				1	1	2
长（cm）	>8	1	2	3	6	1				1	
	8～5	11	9	7	27	7	4	1		12	
	<5	8	2	2	12	12	4	2	1	19	
宽（cm）	>6	2	2	3	7	2	2			4	
	6～4	10	9	6	25	11	3	3		17	
	<4	8	2	3	13	7	3		1	11	
厚（cm）	>5	1	2	1	4						
	5～3	14	9	5	28						
	<3	5	2	6	13	20	8	3	1	32	
石片角	>120°					1		1		2	
	120°～110°					1	2	1		4	
	109°～100°					8	4	1		13	
	99°～90°					4	1			5	
	<90°					6	1			7	
背面	自然面					6	1				
	局部自然面					5	2	1			
	人工面					9	5	2			
分计		20	13	12		20	8	3	1		
合计		45				32					77

单台面石核：12件。最大者长12.5（单位为厘米，下同），宽7.7，厚5.6；最小者长4.1，宽3.4，厚2.2。绝大部分长度集中在5～8之间，宽度在3～6之间，厚在2～4之内，形状多不规则，核体上一般只有2～3个石片疤。台面皆为自然面。从石片疤的数量和形态及大小看，从这类石核上产生的可用的石片很少，说明这是一类在该遗址中利用率较低的石核，也不排除其中包括一些被当作块状毛坯加工石器未获成功而被弃之于地的废品，标本HB830022：001（以下只写标本序号，省略地点编号），是较为规整、产生石片较多的一件，个体中等大小。长7.8，宽6.1，厚4.6，台面角65°。标本002，形体呈长条状，工作面上遗有三个石片疤。长9.4，宽4，厚3.8，台面角70°。

双台面石核：13件。最大者长8.4，宽5.3，厚4；最小者长4.5，宽4.5，厚3.6。大部分长度在5～8之间，宽在3～6之间，厚在3～5之内。形状多不规则，核体上或多或少保留自然面。未见有修整台面者。标本010，形体较规则，两工作面夹角90°，共有5个石片疤，个体中等大小（7.5×6.7×3.8），两个台面角分别为64°和66°（图四：8）。

多台面石核：20件。是该层石核最多的一类。形状比前两类规则，个体多为中小型。最大8.7×8×7，最小3.8×2.4×1.9。大多个体长度在3～6之间，宽在2.5～5.5之间，厚在2～4之内。大部分标本布满石片疤，保留很少或不保留自然面。

3. 石片

石片　32件。其中石英砂岩占59%，火成岩占28.1%，石英岩、燧石和脉石英合占12.5%。

石片分为两类：锤击石片和砸击石片。

锤击石片：31件。依台面性质再划分为自然台面石片、素台面石片和有疤台面石片。其中形态较规则的标本22件，不规则者9件。石片背面全为自然面者7件，部分自然面部分人工面者8件，全为人工面者16件。背面全为自然面者在自然台面石片中占30%，在人工台面石片（包括素台面石片和有疤台面石片）中仅占9%；背面为人工面者在自然台面石片中占45%，在人工台面石片中占64%。由此可见，石片台面与背面有着密切的关系。

标本最长者8.3，最短者3.2；最宽者6.2，最窄者3；最厚者2.6，最薄者1。大多数标本长度在3～6之间，宽在3～5之间，厚在1～2.5之内。长宽指数大于100者11件，100～50之间者19件，小于50者1件，表明长型石片多于宽型石片，同时又罕见窄长的标本；宽厚指数大于50者4件，50～30之间者21件，小于30者6件，说明大多数石片的相对厚度适中，很厚和很薄的标本极少。

图四　石制品

1. 修理台面石片（034）　2. 单凸刃刮削器（046）　3. 单凸刃刮削器（044）　4. 素台面石片（028）
5. 多台面石核（024）　6. 单凸刃刮削器（007）　7. 单凸刃刮削器（052）　8. 双台面石核（010）
9. 单刃刮削器（013）

石片台面大者①7件，中者10件，小者14件，可见以中小者居多。石片角最大127°，最小65°，大多数在105°～110°之间。有7件小于90°。这7件标本中有6件为自然台面，背面多为自然面，台面与背面之间呈弧状过渡，在台面上往往从打击点处向背面方向崩落小的片屑。阳面上打击点清楚，半锥体平整或微凹，有稀疏的放射线。有的学者在分类上将其称为“零台面”石片[1]，其特征又很类似“锐棱砸击石片”[2]。标本004，素台面石片，台面很小，台面后缘遗有小疤。打击点不明显，半锥体微凸。长6，宽6.2，厚1.7，石片角107°（图五：7）。标本005，有疤台面石片，背面保留一半自然面，边缘锐利。长4.2，宽4.8，厚1.6，石片角121°（图六：3）。

砸击石片：1件，即标本016，原料为脉石英，长条状，一端石片。长3.5，宽1.6，厚0.8（图五：6）。

此外，该层还出土半边石片10件，残片12件。岩性分别为石英岩14件，火成岩8件。部分半边石片与残片有零星的加工痕迹和边缘破损现象。

4. 石器

石器　20件。包括刮削器、雕刻器和石棒。

刮削器：18件。以石英砂岩为原料者8件，火成岩7件，石英岩3件。其中6件用石片加工而成，7件用残片制作，其他5件采用块状毛坯。形态较规则的标本13件，不规则者5件。最大者长6.7，宽10.2，厚2.2，重205克；最小者长3.4，宽3.7，厚0.9，重13克。绝大多数重量在20～70克之间。刃角最大78°，最小20°。大于60°者8刃，60°～40°之间者12刃，小于40°者3刃。大多数标本具有石锤直接加工特征，只有两件标本加工痕迹宽小而匀称，似乎采用了压制或指垫法等有控制的加工技术；14件标本只向一面加工，其中9例为正向加工；修疤大多为中小者，加工距离多较短。依刃口多寡再分为单刃、两刃和复刃三组。

（1）单刃组：13件。其中凸刃6件，直刃5件，凹刃2件。标本006，凸弧状刃口，反向修理，加工连续，修疤叠压，背面保留自然面。长4.9，宽6.3，厚1.9，重77克，刃角56°（图五：3）。标本007，凸刃，器体较小，正向加工，背面局部保留自然面。长4.5，宽3.5，厚2，重34克，刃角73°（图四：6）。标本008，刃口微凸，器身薄锐，正向加工。长4.5，宽6.7，厚1.4，重43克，刃角42°（图六：4）。标本013，刃口由直变凸，反向加工。长3.8，宽7.5，厚2.1，重65克，刃角67°（图四：9）。标本009，直刃，正向加工，长3，宽5.5，厚1.6，重35克，刃角72°（图七：2）。标本012，直刃，两面加工。长4.7，宽5.7，厚2.9，重67克，刃角65°（图五：2）。

---

① 台面大小的划分：大——台面宽≥石片宽；中——1/2石片宽＜台面宽＜石片宽；小——台面宽≤1/2石片宽。

图五　石制品

1. 复刃刮削器（061）　2. 单刃刮削器（012）　3. 单凸刃刮削器（006）　4. 双刃刮削器（070）
5. 双刃刮削器（055）　6. 砸击石片（016）　7. 素台面石片（004）　8. 多台面石核（021）
9. 双台面石核（020）

（2）两刃组：4件。其中3件的刃口组合为直—凸，另一件为凸—凸。器体最重68克，最轻35克；刃角最大65°，最小20°。其中3件形状较为规则。标本014，一刃直，另一刃凸，器体薄锐，加工部位在一边和一端，似有压制修理痕迹。长7.7，宽4.9，厚1.3，重59克，两个刃角分别为20°和35°（图六：1）。

（3）复刃组：1件，即标本015，几乎将石片周边全部加工成刃。器身薄锐，加工精细，修疤小而匀称，似乎是有控制加工所致。长5.1，宽3.2，厚1.1，重18克，刃角20°～53°（图六：2）。

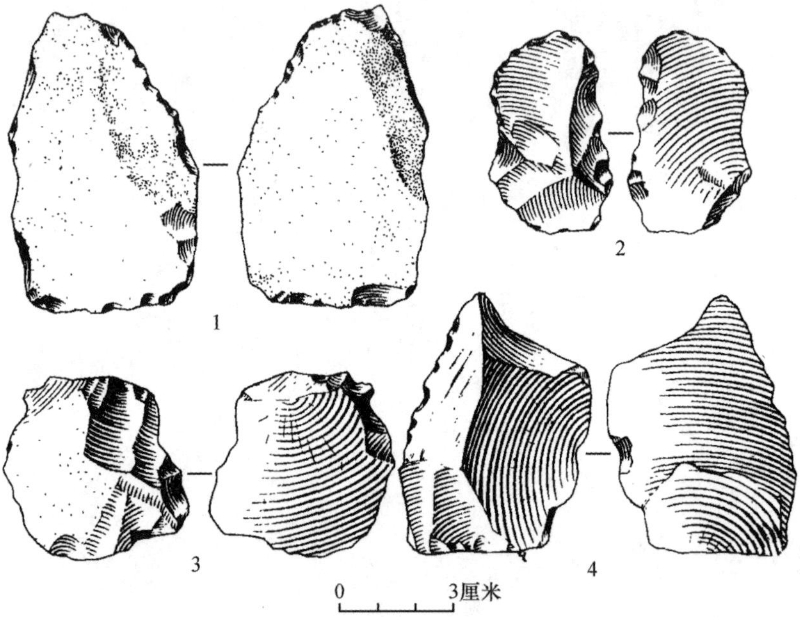

图六　上文化层石制品

1. 两刃刮削器（014）　2. 复刃刮削器（015）　3. 有疤台面石片（005）　4. 单刃刮削器（008）

雕刻器：1件，即标本011，原料为灰绿色燧石，个体很小（长3，宽0.9，厚0.4，重1克）。背面有一纵脊，并有从两侧向背脊延伸的精细而平行叠压的压制修理痕迹。于尾端斜向打击出锐利的屋脊状雕刻器刃口（图七：3）。

石棒：1件，即标本003，石质为火成岩，浑圆细长，两端皆有剥落片屑痕迹。屑疤为纵向相对延伸，应是砸击受力所致。由于形体细长，应排除其为砸击石核的可能性，于是似乎有另外两种较合理的解释：一种是，该石棒应是石楔，用于劈裂木头之用；另一种推测为，它是用于间接打片或加工的介体。如果后者成立，那么即说明该遗址存在有间接技术。标本长8，最大直径2.3（图七：1）。

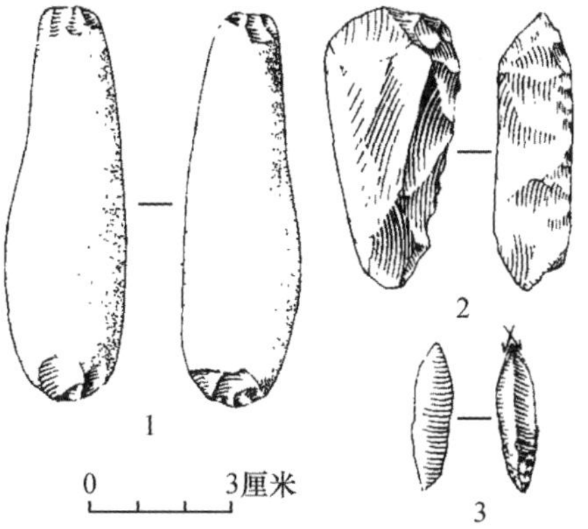

图七 上文化层石制品

1. 石棒（003） 2. 单刃刮削器（009） 3. 雕刻器（011）

5. 小结

从上面描述可看到，该层的石制品具有如下主要特点。

（1）石制品个体大小以中型为多，成型的石片、石核、石器很少，存在较多的石料、断块和废品。

（2）原料主要是石英砂岩和火成岩。火成岩所占的比例比之其他遗址相对较高（32%）。

（3）石器以片状毛坯为主。

（4）打片方法为锤击法，砸击制品尚为孤例。石器加工以石锤直接打击为主，同时应用了压制法等有控制的加工技术；可能存在间接技术因素。石器以一面加工为主。一面加工的标本中，大多数为正向加工。

（5）器形简单，除一件雕刻器外全部为刮削器。刮削器中绝大多数为单刃类。单刃中又以凸刃居多。

（6）出现一件具有细石器特征的标本。该标本无论从原料、类型、技术到形态，都有别于其他成分。

三、下文化层

（一）动物遗骨

该层出土了大量动物遗骨，绝大多数为具有一定石化程度的碎骨。保存较好、可作鉴定者只有少量啮齿类颌骨、牙齿和食草类牙齿。经初步鉴定，动物种类有：中华鼢鼠（*Myospalax fontanieri*），仓鼠（？）（*Cricetulus* cf. *triton*），野兔（？）（*Lepus* sp.），鹿（*Cervus* sp.），牛（*Bos* sp.），犀牛（*Rhinoceros* sp.）以及大型猫科食肉类动物（只有一枚犬齿牙皮）。

经观察的碎骨标本共1593件。绝大多数的碎骨为肢骨碎片（shaft fragments），可判定骨骼组分或类别者极少（*N*=60）。骨骼组分包括前后足骨、肋骨、头骨、肢骨、脊椎、肩胛骨或盆骨。除前后蹄骨中有完整的关节骨外，其余皆为碎片。

多数标本具有轻度风化现象（*N*=1463），无风化（*N*=48）和严重风化（*N*=75）的标本所占的比例都很小。在少量标本上可观察到水流作南的痕迹（*N*=7）。部分标本表面有锰铁质矿物的污染迹象。

由于风化的缘故，绝大多数的标本为裂片（长度多在3 ~ 4之间），或保留骨表质（*N*=103），或骨表质脱落（*N*=990），以后者占多数。完整的即骨表质与骨质到腔面皆保留的，仅占1/4（*N*=303）。碎骨的周长指数和长度指数皆小于1/2，带关节的肢骨碎骨几乎没有。

碎骨长0.9 ~ 12.9，多在3 ~ 5之间；厚0.2 ~ 0.9，多在0.3 ~ 0.6之间；宽在1 ~ 1.4之内。

有关碎骨表面的动物与人工作用痕迹，从表二中可见一斑。

表二

啮齿类啃咬痕	5
食肉类作用痕	120
人工切割痕	10
烧骨	1

（二）石制品

石制品　包括如下几大类：石料、断块与废片、石核、石片和石器（石制品的岩性比例参见图八）。

1. 石料、断块和废片

完整的砾石236件，被劈裂及有疤痕的石块207件，半边石片28件，残片66件。此外还有一些很小的碎屑。依岩性统计，火成岩208件，石英砂岩207件，石英岩72件，燧石47件，脉石英3件。从岩性和形态分析，这些砾石和断块绝大部分是当时人类作为石制品原料搬入洞内的。一些砾石上有各种坑疤，可能是被作为石砧、石锤等敲砸使用过；被劈裂和有疤的石块则可能是当时的人类试图从中剥片或经某种使用而遗留下来的；废片和碎屑应是人类加工石器的副产品。其中的17件标本在锋利的边缘上有若干小疤，可能是未经加工而直接使用的结果。

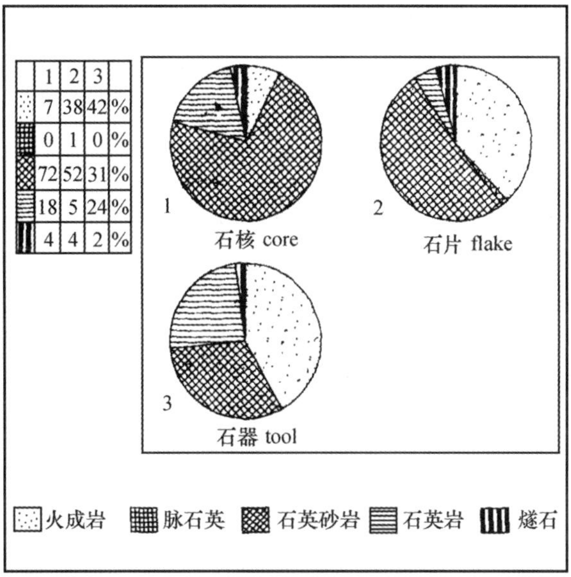

图八 下文化层石制品原料比例分布图

2. 石核

石核 138件。原料以石英砂岩为主，占71%；其次为石英岩，占18%；火成岩占7%，燧石占4%。按台面数分成单台面、双台面和多台面三类（石核的大小情况见图九）。

（1）单台面石核：28件。石料多为扁平砾石，形状多不规则。打片位置有如下几种情况：A，于台面一侧只在一个工作面上打片；B，于台面两侧或几侧在两个至多个工作面上向一个方向剥片，几个工作面不连接；C，沿台面周边同向打片。A类石核上石片疤很少，核体多较大，基本保持母体的原始形状；C类石核产生的石片较多，外形近于漏斗状，核体多较小，仅局部保留母体的原始形状；B类居二者之间。最大者为12 × 7.6 × 5，最小者为3.7 × 3.3 × 2.8。长度集中在5 ~ 7之间，宽度集中于3.3 ~ 6之间，

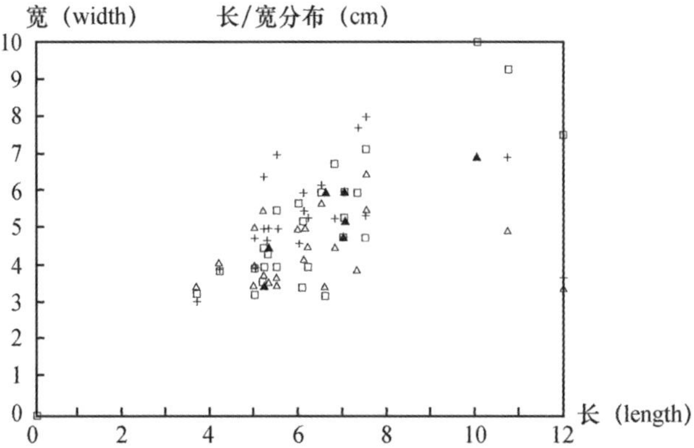

图九 下文化层石核大小（长 × 宽）分布图

厚度多在2～4之内。台面角最大90°，最小40°。大部分在60°～80°之间。标本017是本类石核的最大者，台面角为78°（图一〇：1）。标本018，近漏斗状，沿微凸的台面周边同向剥片。长5.3，宽4.3，厚3.6，台面角68°～78°。

（2）双台面石核：54件。石料多为扁平砾石，形状多不规则。打片分两种情况：A，在不同台面不同工作面上打片，两个工作面彼此独立；B，沿一条棱脊向两面交互或反向剥片，即二者互以彼此的台面和工作面为工作面和台面，产生的石核类似于砍砸器（Chopper/Chopping tool）的形状。标本最大为11.2×6×4.9，最小为3.5×3×2.7。长度多在5～7之同，宽多在4～7之间，厚多在2.5～4之内。台面角最大103°，最小70°，大多数在75°～85°之间，可见台面角以大的居多。A类石核，台面全部为自然面；在B类石核中，不排除存在修理台面的因素。在个别标本上既有锤击剥片特征又存在砸击痕迹，体现着两种打片方法集于一体的现象。标本019，在一个面上有三个石片疤，在另一面上利用原石片疤面作台面剥下一枚石片。长9.2，宽7.3，厚6.9，台面角分别为83°、89°（图一〇：2）。标本020，剥片方式同标本019。长8.8，宽7.5，厚3.8，台面角分别为70°和80°（图五：9）。

（3）多台面石核：56件。形状多不规则。打片有如下三种情况：A，在多面体石块的三个或三个以上面上做彼此不相关联的打片。这类石核的核体都较大，产生的石片较少，核体上保留较多的自然面；B，沿石核周边在一个工作面上向中心剥片。外形近漏斗状，石片疤比较小，核体一半保留自然面。这类石核在大荔地点群中也出现

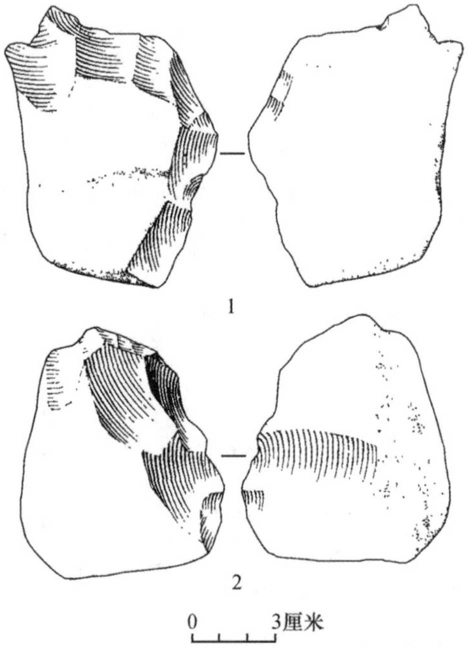

图一〇　下文化层石制品

1. 单台面石核（017）　2. 双台面石核（019）

过[3]。其打片方向与单台面中的C类石核相反。C，沿石核边棱的周边向两面剥片，或者交互打击，或先向一边打片，然后利用已产生的石片疤作台面向另一面剥片。后者不排除有修理台面的因素。用这种方式产生的石核周身布满石片疤，个体多较小，形状较为规则，在有些遗址被称作“盘状石核”[4]。核体最大8.5×6.5×4，最小4×3.8×2.5。长度集中在4～7之间，宽主要在3.5～6之间，厚度多在2.5～4.5之内。可见核体大小主要为中型者。台面角最大105°，最小60°，主要集中在75°～85°之间。其中大于85°者16件。标本021，沿石核周边交互打片。长7.2，宽5.8，厚5.1（图五：8）。标本022，周身布满片疤。长6.8，宽6.1，厚5（图一一：1）。标本023，长6.1，宽5，厚4.3（图一一：2）。标本024，长5.7，宽4.5，厚3.3（图四：5）。

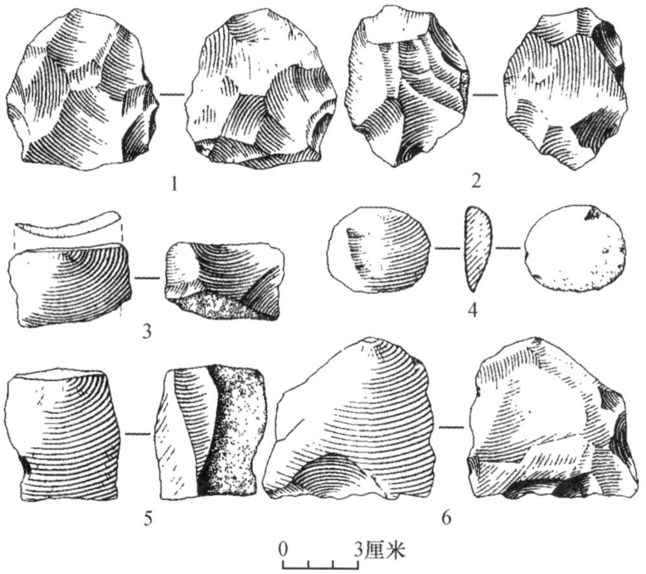

图一一　下文化层石制品

1. 多台面石核（022）　2. 多台面石核（023）　3. 天然台面石片（027）　4. 天然台面石片（037）　5. 天然台面石片（025）　6. 有疤—脊台面石片（031）

3. 石片

石片　129件，包括锤击石片和砸击石片两大类。

（1）锤击石片：124件。依台面性质分为自然台面、素台面、有疤—脊台面和修理台面4种（石片个体大小参见图一二）。

自然台面石片：47件。其中石英砂岩28件，火成岩12件，石英岩5件，燧石2件。16件标本形状不规则，占该类石片的34%。石片最长者9，最短者2.8；最宽者7.8，最窄者2.2；最厚者3，最薄者1。长度多在3.5～6之间，宽度多在3.5～5.5之间，厚度多在1.2～2之内。长宽指数最小为50，最大为170。小于100者14件，等于或接近于100者23

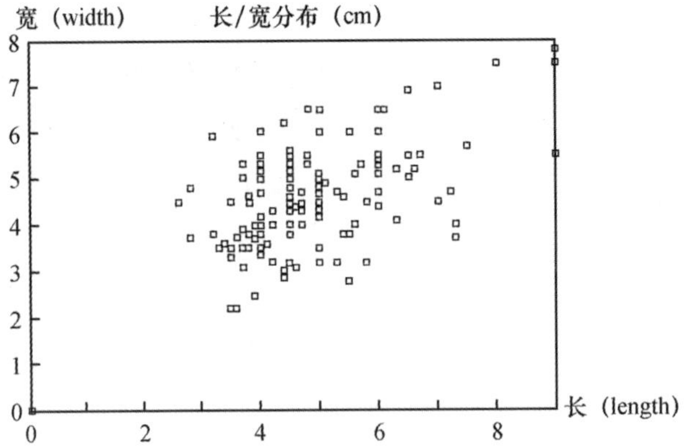

图一二　下文化层石片大小（长×宽）分布图

件，大于100者10件。可见近一半的标本为长宽相近的中型石片，而长型石片略多于宽型石片。宽厚指数最大50，最小20。绝大多数在30～40之间。石片台面大者5件，中者24件，小者18件。石片角变异很大，最小70°，最大120°，缺少相对集中的区间。有8件标本石片角小于90°，且形状多为椭圆形或舌状，其特征与上文化层出土的同类品相同。石片背面全为自然面者7件，局部自然者18件，全为人工面者22件。标本025，近长方形，较厚，边缘锐利并有局部打击痕迹。长4.6，宽4.4，厚1.8，石片角108°（图一一：5）；标本026，台面极小，为砾石节理面。长3.8，宽4.6，厚2，石片角110°；标本027，片体宽而薄，边缘薄锐，背有纵脊。长2.8，宽4.8，厚1.2，石片角106°（图一一：3）。

素台面石片：55件。其中石英砂岩26件，火成岩22件，燧石4件，石英岩2件，脉石英1件。形状不规则者15件，占总数的27%。石片最长8，最短2.6；最宽7.5，最窄2.8；最厚3.5，最薄0.8。长度多在3～6之间，宽度多在3.5～5.5之间，厚度多在1～2之内。长宽指数最大180，最小50，长型石片（长宽指数小于90）17件，中型石片（长宽指数为90～110）29件，宽型石片（长宽指数大于110）9件。宽厚指数最大60，最小30，主要集中于30～40之间。台面全为中小者，前者22件，后者33件。台面角最大125°，最小75°。小于90°者2件，大于120°者3件，大多在105°～115°之间。石片背面为自然面者6件，局部自然面者18件，人工面者31件。标本028，台面中等大小，背有纵脊，长5.6，宽5.1，厚1.6，石片角111°（图四：4）；标本029，台面很小，背面多疤，长5.1，宽4.9，厚1.3，石片角119°；标本030，薄长歪尾石片，长4.4，宽3，厚0.8，石片角108°（图一三：3）。

有疤—脊台面石片：15件。火成岩12件，石英岩2件，石英砂岩1件。其中3件形状不规则。最长者7，最短者3.8；最宽者7，最窄者3.2；最厚者2.3，最薄者0.9。可见三长的变异范围都很小。宽型石片只有一件，其他皆为中、长型者。13件标本的宽厚指数在30～40之间，说明其相对厚度比较恒定。台面全为中小者，前者4件，后者11件。其中有的标本台面之小，实为罕见。石片背面为自然面者3件，人工面者8件。标本031，大而薄，台面很小，由两个浅平石片疤交汇而成，脊不明显。长6.5，宽6.9，厚1.6，石片角116°（图一一：6）。标本032，片身长薄，断面三角形。长5.2，宽3.2，厚0.9，石片角121°（图一三：1）。

修理台面石片：7件。石英砂岩4件，火成岩3件。其中6件形状较规则。长度在3.5～5.7之间，宽度在3.5～6.2之间，厚度在1～2.3之内。中型石片6件，宽型石片1件。宽厚指数全在30～40之内。台面全为中小型。台面角最大118°，最小105°。标本033，台面较小，其上有从后缘向前缘延伸的三个修疤。长3.7，宽3.5，厚1.1，石片角109°。标本034，台面中等大小，台面后缘有两个浅平修疤，尚未延伸至前缘。长5.7，宽5.3，厚2.3，石片角113°（图四：1）。标本035，从台面后缘向前缘延伸的修疤宽短而重叠，并有一纵疤向背面延伸。长4.4，宽6.2，厚1.9，石片角115°（图一三：2）。标本036，在台面后缘和右侧分别有重叠的修疤向前缘和左侧延伸。长4.5，宽4.5，厚2，石片角118°（图一三：5）。

（2）砸击石片：5件。在原料方面4件为石英砂岩，1件为火成岩。个体均较小。其中3件为一端石片，另2件为两端石片。标本039，两端石片（图一三：6）。标本040，一端石片。

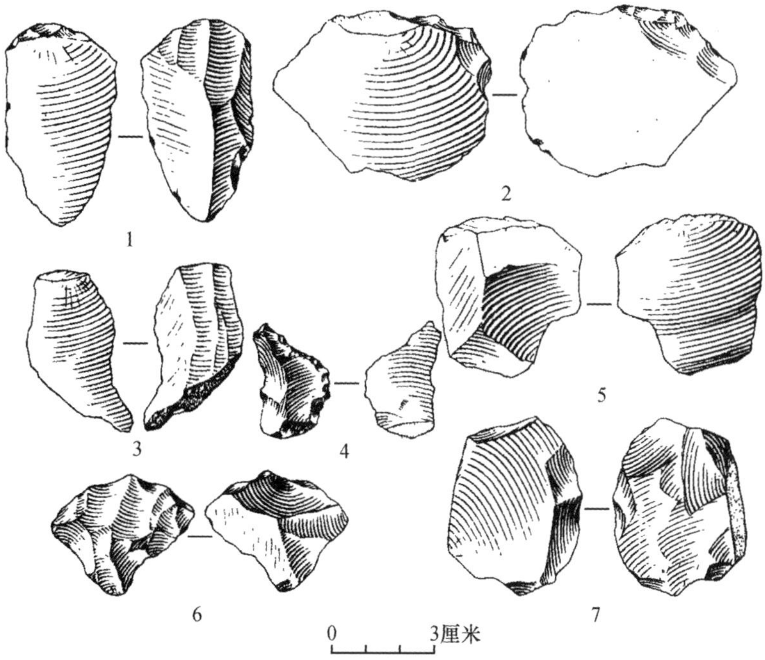

图一三　下文化层石制品

1. 有疤—脊台面石片（032）　2. 修理台面石片（035）　3. 素台面石片（030）　4. 单凸刃刮削器（048）　5. 修理台面石片（036）　6. 砸击石片（039）　7. 单凸刃刮削器（053）

石片小结

原料：主要为石英砂岩和火成岩，二者合占近90%。

类型：包括锤击石片和砸击石片，前者占96%。

锤击石片的个体大小绝大多数为中型者，没有很大或很小的标本。大多数石片长宽相近，以中等偏厚的标本居多。台面分为自然台面、素台面、有疤—脊台面和修理台面四类。自然台面石片同人工台面石片（包括后三类）具有若干不同的特点：

A. 前者形状不规则者较多，占34%；而在后者中不规则标本占25%；

B. 前者的三维长度变异较大，后者则相对稳定。薄锐的标本在后者中相对较多；

C. 前者有5件大台面标本；后者的台面全为中小者，其中台面小而薄的标本很有特色；

D. 前者个体之间石片角变异很大；后者相对稳定；

E. 前者背面保留自然面者较多；后者相对较少。

自然台面石片和人工台面石片的诸多差异表明，在打片的不同阶段，或者对石核的不同处理，会影响打片效果与石片形态及其可用性。修理台面的标本清楚地表明这种效应。

在自然台面石片中，有少量标本上具有“锐棱砸击石片”的特征。“锐棱砸击技术”最早在贵州水城硝灰洞被发现和定名，目前出现的范围只有贵州旧石器晚期的少数遗址。在猫猫洞遗址不仅有大量的该类石片，同时还出土了相关技术的石核与石锤，表明该技术在有的地点确是一种主要的打片方法。在其他地点偶尔也发现具有这种特征的石片，不能排除这些遗址的占有者们应用过这种技术的可能性。但观察和实验表明，利用锤击法在对一件石核打片的初始阶段，偶尔也会产生这种石片，特别是在因石核母体的形状而难以控制打片角度，以及石核外层有一定风化、裂纹和节理的情况下。

此外，部分标本薄锐的边缘上有“使用痕迹”。

4. 石器

石器共86件，类型包括刮削器、端刮器、尖状器、砍砸器和雕刻器。原料以火成岩最多，占42.5%；其次为石英砂岩，占31%；再次为石英岩，占24.1%；燧石仅占2.3%。加工石器以片状毛坯为主，其中石片占36.8%，残片占31%，块状毛坯占32.2%。

刮削器：76件。器体最大5.7 × 5.4 × 1.8，重154克；最小3.2 × 2.5 × 0.9，重5克。近70%的标本在20 ~ 60克之间（图一四），说明以中型石器居多。刃角变异很大，最大95°，最小仅30°，大部分集中于50° ~ 70°之间，同时有29%的刃口大于70°（图一五），表明刃口厚钝的标本较多。加工方式主要为正向加工和两面加工，二者比例相近。其他方式包括反向加工、交互加工等。大部分标本的加工似乎比较随意，刃缘

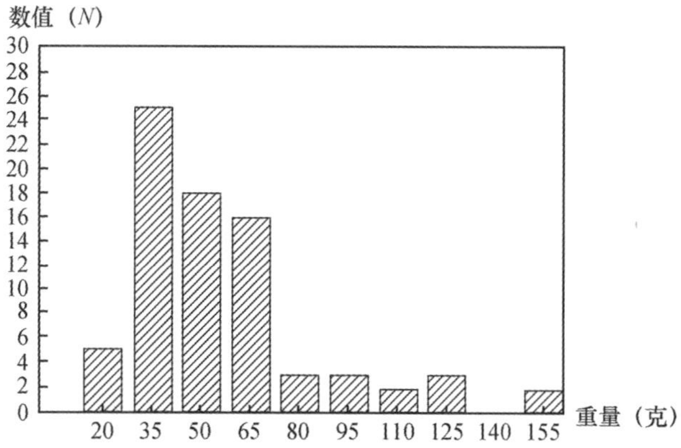

图一四　下文化层刮削器重量分布图

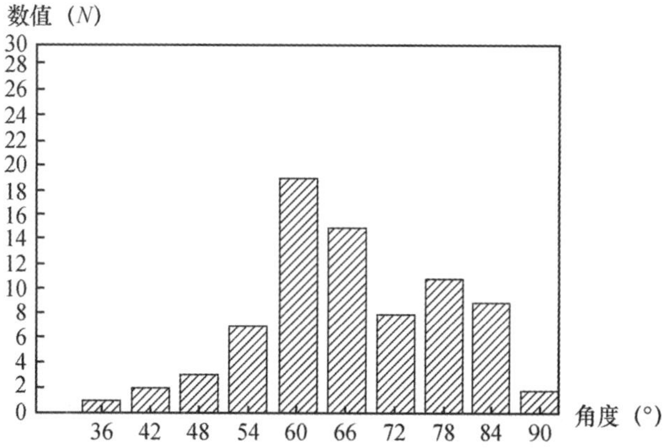

图一五　下文化层刮削器刃角分布图

不平整者居多。修疤大多较小。近一半的标本背面保留自然面。按标本的刃数分为单刃、双刃和复刃三组。

（1）单刃组：66件。在该类石器中，有8件标本刃口呈锛状。其加工程序是：先在毛坯的一段边缘上向一面打击，制出锛状工作面，再在工作面上利用打出的锐角做细加工，从而成器（图一六）。有7件标本在刃口以外的部位也可见到打击痕迹，从痕迹之多和打击部位来看，应是对手握部位钝化修整所致。另有12件标本刃角很大，刃口厚钝，类似于“陡向加工”或“垂直加工”[5]的产品。依刃口形态分为凸刃、直

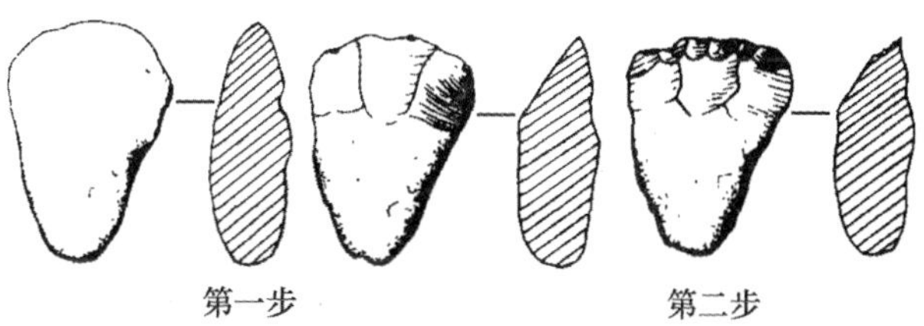

图一六　“锛状刃口”标本的加工程序示意图

刃、凹刃三类。

A. 凸刃：41件。在该类标本中，有多件器身较厚（宽厚指数最小42，最大56，平均49），垂直加工，刃口钝，刃角大（皆大于80°），刃缘不平齐，与一些打击残块很难区别。标本044，锛状刃口，刃缘较平齐，正向加工。长4.7，宽5.8，厚1.8，重58克，刃角72°（图四：3）。标本045，交互加工，刃口为不规则锯齿状，较锐。长5.3，宽4.3，厚1.7，刃角46°。标本046，器身小而薄锐，长3.5，宽4，厚0.7，重13克，刃角43°～61°（图四：2）。标本047，用燧石质小薄石片制作，器身小巧，刃缘匀称。长3，宽3.5，厚0.9，重9克，刃角65°。标本048，为个体最小者，加工精细（图一三：4）。上述两件标本修疤匀称，似乎用压制法或其他有控制的方法加工而成。标本049，刃口陡向加工，呈锯齿状，背面为龟背状。长4.3，宽4.8，厚2.2，重59克，刃角81°。标本050，个体大，器身厚钝，有钝化处理现象。长6.9，宽5.3，厚3.3，重1.44克，刃角79°。标本051，刃口厚钝，刃缘对侧做钝化处理。长4.1，宽7.1，厚2.9，重105克，刃角80°～95°（图一七：1）。标本052，器身圆厚，刃口陡钝。长4.2，宽6.5，厚3.4，重82克，刃角80°（图四：7）。标本053，陡向加工，加工粗糙。长3.9，宽4.9，厚2.5，刃角88°（图一三：7）。标本054，主要特征同标本053（图一七：2）。

B. 直刃：16件。标本071，反向加工。长3.9，宽4.5，厚2.2，重36克，刃角62°。

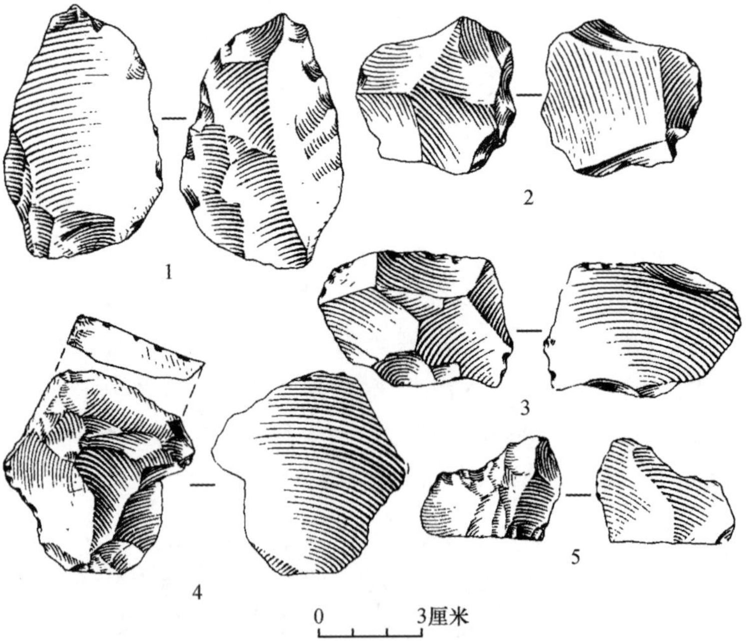

图一七　下文化层石制品

1. 单凸刃刮削器（051）　2. 单凸刃刮削器（054）　3. 复刃刮削器（060）　4. 双刃刮削器（056）
5. 单凹刃刮削器（043）

标本072，加工部位在石片右侧，刃口呈锛状。长3.3，宽6.5，厚2.3，重60克，刃角55°。标本073，主要特征同上。长4.6，宽6.5，厚1.3，重55克，刃角45°。标本074，反向加工，长3.8，宽4.3，厚1.6，重25克，刃角64°。

C. 凹刃：5件。全用残块制作，加工不精。标本042，正向加工，个体较大。长5.5，宽7.3，厚2.6，刃角75°。标本043，个体较小（2.9×4.1×1.9，重22克），刃角79°（图一七：5）。

（2）双刃组：12件。在该类石器中，也存在部分锛状刃口和陡向加工的标本。形状多不规则，刃角变异较大，同一个体的两个刃角往往相距较远。刃口的形态组合有如下情形：直—直、直—凸、直—凹、凸—凸、凸—凹、凹—凹。其中凸刃共12例。标本055，个体较大，加工部位为石片左边和远端，两刃皆为凸刃。长6.9，宽5.3，厚3.1，重124克，刃角分别为70°和75°（图五：5）。标本056，加工部位同上，其中端刃为锛状。个体较大（5.7×5.4×1.8，重154克），刃角分别为60°、65°（图一七：4）。标本057，一刃直，另一刃凸。长3.1，宽5.1，厚1.1，重21克，刃角分别为59°、75°。标本058，双凹刃，错向加工。长3.3，宽4.2，厚1.6，重27克，刃角为48°、59°（图一八：2）。标本070，双凸刃，刃缘曲折。长4.4，宽4.3，厚2.5，重62克，刃角为65°、70°（图五：4）。

（3）复刃组：2件。标本060，刃口形态组合为直—凸—凸。长6.5，宽3.8，厚1.5，重32克，刃角分别为32°、49°、70°（图一七：3）。标本061，刃口组合为直—直—凸。长4.5，宽3.9，厚1.6，重32克，刃角为63°、75°、77°（图五：1）。

端刮器：1件。标本069，器身宽而薄，直刃，转向加工。长4.9，宽6.2，厚1.5，重60克，刃角57°（图一八：1）。

尖状器：5件。全部用片状毛坯制成，器身宽短，大小匀称，形态相近。最大为5.9×4.5×2.5，重57克；最小者4.6×3.7×1.6，重25克。全部为正尖类，尖部断面呈三角形。尖多较纯，尖刃角很大，平均为82°。尖部修疤不多，显然不是精心加工的一种器物。标本062，两面加工。长4.8，宽3.2，厚1.9，重31克，尖刃角75°，侧刃角58°。标本063，一侧为正向加工，另一侧为两面加工。长6，宽3.6，厚1.3，重33克，尖刃角65°，侧刃角为45°、55°（图一八：4）。标本064，是加工较精细的一件。器身规整，两侧对称，刃口上修疤较多，器身后部有钝化修理迹象。长5.9，宽4.5，厚2.5，重57克。尖刃角88°（图一八：3）。

砍砸器：3件。标本065，凸弧状刃口，两面加工，手握部位保留缓弧状自然面，器身规则。长6.2，宽8.9，厚3.8，重250克，刃角60°~70°（图一九：1）；标本066，长7.2，宽10，厚5.1，重350克，刃角75°（图一九：3）。

雕刻器：1件。标本041，用火成岩小石片制成，右侧边上可见连续加工痕迹，于左远角向右侧打击出角雕刻器的刃口。长2.3，宽2.2，厚0.6，重5克（图一九：2）。

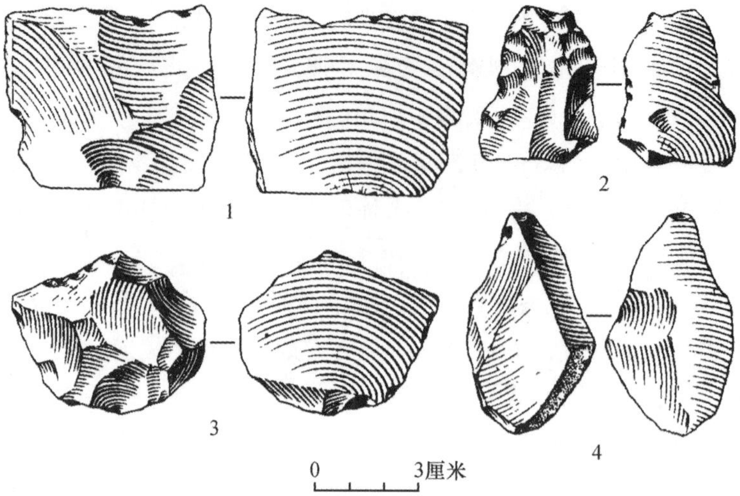

图一八　下文化层石制品

1. 端刮器（069）　2. 双刃刮削器（058）　3. 尖状器（064）　4. 正尖尖状器（063）

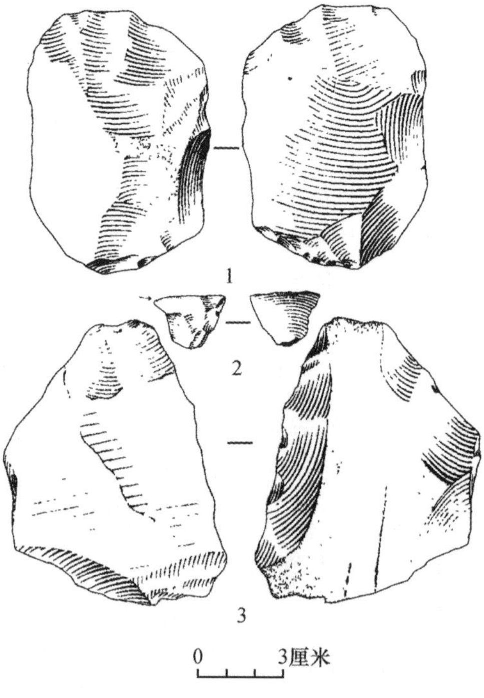

图一九　下文化层石制品

1. 砍砸器（065）　2. 雕刻器（041）　3. 砍砸器（066）

石器小结

下文化层石器的主要特点可归纳如下。

（1）原料以火成岩（42.5%）和石英砂岩（31%）为主；毛坯主体为石片类（67.8%），块状毛坯也占较大比例（32.2%）。

（2）类型包括刮削器、尖状器、砍砸器、端刮器和雕刻器。刮削器为主要器形（占88.4%），加工较精且类型多样，而后两类在该遗址目前都是孤例。在刮削器中，刃口多为凸刃。

（3）石器形态多不规则，个体中型者居多（图二〇），刃缘多不平齐，刃角、尖刃角多数较大。

（4）石器加工多数体现石锤直接打击特征。个别标本似乎运用了压制法或其他有控制的加工技术。“陡向加工”标本占一定比例；“锛状刃口”标本存在较固定的加工程序。加工方式主要为正向加工和两面加工。

（5）部分标本存在“钝化处理”器身以利于手握现象。

（6）用石片做毛坯者，加工部位多在右侧边。

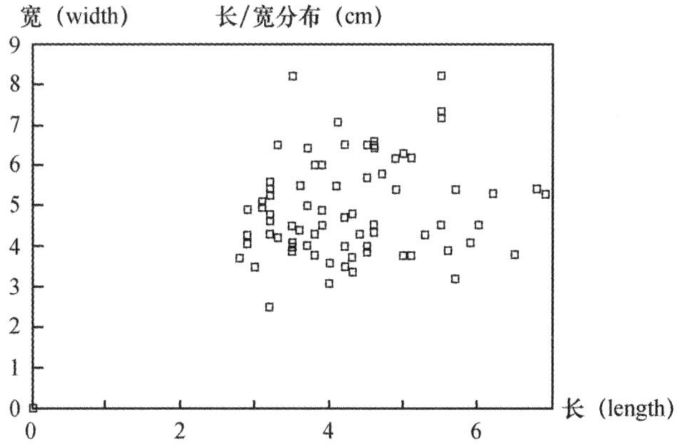

图二〇 刮削器大小分布图

四、结语与讨论

在四方洞遗址共发掘出两个文化层。由于目前只是局部揭露，故尚难观其全貌。以现有资料，上下两层遗存在出土物组分、石制品的形态特征和技术因素方面是大同小异的，说明二者是一脉相承的，上下层之间不会有太大的时间间隔。当然，上下两层的石制品也存在一些差异，如下层的修理台面石片以及尖状器、砍砸器、端刮器等器形不见于上层，上层的细石器成分和石棒（尽管都只是孤例）则在下层缺失。同时上层的少数标本体现出更稳定、更成熟和更有控制力的加工迹象。由于资料不完全，尤其是上层遭后期扰动很大，出土物很少，为二者之间的全面比较研究造成了困难。所以，上述差异肯定存在着资料方面的偏差，但也不应由此而排除发展过程中文化进步和新技术因素出现的可能性。

关于遗址的时代，采自下层的^{14}C样品的测年工作正在进行中。由于动物遗骨破碎，可鉴定至种属者很少，在可鉴定的种属中又不见时代标志鲜明的种类，所以无从由伴生动物群判定年代。从地质地貌情况来看，该洞穴开口很低，其内的堆积情况可以和附近河流的二级阶地相对应，可见其地质时代不应早于晚更新世，文化时代暂定为旧石器时代晚期。

以下的讨论主要是针对下文化层的遗存进行的。

文化遗存是古代人类生存活动的残迹和体现。除了人类本身体质、能力和技术处于不同发展阶段的制约之外，一个遗址所保留和展示的文化特点还受到当时可供人类选择和使用的原材料、遗址类型与生态环境以及遗址埋藏条件及过程的影响和制约。

用于加工生产生活工具的原材料——石料对旧石器时代的人类无疑是极其重要的，而这一因素又往往受到不同程度的忽视。或许可以说，在一些遗址或地点，原料的质地、形态及供给余地的大小是造就文化面貌的第一因素。例如在丁村地点群由于有大量的个体较大、质地均匀、软硬适宜的角页岩可供选择和使用，便出现大量个体宽大的石片和很有特色的“三棱大尖状器”以及用于砍、劈、砸各类大型而锐利的工具，石器类型也丰富多样[6]。而在周口店遗址由于大量采用取自河床上个体较小的砾石和质地不精的脉石英作原料，便别具一格地大量使用砸击技术，生产出的产品也主要为个体较小、形态不规则者[7]。至于华北旧石器文化的两个系统[8]外在差别为大与小，实际上是原料的差异使然。四方洞工业所用的原料主要是石英砂岩和火成岩。该地的石英砂岩有不同程度的变质，可见一定的油脂光泽，但肉眼仍可观察到明显的砂质颗粒，显然不是理想的石器材料；而大量使用火成岩的现象在我国实不多见。该地的火成岩主要为浅成者，石体上有大小不等的结晶颗粒，不很适于加工石器。从形态和岩性分析，这些石料应来自附近河床。现在在当地河滩上仍随处可见包括这些岩性在内的各种砾石。我们曾做过观察，在这些河卵石中，宜于作石器原料者并不常见，个体大者更是难觅。这就可以理解为什么在遗址中有大量的石料、断块和废片，石核利用率较低，以及标本常保留自然面，形态不规则，加工较简单，器物刃角变异大且厚钝者多，缺乏个体很大的标本等现象。

关于遗址类型，从地貌学角度可以划分为洞穴型和旷野型两大类；从占有者的使用方式和功能方面可粗略划分为生活面（Living Floor）、屠宰与肢解猎物地（Butchering or Kill Site）以及垃圾堆（Site with Diffused Material）等[9]。无疑，人类的不同行为是造成遗址不同内涵的内在原因。根据艾萨克等人研究，对遗址内涵影响最大的人类行为方式包括：①携带食物至一定地点；②在这些地点进餐；③在这些地点休息睡眠；④在这些地点不断重复进行制造和修理工具[10]。四方洞遗址为一洞穴遗址。洞穴在史前时代是人类相对安稳、可供较长时间或连续使用的场所，其文化内涵应体现上述人类的多种行为方式：遗址内有大量石料、断块、废片以及石核、石片与石器，说明至少部分石器是在洞内加工制作的；遗存中有大量碎骨，其中部分标本上有石器切割的痕迹，应是人类肢解分割猎物所致。同时根据中外学者的实验和观察，在没有任何作用痕迹的管状骨碎片中，有很大部分是由于人类敲骨吸髓造成的[11]。考虑到吸食骨髓是史前人类获取营养的普遍方式，因而四方洞的占有者也不该例外。至于食用植物果实、根茎，由于这些实物本身难以保留，不能得到直接验证，但四方洞中一些砾石、断块和石核上的坑疤等痕迹间接说明当时的穴居者有此行为方式；无须多言，洞内避风遮雨且宽敞，自然是史前人类理想的睡眠、休息的处所。此外，在地层中还出土了炭屑和小块灰烬等遗迹。用火遗迹一般被认为是人类烧烤加工食物、驱避野兽、取暖休息的证据。所以四方洞遗址在被使用时期内既是肢解猎物、加工食物和进餐休息的生活场所，又是制造修理工具的生产基地，同时又兼为人们生产、生活遗弃物的堆散地。发掘结果还表明，文化遗物最丰富的地域在T3处，即发掘区靠近洞内一侧。这说明该处是当时人类在洞内活动的中心。

当然，工具——石器是当时人类生产、生活及各类文化活动最直接、最集中的体现。根据美国学者托石[12]的实验研究，不同的工具有不同的用途和专长："对于开膛剖尸，锋利而未经修理的石片最为有效；对于肢解和剔肉，没被修理和经修理而有一个锐利的刃缘的石片最好；对于从食肉动物吃剩下的动物尸体上砍下干肉……大石片或带锐刃的石核最为合适。对敲骨吸髓和开颅取脑，使用没加工过的砾石或厚重的石核最适宜。""带锐利刃缘而厚重的石核，可用于从树上砍下一根直的树枝；石片和石片刮削器可用来修理棒类"。"各种简易且修理过的石片对从皮上刮脂肪和肉最有效，同样也适于刮去皮上的毛。没修理过的砾石石锤和石砧对砸坚果很管用。然而对挖掘找水和地下植物如根和茎块，石器就不如别的材料的工具有效了，譬如没修理过的羚羊角、破碎的大型动物的肢骨及修尖了的挖掘棒"。在四方洞遗址，主要的工具类型为刮削器，另外有大量的具有锐利边缘的石片及残片，显然在功能方面主要适合切割及加工处理猎物；由于缺乏大型的用于砍、劈的成型工具（三件砍砸器个体较小且不典型），石核中也少有具锐利边缘者，所以遗址中基本没有体现出宰杀肢解大型动物和砍伐较粗树枝及加工木器（还表现在凹刃刮削器很少及凹缺刮器的缺失）的人类行为。或许这样的行为是存在的，不过是在洞外进行的，很可能直接发生在狩猎及砍伐现场。

遗址的堆积、埋藏条件及过程对于文化面貌的加工和改造，具有及其重大的作用。一般来说，洞穴遗址是埋藏条件较为理想的处所，受后期水流冲刷、剥蚀、搬运和大型动物践踏扰动以及物理风化作用都相对较少。但在有些情况下，洞穴遗存受到更晚期人类行为的破坏与穴居动物的骚扰及矿物污染、化学腐蚀现象则很突出。四方洞遗址出土的石制品上普遍有一层钙质外衣，从第二层以下堆积呈锈黄色、棕红色，表明堆积形成中及形成后经历了较长时间的温暖湿润的氧化环境。遗址出土的动物遗骨大多数有一定程度的风化。经观察的碎骨中1463件具有轻度风化，75件严重风化，另有48件无风化迹象。这说明当时人类在该洞穴停止活动后，其遗存未被立即埋藏起来，而是有一段时间间隔。据埋藏学家研究，造成轻度风化的时间一般不超过3年，严重风化者需3年以上[13]。由此推断，四方洞遗址形成与埋藏的时间间隔不会很长。此外，在碎骨中存在铁锰质的矿物污染与化学风化现象，7件标本具有水流冲磨痕迹，5件标本具有啮齿类咬痕，121件可见食肉类牙齿咬疤和划压痕迹。这些说明在遗址形成乃至埋藏前物理化学作用与生物扰动都在此留下了自己的印迹。这些扰动及各种地质动力作用会在一定程度上改变人类遗迹的水平与空间分布状态，使得人类活动的时空线索变得模糊甚至中断。

目前在我国北方已经发现多处旧石器晚期遗址或地点。从文化内涵和面貌上可粗略划分为小石器、长石片、细石器三个组群。四方洞的文化遗存与上述各组群在技术因素和类型学方面都有很多共同点，但其风格与面貌有自己的独特之处，难以直接划归到上述任何一组群中。

就技术水平、石制品形态与类型组合而言，四方洞遗存与辽宁喀左鸽子洞的石制品有很大的相似性。鸽子洞遗址的时代被定为“旧石器时代早期向中期过渡时期”[14]。由于这两个洞穴遗址都只是局部揭露，文化全貌难以观察，尤其是在鸽子洞出土的石制品还很少（68件），故对二者的关系尚难作进一步的推论。

位于燕山南麓的迁安爪村旧石器地点发现于1958年，当初出土的石制品被误认为假石器[15]。后被确认为旧石器时代晚期文化[16]，动物骨骼的埋藏与人类的活动密切相关，或许是一个动物屠宰场[17]。铀系法年代测定为距今（4.8 ± 0.2）万年或（4.4 ± 0.2）万年。近年的调查发掘又获得了大批石制品、骨制品和动物化石。尽管四方洞与爪村地点在时限上可能存在较大差异，但在打片技术、加工方式、方法，石器类型及石器大小上有较多的相似性，两者在文化渊源上可能有着较密切的联系。

四方洞遗址是在河北省境内发现的第一处旧石器时代洞穴遗址，也是在燕山山脉深处首次发现的旧石器时代人类活动的足迹。进一步的发掘研究以及扩大调查工作的范围无疑具有十分重要的意义。

致谢：四方洞遗址的发掘工作得到承德市文化局、承德地区文化局和兴隆县文化局的大力支持，本文绘图刘增、郝建文，照片张羽，笔者在此一并致谢。

参考文献

[1] 李炎贤. 关于石片台面的分类. 人类学学报，1984，3（3）：253-258.

[2] 曹泽田. 贵州水城硝灰洞旧石器文化遗址. 古脊椎动物与古人类，1978，16（1）：21-26；曹泽田. 猫猫洞旧石器之研究. 古脊椎动物与古人类，1982，20（2）：155-164；张森水. 中国旧石器文化. 天津：天津科学技术出版社，1987.

[3] 高星. 陕西大荔育红河村旧石器地点.考古学报，1990（2）：187-203.

[4] 贾兰坡，卫奇. 阳高许家窑旧石器时代文化遗址. 考古学报，1976（2）：97-114.

[5] 李炎贤，文本亨. 观音洞——贵州黔西旧石器时代初期文化遗址. 北京：文物出版社，1986.

[6] 裴文中，黄万波，邱中郎，等. 河北迁安第四纪哺乳动物化石发掘简报. 古脊椎动物学报，1958（4）：213-230.

[7] 裴文中，张森水. 中国猿人石器研究. 北京：科学出版社，1985.

[8] 贾兰坡，盖培，尤玉柱. 山西峙峪旧石器时代遗址发掘报告. 考古学报，1972（1）：39-58.

[9] Leakey M D. Olduvai Gorge, Vol. 3. Cambridge: Cambridge University Press, 1971.

[10] Kroll E M, Isaac G L. Configurations of Artifacts and Bones at Early Pleistocene Site in East Africa//Hietala H J. Intrasite Spatial Analysis in Archaeology. Cambridge: Cambridge University Press, 1984: 4-31.

[11] Binford L R. Bones—Ancient Men and Modern Myths. New York: Academic Press, 1981；张俊山. 峙峪遗址碎骨的研究. 人类学学报，1991，10（4）：333-345；龙凤骧. 马鞍山遗址出土碎骨表面痕迹的分析. 人类学学报，1992，11（3）：216-229.

[12] Toth N. The First Technology. Scientific American, 1990, 4.

[13] Behrensmeyer A K. Taphonomic and Ecologic Information from Bone Weathering. Paleobiology, 1978, 4 (2): 150-162.

[14] 鸽子洞发掘队. 辽宁鸽子洞旧石器遗址发掘报告. 古脊椎动物与古人类，1975，13（2）：122-136.

[15] 裴文中，黄万波，邱中郎，等. 河北迁安第四纪哺乳动物化石发掘简报. 古脊椎动物学报，1958（4）：213-230.

[16] 张森水. 河北迁安县爪村地点发现的旧石器. 人类学学报，1989，8（2）：107-113.

[17] 黄万波. 迁安爪村“假石器”——订正一个历史的误解. 人类学学报，1989，8（2）：114-117.

（原载于《文物春秋》1992年增刊，与谢飞、龙凤骧合著）

宁夏旧石器考古调查报告

一、引　　言

宁夏是中国旧石器时代考古的起源地之一。1923年法国古生物学家德日进（Teilhard de Chardin）和桑志华（E. Licent）在内蒙古和宁夏地区进行古生物和考古调查时，于灵武县水洞沟发现了旧石器时代遗址，编号了5处地点，并对第1地点进行了首次发掘[1]。1960、1963和1980年该地点又经过三次发掘，出土了丰富的史前文化遗存和动物化石[2]。水洞沟遗址自发现伊始其独特的文化内涵便引起中外学者的广泛关注，法国学者依据该遗址出土的莫斯特尖状器（包括一些石器体现出莫斯特修理技术）、石叶和端刮器等类型将其石器工业发展阶段定位在发达的莫斯特文化和发展中的奥瑞纳文化之间[3]。其后，中西方学者对该遗址多有讨论，使其成为晚更新世东西方人群迁徙和文化交流、中国北方旧石器时代晚期文化类型划分和石叶工业来源等学术问题讨论的热点。

长期以来，水洞沟是宁夏境内唯一的一处旧石器时代遗址，而水洞沟文化遗存的分布范围也局限于很小的地域内，这成为研究独具特色的水洞沟文化的渊源和"水洞沟人"的迁徙路线与活动范围的瓶颈，对概括水洞沟文化的特性和解析其成因形成阻碍。2002年初，科技部重大基础研究项目前期专项——"中国晚更新世人类起源与环境因素"启动，水洞沟遗址及其所在的宁夏地区成为项目工作目标之一。为此，该项目负责人高星与宁夏文物考古研究所所长罗丰达成合作意向，并于该年4～5月组成旧石器考古联合调查队，在宁夏境内开展了为期一个月的野外调查，在30多处地点发现旧石器时代文化遗物。2003年4月中下旬，双方再次组成考察队进行调查，对新发现的地点逐一进行核实，确认了位于灵武市水洞沟、张家窑、施家窑和固原市彭阳县岭儿村4处旧石器时代地点集中区域内的19个地点，采集石制品300多件，动物化石20余件。本文即是对上述两个年度调查结果的初步报告。

二、调查过程与技术路线

本次田野调查的前期策划始于对宁夏地区1：50000地形图的判读，寻找适于古人类生存并具备第四纪埋藏条件的河流阶地、谷地、山丘和洞穴；结合详细行政区划图和以往哺乳动物化石线索，考察队确定了灵武地区黄河干流—支流阶地（重点为边沟沿岸）、富有黄土地层的彭阳地区、有过细石器线索的中卫地区作为调查路线。前期调查工作采取地质勘探的“之”字形路线策略，重点考察地形平缓、第四系分布集中、河流发育的地段。走访地方文物管理部门和询问当地群众常可获取有用的线索；对因自然或人工因素形成的第四系露头进行近距离勘查是此类调查的有效途径；一旦在低处地表发现文化遗物，即向高处有地层的部位寻找，必要的时候进行小规模的试掘，力求找到石制品或化石的原生层位；发现有价值的地点或线索即用全球卫星定位系统（GPS）进行定位和坐标标注，对地理位置、地貌特征、地层情况和标本进行记录和描述，建立文字和图像档案。后期考察时集中了更多的专家、学者，对新发现的地点进行逐一核实和研讨；对个别地点进行小规模试掘；对各地点文化层和文化遗物的原生性进行判断以评估考古和科研价值，确定未来的工作重点；对重要地点进行地层剖面详细测绘和描述。

由于后期调查期间正逢“非典”疫情暴发，中卫之行被迫取消，引为憾事。

三、区域地貌与地质概况

宁夏地处我国地貌三大阶梯中一、二级阶梯转折过渡地带，境内有贺兰山地、银川平原、灵盐台地、宁中山地与山间平原、宁南黄土丘陵和六盘山地共六大地貌单元。总体呈现南高北低、山地迭起、平原错落的格局。地形以丘陵、平原、山地和沙地为主。地形和地貌特征对境内气候和河流发育有着重要影响。本区河流均属黄河水系，主要有黄河、清水河、苦水河及泾河、茹水河、葫芦河上游等。宁夏第四系的分布占全区面积的80%以上，主要分布在银川平原及中南部山地和丘陵的河流两岸。

早白垩纪至古新世，宁夏全区隆起遭受剥蚀；始新世初，产生新生代断陷盆地，形成山麓、河流相沉积。始新世末宁夏受喜马拉雅运动的影响，地壳抬升，发生沉积间断。渐新世时，银川、中卫—同心、分守岭—渠口、兴仁—海原等断陷盆地继续下沉，在干旱炎热气候条件下形成红土沉积。渐新世末地壳抬升，开始剥蚀，发生短暂沉积间断。中新世初盆地下陷，在半干旱气候条件下形成河湖夹河流相的泥岩、砂岩和砾岩。第三纪末期该地区发生了较强烈的构造运动，造成第三系和第四系之间的不整合接触关系，下更新统的砾岩或砾石层不整合在上新统含三趾马的红层之上，这一不整合关系在宁夏南部黄土丘陵河谷地区普遍存在[4]。

第四系分布集中地区银川盆地在上渐新世是一个巨大干旱盆地的一部分，堆积了巨厚的夹薄层石膏的紫红色、棕红色黏土。渐新世末，地壳轻微抬升，湖泊消失，进入长期稳定，为地面被准平原化的时期。水洞沟遗址所处的灵武东山的东侧带共发育5级阶地，除第Ⅰ级阶地外，均属渐新世红土为基座的基座阶地。在上新世，构造运动趋于活跃，银川盆地开始形成，初期的黄河已延伸至本区，以前的准平原地面遭到切割，形成第Ⅴ—Ⅳ级阶地。此时，水洞沟一带轻微下沉并形成盆地，但盆地与黄河相通。进入第四纪，本区地壳有两次间歇性抬升过程，形成第Ⅲ—Ⅱ级阶地，分别为早更新世和中更新世的产物。晚更新世在黄河两侧形成以黄土状粉砂为主的第Ⅰ级阶地。晚更新世末期至全新世初期，地壳轻微抬升；当黄河下切形成第Ⅰ级阶地时，水洞沟一带下切较为滞后，出现多个小湖。中全新世末黄河的下切作用溯源延伸至水洞沟盆地，小湖被切穿，湖泊沉积发生侵蚀，形成今日之地貌特征[5]。

宁夏断陷盆地区的第四系沉积可划分为下更新统银川组、中更新统贺兰组、上更新统下部萨拉乌苏组、上更新统上部水洞沟组和全新统下部灵武组等地层单元[6]。其中晚更新世发育明显的马兰期粉砂堆积，厚度为3～8m，在银川盆地、中卫和南部黄土丘陵地区较为明显。由于风的剥蚀和搬运作用，局部地区马兰期堆积上部的全新统地层已不存在。河流的侵蚀使地层堆积呈现黄土塬和黄土墚等地貌单元。本区第四系沉积序列顶部为全新统砂砾层、细砂和粉砂—马兰期粉砂，中部为中更新世粉砂、细砂和粉砂质亚黏土，下部为更新世早期的砾石层。

四、新发现旧石器地点概要

本次调查在位于灵武市边沟流域的水洞沟、施家窑和张家窑发现14处地点，在宁夏南部固原市彭阳县的岭儿村和刘河发现5处地点（图一，表一）。

1. 灵武边沟流域诸地点

边沟地区的调查工作从水洞沟1号地点出发，沿边沟（一条季节性小河）逆流而上，重点对Ⅰ级阶地进行详细勘查。前期发现旧石器地点20余处，后经进一步核实确定了位于水洞沟、施家窑、张家窑3处遗物集中分布区内共计14个地点。

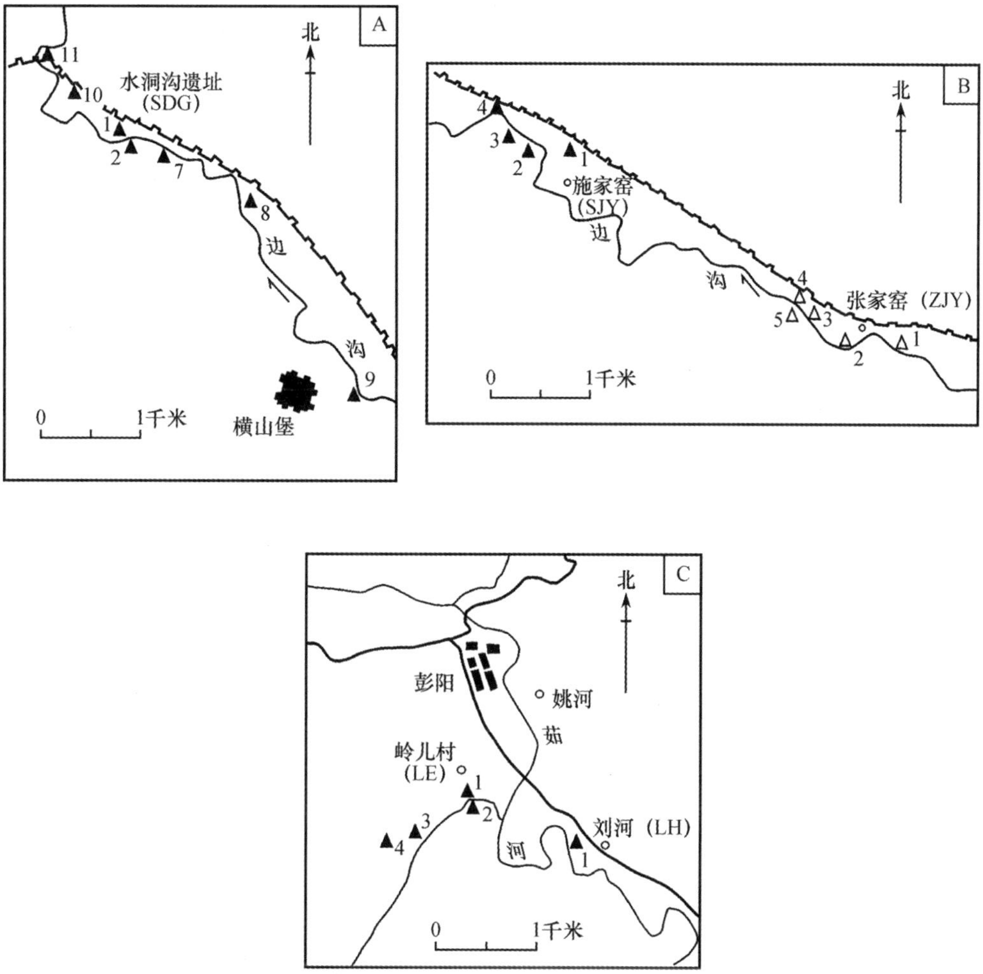

图一 宁夏旧石器地点分布图

A. 水洞沟诸地点地理位置 B. 施家窑、张家窑诸地点地理位置 C. 彭阳县诸地点地理位置

表一 调查新发现旧石器地点一览

地点编号	地点名称	地点坐标	海拔（m）	地理位置	材料
SDG7	水洞沟7号	38°17′52″N；106°30′21″E	1205	灵武市临河乡水洞沟	石制品
SDG8	水洞沟8号	38°17′29″N；106°31′03″E	1213	灵武市临河乡水洞沟	石制品，动物化石
SDG9	水洞沟9号	38°16′25″N；106°31′45″E	1207	灵武市临河乡水洞沟	石制品，动物化石
SDG10	水洞沟10号	38°18′21″N；106°29′34″E	1185	灵武市临河乡水洞沟	石制品
SDG11	水洞沟11号	38°18′09″N；106°29′47″E	1179	灵武市临河乡水洞沟	石制品，动物化石
SJY1	施家窑1号	38°15′41″N；106°33′02″E	1211	灵武市临河乡施家窑	石制品，动物化石
SJY2	施家窑2号	38°15′39″N；106°32′45″E	1205	灵武市临河乡施家窑	石制品

续表

地点编号	地点名称	地点坐标	海拔（m）	地理位置	材料
SJY3	施家窑3号	38°15′39″N；106°32′34″E	1223	灵武市临河乡施家窑	石制品
SJY4	施家窑4号	38°15′54″N；106°32′40″E	1219	灵武市临河乡施家窑	石制品，动物化石
ZJY1	张家窑1号	38°13′58″N；106°36′59″E	1241	灵武市临河乡张家窑	石制品
ZJY2	张家窑2号	38°14′05″N；106°36′40″E	1250	灵武市临河乡张家窑	石制品
ZJY3	张家窑3号	38°14′21″N；106°35′45″E	1249	灵武市临河乡张家窑	石制品
ZJY4	张家窑4号	38°14′31″N；106°35′30″E	1241	灵武市临河乡张家窑	石制品
ZJY5	张家窑5号	38°14′21″N；106°35′27″E	1243	灵武市临河乡张家窑	石制品
LE1	岭儿村1号	35°50′07″N；106°38′42″E	1445	彭阳县白阳镇岭儿村	石制品，动物化石
LE2	岭儿村2号	35°50′06″N；106°38′44″E	1447	彭阳县白阳镇岭儿村	石制品
LE3	岭儿村3号	35°49′54″N；106°38′24″E	1453	彭阳县白阳镇岭儿村	石制品
LE4	岭儿村4号	35°45′52″N；106°38′10″E	1453	彭阳县白阳镇岭儿村	动物化石
LH1	刘河村1号	35°49′50″N；106°39′12″E	1457	彭阳县彭阳乡镇刘河村	石制品，动物化石
MJW1	孟家湾1号	37°26′13″N；104°54′41″E	1396	中卫迎水桥镇孟家湾村	石制品
MJW2	孟家湾2号			中卫迎水桥镇孟家湾村	石制品
MJW3	孟家湾3号			中卫迎水桥镇孟家湾村	石制品

1）水洞沟新地点

水洞沟7号地点（SDG7）　位于水洞沟1号地点110°方向约300m处的边沟左岸，2002年5月4日发现，2003年4月15日复查确认。该地点地层主要为土黄色黏质粉砂，厚度约11m，地层剖面由上到下为（图二）：

①灰黄色黄土状粉砂，柱状节理发育，厚1.0m；

②黄灰色粉砂，局部发育交错层理，厚3.0m；

③灰色粉细砂土，下部发育水平层理，厚1.5m；

④黄灰色黏土质粉砂层，局部发育钙质小结核，直径<1cm；层内分布黄色铁质粉砂条带；含石制品，厚约2.0m；

⑤土灰色粉砂质黏土，局部胶结坚硬，含石制品和动物化石碎片，厚1.5m；

⑥砂砾层，局部砾石叠瓦状排列，砾石磨圆度为次棱角状—次圆状，粒径2～15cm不等，泥沙质充填，砾石成分以红色石英砂岩、石英岩、白云岩和燧石为主，属河流相底砾层，厚2～4m；

⑦红色黏土（渐新统），未见底（>3m）。

调查时在第4层剖面上发现多件石制品出露，为保留遗址的原始信息考察队只采集5件，类型包括石片1件，断片2件，断块2件；另在第5层发现1件石核。

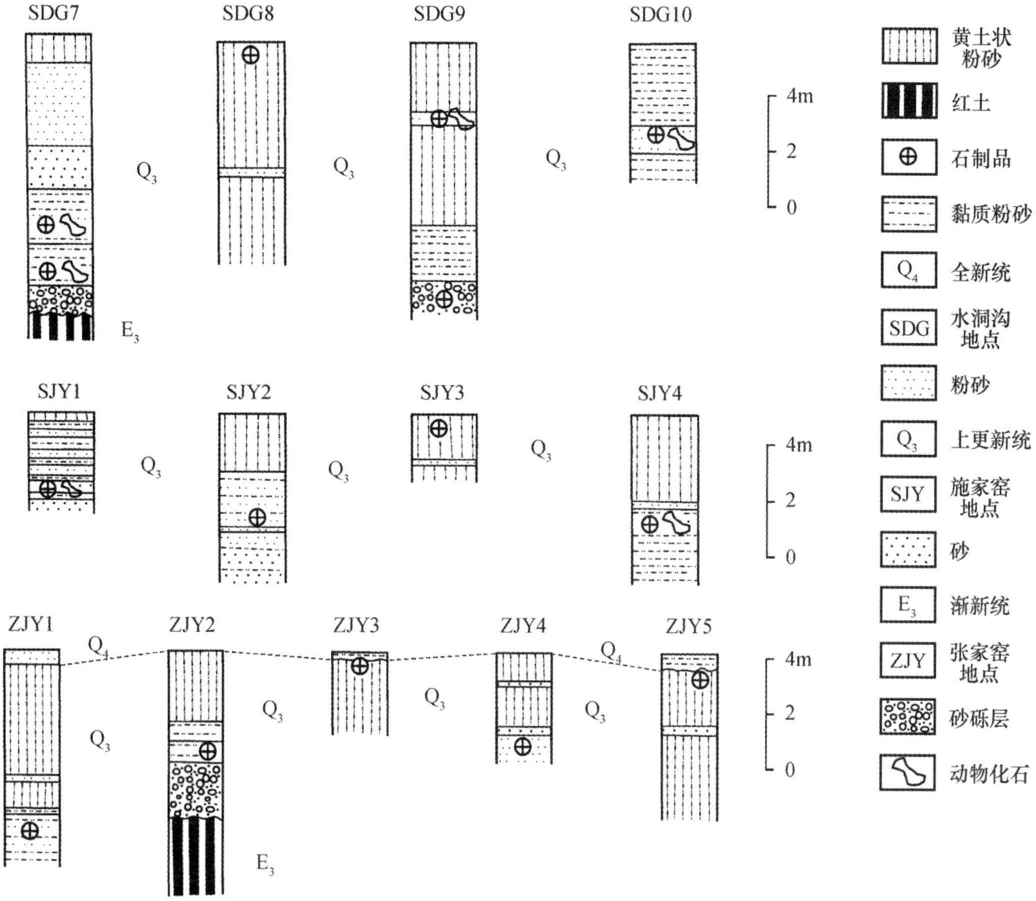

图二 边沟流域水洞沟（SDG）、施家窑（SJY）和张家窑（ZJY）新地点地层柱状图

SDG7：01：近端断片，原料为灰白色石英砂岩，宽×厚为43mm×32mm，重93g，石片角123°；素台面，台面宽×厚为20mm×9mm，打击点明显，半锥体散；背面至少有8个片疤，打击方向为向下和向左，无自然石皮。

SDG7：02：盘状石核，原型为砾石，原料为深灰色白云岩，长×宽×厚为85mm×72mm×54mm，重353g，台面角范围为81°～103°，两个剥片面上的片疤不少于22片，片疤间呈叠压关系；两个剥片面利用不均匀，石核通体保留35%左右的石皮，尚有进一步剥片的余地。

水洞沟8号地点（SDG8） 位于水洞沟1号地点120°方向约2km处的边沟右岸，2002年5月4日发现，2003年4月20日复查并确认。该地点地层堆积主要是土黄色粉砂，出露厚度约6m，地层剖面由上到下为（图二）：

①土黄色粉砂，距地表40cm处发现石制品，厚4.5m；

②黄色砂质粉砂层，厚0.2m；

③土黄色粉砂，未见底（＞1.5m）。

该地点地层上部遭受剥蚀，全新世沉积仅局部保留，地表以下40cm即为文化层，2002年调查时采集石制品14件，包括刮削器1件，石叶1件，石片11件，断块1件；2003年复查时在文化层采集石制品29件，环状装饰品1件。石制品包括石核4件，石片14件，断片6件，刮削器3件，砸击石核2件。

SDG8：01：单台面石核，原型为灰白色白云岩砾石，长×宽×厚为75mm×48mm×48mm，重229g；台面为岩石节理面，台面角范围为75°～88°；在一个台面上运用锤击法在台面四周向一个方向剥片，有不少于25个片疤，通体保留约25%的石皮。

SDG8：02：石片，灰色白云岩原料，远端自然尖灭，长×宽×厚为42mm×53mm×13mm，重25g，石片角104°；三角形素台面，台面宽×厚为31mm×11mm，打击点明显，半锥体显凸，无放射线和同心波；石片背面全为石片疤，共8个，片疤由上下两个方向锤击产生。

SDG8：03：单刃刮削器，褐灰色石英砂岩原料，毛坯为石片；长×宽×厚为13mm×57mm×16mm，重31g；刃口长34mm，刃角68°；在石片的左侧采用锤击法正向修整成刃，修整深度4mm，单层鱼鳞状修疤，修疤呈连续排列（图三：1）。

SDG8：04：环状装饰品，素材为橙黄色鸵鸟蛋皮，呈圆形，外环直径12mm，内孔直径2mm，厚度2mm，重<0.1g；在外环面上可看到呈叠压排列的修整痕迹，表明制坯时向一个方向压制，尚未进行磨光处理；内孔小、圆而规则，系钻而产生（图三：2）。从外廓具有明显的压制坏疤痕判断，该装饰品应是一枚尚未完成加工的初级产品，但小巧、规范、对称，在中国旧石器考古材料中为首次发现。

SDG8：05：砸击石核，原料为褐色燧石，长×宽×厚为17mm×13mm×19mm，重2g；在两端可见砸击痕迹，有多个片疤，通体无自然石皮。

SDG8：06：砸击石核，原料为灰色燧石结核，长×宽×厚为28mm×22mm×12mm，重7g；仅在一端可见砸击痕迹，有多个片疤，通体保留约10%石皮（图三：3）。

水洞沟9号地点（SDG9）　该地点位于边沟左岸，2002年5月3日发现，2003年4月20日复查并确认。地层主要以粉砂为主，下伏砾石层，厚度约10m，地层剖面由上到下为（图二）：

①土黄色粉砂，发育柱状节理，厚2.5m；

②土黄色砂质粉砂层，成层性好，含石制品和动物化石，厚0.5m；

③土黄色粉砂，无遗物发现，厚3.5m；

④灰白色—灰黄色粉砂质黏土层，局部含小砾石，层内发育水平层理和波状层理，应为牛轭湖或湖相沉积，厚2m；

⑤砂砾层，粒径2～20cm不等，分选差，磨圆度为次棱角—次圆状，在该砾石层内发现1件石制品；未见底（1.5m）。

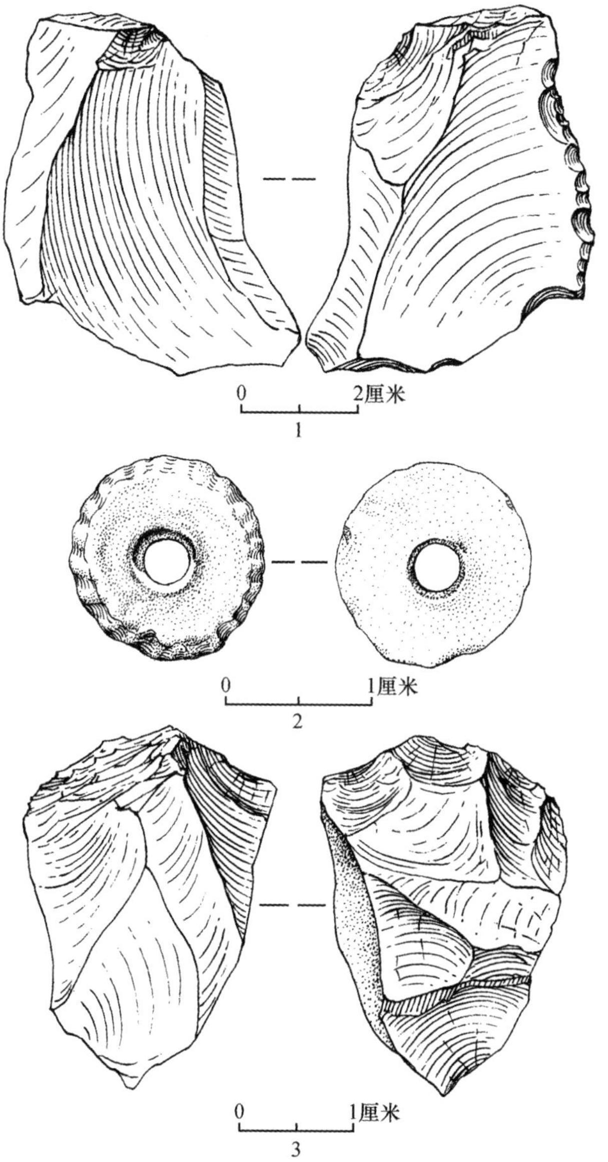

图三　水洞沟第8地点石制品

1. 刮削器/Scraper（SDG8：03）　2. 环状装饰品/Bead（SDG8：04）　3. 砸击石核/Bipolar core（SDG8：06）

2002年调查时发现犀牛上颌骨碎块及牙齿碎片3件，猛犸象掌骨碎块5件，鸵鸟蛋皮碎片3件，此外还发现1件石片断片和1件刮削器。

SDG9：01：单刃刮削器，白色石英岩原料，毛坯为石片；长×宽×厚为47mm×61mm×19mm，重64g；刃缘长33mm，刃角78°，在毛坯右侧正向修整成刃，修疤深度14mm，修疤两层，叠压排列，最大修疤长×宽为11mm×9mm（图四：1）。

SDG9：02：单刃刮削器，2003年复查时在第5层砾石层内发现。红色石英砂岩原料，毛坯为盘状石核；长×宽×厚为60mm×60mm×30mm，重110g；刃缘长46mm，刃角77°，在毛坯一侧单向修整成刃，修疤深度14mm，单层修疤，连续排列，最大修疤为12mm×11mm（图四：2）。

水洞沟10号地点（SDG10）　该地点东距水洞沟1号地点328°方向约500m，2002年5月5日调查时发现，2003年4月15日复查并确认。地层剖面由上到下为（图二）：

①土黄色黏质粉砂层，发育水平层理、交错层理，厚3m；

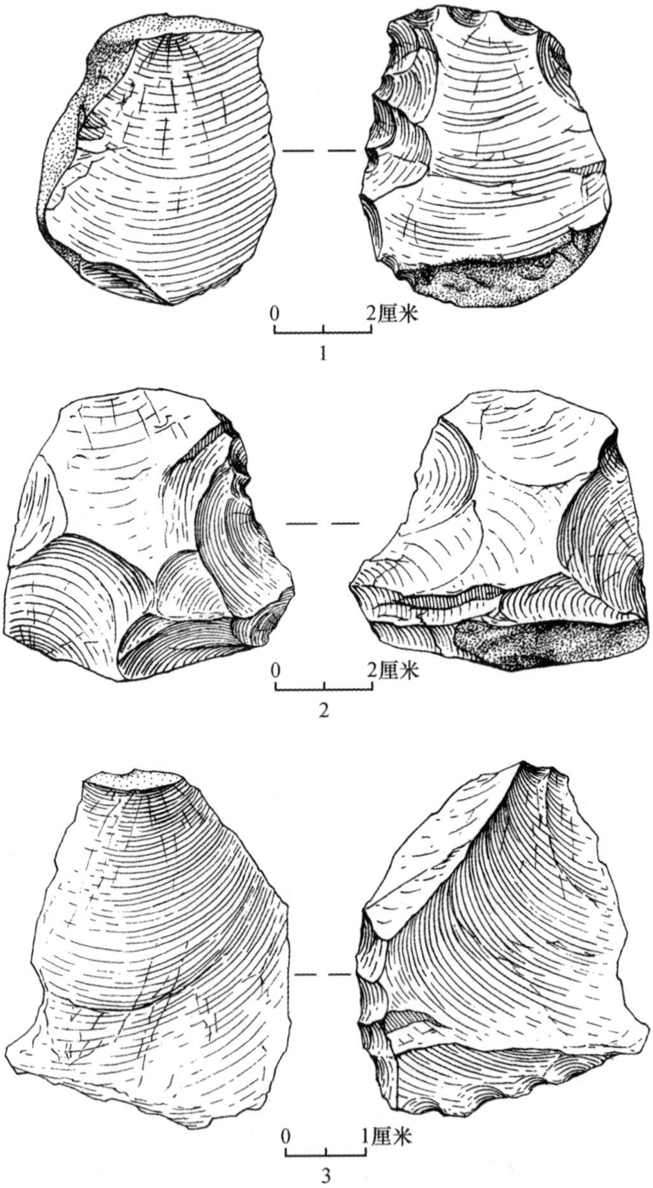

图四　水洞沟第9、10地点石制品

1. 刮削器/Scraper（SDG9：01）　2. 刮削器/Scraper（SDG9：02）　3. 石片/Flake（SDG10：01）

②灰黄色黏质粉砂层，含棕红色细砂透镜体，局部具有水平层理；含石制品、动物骨骼碎片和鸵鸟蛋碎片，厚0.5～1m；

③土黄—土灰色粉砂质黏土层，发育槽状交错层理，未见底。

在该地点地表采集到哺乳动物桡骨近端碎块3件，鸵鸟蛋皮碎片30余件，烧骨1件；采集石制品19件，包括石核2件，石片10件，断片5件，雕刻器1件，细石核1件。在地层中取得3件石制品，类型包括1件石片，1近断块和1件碎屑。

SDG10：01：石片，褐红色石英砂岩原料，远端呈内卷状态；长×宽×厚为40mm×38mm×10mm，重14g，石片角112°；菱形自然台面，宽×厚为13mm×5mm；打击点明显，半锥体发散，无放射线和同心波（图四：3）。

2）施家窑地点

施家窑1号地点（SJY1） 地处边沟右岸，2002年5月3日发现，2003年4月20日复查并确认。地层由上到下为（图二）：

①灰黄色—土黄色黄土状粉砂，厚0.3m；

②灰绿—灰白色黏土质粉砂，钙质胶结，坚硬，厚0.2m；

③土黄色砂质粉砂，局部夹黄色砂质条带，厚0.3m；

④灰绿—灰白色粉砂质黏土，厚0.2m；

⑤土黄色砂质粉砂，厚0.4m；

⑥灰绿—灰白色粉砂质黏土，厚0.2m；

⑦土黄色砂质粉砂，厚0.4m；

⑧灰绿—灰白色粉砂质黏土，厚0.2m；

⑨土黄色砂质粉砂，底部出土石制品与动物化石，厚0.4m；

⑩灰色粉砂质黏土，钙质胶结，局部成小结核，坚硬，厚0.2m；

⑪土黄色粉砂质细砂，未见底。

调查时在剖面第9层发现哺乳动物化石3件，其中包括野驴（*Equus hemionus*）右上臼齿1枚，肱骨近端关节1件，牙齿碎片1件，此外还发现1件石核。

SJY1：01：双台面石核，原型为灰褐色白云岩砾石，四方形，长×宽×厚为77mm×57mm×36mm，重189g；在两个台面上运用锤击法在一个工作面上剥片，台面关系相对，台面角范围67°～88°；剥片面长×宽为77mm×47mm，有不少于23块片疤；石核通体自然面约占35%（图五：1）。

施家窑2号地点（SJY2） 地处边沟左岸，2003年5月2日发现，2003年4月20日复查并确认。地层厚度约6m，剖面由上到下为（图二）：

①土黄色黄土状粉砂，厚2m；

②灰绿色粉砂质黏土（钙质胶结，坚硬）与灰黄色粉砂互层，底部含动物化石和石制品，厚2m；

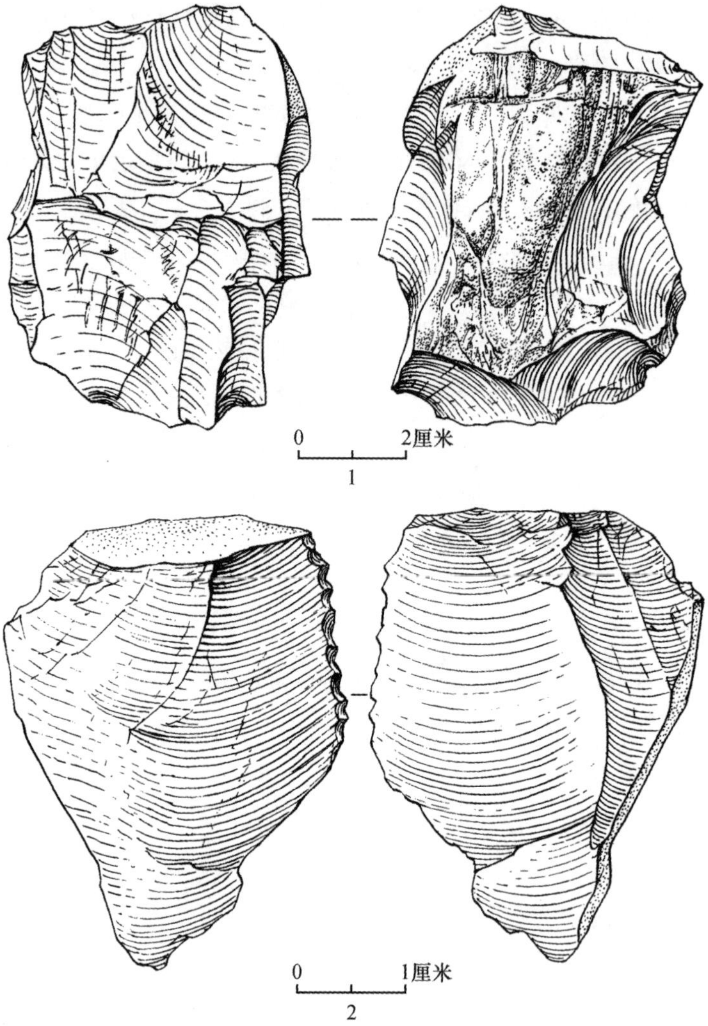

图五　施家窑石制品

1. 双台面石核/Double-platformed core（SJY1：01）　2. 刮削器/Scraper（SJY3：02）

③土黄色粉砂质细砂，厚0.5m；

④灰绿—灰白色钙质粉砂，胶结坚硬，呈条带状，厚0.1～0.2m；

⑤土黄色粉砂质细砂夹绿色—灰白色粉砂质黏土（胶结坚硬），未见底（＞1.5m）。

调查时在该地点剖面第2层中发现动物化石碎屑，在剖面下采集部分脱层石制品。

施家窑3号地点（SJY3）　地处边沟左岸，2002年5月3日调查发现，2003年4月20日复查并确认。地层为土黄色黄土状粉砂，柱状节理发育（图二），石制品丰富，出自距地表10～60cm范围内。考察队员在距地表30cm左右的地层中试掘出石制品9件，包括1件石核，4件石片，2件断片，1件刮削器和1件雕刻器。

SJY3：01：多台面石核，原型为灰黑色白云岩结核，长×宽×厚为47mm×42mm×

39mm，重80g，石核台面角范围为62°～94°；于4个台面上在3个工作面上剥片，片疤不少于20个，通体保留近35%的石皮，尚有一定剥片空间。

SJY3：02：单刃刮削器，灰白色白云岩原料，毛坯为三角形石片；长×宽×厚为29mm×41mm×10mm，重12g；刃缘长21mm，刃角59°；在毛坯右侧反向修整，修疤单层，深度2mm，连续排列，最大修疤为3mm×2mm（图五：2）。

SJY3：03：雕刻器，灰色白云岩原料，毛坯为石叶；长×宽×厚为32mm×15mm×5mm，重3g；刃缘长9mm；由锤击法在石叶远端向一侧打击而成（图八：1）。

施家窑4号地点（SJY4）　地处边沟右岸，120°方向距横山堡约4.5km，北距长城约80m。2002年5月3日发现，2003年4月20日复查并确认。地层厚度约6m，由上到下为（图二）：

①土黄色黄土状粉砂，厚2.5m；

②土灰色粉砂，厚0.2m；

③土灰色粉砂质黏土，胶结疏松；距本层顶部约40cm深处出现灰色条带和小砾石；下部局部夹红色条带，水平层理和斜层理发育，未见底（＞3m）。

调查时在剖面下采集到少量石制品和动物化石，初步判断出自第3层上部。

3）张家窑地点

张家窑1号地点（ZJY1）　地处张家窑村小学南50m处边沟右岸，2002年5月2日发现，2003年4月19日复查并确认。该地点地层厚度约6m，主要沉积为黄土状粉砂，地层剖面由上到下为（图二）：

①灰色—土灰色粉砂层（全新统），厚0.5m；

②土黄色黄土状粉砂，柱状节理发育，厚4m；

③土灰色—黄灰色黏质粉砂，较疏松，厚0.1m；

④土灰色黄土状粉砂，厚1m；

⑤土灰色—黄灰色粉砂质黏土，胶结疏松，局部成层状，厚0.15m；

⑥土黄色—黄灰色黏质粉砂与灰色黏土互层，局部夹含砾细砂层，胶结坚硬。黏土层中出现石制品。未见底（＞1m）。

调查时在剖面第6层发现1件石片，另外在地表上和剖面下发现若干石制品。

ZJY1：01：石片，出自地层，灰白色石英砂岩原料，形态呈梯形，远端崩断；长×宽×厚为54mm×44mm×21mm，重63g，石片角110°；自然台面，三角形，宽×厚为21mm×11mm；打击点不明显，半锥体发散，无放射线和同心波；石片背面保留约15%自然石皮，有不少于8块石片疤，方向来自上、左和右侧。

张家窑2号地点（ZJY2）　位于边沟右岸，2002年5月2日发现，2003年4月19日复查并确认。地层厚度约9m，地层剖面由上到下为（图二）：

①土黄色黄土状粉砂，柱状节理发育，厚2.5m；

②土黄色黏质粉砂，层内发育水平层理和交错层理，厚0.7m；

③土灰色粉砂质黏土，局部夹粉砂质细砂条带，厚0.3m；

④土黄色黄土状粉砂，厚1.5m；

⑤灰黄色粉砂质黏土，厚0.5m；

⑥砾石、砂砾石层，局部发育交错、平行层理；与下伏地层不整合接触，厚1.5～3m；

⑦红色—土红色黏土（渐新统），未见底（＞1.5m）。

采集到1件刮削器，脱层。从地层序列和与其他地点比较判断，应出自第3层。

ZJY2：01：单刃刮削器，橙红色石英砂岩原料，毛坯为长条形石片；长×宽×厚为19mm×33mm×8mm，重6g；刃缘长28mm，刃角67°；在毛坯左侧正向修整成刃，修疤深度3mm，单层修疤，连续排列，最大修疤为5mm×3mm（图六：1）。

张家窑3号地点（ZJY3）

地处边沟右岸水库边，2002年5月2日调查发现，2003年4月19日复查并确认。该地点地层较薄，全新统土灰色黏质粉砂层（残留厚度0.1～0.15m）下即为文化层，岩性为土黄色黄土状粉砂（图二）。

石制品丰富，地表有多件出露；从地层不足1m^{2}范围内试掘出4件石核（包括1件盘状石核），11件石片，4件断片和2件刮削器。

ZJY3：01：盘状石核，原型为橙红色石英砂岩砾石，长×宽×厚为59mm×53mm×35mm，重100g，两个台面，向两边剥片，台面角范围为76°～91°；两个剥片面共有不少于10片片疤，片疤间呈叠压关系；剥片不彻底，通体保留约45%的石皮（图六：3）。

ZJY3：02：单刃刮削器，橙红色石英砂岩原料，毛坯为四方形石片；长×宽×厚为25mm×28mm×11mm，重10g；刃缘长20mm，刃角68°；在毛坯右侧正向修整成刃，修疤深度8mm，修疤2层，呈叠压排列（图六：2）。

ZJY3：03：远端断片，原料为褐灰色石英砂岩，宽×厚为45mm×17mm，重59g；从保留的背面来看，至少有不少于3片石片疤，打击方向来自上、下两个方向，部分保留石皮。

张家窑4号地点（ZJY4）　地处边沟右岸水库坝口，2002年5月2日发现，2003年4月19日复查并确认。地层厚度约4m，由上到下为（图二）：

①土黄色黄土状粉砂，厚1m；

②土黄色—土灰色粉砂质细砂层，胶结坚硬，局部含钙质小结核，厚0.1m；

③土黄色黄土状粉砂，厚1.5m；

④灰黄色细砂层，成层性好，局部夹粗砂条带，厚0.25m；

⑤土黄—土灰色砂质粉砂层，胶结坚硬；顶部出土石制品，未见底（＞1.2m）。

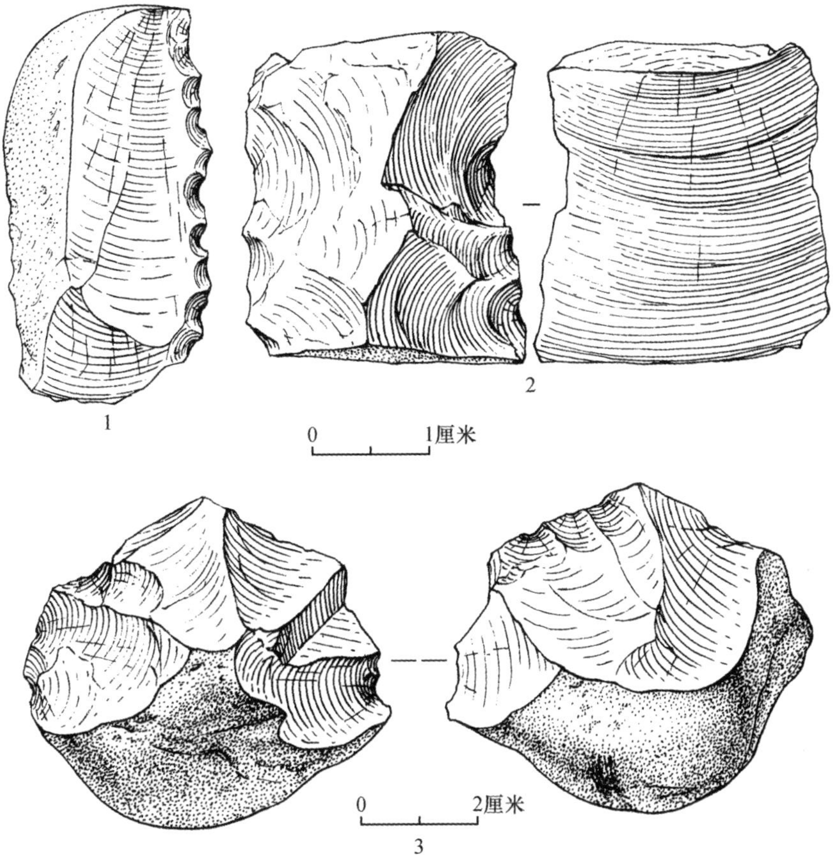

图六　张家窑石制品

1. 刮削器/Scraper（ZJY2：01）　2. 刮削器/Scraper（ZJY3：02）　3. 盘状石核/Disc core（ZJY3：01）

调查时在第5层剖面上采集石制品5件，包括1件石片和4件断片；在剖面周围采集脱层石制品4件，包括3件石核和1件刮削器。

张家窑5号地点（ZJY5）　地处边沟左岸水库边，2002年5月3日发现，2003年4月19日复查并确认。地层厚度约6m，由上到下为（图二）：

①土灰色黏土与土黄色互层，成层性好，厚0.5m；

②土黄色黄土状粉砂，上部出石制品，厚2m；

③土灰色粉砂质细砂，胶结坚硬，厚0.2m；

④土黄色黄土状粉砂，未见底（＞3m）。

调查时在剖面周围采集到石制品，推测亦来自第2层。

边沟流域上述新地点的地层大致由三部分组成，底部为砾石层，下部为灰绿色—灰黄色粉砂和黏土质粉砂，上部为黄土状粉砂，柱状节理发育。通过对不同地点的地层剖面和文化层对比，初步确定有两个文化层，上部层位处于黄土状堆积上部，水洞沟8、9号地点，施家窑3号地点，张家窑3、5号地点属于该文化层；下部层位处在黄土状粉砂堆积下伏粉砂、亚黏土层中，其中下部层位还发现有哺乳动物化石，水洞沟7号地点，施家窑1、4号地点，张家窑1、2、4号地点属于本文化层。此外，在水洞沟9号地点的底部砾石层中发现1件石制品，代表目前在该地区所发现旧石器地点的最低文化层位。水洞沟7号地点堆积厚，分层清楚，石制品丰富，文化层内伴生少量哺乳动物化石，下部为砾石层。从周围地貌和地层对比初步判断，该地点文化层层位要较水洞沟第1地点旧石器层位低，有较好的工作前景，对探讨水洞沟文化的分布和来源有重要意义，被列入未来的工作重点。

2. 固原市彭阳县诸地点

固原地区的调查主要集中于彭阳县城周围的茹河两岸。这里第四系地层较为发育，沉积厚度大，流水切割使地层露头易于寻找。此次调查发现了位于岭儿村和刘河村共5处地点（图一，表一）。

岭儿村1号地点（LE1）　地处彭阳县白阳镇姚河村岭儿村组，2002年5月28日发现，2003年4月17日复查并确认。地层厚度约6m，由上到下为（图七）：

①耕土层，厚0.5m；

②灰白色含砾砂土层（全新世），底部砾石增多，水平层理发育。与下伏地层不整合接触，厚1.5m；

③土黄色黄土状粉砂，上部成层性好，下部粒度均匀，无明显变化，柱状节理发育，厚2.5m；

④黄灰色粉砂质黏土，局部夹灰色条带砂土层，成层性好，胶结坚硬，局部含炭屑、石制品和动物化石，未见底（＞1.5m）。

在第4层发现的动物化石包括羚羊（*Gazella* sp.）右角1件（编号：LE1：01），哺乳类胸椎1件（编号：LE1：02），头骨碎片1件和肢骨碎块3件；石制品3件，为断块1件和断片2件。

岭儿村2号地点（LE2）　距岭儿村1号地点120°方向约100m，2002年5月28日发现，2003年4月17日复查并确认。地层厚度达13m，由上到下为（图七）：

①耕土层，厚0.5m；

②灰白色含砾砂土（全新世），厚2m；

③土黄色黄土状粉砂，柱状节理发育，厚3m；

④黄灰色粉砂质黏土，胶结坚硬，局部夹黄色含砾细砂层，水平层理发育，厚2m；

⑤土黄色黏土，胶结坚硬，厚1m；

⑥土灰色—黄色含砾粉砂质黏土，局部呈锈红色，砂砾在局部密集；含石制品，采集5件，包括刮削器1件，断片3件和断块1件；此外还发现1件有刻划痕迹的骨制品。

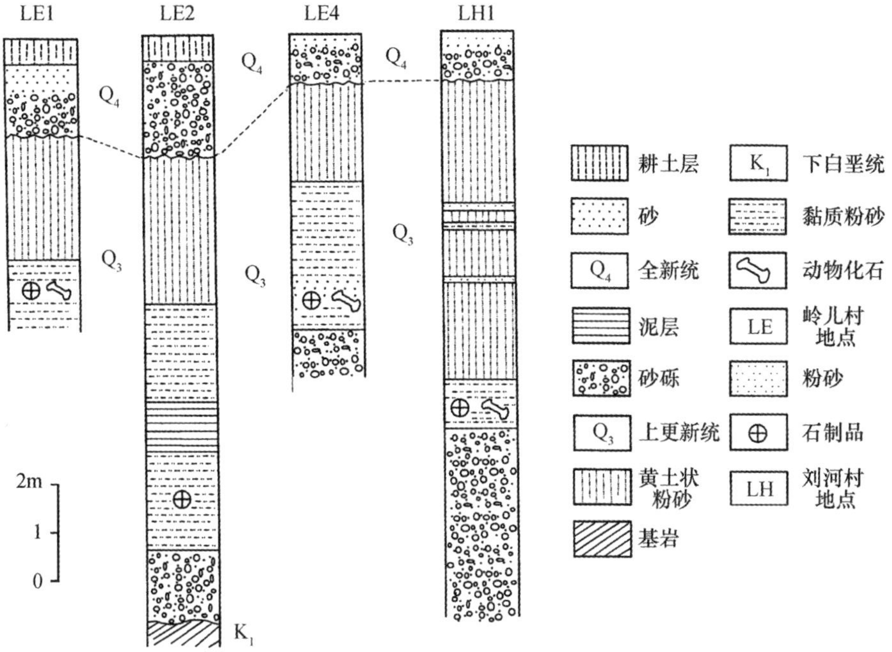

图七　固原市彭阳县岭儿村地点（LE）和刘河村地点（LH）地层柱状图

厚2m；

⑦砂砾石层，厚1～4m；

～～～～～～～～～～～不整合～～～～～～～～～～～～～～

⑧灰色细砂岩与粉砂岩、（油）页岩互层，产状252°<52°，区域地层对比显示该套地层属下白垩统泾川组，未见底。

LE2：01：单刃刮削器，灰色石英砂岩原料，毛坯为不规则断片；长×宽×厚为24mm×22mm×8mm，重4g；刃缘长16mm，刃角75°；在毛坯右侧正向修整成刃，修疤深度3mm，单层，连续排列，最大修疤6mm×3mm（图八：2）。

LE2：02：骨制品，素材为一件哺乳动物管状骨；长×宽×厚为80mm×20mm×8mm，重9g；在管状骨外侧有4条刻画痕迹，长度7～13mm不等，平行排列。

岭儿村3号地点（LE3）　2002年5月28日调查时在地表采集部分石制品，2003年4月17日复查发现该地点地层受后期改造，非原生地层。根据周围地层、地貌特征观察，初步确认石制品出自灰白色含砾粉砂层中。

调查时采集到马属化石（*Equus* sp.）牙齿残块1枚，另有石制品21件，类型包括石核3件（其中2件为楔形石核），石片6件，残片3件，断块2件，雕刻器和刮削器各1件，此外还有砸击石片5件。

岭儿村4号地点（LE4）　2002年5月28日发现，2003年4月17日复查并确认。地层厚度约7m，由上到下为（图七）：

①（全新世）灰色砂砾石层，局部夹细砂质粉砂，厚1m；

②土黄色黄土状粉砂，厚2m；

③土黄色粉砂质黏土夹灰黑色细砂层，局部含灰烬，厚3m；

④土黄色细砂与灰色含砾粉砂互层，未见底。

2002年曾在剖面周围采集到石制品，由剖面第4层含灰烬等特点推测出自第4层。

刘河村1号地点（LH1）　地处彭阳县彭阳乡刘河村，2002年5月28日调查时发现，2003年4月17日复查并确认。地层厚度达12m以上，由上到下为（图七）：

①（全新世）土灰色粉砂质细砂，根系发育，厚1m；

②土灰色—土黄色砂质粉砂，柱状节理发育，局部发育水平层理，厚2.3m；

③灰白—灰黑色黏质粉砂，较疏松，厚0.15m；

④土黄色黄土状砂质粉砂，厚0.25m；

⑤灰黑色黏质粉砂，胶结疏松，厚0.15m；

⑥土黄色黄土状粉砂，柱状节理发育，厚1m；

⑦土灰色砂质粉砂，疏松，厚0.15m；

⑧土黄色黄土状粉砂，柱状节理发育，胶结坚硬，厚2.0m；

⑨土灰色—土黄色含砾黏土质粉砂，向下粒度增大；含丰富动物化石和石制品，厚1m；

⑩灰白色砂砾石层，砾石粒径2～10cm，以2～4cm居多，砾石成分以白云岩、硅质灰岩、石英砂岩为主；砂砾石层内局部发育平行层理。整套砾石层系河床相沉积，未见底（>4～6m）。

在第9层地层内发现马属（*Equus* sp.）下牙化石1枚，管状骨2件和9件石制品，包

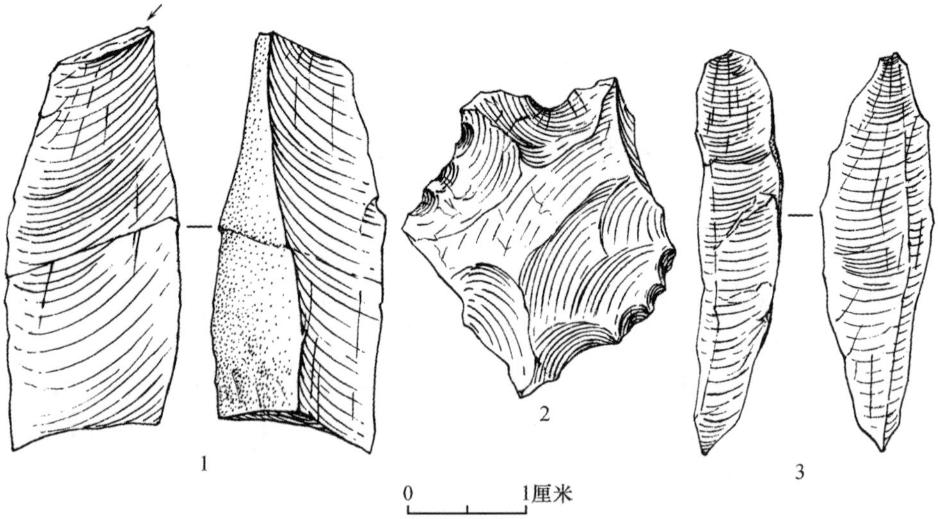

图八　施家窑、岭儿村、刘河地点石器

1. 雕刻器/Burin（SJY3：03）　2. 刮削器/Scraper（LE2：01）　3. 砸击石片/Bipolar flake（LH1：01）

括石核2件，石片2件，残片3件，断块1件和砸击石片1件。

LH1：01：砸击石片，白色石英岩原料，长条形；长×宽×厚为32mm×9mm×6mm，重2g；两端均可见明显砸击痕迹（图八：3）。

LH1：02：盘状石核，原型为深灰色白云岩结核，长×宽×厚为40mm×32mm×22mm，重30g，在两个台面上向两边剥片面进行打片，台面角范围为77°～93°；两个剥片面共有不少于27片片疤，片疤间呈叠压关系，通体不见原生石皮，剥片利用率较高。

岭儿村和刘河诸地点地层沉积与边沟流域基本一致，只是顶部的全新世沉积较为发育。本区在顶部沉积中未发现文化遗物，仅在下部黏质粉砂层中发现文化遗存。文化层位于第Ⅰ级阶地灰色粉砂层内，有些地点石制品出露丰富。在该区域内共采集石制品60余件，主要有石核、石片、断块、尖状器、刮削器和雕刻器等，石制品原料为燧石、石英岩等。其中在岭儿村1号地点和刘河村1号地点还发现动物化石碎片，多数为牙齿和肢骨碎片。根据地理环境和采集到的遗物分析，昔日这里是一片水源充足、草木丛生、禽兽出没的山林沃野，生态环境良好，为人类提供了便利的生存条件。

此外调查队员于2002年5月12～17日在还在中卫县黄河沿岸支流开展了调查，在迎水桥镇的孟家湾村附近发现3处地点（表一），这些地点均分布于黄河沿岸的小支流两岸，石制品埋藏于灰绿色粉砂质黏土层中。由于该地区第四系较为发育，且小型河流切割明显，有进一步工作价值。

五、小结与讨论

1. 石制品一般特征

本次调查发现的石制品特点可做如下归纳。

（1）石制品包括普通打制石器和零星的细石器。由于工作仅限于调查和采集，二者的关系尚未厘清。

（2）制作石器的原料取自文化层下的砾石层内，成分以石英砂岩、白云岩、燧石、石英岩、脉石英和玉髓为主；在水洞沟8号地点发现1件岩性为辉绿岩的石制品，其来源尚待进一步寻找。

（3）剥片技术以锤击法为主，砸击法在若干地点被使用；有细石器的地点应使用了软锤、压制和间接技术等。

（4）石制品以中型和小型者为主；石核多为中型，石片和石器则以小型居多。

（5）石制品类型以石片为主，此外还有残片、石核、断块、碎屑和石器等，加工成器的比例较小。

（6）石器毛坯多以片状者居多。

（7）石器组合简单，主要是刮削器。

（8）石器修理采用锤击法，且以正向加工为主。

2. 时代

从地层对比来看，此次发现新地点的文化层大多数应与“水洞沟文化层”时代相当或相近。水洞沟第1地点用钙结核和动物化石作样本采用铀系法和^{14}C法共测出6个年代数据，变异范围很大：铀系法对“下文化层”样品测定的结果为（34000 ± 200）a BP和（38000 ± 200）a BP[7]，^{14}C方法对第4层至“上文化层”样品的测年结果在（6070 ± 70）~（26190 ± 800）a BP间[8]，显然在地层的更细划分和年代的进一步测定方面还有很多工作要做。本文第一作者与美国学者合作于2002年对与第1地点隔河相对的第2地点的火塘遗迹进行了较为系统的AMS测年，将该文化层的年代确定为29000 ~ 24000a BP[9]。其后的工作表明水洞沟第2地点有多个文化层位[10]，各个层位的确切年代数据及其与第1地点地层的对应关系仍不明确。因此，对上述新地点层位的文化时代目前只能定位在晚更新世晚期和旧石器时代晚期，应在30000 ~ 10000a BP之间。

此次在水洞沟7、9地点找到比“水洞沟文化层”更低的层位，其后在对第2地点的发掘中也发现多个低于“水洞沟文化层”的层位[11]，表明该地区存在比水洞沟文化更古老的古人类遗存。但由于从上述层位中发现的材料很少，缺乏时代特征明确的标本，他们与水洞沟文化的渊源关系尚无法建立或证伪。另一方面，在水洞沟文化层中未出土真正的细石器，因而在几处新地点采集到的细石器遗存应代表比水洞沟文化更新的文化单元。

3. 意义与未来方向

本次调查结果扩大了宁夏旧石器文化遗存的分布范围，结束了宁夏旧石器考古局限于水洞沟单一遗址的局面，将古人类活动的足迹追溯到南部六盘山区茹水上游的彭阳县和西部贺兰山南麓的中卫。这使宁夏的古人类研究资源不再贫瘠，该地区旧石器研究也揭开了新的篇章。

调查发现的地点层位至少代表三个时代，奠定了建立宁夏地区旧石器文化序列的基石，对探讨水洞沟文化的来龙去脉和古人类在该地区演化、迁徙和技术发展的过程提供了重要线索。

调查表明水洞沟文化在边沟流域具有更大的分布区域，诸遗址中文化遗物出露十分丰富。这些成为探讨水洞沟文化的创造者的生存活动空间、生存能力、对土地及原料资源的开发利用方式和推测史前人群大小的重要资料。边沟流域的新发现说明水洞沟遗址是一处范围广大、内涵丰富、科学研究价值重大的大型考古遗址，这为遗址的管理、保护规划和科研计划提供了更全面、更坚实的科学依据，也将增强文物管理、遗址保护和科研人员的责任感和使命感。

在水洞沟第8地点发现的精美的环状装饰品是水洞沟文化的一项新发现，是探讨当时人类生产力水平、审美能力和社会行为的重要材料，也显示出水洞沟遗址在科学材料方面的未知潜力。

当然调查工作取得的材料仍属凤毛麟角，且大多十分零碎；有的地点遗物出土层位不十分清楚，对其时代只能进行初步的判断。今后应根据这些线索寻找更多的材料和地点，尤其是地层清楚、遗物丰富的地点；对已发现的诸多地点应有选择地进行后续工作，包括试掘、地层观察、环境-沉积样品分析和年代测试；对重点遗址应进行系统发掘，获取全方位的、更翔实的资料。通过这些工作，宁夏的旧石器时代考古研究将具有更坚实和丰实的基础，为探讨古人类在中国北方乃至东北亚的演化过程和适应生存特点，探索东西方史前人类迁徙与交流的过程与方式，做出更大的贡献。

致谢：宁夏文物考古研究所、宁夏文物考古研究所固原工作站、固原博物馆和彭阳县文管所对此次调查给予了大力支持。参加调查工作的人员除本文作者外还有河北省阳原县考古技工王文全、王明堂、贾真岩、郭向云和中国科学院古脊椎动物与古人类研究所刘武、黄慰文、吴秀杰等。动物化石由中科院古脊椎动物与古人类研究所同号文博士鉴定，石制品线图由李荣山先生绘制。作者特致谢意。

参考文献

[1] Licent E, Teilhard de Chardin P. Le Paléolithique de la Chine. L'Anthropologie, 1925, 35(4): 201-234 .

[2] 贾兰坡，盖培，李炎贤. 水洞沟旧石器时代遗址的新材料. 古脊椎动物与古人类，1964，8（1）：75-83；宁夏博物馆，宁夏地质局区域地质调查队. 1980年水洞沟遗址发掘报告. 考古学报，1987（4）：439-449；宁夏文物考古研究所. 水洞沟——1980年发掘报告. 北京：科学出版社，2003：1-233.

[3] Boule M, Breuil H, Licent E, et al. Le Paléolithique de la Chine. Archives de l'Institut de Paléontologie Humaine, mémoire 4. Paris: Masson, 1928: 1-138.

[4] 张国典. 宁夏第四纪地层划分和气候演变问题. 宁夏地质，1990，2：143-150.

[5] 周昆叔，胡继兰. 水洞沟遗址的环境与地层. 人类学学报，1988，7（3）：263-269.

[6] 张国典. 水洞沟文化遗址地区的地貌和第四纪地质. 宁夏地质学会会刊，1983：49-12.

[7] 陈铁梅，原思训，高世君. 铀子系法测定骨化石年龄的可靠性研究及华北地区主要旧石器地点的铀子系年代序列. 人类学学报，1984，3（3）：259-269.

[8] 黎兴国，刘光联，许国英等. ^{14}C年代测定报告（PV）Ⅰ//中国第四纪研究委员会碳十四年代组. 第四纪冰川与第四纪地质论文集（第四集）. 北京：地质出版社，1987：16-38.

[9] 高星，李进增，Madsen D B，等. 水洞沟的新年代测定及相关问题讨论. 人类学学报，2002，21（3）：211-218.

[10] 高星，王惠民，裴树文，等. 中国学者重新发掘宁夏水洞沟遗址. 中国文物报，2003-12-19（1-2）.

[11] 高星，王惠民，裴树文，等. 中国学者重新发掘宁夏水洞沟遗址. 中国文物报，2003-12-19（1-2）.

（原载于《人类学学报》2004年第23卷4期，与裴树文、王惠民、钟侃合著）

水洞沟旧石器考古研究的新进展与新认识

一、引　　言

水洞沟遗址在中国旧石器考古研究中具有独特的历史地位和学术价值。

我国史前学界一般将1920法国古生物学家桑志华在甘肃省庆阳县赵家岔和辛家沟的黄土地层中采集到3件石制品这一事件作为中国旧石器考古学研究的序幕，但1923年桑志华和另一位法国古生物学家德日进在宁夏银川附近发现并发掘水洞沟遗址（同时发现的还有内蒙古乌审旗的萨拉乌苏遗址）才是这一学科在中华大地真正的开篇。两位法国学者不但发现了水洞沟遗址，并在地表采集到远古人类留下的遗物，根据文化遗存的出露情况命名了5处地点，而且进行了发掘工作，从地层中发掘出大量石制品和动物化石，揭示出旧石器时代先民生存活动的丰富信息。其后，法国学者在对水洞沟和萨拉乌苏出土的石制品与动物化石研究的基础上，发表了有关中国旧石器时代文化的首篇论文和首部专著，宣告在遥远的旧石器时代这里就有人类生存，华夏大地原始文化的根系得以向前大幅度延伸。法国学者还根据水洞沟石制品的类型和技术特点，在东西方远古文化之间建立起连接，宣布在水洞沟出土的以长薄规整的石叶为标志的材料“可以同我们欧洲、西亚和北非已演变的莫斯特人类栖息地的材料相提并论”，水洞沟文化“好像处在很发达的莫斯特文化和正在成长的奥瑞纳文化之间的半道上，或者是这两个文化的混合体”，而“大距离迁徙的同化影响”被认为是造成这种文化趋同的原因[1]。

法国学者在水洞沟遗址初期的考察和研究只是揭开了一场伟大学术活动的序幕。其后，水洞沟便成为一块学术的圣地和热土，刨根问底式的探考和炽热的争论不断在这里上演。1960年夏，中苏古生物联合考察队开展第二次发掘；1963年夏，中国旧石器考古学之父裴文中率队前来，开展对遗址的第三次发掘；1980年，宁夏博物馆与宁夏地质局联合考古队在遗址开展四次发掘；2003～2007年期间，宁夏文物考古研究所和中国科学院古脊椎动物与古人类研究所联合组队，对遗址进行连续数年的系统发掘，并将发掘范围扩展到第2、3、4、5、7、8、9、12诸多地点[2]。

继法国学者之后，中国学者对水洞沟遗址给予了格外的关注，对相关问题不断开展讨论。他们注意到该遗址的旧石器考古遗存具有独特的技术和文化面貌，但对其文化传统归属则莫衷一是。对独具特色的水洞沟旧石器文化的渊源，部分学者跟从早期法国学者的意见，认为从西方旧石器时代中、晚期技术体系中可找到源头；另一部分学者力主本土起源，认为在山西丁村的旧石器文化遗存中可以看到其萌芽；还有学者试图在二者间做调和，认为史前文化的传播与交流产生了东西合璧的水洞沟文化。至今，学术界对水洞沟文化的时代、内涵、性质、归属、源流乃至其对现代人起源与扩散研究的意义仍存争议，水洞沟遗址仍然是高度吸引国内外学者眼球、不断生产新的学术命题和成果的热地，仍然是推动中国旧石器考古及相关学科发展、促进东西方学术交流的引擎。

二、以往学术界对水洞沟遗址的认识与讨论

旧石器考古学界过去对水洞沟遗址的认知和评述完全建立在对第1地点发掘与研究成果的基础上。围绕该遗址所取得的阶段性认识和集中讨论的问题可以概括为如下方面。

（1）水洞沟是中国北方旧石器时代晚期的重要遗址。在中国旧石器考古研究的起步阶段，裴文中曾将水洞沟和萨拉乌苏遗址的文化遗存捆绑称之为“河套文化”，将其作为中国旧石器时代中期的代表，并据此建立起分别以周口店第13和第1地点、河套文化所依托的两处遗址、山顶洞遗址为代表的中国旧石器时代早、中、晚三期发展序列[3]。其后，裴文中认识到水洞沟与萨拉乌苏的石器文化有所不同，不宜合称为“河套文化”，指出前者代表黄土时期的一种原始人类的文化，后者可能属旧石器时代晚期[4]。随后贾兰坡等提出水洞沟文化应放到旧石器时代后期（即晚期）[5]，其他学者也做出了调整，达成了共识。

（2）水洞沟遗址旧石器文化属于单一的时代。对水洞沟遗址早期的发掘和研究皆把遗址出土的打制石器及其伴生遗存作为单一的时代和同一文化体系。贾兰坡等根据1960年发掘的野外记录，将揭露的地层划分为8个自然层，但所描述、研究的石制品皆出自第2层——灰黄（微红）色粉砂土层，称之为“水洞沟第一文化层”[6]，对其他层位没有描述。1963年的发掘从河湖相粉砂下的底砾中发现磨光石器和石磨盘，认为属新石器时代，第一次明确水洞沟不是单一的旧石器时代遗址，它包含了旧石器时代和新石器时代两期遗存[7]，但对旧石器时代的地层没有进一步划分。1980年的发掘划分了16个自然层（从下向上排序），第16～4层为全新世的堆积，其中多个层位出土打制石器、细石器和磨制石器，而第2～3层被合并在一起称为“水洞沟文化层”或“下

文化层”[8]。

（3）“水洞沟文化”的主要信息载体是石制品。几次发掘获得的遗存主要是石制品和动物化石。在1963年的发掘中发现一枚用鸵鸟蛋片制作的装饰品和一件骨锥；德日进、桑志华在早期的报告中提到发现“炉灶”，1980年的发掘揭露出集中分布的灰烬，但对用火遗迹都未做详细描述。石制品一直是对该遗址研究的核心和讨论的焦点。

（4）水洞沟遗址的测年存在不确定性。虽然对于水洞沟遗址的“下文化层”遗存属于旧石器时代晚期的判断基本不存在争议，但具体放到哪个时期并不确定，从文化性质来推断时段存在不同意见，而绝对年代数据的出现也并没有使问题尘埃落定，因为不同方法、不同材料得出的数据的吻合性较差。常被引述的数据有四个：17250±210a BP或16760±210a BP（第3层上部鹿骨^{14}C。实际上是一个测年结果，因使用不同半衰期而给出2个数据），26190±800a BP或25450±800a BP（第3层下部钙结核^{14}C。实际上是一个测年结果，因使用不同半衰期而给出2个数据），34000±2000a BP和38000±2000a BP（两个皆为第2层马牙铀系测年）[9]。

（5）水洞沟文化在中国旧石器时代文化体系中独具特色，但属性存在争议。水洞沟遗址的旧石器时代遗存因含有石叶（或称长石片）和具有勒瓦娄哇风格制品而被认为在中国旧石器文化中特立独行，与传统的北方石器工业具有明显的区别。张森水将中国北方旧石器时代晚期文化分为两个主要工业，一个是以直接打击的小石器为主的工业，另一个是长石片-细石器工业，而水洞沟是后者的代表[10]。张森水其后又指出，水洞沟工业类型的特点比较复杂，既包含中国北方主工业的主要特点，也包括一些非北方主工业技术生产的石制品，因而“水洞沟文化是由两个工业类型的主要特点组成的新工业类型”[11]；李炎贤将中国旧石器时代晚期文化划分为4个序列，水洞沟被作为“以石叶为主要特征的文化系列”的代表[12]。当然，学术界对水洞沟石制品组合及技术特点的认识并不统一，部分学者强调石叶（长石片）产品所占的比重及其制作技术的特殊性，部分学者提出普通石核、石片在遗址占据主体地位，因而“水洞沟工业”仍然是中国石片工业大家庭中的一员。

（6）对水洞沟文化的源头存在不同看法和认识上的变化。在遗址发掘与研究的早期阶段，步日耶等法国学者将该遗址的石制品与他们熟悉的欧洲旧石器时代中、晚期文化相联系，并用“大距离迁徙的同化影响”来解释这种异地文化的相似性。其后，另一位法国旧石器考古学家博尔德支持了这种看法[13]。但中国学者提出了本土起源的可能性。裴文中于1955年指出：“水洞沟遗址所代表的文化，应当是在中国土地上，在黄土时期的一种原始人类的文化，与欧洲的旧石器时代的文化性质并不相同。”[14]贾兰坡等于1964年指出：“水洞沟的石器与我国现有的其他已知的石器相比，在性质上好像与丁村较为接近，他们似有一定的承袭关系”，但同时认为，“同距离较近的国外各遗址，例如同西伯利亚和中亚地区的遗址进行对比，也是不容忽视的”[15]。盖培与黄万波在将水洞沟的材料与陕西长武窑头沟所代表的“泾渭文化”做对比后指出：“在华北旧石器时代中期文化中，水洞沟文化最接近泾渭文化，它可能导源于泾渭文化。”[16]李炎贤则认为水洞沟文化中的莫斯特技术“在中国旧石器时代中期的丁村和板井子发现的标本中已明显地可以看出来了”[17]。张森水则认为，水洞沟遗址有用莫斯特技术加工的器物和类似奥瑞纳期的长石片及以此为毛坯制作的工具，而且还有更古老的“四边形”石核，因而应该是文化交流的结果[18]。《水洞沟——1980年发掘报告》指出，水洞沟文化“具有独特的与我国华北旧石器时代晚期文化不同的明显特点，将它归入我国目前已发现的旧石器时代晚期任何类型都会遇到很大的困难……我们认为将水洞沟文化看成是我国最具有欧洲旧石器时代文化传统，可以与之进行全面对比的单独类型……”[19]

三、对水洞沟遗址及其旧石器文化内涵的新研究与新认识

笔者所在的旧石器考古团队近年对水洞沟遗址开展了系统的考察，包括2002、2003年两个年份对遗址及附近地区开展的系统调查和2003、2004、2005、2007年四年间对遗址第2、3、4、5、7、8、9、12地点所做的正式发掘。发掘采用整体揭露的方式全方位提取材料和信息，对出土标本用全站仪等仪器、工具做精确的坐标和产状测量记录，通过干筛、水洗、浮选等方式保障微小的标本不被遗漏，并系统提取地层沉积样品和木炭、灰烬等遗物、遗迹。其间对第1地点剖面下部也做了局部清理和取样分析。在发掘期间和田野工作结束后，对出土的石制品等各类标本做了详细的观测研究，对沉积、环境和测年样品做了分析测试，获得了大量信息和数据，并陆续发表了十余篇简报和论文。目前，《水洞沟——2003～2007年度考古发掘与研究报告》已经完成编撰并付梓。通过长期系统的大规模的调查、发掘与研究，在前人工作成果的基础上，我们对水洞沟遗址及其蕴藏的考古学文化内涵取得了下面一系列的新认识。

1. 水洞沟遗址的分布范围及其辐射影响区域

新的科考工作表明，水洞沟遗址不限于由原先发现的第1～5地点构成的狭小区域，而是一处由多个地点构成的大型露天遗址群，已知地点已扩大到沿边沟延伸大约22km的范围，遗物、遗迹分布广泛，对周边广大区域发生过辐射影响。经过2002、2003年的调查，课题组在灵武市边沟河流域相邻的水洞沟、施家窑、张家窑新发现遗物集中分布的地点14个，在多处地点地表见到稀疏分布的石制品、装饰品和动物化石，有些文化遗存具有不同时代的特点，表明古人类在该地区很大的范围内频繁、长

时间生活过。课题组还在宁夏中西部的中卫黄河支流两岸发现3处旧石器时代遗址，在远离水洞沟、位于宁夏南部的彭阳县茹河两岸发现5处遗址，有些采集的石制品具有“水洞沟文化”风格[20]。这些工作扩大了水洞沟乃至宁夏旧石器时代遗址的分布范围，将古人类活动的足迹追溯到南部六盘山区茹水上游和西部贺兰山区南麓。

2. 水洞沟遗址群的时代及文化发展时序

新一轮工作的重点内容之一是对遗址的测年。我们采用不同的方法对各地点各层位的多个样品做分析测试，力求经过交叉验证后数据可靠，得出的年代框架可信。年代学工作取得的一个突破性结论是：水洞沟遗址的人类生存活动及其留下的遗物、遗迹不局限在一个时期，而属于多个时段；水洞沟旧石器时代遗址群包含多个层位、多个时代，人类活动集中发生在旧石器时代晚期，但下部的个别层位可能属于更早的时期，在这里可以建立起先民生存演化的时序性框架[21]。其中第2地点包含多个文化层位，在各地点中地层序列最完整，取得的测年数据最丰富，成为建立遗址群时代框架的核心和支柱；其他地点可以与其对比，并提供重要补充。

第2地点第7文化层形成于41.44ka ~ 34.39ka BP之间，第5 ~ 6文化层形成于34.39ka ~ 32.8ka BP之间，第3 ~ 4文化层形成于32.56ka ~ 31.38ka BP之间，第2文化层形成于31.3ka ~ 29.9ka BP之间，第1文化层形成于20.3ka BP左右[22]。第3、4、5地点下文化层的时代与第2地点第2文化层应属于一个大的时段，而上文化层年代不详，或许混入了一些晚期的遗存（例如细石器）。第7地点地层有所扰动，可能有不同时段文化遗存的叠加，但主要遗存应与第2地点第2层同期或略晚。第8地点的文化层薄而单纯，与第2地点第2层时代和文化属性相一致。第9地点文化层单一，取得多个光释光数据，指向（42.5 ± 3.2）ka ~（24.4 ± 2.5）ka BP的区间。测年数据中有两个较老者，分别为（42.5 ± 3.2）ka BP和（35.9 ± 6.2）ka BP，其他数据在30ka BP之内[23]。考虑到该遗址文化层距地表浅，上覆地层只有10cm左右，光释光测年样品存在后期曝光的可能性，会使测年结果偏向年轻，较老的数据似乎更能反映文化层位年代的真实性，因而第9地点的文化时代应与第2地点的第7层相当，至少不晚于第5层的年代。这也与二者的文化内涵相吻合。第12地点是水洞沟遗址群时代序列中崭新的一环，是以前一直缺失并被不断找寻的一个重要环节（细石器层位）。该地点只有一个文化层位，光释光年龄数据指向12ka ~ 11ka BP的区间[24]，处于更新世和全新世的过渡时期。至于第1地点，显然是一处与第2地点相似的包含了不同时代的遗址，其含石叶的层位应该与第2地点的第7文化层和第9地点的文化层相一致，新近利用从第1地点剖面采集的木炭所做的AMS^{14}C测年数据（36ka BP）也支持这一结论[25]。而其上出土鸵鸟蛋片装饰品、骨器和“炉灶”的层位应相当于第2地点第2文化层和第7、8地点的文化层位。第1地点精细的文化层位划分和确切的年代框架建立，还有待未来对该地点重新发掘和研究来彻底解决。

3. 水洞沟遗址的形成过程、埋藏特点及其反映的古人类生存环境

前人的研究对该地区的地质地貌、地层发育和阶地划分存在争议。新的研究基本厘清了水洞沟遗址区的地质历史和地貌的形成过程与机制，并对主要遗址点的地层堆积过程、营力和埋藏特点有了较深入的认识[26]。该地区的地层主要由河湖相堆积及其下伏基岩构成，与黄河及其支流的活动密切相关。该地区共发育6级阶地，反映了6个不同阶段的沉积过程。古人类活动遗存埋藏在第2级阶地堆积中。各遗址点主要分布于边沟河的两侧，主要是因为河流下切使得河道两侧的地层出露，更易发现古人类活动遗迹。各地点的地层堆积主要为以粉细砂为主体的河湖相砂砾层，水平层理发育。从埋藏学角度看，第1、2、3、4、5、8地点为原生埋藏，遗址形成过程中文化遗存基本没有受到后期扰动，而第7、9、12地点的文化层在形成过程中应该经历过扰动，水流对遗物、遗迹有一定的移位、搬运和分选，但扰动程度不大，文化面貌基本得以保存下来。

在深海氧同位素MIS 3阶段（60ka ~ 25ka BP）的早期至晚更新世末，该地区总体相对干旱，表现为稀树的荒漠草原环境。地层中植被种属主要是适合在荒漠草原生长的藜科、霸王属、蒿属、麻黄属等草本植物；附近山区有云杉、冷杉、松等针叶林存在，在MIS 3阶段末曾一度繁盛，但在末次冰盛期后退化消失。气候总体上比较干冷，降雨量较少。在遗址周边生长有榆属、栎属、柳属等喜温湿的树种，水生和湿生的蒲草、浮萍、莎草等时有出现，说明遗址区内存在水热条件相对适宜的局部小环境。这种相对适宜的小环境为动物的生存提供了有利的条件，文化层中出现许多小型动物骨骼，说明动物资源比较丰富。人类活动区域的沉积物特点和植被的稀疏表明该地区比较开阔平坦，是湖滨区湖水反复进退的区域。

大约在MIS 3阶段早期，水洞沟盆地开始形成，盆地内分布着大大小小的沼泽洼地。随着地形的发育，盆地积水加深，形成了浅湖，湖边的水热条件相对适宜，湖边或湖边洼地旁生长着榆、柳、栎等乔木，不远处还生长着云杉、冷杉、松等喜冷树林，湖的外侧是广袤的荒漠草原。多样性的自然条件为野驴、羚羊、野牛、犀牛、野马、鬣狗、鸵鸟等野生动物提供了生存条件。此外，附近的冲沟、高阶地和古河床里有大量的硅质白云岩、硅质灰岩、石英砂岩、石英岩、燧石等岩性的石块可被选作制作石器的原料。丰富的水源、动植物资源和石器原料资源为先民的生产、生活提供了便利的物质条件，使他们生生不息，一代代在这里生存繁衍。在距今1.8万年末次冰期高峰期（LGM）前后的一段时间内，这里的气候和环境极度恶化，迫使人类离开，到他处谋生。直到距今1.2万年左右，部分人群重新迁移到这里，远古文化的火炬得以传

递。由此可见，水洞沟地区4万年以来先民的来来去去、薪火相传不是偶然和随机的，而是有内在的机制和规律可循，是生态环境变化与人类适应生存交互作用的结果。

4. 水洞沟遗址人类遗产的丰富性与多样性

在水洞沟旧石器时代遗址群的各地点、各时段，人类的文化遗存是丰富多彩的。石制品是其中数量最多、信息量最大的一类，包括普通的打制石制品、细石器组合及磨制石制品。普通打制石制品又包括具有勒瓦娄哇风格的石核、石片，石叶技术体系中的石核与石叶，以及具有传统风格的小石片类型组合。有些石制品显示出经过热处理的迹象[27]，有些保留被使用磨损后产生的微痕和加工植物的残留[28]。此外，在第1地点发现石制品上有清晰的人工刻意刻划（画）的线条，成为研究早期人类认知能力的重要材料[29]。在第1、2、7、8地点皆发掘出用鸵鸟蛋片制作的外廓经打磨呈圆形的精美的串珠装饰品，上有赭红染色；在遗址地表的很多地方采集到外廓不规则、未经打磨、个体小型但同样有穿孔的鸵鸟蛋片装饰品，与地层出土者显然属于不同的时代[30]。在第1、2地点出土制作粗糙的骨锥，在第2地点出土一枚一端带有针孔（残）的骨针，在第12地点出土制作精美的骨锥、骨针、梭形器、有均匀刻痕的带槽骨柄和有装饰孔的石饼。在第1、2、8、12地点皆有丰富的用火遗存，包括灶塘和烧骨、烧石、灰烬，第12地点的用火遗存指向石煮法烧水熟食行为[31]。几处地点都出土一定数量的动物化石，提供着古人类的生存环境和资源条件信息。各遗址地层还赋存着大量有关遗址形成过程、古环境和先民对居址的空间利用方式等方面的材料（例如孢粉、植硅体、磁化率）与信息。这些文化遗存的丰富性和多样性目前在我国同一地区、同一时段尚无可媲美者，显示着该地区旧石器时代晚期的先民在族群归属、社会结构、迁徙融合、文化技术和生存策略诸方面的复杂性和多元性。

5. 水洞沟先民的适应生存能力和行为方式

生活在这里的古人群具有很强的适应生存能力和特定的行为方式。第2地点第2文化层所含的信息显示，古人类对居址具有复杂的利用方式，会围绕火塘制作修理工具，加工装饰品，进行食物加工和消费等，因而火塘成为中心营地的核心[32]。人群会反复利用同一处营地，留下很多相距很近，甚至有叠压和打破关系的简易灶坑。少量石制品表面保留淀粉粒、植硅体等植物残留物，表明古人开发利用了植物性食材[33]。不但如此，此时的人类已经懂得将特定的石料放在火中加热，使其物理性能发生改变，从而更易于被剥片和加工成工具。第12地点保留大量用火遗迹和遗物，整个文化层都被熏染成棕褐色。这里出土大量的碎石块，岩性经过选择，不含有当地随处可见的石灰岩。模拟试验表明，这些碎石块是在经历高温烧烤后又被浸在水（液体）中爆裂分解的。这是在我国旧石器时代遗址中首次被辨识出的一种特定的用火方式[34]，与民族志中记载的将石头加热后用来煮水和熟食（石煮法）的案例十分吻合，是远古人类聪明才智的明证。这项发现使我们认识到，先民在适应环境、利用自然的过程中不断探索，不断创新，一步步从洪荒时代走向文明。从第2地点接近3万年前的简单用火到第12地点1.2万年前的复杂用火，人类演化和进步的脚步在铿锵有力地迈进着。

6. 水洞沟遗址的石器技术体系与文化传统归属

长期以来，我国旧石器考古学界对“水洞沟文化”石制品的技术特点和文化性质存在争议，对其在中国旧石器文化体系中的分类属性和地位及其传承有不同见解。新的研究表明，水洞沟遗址群包含旧石器时代晚期不同时段的地点，存在不同时期的考古学文化体系，因而不存在单一的“水洞沟文化”，这一不科学的术语应该被摒弃。第1地点靠下部的文化层、第2地点第7～5文化层、第9地点文化层和第3～5地点“下文化层”的某个区间出土的石制品，具有鲜明的勒瓦娄哇遗风和初始阶段的石叶技术风格，显示欧洲旧石器时代晚期初段（Initial Upper Paleolithic）的技术与文化特点，是这种技术及其产品在中国旧石器考古文化遗存中的首次露面，年代应该比原先认为的更早，可能在38ka～34ka BP之间[35]，是属于与本土传统的砾石工业和小石片工业不同的技术与文化体系。其后的第2地点4～1文化层和第7、8地点文化层出土的石制品隶属中国北方传统的小石片文化体系，没有显示出勒瓦娄哇技术和石叶技术的影响，但出现了装饰品和加工精美的刮削器等新的文化因素，显示出旧石器时代晚期文化的另一种面貌，而且在不断发展变化，至距今2万年左右的第2地点第1文化层不再见到装饰品。而第12地点文化层和第3～5地点“上文化层”的某个区间的文化组合具有鲜明的细石叶技术特点，表明该地区的古文化进入一个崭新的阶段。因而，讨论水洞沟遗址的技术性质和文化归属，一定要分清地点和时段，否则就会上演“关公战秦琼”的滑稽戏。

7. 石叶技术的源流

学术界对水洞沟石器工业的关注点除了其技术特点和文化归属，还在于石叶技术的来龙去脉。对此，学术界长期存在着“本土起源说”和“西来说”的争论。新的研究表明，水洞沟的石叶技术并非起源于本土，而是从西方、西北方传入的，应该是在末次冰期寒冷的时段生活在西伯利亚地区先民的一些群体南下而带来的。理由如下所述。

（1）带有勒瓦娄哇技术特点的石核和石叶（以前曾被称为长石片）的两个基本技术要素，即系统地预制石核和定向剥片技术（向一个方向或对向连续剥片），在中国传统的旧石器文化中找不到根源，即使在被认为与水洞沟工业有渊源关系的丁村遗址和长武窑头沟遗址，石制品中也看不到这两项技术系统应用的实例。

（2）水洞沟遗址的石叶制品与西伯利亚阿尔泰地区（可进一步延伸到中亚和欧洲）的若干遗址的石制品具有技术与形态的相似性，而后者的时代早于前者，具有时代序列的前后关系，具有发生人群迁徙和技术传播的时间条件；二者的地理位置接近，不存在迁徙或传播的自然屏障；而且在新疆北部的骆驼石遗址和中部的沟西遗址皆发现十分典型的勒瓦娄哇石核和石叶制品，在青海湖附近的调查中也有过类似的发现，这使水洞沟和阿尔泰之间不再存在石叶分布区的真空地带，先民迁徙与文化传播、交流的路线愈发清晰。当然，迁徙与传播不一定是直线、单向的，石叶遗存在蒙古地区、中国黑龙江的一些遗址和吉林延边地区也有所发现，表明东北亚旧石器晚期人群存在频繁的迁徙与互动。

持石叶技术“本土起源说”的学者应该是受到对水洞沟石器工业缺乏全面了解的局限。由于以往的研究将水洞沟遗址不同时代、不同技术体系的文化遗存混杂在一起，在很大程度上淡化了勒瓦娄哇产品和石叶制品的技术特色和所占的比重，过于强调了本土传统技术产品在其中的地位，因而模糊了对文化性质的认识，进而模糊了寻找其源头的方向。

8. 对第1地点的启发与思考

在很长时间内，学术界对“水洞沟文化”存在不同的认识和争论，涉及其年代、技术特点和文化体系归属，而这些讨论全部针对第1地点。解铃还须系铃人，为厘清相关问题还要回到第1地点。虽然本轮工作没有对第1地点开展新的发掘，但进行了局部（下部地层）清理，并采集了少量样品做了年代和环境分析，取得了些许的新认识。同时对其他地点，尤其是与其隔河（边沟河）相望、相距仅百米的第2地点的工作结果，对第1地点相关问题的讨论提供了有益的启示。

如前所述，以前对第1地点文化遗存的研究是建立在所有标本都属于同一个层位、同一个时代、同一个文化体系的假设前提之上的。虽然后两次的发掘划分出了不同的自然层，但文化遗存仍被混在一起加以研究，这应该是存在不同看法和模糊认识的根源。

水洞沟第1地点和第2地点地层应该基本能够对应起来。二者相距很近，中间的边沟河是一条很窄的季节性河流，发育很晚，在旧石器时代晚期人群居住于此的时候，这条河流并不存在，不会对先民的生活和遗址的形成产生任何影响。第2地点的7～5层出土零星的勒瓦娄哇石核与石叶石核，数量虽少，但特征明显。我们在对第1地点下部地层做清理时曾经发现石叶，说明该地层是出产石叶技术产品的原生层位，即所谓典型的“水洞沟文化”层。由此判断，勒瓦娄哇和石叶技术产品在第1地点只埋藏在下部的特定层位，而不应在旧石器时代堆积中皆有分布。据记载，以前的发掘皆遇到集中分布的灰烬和烧骨、烧石等，还发现1枚用鸵鸟蛋片制作的外廓圆状中间钻孔的装饰品，这些情况与第2地点第2层极为相似，应属于一个层位、一个时代。这样看来，第1地点至少存在两个不同层位、不同时段的旧石器时代文化遗存，而且分属不同的技术体系。至于第1地点是否存在第2地点的其他文化层位（第4、3、1层）尚不能确定，但以前的记录表明第1地点的文化遗物从上到下皆有分布，说明第2地点的这些层位也应该包含在第1地点的堆积中。但两处地点的地层并不能完全对应起来，第1地点的新石器时代层位在第2地点缺失，而第2地点上覆的巨厚而纯净的粉细砂堆积在第1地点则不存在。这应该是遗址在形成后不同部位遭受后期侵蚀和再沉积作用不同而造成的。

由此可见，作为水洞沟遗址的核心，第1地点存在不同层位、不同时代、不同技术体系的史前文化遗存，不应该作为一个单一遗址或单一的考古学文化来对待。所谓的“水洞沟文化”是个混淆、模糊的概念，应该停止使用。将不同时代、不同技术体系的文化遗存混为一谈，影响了对遗址遗产内涵、技术演变、文化属性及其源流的恰当梳理、判断和认识，也影响了对其在中国乃至东北亚旧石器时代文化框架中的定位和与相关遗址及文化体系关系的讨论。因而，未来应该对第1地点开展有限度的高科技的考古发掘，划分出精细的文化层位，记录下标本的确切三维坐标和埋藏信息，进行系统的岩性地层、古环境和年代分析测试，全方位提取古人类生存演化的背景和行为信息，使相关争论尘埃落定，使研究工作更加深化、细化。

9. 对现代人起源与扩散研究的启示与意义

现代人起源与扩散是目前人类学和考古学研究的热点，“出自非洲”说和“连续进化附带杂交”说仍在进行持续了20多年的论战[36]。对现代人起源与扩散的研究目前在几个领域展开，各自有不同的证据体系和研究视角。化石人类学在致力寻找人类化石所保存的区别于直立人和早期智人的、可以界定为“现代人”的解剖学证据，通过保存这样证据的化石的时空分布来确定早期现代人起源的时间、地点和扩散的过程；分子生物学在通过假定的分子生物钟对现生人群的遗传变异做溯源推导，并努力在人类化石上提取古DNA以与现生人群做比较，从而确定早期现代人起源的时间和扩散的路线；旧石器考古学则通过寻找和辨识一系列所谓“现代人的行为证据”，包括石叶技术、精美的石器、磨制骨器、复合工具、装饰品、艺术品、墓葬、猎获大型动物的能力、对石料的热处理、对居址的复杂利用方式等[37]，来推测早期现代人起源的时间、地域和迁徙的路线。水洞沟遗址的一些地点出土带有西方旧石器时代晚期技术特点的文化遗存，存在远古时代东西方人群迁徙和文化交流的证据或可能性，因而被很多学者认为对研究现代人起源与扩散具有重要价值。新的研究表明，该遗址对这一命题的研究的确能提供独特的启示和贡献。

该遗址保存的具有勒瓦娄哇和石叶技术特点的石制品组合应该是旧石器时代晚期初段生活在西方、西北方的人群迁徙至此所留下的。这些人群具有娴熟的剥离石叶和制作精致工具的技术与能力，与欧亚大陆西部和非洲早期现代人群的技术与行为特征相一致，符合西方学者确定的早期现代人群的文化标准，因而是早期现代人自西向东迁徙扩散过程在中国北方留下的重要证据。但这一文化组合很快消失，而且没有对后期文化产生明显的影响，现代人演化的故事在这里如何续写？

在水洞沟遗址接续、替代石叶技术组合的是带有本土传统文化特点的小石片石器组合。这个组合的鲜明特点在第2地点第2文化层和第7、8地点文化层有很好的体现。他们的主体是从未经预制的石核上随机剥下的不规则的小石片和以此为毛坯所加工制作的工具；其中没有石叶技术产品。如果单从石叶的角度看，这些小石片组合会被排除在“现代人”文化之外，但热处理、装饰品、磨制骨器、制作精美的刮削器和以火塘为中心的对居址的复杂利用方式都是所谓“现代人”的行为特征，因而早期现代人仍然生活在这里，只不过换了群体，换了文化与技术的表现方式。

这种带有不同文化特点的早期现代人群之间的替代、延续引人思考。所谓的“现代人”是一个未加科学界定的、宽泛的概念，从体质形态和遗传变异的角度确定其标准已属不易，从技术、文化、行为的角度加以界定和分辨更加困难。一个重要的原因是：人类演化是连续的，不存在不同阶段间的跳跃，不可能在某个时代、某个群体身上突然出现与前人截然不同的生物特点和文化属性；人类演化是多样的，不可能找到放之四海而皆准的统一的体质和行为标准与模式。对所谓“现代人的行为证据”清单，学术界近来有很多反思和批评，它的适用性和共识性都受到挑战，正在被摒弃。水洞沟遗址特定时段出土的石叶技术组合固然代表一支来自西方的早期现代人群的迁徙和扩散，但不是故事的全部，他们没有对本土人群发生整体的替代；他们消失后这里出现的是土著人群，他们在石器技术上保持旧有的传统，但行为方式中有新的因素，出现对本土传统文化的继承和创新。他们与周口店山顶洞、田园洞4万～3万年前的人群一样，是早期现代人类大家庭中的成员，而且在后来演化成东亚蒙古人种的广大现生人群。由此可见，这里的现代人起源与扩散模式不是简单的外来移民替代，相反，本土人群连续演化是主旋律。因而，“连续进化附带杂交”理论在该地区有着更坚实的考古学基础。

致谢：参与过水洞沟遗址新近发掘与研究的其他队员，包括钟侃、裴树文、陈福友、仪明洁、冯兴无、张晓凌、张乐、张双权、刘德成、王春雪、马晓玲、曹明明、朱之勇、彭菲、李锋等，他们对本项目的开展和对本文的撰写做过很多贡献，作者一并致谢。

参考文献

[1] Licent E, Teilhard de chardin P. Le Paléolithique, de la Chine. L' Anthropologie, 1925, 35(4): 201-234; Boule M, Breuil H, Licent E, et al. Le Paléolithique de la Chine. Archives de l'Institut de Paléontologie Humaine, mémoire 4. Paris: Masson, 1928: 1-138.

[2] 宁夏文物考古研究所. 水洞沟——1980年发掘报告. 北京：科学出版社，2003：1-235；王惠民，裴树文，马晓玲，等. 水洞沟遗址第3、4、5地点发掘简报. 人类学学报，2007，26（3）：206-220；高星，王惠民，何吉德. 水洞沟——穿越远古与现代. 北京：科学出版社，2011；陈福友，李锋，王惠民，等. 宁夏水洞沟遗址第2地点发掘报告. 人类学学报，2012，31（4）：317-333.

[3] 裴文中. 中国史前时期之研究. 上海：商务印书馆，1948.

[4] 裴文中. 中国旧石器时代的文化//郭沫若，杨钟健，裴文中，等. 中国人类化石的发现与研究. 北京：科学出版社，1955：53-89.

[5] 贾兰坡，盖培，李炎贤. 水洞沟旧石器时代遗址的新材料. 古脊椎动物与古人类，1964，8（1）：75-83.

[6] 贾兰坡，盖培，李炎贤. 水洞沟旧石器时代遗址的新材料. 古脊椎动物与古人类，1964，8（1）：75-83.

[7] 裴文中，李有恒. 萨拉乌苏河系的初步探讨. 古脊椎动物与古人类，1964，8（2）：99-118.

[8] 宁夏文物考古研究所. 水洞沟——1980年发掘报告. 北京：科学出版社，2003：1-235.

[9] 宁夏文物考古研究所. 水洞沟——1980年发掘报告. 北京：科学出版社，2003：1-235；黎兴国，刘光联，许国英，等. ^{14}C年代测定报告（PV）Ⅰ//中国第四纪研究委员会碳十四年代学组. 第四纪冰川与第四纪地质论文集（第四集）. 北京：地质出版社，1987：16-38.

[10] 张森水. 中国北方旧石器工业的区域渐进与文化交流. 人类学学报，1990，9（4）：322-333.

[11] 张森水. 管窥中国旧石器考古的重大发展. 人类学学报，1999，18（3）：194-214.

[12] 李炎贤. 中国旧石器时代晚期文化的划分. 人类学学报，1993，12（3）：214-223.

[13] Bordes F H. The Old Stone Age. New York: McGraw-Hill, 1968.

[14] 裴文中. 中国旧石器时代的文化//郭沫若，杨钟健，裴文中，等. 中国人类化石的发现与研究. 北京：科学出版社，1955：53-89.

[15] 贾兰坡，盖培，李炎贤. 水洞沟旧石器时代遗址的新材料. 古脊椎动物与古人类，1964，8（1）：75-83.

[16] 盖培，黄万波. 陕西长武发现的旧石器时代中期遗址. 人类学学报，1982，1（1）：18-29.

[17] 李炎贤. 中国旧石器时代晚期文化的划分. 人类学学报，1993，12（3）：214-223.

[18] 张森水. 中国北方旧石器工业的区域渐进与文化交流. 人类学学报，1990，9（4）：322-333；张森水. 中国旧石器文化. 天津：天津科学技术出版社，1987.

[19] 宁夏文物考古研究所. 水洞沟——1980年发掘报告. 北京：科学出版社，2003：1-235.

[20] 高星，裴树文，王惠民，等. 宁夏旧石器考古调查报告. 人类学学报，2004，23（4）：307-325.

[21] Pei S W, Gao X, Wang H M, et al. The Shuidonggou Site Complex: New Excavations and Implications for the Earliest Late Paleolithic in North China. Journal of Archaeological Science, 2012, 39(12): 3610-3626.

[22] 刘德成，王旭龙，高星，等. 水洞沟遗址地层划分与年代测定新进展. 科学通报，2009，54（19）：2879-2885；Liu D C, Wang X L, Gao X, et al. Progress in the Stratigraphy and Geochronology of the Shuidonggou Site, Ningxia, North China. Chinese Science Bulletin, 2009, 54(21): 3880-3886.

[23] 刘德成，王旭龙，高星，等. 水洞沟遗址地层划分与年代测定新进展. 科学通报，2009，54（19）：2879-2885；Liu D C, Wang X L, Gao X, et al. Progress in the Stratigraphy and Geochronology of the Shuidonggou Site, Ningxia, North China. Chinese Science Bulletin, 2009, 54(21): 3880-3886.

[24] 刘德成，王旭龙，高星，等. 水洞沟遗址地层划分与年代测定新进展. 科学通报，2009，54（19）：2879-2885；Liu D C, Wang X L, Gao X, et al. Progress in the Stratigraphy and Geochronology of the Shuidonggou Site, Ningxia, North China. Chinese Science Bulletin, 2009, 54(21): 3880-3886.

[25] 彭菲，高星，王惠民，等. 水洞沟旧石器时代晚期遗址发现带有刻划痕迹的石制品. 科学通报，2012，57（26）：2475-2481；Peng F, Gao X, Wang H M, et al. An Engraved Artifact from Shuidonggou, an Early Late Paleolithic Site in Northwest China. Chinese Science Bulletin, 2012, 57(35): 4594-4599.

[26] 高星，袁宝印，裴树文，等. 水洞沟遗址沉积-地貌演化与古人类生存环境. 科学通报，2008，53（10）：1200-1206；Gao X, Yuan B Y, Pei S W, et al. Analysis of Sedimentary-geomorphologic Variation and the Living Environment of Hominids at the Shuidonggou Paleolithic Site. Chinese Science Bulletin, 2008, 53(13): 2025-2032; 刘德成，陈福友，张晓凌，等. 水洞沟12号地点的古环境研究. 人类学学报，2008，27（4）：295-303；Liu D C, Gao X, Liu E F, et al. The Depositional Environment at Shuidonggou Locality 2 in Northwest China at ~72-18 ka BP. Acta Geologica Sinica, 2012, 86(6): 1539-1546.

[27] 周振宇，关莹，高星，等. 水洞沟遗址的石料热处理现象及其反映的早期现代人行为. 科学通报，2012，58（9）：815-824；Zhou Z Y, Guan Y, Gao X, et al. Heat Treatment and Associated Early Modern Human Behaviors in the Late Paleolithic at the Shuidonggou Site. Chinese Science Bulletin, 2013, 58(15): 1801-1810.

[28] 关莹，高星，李锋，等. MIS3晚期阶段的现代人行为与“广谱革命”：来自水洞沟遗址的证

据. 科学通报，2012，57（1）：65-72；Guan Y, Gao X, Li F, et al. Modern Human Behaviors During the Late Stage of the MIS3 and the Broad Spectrum Revolution：Evidence from a Shuidonggou Late Paleolithic Site. Chinese Science Bulletin, 2012, 57(4): 379-386.

[29] 彭菲，高星，王惠民，等. 水洞沟旧石器时代晚期遗址发现带有刻划痕迹的石制品. 科学通报，2012，57（26）：2475-2481；Peng F, Gao X, Wang H M, et al. An Engraved Artifact from Shuidonggou, an Early Late Paleolithic Site in Northwest China. Chinese Science Bulletin, 2012, 57(35): 4594-4599.

[30] 王春雪，张乐，高星，等. 水洞沟遗址采集的鸵鸟蛋皮装饰品研究. 科学通报，2009，54（19）：2886-2894；Wang C X, Zhang Y, Gao X, et al. Archaeological Study of Ostrich Egg Shell Beads Collected from SDG Site. Chinese Science Bulletin, 2009, 54(21): 3887-3895.

[31] 高星，王惠民，刘德成，等. 水洞沟第12地点古人类用火研究. 人类学学报，2009，28（4）：329-336.

[32] 关莹，高星，王惠民，等. 水洞沟旧石器时代晚期遗址结构的空间利用分析. 科学通报，2011，56（33）：2797-2803；Guan Y, Gao X, Wang H M, et al. Spatial Analysis of Intra-site Use at a Late Paleolithic Site at Shuidonggou, Northwest China. Chinese Science Bulletin, 2011, 56(32): 3457-3463.

[33] 关莹，高星，李锋，等. MIS3晚期阶段的现代人行为与"广谱革命"：来自水洞沟遗址的证据. 科学通报，2012，57（1）：65-72；Guan Y, Gao X, Li F, et al. Modern Human Behaviors During the Late Stage of the MIS3 and the Broad Spectrum Revolution：Evidence from a Shuidonggou Late Paleolithic Site. Chinese Science Bulletin, 2012, 57(4): 379-386.

[34] 高星，王惠民，刘德成，等. 水洞沟第12地点古人类用火研究. 人类学学报，2009，28（4）：329-336.

[35] Li F, Kuhn S L, Gao X, et al. Re-examination of the Dates of Large Blade Technology in China: A Comparison of Shuidonggou Locality 1 and Locality 2. Journal of Human Evolution, 2013, 64(2): 161-168.

[36] 高星，张晓凌，杨东亚，等. 现代中国人起源与人类演化的区域性多样化模式. 中国科学：地球科学，2010，40（9）：1287-1300；Gao X, Zhang X L, Yang D Y, et al. Revisiting the Origin of Modern Humans in China and Its Implications for Global Human Evolution. Science China: Earth Sciences, 2010, 53(12): 1927-1940.

[37] Henshilwood C S, Marean C W. The Origin of Modern Human Behavior. Current Anthropology, 2003, 44(5): 627-651.

（原载于《人类学学报》2013年第32卷2期，与王惠民、关莹合著）

2004年新疆旧石器考古调查简报

一、新疆的地貌特点和旧石器考古简史

新疆维吾尔自治区地处亚欧大陆中部，位于我国的西部边陲，面积160多万平方千米。新疆历史悠久，民族众多，文化灿烂，在研究史前人类对西北干旱地区的开发适应、西域文明史以及中亚地区远古历史中具有十分重要的地位。

在构造上新疆属于“古亚洲”构造域范围，由三山两盆（阿勒泰山、天山、昆仑山和准格尔盆地及塔里木盆地）所组成。在三山中分布有众多的大小山间盆地。第四纪沉积物的发育、分布及其厚度，均受地质构造的控制。其中准格尔盆地和塔里木盆地是第四纪沉积物的主要沉积区，从山地边缘到盆地中心，常形成环带形沉积，高山沼泽沉积、坡积、洪积、冲积、湖积和风积等各种类型的沉积均有分布，但各类沉积物的发育程度均有一定差异。其中，冰碛堆积以天山最为发育，阿勒泰山和昆仑山也较发育，其他山系仅局部地区有分布。在同一沉积区内沉积物的发育具有不对称性，如准格尔盆地的洪积、冲积加洪积沉积物在南部山前最为发育，北部较窄，东西部则不甚发育；塔里木盆地西部冲积—洪积较发育，而东部湖相沉积发育，冲洪积物却不发育；吐鲁番—哈密盆地冲积、洪积堆积只在北部发育，而且多呈带状分布于山前地带，在南部则不发育。该地区远离海洋，降雨量稀少，属于干旱区地理环境，河流水源主要来自降水较多的高山地带。

早在20世纪30年代，德日进和杨钟健就报道了在新疆三道岭、七角井和阿克苏等三处地点发现的石器，在三道岭地点发现的石制品主要是大型刮削器（平均长度为120mm）、两面器、小石叶和柱状细石核。在七角井（6号地点）发现的石制品中有长310毫米的大型镐形斧和龙骨状刮削器、石核[1]。20世纪50年代初，王永炎对这三个地点进行了再次报道[2]。20世纪80年代以后，新疆有无旧石器时代人类生存的足迹、在该区域寻找旧石器时代文化遗存问题引起了国内外学术界的进一步关注。中国科学院新疆分院、美国亚利桑那大学和新疆文物考古研究所合作，曾于1987年和1990～1995年在新疆进行了两期旧石器考古调查，在塔里木盆地南缘[3]、哈巴河县境

内的额尔齐斯河沿岸[4]发现多处地表分布石制品的地点。

2004年之前，新疆地区发现石器地点近百处，绝大多数为细石器地点，对于已发现的石器文化遗存，一般依伊第利斯的观点[5]，将其分为石叶-端刮器工业遗存和细石器遗存。前者被认为是属于旧石器时代晚期，而后者的时代仍存在争议。对于该地区的细石器遗存，伊第利斯从工艺技术与文化类型角度将其细分为四大类，认为以柴窝堡湖畔细石器组合为代表的第1类和以哈密七角井遗址细石器组合为代表的第2类，无伴出磨制石器和陶片，石制品组合较为单一，可能属于旧石器时代。而在喀什一些遗址发现的第3类细石器遗存和以阿斯塔纳遗址细石器遗存为代表的第4类伴出有磨制石器甚至铜器等晚期遗物，很可能属于新石器时代甚至更晚的铜石并用时代[6]。被认为属于旧石器时代的地点有3个，分别是吐鲁番交河故城沟西台地、塔什库尔干吉日尕勒和柴窝堡湖畔地点。这些地点都缺乏清楚的地层关系，即使是最为重要的一个地点——交河故城沟西台地地点，也仅有1件手镐和1件石片出自地层中，其余均为地表采集[7]。关于有确切层位的旧石器时代文化遗存的探索，仍然是新疆考古研究中的一个薄弱环节。

2004年5～6月，中国科学院古脊椎动物与古人类研究所和新疆文物考古研究所联合组队，在国家文物局"新疆旧石器考古调查"项目的支持下，在新疆北部及中部做了为期一个月的旧石器时代考古调查，新发现含传统打制石器和细石器的地点共24处，采集和试掘出土标本500余件。调查后这批遗址与材料被整理、观测和研究，部分资料在外文期刊上发表[8]，在国内的资料性书刊和研究生的学位论文中有所涉及，但并未做系统的披露。由于一些遗址有进一步工作的价值与必要性，考察队一直想返回一些地点开展地层、年代和文化遗存组合的进一步工作，但至今未能实现。近来新疆的旧石器考古因为通天洞的发现并获评"2017年度全国十大考古新发现"而引起很大的关注，尽早公布前期的考察成果，为后续工作提供有价值的信息和线索，十分必要。本文即是对2004年新疆旧石器考古调查过程与收获的简要报告，以期对后续科考和相关文物管理、保护和资料编撰工作有所助益。

二、调查方法与过程

2004年初，在高星和伊第利斯的策划、组织下，中国科学院古脊椎动物与古人类研究所和新疆文物考古研究所组成新疆旧石器时代考古工作队，计划开展新疆地区的旧石器时代考古调查，并于该年5月至6月实施了计划。考察队联合了美国亚利桑那大学人类学系和俄罗斯远东科学院相关人员，一行共10余人在新疆进行了为期一个月的旧石器考古调查，重点考察在北疆的准格尔盆地西缘的奎屯至布尔津沿线、额尔齐斯河和乌伦古河沿岸、天山北缘，也对中南部的吐鲁番盆地、库尔勒—阿克苏—喀什沿线进行了调查（图一）。

实地调查之前，考古队查阅与评估了新疆地区以前的史前考古资料和相关线索，收集了目标地区的大比例地形-地质图，通过读图对适宜古人类生存和有利于埋藏古人类遗物、遗迹的山谷、盆地、河流阶地、洞穴等的分布情况和地貌条件做出预判，选定了调查的区域和实施路线。调查时随身携带GPS和照相机、录像机、便携式电脑等设备，对发现石制品的地点和有潜力的区域做位置标记，对有价值和潜力的地点与区域的地貌、地层做观察和记录。对于石制品丰富、技术特点明确、学术潜力大的地点，例如骆驼石、沟西台地和烽火台地点，做局部的试掘和规范的采样调查、观测，尽可能获得翔实有效的信息，为后续工作奠定坚实的基础。

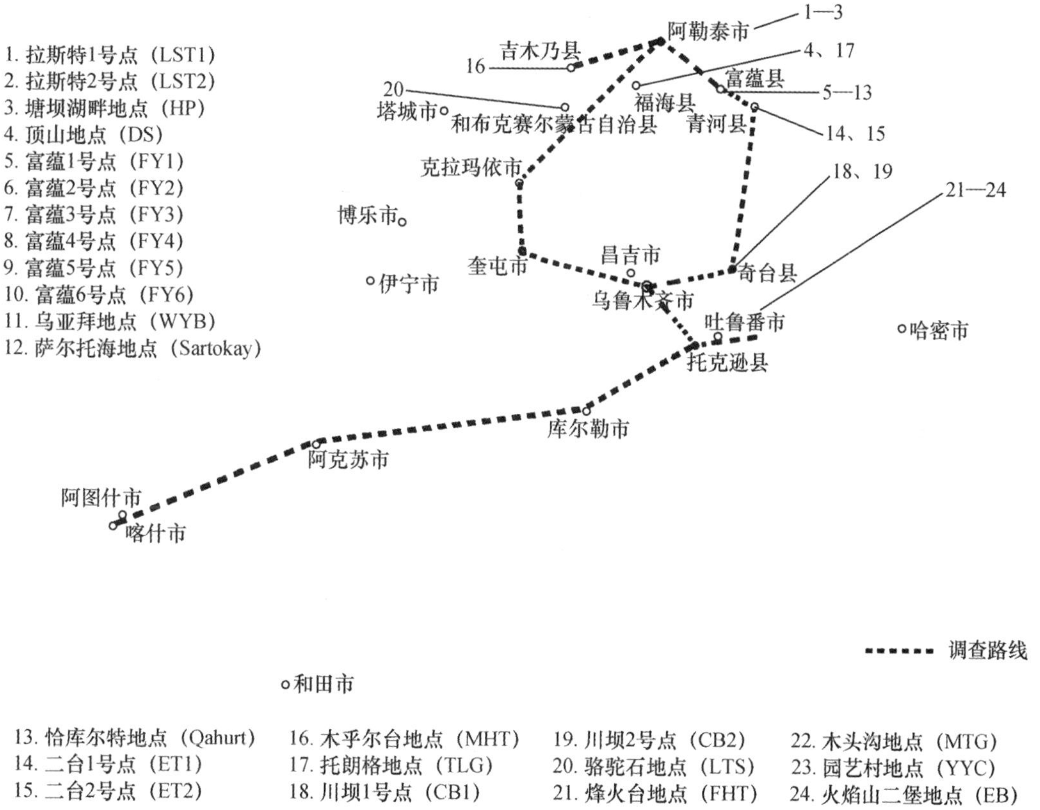

图一 2004年新疆调查路线及发现地点位置示意图

三、主要发现

1. 新发现地点

本次调查在北疆的富蕴县额尔齐斯河沿岸、富蕴县和青河县的乌伦古河沿岸、天山北缘的奇台县以及和布克赛尔蒙古自治县等地区新发现24处旧石器地点（表一），同时也对沟西台地等以前发现过的地点进行了复查。

表一　2004年调查发现旧石器地点一览

编号	名称	代码	坐标	地理位置	材料
1	拉斯特1号	LST01	N47°53.9′41″，E88°07′154″	阿勒泰北拉斯特村附近克兰河左岸	石核、石片、断块各1件
2	拉斯特2号	LST02	N47°54.231′，E88°6′700″	阿勒泰北拉斯特村附近克兰河右岸	石核2件，石片1件，刮削器3件
3	塘坝湖畔	HP	N47°38′10.9″，E88°16′01.7″	阿勒泰市红墩镇塘坝湖畔砾石台地上	石核1件，石片5件，断块1件
4	福海县顶山	DS	N46°37′3.8″，E87°56′43.4″	福海县喀拉玛盖乡182团东南顶山水渠（额尔齐斯河-乌鲁木齐）右	石核3件，石片5件，刮削器1件，断块4件
5	富蕴1号	FY1	N46°58′59.9″，E89°29′52.4″	富蕴县城南额河左岸（额尔齐斯镇）	石核1件，石片8件，砍砸器1件，刮削器1件，断块3件
6	富蕴2号	FY2	N46°59′01.1″，E89°30′07.7″	富蕴县城南额河左岸T1地表	石片1件，砍砸器17件
7	富蕴3号	FY3	N46°58′39″，E89°30′59″	富蕴县城南额河左岸城南	石核1件，石片1件
8	富蕴4号	FY4	N46°59′31″，E89°33′32.3″	富蕴县城东南额河左岸T2顶部	石片1件，砍砸器1件
9	富蕴5号	FY5	N46°59′24.0″，E89°33′33.2″	富蕴县城南额河左岸T2表面砾石层中	石核1件
10	富蕴6号	FY6	N46°59′39.5″，E89°29′50.3″	鄂河右岸城西北	石核1件，石片2件
11	乌亚拜	WYB	N46°15′21.2″，E89°43′31.4″	富蕴县乌伦古河左岸	石核5件，石片9件，两面器1件，刮削器1件，断块1件
12	萨尔托海	Sartokay	N46°12′36.7″，E89°52′27.8″	富蕴县乌伦古河左岸	石核1件，石片1件，刮削器2件

续表

编号	名称	代码	坐标	地理位置	材料
13	恰库尔特	Qahurt	N46°20′51.5″，E89°32′0.371″	富蕴县哈拉通喀乡恰库尔特村北，乌河右岸	石片2件
14	二台1号	ET01	N46°3′29.7″，E90°9′40.3″	青河县萨尔托海乡二台村南伦河左岸	石核1件，石片9件
15	二台2号	ET02	N46°3′50.7″，E90°8′54.6″	青河县萨尔托海乡二台村北伦河右岸	石核5件，石片24件，刮削器7件
16	木乎尔台	MHT	N46°38.250′，E86°01.718′	吉木乃县喀尔交乡木乎尔G217-120km路东	石核1件，石片1件
17	托朗格	TLG	N47°13′40.2″，E88°32′31″	福海县托朗格G216-122km路北	石片5件，刮削器1件
18	川坝1号	CB1	N43°44′46.1″，E89°46′44.2″	奇台县半截沟镇川坝村七组	石核1件，石片3件，砍砸器1件，断块2件
19	川坝2号	CB2	N43°45′33.0″，E89°47′02.5″	奇台县半截沟镇川坝村六组26.8km路西黄土台上	石核2件
20	骆驼石	LTS	N46°38.041′，E86°05.254′	和布克赛尔蒙古自治县和什托罗盖镇	大于10000m^{2}的地表散落大量石制品
21	烽火台	FHT	N42°53′5.1″，E89°55′18.5″	吐鲁番盆地二堡乡和艾丁湖	大于10000m^{2}的地表散落大量石制品
22	木头沟	MTG	N42°58′10.3″，E89°31′59.3″	吐鲁番市东胜金乡木头沟村柏孜克里河东岸T2	石核3件
23	园艺村	YYC	N42°55′5.3″，E89°33′43.2″	吐鲁番市东胜金乡园艺村柏孜克里河右岸T2	石核1件，石片3件，断块1件
24	火焰山二堡	EB	N42°53′1.5″，E89°31′27″	吐鲁番市二堡乡火焰山二堡村	石核1件

此次发现和采集的石制品绝大多数来自地表，多数地点石制品的分布较为零散。位于和布克赛尔蒙古自治县和什托罗盖镇的骆驼石遗址是本次考察在北疆的最重要收获，遗址位于国道217线245千米至250千米两侧，分布面积约20平方千米，石制品分布于地表，集中区面积超过1000平方米（图二）。

调查队在吐鲁番盆地二堡乡和艾丁湖的烽火台附近也发现多处旧石器地点，其中烽火台遗址是一处有确切地层依据的重要遗址，小规模试掘显示石制品埋藏于地表以下的细砂和粉砂层中（图三），类型以石核、石片以及刮削器为主，以小型居多，初步判断其时代属于旧石器晚期至新石器时代早期，该遗址尚有进一步工作前景。

图二　骆驼石地点（LTS）地表石制品分布

图三　烽火台地点（FHT）试掘

2. 采集的石制品简介

除骆驼石和烽火台外，其他地点石制品仅零星分布，范围也并不大，且均来自于地表，没有发现地层中有文化遗物出露。

在富蕴1号点（FY1）发现的一件石叶石核形态与水洞沟遗址第1、第9地点的石叶石核多有相似之处（图四：1），该类石核也多被称之为宽面石核（broad-faced core）或扁脸石核（flat-faced core）[9]，其剥片概念与勒瓦娄哇基本无异：即两个宽面有清

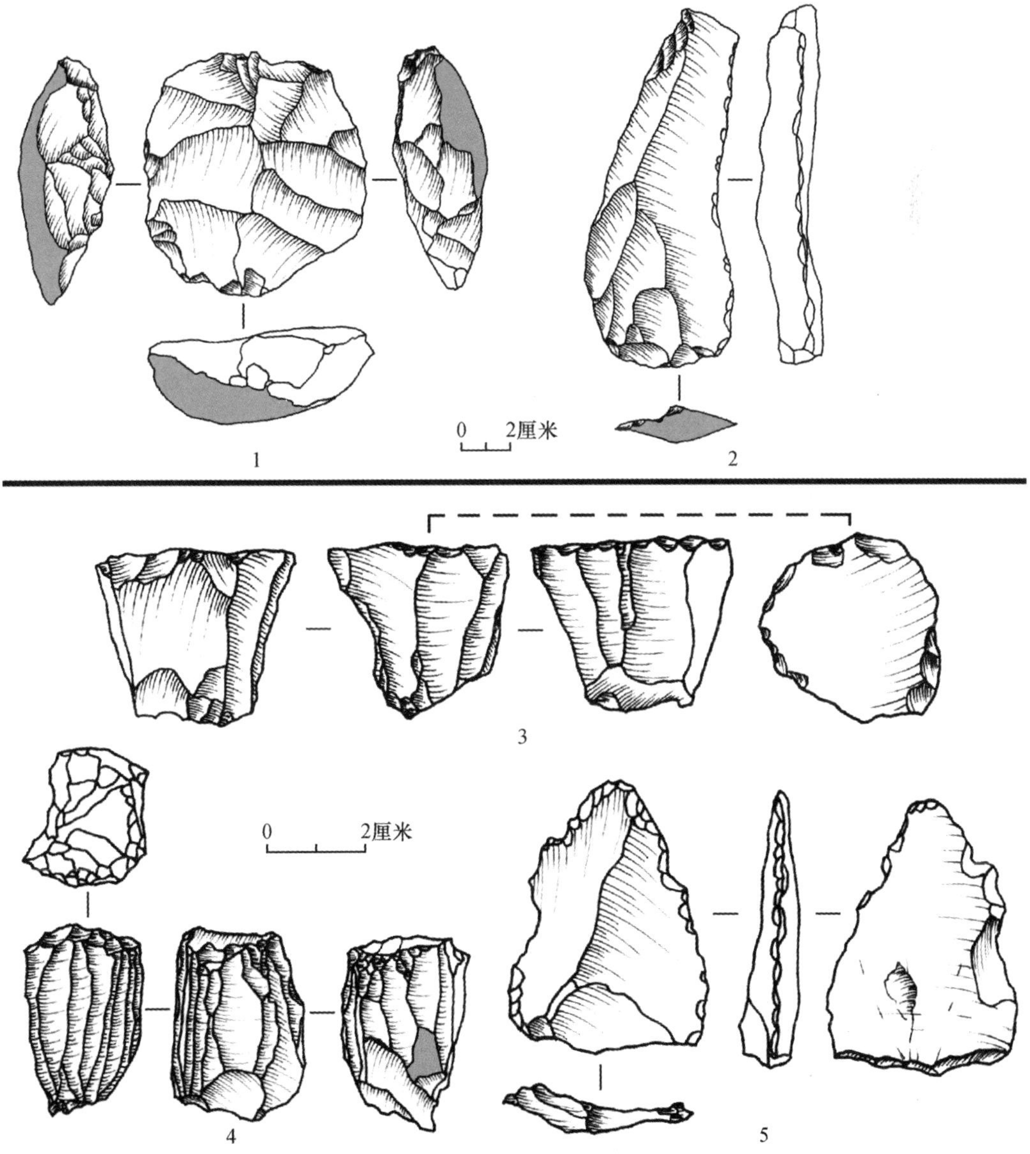

图四　2004年调查采集的部分石制品

1. FY1：06（宽面石核/broad-faced core）　2. ET2：08（石叶/blade）　3. ET1：01（棱柱状石核/prismatic core）　4. DS：04（细石叶石核/microblade core）　5. ET1：05（尖状器/point）

楚层级（hierarchical）关系，一面作为台面但台面预制仅发生在靠近剥片面的边缘，因而此面的中间保留有较多石皮，另一面则为剥片面，长石片及石叶的生产以单向或对向为主，台面有的经过精细修整，但素台面的情况也很多见，由于剥片持续在宽面进行，石核整体呈扁平状。富蕴1号点的这件石核即属于此类产品。

二台1号点（ET1）发现了一件较为典型的棱柱状石核（图四：3）。与勒瓦娄哇石核剥片概念不同，棱柱状石核围绕台面进行剥片，这一剥片方式使得石核整体（volumatric）缩减。石核的台面并没有经过仔细修整，底部有一剥片疤。

细石叶石核（图四：4）发现于顶上地点（DS）：台面经过仔细修整，特别是靠近剥片面处可见许多细小疤，可能为磨琢所致；底部有数个对向剥片的疤痕，剥片面可见至少10片以上片疤。

其他石核多为单台面简单石核，表面片疤不多，有的单台面石核可能也作为砍砸器使用。

采集石片中有个别石片台面经过精细修整，石片形态与勒瓦娄哇尖状器相仿（图四：5）。

整体来看，采集的石制品原料多样，以石英岩、硅质页岩、燧石为多；类型丰富，有棱柱状石核，石叶石核，也有细石叶石核，工具类型主要有刮削器、尖状器、砍砸器（图四）。

四、骆驼石地点

骆驼石地点是本次调查发现最重要的地点，在采集的石制品中，骆驼石地点石制品也最有特色。石制品绝大多数由黑色页岩打制而成，也有少量石英岩石制品。石制品磨蚀严重，许多难以见到锐利的边缘，但也有石制品一侧边缘基本磨圆，而另一侧则锐利新鲜，应该跟埋藏有关：锐利的一侧可能埋藏于地下而磨圆的一侧暴露于地表。

石制品类型主要有石核、石片，其中比较多的大石叶是该遗址的一大特色。石核包括宽面石核、窄面石核、盘状石核、多台面石核及勒瓦娄哇石核。石片有勒瓦娄哇尖状器、长石叶、普通石片，有的石叶及石片边缘可见似乎是修理形成的片疤，但许多片疤大小不一，考虑埋藏因素，尚不能明确判定这些片疤都是人工有意识修理形成。

石制品以大型和中型（50～200cm）居多，较之水洞沟遗址发现的石叶和长石片明显大得多，比之俄罗斯卡拉波（Kara-Bom）遗址出土的同类产品也要大，这一特点可能与原料有关，尚待进一步分析。

许多石核类型与俄罗斯阿尔泰地区、中亚地区旧石器时代中期及晚期初段（Initial

Upper Paleolithic）遗址内出土石制品形态类似，其中比较有特点的是宽面石核。图五：1是一件典型宽面石核，一面较平，并保留大量石皮；两端台面经修理后，对向剥取了长石片及石叶。图五：3也是同类产品，但略有不同的是其剥片不仅在宽面，也转向两侧的窄面。

另一种比较有特色的石核是窄面石核（narrow-faced core）。图五：4是骆驼石遗址中比较有特色的一件窄面石核。石核台面经过多次打片修理，打片方向多向，石核两个宽面均保留有石皮，两个宽面相交的较窄一面上保留有超过5个剥取石叶/小石叶留下的片疤，石核底缘也经修理，刻意形成一个锋利的锐尖。该石核与阿尔泰地区乌斯特卡拉科尔（Ust-Karakol）遗址及水洞沟第1地点出土的窄面石核形态十分相似，且加工更为精美。

图五：2是一件形态比较特殊的石叶石核，通体遍布片疤，其中一个宽面上明显有数个石叶片疤，为单向剥片。

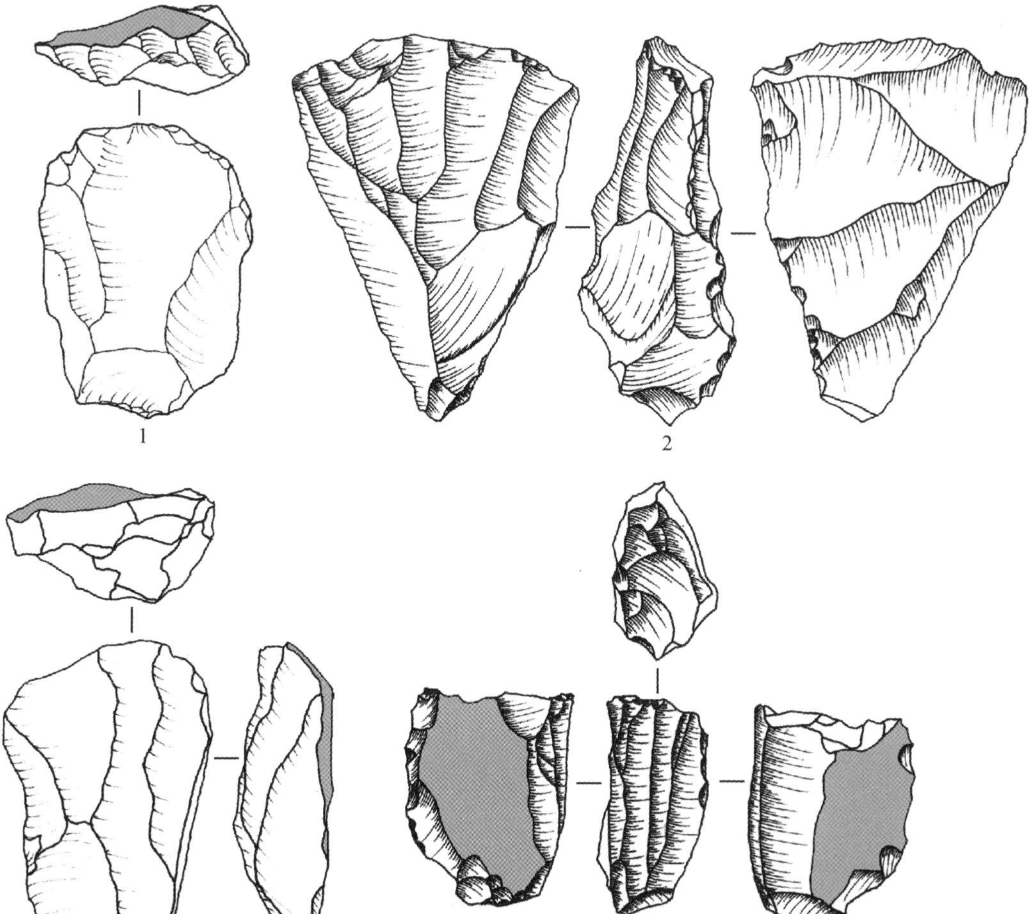

图五　骆驼石遗址部分石核

1、3. 宽面石核/broad-faced cores　2. 石叶石核/blade core　4. 窄面石核/narrow-faced core

在骆驼石遗址发现的石叶很多个体很大，许多标本长度超过10cm，有的接近20cm。台面均很厚，有的经过精细修整（图六：4）且打击点明显，打击泡鼓凸，有锥疤，清晰地显示古人类是使用硬锤法直接打击产生这些长石叶的。有的侧边经过修理（图六：6），但修理疤尺寸不一，且不连续，考虑到该地点的埋藏特点，尚无法肯定这些片疤是否为有意识加工形成。

根据连续、尺寸大致相同的修理片疤可以判断石器类型有砍砸器（图六：3）、刮削器（图六：1）等，多数为单向加工，但值得注意的是该遗址中还发现有两面器（图六：5），表面片疤较大，无法确认是剥片还是修理，但从形态上看与中亚旧石器时代中期遗址出土的两面器有所不同。

中俄学者对骆驼石遗址出土的部分石制品进行了初步类型学分析，认为该遗址文化属性为旧石器时代晚期早段（Early Upper Paleolithic）工业类型，与俄罗斯阿尔泰、蒙古以及中亚同期遗址有类比之处[10]。从类型和技术判断，有些典型的标本与阿尔泰地区和欧洲旧石器时代中期遗址出土石制品有相似之处，例如典型的勒瓦娄哇石核/尖状器等，它们与大型石叶共生，这样的组合通常被界定为旧石器时代晚期初段（Initial Upper Paleolithic/IUP）的产品。

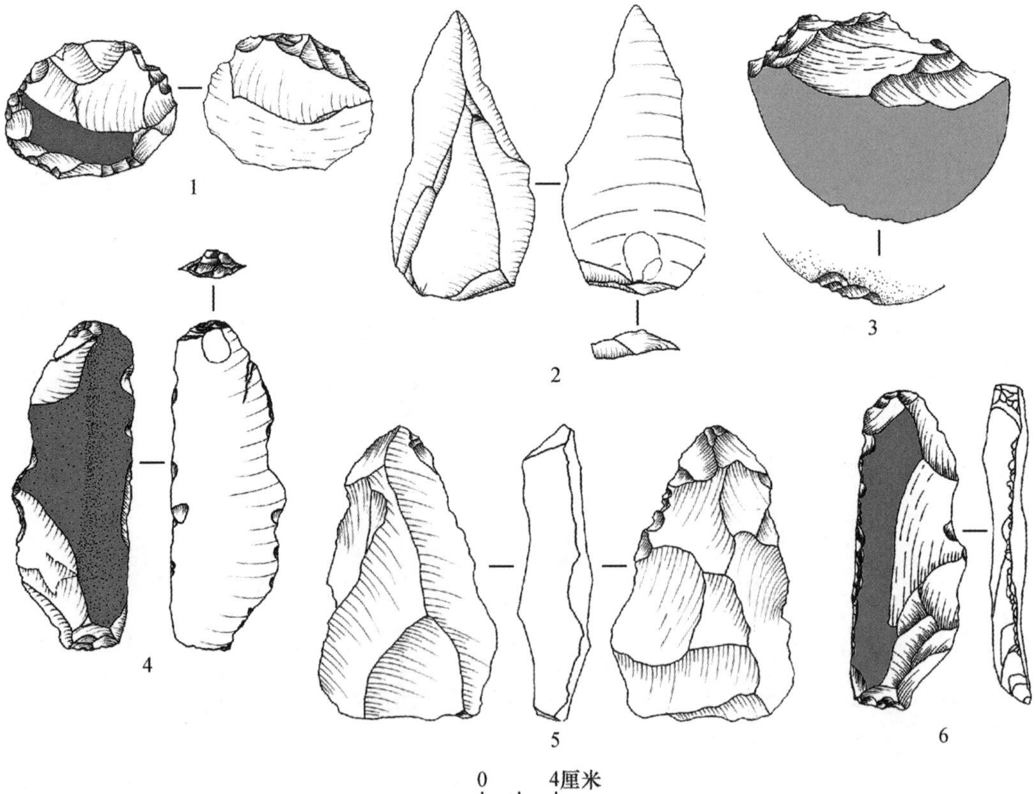

图六　骆驼石遗址采集的部分石叶及工具

1. 刮削器/scraper　2. 勒瓦娄哇尖状器/Levallois point　3. 砍砸器/Chopper　4、6. 石叶 /blades　5. 两面器/bifacial tool

五、讨论与结语

本次调查的成果表明，新疆地区，尤其是其北部、中部，在旧石器时代晚期是人类迁徙和生存演化的活跃地带，留下了丰富的文化遗存，对研究当时人类技术、文化特点和适应生存能力提供了重要材料与信息；调查发现的很多地点具有与欧洲、俄罗斯阿尔泰地区旧石器时代中、晚期相似的文化遗存，对研究当时欧亚大陆古人群的迁徙、融合、文化交流和现代族群的形成过程具有重要价值；此项工作是在新疆地区开展的首次系统性的旧石器时代考古调查，并不充分，难免挂一漏万，但发现的材料和线索十分丰富，表明该地区具有发现更多、更重要的旧石器时代遗址并开展深入的考古发掘与研究的巨大潜力。

此次调查在各地点发现的石制品特点可大致归纳如下：①石制品大多磨蚀严重，表明很多地点的文化遗存未得到及时埋藏，长时间暴露在地表；②制作石器的原料种类多样，以硅质页岩、石英岩和燧石为主，其中硅质页岩比例较大；③石制品包括普通打制石器、勒瓦娄哇技术产品、石叶类产品和零星的细石叶产品；④石制品尺寸变异较大，勒瓦娄哇技术产品尺寸一般都比较大，有的石核最大长超过20cm，石叶的长度也多有超过10cm的，而细石叶产品尺寸则明显小得多，一般不超过5cm；⑤剥片技术可能以硬锤直接打击法生产石片、石叶为主，细石叶产品可能采用了间接打击法和压制法生产；⑥边刮器是工具组合中的主要类型，勒瓦娄哇尖状器也有发现，端刮器是细石叶石制品组合中的主要类型。在骆驼石地点还发现有两面器。

由于缺乏地层依据和测年标本，这些地点和赋存的石制品的时代只能根据技术特点和类型组合及其与周边旧石器时代遗址的对比大致推定为旧石器时代晚期—新石器时代早中期。不排除少量地点含有旧石器时代中期文化遗存的可能性，包括富蕴1号点、骆驼石遗址等。从这些地点发现的勒瓦娄哇石核及尖状器、刃口经过精细加工的边刮器和两面器与中亚、西伯利亚阿尔泰地区的旧石器时代中晚期组合有许多相似之处[11]。由于这些文化遗存长期暴露于地表，不能排除一些地点的石制品涵盖了不同时期的文化遗存的可能性。含细石叶地点的石制品组合中未发现中亚旧石器时代晚期经常出现的龙骨状刮削器及小石叶，暗示着该地区细石叶产品的时代可能更晚。

此次考古调查发现了多处旧石器时代遗址和丰富的石制品，扩大了新疆地区乃至华夏版图旧石器时代遗址的分布范围，填补了区域空白，对探讨早期人类在新疆的生存、演变、迁徙以及古人类技术的发展、东西方文化交流等问题具有重要意义，为该地区未来的旧石器时代考古工作打下了基础。从新疆更新统地层的类型以及第四纪脊椎动物化石地点的分布、地理地貌环境和水文条件的对比来看，北疆的几个大型山间盆地，如伊犁谷地、博乐盆地、塔城盆地，南疆的吐鲁番盆地、塔里木盆地西缘，尤其是河流阶地和湖泊沿岸均可望发现旧石器时代考古遗存，这应是未来科考工作的重点方向，也预示着该地区旧石器时代考古研究的光明前景。

谨以此文纪念贾兰坡先生诞辰110周年！

致谢：卫奇、李超荣、杰列维扬科（Derevianko A P）、欧阳志山（Olsen J W）等参加了此次调查，作者一并致谢！

参考文献

[1] Teihard de Chardin, Young C C. On Some Neolithic (and Possibly Paleolithic) Finds in Mongollia, Sinkiang and West China. Bulletin Geology Society China, 1933, 12: 83-104.

[2] 王永炎. 西北史前文化遗址概况. 文物参考资料，1951（10）：155-166.

[3] 黄慰文，欧阳志山，瑞迪克，等. 新疆塔里木盆地南缘新发现的石器. 人类学学报，1988，7（4）：294-301.

[4] 伊第利斯·阿不都热苏勒，张川. 额尔齐斯河畔的石器遗存及其类型学研究//新疆文物考古研究所，新疆维吾尔自治区博物馆. 新疆文物考古新收获（续）（1990—1996）. 乌鲁木齐：新疆美术摄影出版社，1997.

[5] 伊第利斯·阿不都热苏勒. 新疆地区细石器遗存. 新疆文物，1993（4）：18-29 .

[6] 伊第利斯·阿不都热苏勒. 新疆地区细石器遗存. 新疆文物，1993（4）：18-29 .

[7] 伊第利斯·阿不都热苏勒，张川，邢开鼎. 新疆吐鲁番盆地交河故城沟西台地旧石器地点//西北大学文博学院. 考古与文物研究——纪念西北大学考古专业成立四十周年文集（1956—1996）. 西安：三秦出版社，1996：55-73.

[8] Derevianko A P, Gao X, Olsen J W, et al. The Paleolithic of Dzungaria (Xinjiang, Northwest China) Based on Materials from the Luotuoshi Site. Archaeology, Ethnology and Anthropology of Eurasia, 2012, 40(4): 2-18.

[9] 彭菲. 中国北方旧石器时代石叶遗存研究——以水洞沟与新疆材料为例. 中国科学院研究生院博士学位论文，2012.

[10] Derevianko A P, Gao X, Olsen J W, et al. The Paleolithic of Dzungaria (Xinjiang, Northwest China) Based on Materials from the Luotuoshi Site. Archaeology, Ethnology and Anthropology of Eurasia, 2012, 40(4): 2-18.

[11] Krivoshapkin A, Viola B, Chargynov T, et al. Middle Paleolithic Variability in Central Asia: Lithic Assemblage of Sel'Ungur Cave. Quaternary International (2018), https://doi.org/10.1016/j.quaint.2018.09.051.

（原载于《人类学学报》2018年第37卷4期，与裴树文、彭菲、张铁男、冯兴无、陈福友、张乐、张晓凌、伊第利斯·阿不都热苏勒合著）

三峡兴隆洞出土15万～12万年前的古人类化石和象牙刻划

艺术创作是人类所独具的行为，而且通常被认为是与现代人类体质的进化和认知能力的提高紧密相连[1]。最近在南非的布隆波斯（Blombos）洞穴出土的77ka前的赭石块上带有几何形刻划图案，被认为是最早的有关人类艺术创作起源的考古发现和现代人类行为的最早记录[2]。现代人类，尤其是东亚地区现代人类起源的时间和地域近来成为学术研究的热点，“外来基因替代”和“本土连续演化”两种假说针锋相对[3]，人类学和考古学界正致力于寻找新的材料和证据以解答这一重大科学命题。2001年9月8日，以黄万波为队长的“三峡洞穴考察队”在位于著名三峡风景区“天坑地缝”附近的重庆市奉节县云雾土家族乡兴隆村的兴隆洞中发现动物化石（图一）。在随后近1个月的野外工作中，考察队员从洞内中更新世晚期地层中发掘清理出古人类牙齿、石器和大量哺乳动物化石，在1枚剑齿象门齿上研究人员发现痕迹清楚并成组分布的古人类用石器刻划的线条图案。这是迄今为止在世界范围内发现最早的带有原始艺术萌芽色彩的遗存，为研究石器时代艺术的起源和具有现代人类体质与行为特点的东亚人种的起源和演化提供了重要的信息。

图一　兴隆洞遗址地理位置

一、地质、地层与埋藏情况

兴隆洞位于七曜山西端之山原期夷平面下限，海拔110m。该地区山势起伏大，岩溶峰丛发育。兴隆洞就坐落在岩溶峰丛与槽谷之间的边坡上，岩体为石灰岩，洞口朝向西南，入口处目前高度不足1.5m，底部被堆积物充填。从洞内堆积厚度和地层走向判断，原始洞口高度应在3m左右。目前所露洞室较窄，长大于50m，宽8～14m，呈廊道形，但因西壁被堆积物覆盖，洞室整体形态尚不明朗。发掘队根据遗物出露情况在距离洞口50m深的位置布设了7个2m×2m的探方，依次编号为A、B、C、D、E、F和G（图二）。

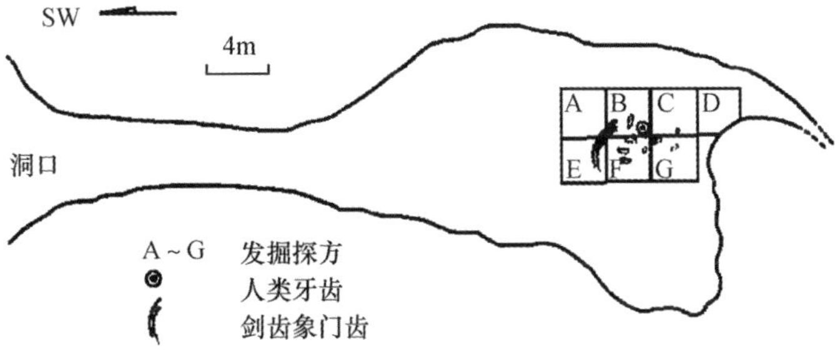

图二　遗址发掘区探方分布图和古人类牙齿、石器、剑齿象门齿出土部位

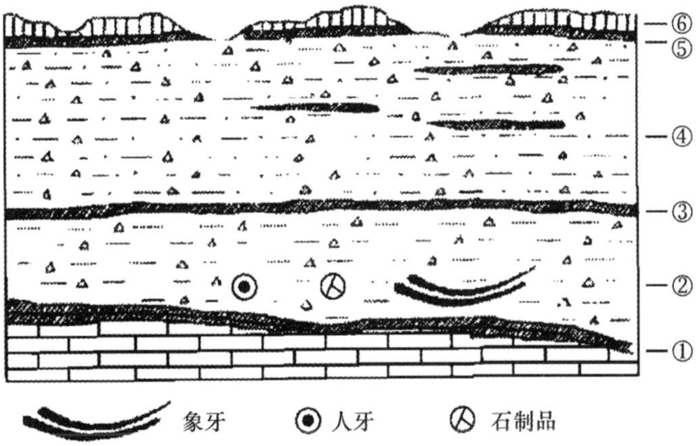

图三　兴隆洞遗址地层剖面图

①下层钟乳石钙板　②褐色砂质乳土，含人类化石、石器和哺乳动物化石、象牙刻划出自此层
③中层钟乳石钙板　④褐黄色翻土　⑤上层钟乳石钙板　⑥扰乱层

发掘表明，兴隆洞内的堆积产状近于水平。自下而上可以划分为6层（图三）。

⑥砂质黏土、石灰岩角砾和近现代人类遗物混合层，为当地农民挖掘岩泥、炼硝而形成的扰乱层；

⑤钟乳石钙板上层：棕黄色，致密，不含化石，厚5～10cm；

④黏土：褐黄色，含薄层钙质条带和灰岩碎块，局部钙质胶结，较硬，底部含零星哺乳动物牙齿化石，厚140cm；

③钟乳石钙板中层：棕黄色，由细粒方解石结晶体和泥质成分组成，不含化石，厚10～15cm；

②砂质黏土：褐色，夹有少量石灰岩角砾，古人类牙齿、有刻划痕迹的象牙、石

制品和大量哺乳动物化石均出自此层，厚60 ~ 80cm；

①钟乳石钙板下层：厚15 ~ 35cm。

~~~~侵蚀面~~~~

石灰岩基岩

此洞内的上钙板层被局部打破，其下的各沉积层保存完整。尤其是出土人类牙齿、石器和动物化石的第2层完全为中层钟乳石钙板所覆盖和封存，堆积保存完整，无层理，角砾、化石和砂土无分选和定向排列，出土遗物无任何搬运、扰动的迹象，应为原生的洞内沉积，保留了文化遗物和其他沉积物生成以来的原始信息。

二、人类化石

2001年发掘出土1枚人类右下第3臼齿，其近中-远中径为9.78mm，颊侧径9.68mm。嚼面磨耗严重，根部因啮齿动物啃咬而部分缺失，但保留两个牙根，牙根髓腔很小，呈一弧形。从嚼面磨耗情况判断该牙齿代表一老年个体，测量值表明该标本比北京猿人牙齿要小，处在智人变异范围之内，结合时代推断其为早期智人（archaic *Homo sapiens*），建议简称“奉节人”。

三、石　制　品

2001年发掘出石制品20件，包括石核、石片、刮削器、尖状器和砍砸器（图四）。这些石制品的原料全部为石灰岩，分为硅质灰岩和泥晶灰岩两大类，原坯为河卵石和石灰华断块。此外在出土材料中还有几件燧石断块和裂片，性质无从判断；若干灰岩石块上有零乱的疤痕，可能是人类加工与使用产生的不易辨识的痕迹。砍砸器（13件）是该器类组合的主体，刮削器（4件）处于辅助地位，尖状器只有1件。加工石器的方法为锤击法，大多数标本为单向加工，少量为错向加工。器体多粗大，修疤少且大小不一，刃缘多较短，刃口不平整，刃角普遍大，多在70°以上，具有陡向加工的特点。在总体上这批石制品形态不规

图四　遗址出土的砍砸器
~~~~

则，加工简单、粗糙、随意，这与石器原料的影响与制约应有很大的关系。

兴隆洞遗址石制品的类型组合、形态特点和毛坯选择显示出中国南方旧石器工业的强烈特点[4]，同时也折射出古人类在此生存活动的信息。在石制品中只有1件石核和1件石片，石器全部以砾石、断块为毛坯，个体粗大，加工简单，可供使用的刃口部位有限。这些事实说明古人类并未在该洞穴进行系统的剥离石片和制作石器，或者说石器未在其特定生产与生活中扮演重要的角色。可以推测当时占据该洞穴的古人类只在需要石器时从洞穴附近拣拾起可用的石块，进行简单的加工，用完即废弃。从刃口的特点和大而钝的刃角判断，这样的工具很难满足切割、刮削、刺穿等日常需要，而很可能是用来加工木器和竹器等软质材料的工具，而这些未被保存下来或尚未被发现的工具承担着日常生产和生活的各种功能。当然由于目前遗址的发掘范围较小，出土遗物有限，其文化面貌还远未被完整地揭示出来，上述推论还有待进一步工作的检验。

四、象牙刻划

带有刻划痕迹的剑齿象门齿发现于2001年9月19日，发掘自第2层褐色砂质黏土。出土时它与属于另一剑齿象个体的1枚门齿根靠根、尖并尖排列（图五），从探方B延伸到探方E。

图五　带有刻划纹的象牙出土场景

1. 材料描述

该门齿属东方剑齿象（*stegodon* cf. *orientalis*），其远端（牙尖）残缺，残存部分保存完好，通体光滑，长184cm，刻划痕迹集中在远端约50cm范围内，刻划纹起、止点清楚，线条粗犷有力，形态简单，成组出现，其中2组最为醒目，描述如下。

第1组：由6条刻划纹组成，纵向排列，从结构看，可以区分为远、中、近三部分。远部由3条细而直的斜向刻划纹组成，其中两条从位于二者中间的第3条上引出并向两侧延伸，形如灌木顶端的分叉。3条刻纹长度分别为12mm、26mm和16mm；中部由1条既长且宽又深的笔直的竖纹（长37mm，宽1.5mm）和1条宽而浅的横纹（长7mm，宽1.4mm）组成。横向刻划纹叠压在纵向刻划纹的远端，二者近于垂直，组成十字形；近部为1条长41.5mm的略为弯曲呈撇形的斜纹，起点靠近并斜切过中部竖向刻划纹的近端，向牙根方向延伸并尖灭。在显微镜观察下这6条刻划纹的断面皆呈“V”字形，总体来看，这3个部分组成近似于一条灌木枝的图案（图六：a）。

第2组：由4条刻划纹组成，第1条与门齿长轴平行，基本平直，深而长（长110mm，宽1.2～1.5mm）；第2～4条为3条粗短而相对浅平的曲线（长20～30mm），从第1条刻划纹的中部侧向引出并向齿根方向延伸，越远离第1条长纹者曲度越大，构成露鸟的羽冠状（图六：b）。

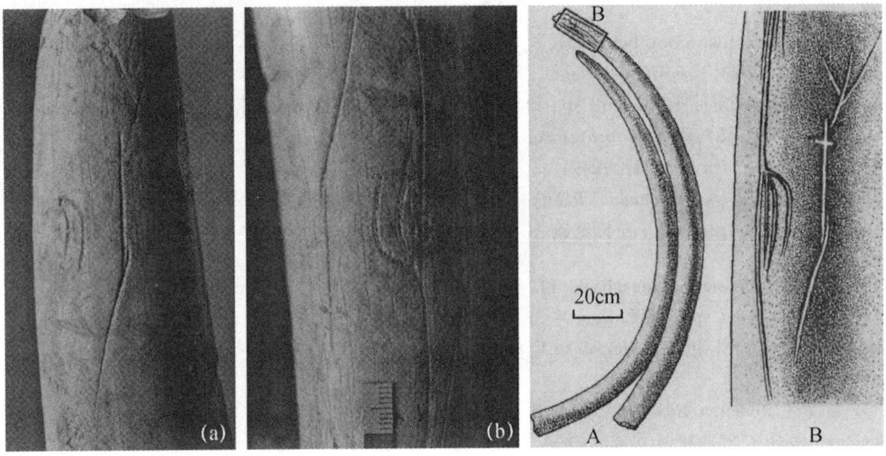

图六　本文描述的第1组刻划纹：灌木枝状组合（a），本文描述的第2组刻划纹：羽冠状组合（b）
人工刻划纹在象牙上出现的部位（A），刻划纹组合（B）线图

2. 成因分析

带有刻划纹的剑齿象门齿与属于另一剑齿象个体的1枚无刻划痕迹的门齿并排出土在洞内距洞口50m深处，其产状和无其他部位化石的情况说明它们绝非大象在此死亡后的自然遗留物；其出土位置排除了活着的大象将死去的同伴的遗骸搬运放置于此的可能性。其他动物也不可能将如此硕大无肉的象牙拖至洞内深处。地层沉积物特征表明不存在将它们从他处搬运到洞内的水流或其他地质动力的作用。因此这2枚剑齿象门齿应是当时生活在洞中的人类搬运并摆放在现位置上的。

历经地质时代变迁的动物骨骼和牙齿上可以产生各种痕迹，包括生前的创伤和擦痕、死后植物根茎在其表面腐蚀的痕迹、滚动的石块的砸痕划痕、水流搬运碰撞、大型动物的践踏、食肉类的啃咬抓挠、啮齿类的啃咬、地层错动所造成的挤压与摩擦、化学腐蚀和人类作用所产生的各种痕迹[5]。大象在生活时用门齿与同类或其他动物争斗或与树木、岩石发生碰撞摩擦所产生的线状条痕往往成组平行出现，多浅平、纤细并与长轴斜交（图七），显然与本文描述的痕迹有别。该象牙上的一些线条和疤痕的成因是可以用非人工的营力加以解释的，但上述两组线纹从形态和排列来看只能用人工的作用来解释，这是因为：①线条粗犷有力，非简单的擦痕；②线条长短深浅有所变化，起止点和延伸方向不同，非为某种自然营力偶然的产物；③一些刻划纹，尤其是第1组者，断面呈“V”字形，为常见的由锋利的石器刃口所留下的切割、刻划的痕迹，与大型食肉类牙齿留下的断面呈“U”字形的咬痕明显不同；④其中的曲形纹弧度大且每条线纹的弧度不同，很难用自然营力来解释；⑤一些线纹的起始点有内在逻辑的衔接，前后呼应，似有规律可循；⑥线条排列有序，成组分布，构成一定的图案（图六中的A和B）。

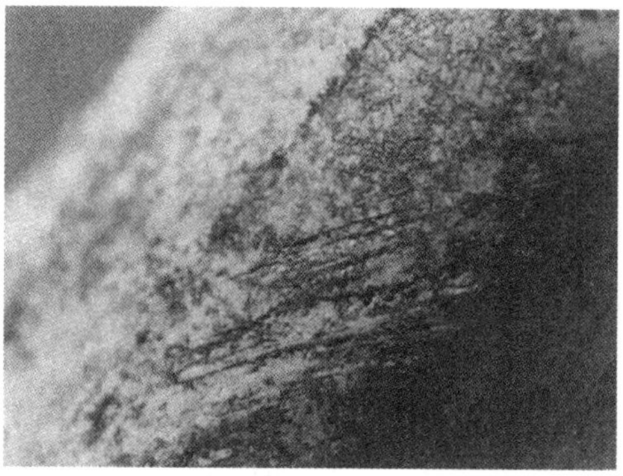

图七　在繁昌人字洞出土的早更新世象牙上保存有大象生活时留下的自然擦痕，与本文描述的人工刻划纹显然不同

综上所述，从埋藏环境和遗迹的特征、组合来看，这两组线条非自然营力所留，只能是人类所为，而且是人类为模仿自然现象或为表达某种意念而有意识地刻划产生的，是早期人类的刻划作品。至于刻划的工具，从痕迹来看应是尖端锋利的石器。剑齿象于幼年时期在门齿尖部生有一条很薄的珐琅质，但在成年后因磨蚀该层珐琅质会消失，牙体上只有牙本质，而无珐琅质的保护，硬度并不很高。兴隆洞出土的2枚象门齿上已无任何珐琅质残留。我们曾用遗址出土的硅质灰岩尖角在现代象门齿上进行简单的实验，发现可以刻划出与遗址出土象牙上近似的条纹，证明遗址中所出石器是可以作为刻划工具的；而地层中出土的燧石断块、残片则提供了该遗址存在质地更好、硬度更高的刻划工具的可能性。

五、哺乳动物化石

兴隆洞第2层堆积中的哺乳动物化石相当丰富，分属8目、50种，以小哺乳动物居多，现按分类系统将名单记述如下。

（1）食虫目Insectivora Bowaich，1821。中国毛猬*Hylomys sinensis*，鼩鼹*Uropsilus soricipes*，鼹（未定种）*Talpa* sp.，麝鼩（未定种）*Crocidura* sp.，顾氏微尾鼩*Anourosorex kui*，微尾鼩*Anourosorex squamipes*，圆尾鼩鼱*Sorex cylindricauda*，普通鼩鼱*Sorex araneus*，川鼩*Blarinella quadraticauda*，印度长尾鼩（相似种）*Soriculus* cf. *leucops*，川西长尾鼩*Soriculus hypsibius*。

（2）翼手目Chiroptera Blumenbach，1779。蹄蝠（未定种1）*Hipposideros* sp.1，蹄蝠（未定种2）*Hipposideros* sp.2，管鼻蝠（未定种1）*Murina* sp.1，管鼻蝠（未定种2）*Murina* sp.2。

（3）啮齿目Rodentia Bowdich，1821。隐纹花松鼠*Tamiops swinhoei*，长吻松鼠

（未定种）*Dermomys* sp.，飞鼠*Pteromys volans*，毛耳飞鼠（未定种）*Belomys* sp.，鼯鼠（未定种）*Petaurisra* sp.，大绒鼠（相似种）*Eothenomys* cf. *miletus*，灰猪尾鼠*Typhlomys cinereus*，巢鼠*Micromys minutus*，云南攀鼠*Vernaya fulva*，齐氏姬鼠*Apodemus chevrieri*，大耳姬鼠*Apodemus latronum*，针毛鼠*Niviventer fulvescens*，社鼠*Niviventer confucianus*，家鼠（未定种）*Rattus* sp.，竹鼠（未定种）*Rhizomys* sp.，江山豪猪*Hystrix kiangsanensis*。

（4）灵长目Primates Linnaeus，1758。长臂猿（相似种）*Hylobates* cf. *sericus*，金丝猴*Rhinopithecus roxellanae tingianus*。

（5）食肉目Carnivora Bowdich，1821。貉（未定种）*Nyctereutes* sp.，巴氏大熊猫*Ailuropoda melanoleuca baconi*，柯氏西藏熊*Ursus thibetanus kokeni*，南方猪獾*Arctonyx collaris*，果子狸（未定种）*Paguma* sp.，似剑齿虎（未定种）*Homotherium* sp.，豹（未定种）*Panthera* sp.。

（6）长鼻目*Proboscidea* Illiger，1811。东方剑齿象（相似种）*Stegodon* cf. *orientalis*。

（7）奇蹄目Perissodactyla Owen，1848。华南巨貘*Megatapirus augustus*，和县双角犀*Dicerorhinus hexianensis*。

（8）偶蹄目Artiodactyla Owen，1848。野猪*Susscrofa*，黑麂*Muntiacus crinifrons*，毛冠鹿*Elaphodus cephalophus*，水鹿（相似种）*Cervus* cf. *unicolor*，广西巨羊（相似种）*Megalovis* cf. *guangxiensis*，大鬣羚亚种*Capricornis sumatraensis kanjereus*，谷氏大额牛亚种*Bibos gaurus grangeri*。

兴隆洞动物群里的许多成员，如长臂猿（相似种）（*Hylobates* cf. *sericus*）、金丝猴（*Rhinopithecus roxellanae tingianus*）、巴氏大熊猫（*Ailuropoda melanoleuca baconi*）、柯氏西藏熊（*Ursus thibetanus kokeni*）、东方剑齿象（相似种）（*Stegodon orientalis*）、华南巨貘（*Megatapirus augustus*）、和县双角犀（*Dicerorhinus hexianensis*）、水鹿（相似种）（*Cervus* cf. *unicolor*）、黑麂（*Muntiacus crinifrons*）和谷氏大额牛（*Bibos gaurus grangeri*）等曾出现于相邻的万县盐井沟动物群中[6]。两个动物群均以本地分子为主，缺少北方动物群的典型成员。可见在更新世的中、晚期，华北动物群由于受到长江的阻碍而难于扩展到江南。兴隆洞小哺乳动物群基本具有本地现生动物群的特点，20个可定种主要生活于森林或森林灌丛之间，但有一定数量的秦岭、横断山、大巴山山地类型分子的侵入，而这些分子分布的海拔在1500～4500m之间，因此该动物群反映着亚热带森林环境，气候比现在要湿冷一些。

六、年代测定

兴隆洞因出土早期智人牙齿和原始象牙刻划，年代测定十分重要，与人类遗存伴生的50种哺乳动物中有一定数量的绝灭分子，包括似剑齿虎（*Homotherium* sp.）、似东方剑齿象（*Stegodon* cf. *orietalis*）、和县双角犀（*Dicerorhinus hexianensis*）、似广西巨羊（*Megalovis* cf. *guangxiensis*）、江山豪猪（*Hystrix kiangsanensis*），占组合成员的1/10，再考虑其与盐井沟动物群的相似性，故将兴隆洞遗址的地质时代定位在中更新世晚期是恰当的，这一初步结论得到了铀系测年数据的印证。

铀系年代测定在中国科学院地质与地球物理研究所和南京师范大学海洋与第四纪研究所同时进行，测试材料分别取自与人类遗存同层的1枚东方剑齿象臼齿的第3和第2齿脊，包括珐琅质和牙本质。样品测量是在国产B-1221型微机4096道α谱仪上完成的，真空度为（2～4）×1.33Pa，能量分辨率约为35keV，分析结果见表一。

表一 东方剑齿象臼齿铀系测年数据

样品编号a）	U［$g \cdot g^{-1}$（$\times 10^{-6}$）］	$^{234}U/^{238}U$	$^{230}Th/^{234}U$	年龄（ka）
WS-1a	1.154±0.036	1.475±0.052	0.711±0.023	123±8
WS-1b	1.187±0.026	1.493±0.034	0.691±0.023	116±7
平均值	1.171±0.017	1.484±0.009	0.701±0.010	119.5±3.5
WS-2a	42.7±1.7	1.410±0.051	0.686±0.023	118±7
WS-2b	44.7±1.2	1.396±0.033	0.706±0.017	122±5
WS-2c	41.2±1.1	1.443±0.032	0.717±0.028	124±8
平均值	42.9±1.4	1.416±0.020	0.703±0.013	121.3±2.5
0238	36.3	1.622±0.025	0.812±0.022	154±9

a）WS-1为珐琅质，WS-2为牙本质，由中国科学院地质与地球物理研究所测试；0238为牙本质，由南京师范大学测试，a、b、c为平行分析结果，其中a、b用本实验室^{232}U-^{238}Th平衡稀释剂；c用美国南加州大学铀系实验室的^{236}U-^{229}Th稀释剂。表中数据的分析误差为±1σ。

以上两个科研单位的分析结果分别为120ka BP左右和150ka BP左右，比较接近，与依据古生物地层得出的中更新世晚期的推论相吻合。因此本文认为“奉节人”及其文化遗存的年代在150ka～120ka BP之间。近来年代学研究表明，用动物骨骼和牙齿所测定的考古遗址的铀系年代有比实际年龄偏晚的倾向[7]，因此本文所给出的遗址年龄应该是一个保守的数字。兴隆洞堆积物中有三层完整的钙板，尤其是含人类化石、石器和象牙刻划的层位上有一层钙板封盖，在理论上提供了通过碳酸岩铀系测定得出较精确的文化层上限年龄的可能性。但在发掘时采集的数块钙板样本含泥质过多，纯度不够，未能得出有意义的结果。

七、讨论与结语

本文记述的人类化石、动物化石和考古材料发掘出土于兴隆洞中更新世晚期地层堆积中。该洞穴沉积只在顶层被局部扰动破坏，下部保存完整，尤其是“文化层”被下钙板层封盖，出土物层位单元清楚，空间位置明确，并保持原生状态，保留了遗址使用后的原始信息，是一处珍贵的古人类学和考古学遗址。生物地层资料和铀系分析结果表明古人类在该遗址的生存行为至少发生在距今15万～12万年之间。

该遗址出土1枚老年早期智人下臼齿、少量石器和一些动物化石。目前发现的痕迹清楚的石制品皆以石灰岩为原料，多为砍砸器，类型单调，加工简单，风格古朴。这与劣质的石器原料不无关系，也可能表明石器并非这些文化的创造者的主要生产工具与生活用具，还可能有未能保存或未被发现的其他材料的工具存在。与人类遗存伴生的动物化石多属食草类，大型食肉类只有种类少、个体数量小的熊和剑齿虎等，动物化石多不完整。我们推测，其中一部分可能是古人类的食物残留。

在兴隆洞遗址出土的文化遗物中，剑齿象门齿上出现的人工刻划是一项寓意深远的发现。从该象牙的出土位置、产状和其中两组刻划纹的起止位置、走向、深度、曲度和排列情况看，它们有别于各种自然营力的痕迹，是人类行为的产物，是古人类为模仿自然现象或为表达某种意念而有意识地刻划、创作出来的，是目前所知最早的具有原始艺术萌芽色彩的远古人类作品。

作为人类思维与意念表达方式之一的图像艺术起源于旧石器时代。目前所发现的考古材料还支离破碎，无法复原这一艺术形式演化的完整过程。在西欧和非洲40ka～30ka BP前的旧石器时代晚期考古遗址中，出土的人与动物雕像和洞穴壁画是公认的早期人类艺术作品[8]。1999年出土于南非布隆波斯洞穴的在赭石块上的几何线条将人类进行有现代思维特点的刻划创作的时间提前至77ka BP前。而本文描述的象牙刻划则产生于15万～12万年前，这对探索艺术的起源提供了新的资料，图像艺术在近3万年间演化的大体趋势是由写实而变为抽象，我们根据现有的考古资料认为，最初或萌芽时期的图像艺术可能经历过一个与此相反的过程：最早的图像作品表现为单线条刻划（画），着力控制性差，线条稀疏粗犷，构图简单，寓意很难解读，与自然界产生的痕迹易于混淆。兴隆洞出土的象牙刻划即为其代表；在进一步的发展时期，出现多线条刻划（画）组合，着笔控制性增强，线条变细腻，构图趋于复杂，图形仍抽象但与自然界产生的痕迹有明显的区别，布隆波斯洞穴出土的几何形图案可视为其代表；而成熟时期的图像艺术则表现为用熟练的手法和流畅的线条或颜色勾画出形态清楚、造型生动、易于解读的图案。发现于法国西南部和西班牙旧石器时代晚期考古遗址中的“维纳斯”雕像和洞穴壁画中的彩色动物图案是其典型的代表[9]。

艺术创作是现代人类的思维能力与行为标志之一，因此与艺术起源相关的议题是现代人类的起源，目前有关现代人类起源的两种假说，即“非洲起源说”和“多地区起源说”相持不下，都在寻找考古依据，南非布隆波斯洞穴的赭石刻划图案一经面世就被当作现代人类起源于非洲的支持证据。那么本文描述的材料是否支持了现代人类多地区起源或东亚起源学说？我们认为至少可以这样说，兴隆洞的材料表明早在15万～12万年前，青藏高原东侧的某些人类在智力发育和适应生存中萌生了接近“现代”的意识和行为。他们不仅制作石器和从事采集、狩猎活动，而且还在象牙上着意刻划出一些具有一定组合的线条。这些线条组成的图案或者在模仿某种自然现象，或者在试图表达某种意念。而长江三峡地区更新世以来气候条件适宜，生活资源丰富，适于人类的持续生存和繁衍。兴隆洞的发现为研究古人类在该地区的演化历史、行为方式和原始艺术的起源提供了重要的线索。

致谢：重庆市文化局和奉节县政府对于野外工作给予了多方面的支持；刘东生、顾玉珉、郑绍华、王宪曾、沈冠军、赵贵林、邱占祥、吕遵谔、谭明、尤玉柱、曹春生、孙家钵、李培福等诸多先生、同仁对研究工作给予了指导和帮助，作者表示衷心感谢。

参考文献

[1] Mellars P, Gilson K. Modeling the Early Human Mind. Cambridge: Wayland, 1996; Clark G A, Willermet C M. Conceptual Issues in Modern Human Origins Research. New York: de Gruyter, 1997.

[2] Henshilwood C S, d’Errico F, Yates R, et al. Emergence of Modern Human Behavior: Middle Stone Age Engravings from South Africa. Science, 2002, 295(5558): 1278-1280.

[3] 吴新智. 从中国晚期智人颅牙特征看中国现代人起源. 人类学学报，1998，17（4）：276-282；柯越海，宿兵，李宏宇，等. Y染色体遗传学证据支持现代中国人起源于非洲. 科学通报，2001，46（5）：411-414.

[4] 王幼平. 更新世环境与中国南方旧石器文化发展. 北京：北京大学出版社，1999：1-170.

[5] Lyman R L. Vertebrate Taphonomy. Cambridge: Cambridge University Press, 1994.

[6] Colbert E H, Hooijer D A. Pleistocene Mammals from the Limestone Fissures of Szechuan, China. Bulletin of the American Museum of Natural History, 1953, 102: 41-71.

[7] Shen G J, Wang J Q. Chronological Studies on Chinese Middle-Late Pleistocene Hominid Sites, Actualities and Prospects. Acta Anthropologica Sinica, 2000, 19(Supplement): 279-284.

[8] Breuli H. Four Hundred Centuries of Cave Art. Centre des Études et de Documentation Préhistorique. Montignac, 1952.

[9] Klein R G. The Human Career: Human Biological and Cultural Origins. Chicago: The University of Chicago Press, 1989.

（原载于《科学通报》2003年第48卷23期，与黄万波、徐自强、马志帮、J. W. Olsen合著）

三峡库区古人类技术的发展与意义

在开展三峡库区旧石器时代考古调查和发掘之前，学术界对整个三峡地区的古人类生存情况知之甚少；除了巫山龙骨坡之外，在库区内古人类遗存和旧石器时代文化记录为零。最近二十年来，三峡地区的旧石器时代考古工作取得了重大进展，一大批重要遗址的发现、发掘和研究，使三峡库区由旧石器时代考古的贫瘠区而跃升为富集区，扩大了古人类在中华大地的分布范围，也使三峡地区成为我国旧石器考古研究的新生的重点区域[1]。时属早更新世的龙骨坡古人类遗存的发现表明，早在约200万年前的旧石器时代早期古人类已在三峡地区生存。进入旧石器时代中期，大量旷野遗址的发现和大量文化遗存的出土，表明先民们加速了对三峡地区的开发，其文化面貌在继承早期砾石石器工业的基础上，在制作技术和工具组合方面渐次发展变化，尤其表现在剥片技术的成熟和石片石器比例的增加。至旧石器时代末期至新石器时代早期的洋安渡、横路和鱼腹浦等遗址，石片石器取代了砾石石器而成为工具的主体，在中期阶段初露端倪的摔碰技术此时发展成为开发原料、剥制石片的主要方法，古人类用该方法将扁平的砾石劈开，产生薄锐的石片，或以此为锤击剥片和加工石器创造条件，同时磨制技术登上历史的舞台。工具与用具组合中出现了小型的刮削器和磨制石器、骨器，部分遗址伴生陶片和多种动物碎骨、牙齿，这表明人类演化的历史进入新的阶段，先民生存模式由狩猎采集向农业耕作、家畜驯养过渡，生存方式也由迁徙游动向定居转变。地质地貌对比和年代测定显示三峡地区更新世早、中、晚期遗址的分布与长江河流阶地的发育密切相关，这对研究该地区地貌演化、古环境变迁、人与环境的耦合关系和旧石器时代早、中、晚期人类技术的发展和生存模式转变，进而探讨我国南北方古文化的关系具有重要意义。

一、考古学分期

1836年丹麦学者汤姆森[2]按器物质材将人类的历史划分为石器时代、铜器时代和铁器时代。其后英国自然学家鲁勃克[3]于1865年将石器时代进一步划分为旧石器时代和新石器时代，前者的文化标志是打制石器。19世纪后半叶，对旧石器时代文化的研究在法国和英国作为考古学的一个分支逐渐走向成熟。法国古脊椎动物学家拉德特（E. Lartet）将旧石器时代化分为洞熊时代、猛犸象与披毛犀时代、驯鹿时代和原始牛或野牛时代。1872年法国地质学家和史前人类学家莫尔蒂耶（G. D. Mortillet）依地质学惯例用典型遗址将各个时期命名为舍利时期、莫斯特时期、梭鲁特时期和马格德林时期[4]。1877年美国人类学家摩尔根（L. H. Morgan）将整个旧石器时代划分为早、中、晚三个阶段。目前最早的打制石器出土于埃塞俄比亚的戈纳（Gona）遗址，被测定为2.6Ma～2.5Ma BP，从那时到0.2Ma BP前人类史前文化处于旧石器时代早期，相当于地质时代的上新世晚期到中更新世晚期。在0.2Ma～0.04Ma BP之间人类史前文化进入旧石器时代中期，相当于地质时代的中更新世晚期至晚更新世早期。在0.04Ma～0.01Ma BP间人类文化处于旧石器时代晚期，相当于晚更新世晚期[5]。当然， 这样的考古学历史阶段划分是以欧洲的材料为基础的，并不完全适合其他地区的情况[6]。

1. 遗址分布的地貌特点

三峡地区地处我国大地貌单元第Ⅱ级阶梯中间的枢纽地段，长江上游向中游的过渡地带。更新世期间，由于青藏高原间歇性的隆起，河流下切的同时在三峡地区的长江两岸形成了多级河流阶地。综合前人研究结果[7]， 作者认为在三峡地区（重庆至宜昌）的长江两岸明显发育了7级阶地。

三峡库区调查发现的旧石器遗存，除洞穴遗址外大都分布在长江沿岸的河流阶地上（图一），其中旧石器时代早期的烟墩堡遗址埋藏于第Ⅳ级阶地前缘；旧石器时代中期的遗址部分埋藏于第Ⅲ级阶地（高家镇、范家河、冉家路口等），在第Ⅱ级阶地内也有该期遗址（井水湾、枣子坪等）；旧石器时代末期至新石器时代初期的大部分遗址埋藏于第Ⅰ级阶地内，少数较晚的遗址（巫山上、中、下安坪和丰稳坝等）则分布于第Ⅰ级阶地前缘和长江的高河漫滩上[8]。

2. 阶地形成的时代

年代测定一直是中国南方古人类学和旧石器考古学研究的一项难题[9]。近年来，第四纪测年技术有较大进展，测年方法更加多样。关于三峡地区阶地的形成年代，铀系法、古地磁、电子自旋共振、热释光、光释光和^{14}C方法均被尝试和运用。但这些方法对该地区的阶地堆积和相关遗址的测年均有一定的局限性，主要是缺少合适的测年样品，目前还不能为各阶地的形成和古人类在该地区的演化与古文化发展提供坚实而可信的年代框架。传统地质、地貌对比方法依然被应用于确定三峡地区河流阶地形成的大致年代。当然，能把二者结合起来，共同为该地区的地质变迁和人类演化的时序

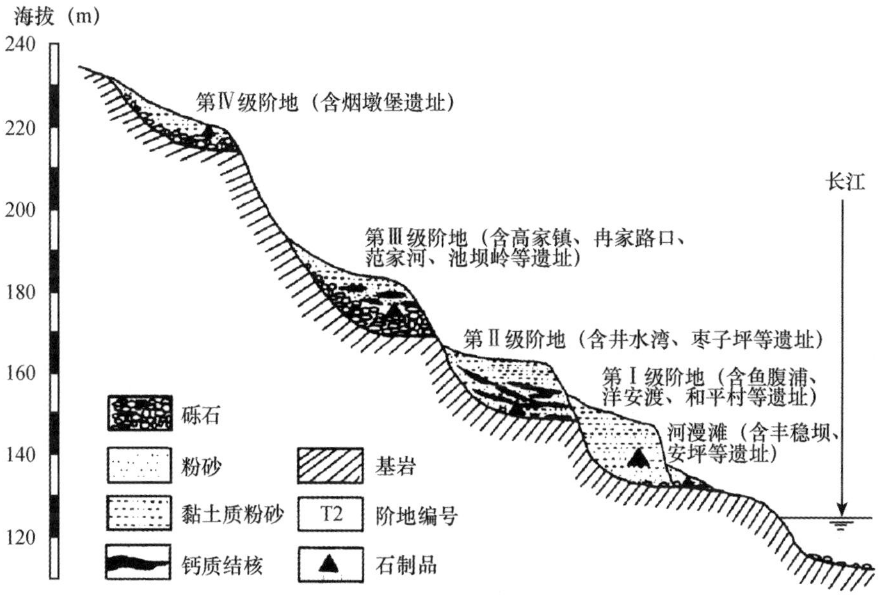

图一　三峡地区河流阶地结构与重要旧石器遗存分布综合剖面图

性框架会诊把脉会更加完善，更有说服力。

杨达源分析了长江三峡的起源和演变，结合^{14}C等方法测得的年代数据，推定第Ⅰ级阶地上部细粒堆积形成于中全新世，下部砾石层形成于晚更新世晚期（13.4ka ± 0.4ka BP）；第Ⅱ级阶地形成于晚更新世中晚期（24.49ka ± 0.84ka BP）；第Ⅲ级阶地形成于末次间冰期；第Ⅳ—Ⅴ级阶地形成于中更新世；第Ⅵ级阶地上部的细粒堆积物亦形成于中更新世[10]。他还对各级阶地上覆的黄土进行了年代测定。古地磁年代显示宜昌一带的第Ⅳ—Ⅵ级阶地上部堆积物形成于730ka。热释光（TL）年代测定显示，第Ⅳ级阶地上部堆积形成于112ka ± 5.6ka BP；第Ⅲ级阶地上部堆积物形成于90.9ka ± 4.5ka BP[11]。

谢明分析了三峡地区第四纪以来新构造上升速度和形式，运用古地磁测得第Ⅳ级阶地和云梦期夷平面的时代为0.73Ma BP。热释光（TL）年代测定显示将宜昌第Ⅲ级阶地形成年代定为0.2Ma BP比较合适。^{14}C测得宜昌第Ⅰ级阶地形成于6500a BP[12]。

冯希杰[13]分析了三峡地区新生代构造上升的时程，认为中更新世以后，由于受青藏高原上升增强的影响，三峡地区上升的幅度达到最快值，两岸的第Ⅰ至第Ⅳ级阶地形成于中更新世以后[14]。

20世纪90年代末，李吉均等对四川盆地东部、三峡地区和江汉平原西部长江两岸的河流阶地进行了综合调查和研究，他认为鄂西期夷平面形成于早第三纪，山原期夷平面形成于上新世，而云梦期夷平面的形成时代为第三纪末期至早更新世；同时他还对长江阶地进行了多种方法的测年和比较，得出了三峡地区各级阶地形成的年代序列[15]：T7：1.16Ma BP；T6：0.86Ma BP；T5：0.73Ma BP；T4：0.49Ma BP；T3：0.15Ma ~ 0.11Ma BP；T2：0.06Ma ~ 0.05Ma BP；T1：0.03Ma ~ 0.01Ma BP。

从上述各位学者对三峡地区河流阶地的年代研究结果来看，第Ⅵ至第Ⅶ级阶地大致形成于早更新世的后期，第Ⅲ至第Ⅴ级阶地形成于中更新世，其中第Ⅲ级地的上部细颗粒堆积可能是在中更新世末至晚更新世初期形成，第Ⅱ级阶地形成于晚更新世早期或末次间冰期，而第I级阶地形成于晚更新世末期至全新世早期。

3. 三峡库区旧石器时代考古分期

三峡库区的主要旧石器遗存分布在长江的河流阶地内。综合诸多学者对河流阶地形成的年代研究成果并结合学术界对旧石器时代考古学文化的阶段性划分传统，我们对该地区旧石器时代的考古学文化体系作如表一大致的分期排序。

从表一可以看出，属于旧石器时代早期的文化遗址有烟墩堡遗址和孙家洞遗址。从大约距今20万年到距今4万年，三峡地区的旧石器遗址较为丰富，除奉节兴隆洞洞穴遗址外[16]，其余大部分属旷野类型，分布于长江两岸的第Ⅱ至第Ⅲ级阶地内，较早的有高家镇、范家河、冉家路口和池坝岭等，井水湾、枣子坪和乌杨等遗址的年代则稍晚。分布于长江两岸第Ⅰ级阶地的遗址数量最多，均属旷野类型，形成于晚更新世晚期至全新世早期，属旧石器时代晚期，个别遗址如洋安渡、鱼腹浦和三坨等出土了陶片，可能已进入新石器时代。

二、人类技术的发展

由各期遗址石器工业特点来分析古人类文化技术的发展变化一直是旧石器时代考古学研究的重要课题，选取哪些项目来进行文化间的比较研究，会对研究结论有直接影响。李炎贤提倡以素材、技术和类型作为文化分期和比较的重要因素，而将标本的大小和类型的组合作为次一级的分类依据[17]。这里笔者将依据这一原则选取若干能反映古人类技术和文化面貌的信息单元来对三峡地区旧石器时代从早期、中期到晚期的发展变化作一纵向考察，包括对原料的开发利用、类型与大小、剥片技术、石器加工技术与方法、石器毛坯选择、石器组合和演变，以及形态特征等，以期总结和把握古人类在三峡地区文化技术发展变化的脉络。

表一　三峡地区主要旧石器遗址编年序列与出土遗物类型统计

地质时代			古文化遗址	出土遗物	考古分期	
更新世	晚更新世	末期	丰稳坝（丰都）	石制品	旧石器时代	旧石器时代末期至新石器时代初期
			上、中、下安坪（巫山）	石制品		
			鱼腹浦（奉节）	石制品、动物化石、陶片、烧骨等		
			洋安渡（奉节）	石制品、动物化石和陶片等		
			庙湾子（奉节）	石制品		
			五马石（奉节）	石制品		
			渣子门（万州）	石制品		
			武陵（万州）	石制品		
			永兴（忠县）	石制品		
			唐家河（忠县）	石制品		
			老鹰嘴（丰都）	石制品		
			和平村（丰都）	石制品		
			三坨（奉节）	石制品、动物化石、陶片等		
			宝塔坪（奉节）	石制品		
			横路（奉节）	石制品		
		早期	藕塘（奉节）	石制品		中期
			大地坪（云阳）	石制品		
			枣子坪（丰都）	石制品		
			井水湾（丰都）	石制品、动物化石和烧石等		
	中更新世		乌杨（忠县）	石制品		
			庙沟（丰都）	石制品		
			冉家路口（丰都）	石制品、动物化石		
			池坝岭（丰都）	石制品		
			范家河（丰都）	石制品		
			高家镇（丰都）	石制品		早期
			孙家洞（秭归）	石制品、动物化石		
			烟墩堡（丰都）	石制品		

1. 对原料的开发与利用

在讨论制约古人类对石料的开发与利用时，某一地区的地质环境和资源条件是首先要关注的。从历史来看，“就地取材”或“因地制宜”在相当长的时间里是早期人类选择石器原料的原则，时代越早，这个原则表现就越突出[18]。从三峡库区旧石器时代早期至晚期古人类对原料的选择方式来看，“因地制宜”、“就地取材”，即从附近河滩上捡选河流冲刷带来的丰富河卵石一直是古人类获取原料的主要途径，旧石器时代中期以前缺少对优质石材的选择和系统开发迹象，也没有发生对石器原料的远距离搬运，因此原料种类的多样性和素材的劣质性影响了石器加工的质量和器物的形态。到旧石器时代末期，部分遗址（洋安渡、横路、三坨等）出现了非来自河流砾石的原料如燧石、石英等，其中横路遗址的石料全部来自周围岩层内，系古人类从岩层开发搬运而来，说明古人类开始注重对优质原料的开发和利用，但这仅是个别现象。总体说来，本地区早期人类获取原料遵循“就地取材”、“因陋就简”的原则，晚期少数遗址出现对周围岩层开发搬运石料的现象。

从本地区先民剥片技术和石器加工技术的视角来看，古人类缺少对石器原料进行粗加工或预制石核、毛坯这一在西方许多旧石器时代遗址中存在的重要的技术因素和环节，从而造成石器个体间形态差异大，类型不够规范且较为单一。这种现象一直到旧石器时代末期仍然没有改变，只是个别可能进入新石器时代的遗址出土了较为规范的石斧毛坯和形体工整的局部磨光的石器，说明古人类开始注重对原料的预制加工。

2. 剥片技术

产生石片的方法，根据有无中间介物可分为直接剥片和间接剥片，根据石锤种类可分为硬锤方法和软锤方法。从三峡库区目前材料来看，从早期到末期，石片是由直接打击法产生的，包括锤击法、碰砧法和摔碰法等，而在锤击法中，是以硬锤法进行剥片的，无软锤法剥片的迹象。在直接剥片的方法中，锤击法在早、中期占据统治地位，碰砧法可能被辅助使用过；在中期阶段出现摔碰法；到旧石器时代末期至新石器时代早期，古人类根据河卵石丰富的特点，以摔碰法为主要技法开发利用原料，这一方法既简单又实用，对当地的材料非常有效，显示先民灵活变通的能力和方略。

3. 毛坯的选择

总体说来，在旧石器时代，生活在中国大地上的先民对加工石器素材（毛坯）的选择有从早期到晚期片状毛坯增加的趋势[19]。单从三峡库区目前的材料来看，约200万年前的龙骨坡遗址出土的许多工具是用砾石和石块简单加工而成[20]，似乎砾石工具占据主体。从古人类开始在长江两岸生存、繁衍以来，先民们逐渐增加了对片状毛坯的利用，即把流水冲刷、搬运来的卵石先进行剥片，然后直接使用这些石片或以石片为毛坯作进一步的加工。在大约处于70万年前的旧石器时代早期，烟墩堡遗址的片状毛坯达到了70%以上；处在旧石器时代中期的诸遗址中除高家镇石器工业的片状毛坯占48.2%外，冉家路口、井水湾和枣子坪等遗址的片状毛坯分别达到81.4%、76.3%和87.5%；至旧石器时代末期，石片毛坯比例更高，表现为一种连续、缓慢、稳定发展的态势。由此看来，三峡地区古人类对片状毛坯的选择倾向在旧石器时代早期就已明显，这是一个不同于中国南方砾石工业区其他区域的文化现象。当然，早期的材料还太少，除了位于高海拔地区的龙骨坡遗址，在库区中烟墩堡遗址还是孤例，很难说有代表性并反映总体演变趋势。随着材料的增加，对其规律和意义的深层发掘与探讨会给我们更多的信息和启示。

4. 加工技术

就石器加工技术而言，本地区旧石器时代先民从早期到晚期均采用硬锤加工，而且是以向一面打击加工为主，基本没有出现真正意义上的“两面技术”，即对毛坯的两面沿周边进行均匀等效的加工，制造出器体薄锐、形态规范的工具；没有发现软锤加工、压制加工等更进步的方法。总体来看，石器加工表现为控制程度较差，随意性较强，加工程度较浅，原型与成品之间相去不远，器物形态不够规范，个体间存在较大变异。当然，在工具加工系统化、精细化方面从旧石器时代早期到晚期还是处于逐渐地发展、进步的，表现为对单体标本加工痕迹更多、改造幅度更大、器体更加规范、精制品逐渐增多等方面。只是这样的发展改进是逐渐发生的，看不出明显的阶段性变化。

5. 器物类型

在三峡库区从旧石器时代早期到晚期的石器工业中，砍砸器和刮削器一直是主要的类型，但地位在发生着改变：从早期到晚期砍砸器似乎由盛而衰，其主体地位逐渐丧失，刮削器逐渐占据主导地位。尖状器、凹缺器等类型较少且不典型。到旧石器时代末期开始出现骨器，而装饰品等一直到新石器时代早期也没出现。从石器类型组合及其发展变化来看，三峡地区同中国南方砾石工业的主流是吻合、一致的。

6. 器物的形态和大小

石器器体的规范化是旧石器时代人类生产技术发展和成熟的重要标志。从三峡地区目前的材料来看，石器形态一直没有明显的规范化现象，而石器的大小似乎是沿着长宽等比小型化趋势发展，早期和中期以大型和中型为主，到末期小型和中型占据主导地位。

三峡地区古人类技术发展的不同阶段的变化如表二所示。从反映古人类技术发展的诸多因素来看，从旧石器时代早期到中期，古人类一直采用“就地取材”的策略，在附近河滩上的砾石中获取原料；锤击法剥片占据主导地位，但在中期出现摔碰技术；选取片状毛坯用锤击法来直接加工石器，加工方向以单向为主；器物类型虽然没有发生变化，但由早期到中期砍砸器逐渐退居次要地位，刮削器则逐渐占据主要地位；器物形态不定型，但个体由大型趋向中型。到旧石器时代末期，古人类原料开发策略与技术发生了显著变化，除了“就地取材”获取石料外，开始注重从周围岩层中开采优质石材：摔碰法成为剥片技术的主流，刮削器占据器物类型的统治地位，同时还出现了骨器和局部磨光石器；器物个体趋向小型化和规整化。

表二　三峡库区旧石器时代早、中、末期人类技术的发展

技术因素	早期	中期	末期
原料的开发与利用	就地取材	就地取材	就地取材、开采石料
剥片技术	锤击法（硬锤）、直接剥片	锤击法（硬锤）、直接剥片摔碰法	摔碰法、锤击法（硬锤）、直接剥片
石器毛坯	片状为主、块状毛坯占较大比重	片状为主	片状为主
加工方法	锤击法（硬锤）	锤击法（硬锤）	锤击法（硬锤）
器物类型	砍砸器、刮削器	刮削器、砍砸器	刮削器、骨器
器物形态和大小	不定型，大型、中型	不定型，中型、大型	不定型，中型、小型

三、结语与讨论

1. 关于扬子技术的界定与意义

在三峡库区属于旧石器时代中期的冉家路口遗址和属于旧石器时代晚期—新石器时代早期的洋安渡、鱼腹浦、三坨、和平村、老鹰嘴等遗址发掘出土大量“零台面”石核、石片，被确认为是摔碰技术的产品。这类石制品在许多遗址占据主流，构成了该地区旧石器时代中晚期（尤其是晚期至新石器时代早期）石器文化的鲜明特色。卫奇及高星据此定名“扬子技术”（Yangtze Technique），在此对其内涵和学术意义讨论如下。

“扬子技术”这一术语系由“锐棱砸击法”[21]、“摔击法”或“摔击技术”[22]、“摔碰技术”[23]等术语演变而来。卫奇对该技术作如下的描述：单手抓或捏着作为原料的扁平砾石，高举，然后朝下使劲助以加速，垂直摔向身侧边地面作为石砧的较大砾石，以扁平砾石的侧缘（平行长轴边缘）和端缘（平行短轴边缘）之间的一点受力撞击石砧，砾石在弹起瞬间劈裂产生石片[24]。原料砾石主要为中砾（cobble），也有小砾（pebble），一般为磨圆度很高的扁平河卵石。高星所带领的课题组曾在三峡地区选取与考古遗址出土石制品相似的原料——经高度磨蚀的扁平石英砂岩河卵石做砸击、锐棱砸击和与卫奇上述描述相一致的摔碰剥片实验，结果发现用前两种技术很难剥下理想的石片，因为石英砂岩卵石硬度高而又体表光滑，很难找到合适的砸击着力点，况且用于砸击的石锤的运动距离短，砸击力度不够，往往将扶持石核的手指震动得很痛却无法得到产品。而用摔碰的方法，只要找到合适的石料、石砧，以一定的距离、角度和力度将石料投击到石砧上，就很容易使石料与石砧碰撞而分裂、剥离石片，而且多次实验产生的石核、石片在大小、形态、台面状态和背缘疤等特征方面与遗址出土标本非常相近。从石料、石砧的关系和打片者技术动作的角度考虑，高星曾将该剥片方法称之为“摔碰技术”[25]。当然，用这种方法剥片也不是轻而易举，有时长轴和短轴接近的坚硬而扁平的砾石会在摔击时蹦起一人多高也不会破裂。

我们在上述认知的基础上又凝练出“扬子技术”，是为了强调这种技术的区域性和与特定环境的相关性：到目前为止，这类产品在长江流域发现最多，时代也可能最早（湖北郧县曲远河口“郧县人”遗址中已可见其端倪；冉家路口遗址曾用光释光方法测得142.9ka ± 11.6ka BP的年代数据）；这种技术实施的对象是高度磨蚀的扁圆的河卵石，而长江作为中国最大的水系，其充裕的水流动能搬运、磨蚀出大量的适宜可用的原料，为这种技术的发明和运用提供了得天独厚的物质条件。生活在这里的古人类群体面对这些体表扁圆光滑、不宜用传统的锤击法开发利用的原料，独辟蹊径，变不利为有利，采用扬子技术摔碰出锋利适用的石片，或将卵石一分为二，然后再进行锤击剥片和加工，这充分证明古人类具有因地制宜、灵活变通的聪明才智和对特定环境的适应生存方略[26]。

扬子技术的产品可称为扬子石片（Yangtze flake）和扬子石核（Yangtze core）。扬子石片的特征是：形态一般为圆形或椭圆形，宽而薄；石片破裂受力方向一般与原型砾石的长轴斜交，左右两边多不对称；打击点呈现一个宽浅的破碎带，或直或凹，一次形成，无多次撞击形成的重叠小疤；破裂面比较平坦，无打击泡，波纹和放射线较为清楚；石片的台面小于90°并与背面呈球面状逐渐过渡，在背面同时产生小石片疤的情况下，台面被破坏成刃状；背面为砾石面或具有打片同时产生的1～2个小片疤；尾部一般表现为刃状尖灭；石片有时破裂成为一对左右裂片。这些特征在以前被称作“锐棱砸击石片”、“零台面石片”和“摔击石片”的标本上普遍存在。扬子石核与扬子石片的特征相近似，只是石核上会有剥离的石片疤。有时在摔碰时石料会从中间一分为二，两个都会被界定为石片，石核消失，这与砸击石核有雷同之处。

“扬子技术”与在我国西南旧石器晚期遗址中辨认出的“锐棱砸击技术”的关系目前尚不是十分明朗。从石片特征看，这些产品具有共性，似乎是同一技术的产物。但在猫猫洞遗址出土被认作“锐棱砸击石锤”的器物[27]，如果定性成立，则表明“锐棱砸击技术”至少在该遗址或该地区是一个有别于“扬子技术”的客观存在，两种剥片技术的产品具有特征上的趋同性。对二者的关系，尚需要作更多的实验和对比研究方可得出更可信的结论。

如果我们将“扬子技术”与“锐棱砸击技术”作为同一个旧石器时代剥片技术体系加以考虑，则可以看出，该技术体系可能发源于长江流域，在旧石器时代早期的湖北郧县曲远河口“郧县人”遗址中曾经发现过1件以这类石片为原型的刮削器[28]，在三峡地区丰都县高家镇遗址中也发现过1件这样的石片。冉家路口遗址的年代142.9ka ± 11.6ka BP如果可信，那么冉家路口遗址的此类产品发现表明，“扬子技术”在三峡地区至少可以追溯到10多万年以前。至旧石器时代晚期，这类技术产品广泛发现在华南和西南，在三峡地区延续至新石器时代甚至更晚时期。在台湾的八仙洞遗址也曾发现此类产品[29]。因此，这种技术体系的发现和研究对探讨我国长江流域和华南古人类的技术发展、传播、演变和古人类对特定环境的适应生存方略，对于探讨祖国内地与台湾的古人类文化联系都具有重要的学术意义。

2. 旧石器时代晚期先民技术与生存方式的转变与区域文化发展的不平衡性

前文讲到，在旧石器时代晚期，三峡地区的考古学文化发生了一些明显的变化。造成该地区旧石器时代末期古人类技术与生存方式发生变化的原因是多方面的。首先，古人类遗址增多，分布区域扩大，表明古人类人口增加，活动范围扩大，对资源获取的压力增加，交流互动增强，促使古人类在生产技术和资源开发能力方面进行改进和创新，诸如注重开采优质石料和使用摔碰法开采利用磨圆的河卵石等，而早、中期的传统技术逐渐退居次要地位。其次，古人类经济生活方式的转变也会对石器技术及工具组合带来变化的动力。从遗址出土的遗物类型看，从早期到中期，遗址出土物为大量石制品，个别遗址伴生零星、种类单调的哺乳动物化石。到旧石器时代末期，除大量石制品外，多数遗址还出土动物骨骼、牙齿，种类丰富，除食草类哺乳动物、猪类杂食动物、豪猪等啮齿类动物外，还经常伴生鸟类和鱼类、爬行类骨骼，说明到旧石器时代末期，人类的渔猎采集对象变得丰富多样，食物获取方面的“广谱革命”（Broad Spectrum Revolution）[30]已波及该地区，农业耕作、家畜驯养的种子在孕育，人类生活方式的重大转变即将到来。

鱼腹浦、洋安渡等遗址出土的材料还反映出更新世晚期—全新世早期人类演化和文化发展出现不平衡性。此时在长江中下游已经出现较成熟的稻作农业，在华北也已发展出以粟、黍为主的旱作农业，伴随着家畜饲养和陶器生产。而在三峡的这些早期新石器时代遗址，还未见到农业的踪影，大溪文化以前的陶器也似乎未被生产，人们的生活仍然停留在渔猎采集经济模式。这种区域文化发展“滞后”的情况也不难理解。三峡地区山川发育，地势落差很大，鲜有平坦的土地和肥沃的土壤以供给先民耕作、驯养和定居。加之环境的多样性导致生活资源的多样性，人类应该处于不断的迁徙流动状态，难于积累对特定动植物种类生长规律和与人类关系的认识，也可能很少有对特定生物种类栽培、驯化的需求，大自然对他们的生活方式能够提供相对充足的给养，也使农业的发明缺少驱动力。当然，各个地区、各个阶段人类的发展总是不平衡的，没有放之四海而皆准的人类演化模式和千篇一律的历史发展阶段划分标准。这是三峡地区古人类遗存带给我们的又一重要启示。

3. 关于旧石器时代南北文化交流

三峡地区的旧石器时代考古学文化在总体特征上符合中国南方旧石器时代砾石石器工业文化传统，但又有区域性特点，表现在石片石器占有较高的比重，刮削器在工具组合中与其他地方相比占据更重要的地位，小型工具比例也相对更高。从区域位置看，三峡地区地处长江上游的下段，石片石器占主导地位的局面似乎在旧石器时代早期的某个时段就已形成，而在长江中、下游地区，旧石器时代文化则呈现更加显著的砾石工业特征，用块状毛坯（主要是砾石和石核）制作的工具在很长时间内占据统治地位。当然，从早期到晚期还是发生了由砾石石器到石片石器的过渡[31]。

为何三峡地区与长江中下游的旧石器考古学文化有所区别，石片石器和小石器占更大的比重，显示与华北的旧石器文化的更多的趋同性？我们知道，在四川盆地，旧石器时代中期已经表现为石片石器工业传统，研究者认为是与北方文化交流互动的结果[32]。而三峡与上游的四川盆地比邻，很可能生活在长江两岸的三峡先民与四川盆地的古人类群体关系密切，或是同样的群落在此大范围内不断迁徙移动，寻找可供生存的资源，或者不同的群落有一定的交流往来，在文化上相互影响。无论如何，四川盆地可能成为远古人类交流的通道；以此为纽带，将三峡地区与华北区域的旧石器时代人群与文化有机连接起来，使三峡地区的旧石器文化面貌具备了一些北方的特点，成为中国南方砾石工业传统中的一个具有特色的文化变体。

当然，未来随着材料的增多和研究的深入，我们对这些材料所反映的不同区域远古人群的关系与互动、区域文化传统的成因乃至日后多元一体的中华民族和华夏文明的形成过程及其影响，会发掘出更多、更有价值的信息和启示。

4. 三峡地区旧石器遗存对探讨中国现代人类起源的意义

在三峡库区开展远古文化遗产的抢救与发掘之前，学术界不仅对库区的旧石器遗存一无所知，对更大区域内古人类生存状况和文化发展体系的了解也是支离破碎。尤其需要指出的是，以往三峡乃至更大范围的华南地区旧石器时代早期和晚期分别有些代表性遗存，但中期时段的遗址一直没有找到或因测年的困难而无法确定；该阶段的人类技术、文化面貌和生存方式因而无从探讨，区域性文化发展序列也因中间环节的缺失而无法建立。

通过多年在库区的旧石器考古调查和发掘以及新的测年技术的运用，我们确认了高家镇、冉家路口、池坝岭、井水湾遗址、枣子坪等处分属不同时段的旧石器时代中期遗址，通过石制品类型组合、形态变化和技术发展的比较研究和光释光测年方法，确切地证明古人类于中更新世晚期至晚更新世早期在三峡乃至华南地区的存在，确立了几处该地区旧石器时代中期的代表性文化遗址，从而使三峡地区乃至华南的更大区域旧石器时代早→中→晚期文化发展序列得以构建。以井水湾遗址为例，它处在以粗大的砾石和大石片加工成的石器为代表的南方主工业分布区内，显示出砾石工业传统的鲜明特点[33]，但其石器类型与技术蕴含了新的发展因素，中型石制品比例达到36%，片状毛坯达到73.6%，出现了个体较小的刮削器和加工相对精致的凹缺器和尖状器。这些特点在中国南方旧石器时代晚期文化中表现得更为显著。井水湾等遗址的材料表明这种石器制作转向依赖片状毛坯、工具小型化、精致化的发展趋势其实在晚更新世早期就已开始，从而说明该区域文化与技术的发展是一个逐步、渐进的过程。这对研究华南石器工业传统的形成过程与发展趋势和古人类生存方式的演变，具有重要意义。

上述材料发现和测试、研究结果对探索中国现代人类的起源具有重要的启示。近来分子生物学技术在现代人类起源研究方面异军突起，提出中国乃至东亚现代人类的祖先在约100ka ~ 50ka BP前从非洲迁入，依据之一是此时段内中国乃至东亚几无人类化石和文化遗存[34]。三峡地区地处青藏高原东部、长江上游向中游的过渡地带，更新世以来气候条件适宜，生活资源丰富，适于人类的持续生存和繁衍。近年来该地区相继发现多处更新世古人类遗址[35]，说明人类一直在此生存和繁衍。冉家路口、井水湾、枣子坪等遗址的年代学研究表明[36]，古人类在这些遗址活动时期正处于分子生物学界定的中国现代人类起源的敏感时段[37]，这些遗址年代的确定不仅否定了中国境内缺乏100ka ~ 50ka BP前人类化石和文化遗存的论断，而且表明该地区古文化从更新世早期至晚期存在连续性，其发展模式是承袭与渐进，不存在文化的中断和突变，进而说明其文化的创造者的生存方式和演化繁衍是连续的，不存在本土人类的灭绝和外来人种的替代。因此，三峡库区井水湾等遗址的文化遗存和时代测定结果强劲支持中国乃至东亚的古人类演化是连续的，中国现代人类是本土起源的。

5. 余论

随着三峡库区旧石器时代考古的发掘和研究工作的开展，三峡地区已成为我国新世纪旧石器时代考古研究三大中心（另两处为泥河湾盆地和长江中下游地区）之一[38]。重庆巫山龙骨坡、湖北建始巨猿洞和安徽繁昌人字洞等近年来发现的出土接近或超过2Ma BP人科化石和文化遗物的遗址都分布在长江三峡及长江中、下游这一广大的区域内。自那时起，古人类就生存繁衍在这片广袤的土地上，发展出旧石器时代早期、中期、晚期完整的文化序列，进入更新世和全新世之交又发展出早期稻作农业，发明了早期陶器，出现了精美的玉器，早期城址和建筑也已构筑……这些，共同构筑出人类从古至今体质演化、技术发展和文明演进的完整链条和绚丽篇章。黄河经常被尊为中华民族和华夏文明的母亲河，而从目前的考古资料看，长江流域的古文化、古文明在时代的古老性、演化的连续性、内容的丰富性、技术的进步性诸方面毫不逊色，完全可以将长江定位为中华民族和华夏文明的父亲河！

《三峡远古人类的足迹——三峡库区旧石器时代考古的发现和研究》对三峡库区自水利工程启动、文物考古界开展遗产调查、抢救以来取得的有关旧石器时代的考古成果进行了梳理、总结和分析，以库区调查成果和1995年以来发掘出土的材料为研究对象，对这一特殊地区旧石器时代至新石器时代早期人类活动的环境背景、古人类技术发展模式和先民在该地区的适应生存方略等学术问题进行多角度的分析，对有关区域文化传统的形成和发展的动因、人类历史发展的不平衡性、远古南北方文化交流、现代中国人类起源、三峡旧石器时代遗存对构建中国考古学综合性学科体系和研究中华文明形成的作用等重大课题进行了探讨，提出了一些观点和假说。研究还仅仅是开始，观点还远远不是结论。我们希望抛砖引玉，使更多的学人和社会有识之士关注三峡的旧石器文化遗存，关注遗产的抢救和保护，投身到对这些材料的研究和相关问题的探究之中，为中国远古历史的重建做出更大的贡献。

参考文献

[1] 高星. 探寻三峡早期人类足迹——试从旧石器时代寻找答案. 中国三峡建设，2006（2）：15-18.

[2] Thomsen C J. Kortfatte Udsigt over Mindesmaerker og Oldsager fra Nordens Fortid//Thomsen C J. Ledetraad til Nordisk Old-kyndighed. Copenhagen, 1836: 27-87.

[3] Lubbock J. Pre-historic Times: As Illustrated by Ancient Remains, and the Manners and Customs of Modern Savages. London and Edinbergh, 1865.

[4] Trigger B G. A History of Archaeological Thought. Cambridge: Cambridge University Press, 1989.

[5] Klein R G. The Human Career: Human Biological and Cultural Origins (Second Edition) . Chicago: The University of Chicago Press, 1999.

[6] 高星. 关于“中国旧石器时代中期”的探讨. 人类学学报，1999，18（1）：3-17.

[7] 沈玉昌. 长江上游河谷地貌. 北京: 科学出版社，1965；中国科学院《中国自然地理》委员会. 中国自然地理：地貌. 北京：科学出版社，1980；Li J, Xie S, Kuang M. Geomorphic Evolution of the Yangtze Gorges and the Time of Their Formation. Geomorphology, 2001, 41(2-3): 125-135.

[8] 卫奇. 三峡地区旧石器//吕遵谔. 中国考古学研究的世纪回顾——旧石器时代考古卷. 北京：科学出版社，2004：340-369；裴树文. 三峡地区河流阶地的成因、时代与人类活动//董为. 第九届中国古脊椎动物学学术年会论文集. 北京：海洋出版社，2004：263-274.

[9] 李炎贤. 华南旧石器时代的相对年代. 人类学学报，1982，1（2）：160-168；陈铁梅. 我国旧石器考古年代学的进展与评述. 考古学报，1988（3）：103-114；沈冠军. 中国现代人类起源：来自南方化石地点的年代学证据. 地学前缘，2004，11（2）：543-548.

［10］ 杨达源. 长江三峡的起源与演变. 南京大学学报（自然科学版），1988，24（3）：466-473.

［11］ 杨达源. 长江三峡地带的黄土//刘东生. 黄土 · 第四纪地质 · 全球变化（第一集）. 北京：科学出版社，1990：28-33.

［12］ 谢明. 长江三峡地区第四纪以来新构造上升速度和形式. 第四纪研究，1990，10（4）：308-315.

［13］ 冯希杰. 中国大陆第四纪地壳运动时程. 地质论评，1992，38（3）：210-214.

［14］ 冯希杰. 中国大陆第四纪地壳运动时程. 地质论评，1992，38（3）：210-214.

［15］ Li J, Xie S, Kuang M. Geomorphic Evolution of the Yangtze Gorges and the Time of Their Formation. Geomorphology, 2001, 41(2-3): 125-135.

［16］ 高星，黄万波，徐自强，等. 三峡兴隆洞出土 12～15 万年前的古人类化石和象牙刻划. 科学通报，2003，48（23）：2466-2472.

［17］ 李炎贤. 中国旧石器时代晚期文化的划分. 人类学学报，1993，12（3）：214-223.

［18］ 黄慰文. 旧石器时代人类对工具的选择与打制. 龙骨坡史前文化志，1999（1）：159-163.

［19］ 高星. 关于“中国旧石器时代中期”的探讨. 人类学学报，1999，18（1）：3-17.

［20］ 黄万波，侯亚梅，徐自强. 龙骨坡：200万年前的山寨. 北京：科学出版社，2006.

［21］ 曹泽田. 贵州水城硝灰洞旧石器文化遗址. 古脊椎动物与古人类，1978，16（1）：67-72；张森水. 中国旧石器文化. 天津：天津科学技术出版社，1987.

［22］ 卫奇，雷庭军，邹伯乐，等. 奉节鱼腹浦发掘旧石器时代考古遗址报告//重庆市文物局，重庆市移民局. 重庆库区考古报告集（1997年卷）. 北京：科学出版社，2000：144-159.

［23］ 冯兴无，裴树文，陈福友. 烟墩堡遗址研究. 人类学学报，2003，22（3）：177-191.

［24］ 卫奇. 三峡地区旧石器//吕遵谔. 中国考古学研究的世纪回顾——旧石器时代考古卷. 北京：科学出版社，2004：340-369；裴树文. 三峡地区河流阶地的成因、时代与人类活动//董为. 第九届中国古脊椎动物学学术年会论文集. 北京：海洋出版社，2004：263-274.

［25］ 冯兴无，裴树文，陈福友. 烟墩堡遗址研究. 人类学学报，2003，22（3）：177-191.

［26］ 高星，裴树文. 中国古人类石器技术与生存模式的考古学阐释. 第四纪研究，2006，26（4）：504-513.

［27］ 张森水. 中国旧石器文化. 天津：天津科学技术出版社，1987.

［28］ 冯小波. 试论汉水流域旧石器时代文化//邓涛，王原. 第八届中国古脊椎动物学学术年会论文集. 北京：海洋出版社，2001：263-270.

［29］ 宋文薰. 长滨文化——台湾首次发现的先陶文化. 中国民族学通讯，1969（9）：1-27.

［30］ Flannery K V. The Domestication and Exploitation of Plants and Animals//Ucko P J, Dimbleby G W. The Rise and Fall of Civilizations: Modern Archaeological Approaches to Ancient Cultures. Chicago: Aldine Publishing Company, 1969: 73-100; Stiner M C. Thirty Years on the “Broad Spectrum Revolution” and Paleolithic Demography. PNAS, 2001, 98(13): 6993-6996.

［31］ 袁家荣. 略论湖南旧石器文化的若干问题//中国考古学会. 中国考古学会第七次年会论文集. 北京：文物出版社，1992：1-12；袁家荣. 湖南旧石器文化的区域性类型及其地位//湖南省文物考古研究所. 长江中下游史前文化暨第二届亚洲文明学术讨论会论文集. 长沙：岳麓书社，1996：20-47；王幼平. 环境因素与华南旧石器文化传统的形成//湖南省文物考古研究所. 长江中下游史前文化暨第二届亚洲文明学术讨论会论文集. 长沙：岳麓书社，1996：55-62；王幼平. 更新世环境与中国南方旧石器文化发展. 北京：北京大学出版社，1997；刘德银，王幼平. 鸡公山遗址发掘初步报告. 人类学学报，2001，20（2）：102-114.

［32］ 李宣民，张森水. 铜梁旧石器文化之研究. 古脊椎动物与古人类，1981，19（4）：67-76；李宣民，张森水. 资阳人 B 地点发现的旧石器. 人类学学报，1984，3（3）：215；张森水. 四川省旧石器文化和古人类研究//重庆市博物馆. 巴渝文化（第3辑）. 重庆：西南师范大学出版社，1994.

［33］ 张森水. 近 20 年来中国旧石器考古学的进展与思考. 第四纪研究，2002，22（1）：11-19.

［34］ Jin L, Su B. Natives or Immigrants: Modern Human Origin in East Asia. Nature Reviews Genetics, 2000, 1(2): 126-133; Ke Y, Su B, Song X, et al. African Origin of Modern Humans in East Asia: A Tale of 12,000 Y Chromosomes. Science, 2001, 292(5519): 1151-1153；柯越海，宿兵，李宏宇，等. Y 染色体遗传学证据支持现代中国人起源于非洲. 科学通报，2001，46（5）：411-414.

［35］ Huang W P, Gu Y M, Ciochon R, et al. Whose Teeth?. Nature, 1996, 381(6579): 202；高星，黄万波，徐自强，等. 三峡兴隆洞出土 12～15 万年前的古人类化石和象牙刻划. 科学通报，2003，48（23）：2466-2472.

［36］ 裴树文，张家富，高星，等. 三峡井水湾遗址的光释光测年. 科学通报，2006，51（12）：1443-1449.

［37］ Wu X. On the Origin of Modern Humans in China. Quaternary International, 2004, 117(1): 131-140.

［38］ 高星. 中国旧石器考古学的昨天、今天与明天//高星，侯亚梅. 中国科学院古脊椎动物与古人类研究所20世纪旧石器时代考古学研究. 北京：文物出版社，2002：3-9.

（原载于《三峡远古人类的足迹——三峡库区旧石器时代考古的发现和研究》，巴蜀书社，2010年；与裴树文合著）

距今4万至3万年前青藏高原高海拔地区最早的人类活动

青藏高原常年低温、生物资源匮乏并且氧气含量极低，因此对于人类定居而言，它既是海拔最高的地区，也是最具有挑战性的环境之一。青藏高原作为人类最晚占领的地理环境之一[1]，其开发时间和机制备受关注。迄今为止，还没有全新世以前人类定居于高原核心区域的确凿证据，仅在高原边缘地区分布有零星的旧石器遗址[2]。经过多年的调查，我们在西藏中部发现了尼阿底遗址，它海拔约4600米、距今至少3万年，是目前已知海拔最高的更新世时期遗址[3]。这一发现极大地延伸了人类占领青藏高原的历史，加强了人类适应高海拔地区（＞4000米）的古老性。此外，有遗传学研究显示丹尼索瓦人（基因）可能对西藏人的高原适应与生存有一定影响[4]，本次发现也将促进对该问题的进一步研究。

2013年，我们对西藏北部平均海拔5000米的羌塘无人区进行考古调查时，发现了尼阿底遗址。遗址位于色林错和错鄂湖南部，西藏自治区首府拉萨西北约300千米（图一）处。遗址区域东西长约1千米、南北约2千米，地表有数以万计的黑色板岩制作的石制品。2013年和2016～2018年，我们开展连续多次的考古发掘和地质采样等工作。

尼阿底遗址的沉积序列厚约170厘米，位于海拔约4600米的错鄂湖阶地表面，从上至下可分为三层（图二：A）。

L1位于最上部，厚10～30厘米，由含砾粉砂和细砂组成，并夹杂少量灰绿色湖相黏土沉积碎块。该层尤其是地表可见大量石制品及一些磨圆的砾石。

L2厚约50～80厘米，由含棱角状砾石的分选良好的细砂组成，与上层（L1）呈不整合接触。该层中可以看到一些小型的流水冲刷槽，其中填充了含碎屑砾石沉积，代表着短时性的快速流水作用。同时其中可见冻融卷曲、风蚀潜穴等沉积构造，此外L1与L2间不整合面可以观察到密集分布的砾石，这些现象均指示着长期的寒冷气候条件。

L3主要由冲洪积相的含淡水贝类软体动物的砂质砾石沉积组成。该层中小型流水冲刷槽交错发育，其中填充着含角砾的风化严重的粉砂质细砂，指示着较为温暖湿润

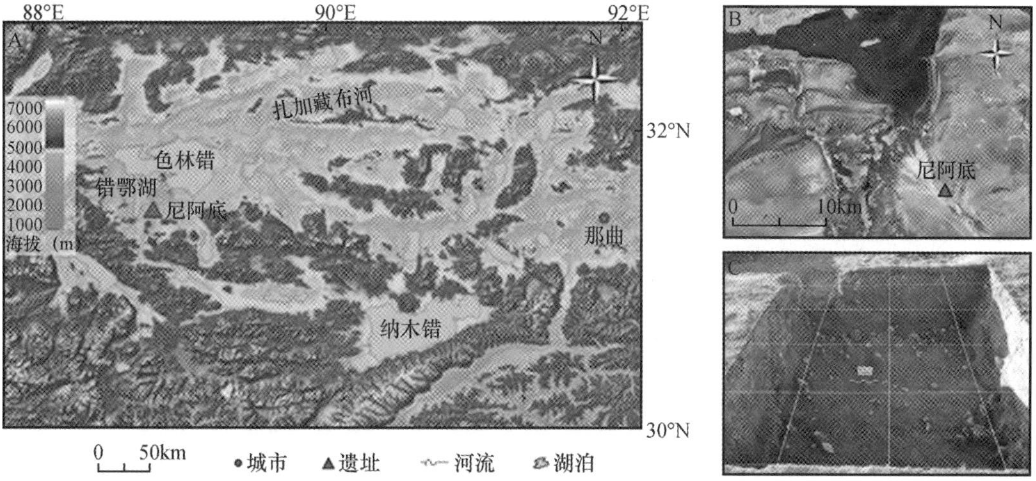

图一　尼阿底遗址的位置图和发掘区图

A. 带有尼阿底遗址位置的区域图　B. 遗址与错鄂湖和其他大湖的相对位置图　C. L3石制品分布图

［图A的数字高程模型（DEM）来自http://vterrain.org/Elevation/gloal.html，图B的卫星图像来自谷歌地球］

的气候条件，频繁发育的强流水作用造成明显的流水侵蚀。L3顶部显著起伏的不整合面也表明与湿润气候条件下的强烈侵蚀活动密切相关。

人工石制品发现于堆积序列上部138厘米中，L1出土3124件，L2出土223件，L3出土336件。其中L2的石制品主要发现于冲刷槽里，几乎不见于L2主体细砂层中。三个地层的石制品不存在明显的类型、技术或形态差别，L1出土的小件标本更多。根据综合分析，出土的所有石制品是一个石制品组合，L3是原生文化层，L1和L2的石制品可能是遗址形成后被扰动再次埋藏的结果。

由于缺乏可做放射性碳同位素测年的有机质遗存，遗址定年主要依靠的是光释光测年技术[5]。发掘区（图二：A）3个剖面上的24个样品构建了遗址的年代框架。

在充分考虑测量误差的情况下，各采样剖面中的光释光年代与地层层序基本吻合，且具有较好的可对比性（图二：B）。测年结果表明，L1距今约13ka ~ 4ka，为全新世地层。L1底部淡水软体动物（*Gyraulus* sp.）贝壳（图二：A）的AMS^{14}C测年结果为12.7ka ~ 12.4ka BP，与同层光释光年代相近，证明光释光年代是可靠的。L2距今约25ka ~ 18ka，指示的是末次盛冰期的沉积或再沉积，这也符合我们对当时主要气候条件的田野观察和后续评估。L3年代距今约45ka ~ 30ka，与软体动物贝壳的AMS^{14}C年代一致（图二：A）。根据3个剖面的光释光年代和两个^{14}C年代，尼阿底遗址最早出现石制品的年代大约距今40ka ~ 30ka。

发掘中布设1米 × 1米的探方20个，其中共出土3683件石制品。石制品组合包括石叶石核、石片石核、石叶、石片、断块和工具（图三）。这个石制品组合以石叶和石叶工具的生产为主要特征。石叶大部分是从石核的长窄面剥制的，石叶石核类型为

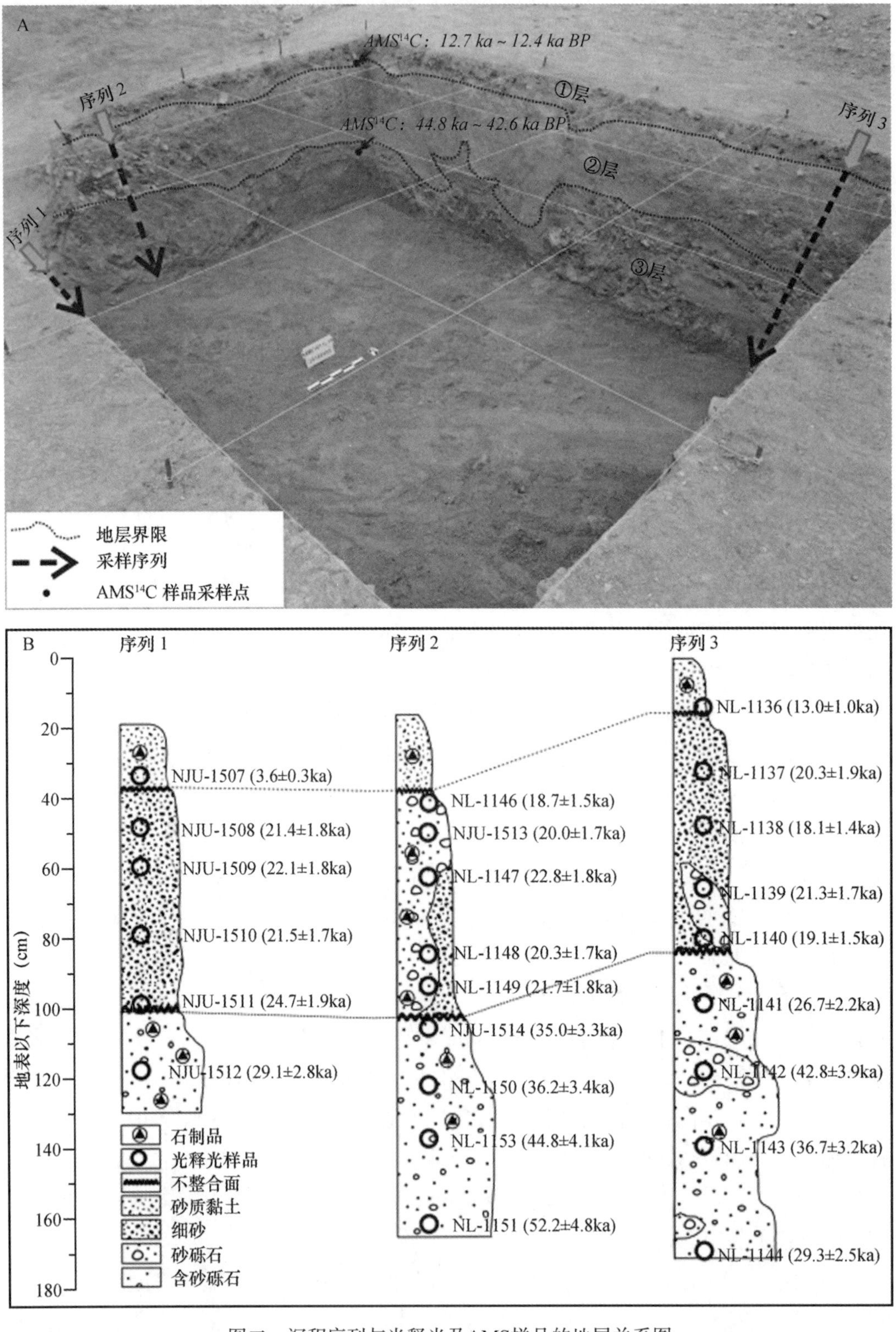

图二　沉积序列与光释光及AMS样品的地层关系图

A. 遗址沉积序列与地层划分图，放射性碳同位素测年结果经水库效应校正　B. 地层关系图及三个地层的光释光年代

图三 尼阿底遗址出土的石制品

A. 工具（1、2）L1的钻和边刮器（3、4）L3的边刮器 B. 石片（5、6）L1（7、8）L2（9、10）L3
C. 石叶石核（12、13）L1（11、14）L2（15、16）L3 D. 石叶（17）L1（18、19）L2（20~22）L3

棱柱状石核而非勒瓦娄哇石核。91件石叶中有72件是单向打片，这是最主要的打片方式。石叶的尺寸差别很大。修理而成工具包括刮削器、钻、砍砸器、凹缺器和雕刻器。精细加工的正式工具很少，大多仅做简单修理。所有的石制品都是黑色板岩，来自发掘区东边约800米的尼阿底山岩石露头。基于石器组合中废片比例高、修理工具数量少、遗址范围广大且接近原料产地等因素，尼阿底遗址应为早期西藏人采集原料和打制石制品的工作场所。发掘中尚未发现动物遗存、火塘或其他结构遗迹。

尼阿底遗址是西藏高海拔地区首个经过正式发掘的旧石器遗址，该地区干冷和缺氧的极端环境可能相当程度上限制了早期人类的迁入。青藏高原中部此前并没有可靠的旧石器遗址年代，这使得一些考古学者推测人类首次进入4000米以上高海拔地区发生在全新世时期[6]，或更新世—全新世交替阶段[7]。遗传学研究提出，人类迁徙到高原经历了包括新石器时代和旧石器时代晚期等不同阶段[8]，居住在西藏的古老人群和现代居民间存在一定的遗传连续性[9]。尼阿底遗址石制品的年代和类型学特征表明，拥有先进石叶技术的现代人至少在4万到3万年前就占据了这个高海拔区域。这一证据为史前征服高海拔环境书写了新的记录，远早于人类征服高海拔安第斯山区的时间[10]。

那么早期人类是如何应对“世界屋脊”上缺氧和资源稀缺等众多压力的?

这次占据事件发生于深氧同位素3阶段（MIS 3）晚期[11]，当时高原上的生态条件与现在的环境相似或略好，因此狩猎采集者可以季节性地反复利用该地区，获得石制品原料和其他资源。与此同时，*EPAS1*基因区域被认为是帮助西藏人群减少缺氧反应的基因，它可能是来自丹尼索瓦相关个体的DNA混入[12]。环境、遗传学和考古学数据互相补充，因此我们得到了一个结合生物学和石器技术的模型来解释早期西藏人对高原的适应。

尼阿底遗址出土了大量棱柱状石核，这在中国相当少见。相似的石器技术组合仅见于中国北方的个别遗址[13]。从技术上来说，这种石制品组合与西伯利亚和蒙古高原旧石器时代晚期早段的遗址最为相似[14]。石制品组合类型相似，且古人类祖先可能存在的基因渗入，因此西藏和西伯利亚的早期人类很可能在至少4万～3万年前有过交流。丹尼索瓦人对现代美拉尼西亚人群的基因组有4%～6%的遗传贡献，且有可能在更新世晚期扩散至亚洲[15]，因此，携带丹尼索瓦DNA的人群很可能是通过青藏高原扩散至南方，贡献了适应缺氧高原环境的能力。

关于人类在青藏高原永久定居的时间和动力问题存在着许多争论[16]。有些人认为，征服世界第三极的年代相对来说比较近，且农业发挥了重要作用[17]；另一些人认为对高原及其恶劣环境的生物学适应需要更长的时间和长期居住[18]，在成功适应之前必定有过一系列的短暂尝试[19]。距今至少3万年的尼阿底遗址，为我们进一步研究人类探索和定居青藏高原的历史揭开了帷幕。

参考文献

[1] Brantingham P J, Gao X. Peopling of the Northern Tibetan Plateau. World Archaeology, 2006, 38(3): 387-414.

[2] Meyer M C, Aldenderfer M S, Wang Z, et al. Permanent Human Occupation of the Central Tibetan Plateau in the Early Holocene. Science. 2017, 355(6320): 64-67; Chen F H, Dong G H, Zhang D J, et al. Agriculture Facilitated Permanent Human Occupation of the Tibetan Plateau After 3600 BP. Science, 2015, 347(6219): 248-250; 安志敏，尹泽生，李炳元．藏北申扎、双湖的旧石器和细石器．考古，1979（6）：481-491，494，577-578；袁宝印，黄慰文，章典．藏北高原晚更新世人类活动的新证据．科学通报，2007(13)：1567-1571; Brantingham P J, Olsen J W, Schaller G B. Lithic Assemblages from the Chang Tang Region, Northern Tibet. Antiquity, 2001, 75(288): 319-327; Madsen D B, Perreault C, Rhode D, et al. Early Foraging Settlement of

the Tibetan Plateau highlands. Archaeological Research in Asia, 2017, 11: 15-26; Aldenderfer M. Peopling the Tibetan Plateau: Insights from Archaeology. High Altitude Medicine & Biology, 2011, 12(2): 141-147.

[3] Rademaker K, Hodgins G, Moore K, et al. Paleoindian Settlement of the High-altitude Peruvian Andes. Science, 2014, 346(6208): 466-469.

[4] Huerta-Sánchez E, Jin X, Asan, et al. Altitude Adaptation in Tibetans Caused by Introgresssion of Denisovan-like DNA. Nature, 2014, 512(7513): 194-197.

[5] Roberts R G, Lian O B. Illuminating the Past. Nature, 2015, 520(7548): 438-439.

[6] Brantingham P J, Ma H, Olsen J W, et al. Speculation on the Timing and Nature of Late Pleistocene Hunter-gatherer Colonization of the Tibetan Plateau. Chinese Science Bulletin, 2003, 48(14): 1510-1516.

[7] Brantingham P J, Rhode D, Madsen D B. Archaeology Augments Tibet's Genetic History. Science, 2010, 329(5998): 1467.

[8] Cavalli-Sforza L L, Cavalli-Sforza L, Menozzi P, et al. The History and Geography of Human Genes. Princeton: Princeton University Press, 1994; Zhao M, Kong Q P, Wang H W, et al. Mitochondrial Genome Evidence Reveals Successful Late Paleolithic Settlement on the Tibetan Plateau. PNAS, 2009, 106(50): 21230-21235; Qin Z, Yang Y, Kang L, et al. A Mitochondrial Revelation of Early Human Migrations to the Tibetan Plateau Before and After the Last Glacial Maximum. American Journal of Physical Anthropology, 2010, 143(4): 555-569; Beall C M. Adaptation to High Altitude: Phenotypes and Genotypes. Annual Review of Anthropology, 2014, 43: 251-272.

[9] Zhao M, Kong Q P, Wang H W et al. Mitochondrial Genome Evidence Reveals Successful Late Paleolithic Settlement on the Tibetan Plateau. PNAS, 2009, 106(50): 21230-21235.

[10] Rademaker K, Hodgins G, Moore K, et al. Paleoindian Settlement of the High-altitude Peruvian Andes. Science, 2014, 346(6208): 466-469.

[11] Shi Y, Yu G, Liu X, et al. Reconstruction of the 30-40ka BP Enhanced Indian Monsoon Climate Based on Geological Records from the Tibetan Plateau. Palaeogeography, Palaeoclimatology, Palaeoecology, 2001, 169(1-2): 69-83.

[12] Huerta-Sanchez E, Jin X, Asan, et al. Altitude Adaptation in Tibetans Caused by Introgresssion of Denisovan-like DNA. Nature, 2014, 512(7513): 194-197.

[13] Peng F, Wang H, Gao X. Blade Production of Shuidonggou Locality1 (Northwest China): A Technological Perspective. Quaternary International, 2014, 347: 12-20; Derevianko A P, Gao X, Olsen J W, et al. The Paleolithic of Dzungaria (Xinjiang, Northwest China) Based on Materials from the Luotuoshi Site. Archaeology, Ethnology and Anthropology of Eurasia, 2012, 40(4): 2-18.

[14] Li F, Kuhn S L, Olsen J W, et al. Disparate Stone Age Technological Evolution in North China: Lithic Technological Variability and Relations Between Populations During MIS3. Journal of Anthropological Research, 2014, 70(1): 35-67.

[15] Sawyer S, Renaud G, Viola B, et al. Nuclear and Mitochondrial DNA Sequences from Two Denisovan Individuals. PNAS, 2015, 112(51): 15696-15700.

[16] Brantingham P J, Gao X. Peopling of the Northern Tibetan Plateau. World Archaeology, 2006, 38(3):387-414; Meyer M C, Aldenderfer M S, Wang Z, et al. Permanent Human Occupation of the Central Tibetan Plateau in the Early Holocene. Science. 2017, 355(6320): 64-67; Chen F H, Dong G H, Zhang D J, et al. Agriculture Facilitated Permanent Human Occupation of the Tibetan Plateau After 3600 BP. Science, 2015, 347(6219): 248-250; Aldenderfer M. Peopling the Tibetan Plateau: Insights from Archaeology. High Altitude Medicine & Biology, 2011, 12(2): 141-147; Brantingham P J, Rhode D, Madsen D B. Archaeology Augments Tibet's Genetic History. Science, 2010, 329(5998): 1467; Zhao M, Kong Q P, Wang H W, et al. Mitochondrial Genome Evidence Reveals Successful Late Paleolithic Settlement on the Tibetan Plateau. PNAS, 2009, 106(50): 21230-21235; Qin Z, Yang Y, Kang L, et al. A Mitochondrial Revelation of Early Human Migrations to the Tibetan Plateau Before and After the Last Glacial Maximum. American Journal of Physical Anthropology, 2010, 143(4): 555-569; Beall C M. Adaptation to High Altitude: Phenotypes and Genotypes. Annual Review of Anthropology, 2014, 43: 251-272.

[17] Chen F H, Dong G H, Zhang D J, et al. Agriculture Facilitated Permanent Human Occupation of the Tibetan Plateau After 3600 BP. Science, 2015, 347(6219): 248-250.

[18] Brantingham P J, Gao X. Peopling of the Northern Tibetan Plateau. World Archaeology, 2006, 38(3):387-414; Beall C M. Adaptations to Altitude: A Current Assessment. Annual Review of Anthropology, 2001, 30(1): 423-456.

[19] Brantingham P J, Ma H, Olsen J W, et al. Speculation on the Timing and Nature of Late Pleistocene Hunter-gatherer Colonization of the Tibetan Plateau. Chinese Science Bulletin, 2003, 48(14): 1510-1516.

[原载于《科学》（*Science*）2018年第362卷，与张晓凌、哈比布、王社江、陈祖军、葛俊逸、隆浩、何伟、达娃、年小美、仪明洁、周新郢、张佩琪、靳英帅、Ofer Bar-Yosef、John Olsen合著；张晓凌、杨紫衣译]

东亚最早古人类活动的新证据

中国北方的泥河湾盆地是东亚考古学研究的重要区域，也是寻找早期古人类的热点地区。它位于河北省，距北京周口店第一地点（直立人地点）的西北方向约150千米（图一）。泥河湾是一个大型的湖消盆地（extinct lacustrine basin），盆地内广泛分布着上新世及更新世沉积，其中包含着古人类活动的遗址并出土动物化石与石制品。这些遗址包含着东亚古人类在北纬40° 附近活动的最早证据[1]。在泥河湾盆地东部新发现的沟底遗址（Goudi）①的早更新世地层中，出土了原地埋藏的石制品和动物化石，其古地磁测年结果为距今166万年[2]。因此，该地点成为东亚年代最早的古人类遗址。

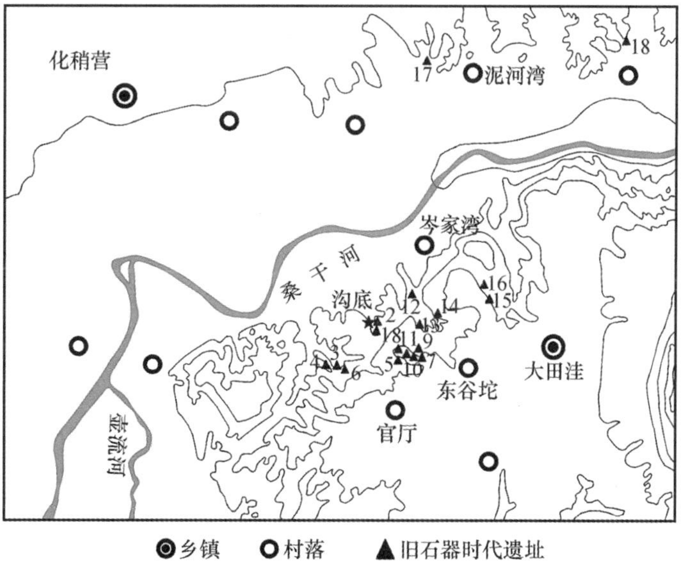

图一　泥河湾盆地旧石器时代遗址位置

1. 马圈沟遗址　2. 半山遗址　3. 小长梁遗址　4. 仙台遗址　5. 葡萄园遗址　6. 山神庙咀遗址　7. 东谷坨遗址　8. 飞梁遗址　9. 霍家地遗址　10. 许家坡遗址　11. 麻地沟遗址　12. 岑家湾遗址　13. 广梁遗址　14. 马梁遗址　15. 西沟遗址　16. 油房遗址　17. 上沙嘴地点　18. 板井子遗址

① 即马圈沟遗址第三文化层，其名称来源见后文，译者注。

20世纪20年代，德日进（Pierre Teilhard de Chardin）与桑志华（Emile Licent）在泥河湾盆地发现并研究了更新世动物化石，与此同时，也开始了对早期古人类的探寻[3]。1935年，神父步日耶（Henri Breuil）报道了他发现的一件石质“工具”，但这一“工具”后来被认为是非人工制品[4]。泥河湾考古学研究的突破始于1978年对小长梁遗址性质的确认。该遗址的早更新世地层中出土了一批石制品及动物遗存[5]。20世纪末，中国、美国、英国和加拿大等国的学者开展了一系列国际合作，对包括东谷坨、飞梁和小长梁遗址在内的泥河湾早更新世考古遗址进行了发掘。这些合作为研究中国北方早期古人类的活动提供了新视角，其中包括建立更完善的泥河湾盆地磁性地层学年代框架，以及包含拼合研究及微痕分析在内的石制品研究的新方法[6]。

自小长梁遗址被发现以来，在同一沉积层位中还陆续有其他一些遗址被发现，包括半山、葡萄园、广梁和仙台①遗址。此外，在小长梁遗址沉积层位之上，有山神庙咀、东谷坨、麻地沟、霍家地及许家坡遗址被发现；而在小长梁遗址沉积层位之下，则有马圈沟遗址被发现[7]。沟底遗址直接叠压于马圈沟遗址地层之下（图二）。中美学者的研究表明，小长梁遗址含有人工制品的层位处于奥杜威（Olduvai）与贾拉米洛

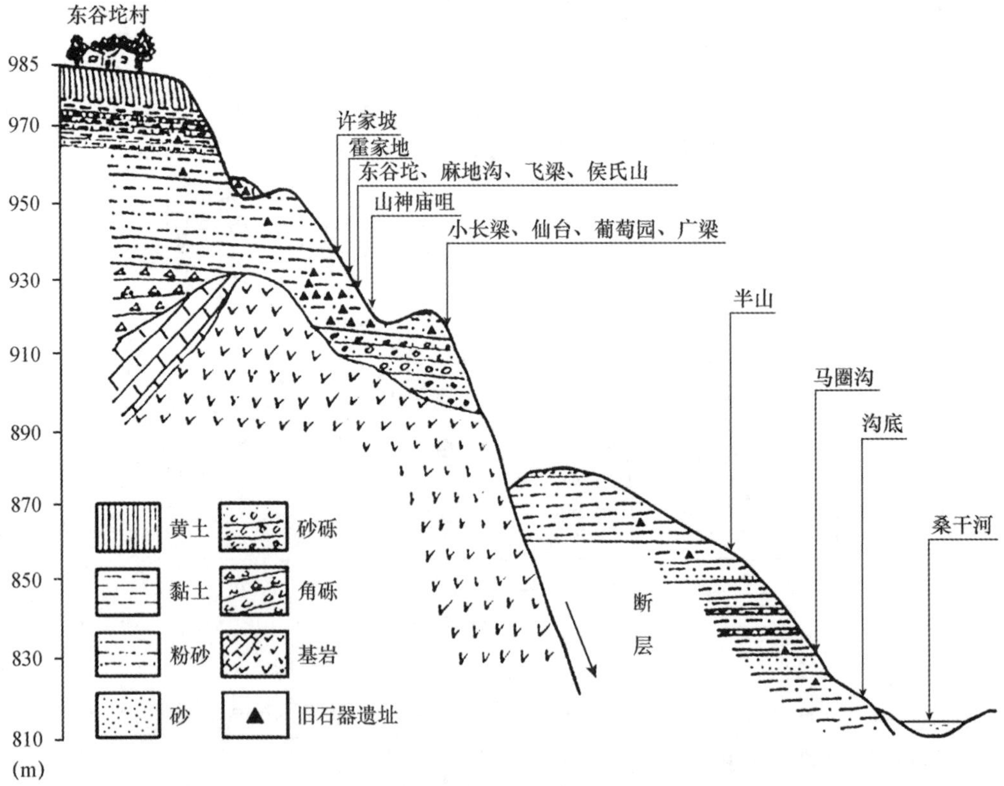

图二　本文所涉及遗址的高程及它们与东谷坨和马圈沟遗址地层剖面的关系

① 即大长梁遗址，译者注。

（Jaramillo）两个正极性亚时之间的反极性时期[8]，表明其年代在距今177万年到107万年之间。朱日祥等[9]通过对沟底遗址剖面的古地磁年代研究，认为小长梁遗址的年代为距今136万年。由于沟底的层位大致相当于奥杜威（Olduvai）正极性亚时的顶部，根据地层学的对比和古地磁的数据，我们认为，沟底遗址的年代介于166万年到136万年之间，或者有可能更早。

一、遗址的发现

2001年春，中国科学院古脊椎动物与古人类研究所在泥河湾盆地开展考古调查项目时，发现了一处新的地点①。同年8月至9月，在卫奇的主持下，考古队在此处进行了试掘并将该遗址命名为沟底遗址。2001年7月，一个仅由古生物学家组成的调查队伍在马圈沟地区取土筛洗小哺乳动物化石时②，发现一个与沟底遗址位置相近、沉积状况相似的层位，并采获早更新世动物化石及5件石制品[10]。蔡保全和李强[11]认为，他们发现的这个层位是1992年发现的马圈沟遗址的一个新层位，因为它"与马圈沟遗址处于同一个剖面但层位低8m"。由于年代早、意义大，该遗址立即引起河北省考古机构的高度重视，并在河北省相关文物部门进行了登记备案。2001年秋至2002年夏，河北省文物研究所（今河北省文物考古研究院）在沟底遗址组织开展系统的发掘。由于该遗址与已经发现并发掘的马圈沟遗址地层关系密切，发掘队将其更名为马圈沟第三文化层（MJG-Ⅲ）。因此，MJG-Ⅲ[12]与沟底遗址[13]指同一地点。在本文中，我们使用第一次发掘时的遗址名称。

二、野外工作

沟底遗址距东谷坨村（40°1′31″N，114°39′51″E）约1500米，海拔约821.92米。该遗址的人工制品与动物化石出土于约50厘米厚的黏土质粉砂与砂的沉积地层中，靠近古湖岸线。古人类在湖岸边活动，当他们离开后，湖平面的上升导致该遗址被掩埋。本次试掘布1m×10m探方1个（图三、图四），1m×1m探沟2个。石制品及伴生动物化石集中出土于探方的北部，而出土物平均每立方米的密度约为115件（图五）。

① 据卫奇（《泥河湾盆地——东亚古人类文化摇篮》，《化石》2002年第4期，第6页）述，该专项调查及试掘、发掘均由中国科学院古脊椎动物与古人类研究所和河北省文物研究所合作进行，译者注。

② 谢飞在《泥河湾旧石器文化》一书中详述了具体的工作内容，译者注。

图三　沟底遗址与马圈沟遗址的相互关系

图四　沟底遗址2001年试掘场景

本次发掘共出土石制品50件，类型包括石核、石片、残片及断块（图六）。石制品原料为本地丰富的劣质燧石状石英岩，与小长梁遗址的原料类似[14]。有两件双台面石核，均有多个剥片面。石片（24件）占石制品总数的近一半，其中，6件为自然台面的石片（1件为自然背面，5件背面有部分石皮），7件为非自然台面的石片（3件背面有部分石皮，4件背面无石皮），1件为左裂片，1件为远端断片，还有1件有棱角的残片。仅2件残片有边缘修理的痕迹，另外22件为断块。尽管此次试掘的石制品数量较少，但其人工性质，包括台面、打击泡及边缘修整的痕迹都很明确。在这些石制品中，有3件标本，包括1件石核、1件石片以及1件残片是可以拼合的（图七），这表明早期古人类就在此地制作过石制品。

遗址出土了600多件动物化石，集中分布在两个探方（N105-106/E99）。大多数动物骨骼及牙齿比较破碎，其初步的鉴定名单包括鸵鸟（仅蛋皮）、啮齿类、食肉类、

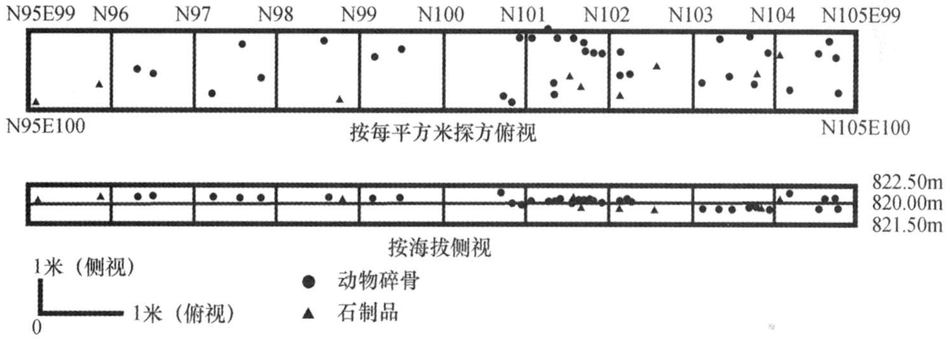

图五　2001年沟底遗址试掘出土遗物的空间分布

图六　2001年沟底遗址试掘出土的部分石制品

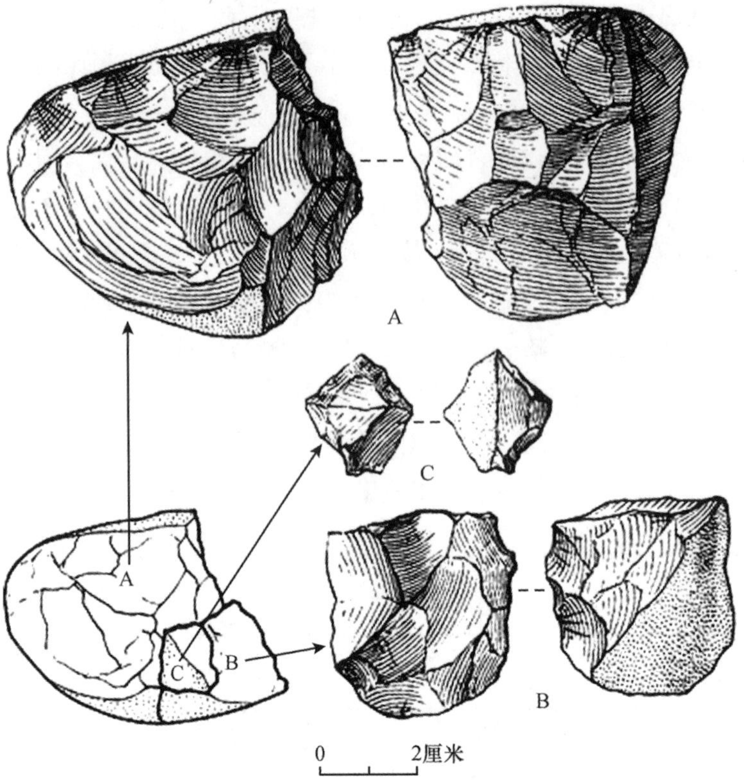

图七　沟底遗址的石制品拼合组

象类、马类、犀牛及鹿类动物。遗址出土的大量植物化石应为菱属（*Trapa* sp.，与崔海堂的个人交流，2002年11月），而通过实验室分析在文化层中也发现了薄壳软体动物遗存（与Victor Paz的个人交流，2002年11月）。

三、地层与年代

布朗断层（Brown Fault）位于小长梁与东谷坨遗址、马圈沟与半山遗址之间[15]，是一条东北—西南走向的正断层。小长梁与东谷坨遗址位于断层的下盘，马圈沟与半山遗址位于断层的上盘（图二）。马圈沟附近的断距达60m。马圈沟遗址位于半山遗址下25.12m，距贾拉米洛（Jaramillo）的顶部约60m，与奥杜威（Olduvai）的顶部更接近。这一观察得到了古地磁研究结果的支持[16]，表明马圈沟遗址的年代约为距今155万年。沟底遗址的文化层位于马圈沟遗址下部约7.3～7.9m处，距现在的地表约160m。由于断层的断距达60m，沟底遗址距原地表的实际距离应为100m左右。朱日祥等[17]对小长梁遗址的古地磁测年结果为136万年，对沟底遗址（即MJG-Ⅲ）的古地磁测年结果为166万年，这两个结果均是根据已知磁极性带内的地层平均沉积速率推算而来。虽然他们的测年结果是对这些遗址最早年代的最理想估算，但应该强调的是，盆地中的陆相沉积物，尤其是河岸与湖泊沉积，是由性质不同的层或层理组成，其序列往往具有不连续性。因此，古地磁的研究应对完整的沉积序列进行取样以判定年代（样品密度以5个/米最佳）。

现阶段，泥河湾盆地发现的旧石器时代早期遗址均位于东谷坨附近，处于更新世古湖或古河岸的边缘。这些遗址的地质剖面由许多不同颜色和粒度的地层构成。这些遗址的沉积地层都是在短时间内形成的，而它们之间所缺失的层位代表的时间也很长。到目前为止，泥河湾盆地的古地磁研究还未能解决与这些缺失层位有关的问题。例如，相关古地磁研究还没有找到松山-布容（Brunhes-Matuyama）的界线。地层的年龄必须根据平均沉积速率来计算。为了确定地层的年代，我们必须时刻牢记，地层是一个随时间沉积的连续序列，例如海洋或大型湖泊中心部分的序列就相对完整。泥河湾层的明显特征是其岩相在水平和垂直方向上都有很大的变化。在小长梁遗址，其“文化层”为砂质粉砂层，而在290m外的葡萄园遗址，“文化层”则为砾石层。古地磁研究所涉及的五个剖面的地层厚度不同，在东谷坨遗址附近的地质剖面也具有不同的平均沉积速率（表一）。例如，根据卫奇[18]计算的沉积速率，东谷坨遗址3.2m厚的“文化层”至少在距今113.29万～109.63万年、117.33万～110.9万年或120.98万～112.85万年均有沉积。因此，采用平均沉积速率进行年代推定仍然存在问题。

表一　泥河湾盆地部分遗址及剖面的土壤平均沉积速率（毫米/1000年）①

时期	东谷坨遗址	小长梁遗址	洞沟遗址	郝家台	马圈沟遗址
N_1（布容正极性时Brunhes）	32.00	26.86	24.00	62.82	-
R_1（N_1-N_2松山负极性时Matuyama）	40.10	21.91	126.10	127.62	-
N_2（贾拉米洛正极性亚时Jaramillo）	87.50	35.00	44.62	55.00	60.00
R_2（N_2-N_3松山负极性时Matuyama）	-	-	46.21	-	90.00
N_3（奥杜威正极性亚时Olduvai）	-	-	49.33	-	30.56
N_1-R_1	35.46	47.02	45.66	76.57	-
R_1-N_2	58.97	97.93	103.62	107.59	-
N_2-R_2	-	-	46.05	-	86.92
R_2-N_3	-	-	46.85	-	77.84
N_1-R_1-N_2	39.35	46.12	45.58	74.95	-
R_1-N_2-R_2	-	-	63.03	-	-
N_2-R_2-N_3	-	-	46.67	-	75.94

① N指正极性带，R指负极性带，译者注。

续表

时期	东谷坨遗址	小长梁遗址	洞沟遗址	郝家台	马圈沟遗址
N_1-R_1-N_2-R_2	-	-	45.83	-	-
R_1-N_2-R_2-N_3	-	-	60.92	-	-
N_1-R_1-N_2-R_2-N_3	-	-	46.15	-	-

四、讨　　论

泥河湾盆地有丰富的早期古人类活动的考古学证据。旧石器时代（尤其是旧石器时代早期）的地质年代学框架和考古学文化序列已经基本建立，许多早更新世遗址的地层出土了丰富的人工制品并且可以很好地进行地层学对比，这为有兴趣在东亚寻找早期原始人类的研究者提供了极好的机会。最近的报道表明，在河北省蔚县大南沟[19]及东窑子头、安徽省繁昌县人字洞[20]和重庆市巫山县龙骨坡[21]都发现了超过200万年的人工制品。这些所谓的“石器”要么缺乏明确有意识的人工修理痕迹，要么得不到地层学证据的有力支持。因此，许多研究者[22]不承认这些石制品能够说明这些遗址有早期的古人类活动。新发现的沟底遗址提供了早更新世古人类活动的新证据，其年代甚至比中国中部的蓝田公王岭还要早，而公王岭的直立人化石和石制品的年代可以追溯至距今约110万年前[23]。此外，该遗址发现的可拼合石制品表明该地区的早期原始人类就在遗址本地活动过。对沟底遗址的进一步探索无疑将为研究中国早期古人类的行为提供新的线索。

参考文献

[1] Schick K, Toth N, Wei Q, et al. Archaeological Perspectives in the Nihewan Basin, China. Journal of Human Evolution, 1991, 21(1): 13-26; Zhu R X, Hoffman K A, Potts R, et al. Earliest Presence of Humans in Northeast Asia. Nature, 2001, 413(6854): 413-417; 卫奇. 泥河湾盆地旧石器遗址地质序列//中国科学院古脊椎动物与古人类研究所. 中国科学院古脊椎动物与古人类研究所参加第十三届国际第四纪大会论文选. 北京：北京科学技术出版社，1991：61-73；Keates S G. Early and Middle Pleistocene Hominid Behaviour in Northern China. Oxford: British Archaeological Reports, International Series 863, 2000; Shen C, Chen C. New Evidence of Hominid Behaviour from Xiaochangliang, Northern China: Site Formation and Lithic Technology//Shen C, Keate S G. Current Research in Chinese Pleistocene Archaeology. Oxford: British Archaeological Reports, International Series 1179, 2003: 67-82.

[2] Zhu R X, Potts R, Xie F, et al. New Evidence on the Earliest Human Presence at High Northern

Latitudes in Northeast Asia. Nature, 2004, 431(7008): 559-562.

[3] Barbour G B, Licent E, Teilhard de Chardin P. Geological Study of the De-posits of the San Kan Ho Basin. Bulletin of the Geological Society of China, 1927, 6: 263-278.

[4] Breuil H. L'état actuel de nos connaissances sur les industries paléolithiques de Choukoutien. L'Anthropologie, 1935,45: 740-746; Teilhard de Chardin P. Les récents progrès de la préhistoire en Chine. L'Anthropologie, 1935, 45: 735-740.

[5] 尤玉柱，汤英俊，李毅. 泥河湾组旧石器的发现. 中国第四纪研究，1980，5（1）：1-13.

[6] Schick K, Toth N, Wei Q, et al. Archaeological Perspectives in the Nihewan Basin, China. Journal of Human Evolution, 1991, 21(1): 13-26; Keates S G. Early and Middle Pleistocene Hominid Behaviour in Northern China. Oxford: British Archaeological Reports, International Series 863, 2000; Shen C, Chen C. A Use-wear Study of Lithic Artifacts from Xiaochangliang and Hominid Activities in Nihewan Basin, Northern China. Acta Anthropologica Sinica, 2000,19(Supplement): 115-121; Shen C, Chen C. New Evidence of Hominid Behaviour from Xiaochangliang, Northern China: Site Formation and Lithic Technology//Shen C, Keate S G. Current Research in Chinese Pleistocene Archaeology. Oxford: British Archaeological Reports, International Series 1179, 2003: 67-82; Shen C, Wei Q. Lithic Technological Variability of the Middle Pleistocene in the Eastern Nihewan Basin, Northern China. Asian Perspectives, 2004, 43(2): 281-301; Shen C, Chen C. 1998 Excavation of Xiaochangliang, an Early-Pleistocene Site in Northern China. Current Research in the Pleistocene, 1999, 16: 71-73.

[7] 卫奇. 泥河湾盆地考古地质学框架//童永生，张银运，吴文裕，等. 演化的实证——纪念杨钟健教授百年诞辰论文集. 北京：海洋出版社，1997：193-207.

[8] 李华梅，王俊达. 中国北方几个典型地质剖面的磁性地层学研究//刘东生. 中国第四纪地质与环境. 北京：海洋出版社，1982：33-37；卫奇. 泥河湾盆地旧石器遗址地质序列//中国科学院古脊椎动物与古人类研究所. 中国科学院古脊椎动物与古人类研究所参加第十三届国际第四纪大会论文选. 北京：北京科学技术出版社，1991：61-73；袁宝印，朱日祥，田文来，等. 泥河湾组的时代、地层划分和对比问题. 中国科学（D辑），1996，26（1）：67-73.

[9] Zhu R X, Hoffman K A, Potts R, et al. Earliest Presence of Humans in Northeast Asia. Nature, 2001, 413(6854): 413-417.

[10] 蔡保全，李强，泥河湾早更新世早期人类遗物和环境. 中国科学（D辑），2003，33（5）：418-424.

[11] 蔡保全，李强，泥河湾早更新世早期人类遗物和环境. 中国科学（D辑），2003，33（5）：418.

[12] Zhu R X, Potts R, Xie F, et al. New Evidence on the Earliest Human Presence at High Northern Latitudes in Northeast Asia. Nature, 2004, 431(7008): 559-562; 河北省文物研究所. 阳原县泥河

湾马圈沟旧石器时代遗址//中国考古学会. 中国考古学年鉴 · 2002. 北京：文物出版社，2003.

[13] 卫奇. 泥河湾盆地——东亚古人类文化摇篮. 化石，2002（4）：5-7；Wei Q. Nihewan Basin: Olduvai Gorge of East Asia//Lee Y. Palaeolithic Men's Lives and Their Site. Seoul: Hakyoun Press, 2003: 227-254.

[14] Shen C, Chen C. A Use-wear Study of Lithic Artifacts from Xiaochangliang and Hominid Activities in Nihewan Basin, Northern China. Acta Anthropologica Sinica, 2000,19(Supplement): 115-121; Shen C, Chen C. New Evidence of Hominid Behaviour from Xiaochangliang, Northern China: Site Formation and Lithic Technology//Shen C, Keate S G. Current Research in Chinese Pleistocene Archaeology. Oxford: British Archaeological Reports, International Series 1179, 2003: 67-82.

[15] 卫奇. 泥河湾盆地——东亚古人类文化摇篮. 化石，2002（4）：5-7.

[16] 卫奇. 泥河湾盆地——东亚古人类文化摇篮. 化石，2002（4）：5-7；Zhu R X, Potts R, Xie F, et al. New Evidence on the Earliest Human Presence at High Northern Latitudes in Northeast Asia. Nature, 2004, 431(7008): 559-562.

[17] Zhu R X, Hoffman K A, Potts R, et al. Earliest Presence of Humans in Northeast Asia. Nature, 2001, 413(6854): 413-417.

[18] 卫奇. 泥河湾盆地——东亚古人类文化摇篮. 化石，2002（4）：5-7.

[19] 汤英俊，陈万勇，陈淳. 河北蔚县上新世旧石器的发现. 科学通报，1999，44（19）：2106-2109.

[20] 张森水，韩立刚，金昌柱，等. 繁昌人字洞旧石器遗址1998年发现的人工制品，人类学学报，2000，19（3）：169-255.

[21] 侯亚梅，徐自强，黄万波. 龙骨坡遗址1997年新发现的石制品. 龙骨坡史前文化志，1999（1）：69-78.

[22] 卫奇. 中国早更新世旧石器. 文物春秋，2000（2）：1-14；Chen C. Retrospect of Fifty Years of Palaeolithic Archaeology in China//Shen C, Keates S G. Current Research in Chinese Pleistocene Archaeology. Oxford: British Archaeological Reports, International Series 1179, 2003: 21-36.

[23] Wu X Z, Poirier F E. Human Evolution in China. New York: Oxford University Press, 1995.

［原载于《当代人类学》（*Current Anthropology*）2005年第46卷，与卫奇、沈辰、Susan Keats合著；王晓敏译］

中国旧石器时代考古研究

一、引　言

中国作为东亚地区最大的国家，具有跨越热带、亚热带、温带、寒温带、高原和干旱沙漠等多样化的气候和生态环境，在这些多样的生态环境中保存了令人惊叹的更新世人类化石和旧石器考古遗存。中国有大量人类占据的记录良好地保存在众多遗址中，年代早至上新世（早于距今258万年）。

中国的旧石器时代考古工作始于20世纪20年代。这一时期由西方学者主导在周口店、水洞沟、萨拉乌苏及其他重要遗址发现了一批人类化石和文化遗物，促成了中国古人类学术研究的兴起。这些早期发现以及随后数十年的学术研究，使中国成为全球古人类学和旧石器时代考古学的研究中心。当前中国旧石器考古学界的主要研究议题包括以下几个方面：中国最早的人类来源及化石证据；遗物的年代及其所反映的旧石器时代人类的组织行为；识别和定义石器技术与旧石器时代的文化传统；探讨欧亚大陆东西两侧考古学文化和古人类的异同；研究旧、新石器时代的过渡；从考古学和化石记录的视角探讨全球尺度下现代人的起源与扩散以及人类对环境变迁的适应。随着上述研究和其他议题在中国的发展，先前单纯的器物描述和类型学研究逐渐让位于对人类行为和文化面貌的深入探讨与理论阐释。

二、中国旧石器考古研究简史

中国旧石器考古研究既属于国际旧石器考古重要组成部分，同时保持了较强的本土研究传统。中国旧石器考古方法和研究内容的发展可划分为数个连续阶段[1]。

1920～1949年：引入时期。这是一个战火纷飞却又学术相对自由的年代，也是中国古人类学和旧石器考古学诞生的时期。这一时期的主要目标包括发现遗址、化石和文化遗物，介绍和尝试田野发掘和分析研究的方法，以及建立中国旧石器文化序列。这些工作由几名西方学者率先开展，之后由中国本土的学者继续完成。

早在1913年，美国传教士埃德加（J. Edgar）即在长江沿岸寻找并采集到石质工具。他采集的所谓石器多缺失出处。1920年，法国古生物学家桑志华（E. Licent）在甘肃东部庆阳地区的黄土和黄土底砾层中发现3件打制石器，成为中国旧石器时代考古学的开端。1923年，桑志华和另一位法国古生物学家德日进（P. Teilhard de Chardin）发现了位于宁夏的水洞沟遗址和位于内蒙古的桑拉乌苏遗址。他们认为在水洞沟发掘的石制品与欧洲旧石器时代晚期中段的雕刻器文化（bore cultural characteristics）具有相似之处。

周口店遗址的发掘和早期研究由国外学者发起。1918年，瑞典石油地质学家、古生物学家安特生（Johan Gunnar Andersson）首次对周口店遗址进行了调查。1921年，奥地利古生物学家师丹斯基（Otto Zdansky）开始在周口店龙骨山的发掘。1927年，中央地质调查所与美资的北京协和医学院合作，在洛克菲勒基金会的资助下开始了长达10年的连续大规模发掘。1929年12月2日，裴文中在第1地点发现了第一个中国猿人（现称直立人）北京种头盖骨，这是人类演化研究里程碑式的发现。同年，裴文中在第1地点发现了用火遗迹，在1930年又发现了石制品。之后，周口店第13、15、4地点和山顶洞等地点相继被发现和发掘。山顶洞出土晚期智人化石、装饰品、石器及其他人工制品。1936年11月，贾兰坡在第1地点又发掘出三个北京猿人头骨。但是，由于1937年日本入侵华北，周口店的发掘工作被迫中断。在此期间，布林（M. Boule）、安特生、步达生（D. Black）、德日进、杨钟健、裴文中、魏敦瑞（F. Weidenreich）等人发表了一系列有关中国旧石器时代综合论著以及一部关于周口店的专著，向世界传递了他们的考古发现和所获研究成果的重要信息[2]。

在这一阶段的末期，裴文中尝试对中国旧石器时代的发展进行阐述，将之划分为三个不同阶段，即旧石器时代的早期、中期和晚期，分别以他所说的中国猿人文化、河套文化和山顶洞文化为代表。此外，他还比较了中国和欧洲更新世旧石器文化的发展情况[3]。在研究方法上，裴、贾二人主要采用了法国学者的地层学和类型学方法，而且还根据中国的特殊情况做出一些具有创造性的、影响深远的尝试改进。在周口店的发掘中，他们建立起三维网格系统，以实现对遗物出土位置的控制和对器物进行编号，这使得他们的工作更具精确性和准确性。为了证明周口店出土的石英石片是人为制作的，裴文中通过打制实验，对实验产品、遗址出土石制品和自然破裂的石片进行比较，进而建立起区分人工石片和自然破裂石片的标准[4]。裴文中还定义了一种新的剥片方法：砸击技术。他还观察骨片的人工与非人工痕迹，同时对天然石片和骨片的来源和区别特征进行了前所未有的分析。这些开创性的研究成就在实验考古学、微痕分析、埋藏学及相关领域表现出卓越的前瞻性。

1950～1989年：自主考古的初始阶段。该时期，中国与世界大部分地区往来受阻，学术界深受政治环境和主流社会理论的影响。在此背景下，考古学受到中国政府的高度重视，出现一系列产生大量文物藏品的重要发现。然而，由于种种原因，中国本土的考古学研究充斥着公式化的研究报告和描述性的总结，少有分析和阐释。该阶段旧石器考古的主要研究理念是通过建立文化史和技术-类型序列，厘清中国早期史前史的时空框架。研究的重点集中在未记录三维坐标、以获取典型器物为目标的田野工作获取的人工制品上。主要的研究目标是建立石器类型学体系和有选择地描述标本，几乎所有的这类工作都是由中国本土学者开展的。在这一阶段的后期，西方知识体系的影响导致新方法的采用，并强化了对中国文化起源和中西文化异同的探讨。

1949年中华人民共和国成立后，周口店遗址的发掘和研究迅速恢复，并在中国旧石器时代考古工作中居于核心地位。1954年，裴文中、贾兰坡主持了对山西丁村遗址的大规模系统发掘，在几个地点出土大量石器、动物骨骼和一些人类化石。1960年发掘了小南海、西侯度、匼河遗址群。1963年发现蓝田、峙峪遗址，同时在陕西蓝田公王岭发现直立人颅骨化石残片，并再次发掘水洞沟遗址。1965年，在云南元谋盆地发现著名的元谋直立人门齿，证明中国早在170万年前就有人类存在[5]。在“文革”期间（1966~1976），旧石器考古受到极大干扰，但并没有完全停止。如1971年，石龙头遗址被发现；1972年，观音洞、虎头梁、富林遗址被发掘；1973年，许家窑、下川遗址被发掘；1974年，金牛山、猫猫洞遗址被发现。“文革”结束后，旧石器工作随即紧锣密鼓地展开。1978年发现小长梁、大荔、庙后山遗址；1982年发现东谷坨、仙人洞遗址；1982年发现阎家岗遗址；1984年金牛山遗址出土古人类化石；1985年发现龙骨坡遗址；1986年发掘岑家湾遗址；1988年发掘四方洞遗址。1986年以来，在百色盆地的调查和发掘中，发现包括手斧在内的大量石制品；1987年以来，在湖北丽水和沅江流域都发现大量旧石器遗物。最后，从20世纪80年代末到90年代初，在安徽省水阳江流域调查发现一个旧石器时代遗址群。根据这些丰富的遗址及其文化遗物和化石材料，学者们发表了大量发掘报告和研究专著[6]，用累积的丰富证据明确地证明中国是人类进化和研究的重要中心。然而，由于长期以来缺乏与外界的有效学术交流，加之几乎所有的旧石器论著都只以中文出版，全球古人类学界对中国当时取得的学术成果知之甚少[7]。

以贾兰坡为代表的学者们在丰富的考古资料基础上，试图根据他们对中国更新世文化的了解构建一个纵向历时态的框架，以阐释中国旧石器文化的时空变异性。他们勇于尝试，根据石器技术类型学的变化来识别和划分区域文化传统，并研究各个考古遗址和文化之间的连续关系。这一艰辛努力的结果就是目前学界耳熟能详的“两大平行文化传统模式”，其中包含两个相应的旧石器文化传统：“匼河-丁村系”和“周口店第1地点-峙峪系”，这两个传统都与华北地区上百万年的历史有关。前者的典型器物组合是大的三棱尖状器和所谓的砍砸器，而后者的典型组合是小的刮削器和石片[8]。最终，在其发展轨迹的末端，推测这两种文化系统在全新世早期的新石器时代分化为截然不同的农业模式，分别对应农作物种植和畜牧业[9]。同时，学者们也在努力寻找并解释与西方传统不同的具有共性的中国旧石器时代。这些文化被认为完全是本土的，未受外来文化的影响[10]。该阶段后期，由于中国改革开放政策的实施，少数中国学者走出国门，也有少数西方学者被允许在中国进行有限的、但十分重要的合作研究。由此，西方的学术观点开始逐渐渗透国内，包括实验考古学、微痕分析和动物考古学等，新考古学的理念和方法开始被引入中国旧石器时代考古研究中来。的确，少数中国本土学者在应用国外理论和方法的层面做了一些有限的尝试，但这种有限的、不系统的研究所产生的效果在一段时间内并没有对中国古人类学产生深刻影响。

1990年至今：转型期和与西方学术界的融合。在这一阶段，中国全面恢复其在国际学术圈的原有角色，西方学术观点开始对中国传统考古学产生重大影响，推动了外来方法和理论的逐步融合。该时期，一些西方学者来到中国，与中国同行合作实地研究。一些中国青年学子则系统地到西方学习，最终回到祖国，充分利用在国外获得的知识，加快了中国旧石器时代考古学重大变革的步伐。在早期阶段，科研工作主要以遗址为导向，采用更加严谨的田野发掘技术和全面的数据采集记录方法。随着定量分析的引入，实验方法、功能分析使国内的研究方法逐渐从过去单一类型学和形态学分析的僵化模式中解脱出来。中国的研究文献中出现了更多关于文化变迁和多样性原因的理论探讨。尽管如此，中国旧石器时代考古学的主要成就仍然是遗址和文化材料的发现和调查及描述性分析。最近，中国旧石器时代考古学出现了一种新的范式，即以人类自身为中心，以阐明人类的行为和对环境与社会变化的适应性为主要研究内容。中国学者已经开始参与全球尺度的重大议题，如解剖学和行为学上的现代人的起源与扩散。与此同时，这类研究范式的转变，新的技术进步和更广泛的理论基础均推动了中国古人类学中的各个分支领域的扩展。

1990年开始，戴斯蒙德·克拉克（J. Desmond Clarke）和贾兰坡在河北省阳原县泥河湾盆地开展历时数年的中美合作考古。这是中国旧石器时代考古学再次繁荣的标志性事件。以问题为导向的研究设计将当时西方流行的一套全新的理论方法引入中国。这些创新包括大面积水平发掘以揭露共时性活动面，绘制全面的平、剖面图，测量所有出土材料的精确三维坐标，对所有出土标本进行研究和分类（而不仅仅是划入先入为主的类型），以及对地层、古环境和年代学的同步分析。在许多方面，贾兰坡和克拉克主导的泥河湾盆地工作实际上是20世纪30年代周口店发掘系统的升级加强版，但这一次在泥河湾，中国学者以更加平等的姿态与外国合作者一起从事着科考工作。泥河湾项目吸收了许多年轻的中国学者，其中一些人后来成为中国旧石器学术界的中流砥柱，不断传递和扩大这种来自西方的非常积极的影响。这一时期，泥河湾盆地成为中国旧石器时代考古学的主要研究基地之一，半山、东谷坨、板井子、小长梁、许家窑、于家沟、马鞍山、马圈沟等一批重要遗址均进行了系统发掘[11]。

中国其他地区的研究工作也取得了重大成就。1990年，湖北学堂梁子发现直立人（郧县人）化石及相关石器，贵州盘县大洞遗址被发现并试掘。1992年，在湖北省江陵县发现鸡公山遗址，在海南省三亚市发现落笔洞遗址。1993年，在南京汤山附近的葫芦洞发现直立人化石。1993～1994年，作为配合长江三峡大坝建设所进行的文物保护和抢险工程的一部分，重庆市三峡水库的旧石器考古调查共发现68处石器地点和哺乳动物化石地点，其中20处特别重要的遗址在此后的十年中进行了系统发掘。这一地区也成为中国旧石器时代考古的另一个重要热点区域[12]。1996年，北京王府井的东方广场遗址被发现并发掘。1998年，安徽省繁昌县人字洞遗址被发现并发掘，出土了可能是中国最早的一批石器。1999年，福建省三明县万寿岩的几个考古地点被发现。其中，在船帆洞遗址发现了被认为有近3万年历史的砾石石铺地面。2000～2010年，山西省吉县柿子滩多个地点进行了系统发掘，出土大量旧石器时代晚期文化遗物。2003～2014年，宁夏回族自治区水洞沟的多个地点被发掘，现代田野发掘手段和实验室分析技术被应用到系统研究中，积累了大量的文化资料，进行了详实的数据分析，培养出一批优秀的青年考古工作者，使水洞沟项目成果斐然[13]。2005～2006年，云南省富源县大河遗址发掘，发现莫斯特风格的石器。2005年以来，河南省许昌县灵井遗址经多次发掘，2007年古老型智人头骨的出土引起广泛关注。近10年来，位于陕西省秦岭地区的洛南盆地和汉中盆地的旧石器时代遗址得到进一步调查，迄今共发现300多处遗址，其中有多处已经被发掘，出土数量可观的石器，包括类似阿舍利两面器、手镐和薄刃斧等工具类型，证明了该区域悠久的文化序列，引起世界范围内学者的关注[14]。在此期间，广西壮族自治区百色盆地的一些地点也进行了发掘，少数地点出土的两面器为解决年代和遗址形成的争议提供一定的解决方案。与早期相比，这一时期的考古工作变得更加系统、连续和精细。在中国旧石器时代的调查中，运用现代技术和多学科合作成为常态。此外，重点从文物转向遗址，强调对人类活动的考古遗存进行解读和分析。考古遗址作为史前人类行为的信息库，得到综合关注，遗址功能作为了解人类生产和生活方式的手段成为研究的重点。

虽然许多中国的考古报告仍强调对于遗址和材料的描述，但对文化、行为现象的分析和理论探讨正在成为主流，标志着中国旧石器时代考古学内部的一个重大转变，即从以内省中国特色为主的范式向以国际视野为主的范式转变。传统的旧石器时代文化系统的划分及其源流的探讨，在中国的一些学术研究中仍然很流行。例如，张森水就认为，中国旧石器时代的变异性最好的解释是南北二元体系为基础、多种区域性工业类型并存[15]。这一观念取代了当时贾兰坡提出的主流假说，即认为华北地区仅存在两种旧石器时代的文化传统。根据对中国文化长尺度的影响进行中国旧石器工业的准确时段划分和排序，以及中国北方旧石器时代晚期文化的细分，都是这一时期的重要议题[16]。

定义中国旧石器时代的特征及其与西方旧石器文化的关系是这一时期讨论的焦点。中国是否存在阿舍利石器加工方法、勒瓦娄哇技术和西方流行的其他元素等问题，以及大规模地理交流和文化融合的性质和程度，包括东西方旧石器时代工业可能同步发展等更为宏大的议题，引发了激烈的讨论，之前一度被搁置的莫维斯假说之辩复热并持续至今[17]。关于中国本土文化传统的性质、中国旧石器时代发展明显缓慢的原因以及欧亚大陆东部人类祖先所采用的特殊生存模式的讨论，也在这一时期的考古研究设计中发挥着重要角色。学界对人们利用资源和环境的局限性、作为石料的替代品的竹木之角色、人群的隔离以及外来文化的影响等问题也给予了一定的关注[18]。

近年来，中国旧石器时代的讨论已转向识别文化现象背后的因素，如环境机制与人类行为、狩猎采集群体对特殊环境的适应模式、特定遗址的空间和资源利用、人类现代行为的起源和各种人类行为模式的表现，以及现代人的起源、扩散和人口统计等。动物考古、环境考古、微痕分析、残留物分析、实验模拟、热处理分析、操作链等概念和研究方法在中国得到有效应用和发展，相关研究的成果也越来越多地发表在西方学术期刊上。至此，真正实现了中国旧石器考古学与西方学术研究的协同融合。

三、中国早期人类证据

目前，中国最早出现的人类还难以确定，但现有证据表明，早在更新世早期，就有人类祖先存在于中国。迄今为止，有关早期人类化石和器物的报道有：云南元谋盆地上那蚌地点、重庆巫山龙骨坡遗址、湖北建始龙骨洞遗址、陕西蓝田公王岭地点、安徽繁昌人字洞遗址、山西芮城西侯度遗址、河北阳原泥河湾盆地的马圈沟遗址、广西百色盆地的么会洞遗址等，其中许多遗址的年代仍不确定，对其绝对古老性仍有争议。

人字洞　该洞穴遗址位于安徽省繁昌县孙村附近的癞痢山上，于1998年首次发掘。洞内分为8个不同的地层，从第3层到第5层出土1000多件石制品和近20件动物骨骼和象牙标本（图一、图二）[19]。大多数“石制品”没有表现出人工有意制造的特征，但有174件被认为具有明显的人为改造痕迹。人字洞石器组合被分为不同的类型，包括加工过的砾石、石片、刮削器、尖状器和雕刻器，原料以铁矿石为主。人字洞骨器工业最显著的特征体现在不同种类动物骨骼的断裂边缘有连续的疤痕。根据生物地层学资料（在人字洞动物群中，已灭绝的物种占90%以上），该遗址的器物被认为属于200万年前的地质时代。随后的古地磁测年未能提供具体结果。自遗址发现以来，关于人字洞遗物的自然与人工属性一直存在争议。目前可以说，这个遗址可能存在中国乃至东亚地区最早的人类活动证据。但是，大部分器物的人工属性仍然是不明确的。显然，只有通过进一步分析这些器物，才能解决这一争议。今后的研究也有必要综合埋

图一　人字洞出土的石制品

藏学和动物考古学的研究成果。

元谋　该遗址位于云南元谋盆地东缘。1965年的地质调查中发现两颗直立人门齿。元谋门齿作为中国最早的人类祖先的证据，很快就被列入中国的中小学教科书。通过后续的发掘，在认为是出土人牙化石的地层中发现了一些小的石英制品。自发现以来，元谋遗址的绝对年代一直存在争议。最初，学者们认为这些牙齿和文物距今约

图二　人字洞出土的动物骨骼

170万年，该年代数据是通过古地磁测定得出的，并得到古哺乳动物群特征的支持。最新的测年结果也基本符合最初提出的距今约170万年前的判断[20]。

龙骨坡 该遗址位于重庆市巫山县大庙村。1984年发现该遗址，后经多次发掘，出土丰富的动物化石、少量石器以及疑似人类牙齿化石[21]。由于年代测定表明龙骨坡地点的年代为180万年前，甚至有可能更早[22]，该遗址出土的疑似直立人牙齿引起了当时主流学者的极大关注[23]，但很多人最终否定了该牙齿的人类属性。龙骨坡石制品大多由石灰岩制成，几乎没有人为打制的迹象，即使最简单的技术。多数石制品还带有明显的风化和磨损的痕迹。因此，龙骨坡“器物”的人工属性及其绝对的古老性都受到了质疑。近年来，龙骨坡出土的石器标本上发现更为明确的人工行为迹象，还发现动物骨骼人工搬运和切割的痕迹，表明早期人类祖先曾在这一地区活动[24]。

西侯度 该遗址位于山西省芮城县西侯度村。1961～1963年调查时，在砂砾层中出土32件石器，包括石核、石片、刮削器、砍砸器和大三棱尖状器等，均由石英岩制成。此外，还发现带有砍琢痕迹的鹿角和疑似烧骨。从西侯度哺乳动物群中得到的生物地层学证据和古地磁测年表明，该遗址距今约180万年。因此，少数学者认为该遗址不仅是中国，而且是亚洲最早的人类存在的证据，并包含最早的用火证据[25]。由于这些器物是在河流砂砾层中发现的，大部分磨蚀严重，很难辨认它们的人工特征，导致一些学者质疑其人工属性[26]。最近在西侯度采用铝铍埋藏测年法测年[27]，结果表明该遗址的年龄约为140万年前，比最初认为的年龄略晚。

蓝田公王岭 该遗址位于陕西省蓝田县灞河左岸第四阶地的黄土古土壤序列中。1964年一件直立人头骨残骸和20多件石制品共同被发掘出土。石制品主要包括由石英岩制成的粗糙而简单的石片、砍砸器和刮削器等。古地磁测年的初步结果表明出土蓝田猿人化石的地层沉积于115万年至110万年前，但最新的古地磁测年结果表明遗址的形成时期要更早，约为163万年前，使公王岭成为中国最早的人类遗址之一[28]。

马圈沟 该遗址位于河北省阳原县泥河湾盆地。该遗址发现于1992年，经过数次发掘，出土数百件石制品，原料多为火成岩、砂岩和凝灰岩，类型包括砍砸器、石片、石核等，其中部分石器可拼合。几乎没有标本表现出二次加工或修整的现象[29]。在出土器物的同一地层中，还发现大象的化石和脚印（图三）。在一些骨头上发现石器的切割痕迹，在大象的肋骨上还发现嵌入的石片。显然，马圈沟是一个屠杀和肢解陷入泥浆中的大象的地点。古地磁测年表明，马圈沟遗址距今约166万年，许多人认为它提供了东北亚最早的人类存在的证据[30]。

综合中国早更新世化石和人类遗物证据，我们认为人类祖先最初到达该地区的时间大约是在180万年前，也许更早一些。他们的主要活动区是中国南方的亚热带地区。在向北方扩散之前，他们可能经历了一段生存适应期。根据西亚的证据（例如格鲁吉亚的德马尼西遗址）中国最早的人类遗存与人类走出非洲的时间表基本是相符的。虽

图三　马圈沟遗址2001年发掘出土的大象骨骼

然迁徙到中国的古人类的规模无疑是很小的，但显然他们发展出了成功的适应性，并增加了种群数量，最终在这一广阔的地区扩散开来。后来，他们演化出更多的进化种群，如北京直立人，并建立起自己的东亚旧石器时代文化体系。

四、旧石器时代中期的探讨

与旧大陆西侧旧石器时代的技术演进模式（奥杜威、阿舍利、莫斯特、石叶和细石叶）不同，中国乃至更大范围的东亚石器技术呈现出缓慢而持续的发展过程。在更新世的大部分时间里，东亚旧石器时代可以说在大部分时间里都属于奥杜威石器生产模式。因此，很难像西方那样，将中国旧石器时代明确划分为不同的发展阶段。然而，在法国学术体系的影响下，尽管两个地区的现实情况存在差异，裴文中等20世纪早期的中国学者还是用西方的架构将中国旧石器时代细分为早、中、晚三个阶段，以求中国旧石器时代考古学与西方同时代的研究保持一致。在过去的20年里，中国和东亚其他地区的学者都在认真研究划分欧亚东部旧石器时代的理由和必要性。

邱中郎[31]指出，与旧石器时代早期相比，中国旧石器时代中期的特点是工具类型和相关石器的制作技术发生了罕见但明显的变化。张森水[32]认为中国旧石器时代中期表现出的是渐进式的变化，技术类型没有太大变化，早期的工业特征只是被更新世晚期的“旧石器中期”人群所继承。林圣龙[33]也指出，中国旧石器时代早期和中期的文化界限不清晰。目前中国旧石器时代考古学家所采用的时代划分方案，并不是根据其自身的类型学和技术特征来构建的，而是根据更新世地质时代阶段来划分的。因此，在中国，通常的做法是把那些与欧洲旧石器时代中期在某种程度上大致一致的遗址，特别是那些存在古老型智人化石的遗址，视为旧石器时代中期。在此，我们将通过几个典型遗址来介绍中国旧石器时代中期的基本情况。

金牛山 该洞穴遗址位于中国东北的辽宁省营口市附近。遗址发现于1974年，在20世纪70年代和80年代进行了发掘[34]，发现古老型智人骨架残骸、大量哺乳动物化石和石制品。洞中发现岩石覆盖的火塘，被认为是用于保存火种的证据，还伴生燃烧过的物质残留。通过对人类化石和埋藏遗物层位的多个年代测定，得出其年代范围在30万～23万年前和22.8万～18.7万年前[35]。到目前为止，只有部分出土材料被分析和发表，但根据现有信息，石器组合包括简单的石核、石片、刮削器、尖状器和雕刻器。剥片采用硬锤直接剥片，石核无预制，还有一些砸击法产品。金牛山工具组合以加工简单随意的边刮器为主，石制品整体尺寸较小，尺寸和形态变异大。遗址还发现了一些打制的骨器。

庙后山 该洞穴遗址位于辽宁省本溪市附近[36]。1978年发现，同年以及1979年、1980年和2013年进行了发掘，出土一些可能是古老型智人的化石碎片，还从几个文化层中出土许多哺乳动物化石、一些石制品、灰烬和烧过的物品。这些文化遗存的年代一般在25万～14万年前，但也有人提出更早的年代[37]。早期的发掘共报告和分析了64件石制品，包括简单的石核、石片和加工石器。硬锤直接剥片为主要剥片方法，石核预制罕见。工具制作粗糙，器物大小、形态差异较大。边刮器是最主要的工具，多数尺寸较小；砍砸器是第二大类型，有的尺寸很大。

大荔 该遗址为1978年在陕西省大荔县发现的旷野遗址，以保存完好的古老型智人头骨而闻名[38]。在该遗址的砂质沉积物中还采集到一批动物化石和564件石制品。铀系和电子自旋共振分析得出的年代范围为距今38万～14万年[39]。遗址的石核剥片采用了硬锤直接锤击和砸击技术，大多数石制品是以石英岩、石英、燧石为原料制作的很小的边刮器、尖状器、雕刻器和钻。器物的加工非常简单和随意，有些器物磨损严重，难以进行类型学和技术学研究。

周口店第15地点　该地点是周口店遗址石灰岩洞穴群和裂隙的一部分，位于北京西南约50千米处。该地点于1932年被发现，1935～1937年发掘期间出土了大量的脊椎动物化石和石制品。动物群的组合表明其年代在更新世中期晚段到晚期早段，有限的铀系年代数据指示文化层大致介于14万～11万年前[40]。丰富的石制品数量达1万多件，包括石锤、石核、石片、加工石器、断块等，其中以断块为主。硬锤直接锤击是主要的剥片策略，但砸击技术也经常使用，这使得第15地点的组合在中国“旧石器时代中期”独树一帜，明显继承了周口店第1地点的早期“北京人”石器工业。除了简单石核，还出现规则的盘状石核和剥片程度高的多面体石核，说明当时剥片技术的复杂化[41]。加工工具主要由边刮器组成，其他工具类型包括砍砸器、修背石刀、尖状器、锥、凹缺器和雕刻器。这些工具大多以石片为加工毛坯，尺寸较小，但少数修背石刀或薄刃斧尺寸较大，很有特色。第15地点的大部分石制品器都是用当地的石英制作的，其特点是在遗址周边的丰度高，但可加工性低。对原料利用的分析表明，古人类采用了一些简单而实用的策略利用原料：不同原料的获取和使用方式不同；遗址储备了丰富的可供制造石制品的原料；生产了大量石片，但只有少量被加工和使用[42]。

丁村　该遗址群位于山西省，发现于1953年。该遗址由十几个不同的旷野地点组成。遗址经多次发掘，出土古老型智人的部分头骨化石和一些牙齿、大量脊椎动物化石和石制品。铀系年代以及地层学和生物地层学的相关性表明，这些文化遗迹的年代范围为26万～10.7万年前[43]。长期以来，丁村丰富的石制品一直是我国旧石器研究中争论的焦点。贾兰坡提出将丁村作为其划分的华北地区“大型砍砸器和三棱尖状器传统”的典型代表，因为丁村的大部分器物都被认为属于大型的，具有鲜明的类型学和技术特征。黄慰文[44]提出丁村组合中的许多大型尖状工具都是手斧，因此，认为该遗址是华北地区沿汾河、渭河延伸的“手斧区”的中心。然而，仔细研究这些遗物可以发现，丁村石器组合以小型石片石器为主，主要是边刮器和尖状器，缺乏大型砾石石器[45]，而且手斧非常罕见[46]。不过，丁村工业在中国的石片石器技术体系中还是表现出了一些特殊性，即尽管仍以简单的硬锤直接锤击和可能的碰砧技术为基础，但其剥片技术似乎更加成熟，并生产出了许多大型的规整石片和工具。此外，还出现一些以特定形态的石片为毛坯的制作精良的大三棱手镐，以及砍砸工具和石球。丁村工业的独特之处，一个重要的原因可能是利用附近河床中优质的黑色角页岩作为剥片的原料导致的。

许家窑　该遗址位于河北、山西两省交界处的泥河湾盆地西缘的一处旷野河湖相遗址[47]。该遗址在20世纪70年代末经过三次发掘，近年来又被多次发掘。发现古老型智人的残缺化石及其他脊椎动物化石和旧石器时代的遗物。铀系、古地磁、光释光测年分别得出距今12.5万～10.4万年、11.7万年和6.9万年的结果[48]。最近对1977年许家窑出土的1765件石制品的研究表明，石制品组合包括石核、石片、加工石器、断块和碎屑等[49]。石器原料主要是选自附近河床的石英岩和石英砾石。采用简单的硬锤直接锤击法剥片，产生一定数量的盘状和多面体石核。加工石器中约有一半是以石片为毛坯制作的小型边刮器，石球占石制品组合的27%以上，这是许家窑石器组合非常显著的特征。其他类型的工具有尖状器、凹缺器、锯齿刃器、砍砸器、雕刻器、钻等，还发现一些骨器。由于出土了大量的马骨、犀牛骨，再加上有丰富的以石球为代表的石器和骨器，许家窑被解释为一处屠宰马的遗址。

灵井 该遗址是位于河南许昌的一处旷野遗址，发现于20世纪60年代，近年来被发掘。发现一个残缺的古老型智人头骨，并与大量哺乳动物化石、成千件石制品伴生（图四）。光释光测年和生物地层学将旧石器层位指向距今约11万～8万年。灵井石制品组合以石英石片制成的小型边刮器、尖状器和钻为主，也包括一些用石英岩制成的重型砍砸器、手镐[50]。剥片和工具加工都简单随意。灵井遗址还包括一些经加工的骨器，以尖状器为主，微痕分析显示其用于钻、刺、刮制动物皮革，有的器物有装柄痕迹[51]。对大型食草动物的死亡率统计显示，哺乳动物骨骼的富集是古人类狩猎、屠宰的结果。原始牛和马是主要的动物类型，动物年龄结构属典型的“壮年居优型”。欧

图四 灵井遗址的石制品

亚大陆和非洲旧石器时代中晚期遗址数据表明，旧石器时代中期的觅食者能高效地狩猎大型动物，特别是原始牛和马，灵井的材料支持该观点，表明东亚旧石器时代中晚期古人类狩猎行为和生存策略与欧亚大陆和非洲并无显著不同，这也指向该区域的早期现代人行为[52]。

井水湾 该遗址是重庆市三峡地区长江三峡大坝建设抢救性考古工作中发现的一处遗址。自2000年以来，井水湾遗址先后经历5次发掘，出土石制品910件。遗址的石制品组合以砾石为毛坯制作的大型砍砸工具和手镐为主，该组合盛行于整个更新世中国的南方和中部地区。只有一小部分以石片为毛坯的工具，主要是刮削器、尖状器和凹缺器。利用的原料主要是石英岩和石英砂岩。剥片采用硬锤直接锤击和独特的投击技术（也称摔碰法），只生产了简单的石核和石片，工具的加工也不复杂。根据光释光年代测定，该遗址的人类活动地层年龄约为7万年前[53]。

观音洞 该洞穴遗址位于中国西南部的贵州省，于20世纪60年代被发现和发掘[54]。从两个沉积单元中出土3000多件石制品和大量动物化石。所开采的石料为当地的燧石。石核剥片和石器加工技术主要是硬锤直接锤击，还发现一些可能从盘状石核上剥取的似勒瓦娄哇石片。观音洞的工具种类丰富，有边刮器、端刮器、凹缺器、锯齿刃器、尖状器、钻、雕刻器、砍砸器等，大部分是小型的石片石器。加工的器物表现出简单且不规则的修理方式，有的器物拥有不止一个刃口，而且这些刃口通常是厚而陡的。观音洞遗址最初被认为属于中更新世，其文化遗存与周口店第1地点的北京人遗址相当，但年代学数据表明，观音洞下层距今14万～5万年和24万～18万年，上层距今小于4万年[55]。

大洞 贵州省的另一处洞穴遗址，于20世纪90年代发现并发掘，出土文化遗物2000余件[56]。经电子自旋共振法初步测定，该遗址的人类居住年代在30万～12万年前[57]，但最近对文化层的光释光测年为30万～19万年前[58]。石制品原料多为小的燧石结核。只采用了硬锤直接锤击的方式进行剥片，也报道了少量的可能从盘状石核上剥取的似勒瓦娄哇石片。大洞遗址石制品组合主要以小型石片石器为主，包括边刮器、钻、凹缺器、锯齿刃器和端刮器。少数犀牛牙被认为是经过人为加工的刮削工具。

从上述典型遗址来看，中国所谓的旧石器时代中期遗存与旧石器时代早期相比，在石器技术和产生的石器类型上没有明显的变化。中国很少出现典型的欧洲莫斯特技术体系，这说明与欧亚大陆西部相应的旧石器时代中期并不存在。因此，高星等人提出放弃传统的中国旧石器时代早、中、晚三阶段的划分，而采用早、晚两阶段的序列[59]。正如苏珊·基茨（Susan Keates）所言，“对丁村和其他中国遗址的更新世石器技术的研究表明，中国只有旧石器时代早期和旧石器时代晚期可以进行区分”[60]。按照这种推理，中国旧石器时代早期和晚期的年代界限发生在距今约4万年前，其标志是华北地区出现了石叶技术，这在宁夏水洞沟的文化序列中尤为明显。需要说明的是，中国北方和南方的旧石器时代文化之间有诸多不同之处，这里所说的早晚期分法只适用于中国北方地区。在华南地区，砾石工具技术一直占据着主导地位，直到全新世早期。无论具体的时间划分怎么定，放弃旧石器时代中期的概念而采用中国旧石器时代的两段式划分，都会触发一些重要的、基本的问题：为什么中国的旧石器时代早期延续时间如此之长？如此稳定而缓慢的发展是如何形成的？是什么原因造成了中国旧石器时代文化体系与西方旧石器时代文化体系在发展速率上的差异，是环境还是不同的人类群体导致的？为什么中国旧石器时代晚期会出现新的文化因素，呈现出多元化的发展格局？这些变化的来源和原因是什么？对上述及相关问题的解答，将不断深化我们对中国史前史的认知，推动中国旧石器时代考古研究从单纯的描述和分类上升到理论阐释的层面。

五、中国旧石器时代晚期石器工业的多样性

在旧石器时代晚期，中国的文化表现出明显的多样化，其中一个信号便是出现了预制石核的勒瓦娄哇剥片技术和早期的石叶技术。以此类技术为特征的石器工业首先出现在中国北方地区，主要证据包括宁夏水洞沟遗址[61]、内蒙古金斯太和大窑遗址[62]、新疆骆驼石和沟西遗址[63]，以及河南西施遗址[64]。传统的小石器技术在中国北方地区得到传承，但新的元素，特别是装饰品和精致修理的骨器，被加入到物质文化组合中。在中国南方地区，传统的砾石工具工业类型仍然占主导地位，但器物组合中小石片石器的数量明显增加。

下面将介绍几个典型的和最近发现的旧石器时代晚期遗址，以说明中国晚更新世文化的多样性和丰富性。

水洞沟 位于宁夏银川东南30千米处的黄河东岸，是由几处旷野地点组成的遗址群。1923年，法国学者德日进和桑志华发现并发掘了水洞沟第1地点。自20世纪60年代以来，水洞沟第1地点又经历数次发掘，出土大量石制品和动物化石。2003年以来，中国科学院古脊椎动物与古人类研究所与宁夏考古研究所合作，对水洞沟第2、3、4、5、7、8、9、12地点进行了系统的考古发掘，产生一系列重要发现（图五）。对水洞沟遗物组合进行的一系列年代和古环境分析与研究，为遗址间多样性的研究提供高分辨的数据支持，对回答有关过去人类行为的重要问题做出巨大贡献[65]。

水洞沟的所有地点总共构成了了7个含文化遗物的地层，分别对应过去4万年中人类活动的7个不连续时期，又可以分为四个不连续的阶段。水洞沟的第一个占领阶段发生在距今4万至3.3万年前，出现了最早的似勒瓦娄哇石核、石片、石叶石核和石叶[66]，以及刮削器、尖状器和其他以石核和石片为毛坯加工的工具。这一阶段的器物组合在

图五　水洞沟第2地点2007年发掘

水洞沟第1、2和9地点都有体现。水洞沟的第二占据阶段发生在大约3.2万～2.7万年前，当时小的石核石片，以及刮削器、尖状器和端刮器开始取代第一阶段的似勒瓦娄哇类器物和石叶。有些第二阶段的石制品表现出热处理的痕迹[67]，有些则表现出极其精细的修理，与华北地区传统的小石器工业非常不同。鸵鸟蛋皮制成的装饰串珠、磨光的骨质工具和许多火塘是水洞沟第二阶段文化遗存的重要组成部分，这些都表明当时人类社会群体围绕火塘从事生存活动[68]。水洞沟第2、7和8地点含有第二阶段的组合。水洞沟第三阶段的占据发生在大约2万年前，只出土相对较少的石制品（石核、石片和石片工具）和火塘。水洞沟第三阶段相关文物相对稀少的原因可能是由于当时的末次盛冰期环境（约2.2万～1.8万年前）对人类长期占据特定空间的能力有不利影响。只有第2地点出土第三阶段的人工制品。在第三阶段之后，水洞沟的人类活动出现明显的中断，直到大约1.2万～1.1万年前，第四阶段才出现。其代表是细石器、磨光石器和磨制骨器。大量的烧石被发现，被认为是“石烹法”的证据[69]，大量的小型哺乳动物的碎骨表明熟练的狩猎技术（可能使用了猎网）和广谱革命的传播[70]。

长期以来，中国旧石器时代研究者一直在争论水洞沟遗址中石叶技术的起源问题。它是自生的还是从西方引进的？新的研究表明，这种石叶技术并不是自生的，而是被引进的，也许是来自末次冰期从西伯利亚的本土向南和向东推进的古代人群。这一推断主要基于以下因素：首先，勒瓦娄哇石核和石叶的两个基本技术要素，即石核预制和定向剥片（例如，从一个方向或两个相反的方向剥片），在中国传统旧石器时代文化中没有已知的来源。即使是最初被认为与水洞沟工业有关的山西丁村等遗址的石器组合，也没有系统地将这两种技术应用于石器生产。其次，水洞沟出土的石叶类器物和西伯利亚南部阿尔泰地区（可能还包括中亚甚至欧洲）遗址出土的一些石器在技术和形态上都很相似，后者比前者出现得早。这意味着人口的迁移及其物质文化的传播符合时间规律。西伯利亚南部和宁夏水洞沟地区在地理上相互靠近，没有自然屏障阻止人群及其技术的流动。此外，在地理上处于中间位置的新疆北部的骆驼石遗址和新疆中部的沟西遗址也发现了典型的勒瓦娄哇石核和石叶制品[71]。在青海湖附近进行的调查也发现了类似遗物[72]，这些发现均可以填补水洞沟和阿尔泰地区之间石叶分布的地理空白。累积的证据使得古代人类迁徙的途径以及他们的文化在这一地区的传播比之前的研究更加清晰。过去学者们对于水洞沟石叶技术本土起源的认识可能还是受限于对水洞沟石器工业缺乏全面的了解。以前的研究将水洞沟出土的不同时期的文化遗存和不同的技术体系混为一谈，在一定程度上忽略了勒瓦娄哇石核和石叶的技术特征和比例，导致过分强调本土传统技术和文物的影响，对水洞沟组合中的变异性的认识不够全面，进一步模糊了这些技术和工具类型来源的证据。

柿子滩 该遗址群由分布在黄河支流清水河两岸的几个旷野地点组成，位于山西省吉县。这个遗址群最初于1980年被发现并试掘。从2000年到2010年，进行了十年的持续研究，发掘了多个地点（S14、S24、S12、S9、S5和S29等）。到目前为止，已经发现300多处用火遗迹，出土文物超过10万件，包括烧石和穿孔双壳动物、鸵鸟蛋皮制作的装饰品以及相关动物化石。AMS^{14}C测年结果表明，人类在柿子滩活动的时间在距今29000～8500年之间。柿子滩的文化层表现出不同的石制品生产技术和石器类型，反映了旧石器时代晚期从传统的石核-石片技术体系向细石叶技术体系的过渡，为细石叶技术的起源提供证据。最早的细石器出现在距今25000年前的几个地点，这些遗存与华北地区的细石器传统之间的关系尚不清楚。

在柿子滩发掘出300多个火塘，主要位于S29地点。这些火塘大多是一次性使用的，按结构可分为四种类型：①在平坦的地面上烧火，没有任何围护结构；属柿子滩最常见的火塘类型；② 在平坦的地面上烧火，有单一的边缘或简单的砂岩围护结构；③在浅而圆的凹坑内烧火，边缘保留有清晰的烧土层；④在有石块垒成的凹坑内烧火。这些用火遗迹一般都是成组分布，为遗址功能研究、人类生存适应和社会行为的研究提供宝贵证据（个人交流，宋艳花）。

在柿子滩S9地点，年代为距今12756～11350年的居住面上发现一组石磨盘和磨棒。随后的残留物和微痕分析表明，该石磨盘曾被用于加工植物性食物、研磨颜料和抛光装饰品[73]。此外，加工过的植物残骸中粟的比例不断增加，结合磨盘本身的形态变化可以得出结论，人类曾在柿子滩从事过野生谷物的密集采集。这可能是全新世全面农业化的关键第一步。这一证据为晚更新世人类在新仙女木气候事件中采用的生存策略以及华北地区粟作农业发展的探索提供线索。

柿子滩出土的装饰品包括三种类型：鸵鸟蛋皮、淡水双壳和骨制品。可辨认的装饰品包括粗加工的毛坯、半成品和成品。生产过程包括热处理和后续步骤，如初步成型、打孔、修形、染色和穿线。在柿子滩的装饰品生产中，采用了两种打孔技术：钻孔和研磨。这些综合方法反映了随着时间的推移，钻孔的尺寸越来越小的趋势，表明钻孔技术的不断发展[74]。

西施　该遗址位于河南省登封市大冶镇附近的洧水河左岸第二台地上。2010年5月和6月，北京大学考古文博学院和郑州市文物考古研究院对该遗址进行了发掘。遗址发掘面积近50平方米，出土8500多件石制品。该遗址地层清晰，包含大量典型器物。重要的是，在西施发现了生产石叶的完整操作链的证据。西施的旧石器时代居民采用生产石叶石器和石叶石核的操作流程，有石叶和废弃阶段的石核。西施是在中国中部地区发现的第一个含石叶制品的遗址[75]。

在西施最重要的发现也许是一个专业化生产石叶的遗迹，它由各种石制品和由人类搬运而来的石料组成。生产区的面积为6米×4米，包括石锤、石核、石片、石叶、细石叶和成品工具，原料主要是燧石。石料运到西施后产生大量副产品，包括碎片、碎屑、碎石核、断块、废片等，其中一些可以拼合。这些石器及其分布清楚地显示出西施遗址作为石器制造场的特殊性，并保存了有关石叶生产链的重要信息。

在西施出土的近1000件各种石片中，石叶占到了20%以上，大多数是小型或中型的，形态不规则。有的背部较厚，有明显的弧度，其中包括一件鸡冠状石叶，大多数都不足以进一步加工和使用。在西施出土的大量石核中，石叶石核和相关的破碎废料占绝大多数。西施的石叶石核多为圆柱形或板状，表现为石叶从固定的石核台面上连续剥片。连续的剥片痕迹在石核的剥片面上很明显。一些高质量原料的石核几乎被消耗殆尽，大多数不能用于进一步的石叶生产。在一些情况下，在同一文化地层中出土细石核、细石叶以及以石叶为毛坯加工的器物。细石叶沿着锥形细石核的四周剥片面剥离，细石叶非常典型。与它们较大的对应物石叶相似，大多细石叶表现出厚重的背面和强烈的弯曲，因此，不适合进一步制造工具。很明显，西施的大多数石叶和细石叶在这里加工然后被携带到其他地方。

遗址中只出土少量成品工具，这可能是西施遗址作为一个石叶制造场的结果。发现的工具包括端刮器、边刮器、雕刻器和尖状器，以边刮器为主。大多数工具毛坯为石片、石叶或不完整石片。从西施文化层采集的三个木炭样品的AMS^{14}C测年表明，该遗址大约在22000年（校正后25000年）前被使用，即在末次冰期之前。对同一文化层的光释光测年也得出了类似的结果。

徐家城 该遗址位于甘肃省庄浪县徐家城村，埋藏在水洛河第二台地的马兰黄土上部。该遗址由中国科学院古脊椎动物与古人类研究所和甘肃省文物考古研究所于2009年6月至8月发掘，发掘面积约为15平方米，出土5442件石制品和573件脊椎动物化石[76]。石制品以中小型为主，分为石核、石片、断块、碎片、工具和无法分类器物。石器组合主要由边刮器和尖状器组成，还有一些钻和砍砸工具，也有少量凹缺器、端刮器和锯齿刃器。制造石器的原料是从砾石中挑选出来的，主要为脉石英和花岗岩。石核剥片主要是硬锤直接锤击，砸击技术少量使用。大多数工具是以石片为毛坯单向加工修理的单面工具。从剥片和加工技术以及工具类型和形态特征来看，徐家城的简单石片石器组合可被视为中国北方小石器工业传统的典型代表（图六）。

在遗址中没有观察到任何以石叶为基础的产品或预制石核的迹象，所有文物在遗址中以不同的密度分布，反映了人类活动的四个时期。对木炭和动物遗存进行的AMS ^{14}C测定共产生10个结果，表明人类活动的不连续序列集中在距今4.6万～2.3万年间[77]。

船帆洞 该遗址位于福建省三明市附近的一座名为万寿岩的孤山中。洞穴地表高于洞外河流3米，洞口向西，7米高、30米宽，深入万寿岩山体约49米。除去历史时期的文化遗存，船帆洞文化沉积可以分为两个地层，即上层和下层。这两个地层之间的间隔不大，综合起来，船帆洞沉积物年代在距今3万至2万年[78]。

船帆洞上层文化层出土80多件石器，包括用河滩砾石制作的石锤、石砧、刮削器和砍砸器等工具。石器以砾石和石片为毛坯加工而成，加工简单比较随意。船帆洞还出土一些骨质和鹿角制品，包括骨质的尖状器和匕首以及鹿角铲子和装饰品，前者用哺乳动物的肢骨通过打击、刮削和抛光以及其他步骤制成。鹿角铲是由一段鹿角制成的，从中间劈开，一端抛光，产生一个铲状的边缘。船帆洞的上文化层还包括烧土、灰烬和木炭，许多动物骨骼都有被烧过的痕迹。在这个地层中出土的哺乳动物化石包括鹿、麂子、熊、牛、竹鼠、刺猬、犬科动物和猕猴等，鹿和麂子的化石最为常见。船帆洞的下文化地层出土约400件石器，所有的石器都由砾石制成，剥片主要是硬锤直接锤击的方式，但偶尔也会采用砸击技术。在下文化层的石核上没有观察到台面预制的迹象；单台面石核很多，但显示出较低的石核利用率。石制品组合主要包括石锤、钻、刮削器、尖状器和砍砸器，其中刮削器是最主要的工具类型。石器制作简单，形状不规则，表现出中国南方砾石工业的传统特征。船帆洞下文化层出土的动物化石主要包括犀牛、鬣狗、颈鹿、雪豹、熊猫、老虎以及各种犬科和灵长类动物。

在下文化层，考古学家发现了似乎是经过人工有意修整的地面。这个8米宽的活动区域从洞口开始，一直延伸到洞穴内部22米。铺石（来自河滩的砂岩和不同大小的灰岩石板）铺成单层，并与石英砂混合（图七），局部地段与原地面的钙板和岩石基本取平，与洞穴的钙质基岩衔接，形成一个相对平坦、光滑的表面。证据表明，该石铺

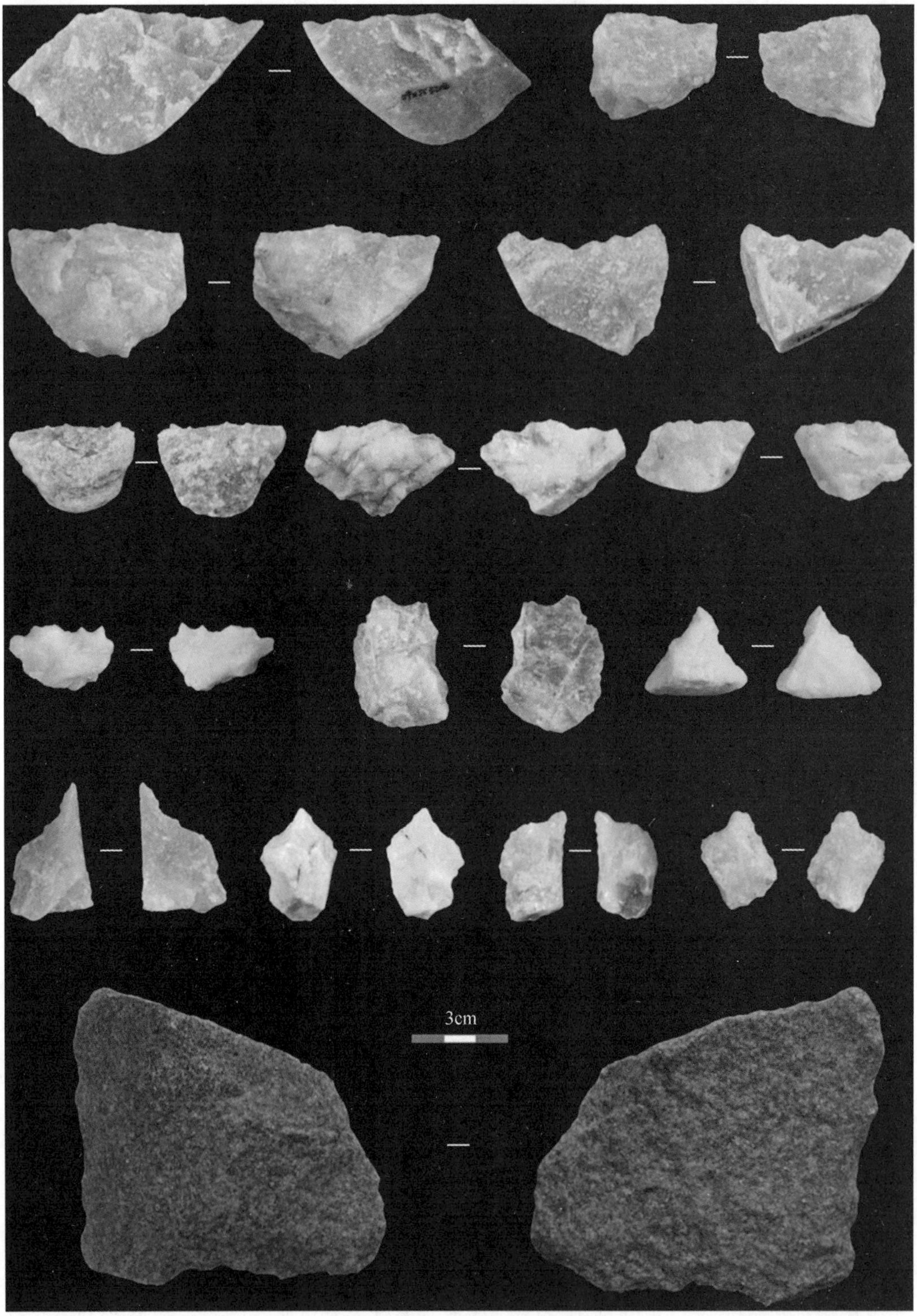

图六　徐家城遗址出土的石制品

图七　船帆洞遗址人工铺石地面

地面是人为抬高和平整洞穴入口和生活区表面的结果，目的是为了缓解洞穴积水和修整泥泞、不平坦地面。

大河　该洞穴遗址位于云南省曲靖市富源县大河乡茨托村。尽管在早期的勘探过程中，洞穴的大部分已经被毁坏，但还是发现了大量的哺乳动物化石。2001年、2002年和2006年，云南省文物考古研究所对大河洞穴进行了发掘，发现了几颗人类牙齿化石和2000多件石制品，以及大量大熊猫-剑齿象动物群的哺乳动物化石[79]。大河石器主要是以凝灰岩、玄武岩、燧石、砂岩和硅质灰岩为原料制作的，组合包括砍砸器、刮削器、尖状器、雕刻器和钻器，以及石核、碎屑和其他小件。值得注意的是，盘状石核、三棱尖状器、盘状刮削器、锯齿刃器、凹缺器以及其他一些工具的修理都十分规整精致，表现出与欧洲莫斯特工业的器物相似的风格。这种情况在中国是罕见的，在东亚其他地方也不常见。此外，在大河遗址还发现古代人类活动的证据，包括火塘、烧骨和烧土、颜料，以及可能是人工铺设的地面。AMS^{14}C和铀系测年表明，遗址的文化层年代集中在距今4.4万～3.6万年前（图八）。

图八　大河遗址出土的石制品

六、定义和解读中国旧石器工业的特点

直观地说，中国和泛东亚地区的旧石器时代工业与西方旧石器时代工业有很大不同，特别是在旧石器时代早期。莫维斯[80]曾指出东亚旧石器时代属于砍砸器传统，与西方同期生产两面工具的阿舍利文化明显不同。自此之后，确定东亚（包括中国在内）的旧石器时代特点并解释其意义就成为该地区史前研究的关键议题。几十年来，中国学者积极地参与这些课题的研究，并在阐释方便做出巨大的贡献。

七、华北旧石器时代"两大文化传统"的假说

基于对华北地区旧石器时代文化遗存的整体观察，1972年贾兰坡等提出华北地区旧石器时代的"两个文化传统"假说[81]，其中一个发展序列是以大石片砍砸器、三棱大尖状器为特征的"匼河-丁村系"，而另一传统是以船底形刮削器和雕刻器为特征的"周口店第1地点-峙峪系"。尽管匼河-丁村传统的基本特征是使用大石片制作工具，

但其中一些组合包含少量类型相同的小石器，或小型工具。周口店第1地点-峙峪传统被定义为在制造器物时主要使用不规则的小石片，以各种类型的小工具为主，表现出精细的加工和修整。贾兰坡等随后发展了这一理论，将这两个平行的传统与特定的经济模式联系起来，在全新世这分别转变为两种不同的农业模式：谷类作物的栽培和家畜驯养[82]。

这一假说在当时是创新的，成功地推动了中国旧石器时代的考古研究从单纯的文物描述和分类领域进入有关人类行为的研究，开始思考中国更新世文化的起源和发展的问题。这个理论模型非常有影响力，许多学者将其作为解释中国旧石器时代文化动态的标准模板。然而，无论多么富有吸引力和开创性，这一理论最终被证明是站不住脚的，因为：①两种文化传统的典型遗址分布在几乎相同的自然地理和生态区域，不存在地形障碍或生态差异，很难解释为什么两种文化传统在100多万年里没有任何干扰地以独自平行方式分化；②研究表明，在包括丁村类型遗址在内的一些匼河-丁村系的遗址中，大型工具实际上并不占石器组合的主导地位，小型石片工具反而构成器物组合的主体；③埋藏学分析表明，大多数匼河-丁村系遗址位于河流相沉积中，许多石制品经历了扰动和搬运，事实上，许多大型标本是在地表采集的，而不是在从地层中发掘出土的；在这种情况下，难免会与不同时期的文物混杂在一起，同时还存在文物工作者在采集过程中更容易采集较大、较明显的器物的主观偏见；④认为大型石器用于采集活动而小型石器用于狩猎的功能猜测过于简单，站不住脚[83]。

八、中国旧石器文化的南北二元结构

对中国旧石器时代文化多样性和区域性变异的研究，以及对这些区域文化传统的分辨、源流追溯和阐释成为20世纪最后30年里中国旧石器考古研究的主旋律。张森水提出，中国旧石器时代的文化差异主要体现在地理上南北的差异，同时在大的地理区域内还有一些文化变体[84]。北方的主工业特点是使用“石片石器”或“小石器”，用于生产大多数石器的毛坯是由硬锤直接锤击产生的石片，并辅以砸击法或“碰砧法”，石器类型以刮削器为主，辅以砍砸器、尖状器、石球等。这些石器器形小，制作精良，在大多数中国北方的组合中，小型工具占主导地位。张森水的假说还注意到整个华北旧石器时代，石器技术的改进和发展变化。在晚期阶段，出现石叶技术，随后是细石叶技术的迅速扩展。

根据张森水的假说，中国南方旧石器时代工业的特点是以河流砾石为毛坯制作石核工具，省去了生产石片的步骤。硬锤直接打击构成主要的剥片技术，砸击法和摔碰法在贵州省、湖南省和长江三峡地区的旧石器时代遗址中扮演重要角色。砍砸器在中国南方遗址的石器组合中占主导地位，而刮削器和尖状器数量较少。张森水指出，南方的工业相对粗糙，大型砾石工具占主导地位，在华南旧石器时代序列的后期，有一个工具小型化的趋势，石片毛坯有所增加。从华南旧石器时代早期到晚期，石器类型本身并没有明显的变化，没有开发出石叶工具，细石器也很罕见。

在这两个被秦岭和淮河大致隔开的主要地理区域内，可以发现一些因古人类适应不同环境而形成的文化多样性和差异性变体。这些观察和由此产生的地理模型表明，在中国旧石器时代的南方和北方存在着各种文化差异，石器生产技术和类型的多样性说明了这一点，引发人们对南、北古环境差异和古人群适应方式特点的关注。然而，我们必须意识到，该分析只研究了表面现象，如工具的形状和类型以及石器生产的技术方面，未能深入分析本质原因。

九、中国旧石器时代两面器的讨论

20世纪40年代莫维斯提出以两面的“手斧”（或模式2大型切割工具）存在与否作为划分东亚和西方旧石器时代文化的标准，自此以后，一些中国学者一直试图证明所谓“莫维斯线”概念的谬误。20世纪90年代，黄慰文[85]等人率先提出这样的观点：在中国旧石器时代（以及东亚其他地区，特别是蒙古、朝鲜半岛和日本）确实出现了似阿舍利器物，东西方人群及其物质文化的迁移和融合在很久以前就发生了。这种观点认为，东西方旧石器工业没有内在的差异，意味着这两个地区的石器生产技术和人类智能进化仍然是同步的[86]。然而，林圣龙和其他持相同观点学者则反驳说，在中国和东亚的旧石器时代早期，两面器和勒瓦娄哇技术要么不存在，要么极其罕见（也许只是随机事件），认为莫维斯对东方和西方旧石器时代传统的划分仍然是可行的[87]。

在系统研究相关器物类型的基础上，高星[88]分析了中国旧石器时代手斧研究中存在的固有问题和偏颇，包括分类标准和命名方法缺乏连续性，含手斧遗址的分布和标本数量不精确，地层关联和古生态的不确定性，年代划分的困难等。高星指出，手斧确实出现在中国旧石器时代的组合中，但它们在形态、制作方式、组合方式和数量上都与旧大陆西侧的手斧明显不同。大多数中国的两面器在形态和技术上与另一种砾石工具类型——手镐非常相似，在功能上它们可能是相同的工具。两面手斧和单面手镐在中国和东南亚更新世的砾石工具文化中构成了一个特殊的从属类别，是无处不在的由砾石简单加工而成的尖状工具的一个变种，与砍砸器和刮削器等具有侧向切削刃的工具可以在使用中相互补充。这类两面器在欧亚大陆东部有很深的历史，在热带和亚热带地区，作为一种大型挖掘工具，可以帮助古代人类获取根茎类植物生存。东方的大型挖掘工具和西方的大型切割工具在功能上有所不同，但在形态上有一些相似之处。在东亚地区，两面器可能源于原始的砾石工具，但表现出与外部影响的发展和融合，可能是由小规模的迁入和跨文化交流造成的[89]。近年来，在秦岭地区的洛南盆地和陕西省的蓝田地区发现了具有明显阿舍利技术风格的两面器、薄刃斧、手镐的组合。地层和年代分析表明，至少有一些似阿舍利组合是晚更新世时期的，显然与非洲和欧亚大陆西侧的阿舍利模式2技术群不同步[90]。我们的研究证实了莫维斯线是客观存在的，包括中国在内的东亚在发展方式和速度上与西方不同，但相较于莫维斯[91]关于旧石器时代东部工业“文化迟滞”的解释，我们根据新的材料和信息，提出包括东西方人群交流、文化传播和多区域协同进化等新的角度来理解旧大陆东西侧之间的差异。

十、中国和东亚远古人类活动的综合行为模式

许多中外学者试图解释中国旧石器时代文化相对缓慢和保守的发展，以及中国和西方旧石器时代文化传统中表现出的巨大差异。有些人认为，东亚的人类祖先作为一个相对孤立的地理单元，生活在西方文化发展的边缘，缺乏与西方的交流，无法获得新的文化创新[92]；有些人认为，东亚的古人类制造并使用竹子和硬木工具，降低了石器技术的重要性[93]，由于东亚的石器原料质量普遍较差，显著地阻碍了该地区的技术和文化发展[94]。

高星等人分析了中国旧石器时代遗址的时空分布以及这种分布与古代生态环境变量之间的关系。他们的工作研究了石器制造技术、工具类型、形态及其发展，区域工业特征及其演变，石质原料的特征，采集和利用原料的方法以及其他文化变量，最终提出该地区旧石器时代人类活动的综合行为模式[95]，试图用该行为模式解释包括中国在内的东亚旧石器时代独特文化系统的原因。这个行为模式的主要内容如下。

古人类演化的连续性与行为模式的稳定性 中国旧石器文化从早到晚的演化证据清晰，表现出从简单到复杂、从技术不成熟到相对先进的总体趋势。但从大多数遗址和区域来看，石器生产技术、类型与形态等关键要素保持着基本的架构，未出现大的文化断层和飞跃，对石料资源开发利用的方式也一脉相承。这种模式的原因是东亚古人类的演化相对独立，文化自成体系，本土的东亚直立人、古老型智人和解剖学上的现代人在这里持续生存繁衍，在石器加工技术和其他行为方面继承保持了连续性，形成稳定、渐变的文化传统。

石器技术的继承和交流 在东亚，人类群体的连续和稳定演化促进了该地区文化和技术的平行不间断发展。继承是制约石器技术和适应方式的主要因素，导致石器工业具有强烈的地方特色和相对缓慢的发展模式。然而，这并不意味着更新世时期这

片广袤土地上的人类完全与外界隔绝、文化上一潭死水、未发生人类的迁徙与文化交流。事实上，情况似乎恰恰相反。在更新世的漫长历史进程中，肯定有来自不同地区的人类群体迁入，带来新的文化模式和适应性。在百色盆地、洛南盆地和其他地方发现的手斧和相关的石器组合，在技术和工具类型方面表现出与阿舍利工业的趋同，不排除它们是由移民人口或文化引进和传播的可能性。关于石叶技术组合，似乎有理由认为西伯利亚甚至中亚是这些技术的来源，因为宁夏水洞沟遗址出土的勒瓦娄哇石核预制和石叶技术还没有找到任何的中国本土来源。尽管如此，外来的文化并没有对旧石器时代的本土文化造成根本性的改变，它们的影响显然主要限于更新现存的技术，而不是取代它们。

独特的发展表现 虽然中国旧石器文化在总体上发展缓慢，但仍有进取与创新的一面，表现在对劣质原料困难的克服、石器生产技术的日臻完善上。周口店第1地点和第15地点剥片技术的特点及演变就是很好的例证。第1地点最重要的技术特征是，用砸击法对脉石英进行剥片。第1地点上部文化层砸击制品占石核-石片类的74%左右，显示出北京直立人对该石制品加工方法的依赖。年代晚一些的第15地点，石器类型、形态和原料诸方面与第1地点一脉相承，显示二者很强的文化渊源和延续性。但在第15地点，砸击法不再是剥片的主要方法，砸击制品仅占石核石片类的12% 左右，而锤击产品却占约88%。这种差别的意义必须从两种剥片方法的特点和脉石英的特性加以分析。脉石英材料多为小的团块状，多节理和裂隙，断裂不规则，难以形成贝壳状断口，用锤击法很难控制并产生理想的石片。砸击法是生产锋利石片和工具毛坯的简单方法：将石块置于石砧上敲打，产生大量断块碎片，从中选择可用的薄锐者作为工具的毛坯。对于直立人来说，使用砸击法开发脉石英是不得已的选择，是以浪费大量原料为前提的。总的来说，这是一种相对便捷但不太有效的开发脉石英生产石器的手段。

但生活在第15地点的人类面对同样的材料却大大减少了对砸击法的依赖，转而以锤击法为主要方法从脉石英块上剥离石片生产石器，而且所产生的石片不乏规范、精致者。能将锤击技术娴熟地运用到脉石英上，说明周口店第15地点人类的石器技术较之第1地点有了很大的进步，开发利用资源的能力有了显著的提高，而这样的发展与进步特性单纯从石器的类型和形态上是无法解读出来的。

勘探和利用稀缺的斑块化自然资源 中国旧石器遗址的分布特点表明，古人类对居住和生活地域的选择充分考虑到生态与资源因素。大多数遗址都位于靠近水源的开阔地域，便于获得石器原料和动植物食物资源。由于中国优质石料的匮乏，更新世人类对石器原料的获取方式为就地取材，很少刻意寻找优质材料并进行长期、深度开采，没有发现太多的能够表明长期使用优质原料的采石场-加工场遗址的考古学证据。在石器类别组合中，用于高效采集食物的工具不发达。在北方，主要用于切割、刮削等消费、加工作用的刮削器一直居于主体地位，而南方的主体器形——砍砸器也主要用来从事加工、采集和肢解工作。除许家窑等少数遗址外，很少出现深度捕杀猎物的场面，这与欧洲、美洲和澳大利亚的更新世考古组合所记载的情况非常不同，反映出中国远古人类的生存方略和行为方式主体特征是因地制宜，充分利用大自然给予的便利条件，对环境资源仅作浅程度的开发利用。

流动性 自然资源出现频率低，其发现和使用必须伴随着频繁的移动，以抵消必要消耗品的供应不足，尤其是一些季节性的资源。在中国北方和南方，有几个证据表明迁居式流动是抵消资源稀缺和枯竭的一种手段：北方和南方的许多旧石器时代的石器组合相当相似，大多数地点被解释为季节性营地；大多遗址仅存单一的文化层位，而且文化堆积薄，表明人类在一个遗址和区域连续占据的时间短。频繁的移动和迁移往往会在不同的地点留下类似的物质文化痕迹，或者越来越频繁的群体间接触可能会导致文化学习和交流，甚至是以前没有关系的各种群体之间的融合。这种生存模式的意义是多重的：它增强了古人类群体对多变波动的气候环境的生存竞争力和适应能力，即总是迁移到最适宜的地方求得生存，而不必把一个地方的资源开发到极至从而导致生态灾难；人类群体不必为开发利用难于得到的资源而强迫自己在技术和文化方面发生重大适应性改进和调整。一方面用变更环境、获取新的资源的手段来弥补技术的不足，另一方面也因此导致石器技术无法得到显著的进步和发展，变革和创新的压力或动力不足。维持这种不断迁徙的生存方式的一个重要前提是区域内人口少，人群之间很少发生地盘、资源之争。与此相应的推论是：在更新世很长的时期内，中国这片土地上的人口密度一直维系在一个较低的水平上。

务实性和灵活性 旧石器时代行为模式的务实性体现在对当地原材料的使用上。中国旧石器时代的人们不刻意投入时间和精力去寻找和开发高质量的原材料，却专注于对容易获得的原材料进行简单的、甚至是机会性的加工，以制造简单的工具，不考虑对称性和美观效果；他们经常直接使用石片毛坯，而不进一步加工或修改。与此相应的一个特征是机动灵活性，主要表现在因材施法，即根据尺寸、质地等原料特点的不同而采用不同的开发利用方式。例如北京猿人用砸击法开发脆性大的脉石英原料，虽然这种方法效率低而浪费大，但对周口店地区质劣而量丰的脉石英材料，却有其合理性。

在长江三峡地区，考古学家发现许多厚实的砾石，上面有击打的痕迹，表明使用了摔碰法（所谓的投掷法）来完成对母体原料的初步剥片。这种简单、直接的技法是利用高圆度的坚硬石英岩卵石的最有效方法，这些卵石很难被锤击和其他方法击碎[96]，这充分体现出古人灵活变通的聪明才智。如果诚如一些学者所断言，中国旧石器时代竹、木为重要的工具原料，则因地制宜和机动灵活性得到进一步的诠释。

最重要的是，中国和东亚旧石器时代的独特特征是各种因素和影响的结果。除了不可忽视的特殊生态条件和可用石器原料的特性外，更重要的是该地区不断进化的人类找到了适合当地环境和条件的生活模式。通过这些行为策略，我们的旧石器时代祖先所使用的工具虽然看起来很简单，但却是精心选择的，完全能够满足生产和生活方面的需要。这种模式在中国持续了很长时间，长到足以让具有自己自生特点的独特区域传统出现和发展。这一观点也为支持“持续进化附带杂交”的概念提供考古学证据，以解释东亚古代人口的动态[97]。

十一、总　　结

多年来，由于语言障碍和学术传统的差异，许多东亚（当然包括中国在内）旧石器时代的考古发现和研究成就并不为西方学者所熟知，国际上对人类起源和进化领域最突出的研究总结往往不包括东亚地区，东亚所受到的关注远远低于非洲和欧洲。事实上，即便东亚在阐明人类发展故事方面的重要性得到了广泛认可，对东亚古人类学记录进行复杂分析和解释的总结研究仍然少见[98]。近几十年来，西方学术界在发现和解释人类祖先的化石及其文化发展的轨迹方面取得长足进步，产生了旧大陆西侧人类生物文化演进日益活跃的画面。将东西方的研究策略规范化，加强对东亚旧石器时代研究的关注，将有利于学术界整合和制定全面的方法来理解人类起源、演化和适应过程的各个方面，并填补我们在人类史前知识方面的空白。

古人类学和旧石器时代考古学是在20世纪初由西方学者引入中国的，随后的数十年内在中国的西方基本知识体系下被整合。然而从20世纪50年代到70年代，由于国内政治和内部环境的影响，中国学术界明显偏离了这一基础，在此期间，中国的旧石器时代考古学形成与西方学者不同的理念和方法。因此在很大程度上，中国旧石器时代研究者所获得的信息和成就，无法对当时正在兴起的全球人类进化知识库做出重大贡献。伴随着“文革”之后持续发展的改革开放，中国的旧石器时代考古学在20世纪80年代开始了缓慢而艰难的与西方学术体系的重新融合，这一过程目前仍在继续。在过去的十年里，由于一批年轻的中国古人类学家在国外接受了正规培训，并且越来越多的西方学者选择在中国与他们的中国同事合作开展课题研究，这种衔接和富有成效的对话使得融合的进程大大加快。在中国，这一进程体现在对田野发掘技术、数据收集和数据库管理的改进，现代技术和概念的应用，对出土材料更全面、更细致的描述和分析，实验方法的扩展，微痕和残留物分析，动物考古学，古代装饰和美学研究，空间分析，以及对早期用火的研究等许多课题。最重要的是，中国古人类学家已经开始直接和积极地参与讨论那些吸引全球学术界关注的突出学术主题，包括现代人的起源和演化，人类行为的独特特征的划分和对考古学文化形成的理解，人类对各种环境的适应策略，以及在不同地区更新世文化的背后的自然环境背景和社会运行机制等。西方的主流学术期刊上发表了许多对这些问题的分析和解释，释放出一个明确的信号：中国的旧石器时代考古学不再是孤立的，而是一个日益相互关联的国际性学科的重要组成部分。中国旧石器时代考古学在探索人类起源和进化的许多方面做出了越来越多的贡献，我们预计这一趋势在未来也会得到保持。

参考文献

[1] 高星. 中国旧石器时代考古学的昨天、今天与明天//高星，侯亚梅. 20世纪旧石器时代考古学研究. 北京：文物出版社，2002：3-9.

[2] Andersson J G. Children of the Yellow Earth: Studies in Prehistoric China. New York: Macmillan, 1934; Boule M, Breuil H, Licent E, et al. Le Paléolithique de la Chine. Archives de l'Institut de Paléontologie Humaine, mémoire 4. Paris: Masson, 1928; Pei W C. The Upper Cave Industry of Choukoutian. Palaeontologia Sinica (New Series D), 1939(9): 1-41; Weidenreich F. Six Lectures on *Sinanthropus pekinensis* and Related Problems. Geological Society of China, 1939, 19(1): 1-110.

[3] Pei W C. Palaeolithic Industries in China//MacCurdy G G. Early Man. New York: Linpincott, 1937: 221-232；裴文中. 中国史前时期之研究. 北京：商务印书馆，1948.

[4] Pei W C. Le Role des phenomenes Naturels dans l'Eclatement et le Faconnement des Roches Dures Utilesees par l'Homme Prehistorique. Revue de Geographie Physique et de Geologie Dynamique, 1936, 9(4): 1-78; Pei W C. Le Role des Animaux et des Causese Naturelles dans la Cassure des Os. Palaeontologia Sinica (New Series D), 1938 (7): 1-16.

[5] Zhu R X, Potts R, Pan Y X, et al. Early Evidence of the Genus *Homo* in East Asia. Journal of Human Evolution, 2008, 55(6): 1075-1085.

[6] 裴文中，张森水. 中国猿人石器研究. 北京：科学出版社，1985；Wu R K, Olsen J W. Paleoanthropology and Paleolithic Archaeology in the People's Republic of China. Orlando: Academic Press, 1985; 吴汝康，吴新智，张森水. 中国远古人类. 北京：科学出版社，1989.

[7] Olsen J W. The Practice of Archaeology in China Today. Antiquity, 1987, 61(232): 282-290.

[8] 贾兰坡，盖培，尤玉柱. 山西峙峪旧石器时代遗址发掘报告. 考古学报，1972（1）：39-58.

[9] Jia L P, Huang W W. On the Recognition of China's Paleolithic Cultural Traditions//Wu R K, Olsen J W. Paleoanthropology and Paleolithic Archaeology in the People's Republic of China. Orlando: Academic Press, 1985: 259-265.

[10] 贾兰坡. 中国细石器的特征和它的传统、起源与分布. 古脊椎动物与古人类，1978，116（2）：137-143；裴文中，贾兰坡. 丁村旧石器研究//裴文中，吴汝康，贾兰坡，等. 山西襄汾县丁村旧石器时代遗址发掘报告. 北京：科学出版社，1958：97-111；张森水. 中国旧石器文化. 天津：天津科学技术出版社，1987.

[11] 谢飞. 泥河湾. 北京：文物出版社，2006.

[12] 高星，裴树文. 三峡远古人类的足迹：三峡库区旧石器时代考古的发现和研究. 成都：巴蜀书社，2010；Pei S W, Gao X, Wu X Z,et al. Middle to Late Pleistocene Hominin Occupation in the Three Gorges Region, South China. Quaternary International, 2013, 295: 237-252.

[13] 高星，王惠民，关莹水洞沟旧石器考古研究的新进展与新认识. 人类学学报，2013，32（2）：121-232；高星，王惠民，裴树文，等. 水洞沟——2003 ~ 2007年度考古发掘与研究报告. 北京：科学出版社，2003.

[14] Lu H Y, Zhang H Y, Wang S J, et al. Multiphase timing of Hominin Occupations and the Paleoenvironment in Luonan Basin, Central China. Quaternary Research, 76(1): 142-147; Wang S J, Lu H Y, Zhang H Y, et al. Newly Discovered Palaeolithic Artefacts from Loess Deposits and Their Ages in Lantian, Central China. Chinese Science Bulletin. 2014, 59(7): 651-661.

[15] 张森水. 管窥新中国旧石器考古学的重大发展. 人类学学报，1999，18（3）：193-214.

[16] Gao X, Norton C J. A Critique of the Chinese “Middle Paleolithic”. Antiquity, 2002, 76(292): 397-412; 李炎贤. 中国旧石器时代晚期文化的划分. 人类学学报，1993，12（3）：214-223.

[17] 高星，欧阳志山. 趋同与变异——关于东亚与西方旧石器时代早期文化的比较研究//童永生，张银运，吴文裕，等. 演化的实证——纪念杨钟健教授百年诞辰论文集. 北京：海洋出版社，1997：63-76；黄慰文. 东亚和东南亚旧石器初期重型工具的类型学——评Movius的分类体系. 人类学学报，1993，12（4）：297-304；林圣龙. 中西方旧石器文化中的技术模式的比较. 人类学学报，1996，15（1）：1-20；Schick K D. The Movius Line Reconsidered: Perspectives on the Earlier Paleolithic of Eastern Asia//Corruccini R S, Ciochon R L. Integrative Paths to the Past: Paleoanthropological Advances in Honor of F. Clark Howell. New Jersey: Prentice Hall, 1994: 569-596.

[18] 高星. 中国旧石器时代手斧的特点与意义. 人类学学报，2012，31（2）：97-112；高星，裴树文. 中国古人类石器技术与生存模式的考古学阐释. 第四纪研究，2006，26（4）：504-513；王幼平. 中国远古人类文化的源流. 北京：科学出版社，2005；张森水. 中国北方旧石器工业的区域渐进与文化交流. 人类学学报，1990，9（4）：322-333.

[19] 金昌柱，刘金毅. 安徽繁昌人字洞——早期人类活动遗址. 北京：科学出版社，2009.

[20] Zhu R X, Potts R, Pan Y X, et al. Early Evidence of the Genus *Homo* in East Asia. Journal of Human Evolution, 2008, 55(6): 1075-1085.

[21] 黄万波，方其仁. 巫山猿人遗址. 北京：海洋出版社，1991.

[22] Han F, Bahain J J, Deng C L, et al. The Earliest Evidence of Hominid Settlement in China: Combined Electron Spin Resonance and Uranium Series (ESR/U-series) Dating of Mammalian Fossil Teeth from Longgupo Cave. Quaternary International, 2015, 434: 75-83.

[23] Huang W P, Ciochon R L, Gu Y M, et al. Early *Homo* and Associated Artefacts in Asia. Nature, 378(6554): 275-278.

[24] Boëda E, Hou Y M, Huang W P. Introduction à l'étude du site de Longgupo. L'Anthropologie, 2011, 115(1): 8-22.

[25] 贾兰坡，王建. 西侯度——山西更新世早期古文化遗址. 北京：文物出版社，1978.

[26] 张森水. 关于西侯度的问题. 人类学学报，1998，17（2）：2-14.

[27] Kong P, Jia J Y, Zheng Y. Cosmogenic $^{26}Al/^{10}Be$ Burial Dating of the Paleolithic at Xihoudu, North China. Journal of Human Evolution, 2013, 64(5), 466-470.

[28] Zhu Z Y, Dennell R, Huang W W, et al. New Dating of the *Homo erectus* Cranium from Lantian (Gongwangling), China. Journal of Human Evolution, 2015, 78: 144-157.

[29] Gao X, Wei Q, Shen C, et al. New Light on the Earliest Hominid Occupation in East Asia. Current Anthropology, 2005, 46(S5): 115-120; 谢飞. 泥河湾. 北京：文物出版社，2006.

[30] Zhu R X, Potts R, Xie F, et al. New Evidence on the Earliest Human Presence at High Northern Latitudes in Northeast Asia. Nature, 2004, 431(7008): 559-562.

[31] 邱中郎. 中国旧石器时代中期文化//吴汝康，吴新智，张森水. 中国远古人类. 北京：科学出版社，1989：195-219.

[32] 张森水. 中国北方旧石器工业的区域渐进与文化交流. 人类学学报，1990，9（4）：40-51.

[33] 林圣龙. 中西方旧石器文化中的技术模式的比较. 人类学学报，1996，15（1）：1-20.

[34] 吕遵谔. 中国考古学研究的世纪回顾：旧石器时代考古卷. 北京：科学出版社，2004.

[35] Chen T M, Yang Q, Wu E. Antiquity of *Homo sapiens* in China. Nature, 1994, 368(6466): 55-56.

[36] 张森水. 管窥新中国旧石器考古学的重大发展. 人类学学报，1999，18（3）：193-214.

[37] 魏海波. 辽宁庙后山遗址研究的新进展. 人类学学报，2009，28（2）：154-161.

[38] 吴新智. 大荔颅骨的测量研究. 人类学学报，2009，28（3）：217-236.

[39] 陈铁梅，原思训，高世君. 铀子系法测定骨化石年龄的可靠性研究及华北地区主要旧石器地点的铀子系年代序列. 人类学学报，1984，3（3）：259-269；尹功明，孙瑛杰，业渝光，等. 大荔人所在层位贝壳的电子自旋共振年龄. 人类学学报，2001，20（1）：34-38.

[40] Gao X. Explanations of Typological Variability in Paleolithic Remains from Zhoukoudian Locality 15, China. Ph. D. Dissertation. The University of Arizona, 2000.

[41] Gao X. Core Reduction at Zhoukoudian Locality 15. Archaeology, Ethnology & Anthropology of Eurasia, 2000, 3(3): 2-12.

[42] Gao X. A Study of the Lithic Assemblage from Zhoukoudian Locality 15. Acta Anthropologica Sinica, 2002, 21(Supplement): 31-52.

[43] Norton C J, Gao X, Feng X W. The East Asian Middle Paleolithic Reexamined//Camps M, Chauhan P. Sourcebook of Paleolithic Transition. Dordrecht: Springer, 2009: 245-254.

[44] Huang W W. Bifaces in China. Human Evolution, 1989, 4(1): 87-92.

[45] 张森水. 丁村54：90地点石制品研究. 人类学学报，1994，13（3）：209-222.

［46］ 高星. 中国旧石器时代手斧的特点与意义. 人类学学报，2012，31（2）：97-112.

［47］ 贾兰坡，卫奇，李超荣. 许家窑旧石器时代文化遗址1976年发掘报告. 古脊椎动物与古人类，1979，17（4）：277-293.

［48］ 陈铁梅，原思训，高世君，等. 许家窑遗址哺乳动物化石的铀子系法年代测定. 人类学学报，1982，1（1）：91-95；Liu C, Su P, Jin Z X. Discovery of Blake Episode in the Xujiayao Paleolithic Site, Shanxi, China. Scientia Geologica Sinica, 1992, 1 (1): 87-95.

［49］ 马宁，裴树文，高星. 许家窑遗址74093地点1977年出土石制品研究. 人类学学报，2011，30（3）：275-288.

［50］ 李占扬. 许昌灵井遗址2005年出土石制品的初步研究. 人类学学报，2007，26（2）：138-288.

［51］ Li Z Y, Shen C. Use-wear Analysis Confirms the Use of Palaeolithic Bone Tools by the Lingjing Xuchang Early Human. Chinese Science Bulletin, 2010, 55(21): 2282-2289.

［52］ 张双权，李占扬，张乐，等. 河南灵井许昌人遗址大型食草类动物死亡年龄分析及东亚现代人类行为的早期出现. 科学通报，2009，54（19）：2857-2863.

［53］ Pei S W, Gao X, Chen F Y, et al. Lithic Assemblage from the Jingshuiwan Paleolithic Site of the Early Late Pleistocene in the Three Gorges, China. Quaternary International, 2010, 211(1): 66-74; Pei S W, Zhang J F, Gao X, et al. Optical Dating of the Jingshuiwan Paleolithic Site of Three Gorges. Chinese Science Bulletin, 2006, 51(11): 1334-1342.

［54］ 李炎贤，文本亨. 观音洞——贵州黔西旧石器时代初期文化遗址. 北京：文物出版社，1986.

［55］ 沈冠军，金林红. 贵州黔西观音洞钟乳石样的铀系年龄. 人类学学报，1992，11（1）：93-100.

［56］ 黄慰文，侯亚梅，斯信强. 盘县大洞石器工业. 人类学学报，1997，16（3）：171-192；黄慰文，侯亚梅，斯信强. 盘县大洞——贵州旧石器初期遗址综合研究. 北京：科学出版社，2012.

［57］ Jones H L, Rink W J, Schepartz L A, et al. Coupled Electron Spin Resonance (ESR)/Uranium-series Dating of Mammalian Tooth Enamel at Panxian Dadong, Guizhou Province China. Journal of Archaeological Science, 2004, 31(7): 965-977.

［58］ Zhang J F, Huang W W, Hu Y. Optical Dating of Flowstone and Silty Carbonate-rich Sediments from Panxian Dadong Cave, Guizhou, Southwestern China. Quaternary Geochronology, 2015, 30: 479-486.

［59］ 高星. 关于“中国旧石器时代中期”的探讨. 人类学学报，1999，18（1）：1-16；Gao X, Norton C J. A Critique of the Chinese “Middle Paleolithic”. Antiquity, 2002, 76(292): 397-412; Keates S G. Perspectives on “Middle Paleolithic” Settlement Patterns in China//Conard N J. Settlement Dynamics of the Middle Paleolithic and Middle Stone Age. Tübingen: Kerns Verlag, 2001: 153-175.

[60] Keates S G. Perspectives on "Middle Paleolithic" Settlement Patterns in China//Conard N J. Settlement Dynamics of the Middle Paleolithic and Middle Stone Age. Tübingen: Kerns Verlag, 2001: 168.

[61] 高星，王惠民，关莹. 水洞沟旧石器考古研究的新进展与新认识. 人类学学报，2013，32（2）：121-132.

[62] 王晓琨，魏坚，陈全家，等. 内蒙古金斯太洞穴遗址发掘简报. 人类学学报，2010，29（1）：15-32.

[63] Derevianko A P, Gao X, Olsen J W, et al. The Paleolithic of Dzungaria (Xinjiang, Northwest China) Based on Materials from the Luotuoshi Site. Archaeology, Ethnology and Anthropology of Eurasia, 2012, 40(4): 2-18.

[64] 王幼平，汪松枝. MIS3阶段嵩山东麓旧石器发现与问题. 人类学学报，2014，33（3）：304-314.

[65] 高星，王惠民，裴树文，等. 水洞沟——2003～2007年度考古发掘与研究报告. 北京：科学出版社，2013.

[66] Li F, Gao X, Chen F Y, et al. The Development of Upper Paleolithic China: New Results from the Shuidonggou Site. Antiquity, 2013, 87(336): 368-383; Li F, Kuhn S L, Gao X, et al. Re-examination of the Dates of Large Blade Technology in China: A Comparison of Shuidonggou Locality 1 and Locality 2. Journal of Human Evolution, 2013, 64(2): 161-168.

[67] 周振宇，关莹，高星，等. 水洞沟遗址的石料热处理现象及其反映的早期现代人行为. 科学通报，2013，58（9）：815-824.

[68] Guan Y, Gao X, Wang H M, et al. Spatial Analysis of Intra-site Use at a Late Paleolithic Site at Shuidonggou, Northwest China. Chinese Science Bulletin, 2011, 56(32): 3457-3463.

[69] Gao X, Guan Y, Chen F Y. The Discovery of Late Paleolithic Boiling Stones at SDG12, North China. Quaternary International, 2014, 347: 91-96.

[70] Yi M J, Bettinger R L, Pei S W, et al. The Significance of Shuidonggou Locality 12 to Studies of Hunter-gatherer Adaptive Strategies in North China During Late Pleistocene. Quaternary International, 2014, 347: 97-104.

[71] Derevianko A P, Gao X, Olsen J W, et al. The Paleolithic of Dzungaria (Xinjiang, Northwest China) Based on Materials from the Luotuoshi Site. Archaeology, Ethnology and Anthropology of Eurasia, 2012, 40(4): 2-18.

[72] Brantingham P J, Gao X, Olsen J W, et al. A Short Chronology for the Peopling of the Tibetan Plateau//Madsen D B, Chen F H, Gao X. Late Quaternary Climate Change and Human Adaptation in Arid China (Developments in Quaternary Science) . Amsterdam: Elsevier, 2007: 129-150.

[73] Liu L, Ge W, Bestel S, et al. Plant Exploitation of the Last Foragers at Shizitan in the Middle Yellow

River Valley China: Evidence from Grinding Stones. Journal of Archaeological Science, 2011, 38(12): 3524-3532.

[74] 宋艳花，石金鸣，沈辰. 山西柿子滩旧石器遗址蚌饰品制作工艺研究. 人类学学报，2011，30（2）：115-123.

[75] 王幼平，汪松枝. MIS3阶段嵩山东麓旧石器发现与问题. 人类学学报，2014，33（3）：304-314.

[76] 李锋，陈福友，王辉，等. 甘肃省徐家城旧石器遗址发掘简报. 人类学学报，2012，31（3）：209-227.

[77] 李锋，陈福友，王辉，等. 甘肃省徐家城旧石器遗址发掘简报. 人类学学报，2012，31（3）：209-227；李锋，陈福友，高星，等. 甘肃徐家城旧石器遗址的年代. 人类学学报，2013，32（4）：432-440.

[78] 陈子文，李建军，余生富. 福建三明船帆洞旧石器遗址. 人类学学报，2001，20（4）：256-270；李建军，范雪春. 船帆洞旧石器遗址洞穴形成过程与地层划分. 人类学学报，2006，25（2）：153-160.

[79] 吉学平，刘成武，谭惠忠，等. 大河洞穴之魅——富源大河旧石器遗址揭秘. 中国文化遗产，2008（6）：78-83.

[80] Movius H L. The Lower Paleolithic Cultures of Southern and Eastern Asia. Transactions of the American Philosophical Society (New Series), 1948, 38(4): 329-420; Movius H L. Lower Paleolithic Archaeology in Southern Asia and the Far East//Howells W W. Studies in Physical Anthropology, No.1: Early Man in the Far East. Detroit: American Association of Physical Anthropologists, 1949.

[81] 贾兰坡，盖培，尤玉柱. 山西峙峪旧石器时代遗址发掘报告. 考古学报，1972（1）：39-58.

[82] Jia L P, Huang W W. On the Recognition of China's Paleolithic Cultural Traditions//Wu R K, Olsen J W. Paleoanthropology and Paleolithic Archaeology in the People's Republic of China. Orlando: Academic Press, 1985: 259-265.

[83] 高星，欧阳志山. 趋同与变异：关于东亚与西方旧石器时代早期文化的比较研究//童永生，张银运，吴文裕，等. 演化的实证——纪念杨钟健教授百年诞辰论文集. 北京：海洋出版社，1997：63-76.

[84] 张森水. 管窥新中国旧石器考古学的重大发展. 人类学学报，1999，18（3）：193-214.

[85] 黄慰文. 东亚和东南亚旧石器初期重型工具的类型学——评 Movius 的分类体系. 人类学学报，1993，12（4）：297-304.

[86] Hou Y M, Potts R, Yuan B Y, et al. Mid-Pleistocene Acheulean-like Stone Technology of the Bose Basin, South China. Science, 2000, 287(5458): 1622-1626；黄慰文. 东亚和东南亚旧石器初期重型工具的类型学——评 Movius 的分类体系. 人类学学报，1993，12（4）：297-304.

［87］ 林圣龙. 中西方旧石器文化中的技术模式的比较. 人类学学报，1996，15（1）：1-20.

［88］ 高星. 中国旧石器时代手斧的特点与意义. 人类学学报，2012，31（2）：97-112.

［89］ 高星. 中国旧石器时代手斧的特点与意义. 人类学学报，2012，31（2）：97-112.

［90］ Wang S J, Lu H Y, Zhang H Y, et al. Newly Discovered Palaeolithic Artefacts from Loess Deposits and Their Ages in Lantian, Central China. Chinese Science Bulletin. 2014, 59(7): 651-661.

［91］ Movius H L. The Lower Paleolithic Cultures of Southern and Eastern Asia. Transactions of the American Philosophical Society (New Series), 1948, 38(4): 329-420; Movius H L. Lower Paleolithic Archaeology in Southern Asia and the Far East//Howells W W. Studies in Physical Anthropology, No.1: Early Man in the Far East. Detroit: American Association of Physical Anthropologists, 1949.

［92］ Movius H L. Lower Paleolithic Archaeology in Southern Asia and the Far East//Howells W W. Studies in Physical Anthropology, No.1: Early Man in the Far East. Detroit: American Association of Physical Anthropologists, 1949; 张森水. 中国北方旧石器工业的区域渐进与文化交流. 人类学学报，1990，9（4）：322-333.

［93］ Watanabe H. The Chopper-chopping Tool Complex of Eastern Asia: An Ethnoarchaeological-ecological Reexamination. Journal of Anthropological Archaeology, 1985, 4(1): 1-18.

［94］ Schick K D. The Movius Line Reconsidered: Perspectives on the Earlier Paleolithic of Eastern Asia//Corruccini R S, Ciochon R L. Integrative Paths to the Past: Paleoanthropological Advances in Honor of F. Clark Howell. New Jersey: Prentice Hall, 1994: 569-596.

［95］ 高星，裴树文. 三峡远古人类的足迹：三峡库区旧石器时代考古的发现和研究. 成都：巴蜀书社，2010；Gao X. Paleolithic Cultures in China: Uniqueness and Divergence. Current Anthropology, 2013, 54(Supplement 8): 358-370.

［96］ 高星，裴树文. 三峡远古人类的足迹：三峡库区旧石器时代考古的发现和研究. 成都：巴蜀书社，2010.

［97］ Gao X, Zhang X L, Yang D Y, et al. Revisiting the Origin of Modern Humans in China and Its Implications for Global Human Evolution. Science China: Earth Sciences, 2010, 40(9): 1287-1300.

［98］ Dennell R. The Paleolithic Settlement of Asia. New York: Cambridge University Press, 2009.

［原载于《东亚、东南亚考古学手册》（*Handbook of East and Southeast Asian Archaeology*），施普林格，2017年；与关莹、徐欣、John W. Olsen合著；赵宇超译，仪明洁校］

东北亚晚更新世与旧石器时代研究*

东北亚地区（华北、日本、朝鲜半岛、蒙古和东西伯利亚）旧石器晚期的研究并未得到太多的关注，如在这个地区现代智人的出现以及在晚更新世晚期发生的剧烈环境和文化变化这些问题。对大多数旧石器时代考古学家来说，该地区的研究重点是其旧石器时代早期的记录，尤其是在中国北方泥河湾盆地古人类最早踏入的证据，如今已延伸到了距今166万年[1]；以及联合国教科文组织公布的著名的世界遗产地，即位于北京附近的周口店，这里仍然是直立人标本数量最多的地点，最早的直立人可以追溯到约80万到60万年前[2]。对于研究更新世的学者来说，吸引他们的通常是黄土高原的黄土-古土壤地层序列中气候变化的极佳记录，该记录现在可追溯到晚渐新世[3]，而且在质量和细节上与深海氧同位素记录相当并可与之对比[4]。

东北亚旧石器时代晚期记录值得得到较以往更多的国际关注。首先，中国北方出现的似勒瓦娄哇特征的石叶工业大约出现在距今4万年。很多研究者认为中国北方旧石器时代晚期初段（Initial Upper Paleolithic）技术组合根植于西伯利亚和中亚，这为研究东北亚晚更新世阶段人群之间的迁徙与互动以及早期现代人在该地区的扩散提供了重要信息。其次，人类进驻日本是晚更新世最重要的移民活动之一。此事件大约发生在距今4万年，晚于人类进入包含澳大利亚、新几内亚和塔斯马尼亚等的萨胡尔集合大陆。就像澳大利亚一样，因为当时没有方便的陆桥，这次移民活动应该会涉及船只的使用。再次，东北亚十分有趣还在于远距离交换网络的早期发展。早在3万年前，产自日本的黑曜石就在中国东北、朝鲜半岛和距西伯利亚内陆几百千米的堪察加半岛被发现了，这些交换网络比全新世之前的欧洲半岛任何交换网络都要早得多，同时作用距离也要远得多。在4万年前穿过日本海迁徙的证据十分重要，随后发展出来的远距离交流网络，也表明海上航行在4万年前的东亚、从萨胡尔到西伯利亚的太平洋海岸等地区已是常事，这比地中海早3万年，但是东北亚几乎没有得到欧洲、非洲或北美大多数旧石器时代考古学家的关注。从次，沿蒙古国南缘和中国东北部的辽宁、吉林和黑龙

---

* 本文是为2013年6月水洞沟召开的“水洞沟遗址发现90周年纪念大会暨国际学术研讨会”会议报告在《国际第四纪》（*Quaternary International*）发表的专刊撰写的综合介绍。

江省延伸的广阔的华北平原（及东北平原）①，在许多方面可与从法国北部延伸到俄罗斯西部和乌克兰的北欧和东欧平原相比。在晚更新世，随着氧同位素4阶段到2阶段的变迁，这两个平原在温和时期都是草原，在气候衰退时期都是寒冷的沙漠，最明显的是距今约1.8万年的末次冰期冰盛期。在气候较温和的时期，这两个地区都居住着一些具有高度的流动性的人群，他们善于捕猎大型动物并善于利用植物资源作为食物，使用绳索、纤维和木材等物质材料。北欧平原的考古和环境记录比中国的记录更广为人知，现在新的数据正在形成中，未来几年还会有更多的数据，因此，希望华北平原能很快被证明它和欧洲平原一样迷人和著名。宁夏水洞沟流域和泥河湾盆地油房遗址的新数据，强有力地表明智人或早期现代人可能在大约4万年前进入该地区，这与现代人进入西欧的时间大致相同。这一区域晚更新世晚期后续历史的重要性和趣味性不亚于欧洲。最后，东北亚更值得关注还在于东北亚细石叶传统的发展。正如油房的新数据所表明，这一传统可能来自东西伯利亚，也可能起源于当地。到更新世末，其已经蔓延到朝鲜半岛和日本列岛。东北亚细石叶传统中的细石叶和细石器由优质燧石或黑曜石制成，这意味着那些高度流动的人群需要对这种稀缺资源进行高强度的精致管理（curation），因此需要节省他们所有物的重量。同时，通过备有现成的可供替换部件来维护其技术的关键部分，将风险降至最低。因此，它可以与北欧的末次冰期的人群进行比较。

这些主题将在本卷的论文中进行讨论。相应的，有几篇论文是来自水洞沟地区的证据及其所具有的更广泛意义的讨论。水洞沟第1地点（SDG1）是在1923年由法国传教士桑志华（Emile Licent）和耶稣会会士德日进（Jesuit Teilhard de Chardin）对华北的开拓性考察和探索过程中发现并发掘的[5]。从那时起，遗址历经多次挖掘，但其年代和文化归属仍有疑问。年小美和她的同事讨论了她们获得的新光释光年代的意义，并表明该遗址最早阶段的石片-石叶组合可追溯到距今约4万年至约2.5万～2.2万年。然而，更准确地确定水洞沟第1地点人类生存序列还需要进一步的发掘。彭菲从技术视角对水洞沟的石叶技术进行了研究，得出了水洞沟第1地点组合与阿尔泰和蒙古旧石器时代晚期早段（初段）组合具有相似性的结论。水洞沟第1地点旧石器时代地层的年代范围太广，因此中国科学院古脊椎动物与古人类研究所（IVPP）计划进一步发掘，以理顺这一极为重要遗址的年代序列。大卫·马德森（David Madsen）和同事讨论了离水洞沟遗址不远的南寺峡谷的发现，并从中获得了与水洞沟第1地点相似的石制品组合。他巧妙地通过黏附在石英岩片上碳酸钙进行^{14}C测年，表明其年龄约为距今4.1万年，从而证实水洞沟第1地点是东北亚最早的旧石器时代晚期遗址之一。目前，石制品是否来自西伯利亚或蒙古的移民尚不清楚，同时我们也还不清楚其是否由解剖学意义上的现代人、丹尼索瓦人或是其他古人类制作。

三篇论文讨论了水洞沟第1地点石制品组合更广泛的意义和背景。在评述中，史

① 译者注。

蒂文·库恩（Steven Kuhn）和尼古拉斯·兹温斯（Nicolas Zwyns）对术语“旧石器时代晚期初段”或“IUP”的定义进行了评论，该术语最初是对博克-塔奇蒂（Boker-Tachtit）遗址第4层出土石制品组合的一个具体描述，此后被应用于任何具有似勒瓦娄哇（Levallois）技术石叶生产特征的旧石器时代晚期早段石器组合。他们指出在欧亚大陆，旧石器时代晚期初段（IUP）不是一个一元化的现象，它可能反映了许多本地起源和扩散事件。故而，更精确地使用这个术语是必须的。叶夫根尼·瑞宾（Evgeny Rybin）提供了一篇非常受欢迎的（面向非俄罗斯读者）西伯利亚和中亚旧石器时代晚期初段（IUP）组合的综述文章。这些证据比较复杂，但它似乎表明约4.5万年以石叶为基础的IUP从俄罗斯阿尔泰向东扩散到蒙古中部和外贝加尔湖地区，在这里距今4.3万～4万年第二个以石叶为基础的IUP中心出现了。在他看来，这是人群扩散的结果。因此，水洞沟第1地点石制品组合也许是这一自阿尔泰东向扩张的进一步结果。蒙古国是一个幅员辽阔但旧石器时代记录贫乏的国家，因此，尼古拉斯·兹温斯（Nicolas Zwyns）及同事贡献的关于蒙古北部托尔堡16号遗址（Tolbor-16）的新证据是令人高兴的。该遗址距今4.05万～3.75万年的旧石器时代晚期早段石制品组合与西伯利亚南部的其他旧石器时代晚期初段组合相似。这反映了氧同位素3阶段期间长距离接触或人群迁移到该区域的可能性。考虑到目前这一区域冬季的严酷，居住在西伯利亚南部和蒙古北部的居民一定是高效的猎人，并且他们拥有有效的缝制冬衣和用火的技术。

水洞沟河谷所包含的地点超过12个，其中最近多个被中国科学院古脊椎动物与古人类研究所（IVPP）发掘。水洞沟第2地点位于第1地点附近100米处，并具有大致始于4万年的旧石器时代晚期序列[6]。李锋等从生态、技术、经济和社会组织以及象征性行为等方面分析了水洞沟第2地点的考古材料。该地点在不同的文化层位展示出一系列的文化创新。他们认为，华北地区距今4万～2万年间石片技术的连续演化支持了当地人群 “连续进化附带杂交”的假设；并建议寻求古代人群的文化创新应侧重于导致个体行为变化的进化过程，而非使用从欧洲和非洲发现的材料中总结出的列表来识别“现代行为”。关莹等通过分析石制品上的淀粉颗粒、植硅体和植物组织，讨论了该地点植物资源利用的证据。她们认为，可食用植物可能是当地居民饮食的重要组成部分，这有助于弱化他们过度依赖肉食的共识。这方面的分析在中国相对较新，很好地说明了年轻的中国研究人员是如何在中国的旧石器时代研究中开拓新的研究领域的。周振宇及同事对来自水洞沟第2地点和第12地点（可追溯到约1.1万年前的冰期之末）石料热处理的研究也表明了这一点。他们通过X射线衍射（XRD）分析和压力实验表明，两个地点的居民至少在3.2万年前就清楚地了解通过加热岩石来提升剥片的效果。这是中国首次进行此类研究，无疑将来会发现更多的相似案例。高星及同事对水洞沟第12地点的烧（裂）石进行了研究，揭示了火所发挥的不同作用。他们通过模拟实验表明，这些岩石的破碎是因经高温加热再浸入水后所造成的。这强烈表明了它们曾被用作煮石来煮熟液体食物和烧水。他们还指出，这也是杀死大肠杆菌等细菌的有效方法，从而得到安全的饮用水。与前一篇论文一样，这一证据在中国尚属首次，而这也是中国年轻的旧石器时代研究者开始对其学科产生影响的又一例证。仪明洁的论文介绍了最近中国科学院古脊椎动物与古人类研究所在水洞沟第12地点大范围发掘的概况。第12地点拥有细石叶技术，表明高强度使用高质量的燧石生产复合工具所用的细石叶和细石器。她认为，这项技术对居住在恶劣环境中的人群至关重要，这种环境需要很高的迁居流动性、适合寒冷天气的复杂服装、煮石以便最大限度地汲取营养，以及可能使用到网和绳索。动物群的数据指示了从大型猎物向包含了植物性食物和小型猎物的更多样化饮食的转变。在欧亚大陆更广阔的背景下，第12地点是了解人类如何适应晚期冰川环境最清楚的例子之一。她的论文之后是加藤真二关于东北亚细石叶工业的论文，将其在中国的存在归因于来自北方的移民，在日本的存在归因于通过现有交流网络的散播。年小美及同事在第二篇论文中通过研究泥河湾盆地油房遗址的年代提供了另一种视角。该遗址包含细石叶技术，她们通过光释光测年显示古人类生存的时间从距今2.9万年持续至距今2.6万年。因此，油房是最早含有细石叶技术的遗址，这增加了它是在中国北方本土发展起来的可能性。

三篇关于宁夏和内蒙古的论文展示了新方法是如何有益于中国旧石器时代研究的。裴树文及同事展示了一份可追溯到3万～2.2万年前水洞沟第7地点的埋藏学分析。他们通过对遗址形成过程研究得出，该地点的考古材料保存在原生的环境中，而非之前所认为的再生堆积。尽管这种类型的研究长期以来在非洲和黎凡特的河湖相遗址的研究中是常见的，但在中国是同类研究的第一个。陈虹及同事关于乌兰木伦1号遗址出土的约6.5万～5万年前石制品的微痕分析的论文亦是如此。她们认为所研究材料中大约40%的人工制品可以观察到使用磨损，这些微痕是动物产品剔肉和切割的结果。我们希望进一步的此类研究将增加对非正式的旧石器石制品组合的理解，这些组合是中国旧石器时代记录的大宗，且不易分类。董为及同事使用生态学的方法研究了乌兰木伦[①]遗址人类适应生存背景。依据动物群分析，他们认为该地区的古环境可能是草原和森林的混合或镶嵌，有一些小溪和沼泽，当时此地区适合人类居住。他们还指出遗址出土的哺乳动物大多是生活在该地区古人类的猎物。

多篇论文介绍了来自中国中部的新证据。其中两篇是中国中部汉水流域发现的材料，为中国旧石器时代早期的研究提供了相左的观点。第一篇是由李英华及同事完成，她们研究了石器制作所涉及的操作链。在她们看来，没有明确的证据表明存在阿舍利遗存。相比之下，李浩及同事分析了在丹江口库区采集的大型切割工具（Large cutting tools），认为事实上中国存在真正的阿舍利成分，且应该承认阿舍利具有技术

① 原文为Wulanmulan，应是乌兰木伦遗址的误拼，译者注。

多样性和复杂性。

王幼平和曲彤丽报道了河南省中原地区氧同位素3阶段及之后发现了新的证据。他们认为在氧同位素3阶段早期远距离采办石料和更多样化的工具组合指示了一个人类行为的重大变化；整个氧同位素3阶段石器技术是基于简单的石核和石片技术，而后在更新世末期被石叶和细石叶技术所取代。最近一个有趣的发现是在赵庄出土的一个距今约为3.5万年放置于一堆岩石上的大象头骨，因可以排除其他营力（如河流搬运），其被解释为一种仪式行为的证据。

两篇论文报道了中国中部黄土沉积中发现的人工制品证据。第一篇由王社江及同事撰写，他们回顾了中国黄土高原南部较早时期的发现，并报道了这一区域的新材料。这一地区有很长的人类活动记录，例如距今115万年的公王岭[7]，最近的研究表明此遗址可能更加古老[8]，以及距今约65万年的陈家窝直立人下颌骨。然而，这里的人工制品记录较差，部分原因是因为黄土-古土壤剖面常常超过100米厚。不过这个劣势被逐渐抵消，即当人工制品在剖面中被发现时，它们通常可以参照刘东生和其他学者在过去30年中发展的详细的黄土地层学来精确地确定年代。王社江回顾了早期的工作，并提供了晚更新世第一条黄土（L1）、第一条古土壤（S1）中和中更新世晚期第二条黄土（L2）中发现的石制品新证据。孙雪峰及同事介绍了洛南盆地刘湾三个地点的三条红古土壤（S5，距今62.5万～58.1万年和57.5万～56.8万年）的早期材料。这种类型的地层学工作证明其在中国旧石器时代早期的精确定年和根据人工制品是在间冰期古土壤还是冰期黄土单元中发现的来确定其气候背景方面是无价的。

最后一篇论文由友川森佐藤和佐藤弘之撰写，他们研究了日本北九州的末次冰期记录。他们指出，由于地区差异，北九州的人口流动性很高，石制品精致化程度高，但多样性程度低。相比之下，九州南部的那些人群保持着较小的领土、较低的流动性、较低的石器精致化程度和更多样化的物质文化（包括陷坑和地穴式房屋）。一项统计数据可能会吸引欧洲同事更多关注日本，即日本包含超过16000处旧石器时代和早期的绳文时代（距今4.0万～1.15万年）遗址。尽管其被西方学者所忽视，但却很难被视为旧石器时代地图上的空白部分。

因为很少制作手斧或预制石核，哈拉姆·莫维斯[9]将东亚旧石器时代的居民矮视为落后、原始和保守的，这在很长时间里给东亚旧石器时代蒙上了一层阴影。如今，很少会有人将这些要素视为人类“进步”的可靠标志。尤其是中国的旧石器时代研究在过去这些年里发展迅速，越来越多的研究者和学生从中国以外的研究中受益，然后引进和发展新的研究领域。美洲和欧洲研究人员对东北亚旧石器时代的记录也表现出了极大的兴趣，现在更大的跨国研究兴趣也在东北亚国家兴起，2013年6月银川会议上会议代表国籍的广度就表明了这一点。大家希望这些趋势持续下去，并且希望所有对世界上这一庞大、复杂又迷人的旧石器时代和更新世感兴趣的学人都将稳定地产出高质量的研究成果。

参考文献

[1] Zhu R X, Potts R, Xie F, et al. New Evidence on the Earliest Human Presence at High Northern Latitudes in Northeast Asia. Nature, 2004, 431(7008): 559-562.

[2] Shen G J, Gao X, Gao B, et al. Age of Zhoukoudian *Homo erectus* Determined with $^{26}Al/^{10}Be$ Burial Dating. Nature, 2009, 458(7235): 198-200.

[3] Guo Z T, Ruddiman W F, Hao Q Z, et al. Onset of Asian Desertification by 22 Myr Ago Inferred from Loess Deposits in China. Nature, 2002, 416(6877): 159-163.

[4] Liu D S, Ding Z, Rutter N. Comparison of Milankovitch Periods Between Continental Loess and Deep Sea Records over the Last 2.5Ma. Quaternary Science Reviews, 1999, 18(10): 1205-1212.

[5] Licent E, Teilhard de Chardin P. Le Paléolithique de la Chine. L'Anthropologie, 1925, 35(4): 201-234.

[6] 高星，王惠民，裴树文，等. 水洞沟——2003～2007年度考古发掘与研究报告. 北京：科学出版社，2013.

[7] An Z S, He C K. New Magnetostratigraphic Dates of Lantian *Homo erectus*. Quaternary Research, 1989, 32(2): 213-221.

[8] Zhu Z Y, Dennell R, Huang W W, et al. New Dating of the *Homo erectus* Cranium from Lantian (Gongwangling), China. Journal of Human Evolution, 2015, 78: 144-157.

[9] Movius H L. The Lower Paleolithic Cultures of Southern and Eastern Asia. Transactions of the American Philosophical Society (New Series), 1948, 38(4): 329-420.

［原载于《国际第四纪》（*Quaternary International*）2014年第347卷，与Robin Dennell合著；胡瀛月译，赵海龙、李锋校］